Nicolette Mout

Die Kultur des Humanismus

DIE KULTUR DES HUMANISMUS

Reden, Briefe, Traktate, Gespräche von Petrarca bis Kepler

Herausgegeben
von Nicolette Mout

VERLAG C.H.BECK MÜNCHEN

Die Deutsche Bibliothek – CIP-Einheitsaufnahme

Die *Kultur des Humanismus* : Reden, Briefe, Traktate, Gespräche
von Petrarca bis Kepler / hrsg. von Nicolette Mout. – München :
Beck, 1998
ISBN 3 406 43397 9

ISBN 3 406 43397 9

Satz: Fotosatz Janß, Pfungstadt
Druck und Bindung: Franz Spiegel Buch GmbH, Ulm
Gedruckt auf säurefreiem, alterungsbeständigem Papier
(Hergestellt aus chlorfrei gebleichtem Zellstoff)
Printed in Germany

Inhalt

IX. Geschichte

X. Politisches Leben

XI. Entdeckung der Welt

XII. Erforschung der Natur

XIII. Kunst und Kunstverständnis

XIV. Philosophie

XV. Theologie und Religion

XVI. Humanisten über sich selbst und andere

Vorwort

Die in diesem Lesebuch versammelten Texte aus dem vierzehnten bis sechzehnten Jahrhundert sind winzige Bruchstücke aus einer ungeheuren Fülle von überlieferten Quellen des humanistischen Schrifttums, die aus – fast – allen Gegenden Europas stammen. Es war daher nicht leicht, eine Auswahl zu treffen. Es ist die Absicht des vorliegenden Bandes, den Humanismus als lebendiges Erbe des modernen Europa vorzustellen durch eine Auswahl von Texten, welche dem heutigen Leser einerseits nicht allzu fremdartig vorkommen, ihm andererseits aber auch neue Einblicke in eine versunkene Welt verschaffen können. Zur Einführung in diese Welt ist den Texten eine knappe Einleitung über den Humanismus in der Renaissance vorangestellt.

Die Texte selbst sind nach Themen gruppiert, innerhalb der thematischen Gruppe jedoch nicht immer strikt chronologisch geordnet. Jedes Kapitel ist mit einer kurzen Einleitung versehen. Mit den ausgewählten Themenbereichen soll der Humanismus in seinen unterschiedlichen und wichtigsten Aspekten eingefangen werden; gleichzeitig soll auch etwas von der zeitlichen Entwicklung – vom italienischen Frühhumanismus bis zum europäischen Ausklang des Humanismus im frühen siebzehnten Jahrhundert – und der geographischen Verbreitung sichtbar werden. Dabei sind deutsche Humanisten vielleicht ein wenig den anderen vorgezogen, denn dieses Buch bezweckt nicht zuletzt, den deutschen Humanismus, der außerhalb der Fachkreise ziemlich unbekannt und unbeliebt ist, besser bekannt zu machen. In der Frühen Neuzeit wäre dies nicht nötig gewesen, da der Gebildete sich noch ganz in der Welt der Humanisten bewegte. Als Symbol dafür steht am Anfang des Buches ein Sonett von Petrarca (also aus dem vierzehnten Jahrhundert) in der Übersetzung von Martin Opitz aus dem Jahr 1644. Wir sollten nicht vergessen, daß noch Goethe in Petrarca einen seiner Vorgänger sah.

So reihen sich berühmte und weniger bekannte Autoren aneinander, ebenso auch berühmte und weniger bekannte Texte. Damit der Leser die erstaunliche Vielseitigkeit vieler Humanisten kennenlernt, die ein wesentliches Merkmal ihres Daseins darstellte, sind von einigen wichtigen Autoren mehrere Texte aus unterschiedlichen Gebieten aufgenommen. Auch ist versucht worden, Beispiele der verschiedenen literarischen Gattungen zu geben, in denen die Humanisten sich mit Vorliebe ausdrückten. Soweit dies in einer Anthologie möglich ist, sind auch Beispiele humanistischer Weitläufigkeit neben Proben summarischer Kürze aufgenommen: Fragmente langatmiger Reden und Verhandlungen neben

Briefen und Epigrammen. Die Autoren und die von ihnen erwähnten historischen Personen sind im Personenregister kurz erläutert.

Viele Texte wurden für dieses Buch neu oder sogar zum ersten Mal ins Deutsche übersetzt. Andere sind aus Übersetzungen entnommen, die bereits gegen Ende des neunzehnten Jahrhunderts erschienen sind (siehe *Quellennachweis)*. Wenn vollständige Texte für eine Anthologie wie diese zu lang waren, wurde Mühe darauf verwendet, geschlossene Textteile auszuwählen – was jedoch nicht immer möglich war. Die einzelnen Texte wurden – soweit möglich – nach der Zeit der Entstehung oder des Erstdrucks datiert.

Mein Dank gebührt an erster Stelle dem Verlag, der sehr lange auf dieses Buch warten mußte. Das kam nicht zuletzt dadurch, daß ich kaum aufhören konnte, die Werke der Humanisten zu lesen, und Mühe hatte, aus dieser Schatzkammer eine Auswahl zu treffen.

Während eines Forschungsaufenthalts an der Herzog August Bibliothek Wolfenbüttel konnte ich in aller Ruhe einen Grundstock von Texten sammeln. Dieser Anfang ist sehr wichtig für das Entstehen des Buches gewesen; der Bibliothek sei hier mein Dank ausgesprochen. Danken möchte ich auch Herrn Dr. Peter Mortzfeld, dem Übersetzer vieler lateinischer Texte. Die technischen Möglichkeiten, die im Netherlands Institute for Advanced Studies (NIAS, Königliche Niederländische Akademie der Wissenschaften) in Wassenaar vorhanden waren, erleichterten die definitive Auswahl und Bearbeitung der Texte erheblich.

Volkmar Golembusch lieferte die Grundlage für das Personenregister. Eco Haitsma Mulier half bei der Übersetzung eines Machiavelli-Briefes. Tabitta van Nouhuys und Gabriel Silagi lösten in letzter Minute noch einige Probleme. Ihnen allen möchte ich meinen Dank aussprechen, und ebenso einem Helfer, der einmal in einem Brief an die deutsche Bundesbahn gegen die Bezeichnung ‚deutscher Humanist' für Erasmus protestierte – allerdings ohne eine Antwort zu bekommen.

Warmond (Niederlande), Juli 1997 Nicolette Mout

Einleitung
Der Humanismus in der Renaissance

„Wer waren nun diejenigen, welche das hochverehrte Altertum mit der Gegenwart vermittelten und das erstere zum Hauptinhalt der Bildung der letzteren erhoben?" Mit dieser Frage beginnt Jacob Burckhardt das Kapitel über den Humanismus des vierzehnten Jahrhunderts in seinem Buch *Die Kultur der Renaissance in Italien* (1860). Der Fragesatz enthält eine präzise und noch immer gültige Definition der Absichten und Aufgaben der Humanisten, wie sie sie selbst verstanden. Denn im Mittelpunkt ihrer Bestrebungen stand das Studium der antiken lateinischen und griechischen – später manchmal auch hebräischer und anderssprachiger – Texte. Sie hatten die Überzeugung, daß die Erforschung dieser alten Sprachen und ihrer Literatur nicht nur wesentlich zur Bildung beitrage – diese Ansicht vertrat man schon im Mittelalter –, sondern auch einen Anschluß an die überlegene Zivilisation der antiken Welt biete. Dieser Anschluß war, so meinte man, während des Mittelalters fast gänzlich verlorengegangen. Die Texte des klassischen Altertums vermittelten nicht nur wichtige Kenntnisse auf vielen Gebieten der Wissenschaft, sondern auch moralische Maßstäbe und intellektuelle Anregungen aller Art und schärften sowohl die geistige Disziplin als auch den literarischen und künstlerischen Geschmack des gebildeten Menschen. Die Wiederbelebung der Antike sollte die moderne Kultur wesentlich umformen.

Wer aber waren diese Humanisten? Burckhardt beantwortet die von ihm selbst aufgeworfene Frage folgendermaßen: „Es ist eine hundertgestaltige Schar, die heute dieses, morgen jenes Antlitz zeigt". Und in der Tat findet man sehr unterschiedliche Gestalten unter ihnen: gewandte Höflinge und zurückgezogene Gelehrte, bescheidene Schulmeister und mächtige Prälaten. Anfänglich waren sie nur in Italien zu finden, denn dort war der Humanismus im vierzehnten Jahrhundert entstanden, und von da aus verbreitete er sich über ganz Europa. Der Begriff ‚Humanismus' wurde übrigens damals noch nicht benutzt – er ist eine deutsche Erfindung des frühen neunzehnten Jahrhunderts und wurde erst in der zweiten Hälfte des neunzehnten Jahrhunderts als Bezeichnung für eine ganze Epoche verwendet. Seit dem Ende des fünfzehnten Jahrhunderts gab es aber im Umkreis der italienischen Universitäten den Ausdruck ‚Humanist' *(humanista)* als Bezeichnung für einen Gelehrten, der sich mit den ‚humanistischen Studien' *(studia humanitatis)* beschäftigte. Dieser letzte Ausdruck ist auch schon in antiken Texten zu finden und war dort mit *humanitas* im Sinne einer guten Bildung oder geschliffener

Manieren verknüpft. Während der Renaissance jedoch bekam der Begriff ‚humanistische Studien' eine prägnantere Bedeutung und bezeichnete fünf Gebiete der Wissenschaft: Grammatik, Rhetorik, Poetik, Geschichte und Moralphilosophie. Als Humanisten galten diejenigen, die diese Fächer betrieben und zudem bei der Abfassung ihrer eigenen Werke immer auf einschlägige antike Autoren zurückgriffen. Diese aus den Quellen des klassischen Altertums gespeiste Gelehrsamkeit war und blieb das Merkmal des Humanismus in der Renaissance. Gelehrsamkeit sollte zu Erkenntnis und Weisheit führen, die dann durch Beredsamkeit zum Ausdruck gebracht werden und somit dem allgemeinen Nutzen dienen sollten. Denn worauf es vor allem ankam, war die Erziehung und Bildung des Menschen in einem neuen Rahmen – neu im Vergleich zu dem mittelalterlichen wissenschaftlichen System der sieben freien Künste: das Trivium (Grammatik, Logik und Rhetorik) und das Quadrivium (Arithmetik, Geometrie, Astronomie und Musik). Der florentinische Humanist Leonardo Bruni (1369–1444) nannte die neuen Studien „humanistisch", weil sie den Menschen vervollkommnen und zieren. Nicht nur gelehrter sollte der Mensch werden, sondern vor allem auch besser. Um dieses Ziel zu erreichen, entwickelten die Humanisten eine pädagogische Einstellung, in der „das hochverehrte Altertum" fruchtbar für das gegenwärtige Leben wirken konnte.

So wichtig die Pädagogik in diesem Zusammenhang auch war, es wäre dennoch falsch, einen Humanisten einfach mit einem Erzieher oder Lehrer gleichzusetzen. Humanisten waren bald in allen gesellschaftlichen Gruppen und in allen denkbaren sozialen Schattierungen vertreten. Es ist jedoch unbestreitbar, daß die Humanisten in einer Doppelrolle von Philologen und Erziehern am besten bekanntgeworden sind. Ihre liebevolle und genaue Erforschung der klassischen Sprachen in ihren grammatischen, lexikalischen oder stilistischen Aspekten und die konzentrierte Art, in der sie die Arbeiten der wichtigsten antiken Autoren lasen und interpretierten, bildeten eine ideale Grundlage für ein Schul- und Erziehungssystem, das sich im wesentlichen in der Form des humanistischen Gymnasiums bis in das heutige Jahrhundert erhalten hat und erst in letzter Zeit in Schwierigkeiten geraten ist. Viele Humanisten sind also tatsächlich Lehrer und Erzieher gewesen und haben in Schulen und Universitäten, aber auch als Privatlehrer *(praeceptores)* des Adels oder des gehobenen Bürgertums gewirkt.

Schon in der zweiten Hälfte des fünfzehnten Jahrhunderts begann die neue humanistische Bildung insofern reiche Früchte zu tragen, als Vertreter vieler Berufe, die diesen Bildungsgang durchlaufen hatten – zum Beispiel Ärzte oder Juristen, aber auch Geschäftsmänner oder geistige und weltliche Würdenträger –, während ihres beruflichen Lebens dem Humanismus die Treue hielten. Sie traten als Gönner der humanistischen Studien auf oder betrieben diese auch selbst in ihrer Freizeit und verfaßten eigene, oft bedeutende Werke aller Art: von schlichten Gedichten bis zu umfangreichen wissenschaftlichen Abhandlungen. Diese Verbreiterung der sozialen Tragfläche ist für die spätere Entwicklung des Humanismus von größter Bedeutung gewesen.

Nicht weniger wichtig war die Tätigkeit der Humanisten als Sekretäre oder Beamte. Sie sind in einer ganzen Skala, vom einflußreichen kaiserlichen Hofkanzler bis zum einfachen Schreiber im Dienste eines städtischen Patriziers oder eines Landedelmanns, überall anzutreffen. Ihre Aufgabe war es, Schriftstücke für Verwaltung oder Politik zu verfassen: Urkunden, Briefe, Ansprachen oder andere Dokumente. Aus diesen Kreisen stammten auch viele Verfasser historischer und politisch-theoretischer Werke, denn solche kamen oft als Auftragsarbeiten zustande und dienten einem politischen Ziel des Auftraggebers. In Kanzleien und Schreibstuben übte man auch die neuen Schriftformen, wie italienische Humanisten sie um die Wende zum fünfzehnten Jahrhundert entwickelt hatten: die humanistische Minuskel von Poggio Bracciolini (1380–1459) und die elegante Kursive, welche wahrscheinlich von dessen Freund Niccolò Niccoli (1364–1437) stammt. Unsere heutigen Schreib- und Druckschriften sind die Nachkommen dieser Schöpfungen, welche dann seit dem Ende des fünfzehnten Jahrhunderts den Buchdruckern als Vorbilder für Antiqua- und Kursivlettern dienten und dadurch weit verbreitet wurden.

Die Blütezeit des Humanismus in der Renaissance umspannte die Epoche, in der sich der Buchdruck erfolgreich entwickelte, in der jedoch auch Manuskripte in großer Zahl weiter hergestellt wurden. Die Humanisten bewahrten das Alte und umarmten zugleich das Neue, denn bei der Produktion und dem Vertrieb sowohl von Manuskripten als auch von gedruckten Büchern spielten sie eine bedeutende Rolle. Sie arbeiteten als Kopisten, Kalligraphen und Korrektoren, als Buchdrucker und Buchhändler und schließlich auch als Bibliothekare und gelehrte Herausgeber von Texten.

Wie gesagt sind die Anfänge des Humanismus in Italien zu suchen. Seit dem neunzehnten Jahrhundert ist das Entstehen der Renaissance und damit auch des Humanismus den Historikern oft wie ein geschichtliches Wunder vorgekommen, denn Italien war alles andere als ein wohlgeordneter Staat oder eine ausgeglichene Gesellschaft – wie konnte es auf einmal eine so überwältigende Blüte hervorbringen? Wäre die Ursache dieses Wunders vielleicht in dem italienischen Volk selbst zu suchen? „Und dieses imposante Volk! diese Erstgeborenen von Europa!“, schrieb Burckhardt im Jahre 1881 einem Freund, „es mag ihnen gehen wie es will, in der Politik sogar übel und kindisch“, aber in Italien gedeihe die Pflanze ‚Mensch‘ besser als anderswo.[1] Auch wer jetzt einen anderen

[1] An Friedrich von Preen (Genua, 5. August 1881): Jacob Burckhardt, *Briefe*, hg. v. M. Burckhardt. Basel–Stuttgart 1969, VII Nr. 960, S. 260.

Ansatz zum Studium der Renaissance und des Humanismus vorzieht, muß doch zugeben, daß es nicht leicht ist, die Anfänge des italienischen Humanismus aufzuspüren, geschweige denn zu erklären.

Der Tradition zufolge war Francesco Petrarca (1304–1374) der erste Humanist. Neuerdings hat man jedoch eine Gruppe von Gelehrten entdeckt, die sich schon im späten dreizehnten und frühen vierzehnten Jahrhundert mit der Wiederbelebung des klassischen Altertums befaßte. Es ist zum Beispiel nachgewiesen, daß der Paduaner Richter Lovato Lovati (1241–1309) eine Reihe von Texten klassischer Dichter kannte, von denen früher angenommen wurde, daß sie erst von berühmten Humanisten wie Petrarca oder Poggio entdeckt und benutzt wurden. Lovatos Freund Albertino Mussato (1261/62–1329) wurde 1315 wegen seiner Tragödie über ein aktuelles Thema, nämlich die Gefahren der Tyrannei, – die er, der als erster moderner Autor Seneca nachahmte, in lateinischen Metren geschrieben hatte – sogar von dem Bischof von Padua und dem Rektor der Universität mit Lorbeer gekrönt.

Für das Wiederaufkommen des Studiums und der Imitation klassischer Autoren bei diesen sogenannten Prä- oder Protohumanisten gibt es verschiedene Gründe. Die gesellschaftlichen und politischen Voraussetzungen werden zumeist in der seit der zweiten Hälfte des dreizehnten Jahrhunderts wachsenden Macht der selbständigen Städte Nord- und Mittelitaliens gesucht, deren Bürger nicht nur politisch, sondern auch wirtschaftlich erfolgreich waren. Ihre Handelshäuser, Banken und Handwerksbetriebe prägten bald die städtische Gesellschaft und schufen auch ein geistiges Klima, in dem sowohl kaufmännischer Unternehmergeist als auch humanistische Gelehrsamkeit gedeihen konnten. Sie meinten, die Wurzeln der politischen und sozialen Einrichtungen ihrer Städte eher im klassischen Altertum als in der jüngeren Vergangenheit Italiens finden zu können und fühlten sich außerdem nicht sonderlich verwandt mit der von weltlicher und geistlicher Feudalherrschaft geprägten Kultur anderer Länder. Eine wichtige Rolle spielten auch der Sinn für Geschichte und die patriotischen Gefühle dieser Bürger, welche die alten Römer als ihre wahren Ahnen betrachteten und sie und ihre Institutionen gerade deshalb genauer kennenlernen wollten. Ruinen aus der römischen Vergangenheit waren ja überall in Italien zu sehen und ermöglichten es dem Betrachter, sein Bild von der Antike zu erweitern. Und schließlich schöpfte dieser Frühhumanismus aus der Verbindung zweier akademischer Traditionen in dem mittelalterlichen Studium der freien Künste: der *ars dictaminis* als Teil der Rhetorik und der Lektüre lateinischer Texte als Teil der Grammatik. Das *dictamen* war ein praktischer Lehrgang zur Abfassung von allerhand Dokumenten in lateinischer Sprache für den öffentlichen und privaten Gebrauch, der sich aber kaum auf klassische Vorbilder stützte. Die Grammatiker jedoch befaßten sich mit klassischen Texten und deren Nachahmung. Die Kombination solcher rhetorischer und grammatikalischer Übungen beeinflußten insbesondere den Brief- und Redestil der frühen Humanisten.

Petrarca war vielleicht nicht der erste Humanist, er war aber zweifellos der Protagonist des Humanismus, der, nach einem Wort Boccaccios, „die Musen, welche durch Bäuerlichkeit beschmutzt waren, in ihrer ursprünglichen Schönheit wiederhergestellt hat".[2] Auch außerhalb Italiens wurde er berühmt wegen seiner vielseitigen lateinischen und italienischen Schriften. Er verfaßte nicht nur Gedichte und Reden, sondern auch zahlreiche historische Abhandlungen und moralphilosophische Traktate. Seine Briefe sind nicht nur durch ihren wissenschaftlichen Inhalt und durch ihre lebendige Form berühmt geblieben, sondern auch durch die ganz persönliche Stimme, die aus ihnen spricht. Zu seinen Lieblingsautoren zählte er Cicero, für den er eine große Verehrung hegte, und Plato, den er höher schätzte als Aristoteles – die Debatte über die Rangordnung der beiden Philosophen sollte übrigens jahrhundertelang andauern. In den erhaltenen Manuskripten aus seiner Bibliothek legen die vielen eigenhändigen Glossen Zeugnis ab von seinen tiefen Kenntnissen auf dem Gebiet der antiken Literatur, Philosophie und Geschichte, ebenso auch der Patristik. Werke mittelalterlicher Gelehrter besaß er fast nicht. In seinen polemischen Traktaten verteidigte er die neuen humanistischen Studien leidenschaftlich gegen die Ansprüche des herkömmlichen wissenschaftlichen Systems; er rügte zum Beispiel die Verkrüppelung der aristotelischen Texte im Mittelalter und spornte seine Zeitgenossen an, sich mit Dichtkunst, Rhetorik und Moralphilosophie zu befassen.

Nach seinem Tod fand der Humanismus in vielen italienischen Städten ein Heim und erlebte einen besonderen Aufschwung in Florenz. Giovanni Boccaccio (1313–1375) trat als Gelehrter hinter seinem älteren Freund Petrarca zurück, aber als Förderer des Humanismus in Florenz spielte er eine bedeutende Rolle. Er entdeckte Manuskripte mit Texten klassischer Autoren und förderte das Studium der griechischen Sprache. Neben dem bekannten *Decamerone* und anderen Werken in der Volkssprache verfaßte er bedeutende lateinische Schriften über antike Mythologie und anderes. Vielleicht noch einflußreicher war Coluccio Salutati (1331–1406), der langjährige Kanzler von Florenz, der einen bedeutenden byzantinischen Graezisten für die städtische Universität gewann und so das Fundament für die späteren Griechischstudien der Humanisten legte. In seinen politischen Schriften verteidigte Salutati die Institutionen seiner von wohlhabenden Bürgerfamilien regierten, reichen Stadt, die damals sowohl durch innere Unruhen als auch von außen

[2] Giovanni Boccaccio in einem Brief an Jacopo Pizzinghe, ca. 1370: Giovanni Boccaccio, *Lettere edite ed inedite*, hg. v. M. Corazzini. Florenz 1877, S. 195 (it. Übers. S. 184).

bedroht wurde. Die für Leonardo Bruni und andere florentinische Humanisten der ersten Hälfte des fünfzehnten Jahrhunderts so charakteristische Verbindung von humanistischen Studien und politischer Aktivität geht zum Teil zurück auf das Vorbild Salutatis und dessen Lob des aktiven Lebens – sei es als Kaufmann oder Politiker.

Der italienische Humanismus erreichte seine größte Entfaltung im fünfzehnten Jahrhundert, als man auch viele klassische Texte in Klosterbibliotheken verschiedener Länder fand und gelegentlich sogar entwendete. Besonders Poggio Bracciolini gelang es, Manuskripte mit Werken von unter anderen Cicero, Lukrez und Petronius aufzuspüren. Das Interesse für Archäologie, Epigraphik und Numismatik wuchs und fand Verfechter wie den Historiker Flavio Biondo (1392–1463). Durch die zunehmenden Kenntnisse auf dem Gebiet der antiken Geschichte wurden bei der Interpretation klassischer Autoren große Fortschritte gemacht. Glänzende Gelehrte wie Lorenzo Valla (1407–1457) und Angelo Poliziano (1454–1494) entwickelten die historisch-philologische Textkritik, die sich unauflöslich mit dem Studium des antiken Schrifttums verband. Viele Gelehrte aus Byzanz ließen sich nach der Eroberung Konstantinopels durch die Türken in Italien nieder und vermittelten den Humanisten die Tradition byzantinischer Gelehrsamkeit. Weltliche und geistliche Würdenträger stifteten neue oder beschenkten bestehende Bibliotheken: So gründete Papst Sixtus IV. (1471–1484) die vatikanische Bibliothek, Kardinal Joannes Bessarion (ca. 1403–1472) die Marciana in Venedig und Novello Malatesta (1418–1465) die nach ihm benannte Büchersammlung in Cesena. Manuskripte, und später auch gedruckte Bücher, wurden immer gefragter; der erfolgreiche florentinische Buchhändler Vespasiano da Bisticci (1421–1498), der übrigens das gedruckte Buch verabscheute, beschäftigte fast fünfzig Kopisten.

Im Laufe des fünfzehnten Jahrhunderts produzierten die italienischen Humanisten eine überwältigende Anzahl von Werken in den verschiedensten literarischen Gattungen: Gedichte, Reden, Dialoge, Kommentare, Übersetzungen aus dem Griechischen ins Lateinische, biographische und bibliographische Werke, Schriften über Moralphilosophie, Philologie, Rhetorik und Geschichte. Es ist daher auch nicht verwunderlich, daß in den gebildeten Kreisen ganz allgemein das Gefühl herrschte, daß eine enorme Umwandlung des geistigen Lebens im Gang sei. Boccaccio zum Beispiel betonte das in einem berühmt gewordenen Teil seiner *Genealogia deorum gentilium* (Genealogie der heidnischen Götter), wo er die humanistische Dichtung leidenschaftlich verteidigte. Auch andere hoben hervor, daß ihre eigene Zeit als eine Periode des Fortschritts zu preisen sei: Ein Fortschritt, den man einer Erneuerung verdankte, die übrigens nicht nur durch Humanisten, sondern auch durch Künstler zustandegekommen war. Wie das geschehen war, darüber konnte man sich nur verwundern. „Glücklich ist diese unsere Zeit“, schrieb Lorenzo

Valla in der Vorrede zu seiner epochemachenden Schrift *Elegantiae linguae latinae* (Der Glanz der lateinischen Sprache), in der er übrigens keine Antwort geben wollte auf die Frage, wie es dazugekommen war, daß die Künste erst beinahe gleichzeitig mit der Bildung untergegangen waren und dann mit einer Blüte von guten Künstlern und Gelehrten wieder neu auflebten.

In den letzten Jahrzehnten des fünfzehnten Jahrhunderts und im ganzen folgenden Jahrhundert wurde deutlich, daß das italienische Geistesleben durch den Humanismus in Gärung gebracht worden war und daß kaum noch Gelehrte zu finden waren, die nicht in dieser Richtung ausgebildet waren. Die Folge war, daß es außerordentlich schwierig wurde, zu unterscheiden zwischen einem echten Humanisten, der sich mit humanistischen Studien im oben beschriebenen Sinn, mit Grammatik, Rhetorik, Poetik, Geschichte und Moralphilosophie befaßte, und einem Gelehrten, der zwar humanistisch ausgebildet, aber doch in erster Linie ein Philosoph, Jurist, Theologe oder Arzt war. Paul Oskar Kristeller, der große Kenner des italienischen Humanismus, hat darauf hingewiesen, daß man im späten fünfzehnten und sechzehnten Jahrhundert zu unterscheiden hat zwischen den Beiträgen, die Humanisten zu den *studia humanitatis* lieferten und denen, die sie aus persönlichem Interesse oder anderen Überlegungen anderen Wissenschaftszweigen widmeten. In der Humanismus-Forschung wird diese Unterscheidung in der Praxis aber häufig künstlich erscheinen, weil viele Humanisten nun einmal die Neigung hatten, auf mehreren Gebieten der Wissenschaft tätig zu sein und sich nicht auf die humanistischen Studien im engeren Sinn zu beschränken. Desiderius Erasmus (ca. 1469–1536) zum Beispiel war zweifellos ein äußerst vielseitiger Humanist im wahren Sinn des Wortes, aber viele seiner Schriften haben auch einen stark theologischen Einschlag.

Auch die Frage, in welcher Sprache ein Schriftsteller sich ausdrückt – ob Latein oder Volkssprache, – kann keinen Maßstab dafür abgeben, ob jemand zu den Humanisten gehört oder nicht. Die italienischen Humanisten, Petrarca voran, bedienten sich ja auch der Volkssprache, und dieses Vorbild wurde später in ganz Europa nachgeahmt. Michel de Montaigne (1533–1590) schrieb seine *Essais* auf französisch, aber sie sind sowohl in ihrem Stil als auch in der Thematik durch und durch humanistisch. Besonders im Laufe des sechzehnten Jahrhunderts wurden unter dem Einfluß des Buchdrucks immer mehr gelehrte Werke in den Volkssprachen verfaßt, wobei der Antrieb zur Popularisierung entscheidend war. Für Humanisten galt das Latein natürlich als das besonders geeignete Instrument zur Vermittlung ihrer Ideen, allein schon deshalb, weil diese Sprache von alters her das Tor zur internationalen gelehrten Welt öffnete. Der niederländische Späthumanist Justus Lipsius (1547–1606) schrieb Briefe in der Volkssprache nur an seine Familie, weil es nicht anders möglich war, geriet aber in Wut, wenn jemand auf Niederländisch auf einen kontroversen Aspekt seiner lateinischen Abhandlungen reagierte.

Der Humanismus verbreitete sich außerhalb Italiens nicht in einer geschlossenen Bewegung während einer abgegrenzten Periode, obwohl der zweiten Hälfte des fünfzehnten Jahrhunderts eine spezielle Bedeutung zukommt. Natürlich gab es auch schon ältere Kontakte: So erreichte im späten vierzehnten Jahrhundert das humanistische Gedankengut durch Petrarca und seine Schüler Frankreich und vielleicht auch den Hof Kaiser Karls IV. in Prag. Diese Verbreitung kam vor allem durch persönliche Kontakte zustande, die ein geistiger Austausch mit sich brachte. Viele italienische Humanisten reisten ins Ausland, nicht nur um vergessene Manuskripte zu suchen, sondern gelegentlich auch, um dort zu arbeiten. Fürstenhöfe besaßen eine besondere Anziehungskraft für sie. Ein frühes Beispiel ist der Hof des ungarischen Königs Matthias Corvinus (1458–1490) in Buda. Andere italienischen Humanisten unterrichteten an Universitäten wie Paris und Oxford oder reisten als Diplomaten im Dienste von Fürsten, Päpsten oder Stadtrepubliken, wieder andere widmeten ihre Arbeiten nichtitalienischen Gönnern, ohne selbst ihre Heimat zu verlassen. Auch humanistisch gebildete italienische Geistliche, Kaufleute oder Bankiers beeinflußten das geistige Leben im Ausland. Manchmal hatten sie aus politischen oder – vor allem in der Zeit der Gegenreformation – religiösen Gründen ihre italienische Heimat verlassen müssen.

Umgekehrt unternahmen viele Ausländer Bildungsreisen nach Italien. Unter ihnen sind viele berühmte Namen wie Erasmus, Kopernikus oder Montaigne. Viele fanden dort sogar Arbeit, wie die Kopisten und Drukker aus Deutschland und den Niederlanden. Eine sehr bedeutende Funktion im intellektuellen Austausch zwischen Italien und dem Rest von Europa hatte die Gelehrtenkorrespondenz, in der neue Ideen und Interpretationen besprochen und neue Erkenntnisse weitergegeben wurden. Überall in Europa gab es reiche Sammler, aber auch arme Studenten, die humanistische Manuskripte italienischer Provenienz besaßen, welche sie entweder gekauft oder selbst abgeschrieben hatten und auch durch andere kopieren ließen. Die großen Sammlungen alter Bibliotheken bewahren sie auch heute noch: So sind die Manuskripte, welche der Chronist und Arzt Hartmann Schedel (1440–1514) während seiner Studienzeit in Italien gesammelt hat, größtenteils noch in München vorhanden. Seit der zweiten Hälfte des fünfzehnten Jahrhunderts boten Händler auf Märkten und Messen in Italien gedruckte humanistische Bücher an. Im sechzehnten Jahrhundert wurde es außerdem üblich, Werke italienischer Humanisten außerhalb Italiens zu drucken oder auch in die Volkssprache zu übersetzen oder zu überarbeiten.

Es dauerte nicht lange bis sich in anderen Ländern ein eigenständiger Humanismus entwickelte, der nicht sosehr das italienische Vorbild imitierte, als sich vor allem an die einheimische gelehrte Tradition und den jeweiligen Bedarf anpaßte und einen eigenen Weg ging. Seit dem Ende des fünfzehnten Jahrhunderts gab es überall einheimische Humanisten, von Schweden bis Portugal und von England bis Polen. In Deutschland und in den Niederlanden gehörten Männer wie Erasmus, Konrad Celtis (1459–1508), Johannes Reuchlin (1455–1522) und Rudolf Agricola (1444–1485) zu dieser ersten Generation. Das sechzehnte Jahrhundert war die Blütezeit des sogenannten ‚nördlichen' Humanismus, der Italien dann sogar in den Schatten stellte. Erasmus entwickelte sich zu der dominanten Figur der ersten Dezennien dieses Jahrhunderts; unter seinen Zeitgenossen waren hervorragende Gelehrte wie der Autor der *Utopia* Thomas More (1478–1535) und der große Graezist und Jurist Guillaume Budé (1467/68–1540).

Überall entstanden bedeutende neue Schulen, an denen die humanistischen Studien betrieben wurden: So 1509 St. Paul's School in London, gegründet von Erasmus' Freund John Colet, 1517 in Löwen das berühmte Collegium Trilingue, wo die drei klassischen Sprachen Lateinisch, Griechisch und Hebräisch im Mittelpunkt des Unterrichts standen. 1530 gründete König Franz I. in Paris das Collège de France, dessen Mitglieder nicht nur unterrichteten, sondern auch ungehindert forschen konnten. Manche Universitäten widersetzten sich noch der neuen Richtung, wie die Sorbonne, von der der Spanier Juan Luis Vives (1492–1540) in seinem polemischen Traktat *In pseudodialecticos* (Gegen die Pseudo-Logiker) schrieb, sie sei ein altes Weib, das Unsinn rede. Andere Universitäten, besonders die jungen deutschen, nahmen die neuen Studien auf und gediehen dadurch. Späte Neugründungen wie Leiden (1575) waren von Anfang an humanistisch ausgerichtet. Das von Vives entworfene und in vielen seiner Werke verfochtene Bildungssystem, in dem die in den humanistischen Studien entwickelten Methoden auf alle Wissenschaften, nicht nur die Humaniora, angewendet werden sollten, hatte in ganz Europa großen und dauerhaften Einfluß.

Große Latinisten gab es fortan nicht nur in Italien, sondern insbesondere auch in Frankreich und in den Niederlanden, so zum Beispiel Justus Lipsius und Joseph Justus Scaliger (1540–1609). Italien blieb aber auch im sechzehnten Jahrhundert das Land vielseitiger Humanisten wie Fulvio Orsini (1529–1600) und zählte bedeutende Herausgeber von antiken Texten wie Pier Vettori (1499–1585) und Francesco Robortello (1516–1567).

Für die Zeit nach der Mitte des sechzehnten Jahrhunderts ist es üblich, den Terminus ‚Späthumanismus' zu benutzen. Seine Vertreter waren sicher nicht weniger gelehrt als ihre großen Vorgänger, sie sind aber weniger bekannt, und die klassischen Studien, die sie betrieben, wurden mehr und mehr entliterarisiert. Auch das humanistische Weisheitsideal wurde immer mehr in Frage gestellt, weil allmählich deutlich wurde, daß auch der Humanismus, wie wohl alle Gelehrsamkeit, zur dürren Pedanterie und zum Sophismus entarten konnte. Späthumanisten wie Lipsius und Hugo Grotius (1583–1645) kritisierten dies, wiesen auf die Moralphilosophie als Rettungsmittel hin und entwarfen auch neue Bildungssysteme und Hochschulreformpläne, aber die trockene Wissenschaft siegte dann im siebzehnten Jahrhundert endgültig. Die Humaniora waren zu Fachstudien geworden, in denen übrigens noch sehr viel geleistet wurde durch Herausgeber klassischer Texte wie dem Niederländer Nicolaus Heinsius (1620–1681) oder dem Engländer Richard Bentley (1662–1742), deren Arbeiten auch noch direkten Bezug zu den Forschungen der berühmten Humanisten des fünfzehnten und sechzehnten Jahrhunderts aufweisen.

Es verwundert nicht, daß der Humanismus im Lauf seiner langen Entwicklung auf das ganze geistige Leben, auch außerhalb der Humaniora, eingewirkt hat. Die durch Humanisten entwickelten Methoden der historisch-philologischen Kritik waren ja auf Quellen aller Art anwendbar. Die Wißbegierde der Humanisten machte nicht halt vor Problemen, die außerhalb der eigentlichen *studia humanitatis* lagen. Sie versuchten, ihre Methoden auf alle Wissenschaftsgebiete anzuwenden, formulierten dabei neue Fragestellungen und kamen zu neuen Ergebnissen.

Abgesehen von dem Studium antiker Texte und ihren eigenen lateinischen Schriften haben die Humanisten die lateinische Sprache selbst tiefgehend beeinflußt. Das Humanistenlatein war aber, genau wie das im Mittelalter gebrauchte Latein, keine lebendige Sprache mehr. Man konnte es nach wie vor nur in den Schulen aus Büchern lernen. Die traditionelle lateinische Sprache der Kirche, der Schulen und der Kanzleien hatte sich in ihrem Gebrauch ganz deutlich von den Volkssprachen abgegrenzt und fungierte wesentlich als Standessprache. Das Latein der Kanzleiurkunden und Fachtexte hatte – auch unter dem Einfluß der Volkssprachen – im Mittelalter neue Wörter und Redewendungen aufgenommen, und die scholastische Philosophie hatte sich ein eigenes Instrument für ihre subtilen Argumente geschaffen. Von dem ‚barbarischen' Einfluß dieses scholastischen Lateins versuchten die Humanisten, aufgrund ihrer besseren Kenntnis antiker Texte, ihre Sprache zu reinigen. Sie konnten ja auch neuentdeckte Autoren und Texte lesen und nachahmen. Sie waren bestrebt, nur aus klassischen Texten belegte Wörter zu benutzen und unklassische Wendungen zu vermeiden, um so ein möglichst fehlerfreies und ‚echtes' Latein zu schreiben, ohne sich von ihrer Muttersprache beeinflußen zu lassen. Viele Humanisten latinisierten oder – noch feiner – graezisierten ihre Namen: Aus Bienewitz wurde Apianus, aus Schwarzert wurde Melanchthon. Wo neue Wortbildungen nötig waren, um neue Sachen zu benennen, taten sie dies ohne Bedenken. Besonders in der schönen Literatur setzte sich oft ein Ciceronianismus durch, der nur Redeweisen und Wörter gestattete, welche in den Werken Ciceros bezeugt sind. Später befürworteten Juristen, die beim Studium römischer Quellen das Latein einer viel späteren Zeit kennengelernt hatten, den kompakteren Stil des Tacitus zu verwenden: Am Ende des sechzehnten Jahrhunderts begann dieser Tacitismus in die Gelehrtenprosa einzudringen. In der Fachliteratur dagegen blieb die Sprache aber noch weitgehend vom mittelalterlichen Latein geprägt, und deshalb gibt es auch kein einheitliches Humanistenlatein. Überdies weist die Sprache jedes einzelnen Autors individuelle Züge auf, die von seinem Bildungsgang und seiner Vorliebe für dieses oder jenes antike Vorbild abhängig sind.

Der unablässige Umgang mit den antiken Sprachen regte auch das wissenschaftliche Interesse an der Volkssprache an: So hingen die frühesten deutschen Grammatiken, Wörterbücher und auch Sprichwörtersammlungen stark von ihren lateinischen Vorbildern ab. Die Humanisten führten auch die Termini ein, die noch heute in Schule und Universität üblich sind, wie zum Beispiel im Deutschen ‚Klasse', ‚Examen', ‚Dozent', ‚Klausur' und Lehnübersetzungen wie ‚Vorlesung' und ‚Lehrstuhl'. In manchen Volkssprachen bereicherten die Humanisten den Wortschatz durch originelle Neubildungen und beeinflußten die Syntax durch Nachahmung von lateinischen Strukturen in ihren Übersetzungen oder Bearbeitungen lateinischer Schriften. Weil, wie gesagt, viele Humanisten auch in ihrer Muttersprache schrieben, wurden die Gattungen wie auch die Motive und der Stil der volkssprachigen Literaturen vom Humanismus tief berührt.

Der Humanismus inspirierte viele Künstler, vor allem Architekten, nach klassischen Vorbildern zu arbeiten. Die Wiederentdeckung des Werkes des römischen Architekten Vitruv spielte dabei eine entscheidende Rolle. Seit dem fünfzehnten Jahrhundert wählten mehr und mehr bildende Künstler sich Themen aus der Mythologie oder der antiken, besonders der römischen, Geschichte. Bald wurde die bildende Kunst in Italien Gegenstand gelehrter Traktate, in denen neue Gedanken über Kunst und Kunstkritik entwickelt wurden: Es sei das Ziel der Kunst, die natürliche Welt in ihren Eigenschaften und Formen zu studieren und so getreu wie möglich nachzuahmen. Ein Kunstwerk sollte so aussehen, als sei das Abgebildete echt und lebendig, und ‚nach dem Leben' gezeichnet oder gemalt wurde zum höchsten Kompliment. Die Wissenschaft galt dabei als unentbehrliches Werkzeug: Die Mathematik lieferte die Kenntnis der Perspektive, und die Rhetorik bot geeignete Themen. Wichtig war aber auch die schöpferische Kraft des Künstlers, denn, wie Michelangelo sagte, ein Künstler malt nicht mit seiner Hand, sondern mit seinem Geist. Oft waren die Verfasser solcher Traktate selbst sowohl Humanisten als auch Künstler, wie Leon Battista Alberti (1404–1472) und Giorgio Vasari (1511–1574).

Die durch die Humanisten vermittelte Antike zeigte sich auch bei Festlichkeiten, bei deren Gestaltung mythologische Figuren, römische Tempel oder andere Zutaten aus dem klassischen Altertum eingesetzt wurden. Es ist aber falsch zu glauben, daß solche Feste deshalb von ernster Gelehrsamkeit dominiert wurden. Die endlose Häufung von griechischen Göttern, allegorischen Figuren, von Schattenkämpfen mit Monstren oder von Argonautenschiffen aus Zucker mag den Zuschauer allerdings ab und zu verwirrt haben. Bei einem berühmt gewordenen Hoftheaterfest in Urbino (1513) war es notwendig, den Inhalt der Intermezzi zu erklären, weil sie sonst unverständlich gewesen wären. Auf die Bühnenkunst wirkte der Humanismus in Italien schon seit dem späten fünfzehnten Jahrhundert ein, obwohl Hoftheater nach antikem Muster – wie in Vicenza oder Sabbionetta – erst ungefähr hundert Jahre später gebaut wurden. Bald folgte ganz Europa Italiens Vorbild und versuchte, es noch zu übertreffen mit äußerst komplizierten fürstlichen Einzügen oder Theaterspektakeln, deren Formen noch bis tief in das achtzehnte Jahrhundert weiterlebten. Beziehungen zwischen Musik und Humanismus zeigen sich deutlich in einigen theoretischen Abhandlungen, welche zur Rekonstruktion und Wiederbelebung der antiken Musik für das zeitgenössische Musikleben beitragen sollten. Es ist jedoch gut möglich, daß auch bei der humanistischen Dichtung der Musik Platz eingeräumt wurde; wenigstens wird dem florentinischen Philosophen Marsilio Ficino (1433–1499) nachgesagt, er hätte die lateinischen Dichtwerke befreundeter Humanisten improvisierend vertont.

Zur Entwicklung der Naturphilosophie und der Naturwissenschaften sowie der Medizin und der Mathematik trug der Humanismus an erster Stelle durch Übersetzungen aus dem Griechischen und durch kommentierte Editionen bei: So wurden die Werke der größten antiken Wissenschaftler wie Euklid, Archimedes, Ptolemäus, Hippokrates und Galenus weit verbreitet. Durch diese philologischen Anstrengungen konnte man sich ein Bild der antiken Wissenschaft machen, das insofern weit über die im Mittelalter überlieferten Kenntnisse hinausging, als es vollständiger und genauer war. Auch die arabischen Fassungen klassischer wissenschaftlicher Werke und die Arbeiten der Araber selbst erweckten das Interesse der Humanisten. So versuchte man seit dem späten fünfzehnten Jahrhundert, den lateinischen Text des medizinischen Hauptwerks Avicennas (980–1037), den *Canon medicinae*, von Übersetzungsfehlern zu reinigen.

Der Anatomiker Andreas Vesalius (1514–1564) gründete seine neuen Einsichten nicht nur auf empirische Forschung, sondern sein Ausgangspunkt war das Studium kritischer Editionen antiker medizinischer Werke, welche im berühmten venezianischen Verlag des Aldus Manutius (1450–1515) erschienen waren. Kopernikus konnte Ptolemäus erst widerlegen, nachdem er seine von deutschen Humanisten herausgegebenen

Werke eingehend studiert hatte. Humanisten vertieften sich in Alchemie, Astrologie und Magie aufgrund ihrer Entdeckungen spätantiker Quellentexte und sicherten auf diese Weise deren Platz in der Wissenschaft. Das humanistische Interesse an den Naturwissenschaften spielte auch bei den großen Entdeckungreisen eine Rolle; diese führten zu einer Fülle von Büchern auf dem Gebiet der Geographie, Zoologie und Botanik in denen klassische Texte oft herangezogen wurden: wie zum Beispiel die botanischen Werke des Theophrastus, die ja erst im sechzehnten Jahrhundert wiederentdeckt wurden. In diesem Sinne hat der Humanismus die Entwicklung der modernen Naturwissenschaft seit dem sechzehnten Jahrhundert befruchtet, war aber sicherlich nicht allein verantwortlich für ihre Blüte.

Besonders in der Metaphysik und Kosmologie profitierten die Philosophen von den Beiträgen der Humanisten, weil sie viele griechische Aristoteles-Kommentare zugänglich machten. In der Logik versuchten sie mehrfach, eine Brücke zur Argumentationsweise der Rhetorik zu schlagen, was erst Petrus Ramus (1515–1572) gelang. Seine anti-aristotelische formale Logik verzichtete jedoch nicht ganz auf traditionelle Elemente wie den Syllogismus. Ebenso wichtig wie die Erneuerung des Aristotelismus oder der Angriff auf ihn war der Neuplatonismus der Renaissance. Er war eine Schöpfung von Philosophen, die ihr scholastisch gefärbtes Fach erfolgreich mit humanistischer Gelehrsamkeit verbanden: Marsilio Ficino kommentierte und übersetzte sowohl Plato wie Plotinus und legte auf diese Weise das Fundament für eine Blüte des Neuplatonismus, die bis in das siebzehnte Jahrhundert andauerte.

Einen eigenständigen Beitrag lieferte der Humanismus auf dem Gebiet der Ethik, der Politikwissenschaft und der Historiographie. Dort konnte die pädagogische Einstellung der Humanisten in ihrem Bestreben, den Menschen zum Guten zu erziehen, wirklich florieren. Philosophische und historische Texte des klassischen Altertums vermittelten anregende Vorbilder, moralische Maßstäbe und tiefsinnige Belehrung. Die Humanisten setzten sich daran, diese Schriften zu verarbeiten und nachzuahmen, wobei sie oft, aber nicht immer, versuchten, antike Weisheit mit der christlichen Lehre zu versöhnen. Der Anfang war gemacht, als Leonardo Bruni in der ersten Hälfte des fünfzehnten Jahrhunderts die *Politica* und *Ethica* des Aristoteles neu übersetzte. Aufgrund dieser und ähnlicher Vorarbeiten verfaßte eine Reihe italienischer Humanisten bald Traktate über die Geschichte und das zeitgenössische und zukünftige politische Leben: Themen, die später auch außerhalb Italiens viele große Humanisten – von Thomas More bis Justus Lipsius – beschäftigten. Besonders Fürstenspiegel, von denen Erasmus' *Institutio principis christiani* (Die Erziehung eines christlichen Fürsten) ein berühmtes Beispiel ist, fanden ein breites Publikum. Auch der berühmteste und wohl originellste politische Denker der Renaissance, Niccolò Machiavelli (1469–

1529), wurde von klassischen Autoren wie Livius, Cicero und Aristoteles tief beeinflußt. Utopische Werke, die sich mit der idealen Gesellschaft im idealen Staat befassen, wie Mores *Utopia*, die *Civitas solis* (Der Sonnenstaat) des Tommaso Campanella (1568–1639) und die *Nova Atlantis* des Francis Bacon (1561–1626), wären ohne den Humanismus undenkbar gewesen.

In der zweiten Hälfte des sechzehnten Jahrhunderts, in einer von Bürgerkriegen heimgesuchten Periode, entstand der Neustoizismus, eine Moralphilosophie, die vielen in diesen krisenhaften Zeiten der religiösen und politischen Differenzen Trost bot. Ihr Schöpfer war Justus Lipsius, der versuchte, die sittlich hochstehende Weisheit Senecas mit der praktischen Prudenz des Tacitus, dessen Werke er herausgab, zu verbinden und auf diese Weise sowohl Fürsten als auch Bürgern praktische Ratschläge für ihre Lebensführung zu bieten. Dabei boten antike Historiker, an erster Stelle Tacitus, Belehrung über das Funktionieren des Staates und über die Handlungsweise des wahren Staatsmannes sowie auch inspirierende Vorbilder für das eigene Handeln. Wer Machiavelli nicht lesen wollte oder durfte wegen dessen angeblich amoralischer, unchristlicher Haltung, konnte sich in die Gedanken des Tacitus über die Staatsräson vertiefen und diese für die eigene Zeit weiter ausführen.

Es verwundert nicht, daß Humanisten, die die Historiker des klassischen Altertums so fleißig und tiefgehend studierten und imitierten, sich von ihnen auch zur Schöpfung einer Theorie und Methodenlehre der Geschichte inspirieren ließen. Der französische Jurist und politische Denker Jean Bodin (1530–1596) publizierte 1566 seinen *Methodus ad facilem historiarum cognitionem* (Methode zur leichten Erkenntnis der Geschichte), einen Führer zum Studium der Universalgeschichte. Geschichte, öffentliches Recht und politische Theorie sind untrennbar miteinander verbunden in seinem Hauptwerk, *Six livres de la République* (1576), in dem er auf der Basis einer systematischen Erörterung des französischen und allgemeinen öffentlichen Rechts eine absolutistische Theorie der fürstlichen Souveränität darlegte.

Zur Zeit Bodins hatte der Humanismus schon stark auf die Jurisprudenz und die Rechtstheorie eingewirkt; besonders das römische Recht hatte zu Studien angeregt. Schon im fünfzehnten Jahrhundert hatten italienische Humanisten, die übrigens keine Juristen waren, das *Corpus iuris* zum Gegenstand historisch-philologischer Kritik gemacht. Im nächsten Jahrhundert bauten Guillaume Budé und Andrea Alciati (1492–1550) in Frankreich eine historische Rechtsschule auf, die ganz auf einem humanistischen Fundament ruhte und einen solchen Einfluß ausübte, daß die humanistische Jurisprudenz den Namen *mos gallicus* bekam, um sie von der althergebrachten scholastischen Jurisprudenz, die vor allem an den italienischen Universitäten weiterblühte, zu unterscheiden.

In dem Aufruf *An die Ratsherren aller Städte deutschen Landes*

(1524), Schulen zu stiften und das Lehrprogramm der Kinder als „Lust und Spiel" zu gestalten, vertrat Luther die Meinung, daß Ignoranz schlimm sei, aber daß die Gelehrsamkeit zu seiner Zeit glücklicherweise reiche Früchte trage, welche für die Wiedererrichtung des rechten Glaubens brauchbar seien. Hier wird klar, was den Humanismus mit der Reformation verband: ein tief verwurzeltes Interesse an Bildung und Erziehung. Als Luther dies schrieb, hatte Erasmus schon seine Edition des Neuen Testaments *(Novum instrumentum*, 1516) und, im gleichen Jahr, die Werke des Kirchenvaters Hieronymus herausgegeben. Er, und andere Humanisten mit ihm, verteidigte eine erneuerte Theologie, die sowohl in historisch-philologischer Kritik als auch in wirklicher, verinnerlichter Frömmigkeit gegründet sein sollte. Seiner Meinung nach konnten Philologen der Theologie nur dienlich sein: „Theologie ist zur Recht die Königin aller Wissenschaften, aber mehr Ruhm und Gelehrsamkeit besäße sie, wenn sie solch nützliche Dienstmägde mit gebotener Freundlichkeit unter ihr Personal aufnähme".[3] Dabei gab es keinen Widerspruch zwischen Gelehrsamkeit und Frömmigkeit. Die Frömmigkeit der Humanisten konzentrierte sich nicht auf Wunder, Reliquien oder Ablässe, sondern auf das Wort. Sie äußerte sich nicht nur in biblischen Studien, sondern auch in einem großen Interesse an den griechischen und lateinischen Kirchenvätern, die zugleich als Vertreter der unverdorbenen Urkirche und der spätantiken Welt betrachtet wurden. Die Wirkung des Humanismus auf die Theologie beschränkte sich übrigens nicht auf Anhänger des Erasmus oder auf Protestanten, sondern zeigt sich auch bei katholischen Theologen: Ein Beispiel ist der Venezianer Gasparo Contarini (1483–1542), der sich als Kardinal für die Kirchenreform einsetzte und den sogenannten italienischen ‚Spirituali' nahestand, welche die römische Kirche durch eine Erneuerung des persönlichen geistigen Lebens der Gläubigen reformieren wollten.

Es ist vielleicht gut zu bedenken, daß die Welt der Humanisten in der Renaissance nicht ‚modern' war in dem Sinne, daß sie uns, Menschen des zwanzigsten Jahrhunderts, ohne Anstrengung zugänglich ist. Trotzdem bietet sie viel, das uns unmittelbar anspricht, besonders in den Schilderungen einzelner Persönlichkeiten: So etwa Petrarca, der in einem Brief an einen Bewunderer mit kaum verhehlter Ironie beschreibt, welch merkwürdige Therapie die Ärzte für sein Fieber vorschreiben; er solle nämlich die ganze Nacht festgebunden gerade sitzen, damit er nicht einschlafe. Oder wir begegnen dem feinsinnigen, um nicht zu sagen pretiösen Niccolò Niccoli, der auf peinliche Reinlichkeit bestand und nur aus antiken Gefäßen aß. Er war so überempfindlich, daß er „weder einen Esel schreien, noch eine Säge knirschen, noch eine Mäusefalle quietschen hören

[3] Zitiert bei C. Augustijn, *Erasmus von Rotterdam. Leben – Werk – Wirkung.* München 1986, S. 92.

konnte".[4] Wir hören Erasmus sagen, wie schlecht ihm immer die in seiner niederländischen Heimat üblichen Salzheringe bekommen, und wir sehen Machiavelli, wie er abends seine besten Gewänder anzieht, bevor er sich dem Studium seiner geliebten antiken Autoren widmet. Wir finden Lipsius in seinem Leidener Garten mit seinen Hündchen, mal schreibend in seinem Sommerhäuschen, mal nach seinen Riesenkürbissen sehend, auf die er so stolz war. Oder wir lachen über Guillaume Budé, der auf die Nachricht, daß sein Haus in Flammen stehe, erwiderte, daß häusliche Angelegenheiten zum Bereich seiner Frau gehörten.

In ihren gelehrten Arbeiten erscheinen die Humanisten uns immer erhaben und tugendhaft; trotzdem verfaßten sie auch unzüchtige lateinische Dichtungen. Es ist auffallend, wie gut sie sich zanken konnten und wie ausgesucht die Seitenhiebe waren, welche sie einander versetzten. Mit unausstehlichem Hochmut publizierten sie die boshaftesten Satiren und Schmähschriften. Es verwundert daher nicht, daß die Humanisten sich schon im fünfzehnten Jahrhundert als unangenehme Menschen geschildert sahen, deren größte Sünde der Dünkel war: „Wie sie verdrossenen und maliziösen Aussehens mit falscher Gravität einherschreiten, dem körnerpickenden Kranich vergleichbar, bald ihren Schatten betrachtend, bald in zehrender Sorge um Lob versunken".[5]

Nichts Menschliches war also den Humanisten fremd. Doch überwiegt bei der Betrachtung ihrer Welt ein positives Bild, das vor allem aus dem unverwüstlichen Optimismus der Zeit gespeist wird. Nannte Valla – wie schon erwähnt – in der ersten Hälfte des fünfzehnten Jahrhunderts seine eigene Zeit glücklich wegen der großen Fortschritte in Kunst und Wissenschaft, so meinte Vives ein Jahrhundert später, daß man die antiken Denker wie Aristoteles oder Plato und wen auch immer sogar übertreffen könne, wenn man sich nur anstrengte. Budé hoffte ernsthaft auf das Auftreten eines neuen Demosthenes, Plato, Thukydides oder Cicero in den Reihen der Humanisten.

Es gibt einen bekannten Stich Albrecht Dürers aus dem Jahr 1526, der Erasmus am Schreibpult darstellt. Er hält die Feder in der rechten, das Tintenfaß in der linken Hand, die Augen sind auf das Papier gerichtet, auf dem der Gelehrte gerade schreibt. Er ist in ein warmes Oberkleid gehüllt, und auf dem Kopf trägt er ein Barett. Das Gemach ist ausgestattet mit einigen Büchern und einer kleinen Vase mit Veilchen und Maiglöckchen. Die Inschrift auf dem Stich lautet: „Bildnis des Erasmus von Rotterdam, von Albrecht Dürer nach seiner lebendigen Gestalt gezeichnet. Seine Schriften zeigen ein besseres Bild". So ist es mit allen Humanisten: Man braucht sie nur zu lesen.

[4] Jacob Burckhardt, *Die Kultur der Renaissance in Italien*. Stuttgart [10]1976, S. 197.

[5] Ebd., S. 252.

I. Anfänge in Italien

Einleitung

Oft wird ohne weiteres angenommen, daß die humanistische Wiederbelebung des klassischen Altertums natürlich nirgendwo anders als in Italien hätte stattfinden können, weil dort das Bewußtsein der Kontinuität mit der Kultur des antiken Roms nie ganz verlorengegangen war. Aus dieser Sicht geht es nur darum, die Voraussetzungen für das Aufblühen des Humanismus in Italien zu ergründen, nicht aber die Frage „Warum gerade in Italien?“ zu stellen. Es ist richtig, daß Bürger der unabhängigen Städte Nord- und Mittelitaliens von Zeit zu Zeit ihren Patriotismus mit dem Gedanken würzten, Nachkommen der alten Römer zu sein, und sich deshalb für ihre römische Vergangenheit interessierten. Es ist auch nicht zu leugnen, daß diese Vergangenheit in der Gestalt von Ruinen und anderen Artefakten überall in Italien noch sichtbar war. Aber gegen eine derart simplifizierende Vorstellung ist doch vieles einzuwenden – zum Beispiel, daß es ja schon mittelalterliche ‚Renaissancen‘ des Studiums klassischer Texte diesseits der Alpen gegeben hatte, so zum Beispiel zur Zeit Karls des Großen und im zwölften Jahrhundert. Manuskriptenjäger wie Francesco Petrarca (1304–1374) und Gianfrancesco Poggio Bracciolini (1380–1459) spürten ihre aufregenden Funde eher in Bibliotheken nördlich der Alpen auf als in Italien: So fand Petrarca 1333 die Verteidungsrede Ciceros *Pro Archia* (Für Archias) in einer Klosterbibliothek in Lüttich. Petrarca, der sprichwörtliche ‚erste Humanist‘, begann schon während seiner Jugend in Avignon und nicht erst später in Italien, sich lebhaft für das klassische Altertum zu interessieren. Schon als junger Mann rief er aus: „Ich lebe jetzt, und wäre doch lieber in einer anderen Zeit geboren“, – in einer Zeit nämlich, wo er seinen antiken Geisteshelden persönlich hätte begegnen können. Es war ein Gefühl, daß der junge Petrarca sowohl mit seinen französischen als auch mit seinen italienischen Freunden teilte. Denn Frankreich, nicht Italien, war in der ersten Hälfte des vierzehnten Jahrhunderts das Land, in dem die spätmittelalterliche Kultur ihre Blütezeit erlebte.

Nicht nur die Tatsache, daß die Anfänge des Humanismus in Italien zu suchen sind, ist erstaunlich, bemerkenswert ist auch, daß gleich von Beginn an literarische Formen und Themen festgelegt wurden, die für die Humanisten immer bedeutsam blieben. Petrarcas Ruhm stützte sich schon zu Lebzeiten auf seine Dichtkunst, besonders auf seine volkssprachliche Lyrik – den *Canzoniere* (Liederbuch, zwischen 1336 und seinem Todesjahr 1374 entstanden) – die bis heute berühmt geblieben ist und viel gelesen wird. Auf den ersten Blick ist vielleicht nicht ganz deutlich, in welcher Hinsicht diese lyrischen Gedichte mit dem Humanismus in Zusammenhang stehen. Für Petrarca waren Humanismus und Dichtung jedoch fest verknüpft. Ciceros von Petrarca entdeckte Rede *Pro Archia* enthält einen Exkurs über die soziale Bedeutung der Dichtung. Bei seiner Dichterkrönung auf dem römischen Kapitol am 8. April 1341 hielt Petrarca die *Collatio laureationis* (Rede bei der Lorbeerkrönung). Stark von Cicero inspiriert, verband er in dieser Rede den Nutzen der Dichtkunst für das öffentliche Leben mit dem Studium des klassischen Altertums. Dichterische Übung und gründliches Studium insbesondere der antiken Philosophie gehören zusammen, sagte Petrarca, denn Wahrheit und Schönheit, aber auch Weisheit, sind die wesentlichen Elemente der Dichtung.

Das Sonett *S'amor non è* (Wenn dies nicht Liebe ist) ist eines der berühmtesten Gedichte Petrarcas. Die Wirkung seiner volkssprachlichen Lyrik war auch außerhalb Italiens enorm groß, nicht zuletzt in seinen Formen: Das Sonett beherrschte bald die ganze Renaissancepoesie. In Deutschland war es der Dichter Martin Opitz (1597–1639), der auf der Suche nach neuen Formen, Motiven und Metaphern die petrarkistische Liebesdichtung um 1625 in seinem *Buch von der Deutschen Poeterey* und den *Teutschen Poemata* populär machte. Er selbst übersetzte auch zwei Sonette Petrarcas.

Giovanni Boccaccio (1313–1375), ein jüngerer Freund und Schüler Petrarcas, erwies dem italienischen Frühhumanismus dadurch einen großen Dienst, daß er Petrarcas Ruhm verbreitete und die humanistischen Studien unermüdlich propagierte. Um 1370 verfaßte er eine ‚Verteidigung der Poesie' als Teil seines Werkes *Genealogia deorum gentilium* (Genealogie der heidnischen Götter). Die Arbeit an diesem Buch, einer systematischen und enzyklopädischen Behandlung der klassischen Mythologie, beschäftigte Boccaccio in den letzten fünfundzwanzig Jahren seines Lebens. Es brachte ihm großen Ruhm, denn in den zwei folgenden Jahrhunderten blieb dieses Werk die vornehmste Quelle, aus der man Kenntnis der antiken Götter und der Mythologie schöpfte. Dieses Wissen benötigte jeder Leser der antiken oder auch der neuen humanistischen Texte, und Boccaccios Buch bildete einen nicht nur bedeutenden, sondern sogar notwendigen Beitrag zur Verbreitung des humanistischen Gedankenguts. Daher ist es auch verständlich, daß Boccaccio seinen mythologischen Ausführungen ein feuriges Plädoyer für die Dichtung beigab.

Boccaccios ‚Verteidigung der Poesie' war lateinisch in der Form einer gelehrten Abhandlung geschrieben, die mittelalterlichen Vorbildern enzyklopädischer Kompendien noch sehr nahestand. Der Dialog, wie er in Petrarcas Werk *De remediis utriusque fortunae* (Über die Heilmittel gegen Glück und Unglück) anzutreffen ist, war eine klassische literarische Form, die allerdings bei den Humanisten wieder sehr beliebt wurde. Das Buch ist ein moralphilosophisches Werk, und bei der Verteidigung einer stoischen Lebenshaltung schöpfte Petrarca aus eigenen Erfahrungen und Gedanken sowie aus den Schriften klassischer und frühchristlicher Autoren – eine Arbeitsweise, die damals in der Philosophie neu war. Petrarca wählte den Dialog als die beste Form für ein derartiges freies Philosophieren, weil sie dem Leser erlaubt, sich mit den Dialogfiguren zu identifizieren und ihre Gedanken nachzuvollziehen. Das Werk wurde Ende 1366 vollendet und war sehr erfolgreich. Bald gab es Abschriften in ganz Europa und später wurde es unzählige Male gedruckt und übersetzt – unter anderem über zehn Mal ins Deutsche.

Boccaccios *De casibus virorum illustrium* (Vom Glück und vom Unglück berühmter Männer und Frauen) wurde ebenfalls ein europäischer Bestseller und trug während seines Lebens viel mehr zu seinem Ruf bei als der heutzutage bekanntere *Decamerone*. Die Grundidee des Werks ist ebenso einfach wie reizvoll: Boccaccio sitzt in seinem Stammhaus in dem toskanischen Bergstädtchen Certaldo und denkt nach über das menschliche Schicksal, über das er ein Buch schreiben möchte. Und „siehe, da standen schon zwei uralte Menschen vor mir, so altersschwer, als könnten sie ihre Glieder kaum noch tragen“: Adam und Eva. So ziehen eine ganze Reihe historischer Gestalten vor seinem geistigen Auge vorbei. Besonders gefesselt wird Boccaccio von der Göttin Fortuna, die das Schicksal der Menschen bestimmt. Auch mit ihr kommt er ins Gespräch und bittet sie, seinen Namen berühmt zu machen. Diese Art dichterischer Geschichtsschreibung benutzte Boccaccio zur moralischen Belehrung eines Lesers, der historische Vorbilder – nachahmenswürdige oder auch abschreckende – nötig hatte, um sich in seinem eigenen Leben zurechtfinden zu können.

Neben der Dichtung, der gelehrten Abhandlung und dem Dialog gab es noch zwei weitere literarische Formen, die von den Humanisten mit Vorliebe benutzt wurden: den Brief und die Rede. Die vielen Auseinandersetzungen über Sprache, Stil und Methode wurden oft in Briefwechseln ausgetragen. Solche Briefe waren keineswegs nur private Korrespondenzen, sondern wurden für die gelehrte Welt geschrieben und daher oft kopiert. Ein typisches Beispiel ist der nicht datierte Brief Angelo Polizianos (1454–1494) an Paolo Cortesio (1465–1510) über die richtige Art der literarischen Nachahmung klassischer Autoren. Es handelte sich hier um ein zentrales Thema: Sollten die antiken Vorbilder sklavisch nachgeahmt werden, oder sollte man aus eigener Kraft Sprache und Stil weiterbilden und den Forderungen der eigenen Zeit anpassen? Später rügte Desiderius Erasmus (ca. 1469–1536) in seinem *Ciceronianus* diejenigen, die nur Wörter und Redewendungen benutzten, welche schon bei Cicero vorkamen, und verspottete solche ‚Ciceronianer‘, weil sie kein schöpferisches Element in ihrem literarischen Stil zulassen wollten.

Als frühes Beispiel einer einflußreichen Humanistenrede kann Leonardo Brunis *Laudatio Florentinae urbis* (Lob der Stadt Florenz) gelten. Geschichtsschreibung und politische Theorie nahmen in der Renaissance oft die rhetorische Form einer öffentlichen Rede an. Der Florentiner Politiker und Historiker Leonardo Bruni (1369–1444) verteidigte die Auffassung, daß nicht das kaiserliche Rom den Höhepunkt der antiken Geschichte darstellt, sondern das von freien Bürgern regierte Athen und später das republikanische Rom. Nach Bruni hatten die römischen Kaiser die politische Freiheit zerstört und auf diese Weise der antiken Kultur das Beste genommen. Bruni interpretierte auch die Geschichte der Stadt Florenz neu: Nicht der tyrannische Caesar, sondern der Republikaner Sulla sei ihr Gründer gewesen, und die Bürger hätten schon immer für ihre Freiheit gekämpft, wie es zu seiner Zeit auch wieder im Krieg gegen Mailand der Fall sei. Überdies war diese politische Freiheit bei Bruni unlösbar mit dem Humanismus verknüpft. Mündige Bürger brauchten nämlich für den politischen Alltag eine umfassende Bildung: Kenntnis der Geschichte für die richtige Beurteilung der Hintergründe zeitgenössischer Entwicklungen, Moralphilosophie, um die richtigen Entscheidungen treffen zu können, und vor allem Beredsamkeit, mit deren Hilfe man andere überzeugen konnte. Eine solche Bildung konnte man nur durch eine humanistische Erziehung erlangen. Die lange Lobrede auf Florenz beginnt aber nicht mit Politik oder Geschichte, sondern mit einer Beschreibung der Stadt, weil nur das städtische Leben die Bedingungen für eine solche Erziehung erfüllen konnte.

FRANCESCO PETRARCA [1304–1374]

Sonett [in der Übersetzung von Martin Opitz]

Ist Liebe lauter nichts, wie daß sie mich entzündet?
Ist sie dann gleichwohl was, wem ist ihr tun bewußt?
Ist sie auch gut und recht, wie bringt sie böse Lust?
Ist sie nicht gut, wie daß man Freud' aus ihr empfindet?

Lieb ich ohn allen Zwang, wie kann ich Schmerzen tragen?
Muß ich es tun, was hilft's, daß ich solch' Trauern führ'?
Heb' ich es ungern an, wer dann befiehlt es mir?
Tu ich es aber gern, um was hab' ich zu klagen?

Ich wanke, wie das Gras, so von den kühlen Winden
Um Vesperzeit bald hin geneiget wird, bald her.
Ich walle wie ein Schiff, das durch das wilde Meer

Von Wellen umgejagt nicht kann zu Rande finden.
Ich weiß nicht was ich will, ich will nicht was ich weiß,
Im Sommer ist mir kalt, im Winter ist mir heiß.

GIOVANNI BOCCACCIO

Die Verteidigung der Poesie [ca. 1370]

Was die Dichtung ist, woher ihr Name rührt und was ihre Aufgabe ist

Die Dichtung, die die Gleichgültigen und Unwissenden verwerfen, ist nämlich eine Art Leidenschaft, in erlesener Form zu erfinden und das Erfundene zu sagen und zu schreiben. Sie geht aus dem Schoße Gottes hervor und wird, so meine ich, bei der Schöpfung wenigen Geistern zugestanden, und weil es ja ein Wunderding ist, sind die Dichter immer sehr selten gewesen. Die Auswirkungen dieser Leidenschaft sind aber erhaben, zum Beispiel erregen sie im Geist den Wunsch zum Reden, außergewöhnliche und unerhörte Erzählungen auszudenken, das Erdachte nach einer bestimmten Ordnung zusammenzufügen, das Zusammengefügte durch eine ungewöhnliche Folge von Worten und Sätzen zu schmücken und die Wahrheit in eine phantasievolle und passende Hülle zu verkleiden. Außerdem, wenn die Erfindung es verlangt, Könige zu bewaffnen, in den Krieg zu führen und Kriegsflotten auszuschicken, den Himmel, die Länder und die Meer zu beschreiben, die Mädchen mit Kränzen und Blumen zu schmücken, die Taten der Menschen nach ihrem Wert zu bestimmen, die Müden zu erregen, die Trägen zu beleben, die Tollkühnen zurückzuhalten, die Schuldigen zu bestrafen, die Vortrefflichen durch verdientes Lob zu erhöhen und viele andere Sachen mehr. Wenn einer von denen, in die diese Leidenschaft gesenkt wurde, diese Dinge weniger vollkommen macht, so ist er nach meiner Meinung kein lobenswerter Dichter. Überdies wird der Impuls, wie sehr er auch immer die Gemüter bewegt, denen er beigegeben wurde, sehr selten etwas Lobenswertes erreichen, wenn die Mittel, mit denen die Gedanken gewöhnlich ausgeführt werden, versagen, wie zum Beispiel die Regeln der Grammatik und Rhetorik, deren vollständige Kenntnis erforderlich ist, obwohl schon einige in wunderbarer Weise in der Muttersprache geschrieben und die einzelnen Bereiche der Poesie durchwandert haben. Dazu ist jedoch vonnöten, daß sie wenigstens die Grundlagen der Freien Künste, der Moral- und Naturwissenschaften gelernt haben, daß sie der Fülle der Worte mächtig sind, die Denkmäler der Vorfahren gesehen haben und daß sie sich der Geschichte der Völker, der Länder der Erde, der Lage der Meere, Flüsse und Berge erinnern. Außerdem ist die Einsamkeit, die die Natur schafft, dienlich, ebenso wie die Ruhe des Geistes und das Streben nach weltlichem Ruhm und oftmals ist auch der Eifer des Lebensalters von großem Nutzen gewesen; denn wenn diese fehlen, erlahmt manchmal der Geist um das Ersonnene. Und da aus diesem Eifer, der die Kräfte des Geistes schärft und erleuchtet, nur etwas Künstliches hervorgeht, wird die Dichtung meistens Kunst genannt. Der Name der Poesie stammt also nicht, wie viele achtlos meinen, von ‚poio, pos', das genau dasselbe wie ‚fingo, fingis' (formen, machen) bedeutet, sondern von ‚poetes', dem sehr alten griechischen Wort, das auf Latein ‚gewählte Ausdrucksform' heißt. Denn die ersten, die von diesem Geist angehaucht waren, begannen in diesem bisher rohen Jahrhundert vorzüglich zu sprechen, nämlich in Liedform, was damals eine völlig unbekannte Redeform war, und damit es den Ohren der Zuhörer klangvoll erschien, lenkten sie sie durch abgemessene Zeit und, damit die Kürze die Freude daran nicht im geringsten schmälerte noch die übergroße Länge Langeweile entstehen ließe, zwangen sie sie in bestimmte Metrikregeln und zwischen bestimmte Versfüße und Silbenzahlen. Was freilich aus solch sorgfältiger Sprechordnung hervorging, wurde nicht mehr Poesie, sondern Poem genannt. Und so ist, wie wir schon gesagt haben, sowohl bei Kunst wie bei Künstlichkeit der Name auf die Wirkung gefolgt. Und wenn ich sagen würde, daß diese Wissenschaft noch in jüngster Zeit aus Gottes Schoß in die Seelen gesenkt wurde, dann sagen diese berühmten Verleumder vielleicht, daß sie meinen Worten keinen Glauben schenken wollen, denn diese würden zwar den Wohlwollenden für das genügen, was man immer vor Augen hat, aber hier vermissen wir noch die Zeugen. Wenn sie aber lesen werden, was Cicero, der ein Philosoph und kein Dichter war, in jener Rede gesagt hat, die er vor dem Senat für Aulus Licinius Archias hielt, werden sie mir vielleicht leichter Glauben schenken. Er sagte nämlich: „Und so haben wir es auch von den höchsten und gebildetsten Menschen gehört. Das Studium der übrigen Dinge besteht in der Lehre, den Regeln und der Kunst, aber der Dichter wird von Natur aus durch die Kräfte des Geistes erregt und durch einen fast göttlichen Geist angehaucht", usw. Also, um die Rede nicht in die Länge zu ziehen, es könnte den frommen Menschen klar genug sein, daß die Dichtung eine Fähigkeit ist, daß sie ihren Ursprung im Schoße Gottes hat, daß sie ihren Namen von ihrer Wirkung angenommen hat und daß ihr viele ausgezeichnete und positive Dinge zukommen, deren sich diejenigen, die sie ablehnen, ständig bedienen. Wenn sie fragen, wo und wann ist das offenkundig, so sollen sie selbst bekennen, wer ihr Führer ist, mit dessen Hilfe sie ihre Phantasiegebäude abfassen, wenn sie ihre Leitern mit verschiedenen Sprossen zum Himmel errichten, wenn sie die hohen astreichen Bäume ebenfalls bis zu den Sternen führen, wenn sie die Berge bis zu den Gipfeln mit Wandelgängen umgeben. Vielleicht sagen sie, daß sie das aus Unbekanntem ziehen, daß das, was sie gebrauchen, ein Werk der Rhetorik ist, was ich zum Teil nicht abstreite. Denn die Rhetorik hat ihre eigenen Erfindungen, mit den Verkleidungen der Erzählungen jedoch hat die Rhetorik nichts zu tun. Reine Dichtung ist, was in verhüllter Form erdichtet und vorzüglich erzählt wird.

[...]

Es ist töricht zu glauben, die Dichter hätten in ihre Erzählungen keinen tieferen Sinn gelegt

Einige sind so tollkühn, daß sie, ohne mit irgendeiner Autorität ausgerüstet zu sein, sich nicht zu sagen scheuen, es sei ganz töricht zu glauben, daß die hochberühmten Dichter ihren Erzählungen irgendeinen Sinn unterlegt hätten, sondern sie hätten diese erfunden, um zu zeigen, wieviel sie mit der Kraft ihrer Beredsamkeit vermögen, und vor allem, damit durch ihr Verfahren von den Ungebildeten das Falsche für das Wahre gehalten werde. O Ungerechtigkeit der Menschen! O lächerliche Dummheit! Während sie die anderen hinunterdrücken, glauben sich diese Ungebildeten emporzuheben. Wer außer den Ungebildeten könnte sagen, die Dichter hätten die Erzählungen leer und hohl gemacht, fast als könnte man die Kraft der Beredsamkeit an wahren Dingen nicht zeigen. Schlecht fürwahr haben sie die Ansicht Quintilians verstanden, dessen Meinung als höchster Redner ist, daß sich gegen das Falsche keine Stärke der Beredsamkeit durchsetzen kann. Aber darüber an anderer Stelle. Wer wird so schwachsinnig und so wahnwitzig sein, zu dieser Überzeugung zu gelangen, wenn er in Vergils Hirtengedichten den Vers „Denn er sang, wie im unermeßlichen Nichts die Atome ...“ liest und die, die auf diesen folgen. Und in den *Georgica*: „Daß den Bienen ein Teil des göttlichen Geistes verliehen“ und so fort, und in der *Aeneis*: „Anfangs speist den Himmel, die Erd' und die Wassergefilde ...“ und die folgenden Verse, durch die der reine Geist der Philosophie ausgedrückt wird, wer sieht nicht ganz klar, daß Vergil ein Philosoph war, und hält ihn nicht für einen hochgebildeten Mann wegen seiner zur Schau gestellten Beredsamkeit, durch die er fürwahr zu vielem in der Lage war, wie den Hirten Aristaeus in das Innere der Erde zu Mutter Cyrene zu führen, oder Aeneas in die Unterwelt, damit er den Vater sehen konnte, und meint, er hätte unter der dichterischen Hülle keinen Sinn geschrieben? Wer ist so unwissend, daß er, wenn er unseren Dante sehr oft mit bewundernswerter Beweisführung die verwickelten Probleme der heiligen Theologie lösen sieht, nicht fühlt, daß er nicht nur ein Philosoph, sondern auch ein ausgezeichneter Theologe gewesen ist? Und wenn er dieser Meinung ist, was veranlaßt ihn zu glauben, daß Dante den doppelnaturigen Greifen den Wagen mit dem Geleit von sieben Leuchtern und ebensovielen Jungfrauen und all der übrigen triumphalen Pracht auf den ernsten Berg ziehen ließ, nur um zu zeigen, daß er Verse und Erzählungen ersinnen kann? Wer wird darüber hinaus so wahnsinnig sein zu glauben, der hochberühmte und allerchristlichste Herr Francesco Petrarca, dessen Leben und höchst lobenswerte Sitten wir selbst gesehen haben und, wenn es Gott gefällt, noch lange sehen werden und von dem wir nicht nur wissen, wie er nützlich, ich sage nicht die Zeit, sondern jede Spanne der verfließenden Zeit anwendet, so viele schlaflose Nächte, so viele fromme Überlegungen, so viele Stunden, Tage und Jahre damit verbracht hat, die wir mit gutem Grund für sehr zahlreich halten können, wenn wir an den Ernst, an die Eleganz und den ausgezeichneten Wortschmuck seiner Hirtengedichte denken, nur um vorzugeben, daß Gallus seine Rohrpfeife an Tyrrhenus sandte und daß Pamphylus, Mitio und andere verrückte Hirten miteinander stritten? Niemand, beim Teufel, der ihn kennt, wird das annehmen und noch weniger die, die gesehen haben, was er in Prosa im Buch *Über das einsame Leben* geschrieben hat und in dem anderen, dem er den Titel *Über die Heilmittel gegen Glück und Unglück* gab, und in vielen anderen, die ich übergehe. In ihnen erfährt man alle Frömmigkeit und Einsicht, die sich aus der tiefsten Moralphilosophie gewinnen lassen, in solcher Pracht der Worte, daß man nichts vollständiger, nichts eleganter, nichts reifer und schließlich nichts frömmer zur Belehrung der Sterblichen nennen kann. Ich könnte übrigens auch mein Hirtengedicht anführen, dessen Gedanke mir bekannt ist, aber ich halte es für richtig, darüber zu schweigen, denn bis jetzt glaube ich nicht, so bedeutend zu sein, daß ich mich zu den vortrefflichen Männern zählen könnte, und weil man die eigenen Sachen den Reden der anderen überlassen soll. Die unwissenden Schwätzer mögen also schweigen und die Hochmütigen, wenn sie können, verstummen, denn man muß glauben, daß nicht nur die erhabenen Männer, die die Milch der Musen genährt hat und die sich in den Hallen der Philosophie aufhalten und durch fromme Studien gekräftigt sind, immer in ihre Gedichte einen sehr tiefen Sinn gelegt haben, sondern daß es auch nirgends eine so wahnwitzige Alte gibt, die, wenn sie am häuslichen Herd den Wachenden in den Winternächten Märchen vom Teufel, den Feen oder den Hexen und dergleichen, aus denen man oft Erzählungen macht, erdichtet und vorträgt, nicht unter dem Gewande der Worte irgendeinen, wenn auch sehr geringen und manchmal zu belächelnden Sinn nach den Kräften ihres einfachen Verstandes fühlte, mit dem sie den kleinen Kindern Schrecken einflößen, die Mädchen unterhalten, die Alten verspotten oder wenigstens die Macht des Schicksals zeigen will.

FRANCESCO PETRARCA

Vom Sieg und von der Hoffnung auf Frieden [1366]

Freude: Aber ich habe gesiegt.

Vernunft: Sieh dich vor, daß über dich nicht siegen: Zorn, Übermut, Grausamkeit, Wut, Raserei! Sie sind ja des Sieges Begleiter und des Siegers unsichtbare und schauderhafte Feinde, von denen schon oft die berühmtesten Sieger am schändlichsten besiegt worden sind. Noch ruft dich das Schicksal nicht zur Endabrechnung. Lang und verwickelt ist die Reihe der Rechnungen, Fortuna eine gewalttätige und hartnäckige Gläubigerin, mit der dir selbst jetzt allerhand zu begleichen bleibt; ihre Art ist es, ein Darlehen mit hohen Zinsen zurückzufordern.

Freude: In einer großen Schlacht habe ich gesiegt.

Vernunft: Der Sieger in einer Schlacht ist schon oft im Kriege besiegt worden.

Freude: Aber ich habe doch gesiegt!

Vernunft: Wie oft habe die Karthager gesiegt, wie oft die Gallier und andere Völker! Wie oft dagegen sind die Römer besiegt worden! Hinschauen aber muß man auf das Ende der Dinge, besonders solcher, die sich drehen und keinen Stillstand kennen.

Freude: Jedenfalls habe ich gesiegt.

Vernunft: Mag der Ausgang eines Krieges auch sicher sein – blutig und fragwürdig bleibt das Ergebnis doch, und das Freudige kann in Trauriges ebenso wie das Traurige in Freudiges ausbrechen.

Freude: Einen großen Sieg habe ich errungen.

Vernunft: Nichts ist so groß, daß der Preis, für den man es erringt, nicht zu hoch sein könnte. Manchmal zählt der siegreiche Feind insgesamt mehr an Wunden und Gräbern. Wenn du es nicht glaubst, frage Xerxes und die Thermopylen!

Freude: Das Los eines großen Sieges war mir beschieden.

Vernunft: Es ist kaum möglich, daß ein großer Sieg wenig kostet. Über den größten aller Kriege sagt der größte aller Historiker in seiner Darstellung: „So wechselnd und zweideutig war das Kriegsglück, daß näher an der Katastrophe die gewesen sind, die schließlich gesiegt haben."

Freude: Ich habe klar gesiegt.

Vernunft: Der Sieg ist nicht vollständig, wo noch ein bewaffneter Feind übrigbleibt; ja, magst du den auch überwältigt haben, werden andere neu erstehen. Von manchen Siegen könnte man wirklich sagen, sie seien gleichsam die Saat von Kriegen: So sehr schlägt Haß, durch das Schwert gestutzt, wieder aus mit noch dichterem Laub, und auferstanden kehren die Krieger auf das Schlachtfeld zurück; und das vielleicht nicht nur in der Einbildung – wie sie einst voller Heftigkeit dem Cassius an seinem letzten Lebenstag das Bild des von ihm ermordeten

Feindes entgegenstellte, so schauerlich anzusehen, daß ihn, den höchst verwegenen Mann, der vor dem lebenden Caesar keine Furcht gehabt hatte, die Erscheinung des dahingeschiedenen in die Flucht trieb –, sondern so, daß aus dem einen viele werden und mit wirklichen Händen wirkliche Schwerter schwingen gegen die, die gesiegt zu haben schienen.

Freude: Ich habe gesiegt, und nun habe ich keinen Feind mehr und bin ohne Sorgen.

Vernunft: Wie töricht! Solange es Menschen gibt, werden Feinde nicht fehlen. Daß für die Stadt Rom nach unzähligen Triumphen und der Niederzwingung der ganzen Welt der Feind nicht ausblieb, kannst du nachlesen – und da hoffst du, bei dir werde er ausblieben. Wenn du Ruhe gibst, wird er vielleicht ausbleiben, aber wenn du kämpfst, niemals.

Freude: Ich bin Sieger.

Vernunft: Gib acht, daß du es nicht vergebens bist! Wer den Sieg zu gebrauchen verstehst, dem trägt er Früchte. Unter ‚gebrauchen' verstehe ich aber nicht die Art und Weise, zu der Maharbal, sondern die, zu der Hanno – ein Mann, der besser war als sein Karthago – dem Hannibal geraten hatte. Denn in der Tat ist der beste Gebrauch und Ertrag des Sieges der Friede, und zu keinem anderen Zweck als zum Frieden unternimmt man gerechte Kriege.

Freude: Der Sieg ist mein.

Vernunft: Wer weiß, ob er dir nicht bloß um dir zu entfliegen zugefallen ist!

Freude: Ich erhoffe mir Frieden.

Vernunft: Besser ist es, sich den Frieden zu erhalten als ihn zu erhoffen. Ein Tor, wer die sichere Wirklichkeit blasiert, verschmäht, ungewisse Hoffnungen aber zärtlich umfängt.

Freude: Frieden erhoffe ich mir.

Vernunft: Hättest du ihn nur inniger festgehalten, ihn gar nicht erst gehen lassen, statt ihn nun zu erhoffen! Und wenn nun nur deine Ungeduld dich zu dieser Hoffnung geführt hat, so daß du lieber in Angst etwas erwartest, womit du in Freude leben konntest?

Freude: Frieden erhoffe ich mir.

Vernunft: Die Friedenshoffnung hat schon viele zugrunde gerichtet; statt des erwarteten Friedens ist dann ein unerwartetes Unglück über ahnungslose Schlafmützen hereingebrochen; wäre es auf Praktiker gestoßen, hätte es ihnen nichts anhaben können.

Freude: Ich erhoffe den Frieden.

Vernunft: Was hoffst du so lange? – du kannst ihn bald haben, es liegt nur an dir. Selten ist es, daß man den Frieden nicht findet, wenn man nur angefangen hat, ihn ernstlich zu wollen. Aber gerade die, denen das Wort ‚Friede' süß klingt, finden den wirklichen Frieden bitter. Daher stehen die Friedensforderer dem Frieden im Wege. Vier Friedensfeinde wohnen bei euch: die Habgier, der Neid, der Zorn, die Überheblichkeit. Treibt die in die ewige Verbannung, so wird ewiger Friede sein!

Freude: Die Hoffnung auf den Frieden ist nicht zweifelhaft.

Vernunft: Zwischen Friedenshoffnung und Frieden kommt vieles in die Quere: Ein unbedachtes Wort, eine leichtfertige Geste hat schon oft den Frieden gestört, ja, die Friedensverträge und Friedensreden selber werden oft mit Waffen gebrochen, und das, was den Willen scharf und den Krieg erbittert macht, ist gerade die Hoffnung auf Frieden. So könnte man die Freundschaftsbeteuerung, die ohne Wirkung bleibt, gleichsam den Wetzstein nennen, an dem die Feindschaften sich scharf schleifen.

Freude: So soll den aus dem Friedensvertrag der Friede werden.

Vernunft: Über den Frieden wird oft vergeblich verhandelt. Manchmal verhandelt man sogar mit Selbstgefährdung über den Frieden, wie es die Führer der Gallier und der Punier getan hatten; über die Gallier wurde Camillus, über die Punier Scipio gewaltsam Herr.

Freude: Nach Kriegsende wir der Friede Festigkeit gewinnen.

Vernunft: Wieviel nützlicher wäre seine Festigkeit vor Kriegsbeginn gewesen! Wieviel Verluste, wieviel Sterben hätte ein rechtzeitiger Friede verhütet! Aber ihr widerspenstigen und störrischen Buben kommt ohne Schläge nicht zu Verstand, im Frieden sucht ihr den Krieg, im Kriege den Frieden, und erst in Kriegsnöten, vorher nie, beginnt ihr, den Frieden kennen oder lieben zu lernen. Wie ihr ihm nachweint, wenn er verloren, so auch, mit gleicher Leichtfertigkeit, verachtet ihr ihn, wenn er euch wiedergegeben ist – bis sein immer wieder erlebter Verlust euch gründlich lehrt, eure Güter nicht zu verschmähen, eure Übel nicht zu begehren, endlich: nicht zu phantasieren und nicht im Handstreich etwas zu nehmen, woran ihr, bevor ihr es nahmt, nur mit Scham dachtet. Sehr oft müßt ihr dasselbe hören, aber das Hören reicht euch nicht, nein, sehr oft müßt ihr erst selber sehen und erleben, deutlicher gesagt: Um etwas zu lernen, müßt ihr sehr oft Prügel beziehen.

Freude: Auf den Krieg wird den Frieden folgen.

Vernunft: Besser wäre vor dem heranrückenden Krieg im voraus eine Schranke errichtet worden. Nichts ist verrückter, als sich in der Hoffnung auf ein Heilmittel aus freien Stücken eine Wunde beibringen zu lassen, wo doch der Wundverband eine Hilfe gegen und nicht ein Grund für die Wunden sein soll. Des Kranken Heilung zu wünschen ist etwas Natürliches – dem Gesunden aber Krankheit, damit er auf Heilung hoffe, Wahnsinn.

Freude: Es wird bestimmt Frieden geben.

Vernunft: Gewöhnlich bringt der Friede den Städten die Pest des Umsturzes. Zwar ist er selber etwas sehr Gutes, aber sehr schlimme Begleiter umringeln ihn; ungerechte Gesetze, lockere Sitten, heimliche Feindschaften, offene Tyrannei. Denke an das, was einst im Bürgerkrieg jener ahnungsvolle Dichter gesagt und worin er sich nicht getäuscht hat:

„Frieden verlangen vom Himmel – was hilft's? Es kommt der Gebieter
Und mit ihm euer ‚Friede'."

Besser aber noch ist für tapfere Männer kriegerische Freiheit als friedliche Knechtschaft.

Freude: Den Frieden habe ich jetzt.

Vernunft: Einstweilen hast du noch Krieg.

GIOVANNI BOCCACCIO

Gespräch zwischen Fortuna und dem Autor des Buchs *Vom Glück und vom Unglück berühmter Männer und Frauen* [ca. 1368]

Nachdem ich etwas geruht hatte und die Feder zum Weiterschreiben in die Hand nahm, kam überraschend das schreckliche Monstrum Fortuna, die Begleiterin der Menschenschicksale, zu mir. O du gütiger Gott, welch große Gestalt! Welche wunderbaren Formen! Um ganz ehrlich zu sein: Ich fürchtete mich. Denn sie hatte zwei brennende grausame Augen, ein greuliches Gesicht, viel dickes wirres Haar, das ihr allenthalben über die Augen bis auf den Mund herabfiel, hundert Hände und ebensoviel Arme, ein mehrfarbiges Gewand und eine harte schneidende Stimme. Ihre Füße und ihren Gang konnte ich nicht feststellen. Während ich mit Grauen abwartete, was sie von mir begehrte, sah sie mich streng an und sagte: „Du Dummkopf, was verzehrst du dein Leben in so mühsamer Arbeit. Von Sonnenaufgang bis -untergang greifst du nach diesen und jenen Menschen. Besonders die, die ich bis zum Himmel gehoben und dann jählings in den Grund der Hölle gestürzt habe, versuchst du mit dünner Feder darzustellen; gleichsam, als wenn du mit deinen wenigen Worten unsere großen Mühen zusammenfassen und verständlich machen könntest. Du irrst. Wer außer dir sieht nicht, daß die Werke weit mehr vermögen als die Worte und daß ich mich nicht vergeblich unterstanden habe, die lebendigen Menschen, welchen du vergebens die Gesetze meines Gaukelspiels anzeigst, mit Strafe zu ermahnen und in meinem unruhigen Tun das Höchste zuunterst zu stürzen und das Niedere dem Höchsten gleichzumachen, mit lachendem Mund und kurz darauf mit zornigem Gemüt kommend! Ich suche meine Wohnung nicht nur in den königlichen Palästen, in denen du aufs genaueste nachforschst, sondern oft auch in den Hütten der armen Hirten, den Häusern der Bauern und Fischer. Und ich finde unter ihnen allen niemand, der sich nicht an mir freut, wie übel ich ihm auch mitgespielt habe, wenn ich mich ihm wieder gnädig zeige, und der mich nicht gern wieder aufnimmt in neuer Zuversicht auf meine Beständigkeit. Was denkst du denn, wenn du überall an meine Werke rührst, was du mit deinen wenigen einfachen Wörtern ausrichten kannst?"

Als Fortuna diese Rede beendet und ich mich etwas erholt hatte, antwortete ich: „Ich weiß genau, du Zerstörerin aller Dinge, daß in immerwährender Veränderung nichts auf Erden beständig bleiben kann und daß du mit deiner Macht viel Größeres vollbringst als ich oder ein anderer, sei er, wer er wolle, es mit der Feder hinreichend beschreiben könnte. Aber bevor ich sterbe und mein Name mit dem Leib begraben wird und man in künftiger Zeit denken könnte, daß ich wie das Vieh nur den Bauch auf Erden bediente, habe ich mir vorgenommen, diese Arbeit zu vollbringen, sei sie klein oder groß. Ich bin auch nicht so töricht, zu verkennen, daß es noch vieles Material für jeden, der sich dieser Arbeit unterziehen wollte, gibt. Wenn einer sich unterstünde, die wunderbaren Werke Gottes, des einzigen Vaters aller Dinge, durch den alles erschaffen, und seine Herrlichkeit, so wie wir es ihm schuldig sind, zu beschreiben, oder wenn einer die Eigenschaften der Natur erklären und entdecken wollte – meinst du nicht, er möchte noch viel Argumente zum Schreiben finden? Es ist eine besondere Weisheit, nur das auf seine Schultern zu laden, was man gut tragen kann. Ich bekenne offen, daß meine Flügel keine so starken und geschwinden Federn haben, kraft derer ich in den Himmel dringen könnte, um daselbst die Geheimnisse Gottes zu erkunden und sie danach den Menschen hier auf Erden zu entdecken. Das wird Menschen nur aus Gottes Gnaden verliehen, wie ich oft erfahren habe. Mir ist keine so große Redekraft verliehen, daß ich es den Nachkommen mit besonderer Kunst und Geschicklichkeit weitergeben könnte, auch wenn ich es versuchte. Deshalb bekenne ich: Ich habe keinen so großen Verstand, die Ursachen aller Dinge zu ergründen, sondern ich ergebe mich in deinen Schoß, der voll ist von allem Unglück und wunderbaren Unfällen, und suche mir daraus Argumente zum Schreiben. Die besten Poeten und großen Historienschreiber haben sich öfter vorgenommen, eine unendliche Materie zu bedichten, und darum wollte ich mir hier auch einen Anfang suchen. Und während ich so vor dir, Fortuna, stand, dachte ich, obwohl meine Begierde mich zu Größerem reizte, an meine Kräfte und meinen Verstand. Ich sah eine Bürde vor mir, die ich leicht heben und tragen konnte, und da mich niemand hinderte, nahm ich sie auf mich. Nachdem ich mein Werk unter dem Amboß und Hammer meines Verstandes gerichtet habe, habe ich es bis hierher fertiggebracht. Diese Arbeit, verehrte Fortuna, verachtest du wegen der schlechten Stilkunst, weil dadurch die Herzen der Menschen nicht bewegt werden könnten. Ich aber weiß genau, daß ich mit meinen schlichten Worten den Menschen viel nütze, während du mit deinen grausamen Donnerschlägen sie nicht ermahnst, sondern eher erschrocken und verzagt machst. Das lehrt uns die Erfahrung. Du weißt doch, daß wir die schönen und willigen Pferde, wenn wir sie zu sehr mit den Sporen treiben, scheu und störrisch machen und nicht von der Stelle bringen. Mit einem kleinen Stöcklein getrieben, folgen sie dem Reiter willig und gern. So wollen sich auch die Menschen nicht mit schwerer Strafe züchtigen lassen, und Worte sind besser als Schläge. Eine sanfte Rede hat oft das wilde Gemüt des Achilles gestillt, während weder Waffengewalt noch die Macht der trojanischen Krieger oder der Zorn des Agamemnon ihn zähmen konnten. Ich weiß, daß du alle Dinge mit Gewalt und stürmisch fortreißt, doch ich bitte dich freundlich, mir mein Werk gnädig zu vergönnen, damit mein den Zeitgenossen noch nicht vertrauter Name durch deine Gunst den Nachkommen bekannt wird."

Zu diesem Begehren sagte Fortuna lachend: „Meinst du, weil die Menschen meine Maßnahmen nicht ergründen können, sei ich unbesonnen oder stockblind, wie ihr mich überall darstellt, während in Wahrheit ihr Menschen selbst durch eure eignen Begierden verblendet seid. Du glaubst es vielleicht nicht. Ich will prüfen, wie weit du dich im Gemüt von deinen Worten unterscheidest. Ich erinnere mich genau, mit welchen Lästerungen, Schmähungen und Flüchen du mich vor einiger Zeit angegriffen hast. Du hießest mich eine Närrin, eine neidische Totschlägerin, eine Feindin. Am zornigsten machte mich, wie du von Herzen gelacht hast, als die Armut über mich siegte. So soll ich jetzt auch betrogen werden, wie die jungen unerfahrenen Jungfräulein durch Schmeicheleien der Buhler verführt werden. Ich weiß genau, was du denkst und was du von mir und meiner Macht hältst. Tu, was du willst: Da du keinen müßigen und zaghaften Sinn hast, sondern arbeitsam bist und keine Mühe dich verdrießt, hast du mir meinen Plan gänzlich umgekehrt. Ich lobe deinen Verstand und dein Werk, und solange du dich bemühst, soll dir meine Gunst zu deinem Schreiben nicht fehlen. Ich werde dafür sorgen, daß deine Heimat Certaldo und dein Name zu den berühmten Namen der Alten gezählt und bekannt werden. Damit du mir das glaubst, will ich, bevor ich gehe, diesem Buch einen Anfang geben. Denn ich bemerke deinen Zweifel, wen du von den vielen Unseligen, die hier herumstehen, zuerst nehmen sollst. Willst du den Tribunen Lucius Apulejus Saturninus, durch dessen Stolz und Hochmut das Marsfeld zu Rom mehr als einmal mit römischem Blut besprengt wurde? Oder willst du Glaucia, der, als Konsul abgesetzt, ins Capitol lief, sich nach langer Belagerung ergab und dann mit Steinen getötet wurde? Oder Marcus Livius Drusus, der um so mehr, weil er aus edlem Geschlecht war, wegen Hoffart, Ehrgeiz und seines Meineides verflucht werden muß? Oder willst du Quintus Servilius Cepio, der nach seinem Triumph als Konsul und Priester in Rom doch zuletzt ins Gefängnis kam, dem der Henker dann das Leben nahm und dessen Leichnam schließlich über die Stiege herabgeworfen wurde? Wenn du zu dem keine Lust hast, siehst du dort den tauben Symo, einen Diener des Herodes, stehen, der ein starker Mann war, sich selbst zum König machte und mit einer großen Schar von Räubern und Mördern viel Schaden angerichtet hätte, wenn durch das römische Heer nicht sein ganzes Kriegsvolk erschlagen und er auf der Flucht umgekommen wäre. Neben ihm siehst du den Hirten Athonges, der ursprünglich ein einfacher, bescheidener Mann war und sich unterstand, König zu werden, mit seinen Brüdern und anderen Rat hielt und bald darauf mit allen getötet wurde. Weiter siehst du den Fechter Spartacus, der mit seinem Anhang von Capua floh, den Vesuv einnahm und die römischen Feldherrn Lentulus, Gellius und Arrius schlug; nach seinem Sieg wollte er Rom überfallen, wurde aber von Crassus aufgehalten, der ihn in der Schlacht tötete und sein Heer zerstreute. Dort siehst du auch Viriatus Lusitanus, einen Portugaleser, der zehn Jahre lang gegen die Römer zu deren großem Schaden Krieg geführt hat. Obwohl alle, die ich dir jetzt genannt habe, große Zeugen meiner Gewalt sind, so wünsche ich, daß du die in dein Werk aufnimmst, die ich dir nun zeigen werde." Damit machte Fortuna eine kleine Pause.

Dann führte mir das gewaltige Weib den weinenden Marius Arpinates zu, mit wildem Bart und zerstreutem Haar in traurigem Totengewand, und sagte: „Diesen habe ich siebenmal zum Konsul erhoben und ihn so geehrt, daß niemand größere Triumphe als er gehabt hat. Aber wie er den Lohn für seinen Ehrgeiz erhalten hat, kannst du als großes Beispiel der Unbeständigkeit aufstellen."

Dann führte sie mir Mithridates zu, den mächtigen König von Pontus, und sagte: „Diesem habe ich wie niemand sonst vergönnt, gegen die Römer, die Herren der Welt, vierzig Jahre wechselvoll Krieg zu führen. Sein Ende war seinem Anfang nicht gleich."

Dann brachte sie Orodes, den Partherkönig; der hatte seine ganze heidnische Hoffart abgelegt und ließ sich wie ein Irrer laut klagend von Fortuna, dem wilden Tier, willenlos dahinziehen. Sie sagte: „Sieh, diesem Orodes habe ich Krieg und Sieg über die Römer gegönnt. Aber als er zu hoffärtig wurde, habe ich ihn jählings von der Höhe zur Erde gestürzt."

Nach Orodes kam der vierte, von dem ich gleich dachte, weil Fortuna schwieg, es sei Pompejus. Ein göttlicher und doch erbärmlicher Anblick. Denn er war noch naß von ägyptischem Wasser, rußig vom Rauch und konnte kaum seinen Nacken aufrichten. Während ich ihn ansah, sagte Fortuna: „Dieses Mannes Herrlichkeit habe ich bis zum Himmel erhoben. Doch dann habe ich ihm überall Unfälle verhängt, er wurde in die Flucht geschlagen und endlich von einem Kinde, dem jungen König von Ägypten, schändlich ermordet."

Nach Pompejus brachte Fortuna noch einen fünften, dessen herrliche Gestalt und gute Sitten mir die Meinung eingaben, daß er ein besonders Großer sein müßte. Da Fortuna fürchtete, ich würde ihn erkennen, kam sie mir zuvor und sagte: „Das ist ein vortrefflicher Mann, unter allen Philosophen berühmt: Marcus Tullius Cicero, ein Fürst der lateinischen Sprache. Du magst von diesem oder den andern schreiben, was dir gefällt."

Damit schwang sich Fortuna in die Lüfte und verschwand vor meinen Augen.

ANGELO POLIZIANO [1454–1494]

Über die literarische Nachahmung [nicht datiert]

Angelo Poliziano an Paolo Cortesio!

Ich sende Dir die Briefe zurück, die Du so sorgfältig gesammelt hast. Ich will Dir ganz offen sagen, daß mich die kostbare Zeit reut, die ich mit ihrer Lektüre schlecht angewendet habe. Denn mit Ausnahme ganz weniger sind sie nicht wert, daß ein gebildeter Mensch sie liest oder daß Du sie gesammelt hast. Ich sage nicht, welche ich gelten lasse und welche ich hingegen verwerfe. Ich möchte nicht, daß jemand sie auf mein Urteil hin gut oder schlecht findet. Jedoch hinsichtlich des Stils stimme ich mit Dir nicht überein. Mir kommt es nämlich so vor, als billigtest Du die Nachahmer Ciceros. Mir scheint das Gesicht des Stieres oder des Löwen weit ansehnlicher als das des Affen, wenn dieser auch dem Menschen mehr ähnelt. Wie Seneca gesagt hat, sind die, die als höchste Vertreter der Beredsamkeit gelten, einander nicht ähnlich. Quintilian lacht über die, die sich für Brüder Ciceros hielten, weil sie wie er den Satz mit den Worten ‚es scheint zu sein' beendeten. Horaz schimpft auf die Nachahmer, die nur Nachahmer sind. Mir scheinen die, die nur nachahmend schriftstellern, einem Sittich oder einer Elster zu gleichen, die reden, was sie nicht verstehen. Denen, die so schreiben, mangelt es nämlich an Kraft und Leben. Es fehlt ihnen an Tatkraft, an Empfindung und an Veranlagung. Sie liegen da, schlafen und schnarchen. Sie sagen nichts Wahres, nichts Solides, nichts Wirksames. Du drückst dich nicht wie Cicero aus, sagt jemand. Na und? Ich bin ja nicht Cicero, ich drücke deshalb mich selbst aus.

Es gibt noch andere, lieber Paolo, die erbetteln den Stil stückweise wie Brot und leben nicht nur Tag für Tag, sondern in den Tag hinein. Wenn vor ihnen nicht ein Buch liegt, aus dem sie etwas stibitzen können, sind sie nicht in der Lage, drei Worte zusammenzufügen, und selbst diese verderben sie durch ungeschickte Verbindung oder schamlose Barbarei. Ihre Redeweise ist immer schwankend, wackelig, schwach, schlecht gepflegt und schlecht gefügt. Ich kann sie nicht ausstehen. Aber sie erdreisten sich, unverschämt über die Gelehrten zu urteilen, deren Stil durch eine verborgene Bildung, vielseitige Lektüre und sehr lange Praxis gleichsam lange gegoren ist. Aber um zu Dir zurückzukommen, lieber Paolo, den ich innig liebe, dem ich viel verdanke, von dessen Begabung ich sehr viel halte: Ich bitte Dich, laß Dich nicht von diesem Aberglauben fesseln, der Dich hindert, Dich an etwas zu erfreuen, was ganz und gar Dir gehört, und es Dir niemals erlaubt, Deine Augen von Cicero wegzuwenden. Wenn Du aber Cicero und andere gute Autoren lange und viel gelesen, zerkaut, gelernt und verdaut haben wirst, wenn Du Deine Brust mit der Kenntnis vieler Dinge angefüllt haben wirst und Dich entschließt, endlich etwas Eigenes zu schreiben, dann möchte ich, daß Du dann, wie man sagt, ohne Schwimmgürtel schwimmst und daß Du nach eigenem Ermessen handelst und daß Du dieses allzu pedantische und ängstliche Bestreben ablegst, ausschließlich Cicero nachzubilden, und daß Du es endlich wagst, alle Deine Kräfte einzusetzen. Denn die nur verzückt diese so lächerlichen Vorbilder betrachten, werden sie nie, glaub mir, hinreichend wiedergeben und werden in gewisser Weise die Flut ihres Geistes hemmen, seinen Lauf hindern und ihm, um einen Ausdruck Plautus' zu gebrauchen, Hemmschuhe anlegen. Wie einer, der nur bemüht ist, in die Fußstapfen anderer zu treten, nicht gut laufen kann, so kann auch der nicht gut schreiben, der nicht den Mut hat, über die Regel hinauszugehen. Und denk zum Schluß auch daran, daß nur ein unfruchtbarer Geist immer nachahmt, ohne je etwas aus sich herauszuholen. Leb wohl.

LEONARDO BRUNI

Lob der Stadt Florenz [ca. 1403]

Ich wollte, Gott hätte mir eine Redegabe verliehen, die der Größe der Stadt Florenz, über die ich hier sprechen will, oder doch wenigstens meiner Liebe zu ihr und meinem Wollen entspräche! Denn im einen wie im andern Falle, glaube ich, wäre sie mehr als hinreichend, um ihre Pracht und ihren Glanz zu schildern. Ist doch einerseits diese Stadt selbst derartig, daß man nichts Leuchtenderes und Glänzenderes auf der ganzen Welt finden kann, und andererseits war mein Wollen, wie ich unschwer in mir selbst fühle, in keiner Sache jemals glühender; daher ich nicht im Zweifel bin, daß ich, wenn mir nur irgend etwas davon zu Gebote stünde, über diese ausgezeichnete und schöne Stadt eine wirklich anspruchsvolle und würdige Rede halten könnte. Da es uns nun aber nicht gegeben ist, alles, was wir wollen, auch zu können, werden wir alle unsere Kräfte aufbieten, damit man sehe, daß uns nicht der Wille, sondern höchstens das Können gefehlt habe. Bewunderungswürdig in der Tat sind die Vorzüge dieser Stadt und derart, daß niemand beredsam genug ist, sie angemessen zu preisen. Andererseits sehen wir, daß manche würdige und untadelige Männer sogar von Gott selbst gesprochen haben, von dessen Glorie und Erhabenheit doch keine noch so beredte menschliche Rede auch nur den kleinsten Zipfel zu erhaschen vermag; dennoch lassen sie sich von seinem alles Maß übersteigenden Wesen nicht davon abschrecken, soweit ihre Kräfte reichen, von seiner unermeßlichen Größe zu sprechen. Auch ich werde also glauben, meiner Aufgabe genügt zu haben, wenn ich alles, was ich mir durch Eifer, Unterricht, Redepraxis und nicht zuletzt durch vieles Studieren an Können erworben habe, für die Lobrede auf diese Stadt aufbiete, auch wenn ich klar erkenne, daß es nicht ausreicht, um dem gewaltigen Glanz der Stadt gewachsen zu sein.

Was die meisten Redner gesagt haben: Sie wüßten nicht, womit anfangen, das passiert mir nicht in rhetorischer, sondern in stofflicher Hinsicht, und zwar nicht nur, weil es zahlreiche und verschiedenartige und miteinander vielfach verknüpfte Einzeldinge sind, sondern auch, weil sie alle derart glänzend und irgendwie außergewöhnlich sind, daß sie sich den Vorrang streitig zu machen scheinen, und weil es schwerfällt zu entscheiden, welches man denn nun in der Rede an den Anfang stellen soll. Sieht man die Schönheit und das schmucke Erscheinungsbild der Stadt, so scheint nichts mehr Anrecht darauf zu haben, daß man zuerst davon spreche; schaut man auf die Macht und den Reichtum, so wird man meinen, dies beides unbedingt vorziehen zu müssen. Blickt man hingegen auf die großen Taten, sei es in der Gegenwart, sei es in der Vergangenheit, so kann nichts dagegen aufkommen. Faßt man vollends die Sitten und Einrichtungen ins Auge, so hält man schlechthin nichts für vorzüglicher.

Diese Schwierigkeiten lassen mich andauernd schwanken, und oft, wenn ich mich anschicke, über das eine zu reden, kommt mir der Gedanke an etwas anderes in die Quere und benimmt mir die Fähigkeit, zwischen beiden abzuwägen. Nichtsdestotrotz werde ich nun den Anfang mit dem machen, was mir am passendsten und zweckentsprechendsten erscheint: Womit, wie ich hoffe, auch die andern nicht unzufrieden sein werden.

Wie wir manchmal sehen, daß Söhne eine so große Ähnlichkeit mit ihren Eltern haben, daß wir sie beim ersten Anblick unfehlbar erkennen, so zeigt auch diese vornehme und berühmte Stadt eine solche Wesensverwandtschaft mit ihren Bürgern, daß es ein Werk höchst planvoller Vernunft zu sein scheint, daß einerseits diese nirgends anders als gerade hier wohnen, andererseits sie selbst keine anderen als eben diese Einwohner hat. Denn wie ihre Bürger die übrigen Menschen durch eine gewisse natürliche Begabung und Klugheit, durch Aufwand und Prachtentfaltung weit übertreffen, so ist auch die Stadt dank ihrer klug gewählten Lage allen anderen Städten an Glanz, Schönheit und Eleganz überlegen. Zunächst aber, was ein Zeichen von besonders großer Klugheit ist: Florenz hat immer darauf gesehen, nichts um des äußern Scheines willen zu tun und – statt gefährlichem und eitlem Prestige nachzujagen – lieber ein ruhiges und dauerhaftes Mittelmaß anzustreben. So wurde es denn nicht hoch oben auf einem Berg erbaut, um einen weithin imponierenden Anblick zu bieten, aber auch nicht in einer tischflachen Ebene, wo es nach allen Seiten hin offen gewesen wäre. Sondern sehr weitsichtig und wohlberaten verband die Stadt die Vorteile beider Lagen. Auf Bergeshöhen kann man nämlich nicht wohnen ohne den Unbilden des Klimas, Wind und Wetter ausgesetzt zu sein, auch nicht ohne Unbequemlichkeiten und Beschwernisse für die Einwohner; in einer endlos sich dehnenden Ebene hinwiederum nicht ohne zu hohe Bodenfeuchtigkeit, unreine Luft und ungesunde Nebel. Beide Unzuträglichkeiten vermeidend, entschied sich daher die Stadt – was immer das beste ist – für die goldene Mitte zwischen den Extremen und wählte sich in kluger Voraussicht einen Ort, wo sie gleich weit von der Ungunst einer Berglage wie von der Langweiligkeit der Ebene entfernt war. Trotzdem hat sie auf diese Weise von beiden etwas, so daß sie weder den Vorteil der einen Lage noch den der anderen entbehrt und sich eines wunderbar angenehmen Klimas erfreut. Denn die nach Norden hin abschirmenden Berge von Fiesole halten wie ein Bollwerk die starke Winterkälte und den tobenden Ansturm der Nordwinde von der Stadt ab. Nach dem weniger ungestümen Süden hin aber wird sie von niedrigeren Hügeln begrenzt, und nach den anderen Seiten hin dehnen sich freundliche Fluren, die sich indessen den milden Westwinden mehr öffnen als den Ostwinden. So herrscht in diesem Landstrich ein wunderbar ruhiges und ausgeglichenes Klima; entfernt man sich von hier nach welcher Richtung auch immer, so empfängt einen entweder größere Kälte oder aber glühende Sonnenhitze.

Die Stadt selbst umgibt in ihrer ganzen, sich über teils hügeliges, teils ebenes Gelände erstreckenden Ausdehnung ein prachtvoller Kranz von Mauern, der jedoch weder so türmestarrend ist, daß man den Eindruck hat, die Stadt sei ängstlich und vertraue ihrer Kraft nicht, noch auch so kümmerlich, daß man sie für leichtsinnig oder unbesonnen halten könnte. Was soll ich von ihrem Volkreichtum sagen, was von dem Glanz ihrer Gebäude, dem Reichtum ihrer Kirchen, der alle Erwartung übertreffenden, staunenswerten Herrlichkeit der ganzen Stadt? Es ist, bei Gott, alles ein Fest für die Augen und über die Maßen schön.

Aber man erkennt dies besser durch den Vergleich mit anderen Städten als unmittelbar. Daher können fast nur die, die nach längerer Abwesenheit nach Florenz zurückkehren, so recht ermessen, wie sehr diese wahrhaft blühende Stadt alle anderen Städte übertrifft. Gibt es doch auf der ganzen Welt keine, der nicht zur vollkommenen Schönheit irgendetwas Entscheidendes fehlt. Dieser mangelt es an Einwohnern, jener an Pracht der Gebäude, einer dritten wiederum fehlt es zwar an beidem durchaus nicht, dafür aber hat sie ein ungesundes Klima. Manche aber ist so unreinlich, daß sie allen nächtlichen Unrat des Morgens den Menschen unter die Augen stellt und auf die Straßen wirft, so daß man beim Gehen darauf tritt. Was kann man sich Ekelhafteres vorstellen? Selbst wenn es dort tausend Paläste gäbe, unerschöpfliche Reichtümer, eine riesige Einwohnerzahl, ich habe nur Verachtung für eine solche übelriechende Stadt und kann sie nicht hoch schätzen. Denn wie in einem mißgestalteten Körper, mag er in allem Übrigen noch so viel Vorzüge aufweisen, kein glückliches Gedeihen ist, so kann auch in unreinlichen Städten, selbst wenn sie alles andere haben, niemals Schönheit sein. Wenn einer Stadt aber Schönheit abgeht, wer wollte leugnen, daß ihr damit der höchste und wichtigste Schmuck fehlt?

Florenz nun bietet sich unserm Blick so sauber und reinlich dar, daß man nirgends etwas Schmuckerers finden kann. Ist es doch die einzige Stadt auf der ganzen Welt, in der das Auge nichts Häßliches sieht, die Nase nichts Ekelerregendes riecht, der Fuß auf nichts Schmutziges tritt. Mit höchster Sorgfalt haben hier die Einwohner aufs peinlichste dafür gesorgt, daß alles dem Menschen Widerliche entfernt wurde und man nur Dingen begegnet, die den Sinnen Freude und Vergnügen zu bereiten vermögen. So übertrifft die Stadt an Großartigkeit vielleicht alle heutigen Städte, an Glanz aber und Schmuckheit zweifellos alle jetzigen ebenso wie alle, die es jemals gab. Ist doch eine derartige Sauberkeit geradezu unerhört und für alle, die Florenz noch nie gesehen haben, unvorstellbar, ja wir selbst, die wir hier wohnen, staunen täglich aufs neue über sie und können trotz aller Gewöhnung nicht genug bekommen von ihr. Denn was ist bewunderungswürdiger, als daß man in einer so volkreichen Stadt nirgends irgendwelchen Unrat sieht, daß auch der schlimmste Wolkenbruch einen nicht daran hindert, trockenen Fußes durch die Stadt zu gehen, da das Regenwasser von geschickt angelegten Abflußrinnen beinahe rascher aufgefangen wird, als es auf die Erde fällt. Daher kommt es, daß in anderen Städten die Zimmer in den Häusern nicht so reinlich und sauber sind wie in dieser Stadt die Straßen und Plätze.

Es ist nun aber keineswegs so, daß Florenz zwar Sauberkeit besitzt, aber nicht prächtige Gebäude; zwar prächtige Gebäude, aber nicht ein gesundes Klima; zwar ein gesundes Klima, aber nicht eine zahlreiche Einwohnerschaft. Sondern vom ersten bis zum letzten ist alles vorhanden, was sie zu einer glücklichen Stadt machen kann. Hat man an Altertümern Freude, so findet man zahllose Zeugnisse davon in öffentlichen wie privaten Gebäuden; sucht man lieber das Moderne, so gibt es nichts Prächtigeres oder Glänzenderes als die neuen Bauten. Was vollends den Fluß angeht, der mitten durch die Stadt fließt, so ist schwer zu sagen, ob er mehr zum Nutzen oder zur Verschönerung beiträgt.

Denn vier aus Quadern prächtig erbaute Brücken verbinden die Flußufer; sie sind so zweckmäßig verteilt, daß keine der Hauptstraßen durch das dazwischenliegende Flußbett unterbrochen wird und man die Stadt ebenso bequem durchqueren kann, als wenn sie überhaupt nicht von einem Fluß durchschnitten würde. Auf beiden Flußseiten gibt es prächtige Straßen, reich mit Arkaden geschmückte Paläste der vornehmen Geschlechter und stets von zahlreichem Volk belebte Plätze. Die am Fluß gelegenen Häuser werden teils von der vorbeifließenden Strömung bespült, teils weichen sie vom Ufer so weit zurück, daß Raum für eine Straße bleibt, auf der dann eine dichte Menschenmenge entweder ihren Geschäften nachgehen oder aber zu ihrem Vergnügen spazieren kann; denn nichts ist angenehmer als hier entlangzuflanieren, sei es im Winter in der Mittagszeit, sei es im Sommer in den Abendstunden.

Aber was hänge ich immer an einer und derselben Stelle der Stadt fest? Was treibe ich mich wie ein Angler an den Flußufern herum? Gerade als ob nur dieses Stadtviertel prächtig wäre, als ob nicht sämtliche Quartiere der ganzen Stadt in ähnlicher oder sogar größerer Schönheit glänzten! Was gibt es auf der ganzen Welt so Prächtiges oder Großartiges, das sich mit den Gebäuden dieser Stadt vergleichen ließe? Mir tun wirklich die anderen Städte leid, sobald mir dieser Vergleich in den Sinn kommt. Haben sie doch nur eine oder allenfalls zwei Prachtstraßen und sind, was die übrigen Straßen angeht, so schmucklos, daß sie sich ordentlich schämen, wenn Fremde sie zu sehen bekommen. In unserer Stadt dagegen gibt es keine Straße, kein Viertel, wo nicht die herrlichsten und schönsten Gebäude dicht nebeneinander stehen. Du großer Gott, was für Riesenbauten, welch reicher Schmuck! Wieviel Ehrgeiz der Bauherren sieht man an diesen Bauten! Welchen Luxus bei ihren Bewohnern! Gleichwohl ragen unter den Bauten der Stadt durch noch erhabenere Größe und Pracht die Kirchen und Gotteshäuser hervor, die, dicht über die Stadt verteilt, jedes von seiner Pfarrgemeinde, wie es heiligen Stätten zukommt, mit staunenswerter Liebe und Frömmigkeit verehrt und gepflegt werden: Es gibt nichts Reicheres, nichts Geschmückteres, nichts Prächtigeres als sie. Denn nicht nur die weltlichen Lokalitäten ließ man sich angelegen sein auszuschmücken, sondern auch die kirchlichen, und nicht bloß den Wohnstätten der Lebenden wollte man Glanz verleihen, nein, auch den Grabmälern der Verstorbenen.

Aber zurück zu den privaten Wohnhäusern, die im Hinblick auf Luxus, Geräumigkeit, Stattlichkeit und – dies am meisten – Prachtentfaltung erdacht und erbaut wurden. Was kann es Schöneres oder Herzerfreuenderes geben, als ihre Eingangshallen und Empfangssäle, ihre Marmorfußböden, Speisezimmer und übrigen Kabinette anzuschauen, als die für viele Menschen berechnete Weiträumigkeit der Gemächer in Augenschein zu nehmen, die Erker, die Gewölbe, die getäfelten Decken, die über und über verzierten Dächer und die in den meisten Häusern getrennten Sommer- und Wintergemächer, dazu dann noch die prächtigen Schlafzimmer, das üppigste Mobiliar, Gold, Silber, Damastdecken und kostbare Tapeten!

Aber bin ich denn ein Narr, daß ich daran gehe, dies alles aufzuzählen? Und wenn ich hundert Zungen hätte, hundert Münder und eine Stimme von Eisen, ich wäre nicht imstande, diesen ganzen Prunk und Reichtum, diese Schätze, diesen Luxus und Glanz zu schildern. Vielmehr, wer sich davon ein Bild machen will, der muß schon herkommen und die Stadt durchstreifen; aber nicht wie ein eiliger Gast oder ein gehetzter Wanderer, sondern er muß stehenbleiben, voll Interesse nachforschen und um sich schauen. Für die anderen Städte ist es von Vorteil, wenn der Fremde dort nicht allzu lange verweilt: Denn was sie etwa an Kostbarem besitzen, das breiten sie alles vor jedermanns Augen aus und tragen es sozusagen auf der Außenhaut, damit es die Fremden sogleich beim Betreten der Stadt bemerken. Sowie sie aber die belebteren Örtlichkeiten verlassen und nicht mehr die Außenhaut der Gebäude, sondern ihr Inneres erkunden, da gibt es dann nichts mehr, was dem anfangs gewonnenen Eindruck standhielte: Statt der Paläste finden sie armselige Häuschen, statt der schönen Außenfassade ein dürftiges Inneres. Ganz anders in Florenz: Schaut man es nicht im Innern an, so kann man seine ganze Schönheit überhaupt nicht erkennen. Was daher bei den anderen Städten eine Einbuße an Renommee bewirkt, das bringt bei dieser Stadt eine gewaltige Zunahme. Denn sie hat im Innern der Häuser nicht weniger Kostbarkeiten und Prachtentfaltung als außerhalb derselben, und nicht nur die eine oder andere Straße ist schön und gepflegt, sondern alle Viertel in der ganzen Stadt sind es. Wie das Blut im gesamten Körper, so ist Schönheit und Luxus über die ganze Stadt verteilt.

Mitten unter diesen Gebäuden aber ragt der gewaltige und durch seine Schönheit beeindruckende Komplex einer Burg, der Signoria, der allein durch sein Äußeres schon zu erkennen gibt, wozu er errichtet wurde. Wie nämlich in einer großen Flotte das Admiralschiff durch sein Aussehen leicht erkennen läßt, daß auf ihm der oberste Befehlshaber der Flotte fährt, so ist das Erscheinungsbild der Signoria derart, daß jeder leicht urteilen kann: Hier wohnen die Lenker des Gemeinwesens. So prächtig ist sie erbaut, so steil ragt sie empor, daß sie alle Gebäude in weitem Umkreis beherrscht und ihr mehr als privater Rang deutlich ist. Freilich scheue ich mich, sie einfach ‚Burg' zu nennen; vielmehr sollte sie ‚die Burg in der Burg' heißen. Sobald man nämlich den Fuß aus den Mauern setzt, stößt man überall auf so viele Gebäude, daß man zwar von einer ‚Stadt' sprechen, aber ihren von Mauern umgürteten Bereich richtiger ‚Burg' nennen sollte. Denn so wie Homer vom Schnee sagt: Vom Himmel fallend bedecke er die Berge und Hügel „und Vorgebirge und üppigen Fluren der Menschen", so bedecken auch diese außerhalb der eigentlichen Stadt liegenden Häuser alle Berge und Hügel ringsum und die Ebene, so daß sie eher vom Himmel gefallen als von Menschenhand erbaut zu sein scheinen. Aber wie schön ist die ganze Anlage dieser Gebäude, wie prächtig sind sie ausgeschmückt! Sie sind nämlich weitläufiger als die Stadthäuser, da sie auf freierem Gelände errichtet und mit mehr Ungezwungenheit zur Erholung und Augenlust erbaut sind. Daher wird niemand bei ihnen vergeblich nach Weiträumigkeit, nach Wandelgängen, Gärten und Parkanlagen suchen. Was aber soll ich erst von den Schlafgemächern oder Speisesälen sagen? Man kann sich nichts Großzügigeres oder reicher Ausgestattetes vorstellen. Rings um die Häuser aber sind schattige Haine, blumenübersäte Wiesen, fröhlich plätschernde Bäche, glasklare Quellen und, all dies noch übertreffend, eine wie zur Freude erschaffene Natur. Die Hügel selbst scheinen zu lachen und eine Heiterkeit auszuströmen, an der sich der Beschauer nicht satt trinken und sehen kann. Kurz, die ganze Gegend könnte man mit Recht ein Paradies nennen, dem nichts auf der ganzen Welt an Schönheit und Anmut gleichkommt. Gewißlich wird jeder, der sich Florenz nähert, vor Staunen verstummen, wenn er aus der Ferne von einer Höhe herab das riesige Häusermeer der Stadt und dazu die Weitläufigkeit und große Zahl der Villen erblickt.

Aber nicht nur von ferne gesehen ist dies alles schön; es ist nicht so, daß es unansehnlich wird sobald man sich hineinbegibt, wie es bei unechter Schönheit gewöhnlich der Fall ist. Im Gegenteil, alles ist so beschaffen, strahlt so in einem nicht vorgetäuschten Glanz, daß, je näher man es betrachtet, desto stärker sich der Eindruck von Großartigkeit herstellt. Darum sind die Villen schöner als ihr Anblick aus der Ferne, sind die Vorstädte schöner als die Villen, ist schließlich die Stadt selbst schöner als ihre Vorstädte. Hat der Ankömmling sie, die Stadt, betreten, vergißt er auf der Stelle den Glanz und die Schönheiten draußen und hat, starr vor Staunen, nur noch Augen für soviel Pracht.

Nebenbei möchte ich etwas erwähnen, das mir ganz besonders die Bedeutung dieser Stadt zu beweisen scheint. Florenz hat sehr viele Kriege geführt, hat sich der mächtigsten Feinde erwehrt und hat aufstrebende und furchteinflößende Mächte zu Boden geworfen. Durch politische Klugheit, durch Einsatz seiner Finanzkraft und durch den Mut seiner Bürger hat es Gegner überwunden, denen es, so glaubte man, weder würde gewachsen sein noch irgendwie Widerstand leisten können. Jüngst erst kämpfte es viele Jahre lang so energisch gegen den mächtigsten und reichsten Feind, daß es sich allgemeine Bewunderung errang: Als nämlich jener Herzog, Giangaleazzo Visconti von Mailand, dessen Macht und Reichtum alle Völker jenseits der Alpen wie auch das ganze übrige Italien fürchteten, von Hoffnung geschwellt und siegestrunken wie ein Sturmwind, von Erfolg zu Erfolg eilend, alles eroberte, da fand sich allein diese Stadt, die ihn nicht nur, als er ins Land fiel, zurückdrängte und seinen Siegeslauf hemmte, sondern ihn auch nach langem

Kampfe niederrang. Aber über die Taten von Florenz zu sprechen wird später noch Zeit und Gelegenheit sein, jetzt wollen wir unsern Faden wieder aufnehmen.

Ich sage also, alle Menschen waren über die Größe und lange Dauer des Kriegs so erstaunt, daß sie sich nicht im mindesten zu erklären vermochten, wo diese eine Stadt allein solche Kräfte, solche Energien, solche Geldsummen zum Kriegführen hernehme. Aber dieses Staunen, diese Verblüffung dauern nur so lange, wie sie diese herrliche Stadt und ihre Pracht noch nicht mit eigenen Augen gesehen haben. Sobald sie das getan haben, verflüchtigt sich das ganze Staunen und ist wie weggeblasen. Wir erleben das immer wieder, und es ist noch keiner nach Florenz gekommen, der nicht zugibt, es sei ihm so ergangen. Denn kaum haben sie die Stadt erblickt, kaum taucht vor ihren Augen dieser steinerne Riesenkörper auf, diese gewaltige Ansammlung von Häusern, dieser Glanz und diese Pracht, kaum schauen sie die ragenden Türme, die marmorglänzenden Kirchen mit ihren hohen Fassaden, die stolzen Paläste, die zinnengekrönten Mauern, die zahllosen Villen, kurz: den ganzen Luxus, Glanz und Reichtum. Da ändert sich auf der Stelle ihre Meinung in der Weise, daß sie nicht länger über die großen Heldentaten dieser Stadt verblüfft sind, o nein, sondern weit eher sagen, sie habe das Zeug dazu, die Herrschaft über die ganze Welt zu erringen! Woraus man erkennen kann, daß dieses Florenz im höchsten Grade der Bewunderung wert ist und daß niemand von ihrer Schönheit und Prächtigkeit sich eine angemessene Vorstellung machen noch auch sie in Worte zu fassen vermag. Vielmehr übertrifft der Anblick das, was man über sie gehört hat, um ebensoviel wie der mündliche Bericht die Vorstellung die man sich vorher gemacht. Ich weiß zwar nicht, was andere denken, aber mir erscheint ein solcher Beweis so durchschlagend, daß ich meine, er allein genüge vollkommen, den unbestreitbaren Vorrang dieser Stadt zu bestätigen. Denn jenes so starke und allgemeine Erstaunen könnte nicht so leicht, kaum daß man die Stadt gesehen hat, sich in nichts auflösen, besäße sie nicht in sich selbst einen irgendwie überlegenen Adel und großen Zug, der die Sprachlosigkeit ob der Größe ihrer Taten nicht nur mildert, sondern geradezu aufhebt. Ich will ein Gleichnis geben: Angenommen, mir erzählte jemand von den unerhörten und ganz unglaublichen Kraftleistungen, die ein Faustkämpfer bei Wettkämpfen vollbracht habe: Wie er die einen mit Kinnhaken erledigt, die andern mit dem Faustring niedergestreckt habe, wie er allein viele besiegt und zu Boden geschlagen, Viergespanne in vollem Lauf zum Stehen gebracht oder einen lebendigen Stier durch die Arena getragen habe (was man von Milo aus Kroton berichtet) oder daß er, auf einem eingeölten Schild stehend, von niemand habe heruntergezogen werden können (so haben wir es von Polydamas gelesen); angenommen, wenn mir solche Kraftakte die Sprache verschlugen, derselbe

Mensch fügte hinzu, diese Berichte erschienen zwar kaum glaublich, aber ich sollte den Kerl und seine Muskeln nur einmal sehen, dann würde ich nicht länger staunen, sondern glauben, daß er das eben Gehörte und sogar noch Größeres zu tun imstande sei – angenommen also, sage ich, das erzählte mir jemand und gäbe mir sein Wort darauf. Unbedingt würde dann sofort vor meinem geistigen Auge das Bild eines ungeheuer starken Mannes von stattlichstem Körperwuchs, mit schwellenden Gliedern und Muskeln auftauchen. Genauso ist es, wenn eine so überragende und reich ausgestattete Stadt alles durch ihre Taten hervorgerufene Staunen, sobald man sie wirklich gesehen hat, sogleich aus den Herzen der Menschen vertreibt und ihre Meinung ins Gegenteil verkehrt –, gar nicht anders denkbar, als daß sie ein geradezu überwältigendes Maß an Pracht, Schönheit und Reichtum besitzen muß. Denn wie soll man sich einen so offenkundigen Sinneswandel, eine so markante Änderung der Ansichten und Meinungen anders erklären als damit, daß die Großartigkeit und Erhabenheit dieser Stadt so groß ist, daß weder die Zungen derer, die davon berichteten, sie zu schildern, noch die Ohren derer, die davon hörten, sie aufzufassen vermochten? Denn zwar loben alle sie und werden sie immer loben, aber noch hat sich niemand gefunden, dem sie, wenn er sie sah, nicht um vieles großartiger vorkam, als er sich vom Hörensagen her eingebildet hatte. Deshalb habe ich keine Angst davor, daß viele mich der Leichtfertigkeit und Tollkühnheit zeihen werden, wenn ich mich an eine solche Aufgabe wage. Aber weder war es mir möglich, im Anblick einer so ruhmreichen Stadt nicht in Bewunderung auszubrechen, noch, solcher Bewunderung voll, ihr Lob in mir zurückzuhalten. Sollte dies aber auch unzulänglich ausfallen – noch niemandem ist es ganz gelungen –, so hätte ich eher Nachsicht als Zorn verdient. Doch kommen wir zum Thema zurück!

Jenseits der Villen nun liegen Kastelle. Um die Kastelle aber, ja eigentlich in der ganzen Gegend rings um die Villen drängen sich die glänzendsten und volkreichsten Landstädte. Und Florenz selbst liegt mittendarin wie ihr Haupt und ihre Königin. Sie aber umstehen sie, jede festgebaut an ihrem Platz. Mit Recht könnte ein Dichter sagen, der Mond sei rings von den Sternen umgeben, und das ergäbe dann ein wunderschönes Bild. Denn wie in einem Schild ein Ring sich um den andern schließt und der innerste den Buckel bildet, der genau in der Mitte des ganzen Schildes sitzt, ebenso sehen wir hier das umgebende Land sich wie in konzentrischen Ringen um die Mitte legen. Von diesen Ringen ist Florenz selbst der erste und mittelste, wie ein Schildbuckel des ganzen Umlandes. Er wird von Mauern und Vorstädten umgürtet. Die Vorstädte wiederum sind von den Villen umgeben, die Villen ihrerseits von den Landstädten, und dieser ganze äußerste Bezirk wird von einer noch größeren schließenden Kreis umfaßt. Zwischen den Landstädten aber liegen die Kastelle und zum Himmel ragende Burgen: sicherste Zufluchtsorte der Bauern.

Die Bevölkerung ist so zahlreich, daß sie mühelos ausreicht, die Hügel alle zu besiedeln. Was soll ich sagen von der Lieblichkeit und dem Überfluß der Feldfrüchte? Was von der hochentwickelten Feldbestellung? All das ist ja allgemein bekannt, jedermann sieht es vor seinen Augen, und es bedarf keines besonderen Hinweises. Nur dies eine will ich sagen: Man findet nicht leicht einen Boden, der eine so zahlreiche Bevölkerung ernährt. Haben doch die meisten Städte nicht soviel Einwohner wie das Land rings um Florenz. Trotzdem ernährt es sie alle zusammen mit der dichtbevölkerten Stadt so, daß es nicht bloß zum Lebensunterhalt reicht, sondern daß auch an Luxusgütern nicht das geringste von außen eingeführt werden muß. Deswegen muß man feststellen: Ein gesegneteres Gemeinwesen als Florenz – sei es die Stadt selbst, sei es das umliegende Land – gibt es nicht.

Sollte aber jemand meinen, etwas gehe der Stadt doch ab, nämlich daß sie nicht am Meer liege, so irrt er sich meiner Ansicht nach gründlich und macht aus etwas, das zu preisen wäre, einen Nachteil. Es ist nämlich die Nachbarschaft des Meeres vielleicht nützlich für die Einfuhr oder Ausfuhr von Waren, im übrigen aber wegen der rauhen Salzluft wenig angenehm. Unzählig sind ja die Nachteile, von denen Seestädte heimgesucht werden, unzählig die Gefahren, denen sie notwendigerweise ausgesetzt sind. Als Plato, bei weitem der bedeutendste aller Philosophen, in seinen Schriften den idealen Staat entwarf und seine positiven wie negativen Voraussetzungen gründlich erörterte, hielt er für das wichtigste, daß er weitab vom Meer liege. Dieser große Weise war der Meinung, auf keinen Fall könne eine Stadt glücklich sein, die entweder direkt an der Küste oder in der Nähe des Meeres liege. Er spricht von zahlreichen Eroberungen von See her, von vielen Nachteilen für Glück und Wohlstand, die die Nachbarschaft des Meeres mit sich bringe. Und in der Tat, wenn wir die Sache recht betrachten wollen, so ist es äußerst mißlich, wenn eine Stadt eine Lage hat, in der man – von Trapezunt und der Mündung des Don bis hin nach Cadiz – in ewiger Angst leben muß. Es genügt nicht, stets auf dem laufenden zu sein über das, was die benachbarten Völkerschaften treiben, was die angrenzenden Völker im Schilde führen und gerade ins Werk setzen, wie sie uns gegenüber gesinnt sind, und vor ihren offenen oder versteckten Anschlägen auf der Hut zu sein; man muß auch die Ägypter, Phönizier, Kolcher, Skythen, Mauren und Iberer fürchten – alles barbarische und unter sich im höchsten Grade zerstrittene Völker. Dabei täuscht man sich manchmal sogar über die Pläne der unmittelbaren Nachbarn: Wie ist es dann erst bei denen entfernt wohnender Stämme? Angriffe von der Landseite, obwohl sie im allgemeinen doch langsamer vonstatten gehen, stehen mitunter rascher vor der Tür, als man vorausahnen konnte: Wessen hat man sich da erst von schnellsegelnden Flotten zu gewärtigen? Können wir doch nicht deswegen, weil es im Moment nicht eintritt, damit rechnen, daß es auch in Zukunft nicht eintreten werde, und daß so etwas früher durchaus vorgekommen ist, wissen wir zuverlässig. Es ist der Gipfel der Torheit, sich freiwillig Gefahren auszusetzen, wenn man ruhig und sicher leben könnte.

Wenn aber Vernunftgründe diejenigen, die das Meer und die Küsten so lieben, schon nicht beeindrucken, sollten ihnen dann nicht wenigstens die Lehren der Geschichte zu denken geben? Man lese in den Werken der römischen und griechischen Historiker nach und achte dort auf die vielen Katastrophen, die zahllosen Zerstörungen von Seestädten; man beachte, wieviele Städte, obwohl es ihnen an wehrfähigen Männern, an Macht und Geld weiß Gott nicht mangelte, ehe sie sich es versahen, von einer feindlichen Flotte erobert wurden. Wenn man dies recht bedenkt, wird man bald zu der Überzeugung gelangen, daß Florenz nichts damit entging, daß es keine Seestadt ist, sondern daß im Gegenteil auch dies, wie alles übrige, höchst weise eingerichtet ist. Troja, die vornehmste „Säule Asiens" und das „wunderbare Werk des Himmlischen" (wie der Dichter sagt), wurde zweimal von einer Flotte eingenommen und zerstört: das erste Mal durch die plötzliche Ankunft des Herakles und Telamon, das zweite Mal durch die List des Agamennon und Odysseus. Nie hätte diese blühende, reiche Stadt erobert werden können, hätte nicht die Nähe zum Meer die Gelegenheit geboten. Volle zehn Jahre hatte man mit Kämpfen zu Lande umsonst vertan. Schließlich besann man sich auf die Flotte und das nasse Element und hatte damit die geeignetsten Verbündeten zu einem heimlichen Überfall gefunden. Und während die Bürger sich von langdauernder Belagerung befreit wähnten, während nirgends ein Feind zu sehen war, „nahte schon auf gerüsteten Schiffen von Tenedos her der Griechen Streitmacht und glitt dahin durch das freundliche Schweigen der Mondnacht". Und wenig später: „Andere plündern und räumen hinweg das brennende Troja. Seid ihr etwa erst jetzt aus euren Schiffen gekommen?" Das sind die Vorteile des Meeres, das ist seine vielgepriesene Nähe!

Doch warum spreche ich von so weit Entferntem? Genua, die vornehmste Stadt Italiens, wurde, so lesen wir, im Zweiten Punischen Krieg von Mago, dem Sohne Hamilkars, unversehens eingenommen und bis auf die Grundmauern zerstört. Wozu soll ich noch die Zerstörung Massilias erwähnen, wozu die von Syrakus, Alexandria, Athen? Wurde nicht, zur Zeit der höchsten Blüte des römischen Volkes, als es die ganze Welt beherrschte, das Mittelmeer viele Jahre hindurch von Seeräuberflotten unsicher gemacht, derart, daß mehrere Städte des römischen Reiches die schlimmsten Katastrophen erlitten? Und das Volk, das sich den gesamten Erdkreis untertan gemacht hatte, war nicht imstande, seinen Küstenstädten Sicherheit vor den feindlichen Überfällen dieser Flotten zu gewähren! Hierzu rechne man noch die ungesunde Luft, das unbeständige Klima, die auszehrenden Krankheiten, mit einem Wort: die Ungesundheit der Küstenstriche und die Unwirtlichkeit der ganzen meernahen Gegenden. Angesichts so vieler und so großer Nachteile braucht man sich nicht im mindesten zu wundern, wenn eine so kleine Stadt wie Florenz auf einen Seehafen verzichtete, um lieber im Hafen der Ruhe geborgen zu sein, und es vorzog, von Meereswellen unbespült zu bleiben, als in solchen Unheilswogen unterzugehen.

Wie aber, wenn es ihm gar nicht an einem Hafen fehlte? Zwar weiß ich nicht recht, wie man dies aufnehmen wird, trotzdem will ich meine Meinung frei heraussagen. Wie nämlich alles übrige, so scheint mir auch dies von Florenz höchst weitblickend und wohlbedacht eingerichtet worden zu sein. Denn obwohl es von der Küste so weit entfernt liegt, daß es an all den Nachteilen, die die Nachbarschaft des Meeres mit sich bringt, keinerlei Anteil hat, hat es dennoch Häfen in der Nähe, so daß es von keinem Nutzen des Meeres ausgeschlossen ist. Daher wird Florenz lediglich in solchen Dingen von Seestädten übertroffen, in denen zu unterliegen in Wahrheit Sieg bedeutet. Jenen nämlich bringen zwar Häfen und Küstenlage durchaus manchen Nutzen, aber eben doch vermischt mit vielen Nachteilen und Mißlichkeiten. Florenz dagegen hat den Vorteil, dem Meer so nahe zu sein, daß es ungetrübten Nutzen aus ihm zieht, ohne daß dieser durch allerlei Widriges und Schädliches gemindert würde. Weder ein verseuchtes Klima, noch dicke und unreine Luft, noch Feuchtigkeit des Meerwassers, noch im Herbst auftretende Krankheiten beeinträchtigen die Vorteile aus dieser Lage. Sondern der ganze große Gewinn für die Stadt ist ungeschmälert, ohne jede Gefahr und ohne jede schädliche Beimischung.

Mir scheint aber auch oft, Florenz liege aus dem Grunde in einiger Entfernung vom Tyrrhenischen Meer, damit es auch zum Adriatischen günstig gelegen sei – eine Klugheit, die man nicht hoch genug preisen kann. Denn läge es an der einen oder der anderen der beiden Küsten, dann käme zu den vielen verschiedenen Mißlichkeiten wegen der unmittelbaren Meeresnähe noch jener Nachteil hinzu, daß es von der jeweils anderen Küste allzu weit entfernt wäre. Die Folge wäre, daß es gleichzeitig zwei einander genau entgegengesetzte Fehler beginge: Indem es einerseits zu weit entfernt von dem einen Meer, andererseits zu nah an dem andern läge. So aber ist es von beiden Küsten nur so weit abgelegen, daß es den Anschein hat, als habe es sich nicht bloß mit einer von beiden begnügt, sondern sie beiden in seinen Dienst ziehen wollen. Liegt Florenz doch in der Mitte zwischen dem Tyrrhenischen und dem Adriatischen Meer, recht wie eine Königin Italiens, erbaut unter dem reinsten und gesündesten Himmel und sowohl an den Bergen wie an der Ebene teilhabend. Nach der einen Seite hin erstrecken sich die sonnigsten Fluren, nach der andern die heitersten Hügel. Der Fluß schließlich, der mitten durch die umwallte Stadt fließt, dient ihr nicht nur zur höchsten Zierde, sondern bringt ihr weit mehr noch praktischen Nutzen. Im Innern der Stadt aber herrschen staunenswerter Luxus, unvergleichlicher Glanz, phantastische Ausschmückung, höchste Prachtentfaltung in allen Dingen. Dazu kommt die ungeheure und unerhörte Eleganz der Villen, ihre paradiesisch schöne Lage, ihr Übermaß an Anmut, Annehmlichkeit und schöner Ausstattung. Überreich an diesen vielen Vorteilen und Kostbarkeiten, übertrifft Florenz nicht nur die Städte Italiens, sondern auch die aller anderen Länder bei weitem.

Die Fülle der Schönheiten, der reiche und immer aufs neue ohne mein Zutun sich darbietende Stoff hat mich mit einer Art unwiderstehlicher Gewalt mit sich gerissen und mich keinen Augenblick zur Ruhe kommen lassen. Und dabei habe ich vielleicht sogar den Eindruck zu geringer Beredsamheit gemacht; habe ich doch, von den Kostbarkeiten dieser Stadt sprechend, ihre wichtigsten und größten Schätze gar nicht erwähnt. Denn wie selbstvergessen hingegeben an die Schilderung der sonstigen Pracht und Herrlichkeit dieser ruhmreichen Stadt, habe ich ganz versäumt, von ihren vielen Söhnen zu reden, von der Tüchtigkeit, dem Fleiß, der hohen Bildung ihrer Bürger, die allerdings ihre größte Zierde sind und die man auf keinen Fall unerwähnt lassen darf. Ich muß also zum Ausgangspunkt zurückkehren und den Bewohnern dieser Stadt ihr Recht zuteil werden lassen. So wollen wir also das versehentlich Versäumte nun rasch noch in unsere Lobrede aufnehmen, wir wollen unsere Kräfte noch einmal zusammenraffen und, um nicht länger in diesem Irrtum zu verharren, überblicken, worüber wir bereits gesprochen haben und worüber wir noch sprechen wollen.

II. Sprache, Stil und Studium

Einleitung

Ein großes Anliegen der Humanisten war die Reinigung der lateinischen Sprache von dem ihrer Meinung nach ‚barbarischen' Einfluß des Lateins der mittelalterlichen Scholastiker. Auch die Gebrauchssprache der mittelalterlichen Kanzleien konnte vor ihren Augen keine Gnade finden. Anhand der neu entdeckten Texte machten die Humanisten sich sehr eifrig daran, sich ein echtes klassisches Latein anzueignen. Es ging dabei nicht nur darum, die im Mittelalter entstandenen und inzwischen eingebürgerten Wörter, Termini und Ausdrücke zu vermeiden und sich nicht von der eigenen Muttersprache beeinflußen zu lassen, sondern auch um die Frage, welche klassischen Schriftsteller am besten zur Nachahmung geeignet waren. Cicero und seit dem Ende des sechzehnten Jahrhunderts auch Tacitus wurden in dieser Hinsicht Lieblingsautoren: Die Humanisten betrachteten besonders ihre Werke als Richtschnur für ein fehlerfreies klassisches Latein.

Im italienischen Frühhumanismus führte dieses Bestreben, nur in antiken Texten nachgewiesene Wörter und Redewendungen zu benutzen, oft zu einem merkwürdigen Stil, in dem grammatische Besonderheiten und Wortbedeutungen aus ganz verschiedenen Epochen des klassischen Schrifttums kombiniert wurden. Die Frühhumanisten lasen ja Texte, die aus weit auseinander liegenden Epochen stammen konnten, und ließen natürlicherweise ihren Stil von dieser persönlichen Lektüre prägen. Solange nur ihre Vorbilder aus antiken Zeiten stammten, waren sie zufrieden. Erst der große Philologe Lorenzo Valla (1407–1457) sah ein, daß dieser verbissene Eklektizismus nicht viel mit gutem klassischen Latein zu tun hatte. Seiner Ansicht nach unterlag jede Sprache, auch die des klassischen Altertums, einer historischen Entwicklung. Deshalb sollten die Humanisten bei ihren Bemühungen, das klassische Latein wiederzubeleben, am besten von der Schriftsprache einer bestimmten Epoche ausgehen. Die goldene Zeit des Lateinischen war nach Valla die späte römische Republik und die frühe Kaiserzeit gewesen. Diese Auffassung arbeitete er heraus in seiner Schrift *Elegantiae linguae latinae* (Der Glanz der lateinischen Sprache). Hier kommentierte er nicht so sehr die einzelnen Autoren, sondern das klassische Latein als solches: Er setzte sich nämlich mit den drei großen spätantiken Kommentatoren und Grammatikern Priscian, Servius und Donatus auseinander. Dieses Buch war die Frucht eingehender Studien der klassischen Latinität und übte als

Führer zum richtigen lateinischen Stil und Wortgebrauch großen Einfluß aus: Es liegt in fast fünfzig Handschriften und in noch viel mehr frühneuzeitlichen Drucken vor. Sein Anliegen war eine linguistische Behandlung, nicht eine literarische oder historische Beurteilung der Texte. Valla wollte vor allem die sprachlichen Formen erklären, vergleichen oder richtigstellen. Dabei übte er – in den *Elegantiae,* aber auch anderswo – ungehemmt Kritik. Er erklärte zum Beispiel nicht, wie die meisten Humanisten, Cicero, sondern den römischen Rhetor Quintilian zu seinem Helden wegen dessen makellosen Stils und scheute sich nicht, erhabene und immer nur mit größter Ehrfurcht behandelte Geister wie Cicero oder Livius wegen ihrer Sprache oder sogar inhaltlich zu kritisieren. Nebenbei wies er auch noch zeitgenössische Berühmtheiten zurecht, zum Beispiel Petrarca, weil dieser hier und da ein fehlerhaftes Latein geschrieben hatte, und wehrte sich gegen mittelalterliche akademische Traditionen indem er schrieb, es sei eine Schande, daß die Studenten niemals Aristoteles widersprechen dürften.

Als der Humanismus sich im Laufe des fünfzehnten Jahrhunderts außerhalb Italiens verbreitete, entfaltete er auch seine erste Blüte im deutschen Reich. Italienische Gelehrte reisten durch Deutschland, deutsche Studenten zogen nach Italien, und deutsche Fürsten – wie Peter von Schaumberg, Bischof von Augsburg, und Herzog Eberhard der Bärtige von Württemberg – förderten die neue Gelehrsamkeit. Die frühen deutschen Humanisten kannten sich sehr gut in den Werken der italienischen Frühhumanisten aus und zitierten sie ausgiebig. Hermann Schedel (1410–1485) zum Beispiel zitierte und exzerpierte Petrarca, Poggio und andere berühmte Italiener in seiner Korrespondenz. Hartmann Schedel (1440–1514), der Verfasser der bekannten *Weltchronik*, fand in seinem dreißig Jahre älteren Vetter Hermann einen väterlichen Freund, der ihm half, seine literarischen Gaben und gelehrten Neigungen zu entwickeln, und ihm riet, nach Italien zu reisen. Hermann selbst hatte in Padua Medizin studiert und liebte Italien und den dort beheimateten Humanismus. In seinen zahlreichen Briefen an Hartmann versuchte er, diese Liebe auf seinen Neffen zu übertragen und auf diese Weise das Aufblühen der humanistischen Studien in Deutschland zu fördern.

In den zwei ersten Jahrzehnten nach 1500 erlebte der deutsche Humanismus einen besonderen Aufschwung. Die Gelehrten dieser Generation arbeiteten sowohl an den Höfen wie auch an den Universitäten und in den Städten. Sie waren jetzt keine vereinzelten Individuen mehr, welche merkwürdige Neuigkeiten aus Italien mitgebracht hatten, sondern gehörten zu einer Bildungsbewegung, welche von hochbegabten und vielseitigen Persönlichkeiten wie Jacob Wimpfeling (1450–1528) oder Konrad Celtis (1459–1508) getragen wurde und besonders bei den städtischen und höfischen Eliten erfolgreich fortwirkte. Die Angehörigen dieser Humanistengruppe waren natürlich bestrebt, das antike Schrifttum so eingehend wie nur möglich zu studieren. Davon legt der Brief des bayerischen Historiographen Johannes Aventinus (1477–1534) an seinen Freund Leonhard von Eck (1480–1550) Zeugnis ab. Als er diesen Brief schrieb, arbeitete er vielleicht schon auf Anregung Herzogs Wilhelm IV. an seiner Geschichte Bayerns *(Annales Boiorum)*. Stolz zählte er auf, was er selbst alles gelesen hatte und noch zu edieren hoffte. Aventinus machte aber in diesem Brief auch deutlich, wie tief er die nicht humanistisch gebildeten Gelehrten verachtete, die einen akademischen Dünkel hatten und sogar den Humanisten ihre Bildung abstritten.

Mehr als zehn Jahre später äußerte der bedeutende französische Graezist und Jurist Guillaume Budé (1467/68–1540) sich in einem ganz anderen Sinn über die humanistische Bildung. Als er 1532 seine Schrift *De studio literarum recte et commode instituendo* (Über das Studium der Literatur, wie es richtig und bequem einzurichten ist) veröffentlichte, stand der französische Humanismus auf seinem Höhepunkt. In einer anderen, gleichzeitig erschienenen Schrift – *De philologia* (Über die Philologie) – drückte Budé seine Freude darüber aus, daß er in einer Zeit lebe, in der die humanistischen Studien in Frankreich unter der Schirmherrschaft des Königs Franz I. nicht nur florierten, sondern sogar die Angriffe der Theologen auf die griechische Philologie – als wesentliches Element der biblischen Textkritik – unversehrt überstanden hatten. Budé selbst hatte in seinen Anmerkungen zu den Pandekten die griechischen Quellen des römischen Rechts ans Licht gebracht. Mit seinem Buch *De asse* (Über das römische Pfund) fesselte er die Leser nicht so sehr, weil er sachverständig über die römischen Münzen, Maße und Gewichte schrieb, sondern vor allem wegen seiner Berücksichtigung der materiellen Kultur im alten Rom, wodurch eine Schilderung des täglichen Lebens entstand. 1529 hatte Budé seine *Commentarii linguae graecae* (Kommentare über die griechische Sprache) vorgelegt, in denen die Ergebnisse seiner jahrzehntelangen Beschäftigungen mit der griechischen Philologie zusammengefaßt waren. Er stand wohl im Zenit seines Ruhmes als der bedeutendste französische Humanist, als er sich in der Schrift *De studio literarum* erlaubte, in melancholischer Stimmung auf seine eigene Jugend zurückzublicken. Damals hatte, so schrieb er, die humanistische Bildung Frankreich noch kaum erreicht, und einen Bildungsgang, wie er nun der Jugend geboten wurde, hatte es noch nicht gegeben.

Es ging den Humanisten nicht nur um den Erwerb der richtigen Sprache und eines schönen Stils, sondern auch um eine sinnvolle Einrichtung und Methode des Studiums. Über ihre konkrete Arbeitsweise am Schreibtisch oder -pult ist wenig bekannt. Die Quellen sprechen oft von übermüdeten, aber zähen Gelehrten, die Tag und Nacht arbeiten und sich beim Lesen und Schreiben die Augen verderben. Viele Humanisten sind zwar mit der Feder oder mit einem Buch in der Hand abgebildet, aber es ist nicht leicht, genau zu rekonstruieren, wie sie die Arbeit organisierten oder wie ihre Bücher und Papiere im Schreibzimmer aufgestellt und geordnet waren. Der Venezianer Augustinus Valerius (1531–1606) ist einer der wenigen, welche uns einen Blick hinter die Kulissen gönnen. Er gab dem venezianischen Adligen Aloisio Contarini eine Anzahl praktischer Ratschläge zum Studium, insbesondere zur richtigen Anlage einer Kartei. Dort konnte alles, was man aus seiner Lektüre gezogen hat, in einer sinnvollen Ordnung untergebracht werden; nur so konnte man wissenschaftlich arbeiten.

LORENZO VALLA

Vorrede zu den *Elegantiae linguae latinae* *(Der Glanz der lateinischen Sprache)* [ca. 1448]

Oft, wenn ich mir die Taten unserer Vorfahren und die anderer Könige oder Völker vergegenwärtige, scheint es mir, als hätten unsere Ahnen alle anderen hinsichtlich der Ausbreitung nicht nur ihrer Macht, sondern auch ihrer Sprache übertroffen. Denn bekanntlich waren auch die Perser, Meder, Assyrer, Griechen und noch viele andere sehr mächtig, manche auch hielten sich weit länger an der Macht, mag diese auch um einiges geringer gewesen sein als die römische. Niemand aber hat seine Sprache so weit verbreitet, wie es unsere Vorväter taten: Sie haben (um von jenem Teil Italiens zu schweigen, der einst Großgriechenland genannt wurde, von Sizilien, das tatsächlich griechisch war, und von Italien überhaupt) nahezu im gesamten Okzident, in einem nicht geringen Teil des Nordens und Afrikas die römische Sprache – die nach Latium, der Landschaft um Rom, auch die lateinische heißt – in kurzer Zeit zu Glanz und, fast könnte man sagen, zur Alleinherrschaft gebracht und, was die Provinzen selbst angeht, den Menschen gleichsam ein wunderbares Saatgut zur Aussaat übergeben – eine nun allerdings weit ruhmvollere und glänzendere Tat, als es die Ausdehnung der Reichsgrenzen war. Denn wer das Reich vergrößert, erwirbt sich damit gewiß großen Ruhm und den Titel eines Imperators; wer dagegen an den Menschen irgendwelche Wohltaten tut, dem erweist man nicht menschliche, sondern eher göttliche Ehren, denn er sorgt nicht nur für die Größe und Ruhm seiner eigenen Stadt, sondern auch für den allgemeinen Nutzen und das Wohl der Menschheit.

So haben unsere Vorfahren die übrigen Völker zwar durchaus auch durch Kriegstaten und manche anderen ruhmeswürdigen Verdienste übertroffen; durch die Ausbreitung ihrer Sprache aber übertrafen sie sich selbst und wurden, nachdem sie ihr Reich gleichsam auf Erden zurückgelassen hatten, im Himmel in die Gemeinschaft der Götter aufgenommen. Oder sollen wir vielleicht sagen, daß zwar Ceres, weil sie als Erfinderin des Getreides, Bacchus, weil er als Bringer des Weines, Minerva, weil sie als Stifterin des Ölbaums gilt, und viele andere wegen irgendeiner ähnlichen Wohltat unter die Götter aufgenommen wurden; daß es dagegen ein geringeres Verdienst sei, den Völkern die lateinische Sprache gebracht zu haben – dieses kostbare, wahrhaft göttliche Saatgut, diese Nahrung nicht des Leibes, sondern der Seele? Sie war es doch, die all diese Völkerschaften in den sogenannten freien Künsten unterwies, sie die besten Gesetze lehrte, ihnen den Weg zu jeder Weisheit eröffnete, kurz: dafür sorgte, daß sie nicht länger Barbaren genannt werden konnten. Weshalb sollte ein gerechter Beurteiler die, die sich durch Pflege der friedlichen Wissenschaften Ruhm erworben haben, nicht denen vorziehen, die sich durch schreckliche Kriege einen Namen gemacht haben? Könnte man diese ‚königliche' Menschen, so müßte man jene mit vollem Recht ‚göttliche' nennen; denn sie haben nicht nur, wie es Menschenart ist, den römischen Staat und die Majestät des römischen Volkes vermehrt, sondern nach Art der Götter auch das Heil der Welt.

Und dies gilt umsomehr, als diejenigen, die das Joch der römischen Herrschaft annahmen, ihre eigene Macht und – bitterer noch – die Freiheit zu verlieren glaubten, und das vielleicht nicht einmal zu Unrecht. Dafür aber begriffen sie bald, daß die lateinische Sprache ihrer eigenen keinen Abbruch tat, sondern sie gewissermaßen veredelte, so wie die spätere Erfindung des Weines den Gebrauch von Wasser keineswegs außer Kraft setzte oder die Erfindung der Seide nicht die Verwendung von Wolle und Leinen oder das Gold die übrigen Metalle, sondern einen Zuwachs zu dem bisherigen Besitz bedeutete. Und wie ein in einen goldenen Ring eingefügter Edelstein diesen nicht verunstaltet, sondern schmückt, so gab der Hinzutritt unserer Sprache der einheimischen Volkssprache zusätzlichen Glanz, anstatt ihr etwas zu nehmen. Denn nicht mit Blut, Eisen und Krieg errang sie die Herrschaft, sondern mit Güte, Liebe und friedlicher Überredung. Der, wenn ich einmal so sagen darf, Nährboden dafür war, soweit man eine Vermutung darüber anstellen darf, folgendes: Erstens, daß unsere Vorväter selbst jede Art wissenschaftlicher Studien mit solchem Eifer betrieben, daß sie niemanden als hervorragenden Feldherrn gelten ließen, der sich nicht auch in den Wissenschaften auszeichnete – was wiederum für die anderen ein nicht geringer Anreiz zum Nacheifern war; zweitens, daß sie den Lehrern der Wissenschaft ganz ungewöhnliche Belohnungen aussetzten; und drittens, daß sie alle Provinzbewohner dazu ermunterten, nicht nur in Rom, sondern auch in ihrer Heimat lateinisch zu reden. Und um mich hinsichtlich des Vergleichs zwischen römischer Herrschaft und römischer Sprache kurz zu fassen, so genügt es festzustellen: Die römische Herrschaft haben die Völker, als eine unbequeme Last, längst abgeschüttelt, die römische Sprache dagegen fanden sie süßer als allen Nektar, glanzvoller als alle Seide, kostbarer als alles Gold und alle Juwelen und behielten sie bei sich, wie eine vom Himmel gesandte Gottheit.

Groß ist somit die Weihe der lateinischen Sprache, groß ohne Zweifel ihre göttliche Kraft, die mitten unter Fremden, Barbaren, ja Feinden Roms soviele Jahrhunderte schon treu und unverbrüchlich gehütet wird, derart daß wir Römer uns darüber nicht grämen, sondern viel eher freuen und vor den Ohren der ganzen Welt dessen rühmen sollten. Rom haben wir verloren samt seinem Reich und seiner Weltherrschaft, wenn auch nicht durch unsere, sondern die Schuld der Zeitläufte; dennoch herrschen wir, dank dieser glanzvollen Herrschaft unserer Sprache, immer noch in einem großen Teil der Welt. Unser ist Italien, unser Frankreich, unser sind Spanien, Deutschland, Ungarn, Dalmatien, Illyrien und viele andere Nationen. Denn Roms Reich ist überall dort, wo Roms Sprache herrscht. Da mögen nun die Griechen kommen und sich der Fülle ihrer Sprachen rühmen! Unsere eine – und dazu, wie sie meinen, armselige – Sprache hat mehr bewirkt als ihre fünf, die, will man ihnen glauben, die reichsten überhaupt sind. Viele Völker haben, wie ein einheitliches Gesetz, nur die eine römische Sprache; das eine Griechenland hat, o Schande, nicht eine, sondern viele Sprachen, just wie Parteien in einem Staat. Mit uns sind sich fremde Völker im Gebrauch derselben Sprache einig, die Griechen hingegen können sich untereinander nicht einig werden, geschweige denn daß sie hoffen können, andere zu ihrer eigenen Sprache zu bekehren. In den verschiedensten Dialekten reden bei ihnen die Schriftsteller: in Attisch, Äolisch, Jonisch, Dorisch, der Koiné; bei uns, d.h. bei vielen Völkern, reden alle römisch, in einer Sprache, in der sämtliche eines freien Mannes würdige Wissenschaften behandelt werden, wie bei den Griechen in ihrer vielgestaltigen. Lebt sie – wer wüßte das nicht –, so leben die Studien und Wissenschaften; geht sie zugrunde, so vergehen auch sie. Denn wer waren die großen Philosophen, die großen Redner, Rechtsgelehrten und Geschichtsschreiber wenn nicht zugleich diejenigen, die sich am eifrigsten um gute Sprache bemühten?

Doch mehr zu sagen hindern mich Schmerz, Erbitterung und aufsteigende Tränen, sobald ich bedenke, aus welcher Höhe und wie tief diese hohe Kunst gefallen ist. Denn welcher Mensch, der die Wissenschaften und das Gemeinwohl liebt, könne sich der Tränen enthalten, wenn er sie in dem Zustand sieht, in dem sich einst das von den Galliern eroberte Rom befand? Alles zerstört, niedergebrannt, geplündert – kaum, daß der Kapitolshügel noch steht! Seit vielen Jahrhunderten schon spricht niemand mehr Latein, ja versteht es nicht einmal mehr beim Lesen. Diejenigen, die Philosophie studieren, verstehen längst nicht mehr die antiken Philosophen, die Advokaten nicht die antiken Redner, die Juristen nicht die alten Rechtsgelehrten, die übrigen Leser nicht die Werke der klassischen Autoren – so, als zieme es sich seit dem Untergang des römischen Reiches nicht mehr, römisch zu sprechen und zu denken –, und sie haben jenen Glanz der lateinischen Sprache und Kultur unter Staub und Moder erblinden lassen.

Warum dies so gekommen ist, dafür gibt es unter den Verständigen viele ganz unterschiedliche Ansichten, zu denen ich weder zustimmend noch ablehnend mich zu äußern erkühne; ebenso wenig dazu, weshalb jene Künste, die den sogenannten freien am nächsten stehen – die Malerei, die Bildhauerei, die Poesie und die Architektur – so lange so sehr herunterkamen und beinahe zugleich mit den Wissenschaften abstarben, und weshalb sie andererseits heutzutage zu neuem Leben erwachen und vortreffliche Künstler und Schriftsteller in so reicher Zahl erblühen. Wahrlich, je unglücklicher frühere Zeiten waren, in denen sich kein einziger Gebildeter fand, desto mehr müssen wir unsere eigene glücklich nennen, in der wir – davon bin ich fest überzeugt – mit noch etwas mehr Anstrengung binnen kurzem die römische Sprache samt allen Wissenschaften mehr als die Stadt Rom selbst wieder in Geltung bringen werden. Deshalb möchte ich, bei meiner Vaterlands-, ja Menschheitsliebe und im Bewußtsein der Bedeutung dieser Aufgabe, alle der Beredsamkeit Beflissenen wie von einem Feldherrnhügel aus anfeuern und aufrufen und ihnen, sozusagen, das Signal zur Schlacht geben: Wie lange noch, Bürger von Rom (denn so nenne ich die Gebildeten und Verehrer des Lateinischen, die als einzige das volle Bürgerrecht haben, die anderen sind bloß Pfahlbürger) – wie lange noch, Bürger von Rom, wollt ihr dulden, daß unsere Stadt – ich sage nicht, der Sitz des Reichs, sondern die Mutter der Bildung – in der Hand der Gallier bleibt, will sagen: von der Barbarei unterdrückt ist? Wie lange noch wollt ihr mit gleichgültigen und fast schon frevlerischen Augen mitansehen, wie alles entweiht ist? Bis kaum noch Spuren ihrer Grundmauern zu sehen sind? Der eine von euch schreibt Geschichte – das heißt Veji bewohnen; ein anderer übersetzt aus dem Griechischen – das heißt Ardea bewohnen; ein dritter und vierter verfaßt Reden und Gedichte – das heißt das Kapitol und die Burg verteidigen. Zwar ist dies eine ruhmvolle und durchaus lobenswerte Sache, aber damit vertreibt man nicht die Feinde, befreit man nicht das Vaterland. Camillus, ja, Camillus müssen wir nachahmen, der, wie Vergil sagt, die siegreichen Waffen in die Vaterstadt zurückführte und diese wiederherstellte; um soviel übertraf sein Heldentum das der anderen, daß die Verteidiger des Kapitols, Ardeas und Vejis ohne ihn verloren gewesen wären.

Genauso wird es auch jetzt sein, und die übrigen Schriftsteller werden nicht wenig Unterstützung von dem erfahren, der etwas über die lateinische Sprache schreibt. Ich wenigstens will, soviel an mir liegt, Camillus nacheifern, ihn mir zum Vorbild nehmen; ich werde, so gering auch meine Kräfte sein mögen, ein Heer aufstellen und es so schnell wie möglich gegen den Feind führen; ich werde in die Schlacht gehen, ja, als erster, um euch Mut zu machen. O laßt uns ihn doch kämpfen, diesen ehrenvollsten und schönsten Kampf, nicht nur, um das Vaterland dem Feind wieder zu entreißen, sondern auch, um bei dieser Wiedereroberung zu sehen, wer dem Camillus am besten nacheifert! Sehr schwer ist es freilich, zu leisten, was er geleistet hat, der meiner Ansicht nach der größte aller Feldherren und mit Recht der zweite Gründer Roms nach Romulus genannt wird. Strengen wir deshalb vereint unsere Kräfte zu diesem Werk an, damit wir wenigstens zusammen schaffen, was er allein erreicht hat. Trotzdem wird der mit Fug und Recht als neuer Camillus gelten und genannt werden müssen, der sich bei dieser Aufgabe am meisten ausgezeichnet hat. Von mir kann ich nur dies eine behaupten: Wie ich mir einerseits nicht einbilde, einer so großen Aufgabe gewachsen zu sein, so habe ich andererseits den schwierigsten und undankbarsten Part übernommen, nämlich die anderen zur Durchführung zu begeistern. Denn diese Schrift wird fast nichts enthalten, was von anderen Autoren, soweit sie noch am Leben sind, behandelt ist. Und somit laßt uns das Werk beginnen.

HERMANN SCHEDEL

Brief an Hartmann Schedel über die humanistischen Studien in Deutschland [1463]

Herzlichst empfohlen, teuerster Neffe! Deine beiden Briefe habe ich erhalten. Sie haben mich sehr erfreut, einerseits weil sie mir zeigen, wie sehr Du mich liebst, und sehr schön geschrieben sind; andererseits werden mir auch Deine Liebe und der Reichtum Deines Geistes immer deutlicher klar, je öfter ich in sie hineinschaue. Daß ich so lange nicht an Dich geschrieben habe, muß Dich nicht groß verwundern, denn es lag nicht etwa daran, daß ich meine Pflichten Dir gegenüber vergessen hätte oder mir irgendeine Liebesgeschichte dazwischengekommen wäre, sondern einfach an der Riesenmenge Arbeit, die Tag für Tag massenweise auf mich einstürmt, so daß ich kaum zum Atemholen komme, besonders in diesen Zeiten, wo die Angst vor der gräßlichen Pest die Menschen beutelt. Ich verfluche sie augenblicklich mehr als die hinter uns liegenden bösen Händel zwischen den Fürsten und Städten, hat sie doch nicht nur dem Wohlstand und der Gesundheit vielerorts schweren Schaden zugefügt, sondern breitet sich auch täglich nach allen Seiten weiter aus, und ich sehe sie zu meinem Kummer bereits auch zu uns kommen. Schon hat sie eine ganze Reihe vortrefflicher Männer dahingerafft, die mir in enger Freundschaft verbunden waren und deren geistige und charakterliche Qualitäten, im Verein mit besonderer Hilfsbereitschaft, vielen von Nutzen waren, und, wie ich höre, hat sie in Nürnberg bisher noch keineswegs aufgehört zu wüten, weshalb ich Dir den dringenden Rat gebe, wegen der verseuchten und noch immer nicht völlig gereinigten Luft nicht dorthin zu reisen. Du hast eine zarte Gesundheit und kannst Dir durch Aufenthalt in verpesteter Luft leicht den Tod holen. Viele, die vor der Pest geflohen waren und jetzt, wo sie etwas nachläßt, nach Nürnberg zurückgekehrt sind, haben durch eben diese Pest unvermutet ein trauriges Siechtum gefunden und sind gestorben. Meide also im Augenblick die Stadt, das ist meine dringende Bitte, entsprechend dem Wort des Komödiendichters Terenz: „Laß andere dir zur Warnung dienen, was dir nützlich sei."

Ich merke im nachhinein, daß Du in Deinen beiden letzten Briefen eine doppelte Ansicht vertrittst: In dem einen – das ist mein Eindruck – rühmst Du die Poesie, denn augenscheinlich hast Du zumindest teilweise von ihrem Nektar gekostet; in dem anderen Brief scheinst Du Dich dagegen von eben dieser Meinung momentweise abzukehren, denn Du schreibst, es führe zu nichts, sein Empfinden durch nutzloses Zeug zu schärfen. Ich für mein Teil glaube, teuerster Neffe, daß wir in diesem unserem Leben zu dem aufsteigen, was zu unserem Seelenheil dient. Die Tugend selbst aber wird von den Dichtern und nicht weniger von den Geschichtsschreibern hoch gepriesen, deshalb rate ich Dir, der Du zu immer Höherem strebst, Dich in erster Linie an ihre Lehren zu halten, zumal uns auch die heiligsten und bewährtesten Männer eben dazu aufgefordert haben. Höre doch nur, bitte, teuerster Neffe, was der heilige und verehrungswürdige Basilius unter anderem über den Nutzen und die Notwendigkeit der Poesie sagt: „Es gibt viele verschiedene Arten von Dichtern, und man muß nicht allem, was sie sagen, sein Herz öffnen, sondern nur dann, wenn sie von den Taten und Worten großer Männer sprechen, müssen wir uns innerlich aufrühren und entflammen lassen, und uns nach Kräften bemühen, selbst so zu werden, wie diese waren. Wenn sie dagegen auf schlechte Menschen zu sprechen kommen, so müssen wir uns hüten, diese nachzuahmen, und die Ohren davor verschließen, nicht anders als wie sie selbst von Odysseus berichten, daß er sie vor dem Gesang der Sirenen verschlossen habe. Denn es gibt gewisse verkehrte Wege der Fabulierlust, die zum Verbrechen führen. Vielmehr müssen wir es hierin den Bienen nachmachen: Sie suchen nicht alle Blüten gleichmäßig auf und saugen auch diejenigen, die sie anfliegen, nicht gänzlich aus, sondern tragen nur das fort, was sie verwerten können, und lassen alles übrige unberührt. Ähnlich werden auch wir, wenn wir verständig sind und in die Fußstapfen unserer Vorfahren treten wollen, das für uns entnehmen, was sich mit der Wahrheit verträgt und übereinstimmt; alles übrige werden wir übergehen und wie beim Rosenpflücken die Dornensträucher meiden. Auf diese Weise werden wir das, was nutzbringend geschrieben ist, annehmen und dem, was uns schaden kann, aus dem Wege gehen." Soweit Basilius. Du mußt Dich also bemühen, liebster Neffe, diejenigen Dichter, die gute und böse Stoffe behandeln, soweit Du Muße dazu hast, mit größter Aufmerksamkeit zu lesen. Und jedenfalls ist die Ansicht derer, die uns ihre Lektüre überhaupt verbieten wollen, abzulehnen. Wie sagt doch Quintilian, der unleugbar größte Redner: „Man muß die Natur des Bösen kennen, um das Gute besser schützen zu können." Auch Augustinus, diese Leuchte der Theologie, ermuntert uns, scheint mir, in seinem Buch über das christliche Leben: „Nehmen wir den Heiden das Gute weg, denn sie sind nicht wert, es zu besitzen." Was soll ich von Laktanz sagen, aus dessen Mund die Rede süßer als Honig floß, was von Hieronymus? Beide fordern uns ausdrücklich auf, die Schriften der Heiden zu lesen und den heidnischen Dichtern Heimatrecht zu gewähren, denn die Poesie sei die älteste der Künste, groß und unverzichtbar sei der Gewinn, den man aus ihr schöpfe; die Werke der Philosophen und heiligen Kirchenlehrer steckten voller Dichterzitate, Kaiser, Könige und alle großen Männer hätten zu ihrer Zeit die Dichter ehrenvoll behandelt. Lies doch bitte, teuerster Neffe, den schönen Brief, den der heilige Hieronymus an den römischen Rhetor Magnus schreibt, daß es, wie im fünften Buch Mose nachzulesen, den Juden verboten ist, die Weiber ihrer besiegten Feinde zu heiraten, außer, man schor ihnen die Köpfe und schnitt ihnen die Nägel ab. Eben dies muß man auch mit den Dichtungen der Alten machen, daß man alles, was darin über die Götter und die Zauberkünste der Liebe steht, wegschneidet und das übrige, worin sie das Lob der Tugenden singen und die Laster verdammen, unbedenklich übernimmt. Um nochmals Basilius anzuführen, der wegen seiner Tugend ‚der Große' hieß – er war ein solcher Asket, dabei von solcher Sittenreinheit, solchem Eifer für die Wissenschaften und solcher theologischen Gelehrsamkeit beseelt, daß man ihn fast allen anderen vorzog: Basilius also war bestrebt, die Trägheit und Verkehrtheit derer zu bekämpfen, die auf die humanistischen Studien schimpften. Denn wie es zwar der eigentliche Zweck der Pflanze ist, Frucht zu tragen, das die Zweige rings bedeckende Laub ihr aber doch auch einen gewissen Schmuck verleiht, genauso ist die wichtigste Frucht der Seele die göttliche Wahrheit. Trotzdem ist es nicht ohne Reiz, wenn diese sich in ein Gewand anderswoher entliehener Weisheit hüllt, die wie das Laubwerk der Frucht Schutz gewährt und dem Betrachter einen angenehmeren Anblick bietet. Wir wissen, daß Moses so verfuhr, jener überaus kluge Mann, dessen Name bei allen Völkern im Geruch großer Weisheit steht: Er wandte sich der Kontemplation Gottes nicht eher zu, als bis er seinen Geist an den Wissenschaften der Ägypter geschärft hatte. Auch der große Prophet Daniel scheint es nicht anders gehalten zu haben: Bevor er an die heiligen Texte zu gehen bereit war, beschäftigte er sich sehr eingehend mit den heidnischen Dichtern Babylons in chaldäischer Sprache.

Und mag auch die Dichtkunst, wie Du schreibst, selten außerhalb Italiens beheimatet sein, so gib doch die Schuld daran nicht ihr, sondern eher den Fürsten, denen die größten Nebensächlichkeiten mehr am Herzen liegen als die Wissenschaften. Trotzdem habe ich die Hoffnung, daß die Poesie auch in Deutschland Fuß fassen wird; zum einen, weil unser Land schon in früherer Zeit Gelehrte hervorgebracht hat, zum andern, weil ich bereits eine ganze Menge sprachmächtiger Leute kenne, die die Saat der Beredsamkeit täglich unter die Deutschen aussäen und die Poesie nicht für eine nutzlose Sache halten. Wissen sie doch, daß sie reichste Frucht trägt, wie die tägliche Erfahrung lehrt, daß nämlich die, die Italien gebildet hat und von denen sie selbst die Verschönerin aller Wissenschaften, die Beredsamkeit, gelernt haben, berühmte und große Männer geworden sind – jene Beredsamkeit, deren Glanz auf einmal gefundenen, unverletzlichen Regeln und Gesetzen beruht, derart daß jede Anstrengung, die der menschliche Geist unternimmt, es sei auf dem Gebiete der Religion oder dem des Rechtes, unseren Ohren widersinnig und greulich klingt, wenn sie sich nicht in zierlicher, inhaltsreicher und klarer Rede, mit treffenden und zweckentsprechenden Worten auszudrücken vermag. Wahrhaftig, ich möchte, mit einem Wort, die Behauptung wagen, daß in den Augen der Menschen keine Fähigkeit, kein Wissen, keine Form der Lebensgestaltung Glanz haben kann, wenn sie der Beredsamkeit entbehrt.

Hierauf also baue ich zunächst, wie auf ein Fundament, beharrlich auf. Es wird Dir den Zugang zu Höherem ebnen, und ich rate Dir brüderlich, wenn der Sturm der Pest sich gelegt hat, mit Gottes Hilfe nach Italien zu reisen. Denn Du sollst wissen, daß ich auf ewig, solange ich lebe, Dir treu ergeben und unauflösbar verbunden bin und mich mit allem Fleiß und Eifer das zu tun bemühen werde, wovon ich erkannt habe, daß es Dir angenehm und dienlich ist.

Lebe wohl in Dem, der bereit war für unser aller Heil seinen Sohn auf die Welt zu schicken und Fleisch werden zu lassen. Über seine Fleischwerdung spricht Vergil im siebten Buch der *Aeneis*, beginnend mit den Worten: „Schon war da der verheißene Tag ...“ Vergleiche im Probus.

JOHANNES AVENTINUS

Brief an Leonhard von Eck über Ungebildete und seine eigene Bildung [ca. 1518]

Johannes Aventinus an Leonhard von Eck von Wolfseck, Rechtsgelehrten, Philosoph und Redner, den Wiederhersteller des Ingolstädter Gymnasiums und Vorsteher der literarischen Gesellschaft der Bayern.

Ein altes Wort sagt, die freien Künste würden dann blühen und gedeihen, wenn nur die Gebildeten über sie urteilten. Wie grundwahr dieser Satz ist – obwohl ich ihn immer schon für wahrer als einen Orakelspruch Apolls hielt –, habe ich in diesem Jahr praktisch erfahren. Wieviel Unheil und Schaden jener mir gründlich verhaßte Menschenschlag derer, die überall die ersten sein wollen, ohne daß sie es je sind, der Gelehrtenrepublik zufügt, will ich Dir, der Du gern in die Rolle des Demokrit schlüpfst, in diesem ein wenig kecken, nichtsdestoweniger wahren Brief schildern. Es gibt gewisse Gschaftlhuber, die, wie man so schön sagt, mit ungewaschenen Händen, ja sogar Füßen ohne jede Scheu die Musentempel betreten, mehr noch: beflecken und entweihen. Obwohl sie erst spät zu Verstand kommen und etwas reichlich langsam lernen, was jeder Gescheite weiß, brüsten sie sich in eitler Selbstdarstellung, wissen sich gar nicht zu lassen, klatschen sich selber Beifall; sie prahlen, als hätten sie den Stein der Weisen gefunden oder Palästina und Ägypten besiegt, und triumphieren ganz im Ernst und sind dabei die unverschämtesten und übelsten Menschen, die, da sie mit den andern nicht Schritt halten können, von Neid zerfressen werden, heimlich auf die um sie und die Wissenschaften (ob sie es wollen oder nicht) Verdienten sticheln, aus dem Hinterhalt über sie herfallen (denn den offenen Kampf wagen sie nicht), nur ihr eigenes Genie hätscheln und bewundern – was immer Zeichen eines armen und unglücklichen Geistes ist –, den andern ihr Wissen neiden und ihnen mit Gottes Hilfe ihre Bildung streitig zu machen suchen.

Neulich erst mußte ich über eine solche alberne Krähe gewaltig lachen. Denn Claudius Ptolemäus, Plinius, Tacitus und noch andere berühmte Schriftsteller, die er nicht verstand, schulmeisterte er wegen angeblicher Widersprüche und zieh sie der Unwissenheit, gerade als ob nicht auch heute noch die Namen von Landschaften und Städten täglich mit uns untergingen und wiedererstünden oder als ob nicht eine und dieselbe Stadt ganz verschiedene Namen hätte, besonders in unterschiedlichen Sprachen. So gibt es bei uns die Stadt Monachium, die jedes Kind kennt, trotzdem heißt sie bei den Bewohnern der unmittelbaren Umgebung anders (nämlich ‚München' in der Landessprache). Weil er die Werke der Alten nicht zu lesen versteht, redet ein anderer Wicht von ebenso feinem Kaliber sich ein, sie steckten voller Fehler, und korrigiert sie mit aller Gewalt, ein absolut lächerlicher Mensch, der das Können der andern am Maßstab seiner eigenen Dummheit mißt und sich, von seiner persönlichen Unwissenheit ausgehend, am liebsten einen Platz anmaßt, wie ihn sich kein einziger von den Logikern oder Rhetoren jemals auch nur erträumt hat; und das auf einem Gebiet, auf das sich noch niemand, der alle fünf Sinne beieinander hat, aus eigener Kraft und ohne lange Auslandsreisen und praktische Erfahrung gewagt hat – ganz zu schweigen von der genauesten Kenntnis auf mathematischem Gebiet (ich meine Sonnenuhr und Himmelsfernrohr).

Sehr witzig hat jemand die Halbgebildeten die Fratzen und bösen Geister der Gebildeten genannt. Daher kommen die vielen Fehler in den Büchern, daher werden die meisten Werke so verderbt (verbessert, wollte ich sagen); so verstümmelt, so ohne Hand und Fuß gedruckt, wimmeln sie bis heute so von kranken Stellen, veralteten Ausdrücken und fehlenden Wörtern, und ich kann Dir gar nicht sagen, mit welchen Tränen der Freude und welchem inneren Glück ich mich neulich den klassischen Autoren zugewandt habe, die ich den Motten und Bücherwürmern entrissen habe. Einige von ihnen möchte ich Dir gern namentlich aufführen, die anderen verschiebe ich auf ein anderes Mal. Die Namen der Autoren und Werke (gib bitte acht) sind die folgenden:

Die heiligen Märtyrer Cyprianus und Victor.

Das vollständige päpstliche Recht.

Das vollständige Salische Gesetz, mitsamt den Zusätzen der Kaiser Karls des Großen, Ludwigs des Frommen und Lothars I.

Einige Fragmente der alten Rechtsgelehrten.

Des Vitruvs Werk über die Metalle.

Des Albertus Magnus Werk über die Zauberei.

Die Mathematik des Grafen Hermann von Veringen, ebenso seine Chronik.

Der vollständige Bischof Jordanes, mit den Anmerkungen und Kommentaren des Albertus Boemus.

Die Beschreibungen der Provinzen des Römischen Reiches samt ihren wichtigeren Städten.

Die deutsche Geschichte der Bischöfe Regino und Romerius.

Die bayrische Geschichte des Veronardus Noricus. Ebenso Albertus Boemus, Dekan von Passau und Rat Ottos von Wittelsbach, des ersten Pfalzgrafen bei Rhein und Herzogs von Bayern.

Fortunatus, Bischof von Poitiers, der elf Bücher Gedichte auf Papst Gregor den Großen geschrieben hat; von ihm stammen das *Heil dir festlicher Tag* und das *Frommes Kreuz* die van Nichtkennern fälschlich anderen zugeschrieben werden.

Der Grammatiker Eutychius.

Der Grammatiker Asper.

Der vollständige Diomedes.

Des Theodorus Mallius Werk über die Metrik.
Die Stilkunst des Donatus.
Eine alte griechische Grammatik.
Ein uraltes griechisch-lateinisches Wörterbuch, das Pomponio Leto sich rühmt, in Österreich gelesen zu haben und das Ermolao Barbaro zitiert.

Diese Handschriften bemühe ich mich mit Deiner Hilfe und mit finanzieller Unterstützung durch unsere Herzöge [Wilhelm IV. und Ludwig von Bayern], bei denen Du viel giltst, zu veröffentlichen. Denn da Du ganz unweit von meinem Vaterland und von guten Eltern geboren und auch unter den Adligen der sprachgewandteste und unter den Sprachgewandten der vornehmste bist, bist Du in der Tat würdig, daß durch Dich die berühmten wissenschaftlichen und literarischen Autoren aus dem Grabe auferstehen und wieder lebendig werden.

GUILLAUME BUDÉ

Die humanistischen Studien früher und jetzt [1532]

Was mich betrifft, so kommt es mir, während ich dies schreibe, in den Sinn, daß mein Schicksal beklagenswert und beinahe beweinenswert gewesen ist, denn über diesen Studien habe ich die besten Jahre meiner Jugend und die Kraft meines Alters aufgebraucht zu einer Zeit, als das Licht der humanistischen Studien sich diesseits der Alpen noch gar nicht, oder doch nur so schwach gezeigt hatte, daß es kaum der Mühe wert ist, davon zu sprechen. Jetzt hingegen, zur Zeit als ich dies veröffentliche, strahlt dieses Licht in vollem Glanze, und ich sehe, wie der Eifer der jungen Leute mit einem bemerkenswerten Erfolg sich gerade für diese Studien entflammt. Sogar die griechischen Texte verbreiten sich gewaltig dank der Arbeit der Drucker und auch durch den Fleiß einiger gelehrter Männer, die Büchern jeder Art nachjagen. Dadurch ist es sehr viel leichter geworden, diese Texte zu studieren. Jetzt kann man nach Belieben in ihrer Lektüre schwelgen und sich bei solchen Festmahlzeiten sättigen, wo ich früher, um den Hunger meines Geistes zu stillen, gezwungen war, oft mit eitler und fruchtloser Anstrengung Krümel aufzulesen. Ich habe guten Grund, mich für diejenigen, die jetzt ihr Studium beginnen, über diese Fülle zu freuen; es scheint mir aber wenig wahrscheinlich, daß ich in der Lage sein werde, daraus Nutzen zu ziehen. Wenn ich die Jahre zähle, die ich über diesen Studien verbracht habe, dann fühle ich mich so alt wie Tithonos; wenn ich meine Absichten hinsichtlich einer soliden Gelehrsamkeit ermesse, dann habe ich das Gefühl, noch nicht aus meiner Lehrzeit heraus zu sein! Für diejenigen aber, die noch nicht über das Alter für solche Studien hinaus sind, ist es der Mühe wert, diese Gelegenheit wahrzunehmen. Jetzt hat sich das Studium der Literatur der Griechen und ihrer Nachahmer, der Römer von einer so großen Katastrophe, einer so großen Sintflut erholt, wodurch die Sterblichen in der dichten Finsternis der Unwissenheit gehalten wurden. Höchstens kann man sagen, daß sie sich auf Grund ihres Alters noch ein wenig vor uns verbergen. Jetzt ist die Gelegenheit gekommen für diejenigen, die noch jung sind und die durch ihre Lebensumstände und ihre Fähigkeiten die Möglichkeit haben, mit Vergnügen und Eifer ihre Begabung dort einzusetzen.

AUGUSTINUS VALERIUS

Brief an Aloisio Contarini mit Ratschlägen zum Studium, insbesondere zur Anlage einer Kartei [1563]

So groß waren bei Griechen wie Römern Begabung und Fleiß, so hervorragend war ihre Bildung auf allen Gebieten, daß sie selbst sämtliche eines freien und edlen Menschen würdigen Künste und Wissenschaften erfunden und uns in formvollendeten literarischen Werken überliefert haben. Um von der Philosophie, als der vornehmsten Wissenschaft, die die Prinzipien und Ursachen der Natur untersucht, zuerst zu sprechen: Welches naturphilosophische Problem ist so entlegen oder so schwierig, daß es nicht – wenn ich Pythagoras, Empedokles, Demokrit und die alten Philosophen hier einmal übergehe – zuerst Plato, dann Aristoteles mit höchster Eleganz behandelt hätten? Jenes Gebiet der Philosophie vollends, das sich mit Ethik und der richtigen Lebensgestaltung und Staatsverwaltung beschäftigt, haben nicht nur die beiden eben genannten größten Philosophen, Plato und Aristoteles, sondern auch Xenophon, dann – auf lateinisch – unser Cicero, schließlich Seneca und Plutarch so erhellt und bereichert, daß uns nichts zu wünschen übrig bleibt. Was ferner die Mathematik betrifft, wer kann hier ohne Euklid, Archimedes und Ptolemäus auch nur das Geringste zu lernen hoffen? Zur Dialektik, die gewissermaßen das Instrumentarium bereitstellt, dessen wir uns zur Erkenntnis des Wahren und Guten bedienen, hat in manchem Plato in seinen Dialogen, haben in anderem die Stoiker den Grund gelegt; aber erst Aristoteles mit seinem göttlichen Verstand hat diese Disziplin vollkommen erhellt. Was soll ich über die für die Menschheit so unverzichtbare Heilkunst sagen? Welche medizinischen Lehren hätten wir denn, frage ich, wenn es nicht einen Hippokrates von Kos und einen Galenus gegeben hätte? Ebenso ist es in den übrigen Künsten und Wissenschaften, die mit der menschlichen Rede zu tun haben. Denn seit tausend Jahren gibt es keinen Dichter, der sich mit Homer, Sophokles, Euripides und Theokrit oder mit Vergil, Horaz, Lukrez und Terenz vergleichen ließe. Was die Redner betrifft, so will ich von Perikles und Demades, von Crassus, Antonius und Hortensius gar nicht sprechen: Aber wer von uns, wenn er einmal Demosthenes und Cicero liest, fühlte nicht, daß etwas Göttliches in diesen Männern lebte und daß heute niemand soviel Begabung hat, um ihrer Beredsamkeit auch nur entfernt nachzukommen? In der Theologie schließlich, welche die Mutter und Königin aller Wissenschaften ist, gibt es gewißlich niemanden, der ohne Kenntnis des Basilius, Athanasius, Origenes, Theodoretos, Augustinus und Hieronymus für auch nur oberflächlich gebildet gelten könnte.

Wozu das alles? wirst Du sagen. Sollen wir Heutigen nur die Weisheit der Alten anstaunen, sollen wir wie Toren uns bei ihren Lehren, als wären es Orakelsprüche, beruhigen und überhaupt nichts Eigenes zu denken oder zu schreiben wagen, sondern unser ganzes Leben mit dem Begreifen der Schriften anderer zubringen? Nun, das ist keineswegs meine Meinung, vielmehr sollen wir mit Eifer und Sorgfalt die Autoren derjenigen Wissenschaften, denen wir uns von Kindheit an ergeben haben, lesen, und wenn wir ihre Ansichten kennengelernt haben, werden wir sorgfältig mit uns zu Rate gehen müssen, ob wir uns entweder dadurch, daß wir sie an Fleiß übertreffen, oder aber dadurch, daß wir ihre Schriften kommentieren, um unsere Zeitgenossen verdient machen und der Nachwelt irgendein Werk hinterlassen können, woran sie zu erkennen vermag, daß wir wirklich gelebt und unseren Beitrag zum Gemeinwohl geleistet haben.

Aber mein Aloisio, es ist kaum zu glauben, wie schwierig es angesichts der herrschenden Sprachenverwirrung und des Durcheinanders der Studiengänge ist, ich sage nicht: großen, nein, auch nur mittelmäßigen Ruhm zu erlangen. Die Menge der schlechten Bücher erdrückt uns schier, an wirklichen Gelehrten, die die Jugend in den schönen Künsten unterrichten können, herrscht unvorstellbarer Mangel, dafür wimmelt es überall von unwissenden und unverschämten Scharlatanen. Daher könnten die Väter nicht genug achtgeben, wem sie ihre Söhne zur Erziehung anvertrauen, und müssen die sorgfältigste Mühe darauf verwenden, daß diese in einem Alter, in dem es ihnen noch leichtfällt, diejenigen Sprachen erlernen, beziehungsweise diejenigen Grundkenntnisse erwerben, deren Unkenntnis die heute herrschende so erbärmliche und beklagenswerte Unwissenheit auf allen Gebieten hervorgebracht hat.

Dir dagegen habe ich eher Grund zu gratulieren; denn schon als Jüngling verstehst Du Griechisch und Latein und hast Dich schon ganz der Philosophie und den edelsten Wissenschaften ergeben. Da Du aber an nichts anderes denkst, als wie Du Dir höchsten Ruhm erwerben und es Deinem gelehrten Onkel, dem Kardinal Gasparo Contarini, gleichtun kannst, so hast Du Dir, als ich neulich zusammen mit Niccolò Barbarigo

– einem, wie ich meine, wegen seiner Begabung wie wegen seiner vielfältigen Kenntnisse bewundernswerten jungen Mann – bei Dir speiste, die zweifelnde Frage gestellt, ob es Dir Nutzen brächte, wenn Du Dir eine Kartei anlegtest, gleichsam als Schatzkammer und Stütze Deines Gedächtnisses, in die Du Tag für Tag einträgst, was Du von gelehrten Männern lernst oder für Dich liest.

Und in der Tat hast Du nicht ohne Grund geschwankt, denn viele werden, indem sie sich von solchen Zettelsammlungen abhängig machen, nachlässig und unfähig, irgendeinen Gedanken selbständig zu entwickeln oder etwas aus dem Stegreif zur Diskussion beizusteuern. Außerdem, wenn sie ihren ganzen Eifer und Fleiß nur hierauf verwenden und alles, was ihnen aufgefallen ist, für die reine Wahrheit halten, behaupten sie sehr oft Dinge, die ungesichert sind, und erklären, sie wüßten Sachen, von denen sie in Wahrheit keine Ahnung haben. Deswegen auch scheint Sokrates im platonischen *Phaidros* nicht nur die von mir erwähnten Karteien, sondern auch die Erfinder der Schrift gewissermaßen zu verspotten und zu tadeln.

Dies kann also als kritischer Einwand gegen Karteien vorgebracht werden: Daß sie die Menschen zur Nachlässigkeit verleiten, zu schlechtem Gedächtnis und zur Selbstüberschätzung. Aber nach meiner Ansicht kann man aus diesen kritischen Argumenten noch nichts schließen. Denn wir sollten, so meine ich, in unsere Karteien nichts aufnehmen, was wir nicht völlig verstanden haben, gleichsam zu unserem inneren Eigentum gemacht und mit unseren eigenen, denselben Sinn wiedergebenden Worten ausgedrückt haben. Und nicht deswegen sammeln wir vieles aus den Büchern der Alten, damit wir in den Ruf kommen, wir hätten dies alles in uns selbst gefunden oder damit wir es immer und überall und gegenüber jedermann im Munde führen, sondern damit wir dann, wenn es nötig ist, Nutzen aus unserer Sammelarbeit ziehen. Tatsächlich besitzen wir nicht alle ein Gedächtnis, wie es einst einem Themistokles oder einem Hortensius zu Gebote stand, so daß wir uns an alles, was wir während unseres Lebens gelesen oder getan haben, genau zu erinnern vermögen. Es kommt im Drang der Alltagsgeschäfte oder auch gerade krankheitsbedingt oft vor, daß uns vieles aus dem Gedächtnis rutscht; und da ist es sicherlich sehr angenehm, wenn wir es uns mit Hilfe einer bestimmten Methode wieder in Erinnerung rufen können. So konnte meiner Ansicht nach nichts Besseres oder für die Menschheit Nützlicheres erfunden werden als die Literatur, mit deren Hilfe die Gedankensysteme der klügsten Philosophen, das Andenken der tapfersten für das Vaterland gefallenen Helden und die Verfassungen und Gesetze der Staaten vor dem Vergessen bewahrt bleiben. Wie denn? Hätte es nicht das große Hilfsmittel der Schrift gegeben, wie hätten wir nach jenem beklagenswerten Einfall der fremden Völker ins Römische Reich uns aus der Barbarei emporarbeiten können?

Aber das ist hier nicht unser Thema; kehren wir darum zu unseren Karteien zurück, die allerdings, wie ich meine, zur Stütze unseres Gedächtnisses angelegt werden sollten. Und für diese Meinung habe ich höchst gewichtige Gewährsmänner: Aristoteles, Cicero, Plutarch und Plinius der Ältere, die sich augenscheinlich alle dieser Mühe unterzogen haben. Denn bei Aristoteles ist oft von „Kollegheften" die Rede, und Cicero sagt selbst, er habe sich „Merkhefte" angelegt. Bei Plinius und Plutarch aber liegt die Sache so am Tage, daß es keines Beweises bedarf. Sind doch alle überlieferten Werke von Plinius eher Materialsammlungen als literarisch durchgeformte Schriften, und Plutarch hat über eine Unmenge Gegenstände so ausführlich und unter Anführung so vieler verschiedener Beispiele geschrieben, daß man den Eindruck hat, er habe nichts anderes getan, als die antiken Schriftsteller zu lesen und auf alles Überliefernswerte zu achten.

Erstaunlich ist jedoch, in wieviele Fehler viele bei diesem Unternehmen verfallen. Manche sind, wenn sie Aristoteles und andere gewichtige Autoren lesen, nur darauf aus, deren Sätze meist sogar noch wortwörtlich und in vielen Fällen unverstanden, in ihre Karteien einzutragen; dabei gibt es nichts Unsinnigeres, als sich solch eine Riesenmühe zu machen. Andere konstruieren sich, wie sie selbst es nennen, gewisse Ideen: Sie denken sich obskure Begriffe für alles Seiende und Geschehende aus; sie machen sich anheischig, die Künste und Wissenschaften in ein System zu bringen und wollen dann, vom Ehrgeiz ergriffen, sich einen glänzenden Namen zu machen, für Alleswisser gelten und auch so genannt werden. Es fehlt auch nicht an Leuten, die sämtliche nur möglichen Aussagen unter die beiden Rubriken ‚Sachen' und ‚Wörter' gebracht haben und trotz höchster Mühe keine andere Unterscheidung, die geeigneter und kürzer wäre, finden konnten. Andere wiederum versuchen – wobei sie den großen Lehrer Aristoteles nachzuahmen behaupten – alles Gehörte und Gelesene nach zehn Kategorien einzuteilen. Ich will mir gewiß, zum einem wegen meines Alters, vor allem aber wegen meiner geringen Sachkenntnis, nicht herausnehmen, die Ansichten anderer eingehender zu kritisieren, zumal ich mir auf die meinige nicht allzuviel einbilde oder sie sonderlich hoch einschätze; aber mir scheinen, offen gesagt, diejenigen, die soviel Mühe darauf verwenden, die Sätze des Aristoteles und aller von ihnen gelesenen Schriftsteller, dazu noch wortwörtlich, ohne Plan und System in ihre Kartei einzutragen, sich eine Riesenarbeit ohne den geringsten Nutzen zu machen. Diejenigen aber, die nicht nur Sachen, sondern auch Wörter, deren Zahl unendlich ist, wie auf einer Bühne vorzuführen sich anheischig machen, versprechen mehr als sie leisten können, und vielleicht sogar etwas, was niemand zu leisten imstande ist.

Daß man alles, was existiert, und alles, was geschieht, mit bestimmten Realien und Begriffen ausdrücken und in zehn Kategorien fassen kann, bezweifelt ja niemand, aber solche Unterscheidungen sind doch viel zu weitmaschig. Aber, um Dir offen meine Meinung hierüber zu sagen, ich bitte Dich herzlich, zu glauben, daß ich dies zum gegenwärtigen Zeitpunkt einzig zu dem Zweck schreibe, um Dir in Deinen Studien hilfreich entgegenzukommen. Denn ich weiß, wie wundervoll es ist, etwas selbst zu finden, und wie schwierig selbst für die größten Gelehrten, in einer unklaren und umstrittenen Angelegenheit etwas zu behaupten, besonders wenn derjenige, der solches unternimmt, über viele außergewöhnliche Gaben verfügen muß, die ich in der Tat nicht besitze. Aber damit Du kurz meine Ansicht hierüber erfährst: Vor allem bin ich der Meinung, man solle die griechische und die lateinische Sprache einerseits von sehr gebildeten Lehrern, andererseits durch dauernde Lektüre direkt aus den Büchern der antiken Schriftsteller erlernen.

Es gibt in jeder Kunst und also auch in der Grammatik bestimmte Regeln, die man schon als Kind ein für allemal lernen und dem Gedächtnis einprägen muß. Der Sinn und die vielfältigen Bedeutungen der Wörter sind von vielen gründlich untersucht worden, womit sie sich sicherlich kein geringes Verdienst um uns erworben haben, denn die Frucht ihrer Mühen genießen wir gern und mit großem Nutzen. Daher ist meine Meinung, wir sollten beim Erlernen der griechischen und lateinischen Sprache lieber die schlechterdings unzähligen Beobachtungen anderer mit Eifer lesen, als viel Zeit beim Herausfinden von Dingen, die von anderen längst bemerkt worden sind, verlieren. Ja, ich meine sogar, die Mühe, die manche hierauf verwenden, wäre sinnvoller in griechischen und lateinischen Schreibübungen angelegt. Und wirklich habe ich mich oft erstaunt gefragt, woran es liegt – da doch lateinische Wörterverzeichnisse allein zu dem Zweck verfaßt und gedruckt wurden, damit wir bequemer lateinisch reden und schreiben können –, daß deren Verfasser trotzdem das Lateinische entweder mangelhaft reden und schreiben oder jedenfalls trotz höchster Anstrengung nur mittelmäßig. Der Grund ist meiner Meinung nach der, daß sie, während sie auf die einzelnen Wörter achten, keine Ahnung vom richtigen Aufbau einer Rede haben und sich nie oder nur selten im Schreiben üben; ohne derartige Praxis aber kann niemand es zu einer auch nur durchschnittlichen Leistung bringen.

Wir müssen uns also Mühe geben, daß wir alle die Wissenschaften, denen wir uns widmen, in ein solches System bringen, daß wir sie entweder dauernd im Kopf haben oder aber sie uns leicht ins Gedächtnis zurückrufen können, falls wir zufällig etwas davon vergessen haben. Um dies zu erreichen, müssen wir genau erkennen, welche Gemeinsamkeiten und welche Unterschiede zwischen den einzelnen Künsten und Wissenschaften bestehen und durch welches geistige Band sie zusammengehalten werden. Und diese Unterscheidung muß dem Gedächtnis fest eingeprägt werden. Aus ihr werden wir nämlich den Nutzen ziehen, daß wir sofort wissen werden, mit welcher Kunst oder Wissenschaft wir es zu tun haben und, falls es sich um eine Kunst handelt, mit welcher Gattung der Kunst, ob mit einer vornehmen oder einer trivialen, einer notwendigen oder einer für die Menschheit nützlichen, und, falls es sich um irgendein Wissen handelt, ob sein Gehalt in der theoretischen Betrachtung oder im praktischen Tun besteht. Und um Dir diesen Unterscheid recht vor Augen zu stellen, bitte ich Dich, sondere mit mir einmal in Gedanken, was eigentlich nicht gesondert werden kann: ‚Wort' und ‚Sache'. Und um auch all das zu umfassen, was uns der Urheber alles Guten, Gott, in seinen Heiligen Büchern, durch den Mund der alten Propheten und das Zeugnis der edelsten und sündenreinsten Menschen überliefert hat, so kann kein Zweifel sein, daß alles Gedachte und schriftlich Niedergelegte sich vollkommen zweckentsprechend, wie oben gesagt, auf Sachen und Wörter zurückführen läßt. Alle, die daran gearbeitet haben, daß wir nach bestimmten Regeln ohne Solözismen und Barbarismen in irgendeiner Sprache reden und schreiben können, heißen ‚Grammatiker'; es sind Menschen, die sicherlich verdient haben, weit höher geehrt zu werden, als es jetzt gewöhnlich geschieht. Die uns die Regeln gelehrt haben, nach denen wir über jedes beliebige, gestellte Thema zu reden vermögen, heißen ‚Rhetoren'; die die Taten und Worte der tapfersten Helden berichtet haben, heißen ‚Historiker'; die in gebundener Rede, das Nützliche mit dem Unterhaltsamen vermischend, den Menschen zu nützen suchen, heißen ‚Poeten'; und schließlich die, die uns das Instrumentarium und die Fähigkeit, zu erkennen, was wahr und was falsch, was gut und was böse ist, jenes köstlichste und höchst notwendige Rüstzeug, das man gemeinhin ‚Dialektik' nennt, womit sie sich das schönste Verdienst um die Menschheit erworben haben. Also müssen die Grammatik, die Geschichtsschreibung, die Redekunst, die Dichtkunst und die Dialektik allesamt Künste genannt werden, die mit der Sprache zu tun haben und untereinander durch ein wunderbares Band verbunden sind, die indessen nicht hinsichtlich des von jeder einzelnen von ihnen benutzten Instrumentariums, sondern hinsichtlich ihres Zweckes unterschieden werden. Denn der Zweck der Grammatik ist, sich fehlerfrei auszudrücken; der Zweck der Geschichtsschreibung, das Vergangene wieder lebendig und die Menschen durch exemplarische Beispiele klüger zu machen; der Zweck der Poesie – indem sie auf unterhaltsame Art die unerfahrenen Menschen bald durch Hoffnung aufrichtet, bald ihnen Furcht einflößt –, ihre Seelenkräfte ins rechte Gleichgewicht zu bringen; der Zweck schließlich der Dialektik, das Werkzeug an die Hand zu geben, mit dessen Hilfe wir das Wahre, dieses kostbarste Gut, vom Falschen und das Gute, nach dem alle streben, vom Bösen unterscheiden können.

Die Sachen selbst dagegen, deren Wesen und Eigenart wir mit soviel Eifer und Gründlichkeit suchen, liegen teils in unserer Verfügung und wir selbst sind ihre Urheber, teils liegen sie nicht in unserer Verfügung.

Von denen, die in unserer Verfügung liegen, beziehen sich einige auf ein konkretes Werk, andere auf das Gute an sich, d. h. das Glück. Von diesen ist das oberste die Philosophie der rechten Lebensgestaltung und Ethik, die es mit der Unterweisung und sittlichen Bildung des Menschen, dieses Mikrokosmos im Makrokosmos, mit der rechten Führung der Familie, die ein Staat im Kleinen ist, und mit der richtigen Einrichtung und Verwaltung der Staaten zu tun hat. Eine Stufe tiefer kommen die verschiedenen Künste, von denen einige selbständig, andere dienend, einige auf das Handeln, andere auf das Erkennen ausgerichtet sind, manche ein Werk hinterlassen, andere wiederum keines. Hieraus leitet sich die Vielzahl der Künste ab, die sich alle voneinander unterscheiden: die Heilkunst, die Malerei, die Bildhauerei, die Tanzkunst und viele andere Künste. Jene Sachen aber, die nicht in unserer Verfügung liegen, sind von dreierlei Art. Diejenigen nämlich, die das Seiende, d. h. das von jeder Materie Geschiedene untersuchen, die den Fragen nachgehen, was das Wesen, was die Akzidentien, was die Bewegung, was die Kraft, was das Eine, was das Viele ist, beschäftigen sich mit der höchsten oder göttlichen Philosophie. Wer die Quantität mit dem Kohärenten untersucht, beschäftigt sich mit der mathematischen Wissenschaft. Und da es zwei Arten von Quantitäten gibt, die abstrakte, die man Zahl nennt, und die konkrete, d. h. die räumliche Ausdehnung, so heißt, wer die Zahl und ihre Gesetze erforscht, ‚Arithmetiker'; wer die Maßverhältnisse der Zahlen und die Tonintervalle festlegt, ‚Musiker'; wer die kohärente unbewegliche Quantität untersucht, ‚Geometer'; wer die bewegliche Welt, d. h. den Himmel und die Gestirne, ausmißt, ‚Astronom'. Diejenigen schließlich, die die Prinzipien, Ursachen und Eigenschaften der Dinge erforschen, die mit der Materie verbunden sind und dem Gesetz von Bewegung und Trägheit unterliegen, nennt man ‚Physiker'. Der erste und größte von ihnen war meiner Meinung nach Aristoteles, der am ausführlichsten und klarsten dargelegt hat, welches die allem Seienden inhärenten Prinzipien sind, nämlich Stoff und Form, von außen wirkende Ursache und Zweck und alle Eigenschaften der natürlichen Dinge, d. h. was Bewegung ist und wie sie sich darstellt, was Raum und Zeit ist. Da ferner von den natürlichen Körpern die einen einfach, die anderen zusammengesetzt sind und von den einfachen manche nach Meinung des Aristoteles ewig sind, andere entstehen und vergehen, von den zusammengesetzten wiederum die einen beseelt, die anderen unbeseelt und letztere teils vollkommen, teils unvollkommen sind, da von den beseelten einige nur leben, andere leben und Sinneswahrnehmungen haben, außerdem sich manche von diesen auch frei bewegen können, manche sogar Intelligenz besitzen: So hat über all dies Aristoteles in seinen physikalischen Büchern mit mustergültiger Klarheit geschrieben.

Angesichts dieser eindeutigen Gliederung und klaren Unterscheidung der Künste und Wissenschaften müssen wir zwei wichtige Grundsätze beachten: Der erste ist, daß wir uns schon in der frühen Jugend entscheiden, in welcher Kunst wir uns betätigen wollen und auf welchem Gebiet wir uns vornehmen, Bedeutendes zu leisten. Viele nämlich wenden sich planlos und auf gut Glück mehr als einer Wissenschaft zu und erreichen, während sie sich in allen auszeichnen wollen, in keiner auch nur bescheidene Anerkennung. Deswegen müssen die, denen die Erziehung der jungen Leute anvertraut ist, die Begabung ihrer Zöglinge frühzeitig herausfinden und sorgfältig darauf achten, für welche Tätigkeiten die Natur sie am besten ausgestattet hat; denn es ist sinnlos, etwas gegen die Begabung und die natürlichen Anlagen erzwingen zu wollen. Der zweite Grundsatz ist in einer uns von Aristoteles schriftlich hinterlassenen Warnung ausgesprochen, die unsere höchste Beachtung verdient: die untereinander wunderbar verbundenen Künste und Wissenschaften nicht durcheinanderzubringen und nach einer verkehrten Reihenfolge vorzugehen. Denn dabei kommt nur heraus, daß die, die sich gleichzeitig auf das Erlernen vieler verschiedener Künste werfen, in keiner Mittelmäßiges leisten. Und da Du schon im zarten Kindesalter die Elementarwissenschaften erlernt und Dir jetzt vorgenommen hast, Dich in den edelsten und vornehmsten Künsten auszuzeichnen, so glaube ich, ich sollte Dir meine Ansicht über die richtige Anlage von Karteien in eben den Wissenschaften darlegen, an denen Du Dich jetzt ergötzt. Und zwar werde ich dies zuerst in der Dialektik und Rhetorik tun, in welchen beiden Disziplinen Du bereits große Fortschritte gemacht hast, danach in der Philosophie, der Du Dich seit kurzem so sehr verschrieben hast, daß man allgemein von Dir erwartet, daß Du in kurzer Zeit höchsten Ruhm in ihr erringen wirst.

III. Freude an der Dichtung

Einleitung

Von Anfang an verfaßten die Humanisten Werke in allen möglichen literarischen Gattungen. Sie bedienten sich dabei nicht nur der lateinischen oder – viel seltener – der griechischen Sprache, sondern schrieben auch in der Volkssprache. Schon Petrarca und Boccaccio taten dies, und bald folgte ganz Europa ihrem Beispiel. Humanisten haben sich oft herablassend oder sogar abfällig über den Gebrauch der Volkssprachen in gelehrten Werken geäußert, aber ihn auch oft für belehrende und unterhaltsame Dichtung gutgeheißen. Bei der Beziehung zwischen Humanismus und Literatur in den Volkssprachen sind zwei Aspekte besonders hervorzuheben: die schöpferische Arbeit der Humanisten selbst und der tiefgehende und anhaftende Einfluß der von ihnen gelieferten klassischen Vorbilder, sowohl auf dem Gebiet der Themen als auch bezüglich des Stils. Dichter folgten ihren großen Vorgängern aus der Antike nach, wobei Catull, Ovid und Vergil besonders beliebt waren. Die Komödien Plautus' und Terenz' und die Tragödien Senecas boten Grundlagen zu neuen Dramen, die auf lateinisch oder in der Volkssprache verfaßt wurden. Der klassische Dialog, wie er in ernsthafter, philosophischer Form bei Plato oder Cicero oder in heiterer, satirischer Form bei Lukian anzutreffen war, wurde viel nachgeahmt und erreichte eine große Popularität durch berühmte Werke wie die *Colloquia* (Gespräche) des Erasmus oder Castigliones *Il cortegiano* (Buch vom Hofmann). Literarische Themen und Gattungen aus der antiken Welt wurden übrigens oft sehr stark vermischt mit Elementen aus dem Mittelalter: Ludovico Ariosto (1474–1533) zum Beispiel nahm sich Vergils *Aeneis* als Vorbild für sein episches Gedicht *Orlando furioso* (Der rasende Roland), aber den Stoff entlehnte er aus dem mittelalterlichen Rolandslied.

Die Novelle *De duobus amantibus historia* (Die Geschichte zweier Liebender, auch bekannt unter dem Titel Euryalus und Lucretia) repräsentiert ein während der Renaissance sehr beliebtes literarisches Genre. Enea Silvio Piccolomini (1405–1464), der spätere Papst Pius II., hat sie 1444, ein Jahr vor seiner Priesterweihe, verfaßt. Zu diesem Zeitpunkt hatte er schon eine glänzende Laufbahn als Diplomat und Literat hinter sich. Er hatte Jura studiert, aber nicht den beiden Rechten, sondern den humanistischen Studien gehörte sein Herz. Anschließend hatte er als Sekretär verschiedenen Kirchenfürsten gedient: Ein Kardinal nahm ihn mit auf das Basler Konzil (1431–1449), wo Piccolomini sich auf die

Seite der Konzilsväter gegen Papst Eugen IV. stellte, ein anderer sandte ihn auf diplomatische Reisen bis nach England und Schottland. 1443 bekam er die Stelle des Sekretärs der kaiserlichen Kanzlei in Wien, erwarb die Freundschaft des Kanzlers Kaspar Schlick und die Gunst Kaiser Friedrichs III., der ihn bereits 1442 auf dem Frankfurter Reichstag zum Dichter gekrönt hatte. In Wien ließen seine offiziellen diplomatischen Aufgaben ihm offensichtlich Zeit, eine ungeheure schriftstellerische Produktivität zu entfalten. Vor allem seine vielen Briefe und Brieftraktate, in denen er die humanistischen Studien pries und weiter verbreitete, erregten allgemeine Bewunderung. Auch die Liebesgeschichte *De duobus amantibus historia* enthält Briefe, in denen der Autor sein rhetorisches Talent voll zum Ausdruck bringt. Diese Novelle wurde sein meistgelesenes Werk, und es muß in ganz Europa unzählige Abschriften und Drucke gegeben haben. Schon 1462 übersetzte der Schweizer Niklas von Wyle (ca. 1410–1478) sie ins Deutsche. Die Erzählung bietet – ohne zu moralisieren – eine feinfühlige, aber doch realistische Darstellung der sinnlichen Liebe, eine Geschichte, die tragisch endet mit der Trennung der Geliebten und dem Tod der Lucretia. Dabei gibt es viele Anklänge an die Antike: Gestalten aus der klassischen Geschichte und ihr Verhalten in Situationen, welche mit den Verwicklungen in der Lieseerzählung vergleichbar sind, werden behandelt, Einzelheiten in der Erzählung spielen auf Vorgänge in der antiken Mythologie an.

Ganz anders ausgerichtet ist die 1466 entstandene, leicht satirische und unterhaltsame Erzählung des deutschen Wanderhumanisten Samuel Karoch von Lichtenberg (nach 1440-ca. 1499) *De beano et studente* (Vom ‚Fuchs' und Studenten). Diese Novelle handelt von einem armen, aber gebildeten und gesitteten Studenten, der nach Padua zieht, um dort weiter zu studieren. Auf dem Wege trifft er einen ‚beanus', einen Schüler einer Partikularschule. Dieser hat viele Jahre in der Schule verbracht, spricht aber ein scheußliches Latein und ist überdies auch vollkommen ungebildet, tolpatschig und plump. Ihre gemeinsamen Abenteuer, bei denen der ‚Fuchs' immer schlecht und der Student immer gut abschneidet, bilden den Inhalt der kurzen Erzählung, in der nichts an das klassische Altertum erinnert. Im Gegenteil, die Novelle ist Karochs eigenständiger Beitrag zur Behandlung eines aktuellen zeitgenössischen Themas: der Wert einer akademischen Bildung, in der das gute Latein das Wichtigste ist. Karoch selbst hatte die humanistischen Studien während seines Aufenthalts an der Leipziger Universität kennengelernt. Danach führte er ein unruhiges Wanderleben, besuchte Italien und tauchte an einer ganzen Reihe deutscher Universitäten auf, ohne je die gewünschte Dauerstelle als Dozent zu bekommen. In seinen rhetorischen und grammatischen Schriften eiferte er für ein humanistisches Latein, ohne aber imstande zu sein, mittelalterliche Traditionen ganz aufzugeben. Sogar seine Rede zur Propagierung der humanistischen Studien *(Arenga de commendatione studii humanitatis)* ist nicht in klassischem Versmaß abgefaßt, sondern folgt der poetischen Form der Meistersänger.

Neben Novellen nahm die lateinische Dichtung einen bedeutenden Platz in den literarischen Schöpfungen der Humanisten ein. Sebastian Brant (1458–1521), der vielseitige Straßburger Jurist und Stadtschreiber, Autor der berühmten satirischen Schrift *Narrenschiff*, verfaßte neben literarischen Prosawerken – darunter zahlreiche Übersetzungen aus dem Lateinischen – nicht nur viele juristische und historische Arbeiten, sondern auch lateinische und deutsche Gedichte. 1494 publizierte er eine lateinische Sammlung, welche fast ausschließlich aus Heiligen- und Mariengedichten bestand *(In laudem gloriose virginis Mariae ... carmina)* und vier Jahre später die *Varia carmina* (Verschiedene Gedichte), mit Lobgedichten auf berühmte Gestalten aus der Geschichte und der eigenen Zeit, zum Beispiel Kaiser Maximilian I. und Petrarca. Das Gedicht auf Petrarca preist nicht nur den großen Italiener, sondern auch seinen Basler Verleger Johann Amerbach.

Eine fast romantische Gestalt avant la lettre ist der junggestorbene niederländische Dichter Johannes Secundus (1511–1536). Er entstammte einer Beamtenfamilie, studierte Jura in Bourges und begann 1533 als Sekretär des Erzbischofs von Toledo. Sein Vorhaben, Kaiser Karl V. auf seinem Heerzug nach Tunis zu begleiten, kam nicht zur Ausführung wegen seiner schlechten Gesundheit. Drei Jahre später kehrte er in die Niederlande zurück und wurde Sekretär des Bischofs von Utrecht. Sein Vater war ein Freund von Erasmus, und auch zwei Brüder waren dem Humanismus zugetan. Secundus kränkelte fast immer, was ihn aber nicht daran hinderte, ein ziemlich umfangreiches dichterisches Oeuvre zu hinterlassen. Dabei fand er Inspiration bei Catull, Properz und anderen antiken Vorbildern, aber auch bei zeitgenössischen italienischen Dichtern. Seine Sammlung von neunzehn Liebesgedichten in verschiedenen Metren, *Basia* (Küsse), zeugt von seiner erotischen Beziehung zu einem spanischen Mädchen, welchem er den klassischen Namen Neaera gab. Er verfaßte auch eine Sammlung von Liebeselegien *(Julia monobiblos)* über eine unerfüllte Zuneigung zu einem niederländischen Mädchen. Beide Sammlungen brachten Secundus großen posthumen Ruhm und hatten einen dauernden Einfluß auf die neulateinische Liebesdichtung. Sogar noch im zwanzigsten Jahrhundert erschienen Übersetzungen in verschiedenen Sprachen.

Moralisierende Dichtung ist eine andere sehr erfolgreiche literarische Gattung im Humanismus. Ein Beispiel ist dem Werk des größten böhmischen Humanisten, Bohuslav Hasištejnský z Lobkovic (ca. 1461–1510) entnommen. Er stammte aus einem angesehenen adligen Geschlecht, studierte in Italien und reiste im Mittelmeerraum. 1493 wurde er vom Olmützer Kapitel zum Bischof gewählt, aber vom Papst nicht in diesem Amt bestätigt. Er verstand sich als Moralphilosoph und lyrischen

Dichter und schrieb nur lateinisch, weil er der Ansicht war, die Volkssprache – deutsch oder tschechisch – sei nicht als Sprache der Bildung geeignet. Viele seiner Gedichte und auch seine Briefe spiegeln die Probleme der Zeit, insbesondere in seiner böhmischen Heimat. So schrieb er über die Türkenkriege, über den sittlichen und religiösen Verfall (womit er den Hussitismus meinte) und über die verwirrenden politischen Zustände in Böhmen, wo der streng katholische König Ladislaus II. viele Konflikte mit den hussitisch gesinnten Ständen hatte. Auf ein überschwengliches Lobgedicht auf Böhmen, von einem patriotischen Humanisten verfaßt, antwortete Lobkovic, daß die bittere Wahrheit über seine Heimat ihm lieber sei als blinde Liebe. Als Moralphilosoph und überzeugter Katholik verfaßte er verschiedene Traktate mit politischen Ratschlägen für den König und den böhmischen Hochadel. Vielleicht ist sein Gedicht über den Tod von der Pest inspiriert, welche in den letzten Jahrzehnten des fünfzehnten Jahrhunderts Böhmen wiederholt heimsuchte.

ENEA SILVIO PICCOLOMINI

Die Geschichte zweier Liebender [1444]

Nach diesem Brief wechselten die Liebenden noch viele weitere. Und Euryalus konnte nicht so glühend schreiben, daß Lucretia in ihrer Antwort ihn nicht noch übertraf. Beide hatten jetzt den einzigen Wunsch, zusammenzukommen. Aber das schien schwierig und fast unmöglich, da man Lucretia kaum aus den Augen ließ, sie nie allein ausgehen konnte und überhaupt nicht ohne Wächter war. Selbst Argus hätte die Kuh der Juno nicht sorgfältiger hüten können, als Menelaos Lucretia bewachen ließ. Dieser Fehler ist bei den Italienern weit verbreitet. Jeder hält sein Weib wie einen Schatz hinter Schloß und Riegel. Meiner Meinung nach ohne jeden Erfolg. Denn die Frauen sind in der Regel so geartet, daß sie gerade das am sehnlichsten wünschen, was man ihnen am strengsten untersagt. Was du willst, wollen sie nicht, was du nicht willst, begehren sie. Läßt man ihnen die Zügel locker, sind sie weniger untreu. Daher ist es leichter, einen Haufen Flöhe in der Sommerhitze zusammenzuhalten, als ein Weib zu hüten, das nicht behütet werden will. Wenn eine nicht freiwillig ehrbar ist, sperrt sie der Ehemann vergeblich ein. Denn wer bewacht wieder die Wächter? Sie ist schlau genug und fängt bei ihnen an. O, das Weib ist ein unbezähmbares Tierchen und mit keinem Zügel zu halten.

Lucretia hatte einen Stiefbruder, der war in ihr Geheimnis eingeweiht und hatte auch schon oft Botschaften an Euryalus überbracht. Er wohnte in ihrem Elternhaus; und mit ihm wurde vereinbart, er solle Euryalus heimlich bei sich aufnehmen. Lucretia besuchte oft ihre Mutter und wurde von ihr wiederbesucht, da ihre Wohnungen nicht weit voneinander entfernt lagen. Es war ausgemacht, Euryalus sollte im Haus versteckt werden, wenn die Mutter zur Messe gegangen wäre, und Lucretia sollte dann auch hinkommen, um gleichsam ihre Mutter zu besuchen. Und da sie sie dann nicht anträfe, sollte sie ihre Rückkunft abwarten, in Wirklichkeit aber natürlich inzwischen bei Euryalus sein. Der Plan sollte nach zwei Tagen in die Tat umgesetzt werden, die freilich den Liebenden wie zwei Jahre erschienen. Denen, die etwas Angenehmes vor sich haben, vergehen ja die Stunden viel zu langsam, während für die, denen etwas Schlimmes droht, die Zeit im Fluge dahineilt. Aber das Glück war den Wünschen der Liebenden nicht hold. Die Mutter hatte von der Geschichte Wind bekommen, und als sie an dem bestimmten Tage das Haus verließ, sperrte sie den Stiefsohn aus, und ihm blieb nichts übrig, als dem Euryalus unverzüglich die traurige Nachricht zu übermitteln. Das war bitter für die Liebenden, doch Lucretia meinte entschlossen: „Wenn es so nicht gelang, versuchen wir es auf andere Weise. Meine Mutter wird nicht imstande sein, mein Glück zu verhindern."

Es war da noch Pandalus, ein Verwandter ihres Mannes. Ihn zog Lucretia, deren entflammtes Gemüt keine Ruhe mehr fand, umgehend ins Vertrauen und bedeutete auch dem Euryalus, er sollte sich an ihn wenden. Pandalus sei ein zuverlässiger Mann und könne sehr wohl einen Weg finden, wie sie sich treffen könnten. Doch Euryalus hatte Bedenken, da er ihn immer in des Menelaos nächster Nähe sah und daher eine Falle fürchtete. Während Euryalus noch unschlüssig war, wurde er nach Rom beordert, wo er mit dem Papst über die Kaiserkrönung verhandeln sollte. Die Trennung war für die Liebenden sehr bitter, doch mußte dem Gebot des Kaisers entsprochen werden. Euryalus reiste also ab und blieb zwei Monate lang in Rom. In dieser Zeit lebte Lucretia völlig zurückgezogen in ihren Gemächern. Sie hielt die Fenster geschlossen, trug Trauerkleider und wollte nicht ausgehen. Alle Welt wunderte sich und konnte sich den Grund nicht erklären. Siena war wie ausgestorben, man lebte sozusagen im Dunkeln wie bei einer Sonnenfinsternis. Die Bediensteten, die Lucretia oft teilnahmslos auf ihrem Bette liegen sahen, glaubten, sie sei krank und boten ihr alle möglichen Heilmittel an. Aber ihr Gemüt erheiterte sich nicht, sie wollte ihr Zimmer nicht verlassen. Erst als sie erfuhr, Euryalus kehre zurück, und der Kaiser sei ihm entgegengeritten, wurde sie wieder froh. Sie warf sich, wie aus tiefem Schlaf erwacht, in Festtagskleider, schmückte sich wie sonst, öffnete die Fenster und hielt voller Freude nach Euryalus Ausschau. Als der Kaiser sie erblickte, sagte er zu Euryalus: „Jetzt wissen wir's, du kannst nicht länger leugnen. Während deiner Abwesenheit hat niemand Lucretia gesehen, jetzt aber, da du wieder da bist, geht die Sonne auf. Welches Maß sollte es in der

Liebe geben? Die Liebe läßt sich ebensowenig verheimlichen wie ein Husten." „Majestät," entgegnete Euryalus, „Ihr beliebt zu scherzen, ich weiß nicht, wovon Ihr sprecht. Vielleicht hat das Gewieher Eurer Pferde oder das Rauschen Eures Bartes sie ans Fenster gelockt." Und indem er so sprach, schaute er heimlich zu Lucretia hinauf, und sein Blick tauchte in den ihren. Dies war nach der Rückkehr die erste Begrüßung.

Wenige Tage später entdeckte Nisus – ein treuer Begleiter des Euryalus, der stets alles tat, um seine Liebe zu fördern – eine Schenke hinter dem Hause des Menelaos mit einem Fenster, durch das man einen Blick in das Gemach Lucretias werfen konnte. Er bestach den Wirt und führte, nachdem er alles erkundet hatte, Euryalus dorthin. „Von diesem Fenster aus," sagte er, „wirst du Lucretia ansprechen können." Zwischen beiden Häusern verlief ein elendes Gäßchen, in das sich nur selten jemand verirrte, nicht einmal die Sonne, der Abstand zum Fenster der Lucretia betrug kaum drei Ellen. Hier saß der Liebende lange Zeit und wartete. Und er wurde nicht enttäuscht. Lucretia erschien endlich und schaute aus dem Fenster. „Was machst du, Stern meines Lebens," rief Euryalus ihr leise zu, „wohin läßt du die Blicke schweifen? Hier, hierher mußt du schauen, Liebste! Ich bin hier, ich, dein Euryalus." „Du hier?" rief Lucretia, „o mein Euryalus, endlich kann ich mit dir sprechen; ach, könnte ich dich doch auch umarmen!" Euryalus erwiderte: „Das läßt sich mit geringer Mühe erreichen, ich werde eine Leiter herbeischaffen und du, schließe deine Kammer ab. Wir haben allzu lange die Freude der Liebe entbehrt." „Vorsicht, Euryalus," antwortete Lucretia. „wenn du mich nicht verderben willst. Hier rechts ist ein Fenster, und wir haben einen sehr bösen Nachbarn. Auch dem Wirt ist nicht zu trauen, er würde uns um kleinen Lohn verraten. Wir müssen einen anderen Weg finden und vorerst damit zufrieden sein, daß wir mit einander sprechen können." „O nein," rief Euryalus, „ich sterbe, wenn ich dich immer nur sehen, nie aber in meinen Armen halten darf." Dennoch mußten sie sich damit bescheiden, daß ihnen wenigstens die Möglichkeit, mit einander zu sprechen, gegeben war. Manchmal tauschten sie mit Hilfe eines langen Stokkes Geschenke aus, wobei sie aufs neue versuchten, sich mit Liebesbeweisen zu überbieten.

Es dauerte nicht lange, da merkte Sosias, was hier geschah, und er sprach zu sich: „So habe ich also vergeblich versucht, den Liebenden Hindernisse in den Weg zu legen. Wenn ich jetzt nicht schlau handle, so ist es um das Leben meiner Herrin und die Ehre meines Herrn geschehen. Wenigstens eines davon muß ich verhindern. Meine Herrin ist blind, sie denkt nicht an die Folgen ihrer Leidenschaft. Wenn aber schon die eheliche Treue nicht bewahrt werden kann, so ist es hoffentlich genug, wenn die Sache wenigstens nicht öffentlich wird und noch mit Mord und Totschlag endet. Ich werde also mit ihr reden und ihr meine Hilfe anbieten. Lange habe ich gegen das Übel gekämpft. Jetzt will ich nur noch dafür sorgen, daß das, was geschieht, verborgen bleibt. Es ist schließlich kein großer Unterschied, ob man etwas nicht tut oder ob man es so tut und niemand davon weiß. Das Liebesbegehren ist ein verbreitetes Übel, und es gibt kaum einen, der nicht daran leidet. Wer aber vorsichtig ist, gilt auch als anständig."

Während er so bei sich sprach, sah er, wie Lucretia aus ihrem Zimmer trat. Er ging auf sie zu und sagte: „Was ist, Herrin, daß du mich nichts mehr von deiner Liebe wissen läßt? Du liebst Euryalus noch immer; aber damit es geheim bleibt, brauchst du einen, dem du vertrauen kannst. Am weisesten ist es, nicht zu lieben; am zweitweisesten, seine Liebe wenigstens geheimzuhalten. Das kannst du allein und ohne Mitwisser nicht erreichen. Du weißt seit langem, wie treu ergeben ich dir bin. Wenn du mich brauchst, so sag es nur: Ich werde dafür sorgen, daß eure Liebe nicht entdeckt wird, daß du dein Glück nicht büßen mußt und daß dein Mann nicht zum Gespött der Leute gemacht wird." Darauf erwiderte Lucretia: „Ja, es ist so, wie du sagst, Sosias, und ich habe großes Zutrauen zu dir, obschon du mir anfangs nicht sehr eifrig und unserer Liebe eher ein wenig abgeneigt erschienst. Aber nun, da du mir von dir aus deine Dienste anbietest, will ich gern davon Gebrauch machen, und ich werde niemals befürchten, von dir hintergangen zu werden. Du weißt, welche Liebesglut in meinem Herzen brennt, lange kann ich sie nicht mehr ungestillt ertragen. Hilf mir, daß wir zusammensein können. Euryalus wird krank vor Liebe, und ich sterbe. Nichts wäre unsinniger, als unsere Wünsche vereiteln zu wollen, im Gegenteil: Wenn wir auch nur einmal zusammen sind, so werden wir in Zukunft mäßiger lieben, und alles wird geheimgehalten werden können. Geh also, Sosias, und zeige Euryalus den einzigen Weg, wie er zu mir gelangen kann. Heute in vier Tagen, wenn die Landleute das Getreide einbringen, soll er sich als Lastträger verkleiden und einen Getreidesack über die Treppe auf den Speicher tragen. Du weißt ja, daß meine Kammer eine Tür nach der Stiege zu hat, und magst es ihm, wenn nötig, noch näher erklären. Ich werde den Tag über hier bleiben und zur rechten Zeit im Schlafzimmer sein. Er aber soll, sobald er sich unbeobachtet weiß, an die Tür klopfen und hereinkommen." Sosias übernahm, so schwer es ihm auch fiel, den Auftrag, da er noch weit Schlimmeres befürchtete. Er suchte also Euryalus auf und erzählte ihm alles der Reihe nach. Diesem gefiel die Sache. Er stellte sich auf den Vorschlag Lucretias ein und beklagte nur, daß es noch so lange dauern würde.

O wahnbesessenes Herz der Verliebten! O geblendeter Verstand, o kühner Geist und verwegener Mut! Alle Wege scheinen dir gangbar, alle Türen offen. Noch so große Gefahr achtest du gering, nichts erscheint dir schwierig. Alle Wachsamkeit der Ehemänner machst du zunichte, dich hemmen keine Verbote, du kennst weder Scham noch Furcht. Hindernisse zu überwinden, ist für dich ein Spiel. O Amor, Herrscher über die Welt! Du bringst es soweit, daß ein vornehmer Günstling des Kaisers, ein Mann, den Reichtum umgibt, ein reifer, gebildeter und kluger Mensch, sein vornehmes Gewand ablegt, sich in einen Sack hüllt, sein Gesicht färbt und vom Herrn zum Sklaven wird; daß er, der in stolzem Überfluß aufwuchs, seinen Rücken unter schwerer Last beugt und sich auf dem Markt als Lastträger verdingt. Ist es nicht unglaublich, daß ein sonst vernünftiger und angesehener Mann sich unter die Dienstleute mischt und sich gemein macht mit dieser Hefe, diesem Abschaum des Volkes? Wo läßt sich eine größere Verwandlung finden? Nichts anderes, so scheint es, wollte Ovid in seinen *Metamorphosen* zeigen, wenn er darstellt, wie aus Menschen Tiere oder Steine oder Pflanzen werden, und dasselbe wollte auch der große Vergil sagen, wenn er beschreibt, wie die Verehrer der Kirke in Tiere verwandelt werden. Denn darüber besteht kein Zweifel: Die Liebe beraubt die Menschen so sehr ihrer Geisteskräfte, daß sie sich kaum noch von Tieren unterscheiden.

SAMUEL KAROCH VON LICHTENBERG
Vom ‚Fuchs' und Studenten [1466]

Neulich, als schon die Sonne ihre Strahlen über die ganze Erde aussandte und die einzelnen Berggipfel und sogar die abschüssigen Täler mit ihrem Glanz erhellte, als man alle Pflanzenkeime, die die schreckliche Winterkälte im Schoß der Erde eingesperrt hatte, wieder zum Leben erwachen sah, als alle Wiesen lachten und das Gras sich mit bunten Blumen schmückte, der Landmann ruhelos umherlaufend mit Trompetenstimme nach seinem Pfluge rief, die Lerche, wie der geübteste Flötenspieler ihre Töne in feinste Teilchen zergliedernd, mit ihrer süßen Stimme die Halbtöne bis in winzigste Melodienstückchen zerlegte, da rüstete sich ein Student (nichts im Beutel und nichts im Magen, aber reich an feinen Sitten, Schönheit des Leibes und auch Bildung des Geistes) zur Reise und machte sich zu Fuß auf den Weg nach Padua, um an Wissen noch weiter zuzunehmen. Als er bis zur Reichsstadt Augsburg gekommen war, übernachtete er dort, und kaum wurde es wieder hell, erhob er sich und wanderte hinaus ins freie Feld. Als er so fürbaß schritt, wurde er der Länge und Beschwerlichkeit des Weges überdrüssig; er erklomm den Gipfel eines Hügels und setzte sich, um zu verschnaufen, ins Gras. Wie er nach Norden ausschaute, da eilte, aus den Bergschluchten auftauchend, in raschem Lauf ein Mensch auf ihn zu. Als der Student ihn fragte, wie er heiße und woher er komme, machte jener auch alsbald den Mund auf und gab kund und zu wissen, er sei ein Fuchs, indem er prahlte, er sei ein Bachant der Ulmer Partikularschule, wie man allerdings auch ohne seine ausdrückliche Versicherung schon an seinem Benehmen erkennen konnte. Aber sofort fuhr der Fuchs mit aufgeblasenem Hochmut auf den Studenten los: „Wer du seist und wohin des Wegs, sage gefälligst mir an!" Der Student nun, dem es an Witz wirklich nicht gebrach, gab sich mit jedem schlichten, kunstlosen lateinischen Wort, das er sagte, als Studiosus zu erkennen und fügte hinzu, er sei auf dem Wege nach Padua, um seine Studien zu fördern. Als er seine Erzählung beendet hatte, erklärte der Bachant, seinerseits reise er an die römische Kurie, um irgendeine Pfründe für sich herauszuschlagen (wiewohl seine Bildung völlig ausreiche). Dann legte er dem Studenten nahe, wenn er einverstanden sei, daß er ihn treu und wie ein echter Bruder begleite, so wolle er von seiner direkten Route abweichen und den Umweg über Padua machen. Der Student, froh nun doch noch einen Reisegefährten zu bekommen, so daß er nicht allein durch unbekannte Gegenden wandern mußte, schloß mit dem Fuchs einen Bund, daß sie miteinander der schlimmsten Gefahren spotten wollten. Nun hatte aber der Student keinerlei Geld, der Bachant dagegen, wie sich herausstellte, zwanzig schwere Gulden. Als sie sich erhoben und den Weg unter die Füße genommen hatten, gab der Bachant während des Gehens noch seiner Weise die tollsten Prahlereien zum besten: Er habe auf den Partikularschulen von Ulm auf dem obersten Platz gesessen, er sei ein Ausbund an Klugheit. Schließlich, als er sah, daß der Student in seiner treuherzigen Art (denn er wußte sich zu beherrschen) nichts dawider zu sagen verstand, verfiel er in seine grobschlächtige Eselsnatur, indem er den Studenten für völlig ungebildet hielt. „Ich wüßte doch gern, Bruder", sagte er, „obwohl du ein Student bist und mehr wissen müßtest als ich, ob dich nicht doch vielleicht vor deiner eigenen Unwissenheit graust." Der Student, stracks seines Weges gehend, schluckte gutmütig die Worte des Fuchses hinunter und setzte nichts von seinem Wissen dagegen, obwohl es ihm ein leichtes gewesen wäre, den andern zum Schweigen zu bringen.

Als die Dämmerung hereinbrach, begannen sie sich Gedanken über ihr Nachtquartier (die Hauptsorge aller Wandersleute) zu machen. Fast schon umhüllte sie bei diesem Wortwechsel das finstere Dunkel der Nacht derart, daß sie durchaus keine menschliche Siedlung mehr im Hellen erreichen konnten. Da beschlossen sie, eine Burg, die sie hoch oben auf einem Berggipfel erblickten, aufzusuchen, ob sie nicht dort mit Gottes Hilfe gastlich aufgenommen werden möchten. Als sie hinaufgestiegen waren und vor dem Tor standen, gedachte der Student, in der Vorburg um einen Bissen und ein Strohlager zu bitten, um nur der Burgherrschaft nicht lästig zu fallen. Der Bachant aber, dessen Nichtsnutzigkeit alles in den Schatten stellte, hatte Angst, er müsse draußen im Schafspferch nächtigen (dabei war er in einem solchen groß geworden); daher sprang er über die Zugbrücke, ergriff den Glockenstrang am Portal und erschütterte das Burgtor mit einem so durchdringenden

Lärm, daß der Torwächter auf der Stelle in wahnsinniger Wut das Einlaßpförtchen öffnete, unserem Fuchs mitten ins Gesicht sprang und ihm mit seinen scharfen Nägeln derart das Gesicht zerkratzte, daß man die blutigen Striemen dort noch lange eingegraben sehen konnte. Zum Schluß hätte er ihm eine furchtbare Tracht Prügel verabreicht, wenn nicht die übergroße Güte des Studenten dies verhindert hätte. Der Torwächter wollte gleichwohl wissen, weswegen der Fuchs so wild gegen das Tor gelärmt habe. Der Student erwiderte ihm demütig und wohlbedacht: „Wahrhaftig, Torwächter, mein Kamerad hat das nicht in der Absicht getan, wie du es verstehst. Er dachte nicht, daß irgend jemand so in der Nähe sei. Deswegen laß dich bitte zuvörderst besänftigen, und dann sei so gut und geh hinein und bringe deinem Herrn unsere Bitte vor, daß er uns zumindest etwas zu essen gebe, denn wir sind Studenten, und man sagt, auch der Graf habe einen Sohn, der in Paris studiert." Der Torwächter erwiderte: „Unser Herr Graf ist nicht daheim und auch sonst keiner außer der Herrin, die aber meistens mit solchen Dingen nichts zu tun hat." „Bitte du sie nur trotzdem", sagte der Student. Da ging der Torwächter hinein und meldete der Schloßherrin, draußen seien zwei Fremde, die Hunger hätten. Von Mitleid bewegt, da sie selbst einen Sohn großgezogen hatte, befahl sie dem Torwächter, er solle die beiden unverzüglich einlassen. Kaum waren sie drinnen, erschienen sie schleunigst vor der Schloßherrin und wurden von ihr und ihrer Tochter voller Würde empfangen. Nachdem sie sich ein Weilchen ausgeruht hatten, fragte die Herrin sie, woher sie kämen. Der Bachant fixierte mit scharfem Blick die Wand der Halle, stand dann, als er die glatte Wandfläche von der Seite ansah, plötzlich auf, steckte die Hand in seinen weiträumigen Ranzen, zog ein riesiges Stück Kreide heraus und begann die eine Seite der Halle, die noch von keinem befleckt worden war, in toller Schülerart zu beschmieren. Er zog zwei Linien, krumm und schief wie der Schwanz einer alten Kuh, und schrieb mit krakeligen Buchstaben hinein: „Hier war Johannes, Sohn von dem Schultheiß von Winterkast, Student an der hohe Schule von Ulm." Ebensoweit wie diese Kritzelei von irgendwelcher Harmonie, war der Schreiber von jeder Wahrheit entfernt, wenn er der Sohn eines Schultheißen zu sein behauptete, während man doch den Balg eines Schafhirten in ihm erkannte. Als dieser Schmutzfink von der Wand zurücktrat, machte er sein Haar auf und zerraufte es mit den Händen, wie man einen Birnbaum schüttelt, so daß die Schloßherrin und ihre Tochter sahen, daß es noch schwärzer war als Krähenfedern und von Läusen ganz zerfressen.

Inzwischen war es Essenszeit, und die Tafel wurde gedeckt. Wie es höfische Sitte ist, forderte die Schloßherrin ihre Gäste auf, ans Händebecken zu treten und sich dort mit Wasser zu bedienen. Der Student nun, da wohlerzogen, erklärte, ehe nicht das Fräulein Tochter den Anfang mache, wolle er das Becken nicht anrühren, und so machten sie es dann auch. Der Bachant, da er der ältere war, wurde auf den obersten Platz neben die Tochter der Gräfin gesetzt; auf die andere Seite setzte sie danach den Studenten, weil er noch im Knabenalter war, wenn auch an Verstand und Bildung schon reif, was aber die Schloßherrin noch nicht wußte. Als der erste Gang aufgetragen wurde, hob die Tochter (welche ebenso an Sitten wie an Schönheit des Gesichts und der ganzen Gestalt das reizendste Mägdlein war) einen Flügel des gebratenen und mit Spezereien köstlich gewürzten Huhns mit ihrem Messer zierlich von der Platte und legte ihn dem Fuchs dar, danach ergriff sie einen Schenkel und schob ihn dem Studenten auf den Teller. Sogleich langte der Bachant (der noch niemals vorher die Schwelle irgendeines Vornehmen überschritten hatte und den noch niemand je an der Seite eines Mädchens von so edler Abstammung erblickt hatte) mit seiner struppigen und grindigen Hand nach der Schüssel, griff sich das größte Stück, das er dort sah, und legte es zu der Portion, die das schöne Kind ihm, ihre Scham überwindend, aufgetan hatte; denn er hatte Angst, daß ihm, wenn dieser Gang abgetragen wäre, danach kein weiterer Bissen gereicht werden würde. Als die Schloßherrin diese echt bachantische Dreistigkeit sah, heftete sie ihre Blicke reihum auf die Tischgenossen der ganzen Burg, jeden einzelnen der Höflinge anschauend. Die Diener aber brachen sämtlich in ein Riesengelächter aus. Das Mädchen jedoch nahm lächelnd ein besonders zartes Stück Fleisch und reichte es dem Studenten mit folgenden überaus höflichen Worten: „Nimm, lieber Bruder, und iß, denn du siehst, daß dein Mitstreiter, der ein kräftiger Bursche ist, tüchtig zulangt; um wieviel mehr bedarfst du, der du so schmächtig bist, des Essens! Denn wenn du sein Reisekamerad sein willst, mußt du ordentlich Kräfte sammeln, sonst rennt er dir davon und du kannst ihm nicht zu Fuß folgen." Der Student neigte mit gesenktem Blick den Kopf und dankte dem Mädchen in innerlicher Übereinstimmung. Inzwischen hockte der Fuchs wie eine dicke Kröte da, und nachdem er seine beiden Portionen schmatzend heruntergeschlungen hatte, bekam er Durst. Es stand aber vor ihm ein venezianischer Kelch, gefüllt mit Elsässer Wein, und ebenso vor dem Mädchen ein silberner Becher, am Rande vergoldet, der – so dachte der alberne Fuchs – voller edlem Wein aus Italien sein müsse, dabei enthielt er bloß eine einfache Brühe, da dem Mädchen starke und kräftige nicht behagte. Johannes, des Schultheißen von Winterkast Sohn, grapschte nach dem silbernen Becher (dessen er, so meine ich, würdig war!) und zerbrach dabei mit seinem gekrümmten Arm das kostbare und aus fernen Landen eingeführte Glas samt Deckel in tausend Stücke. Umsonst, daß er, sobald er es zerbrochen sah, beschwörend sagte: „Bei allen Heiligen, nie ist mir das in das Haus von mein Vater passiert!" Das war ja nun zwar greuliches Latein, aber immerhin gab der Fuchs damit zu, daß es im Hause seines Erzeugers niemals ein so kostbares Gerät und so exzellenten Wein gegeben hatte, sondern eine riesige hölzerne Kumme, gefüllt mit saurem Most, vertrat die Stelle eines Trinkgefäßes, denn sein Vater war ein Schafhirt. Der Student aber, als er gegenübersitzend seinen Gefährten derart aus der Rolle fallen sah, erschrak sehr; er wurde ganz rot und wußte vor Scham nicht, wohin er schauen sollte, hatte aber dennoch mit dem armen Fuchs Mitleid. Das Mägdlein, seine große Verlegenheit bemerkend, ergriff mit ihrer zarten Hand einen goldenen Becher mitten auf dem Tisch und reichte ihn dem Studenten mit den Worten: „Nimm, geliebter Bruder, und trink, damit nicht auch du die übrigen Gläser zerbrichst. Ich glaube, bei Gott, ihr stammt beide aus derselben Gegend, wo man Gläser nicht kennt." Der Student nahm das Glas aus der Hand des Mädchens, trank artig und gab es der Maid zurück, die ihre kristallblauen Augen in herzlicher Aufwallung unverwandt auf den Studenten heftete. O du schönste aller Jungfrauen, wahrhaftig, ich danke dir dafür, daß du unser Geschlecht, in Gestalt dieses so wohlerzogenen Studiosus, mit deinen schneeweißen Händen zu erquicken geruht hast! Du hast ihm doch den Becher nicht deshalb gereicht, damit er das Glas schone, sondern damit er die in deinem Herzen aufwallende Liebe erkenne, die auch später nicht zu verbergen war (und in der er sich mit dir vereinigte). Und du Abschaum aller Füchse, du tollgewordener Bachant, du zudringlich dreister Esel, wie sitzt du Scheusal von einem Fuchs da? Sag mir, du Rasender, wie kannst du mehr Ärgernis erregen, als wenn du von diesem edlen und bildschönen Mädchen verhöhnt wirst? Wo ist nun, frage ich dich, dein Studium, wo dein oberster Platz, auf dem du in Ulm gesessen haben willst? Wo sind deine feinen Sitten? Von deinem Studium ist nichts zu spüren, und den Platz hat man dir weit über dein Verdienst gegeben. Aber deine angeborenen und unverbesserlichen Sitten, an denen man jederzeit einen Fuchs von einem Studenten unterscheiden kann, die wirst du nicht los! Da sitzt du nun in dieser edlen Runde wie eine Fledermaus, dieser garstige Zwitter von Vogel und Maulwurf, zwischen Adler und Falk wie ein stummer Vorwurf.

Doch nun hört, verehrte Zuhörer, wie die Geschichte ausging. Als das Mahl mit großer Feierlichkeit und verschiedenen Gängen schließlich beendet war und die Diener die Tafel abgeräumt hatten, redete die Herrin ihre Gäste mit folgenden Worten an: „Seid ihr Herren Studenten satt geworden?" Der Student erwiderte mit geneigtem Haupt: „Edelste Herrin, dieses Mahl war über mein Verdienst, aber Der, von dem alles Gute kommt, möge Euch dafür belohnen, denn ich habe nur geringe Mittel. Ich gestehe, ich habe mehr als prächtig gespeist, ja, ich bin voll und ganz gesättigt." Darauf sagte sie zu dem Fuchs: „Und wie steht es mit dir, mein Freund? Hast du noch Hunger?" Der Fuchs antwortete: „Ich? Nein, wirklich, wirklich, bestimmt nicht, gute Gastwirt, ich habe fast so gut gegessen, wie wenn ich bei meinem Vater wär." Was soll ich sagen – der räudige Fuchs brachte wiederum alle Höflinge zum Lachen, der

Student aber hatte sich seiner Dankesschuld gegenüber der Herrin und dem Fräulein aufs beste entledigt. Der Fuchs aber stieß den Studenten andauernd in den Rücken, wobei er ihn beschuldigte, er sei ein Dummkopf und elender Schuft, er selber sei der Ärmste von allen; denn das Geld, womit der Vater diesen Toren aus seiner Schafzucht unter großen Verlusten ausgestattet, hatte dieser schon wenig später alles im Würfelspiel durchgebracht, und gelernt hatte er rein gar nichts.

Die Nacht verging, und früh am nächsten Morgen kehrte der edle Graf, dem die Burg gehörte, aus Österreich heim, wo er im Dienst des Kaisers tätig gewesen war. Als er seine Waffen abgelegt hatte und in der Halle auf und ab ging, traten die beiden Fremden, nachdem sie sich von ihrem Lager erhoben hatten, ein. Auf seine Frage, wer sie seien, erklärte statt ihrer die Schloßherrin ihrem Gemahl den Grund ihres Aufenthalts. Nun waren vom Papst aus Rom Urkunden angekommen für den Grafen, und sobald er vernahm, sie seien Studenten, sagte er zu ihnen (denn er hatte seinen Kanzler tags zuvor mit einem Auftrag über Land geschickt): „Wer von Euch, ihr Herren Studenten, kann mir diese Urkunden verdolmetschen?" Kaum hörte er dies, trat der Fuchs mit großem Gehabe an den Grafen heran. „Ich," sagte er, „bester Herr Gastgeber, werde sie Ihnen vorlesen, denn ich habe achtzehn Jahre studiert." Sogleich übergab ihm der Graf die Urkunden und zog ihn ein wenig auf die Seite, damit nicht die anderen Hausgenossen den Inhalt mitbekämen. Der Fuchs öffnete also die Siegel, und wie ein Esel, der ins Leere glotzt, starrte er mit seinen Triefaugen immer wieder auf die Blätter, aber er konnte kein Wort davon übersetzen, ja, schlimmer noch, nicht einmal lesen. O du verstocktes Rindvieh, glaubst du, du kannst in deinem Schlamm und Sumpf so lange zur Schule gehen, bis du die köstlichsten, erhabensten Autoren verstehst? Das sei ferne von dir, du arger Schelm, samt deinen Spießgesellen, aber deine Eselsnatur steigt dir schon in den Kopf. Der Graf, sobald er merkte, daß der Fuchs den Text nicht verstand, winkte darauf den Studenten herbei, daß er zeigen möge, ob er bei der Sache etwas helfen könne. Der Student nun erhob sich, beugte das Knie vor dem Grafen und sagte: „Edler Herr, Euer Gnaden möge einen andern rufen, der von dieser Sache mehr versteht als ich." Da platzte der Fuchs mit sinngemäß etwa folgenden, wenn auch viel ungehobelteren und keinesfalls so lautenden Worten heraus: „Wenn ich das nicht verstehe, der ich nahezu mein ganzes Leben auf Schulen verbracht habe und leicht aufs Jahr genau der Vater von diesem hier sein könnte, was kann der dann schon verstehen, der noch in den Kinderschuhen steckt und kein einziges lateinisches Wort hervorbringen kann?" O du Schurke, wie es noch keinen gegeben hat, reicht es nicht, daß der Kluge deine törichten Schwächen aufdeckt? Der Graf jedoch wiederholte seine Aufforderung an den Studenten und sagte: „Wohlan denn, Bruder, lies, wenn du kannst!" Der Student verstand unterdessen, daß die Schriftstücke in einem poetisch aufgeputzten rhetorischen Stil abgefaßt waren; er las also dem Grafen alles, was in ihnen stand, Wort für Wort und ohne das geringste Stocken vor und erläuterte ihm dann den ganzen Inhalt so klar, daß dieser sich nicht wenig verwunderte, wie auch ich es tue. Denn zu bewundern bist du, du über die Maßen preisenswerter Student! An welchem Quell hast du getrunken, an welchem Bach, nun sag schon, dein Wissen eingesogen? Beim wahrhaftigen Gott, im Fluß der Alma Mater hast du diese Lachse gefangen, Bruder! O du Universitätsstudium, wer, ich beschwöre dich, wer könnte deine unendlichen Vorzüge, deine unfaßbaren Vorteile jemals erschöpfend aufzählen? O du herrlicher Hort, wer verdient es, dich zu betreten, außer dem Liebhaber aller Wissenschaften?

So kam es, daß der Graf den Studenten zu erhöhen, den Bachanten aber wie einen tollwütigen Hund davonzujagen trachtete. Aber der Student, stets mehr zum Mitleid als zum Verfolgen geneigt, bat den Schloßherrn, er möge mit dem Fuchs Gnade walten lassen. Es wurde also der Bachant auf das Flehen des Studenten hin so lange beherbergt, bis der Sohn des Grafen von der Pariser Universität als Doktor der Rechte heimkehrte. Sobald dieser die Verkehrtheit des Bachanten erkannte, andererseits die außergewöhnliche Bildung und die feinen Sitten des Studenten, wie auch, daß er von edler Abkunft war, verlobte er sogleich, nicht ohne Einverständnis seiner Eltern, seine Schwester mit letzterem, und allerdings sehnte sich die schöne Maid, von allen Erdensöhnen gerade diesen Studenten ehelich zu umarmen. Den räudigen Fuchs aber ließ er in uralte schmutzige Lumpen hüllen und stellte ihn eigenhändig als Popanz draußen vor der Burg aufs Feld, um die Vögel zu verscheuchen. Dort habe ich ihn vor drei Tagen, als ich vor dem Tor mein Mittagsschläfchen hielt, in einem Graben, zu faulem Holz zerfallen, selbst gesehen. Ähnlich wird es, denke ich, allen tollgewordenen Bachanten ergehen, die es aus eingefleischter Verkehrtheit versäumen, richtig zu studieren, obwohl sie die Möglichkeit dazu hätten, sondern lieber blind und ungehobelt in ihrer Eselsnatur verharren wollen.

SEBASTIAN BRANT

Über Petrarcas Ruhm und Größe [1498]

Derart groß ist der Ruhm, damit Petrarca gezieret,
Daß hinzu man ihm nichts fügen noch wegnehmen kann.
Denn was irgendwo menschlicher Geist vermag zu umfassen,
Sei's durch verfeinerte Kunst, sei es durch hohes Genie,
Dieses begriff mit edlem Verstand der treffliche Dichter:
Jegliches Wissensgebiet ist ihm aufs beste bekannt.

Alles verwarf er jedoch: Die Zeit, die mit giftiger Schminke
Tod bringt, ließ er zurück und ihre Lockungen auch.
Bergeshaine bewohnt er und weilet oftmals in ihnen,
Da ihm verborgener Steig einsam im Walde behagt.
Dadurch erwarb er sich Ruhm und schuf sich ewige Zierde,
Und er wurde mit Fug teurer dem Gotte dadurch.
Ganz allein schrieb dort er so viele vortreffliche Bände,
Welche durch Fehler entstellt waren bis jetzt, und zerstreut.
Kürzlich druckten wir sie, doch gibt es ihrer noch manche,
Welche in meine Hand heute noch nicht sind gelangt.
Viel verdankst du, Francesco, des Amerbach Arbeit und Mühe,
Manches verdankt du auch mir: Fehlerfrei ließ ich dich gehn.
Doch es verdiente dein Wert, deine Größe, glaube mir, daß ich
Mich um dieses bemüht habe. So fahre denn wohl!

JOHANNES SECUNDUS

Der dritte Kuß [1533–1534]

Küß mich, so sprach ich, köstliches Mädchen –
Und bald hatten deine Lippen die meinen gefunden.
Da rasch, wie einer erschreckt vor der Schlange zurückspringt,
Entringst du meinem Mund deine Lippen.
Das ist nicht küssen, Geliebte,
Das ist nur Verlangengeben
Und Sehnsuchtgeben nach Küssen.

BOHUSLAV HASIŠTEJNSKÝ Z LOBKOVIC
[ca. 1461–1510]

Gespräch mit dem Tod [nicht datiert]

Ich bin der Tod – den Frommen zu Heil, den Frechen zum Grauen. –
Wehe mir Armen, hab ich nie doch an dieses gedacht! –
Warum erbleichst du? – Vor Angst. – Weshalb? – Mir droht deine
Sense. –
Ewige Ruhe, nicht Pein, finden die Guten bei mir.
Wer sich der Sünde bewußt, dem graut's vor dem Dunkel der Hölle;
Fürchte dich nicht vor mir, fürchte vielmehr deine Schuld. –
Was soll ich tun? – Solange du kannst, bereue mit Tränen. –
Was du befiehlst, will ich tun. – Eile, schon steh ich am Tor.

IV. Bücher und Bibliotheken

Einleitung

Während des Konzils von Konstanz (1414–1418) befanden einige Humanisten sich im Dienst der päpstlichen Kurie und nutzten die Zeit in Konstanz für Bibliotheksreisen. Poggio und seine Freunde machten spektakuläre Handschriftenfunde und erlösten auf diese Weise einige wichtige antike Texte aus „dem Gefängnis der Barbaren", womit sie die Klosterbibliotheken meinten. Nachdem Poggio nach Italien zurückgekehrt war, leitete er die Suche nach neuen Manuskripten von dort aus. So spürte ein anonymer Mönch für ihn drei Schriften des Tacitus im Kloster Hersfeld auf, darunter die später für die deutsche humanistische Geschichtsschreibung so wichtige *Germania*. Bald gingen viele Humanisten, und nicht nur italienische, auf die Handschriftensuche. Sie wurden von der oft berechtigten Hoffnung getrieben, immer neue Spuren der antiken Welt aufdecken zu können. Auch alte italienische Klöster, wie Monte Cassino oder Bobbio, erwiesen sich als besonders ergiebige Fundorte. Die freudige Erregung der Handschriftenjäger spricht aus dem Brief des päpstlichen Sekretärs Cincius Romanus (gest. 1445), in dem er seine Abenteuer in St. Gallen beschreibt und zugleich Kritik an seinen Landsleuten übt, die die Zerstörung der antiken Handschriften und Denkmäler Roms auf dem Gewissen hatten.

Die wiedergefundenen Kodizes schrieben die Entdecker direkt ab oder nahmen sie mit – bisweilen widerrechtlich –, um sie dann später kopieren zu lassen oder diese Arbeit selbst zu besorgen. Das Abschreiben wurde nicht so sehr als mühsame Aufgabe, sondern mehr als Ehrenarbeit und nützliche Übung des eigenen Stils empfunden. Oft fehlte den Kopisten die wissenschaftliche Erfahrung, besonders auf dem Gebiet der Paläographie, Philologie und Geschichte. Sie brachten oft Konjekturen in die Texte, die manchmal richtig, manchmal falsch waren, und mitunter ging ihr Wohlgefallen am Text so weit, daß sie ihn nach eigenem Geschmack bearbeiteten. Auf die Dauer setzte sich jedoch eine textkritischere Arbeitsweise durch, in der der antike Text als im Grunde unantastbar, ja fast heilig galt. Falls er verstümmelt überliefert war, mußte er mit größter Sorgfalt instandgesetzt werden.

Die Überlieferung der griechischen Literatur ist einerseits den vielen Emigranten aus dem byzantinischen Reich nach Italien zu danken, die – wie der berühmte Manuel Chrysoloras (ca. 1350–1415) in Florenz – die Sprache lehrten und die Traditionen byzantinischer Gelehrsamkeit weiter vermittelten, andererseits unternehmungslustigen Humanisten wie Giovanni Aurispa (ca. 1370–1459) oder Francesco Filelfo (1398–1481), die viele bedeutende Handschriften aus der gesamten griechischen antiken Literatur, welche teilweise sogar Werke unbekannter Autoren enthielten, von Griechenland nach Italien brachten. So gelang es Aurispa 1423, also nicht lange vor dem Untergang des byzantinischen Reichs im Jahr 1453, mehr als zweihundert Bände griechischer Texte – darunter einen vollständigen Plato – von seinen Reisen mitzubringen.

Seit dem fünfzehnten Jahrhundert wurden überall in Italien Bibliotheken gestiftet oder neu eingerichtet und reich dotiert. Der Erzbischof von Nicäa, der spätere Kardinal Joannes Bessarion (ca. 1403–1472), besaß die umfangreichste Privatsammlung griechischer Kodizes: ungefähr fünfhundert in einer imposanten Bibliothek von rund siebenhundertfünfzig Handschriften. Er war einer der vielen Gelehrten, die nach der Eroberung Konstantinopels durch die Türken ihre Laufbahn in Italien fortsetzen konnten. Bessarion verband gründliche Kenntnis der griechischen klassischen Autoren mit einer ebenso eindrucksvollen Gewandtheit in der lateinischen Gelehrsamkeit. Auf diese Weise war er in der Lage, insbesondere die platonische Philosophie an die Humanisten weiterzugeben, so zum Beispiel an Nikolaus von Kues (1401–1464), mit dem er auch persönlich befreundet war. Seine Bibliothek übergab er der Stadt Venedig, wo, wie er sagte, ein Grieche sich wie in einem zweiten Konstantinopel fühlen konnte. Fünfzehn Maultiere brauchte man für den Transport der Bücher, die zunächst in Kisten gelagert wurden (wobei vieles durch Diebstahl verloren ging) und erst mehr als vierzig Jahre später ein eigenes Gebäude bekamen, wo sie noch immer den Grundstock der berühmten Bibliotheca Marciana bilden.

Nach Entstehung der Buchdruckerkunst wurde dieselbe wegen der neuen Möglichkeiten zur weiten Verbreitung des Schrifttums gelobt und auch, weil ein gedrucktes Buch billiger wurde als ein abgeschriebenes. Oft wurde in solchen Lobschriften Deutschland gepriesen als das Land, das eine solch nützliche Erfindung hervorgebracht hatte. Im Jahr 1494 wurde jedoch in Mainz ein Büchlein veröffentlicht unter dem Titel *De laude scriptorum* (Lob der Handschriftenabschreiber). Der Autor, Johannes Trithemius (1462–1516), hatte sich zu einem begeisterten Anhänger des Humanismus entwickelt. Er war aber auch Abt des Klosters Sponheim und daher bestrebt, mit seinem Traktat die Mönche davon zu überzeugen, daß sie das Abschreiben von Kodizes wegen des Buchdrucks nicht aufgeben sollten. Diese Beschäftigung sei, so meinte Trithemius, nützlich, weil sie den Mönchen eine zum Klosterleben passende Möglichkeit zur manuellen Arbeit biete, die zu Eifer, Frömmigkeit und Gelehrsamkeit anregt. Trithemius verglich außerdem die Dauerhaftigkeit des Pergaments mit der Vergänglichkeit des Papiers; zusammen mit der Materie könnte ja auch das Wort verloren gehen, so fürchtete er. Trithemius war nicht der erste, der diese Bemerkung machte. Schon der Kirchenvater Hieronymus (347–419) hatte erwähnt, daß in der berühmten Privatbibliothek des St. Pamphilus (ca. 240–309) in Caesarea die Texte der Papyri auf Pergament übertragen wurden, weil der Papyrus sich nicht hielt. Auch kannte Trithemius den Traktat des französischen Theologen Jean Gerson (1363–1429) über das Handschriftenabschreiben, in dem Pergament über Papier gestellt wurde. Aber Trithemius' Verteidigung des Abschreibens in einer Zeit, in der die neue Buchdrukkerkunst allgemein begrüßt wurde, hatte begreiflicherweise eine andere Bedeutung als zur Zeit Gersons, als von Buchdruck noch gar nicht die Rede war. Im übrigen erkannte Trithemius durchaus den Nutzen der neuen Erfindungen. Viele seiner Bücher, darunter der dreitausend Seiten umfassende Beitrag zu einer systematischen Bio-Bibliographie der gelehrten Welt, *Liber de scriptoribus ecclesiasticis* (Buch der kirchlichen Schriftsteller), erschienen im Druck. Andere Werke jedoch, vor allem die über Kryptographie und Zauberei, beließ er wohlweislich in ihrer handschriftlichen Form. Einerseits fürchtete er wohl Verfolgung wegen Zauberei, andererseits wollte er nicht, daß diese okkulten Schriften Nicht-Eingeweihten in die Hände fielen.

Das Sammeln kostbarer Handschriften und Bücher erhöhte das Ansehen der Fürsten, die bald auch außerhalb Italiens bedeutende Bibliotheken stifteten. Eine der berühmtesten fürstlichen Büchersammlungen aller Zeiten gehörte Matthias Corvinus (1440–1490), seit 1458 König von Ungarn. Er verwendete sehr viel Geld auf sie, und bei seinem Tod enthielt sie etwa zweitausend Handschriften und Inkunabeln; viele davon waren im Auftrag des Königs in Italien und später auch in Buda entstanden und reich illuminiert. Eine Anzahl italienischer Humanisten widmeten Matthias ihre Werke. Dem Inhalt nach war die Sammlung eine humanistische Bibliothek, in der die antike Dichtung neben historischen, philosophischen und naturwissenschaftlichen Werken besonders gut vertreten war. Nach dem Tode von Matthias verfiel die Sammlung. Besucher staunten über den unvergleichlichen Reichtum an lateinischen, griechischen und hebräischen Kodizes in dieser Bibliotheca Corviniana, entwendeten auch gelegentlich einige solcher Schätze oder bekamen sie geschenkt. Auch Kaiser Maximilian I. (1459–1519) war am Anfang des sechzehnten Jahrhunderts bemüht, aus dieser Sammlung einige Handschriften für seine eigene Bibliothek zu bekommen, wie aus seinem Briefwechsel mit seinem Abgesandten, dem deutschen Humanisten Johannes Cuspinian (1473–1529), hervorgeht. Dieser, ein sachkundiger Gelehrter, liebte die Manuskripte vielleicht mehr als seinen Herrn und versuchte so zu handeln, daß die kostbaren Handschriften keinerlei Gefahr ausgesetzt waren, sein kaiserlicher Auftraggeber jedoch nach Möglichkeit zufriedengestellt wurde.

Schließlich wurde die Bibliothek nach der Schlacht bei Mohács (1526) durch die türkischen Eroberer Ungarns zugrunde gerichtet. Der in Wien tätige Humanist Johannes Brassicanus (gest. 1539) legte in der Widmungsvorrede eines von ihm herausgegebenen frühchristlichen Werkes die Bedeutung von Büchersammlungen für die Wissenschaft dar. Er behandelte die humanistische Sammeltätigkeit, die in den vorangehenden Jahrzehnten soviel Wunderbares ans Licht gebracht hatte und verwies auf die verlorengegangenen Bibliotheken der Antike. Dann beklagte er die Zerstörung einer der schönsten zeitgenössischen Sammlungen, die Bibliotheca Corviniana, welche er aus eigener Anschauung kannte. Heute existiert vielleicht noch ein knappes Zehntel der sogenannten ‚Corvinen', über die ganze Welt verstreut.

CINCIUS ROMANUS

Brief an Francesco da Fiano über Handschriftenfunde in St. Gallen und die Zerstörung der antiken Bibliotheken und Denkmäler in Rom [1416]

Cincius Romanus entbietet Francesco da Fiano,
seinem hochgelehrten Lehrer, seinen Gruß!

Laß uns endlich einmal unser Schweigen brechen! Denn es scheint mir sehr unrecht und ganz gegen die Natur und das Wesen der Freundschaft, wenn Menschen, die einander durch starke Sympathie verbunden, aber räumlich weit voneinander getrennt sind, sich nicht gegenseitig Briefe schreiben. Es reicht nämlich nicht aus, an den abwesenden Freund nur zu denken, wenn man die Möglichkeit hat, ihm zu schreiben. Denn wenn auch der größte Genuß der Freundschaft im persönlichen Umgang liegt, so gewährt es doch eine nicht geringe Befriedigung, wenn man von seinen Freunden Briefe erhält, gleichsam als Abbild ihrer selbst. Deshalb bitte ich Dich inständig, Du mögest die Güte haben, da Dir ja das Schreiben so leichtfällt – und das tut es eigentlich immer aufgrund Deiner einzigartigen geistigen Beweglichkeit –, mir ein paar Zeilen zu senden. Ich meinerseits verspreche Dir, daß ich allen Kurieren, die von Konstanz nach Rom abgehen, meine Antwortbriefe an Dich mitgeben werde. Zur Bestätigung, daß ich es ernst meine, empfange diesen Brief als Unterpfand.

Aber kommen wir zur Sache, die Dir hocherfreulich sein muß. Es gibt in Deutschland viele Klöster mit Bibliotheken voll von lateinischen Büchern. Das erweckte in mir die Hoffnung, daß manche Werke von Cicero, Varro, Livius und anderen gelehrten Autoren, die man für vollständig verloren hält, ans Licht kommen würden, wenn man nur gründlich nach ihnen forschte. So begab ich mich vor wenigen Tagen zusammen mit Poggio und Bartolommeo da Montepulciano, vom Ruhm der dortigen Bibliothek angelockt, verabredungsgemäß in die Stadt Sankt Gallen. Kaum hatten wir die Bibliothek betreten, da stießen wir auf des Valerius *Argonautica*: Ein Werk, geschrieben in klangvollen, erhabenen und gegen die Reinheit der metrischen Regeln nirgends verstoßenden Versen. Weiter entdeckten wir in Prosa verfaßte Kommentare zu einigen Reden Ciceros, aus denen man Klarheit über viele Gerichtspraktiken und Besonderheiten des antiken Rechtslebens gewinnt. Auch fand sich ein Buch, an Umfang zwar nur klein, aber bemerkenswert durch seine hohe Sprachkunst und Weisheit: Ich meine die Schrift des Laktanz über die zweierlei Arten Mensch, worin er die Meinungen derer klar widerlegt, die behaupten, die Stellung des Menschen sei niedriger und verächtlicher als die der Tiere. Unter anderem fanden wir Vitruvs Buch über die Architektur sowie die Kommentare des Grammatikers Priscian zu einigen der Gedichte Vergils. In der Bibliothek befand sich auch ein Buch aus Baumrinde; solche Baumrinden heißen im Lateinischen ‚libri', und daher haben die Bücher (libri), wie bei Hieronymus zu lesen ist, ihren Namen erhalten. Obwohl dieses Buch bis zum Rand mit nicht besonders wertvollen Texten angefüllt war, drückte ich es doch wegen seines ehrwürdigen, wohlerhaltenen Alters mit frommer Andacht an mein Herz.

Von allen diesen Büchern besitzen wir Abschriften. Doch als wir den Turm neben der St. Galluskirche besichtigten, in dem unzählige Bücher wie Gefangene eingesperrt sind, und wir diese von Staub, Schmutz, Würmern und allen sonstigen Begleiterscheinungen des Bücherzerfalls jammervoll zugerichtete Bibliothek sahen, brachen wir alle in Tränen aus, und unser Gedanke war, daß auf diese Weise die lateinische Sprache ihren einstigen großen Glanz und Ruhm verloren habe. Wahrlich, könnte diese Bibliothek für sich selbst sprechen, sie würde laut rufen: „Ihr Männer, die Ihr die lateinische Sprache so liebt, laßt mich nicht in solch sträflicher Vernachlässigung völlig zugrunde gehen! Entreißt mich diesem Kerker, in dessen Finsternis das Licht dieser Bücher nicht zu leuchten vermag!" Es lebten in jenem Kloster ein Abt und Mönche, die von jeder höheren Bildung verlassen waren. Welches Barbarentum voll Haß auf die lateinische Sprache, welch verkommenes Gesindel!

Aber was ereifere ich mich gegen dieses Barbarenvolk wegen solch sträflicher Gleichgültigkeit gegen die Wissenschaften, wo doch die Römer, die Väter der lateinischen Sprache, viel mehr Schaden und Schmach unserer angestammten Sprache, der Königin aller anderen Sprachen, zugefügt haben! Ich denke an die unzähligen Bibliotheken mit lateinischer und griechischer Literatur, die in Rom zugrunde gingen; sie waren von unseren Vorfahren mit größtem Fleiß zusammengetragen worden, wie ein griechischer Inschriftstein zweihundert Meter von der Porta Capena bezeugt. Diese Bibliotheken sind teils durch Unwissenheit, teils durch Achtlosigkeit, teils auch um das Antlitz der heiligen Veronika daraufzumalen, zerstört worden. Meiner Ansicht nach jedenfalls sollte die Urheber eines so ruchlosen Verbrechens und die, die ein so fluchwürdiges Vorgehen nicht verhindert haben, die strengste Strafe treffen. Denn wenn nach dem Gesetz derjenige die Todesstrafe verdient, der einen Menschen getötet hat, welche Strafe, welche Pein wollen wir dann über jene verhängen, die die humanistischen Studien, die schönen Künste, das, wovon die Menschheit geistig lebt, ohne daß die Menschen fast wie Tiere leben müßten, uns rauben!

Zwei überragende Dinge gab es in Rom, die Bibliotheken und die großen Bauten, die – um von den Bibliotheken zu schweigen – an Größe und Schönheit die Pyramiden Ägyptens und die Basilika des Cyrus sowie die anderen Weltwunder, die Herodot aufzählt, weit übertrafen. Täglich kann man sehen, wie unsere Mitbürger (wenn man ‚Bürger' oder überhaupt ‚Mensch' denjenigen nennen kann, der sich mit einem so scheußlichen Verbrechen befleckt) das Amphitheater oder das Hippodrom oder eine Monumentalstatue oder Kunstwerke und Marmorwände demolieren, die kunstreich und aus wundervollem Material errichtet wurden und uns die altehrwürdige und geradezu göttliche Majestät des römischen Volkes vor Augen führen. Ich jedenfalls würde mit Freuden für ein noch so kleines Marmorbildnis des Phidias oder Praxiteles mehr bezahlen als für die sprechendste und ausdrucksvollste Portraitbüste dessen, der die Statuen der berühmtesten Männer der Antike zu Kalkstaub oder winzigen Steinsplittern zerschlug.

Fragt man sie aber, was sie dazu veranlaßt, marmorne Statuen zu zerstören, so antworten sie: Um heidnische Götzenbilder zu verfluchen. O ihr rohen, ungebildeten Menschen, die ihr einen Irrtum vermeidet, nur um in einen neuen zu verfallen! Wir begehen doch noch kein Sakrileg gegen unsere Religion, wenn wir ein mit höchster Kunst geschaffenes Bild der Venus oder des Herkules betrachten und das göttliche Talent der alten Bildhauer bewundern! Aber dieser Frevel geht nicht nur zu Lasten der eben erwähnten Menschen, sondern auch der früheren Stadtherren von Rom und der Päpste selbst, die schlimmerweise dieses ruchlose und der Würde der Menschheit abträgliche Treiben gutgeheißen haben. Hinzu kommt, daß viele Bibelhandschriften und zahlreiche Kirchen durch die Gleichgültigkeit der Statthalter Christi auf Erden vernichtet sind. Meiner Meinung nach haben sie um so mehr unseren Abscheu verdient, als man gerade von ihnen Abhilfe gegen alles unrechte Tun erwartet. Aber sie haben es, glaube ich, eher mit jenem Taugenichts gehalten, der, da er sich nicht zutraute, sich durch edle Taten einen Namen machen zu können, den Tempel der Artemis von Ephesus einäscherte. So haben auch die Häupter unserer Kirche, da sie für die überragende Schönheit Roms nicht genug Bewunderung fühlten und ihr jedenfalls nichts Gleiches an die Seite zu stellen vermochten, ihre Zerstörung und Vernichtung betrieben. Schütten wir daher über eine so unmenschliche und barbarische Torheit unsere Schmähungen aus!

Du aber, mein geliebter Lehrer, der Du in poetischer wie in Prosarede alle übertriffst, schreibe Du etwas gegen die Zerstörer der berühmtesten Baudenkmäler! Wenn Du dies tust, wirst Du Dir wahrlich unsterblichen Ruhm erwerben, über jene aber ewige Schande bringen! Lebe wohl!

JOANNES BESSARION

Brief an den Dogen Cristoforo Moro und den Rat von Venedig über die Schenkung seiner Bibliothek an die Stadt Venedig [1468]

Fast von frühester Kindheit an habe ich alle meine Mühe und Sorge, all meinen Eifer darauf verwandt, so viele wissenschaftliche Bücher aller Art wie nur möglich zu erwerben. Deswegen habe ich nicht nur als Knabe und Jüngling sehr viele eigenhändig abgeschrieben, sondern auch jeden Pfennig, den mir eine sparsame Lebensführung beiseitezulegen erlaubte, für den Ankauf von Büchern ausgegeben. Denn ich war überzeugt, ich könnte mir kein würdigeres und besseres Handwerkszeug, keinen nützlicheren und wertvolleren Schatz anschaffen. Sind Bücher doch voll von Worten der Weisen, voll von Vorbildern der Antike, voll von moralischen, politischen und religiösen Lehren. Sie leben, leisten uns Gesellschaft, reden mit uns, belehren, unterweisen, trösten uns, bringen uns ganz vergessene Dinge wie gegenwärtig nahe und stellen sie uns vor Augen. So groß ist ihre Macht und Würde, ihre geradezu göttliche Ausstrahlung, daß wir, gäbe es keine Bücher, alle roh und ungebildet wären, fast nichts von der Vergangenheit wüßten, keinerlei Vorbild für unser Handeln und keine Kenntnis von den menschlichen und göttlichen Dingen hätten. Dieselbe Urne, die die Asche der Toten aufnimmt, würde auch ihre Namen für immer in sich begraben.

Obwohl ich mich also stets mit ganzem Herzen dieser Aufgabe hingab, habe ich nach der Katastrophe Griechenlands und der beklagenswerten Versklavung Konstantinopels mit noch glühenderem Eifer alle meine Kräfte und Fähigkeiten, meinen ganzen Fleiß und all meine Mühe auf die Suche nach griechischen Büchern verwandt. Denn ich hatte die schlimmsten Befürchtungen, daß mit allem übrigen soviele hervorragende Bücher, der Schweiß und die Mühen sovieler durchwachter Gelehrtennächte, von denen soviel Licht in die Welt hinausging, binnen kurzem unterzugehen drohten; hatten wir doch schon in der Vergangenheit einen so schlimmen Verlust erlebt, daß von den 220 000 Büchern, die nach

Plutarchs Bericht in der Bibliothek von Apameia standen, zu unserer Zeit kaum noch tausend vorhanden waren. Mein Bemühen war, soweit es an mir lag, nicht so sehr viele, als vielmehr die jeweils besten Bücher zu sammeln, und so habe ich von jedem Werk je eine Handschrift, und in dieser Weise fast alle Werke der griechischen Philosophen, besonders die seltenen und schwer aufzutreibenden, zusammengebracht. Sooft ich indessen darüber nachdachte, glaubte ich nicht alles Wünschenswerte getan zu haben, wenn ich nicht zugleich dafür Sorge trüge, daß die von mir mit soviel Mühe und Eifer zusammengetragenen Bücher noch zu meinen Lebzeiten so aufgestellt würden, daß sie auch nach meinem Ableben nicht zerstreut und herrenlos würden, sondern an einem zugleich sicheren und bequemen Ort zum gemeinsamen Nutzen der Menschen griechischer wie lateinischer Zunge aufbewahrt würden.

Als ich dies bedachte und mir viele Städte durch den Kopf gingen, trat mir Eure berühmte und angesehene Stadt vor die Seele, in der alle meine Sorgen zur Ruhe kommen könnten. Denn erstens sah ich, daß ich keinen sichereren Platz finden könnte als einen, der gerecht, streng nach den Gesetzen, uneigennützig und weise regiert wird, wo Tugend, Mäßigkeit, Würde, Gerechtigkeit und Treue zuhause sind, wo die Herrschaft einerseits die mächtigste und ausgedehnteste, andererseits eine gerechte und maßvolle ist, wo die Geister frei entscheiden, ohne in Begierde oder Verbrechen verstrickt zu sein, wo kluge Männer das Ruder des Staatsschiffs in Händen halten, wo die Guten über die Schlechten gesetzt sind und, ohne an den persönlichen Vorteil zu denken, das ganze Staatswesen im Geiste der Einmütigkeit und Uneigennützigkeit verwalten. Infolgedessen ist zu hoffen, daß Eure Stadt – wie wir es ihr wünschen – täglich mehr an Macht und Ruhm zunehmen wird.

So kam ich zu der Erkenntnis, daß ich keinen Ort wählen konnte, der meinen Vorstellungen besser entsprochen hätte und der insbesondere für Menschen meiner Heimat besser geeignet wäre. Denn in Eurer Stadt strömen Menschen aus fast aller Herren Ländern in großer Zahl zusammen, und ganz besonders sind es Griechen, die zu Schiff aus ihrer Heimat kommend zuerst in Venedig an Land gehen; zudem sind sie mit Euch noch durch das Band verbunden, daß sie bei der Ankunft in Eurer Stadt ein anderes Konstantinopel zu betreten glauben. Wo kann ich nach alledem meine Schenkung ehrenvoller unterbringen als bei Menschen, denen ich aufgrund der vielen mir erwiesenen Wohltaten tief verpflichtet bin, und in einer Stadt, die ich mir, nachdem Griechenland unterjocht war, als neue Heimat erwählt hatte und in die Ihr mich gerufen und auf ehrenvollste Weise aufgenommen habt?

Daher habe ich, im Bewußtsein meiner Sterblichkeit und in Ansehung meines beschwerlicher werdenden Alters, verschiedener, mich heimsuchender Krankheiten und der sonstigen, möglichen Zufälle, alle meine griechischen und lateinischen Bücher der allerheiligsten Kirche des heiligen Markus Eurer hochberühmten Stadt zu eigen geschenkt; denn ich meinte einen solchen Akt Eurer Wohlweisheit wie meiner Dankbarkeit wie auch dem, nach Eurem Willen nun auch meinigen, Vaterland zu schulden, auf daß zunächst Ihr und Eure Kinder und Kindeskinder, die Ihr mich durch Eure Tugend, Weisheit und viele mir erwiesene Wohltaten tief und auf ewig verpflichtet habt, reichen und langdauernden Nutzen von meinen Mühen hättet, danach dann um Euretwillen auch die übrigen der schönen Wissenschaften Beflissenen.

Daher übersende ich Eurer Wohlweisheit sowohl die Schenkung selbst als auch den Katalog der Bücher und das päpstliche Dekret und bitte Gott, er möge Eurer Stadt glückliches Blühen und Gedeihen schenken, dazu allzeit Frieden, innere Ruhe, Muße und Eintracht. Möge es Eurer Wohlweisheit wohl ergehen!

JOHANNES TRITHEMIUS

Wegen des Buchdrucks soll man nicht vom Handschriften-Abschreiben ablassen [1494]

Niemand möge denken, ihr Brüder, niemand möge sagen: Wozu muß ich mich noch mit Abschreiben schinden, wo doch die Druckkunst so viele und so große Bücher ans Licht bringt, daß man um billiges Geld eine große Bibliothek einrichten kann? Fürwahr, wer so daherredet, der schickt sich an, durch sein Nichtstun Finsternis einreißen zu lassen.

Wer wüßte nicht, wie groß der Unterschied zwischen Schrift und Druck ist? Geschriebenes, wenn man es auf Pergament bringt, wird an die tausend Jahre Bestand haben; Gedrucktes aber, da es auf Papier steht, wie lange wird es halten? Wenn Gedrucktes in einem Band aus Papier an die zweihundert Jahre Bestand haben wird, wird es hoch kommen; indessen gibt es viele, die der Meinung sind, daß durch den Stoff an sich der Druck sich verbrauche. Das wird die Zukunft entscheiden. Aber wenn auch viele Bücher gedruckt vorliegen sollten, so werden sie doch niemals in dem Umfang gedruckt werden, daß man nicht immer etwas zum Schreiben finden könnte, was noch nicht gedruckt ist.

Es kann ja auch einer nicht leicht alle gedruckten Bücher auftreiben oder sie käuflich erwerben. Und wenn gleich alle Bücher der ganzen Welt gedruckt würden, so dürfte der von seinem Tun erfüllte Schreiber trotzdem keinesfalls seine Beschäftigung aufgeben, müßte vielmehr den gedruckten Büchern, soweit sie nützlich sind, durch Abschreiben zur Dauer verhelfen, da sie andernfalls keinen Bestand haben können. Wenn der Schreiber dies tut, wird er den vom Verfall bedrohten Schriften Festigkeit verleihen, den billigen Größe, den hinfälligen lange Dauer.

Ein von seinem Tun erfüllter Schreiber aber wird immer eine Aufgabe finden, durch deren Erledigen er sich ein Verdienst erwirbt. Er läßt nicht zu, daß er, in seiner Tätigkeit gelähmt, unter dem Drucker steht. Er ist ein freier Mann, und er wird sich freuen, seinen Dienst in Freiheit zu tun. Denn er ist nicht weniger als ein Drucker, daß er gar seine Beschäftigung aufgeben müßte – nur weil jener druckt.

Wenn er darüber bewußt hinweggeht, zieht er fröhlich seines begonnenen Weges weiter, in dem festen Wissen, daß seine Krone vor Gott nicht gemindert werden kann, wie unziemlich auch ein anderer sich verhalten mag. Wer aber dem Buchdruck zuliebe die Tätigkeit des Abschreibens aufgibt, ist kein echter Freund des handschriftlich Tradierten, da er höchstens den Blick auf die Gegenwart richtet, sich aber keine Mühe gibt, die Nachfahren zu erbauen.

Wir aber, meine lieben Brüder, wollen im Blick auf den Lohn, den diese heilige Arbeit des Abschreibens in sich trägt, davon nicht ablassen, auch wenn wir viele Tausende von Bänden besitzen sollten. Mit geschriebenen Büchern nämlich lassen sich gedruckte niemals auf die gleiche Stufe stellen. Denn um die Rechtschreibung und sonstige Ausstattung der Bücher kümmern sich die Drucker gewöhnlich nicht. Wer aber abschreibt, verwendet darauf recht große Mühe.

KAISER MAXIMILIAN I. UND JOHANNES CUSPINIAN

Briefwechsel über einen griechischen Kodex in Buda [1513]

1. Maximilian I. an Johannes Cuspinian

Und wenn Du jetzt nach Ungarn reist, dann forsche doch gründlich nach dem Ursprung, dem Alter, der Religion und den Besonderheiten des betreffenden Volkes und teile Uns alles mit, was Du in Erfahrung gebracht hast. Wie Uns berichtet worden ist, befindet sich in der Bibliothek der Burg von Buda ein griechischer Schriftsteller namens Johannes Monachos, der über die Völkerwanderung geschrieben hat. Wende allen Eifer auf, daß man ihn ausfindig macht, und bitte Unseren durchlauchtigen Bruder [Ladislaus II.], daß er einverstanden ist, daß Du ihn Uns überbringst oder schickst. Wir werden ihn ins Lateinische übersetzen lassen zu Nutz und Frommen aller Gelehrten und das Buch dann so rasch wie möglich und ohne jede Beschädigung an die genannte Bibliothek zurücksenden. Hierbei kann Dir sehr behilflich sein der hochwürdige Bischof Peter von Veszprém, der im vergangenen Jahr als Gesandter bei Uns war und es an nichts fehlen lassen wird, um Uns zufriedenzustellen. Wenn Du das besagte Buch erhalten kannst, so übersende es zu Händen Unseres Sekretärs Jacob de Banissis.

2. Johannes Cuspinian an Maximilian I.

Den Johannes Monachos, einen griechischen und sehr schönen Schriftsteller, habe ich im Namen Eurer Majestät erhalten, ich habe mich für ihn verpflichtet und eigenhändig den Empfang quittiert, und ich würde nicht nach Ungarn zurückzukehren wagen, wenn dieses Buch verlorenginge. Weil es ein großer und schwerer auf Pergament geschriebener Band ist, den man nicht der Post anvertrauen darf, wo mitunter Briefe, von Büchern gar nicht zu reden, verlorengehen, weiß ich nicht, auf welchem Wege dieses Buch an Eure Majestät gelangen soll. Ich fürchte das Risiko, falls es verlorengeht, denn die Ungarn schätzen es hoch, und es wäre tatsächlich ein großer Verlust, wenn es verlorenginge. Falls Eure Majestät einen des Griechischen Kundigen zur Hand hat, der bereit wäre, es ins Lateinische zu übersetzen, möge Sie ihn hierher nach Österreich zu mir entsenden, und ich werde mithelfen, daß das Buch zu Ehr und Preis Eurer Majestät gut übersetzt im Druck erscheint. Wenn es dagegen Eurer Majestät gefällt, so kenne ich selbst einen im Griechischen wohlerfahrenen Florentiner in Ungarn, der es übersetzen würde, wenn Eure Majestät ihm ein angemessenes Honorar zahlen würde. Denn es ist sicherlich eine beträchtliche Arbeit, weil das Buch umfangreich und großformatig ist. Eure Majestät möge mir über diesen Punkt Anweisung geben, da das Buch auf keinen Fall einer so weiten Reise ausgesetzt werden darf. Vielleicht gibt es auf der ganzen Welt kein zweites Exemplar, und es wäre ein großer Verlust, wenn es verlorenginge.

3. Maximilian I. an Johannes Cuspinian

Es ist Uns sehr erwünscht, daß Du den griechischen Autor Johannes Monachos in Händen hast. Wir werden einen Spezialboten schicken, dem Du das Buch, gut verpackt und versiegelt, übergeben wirst. Wir werden es ins Lateinische übersetzen lassen und danach an Dich zurücksenden, damit Du es dem durchlauchtigen König, Unserem Bruder, zurückgeben kannst.

4. Johannes Cuspinian an Maximilian I.

Eure Majestät schreibt mir betreffs des griechischen Autors Johannes Monachos, den ich aus Ungarn mitgebracht habe, daß Sie ihn durch einen Sonderboten von mir zu erhalten wünsche. Allerdings glaubt Eure Majestät, daß in ihm die Geschichte der Völkerwanderungszeit enthalten ist, wie man Eurer Majestät berichtet hat, und Sie möchte aus ihm erfahren, wo die Heruler, Gepiden, Goten und Langobarden ursprünglich gewohnt haben; möglicherweise ist es dies, was Eure Majestät zu wissen wünscht, aber Sie wird es dort nicht finden. Ich habe nämlich in den letzten beiden Monaten das ganze Buch durchgeblättert und nichts anderes gefunden als eine Weltgeschichte vom Anfang der Welt bis auf die Zeiten des Verfassers, der unter dem Kaiser Alexios Komnenos – d. h. zur Zeit Kaiser Ottos I. – lebte. Diese Geschichte beschreibt er im Stil einer Chronik. Das Besondere an dem Werk ist, daß die griechischen Kaiser in ihm eingehend geschildert werden. Wenn Eure Kaiserliche Majestät dagegen ausführliche Nachrichten über die Wanderungen der genannten Völker zu erhalten wünscht, so möge Eure Majestät wissen, daß sich in der Bibliothek des Königs von Ungarn die fünf Dekaden ungarischer Geschichte des Antonio Bonfini aus Ragusa befinden, der in gutem Stil über die Geschichte Ungarns geschrieben hat und oft Exkurse über andere Völker und Nationen macht. Falls man dieses Werk zur Abschrift erhielte, so ließe sich dort vieles dieser Art finden.

JOHANNES ALEXANDER BRASSICANUS

Über das Büchersammeln und das traurige Los der Bibliothek des Königs Matthias Corvinus von Ungarn [1530]

Vorrede zu des Salvianus, Bischofs von Marseille acht Büchern *Über das wahre Urteil und die Vorsehung Gottes* an den hochwürdigsten Vater und Fürsten, Herrn Christoph von Stadion, hochverdienten Bischof von Augsburg, seinen unvergleichlichen Herrn und Gönner.

Was Kaiser Marcus Aurelius, mit dem Beinamen ‚der Fromme‘ und ‚der Philosoph‘, von sich selbst geschrieben hat: „Die einen lieben Pferde, die anderen Vögel, wieder andere wilde Tiere, mir aber ist von Kindheit an die unbesiegliche Sehnsucht nach dem Besitz von Büchern angeboren“, das kann auch ich, wiewohl ich nur ein ganz geringer Mensch bin, ohne allen Neid behaupten. Denn von Kindesbeinen an habe ich nichts für ehrenvoller und wichtiger gehalten, als alle guten Bücher und insbesondere die noch nicht herausgegebenen Werke der alten Schriftsteller, wo immer möglich, zu erwerben und dem Staub und der Vergessenheit zu entreißen. Denn da einst alle großen und mächtigen Herrscher sich dieser Aufgabe mit ebensoviel Freude wie Erfolg unterzogen haben, wie Strabo und Athenaios es uns von Polykrates von Samos, Peisistratos von

Athen, Nikokles von Zypern, von mehreren pergamenischen Königen und von Ptolemaios Philadelphos berichten, welcher Aufgabe hätte ich mich mit mehr Berechtigung (selbst unter Vernachlässigung meiner Vermögensverhältnisse) widmen können, als mir die Sorge angelegen sein zu lassen, von der sich unsere Fürsten schon längst abgewandt haben (ach, hätten sie es doch nur nicht auch von anderen, die guten Königen ebenso zur Zierde gereichen!).

Und so haben in der letzten Generation mehrere bedeutende und gelehrte Männer, unter ihnen besonders Rudolf Agricola aus Friesland, Janus Pannonius, der Bischof von Fünfkirchen (János Vitéz), ferner der Abt Johannes Trithemius, der gekrönte Dichter Konrad Celtis und der kaiserliche Rat Johannes Cuspinian – obwohl sie nicht Könige waren und es auch, wie ich sicher weiß, keiner von ihnen sein wollte, wohl aber das, was im Range unmittelbar nach den Königen kommt – in einer durch und durch königlichen Anstrengung der gelehrten Welt durch Aufspüren und Bewahren antiker Literaturwerke einen unschätzbaren Dienst erwiesen. So hat der Deutsche Johannes Reuchlin aus Pforzheim (um dies nebenbei zu erwähnen), als er einst im Namen Herzog Eberhards des Bärtigen von Württemberg – der später wegen der Reinheit seines Lebenswandels und seines edlen Charakters den Beinamen ‚der Gute' erhielt – mit einigen anderen hochangesehenen Männern als Gesandter an den Hof Kaiser Friedrichs III. kam und die anderen, wie es Sitte war, Gnadengeschenke, nämlich prächtig aufgezäumte Pferde oder goldene Pokale oder anderes dieser Art, erhielten, da hat Reuchlin vom Kaiser lieber eine uralte und schön geschriebene hebräische Bibel annehmen wollen als eine noch so große Menge Goldes.

Obwohl aber solche kostbaren uralten Bücher, mit denen ich oder sonst jemand, der diese wahrhaft königliche Aufgabe übernähme, zugleich seine Bibliothek zu schmücken und sich die ganze Welt zu verpflichten wünschte, selten oder nie käuflich zu erwerben sind, so wurde mir doch von anderer Seite und gänzlich unverhofft eine unvergleichliche Hilfe zuteil, die diesen beträchtlichen Nachteil zusammen mit dem sprichwörtlichen Scheunendach flickte: Ich spreche von den hochangesehenen und hochgestellten Männern, die mich, wenn sich einmal eine günstige Gelegenheit bot (was auf Gesandtschafts- und anderen ehrenvollen Reisen mehr als einmal vorkam) beim Zusammenführen solcher Schätze großzügigst unterstützten. So habe ich durch Wohlwollen und Gunst erreicht, was Geld allein, das doch sonst alles erobert, nie zuwege gebracht hätte. Wie sonst hätte denn meine Buchführung stimmen können, wenn ich soviel Geld hätte ausgeben müssen, wie der Überlieferung zufolge jene alten Könige und Philosophen bei dieser Art Bücherkäufen bezahlt haben: Tarquinius Priscus, der die Sibyllinischen Bücher für nicht weniger als dreihundert Philippstaler, Plato, der die Schriften des Pythagoräers Philolaos für zehntausend Denare, Aristoteles, der die

Werke des platonischen Philosophen Speusippos trotz ihres bescheidenen Umfangs für drei attische Talente kaufte. Und dabei haben sie meiner Meinung nach dem Ruhm der Philosophie den schönsten Dienst erwiesen, indem sie für den Erwerb dieser der Unsterblichkeit würdigen Werke großzügig und sozusagen mit vollen Händen ungeheure Summen ausgaben.

Heute, wo innerhalb des gesamten Gelehrtenstandes niemand reicher ist als die Theologen, sollten in der Tat sie sich diesen bleibenden Ruhmestitel erwerben und, anstatt mit ihren aufgehäuften Schätzen die Beutegeier anzulocken und den Neid auf ihr Haupt zu ziehen, lieber überall ruhmbringende Bibliotheken gründen, in denen man einerseits alle guten Schriftsteller, diese Lehrmeister eines tugendhaften Lebens, aufbewahren würde, in denen andererseits die riesige Schar derer, die dauernd mit der Armut zu kämpfen haben, unter der Anleitung wertvoller Bücher den Grundstein zu einer ehrenhaften Laufbahn legen könnten. Und da wir keine Bibliotheken einrichten, oder jedenfalls nur solche, daß es besser wäre, sie würden gleich wieder eingestampft, sehen wir fast alle höheren Studien völlig darniederliegen, sehen wir selbst Reichbegabte den Wissenschaften gleichgültig gegenüberstehen, sehen wir – ich sage es ungern, aber es ist die reine Wahrheit –, daß sogar in manchen der angesehensten Städte Deutschlands ein Deutscher zu sein bedeutet, die Wissenschaften zu hassen; ein hochweiser Ratsherr zu sein bedeutet, ein für allemal alle Studien zu verurteilen; ein wohlsituierter Bürger zu sein bedeutet, Schuster und Weber als vom Heiligen Geist begnadet zu verehren, Akademiker dagegen zu verachten – und derjenige Staat wäre am besten eingerichtet, in dem es am wenigsten Wissenschaften und Gebildete gebe.

Wieviel richtiger haben da jene Alten gehandelt, die, um den Studien höheren Glanz zu verleihen, um den Büchern mehr Achtung, den Gelehrten mehr Liebe und Verehrung zu verschaffen, mit einem Wort, um zu zeigen, daß die Wissenschaften eine heilige Sache sind, den Bibliotheken allenthalben ihren Platz nirgendwo anders als in den Tempeln der unsterblichen Götter anwiesen. So stiftete Asinius Pollio als erster in Rom eine Bibliothek im Tempel des Herkules.

Gleichen, wenn nicht noch größeren Ruhm erwarb sich indessen zur Zeit unserer Vätergeneration der ruhmreiche und nie genug zu preisende König Matthias von Ungarn, der seine mit Schriftwerken aller Art reichgefüllte Bibliothek ebenfalls in einem überaus prächtigen Gotteshaus unterbrachte. Diese Bibliothek, die jetzt nichts als ihren leeren Namen behalten hat, faßt mich bei der Hand und bittet mich flehentlich, Dir ihren alten Glanz und Ruhm, worin ihr keine andere gleichkam, zu verkünden. Deshalb werdet Ihr, gütigster Fürst, weil es Euch in hohem Maße angeht, die folgenden an Euch gerichteten Worte gern lesen und Euch meinen ganzen Eurer Verehrung gewidmeten Willen gern gefallen lassen.

Als vor einigen Jahren der kaiserliche Gesandte Wilhelm von Eberstein mich in sein Gefolge aufnahm, um gemeinsam mit ihm an den Hof des untadeligen Königs Ludwig von Böhmen und Ungarn zu gehen, der durch den jüngsten Türkeneinfall ein so trauriges Ende fand, da nahm ich, durch die Gunst und Gnade bedeutender Männer diesem hochgestellten Herrn empfohlen, dieses Angebot von Herzen gern an, und gewiß aus keinem anderen Grunde freudiger, als um das damals noch ganz unverwüstete Ungarn kennenzulernen und zum Ruhm der Gelehrtenrepublik beizutragen. Auf direktem Wege reisten wir also von Wien nach Buda, der Hauptstadt des Königreichs und der erklärten und ranghöchsten Residenz der ungarischen Könige, und sahen das Königreich noch heil und unzerstört. Während der Gesandte dort seinen Amtsgeschäften mit aller Sorgfalt nachging, wurde mir, der ich in meinen Mußestunden nicht untätig bleiben wollte, durch die Güte der durchlauchtigen und tugendhaften Königin Maria die Erlaubnis gewährt, die dortige Bibliothek zu besichtigen. Was soll ich sagen? Ich habe alle Bücher gesehen. Doch was sage ich Bücher? Nicht Bücher, nein, Schätze hatte ich dort vor mir. Ihr unsterblichen Götter, wer kann sich vorstellen, welch herzerfreuender Anblick das war! Ich glaubte wahrhaftig nicht, in einer Bibliothek, vielmehr – wie heißt es doch – in Jupiters Schoß zu sein. So groß war die Zahl der alten griechischen und hebräischen Bücher, die der König Matthias nach dem Fall Konstantinopels und der Zerstörung vieler anderer bedeutender Städte Griechenlands für unermeßliche Summen Geldes direkt aus Griechenland gekauft und, gleichwie Sklaven, aus den Fesseln und Kerkern der Barbaren erlöst hatte; nicht minder groß auch die Zahl der lateinischen Bücher, antiker wie moderner (unter Weglassung jedoch aller bloß spitzfindigen), wie nirgendwo sonst, jedenfalls soweit mir bekannt. Beschäftigte doch König Matthias, den man mit Recht einen Bibliomanen nennen könnte, in Florenz für viel Geld vier ausgezeichnete Kopisten, deren einzige Aufgabe es war, alle einigermaßen wertvollen griechischen und lateinischen Autoren, deren er aus Griechenland nicht ohne weiteres habhaft werden konnte, abzuschreiben. Denn die Buchdruckerkunst – aller Dinge Anfänge sind bescheiden – hatte damals noch nicht in dem Maße Wurzeln geschlagen, daß sie dem unersättlichen und wahrhaft königlichen Verlangen dieses hervorragendsten aller Fürsten Genüge tun konnte.

Ich sah dort – wobei ich mich auf das in meinen Notizen Nachprüfbare und auf das mit eigenen Augen Gesehene beschränke – einen vollständigen Hypereides mit äußerst reichhaltigen Scholien, ein Buch, das selbst mit einem Riesenvermögen nicht zu teuer bezahlt wäre; ferner den gewichtigen Band der Apostolischen Canones, ein unvergleichliches Werk; den vollständigen Psalmenkommentar des Theodoretos von Kyrrhos; ich sah des Chrysostomos, des Athanasius, des Kyrillos, Gregors von Nazianz, Basilius des Großen, Gregors von Nyssa, des Theophanes und Dorotheos zahllose Werke; schließlich den Mönch Markos, genannt der Anachoret. Ich übergehe die Dichter und Redner, die Philosophen und Historiker, die man hier in großer Zahl hätte einsehen können. Ich sah unzählige griechische Autoren und eine schier endlose Reihe von Kommentaren zu nahezu allen Dichtern, die bisher noch keinem Gelehrten, oder doch nur einigen wenigen, zu Gesicht gekommen sind.

Doch wie Cicero von den catilinarischen Verschwörern sagte: „Sie haben gelebt", womit er sagen wollte, sie seien jetzt tot, so sagte ich eben: Wir haben diese Bücher gesehen; fürchte ich doch, wir können sie niemals mehr zu Gesicht bekommen oder ihrer habhaft werden. O ihr entsetzlichen Türken, ihr unmenschlich rasenden Barbaren, ihr Verderber aller edlen Studien! So ging also zusammen mit ganz Ungarn, das sich, solange es noch nicht von ihnen überrannt war, an edlen Geistesgaben mit jedem anderen Königreich, und wäre es noch so berühmt gewesen, messen konnte, auch diese wahrhaft goldene Bibliothek zugrunde, so vollständig, daß mir jedesmal, wenn ich daran denke, die Verse des Vergil einfallen: „Wer denn könnte solch Leid ohne Tränen erzählen?"

Bei Gott, ich wollte dies alles hier lieber vergessen, als mich daran erinnern! Indessen pflege ich mich doch wenigstens damit zu trösten, daß ich dank der freigebigen Großzügigkeit des edlen Königs Ludwig in den Besitz einiger griechischer Autoren gekommen bin, und zwar keineswegs allgemein bekannter oder solcher von geringem Wert, wie sich herausstellen wird, wenn sie erst herausgegeben sind, was mit Gottes Hilfe bald geschehen wird. Ohne jede marktschreierische Anpreisung, ohne alle großspurigen Versprechungen kann ich sagen: Ich werde in beiden alten Sprachen solche – sowohl einheimische wie ausländische – Schriftsteller aller Welt bekanntmachen und wiederschenken und den Gelehrten auf den Schreibtisch legen, daß alle zwar staunen werden, keiner aber sie ihrem Werte entsprechend genug wird preisen können.

Vorerst habe ich, um den Gebildeten Appetit auf einen lateinischen Autor zu machen, beschlossen, den hochgelehrten Bischof Salvianus von Marseille unter Eurem, des gelehrtesten und gütigsten Fürsten Namen herauszugeben – Salvianus, sage ich, den ich wiederhergestellt und der Vergessenheit entrissen habe und an dem allein man wird ermessen können, wieviel wir mit den anderen ebenso sittenreinen und gebildeten Großen verloren haben. Zwar geht aus den von Hieronymus, Gennodius, Isidor und Ildefons verfaßten Schriftstellerkatalogen (die wir nur in Handschriften, aber noch nicht im Druck besitzen), außerdem aus jenen unendlichen Namenslisten antiker Schriftsteller bei Plutarch, Athenaios, Pausanias, Suidas, Diogenes Laertios, Pollux, Stephanos und vielen anderen zur Genüge hervor, wieviele bedeutende Autoren, lateinische wie griechische, untergegangen sind, und Aulus Gellius schreibt, in Alexandrien hätten die römischen Soldaten 700 000 Bücher verbrannt, so auch der griechisch-orthodoxe Historiker Johannes Zonaras mit dem Beinamen Monachos, in Byzanz seien durch einen Großbrand 120 000 Bücher zugrunde gegangen.

Trotzdem würde ich einen Eid darauf wagen, daß wir in dieser unglücklichsten aller Zeiten einen noch weit schlimmeren Verlust erlitten haben, den niemand sich recht vorzustellen oder mit Worten auszudrükken vermag: Habe ich doch die Bibliothek von Buda, in der Gestalt wie sie auf die Gegenwart gekommen ist, mehr als einmal durchgemustert und einer genauen Prüfung unterzogen und weiß genau, daß sie traurigerweise und zum großen Schaden aller Christen zerstört und vernichtet ist. Der Augenschein vermehrt noch den Schmerz, wie Cicero richtig sagt: Was die anderen nur vom Hörensagen kennen, haben die Augen einmal wirklich gesehen, und sie lassen das Denken nicht von diesem unbeschreiblichen Ruin oder, um es zutreffender zu sagen, von dieser Totalkatastrophe loskommen.

V. Philologische Studien und ihre Schwierigkeiten

Einleitung

Die Zeit des Humanismus war keine Zeit der zarten Ironie oder der verständnisvollen Kritik im wissenschaftlichen Gespräch. Im Gegenteil: Die Humanisten waren berüchtigt wegen ihrer vehementen Polemiken, in denen sie auch persönliche Beleidigungen nicht scheuten. Anstatt von wissenschaftlichen Auseinandersetzungen könnte man in vielen Fällen besser von regelrechten Schmähschriften sprechen. Auch bedienten die Humanisten sich gerne der Satire, um andere Gelehrte wegen ihrer unausstehlichen Dummheit und Überheblichkeit zu rügen. Als dauernder Zankapfel stellten sich die Kenntnis und richtige Benutzung der alten Sprachen dar. Um die Mitte des fünfzehnten Jahrhunderts bekämpften zum Beispiel zwei Berühmtheiten einander auf Leben und Tod über genau dieses Thema: Gianfrancesco Poggio Bracciolini und Lorenzo Valla. Beide lebten damals in Rom. Poggio war schon über siebzig, ein reizbarer Mensch, der unter Fußgichtschmerzen litt, aber nicht vorhatte, sich auf seinen Lorbeeren auszuruhen. Valla war über fünfundzwanzig Jahre jünger und weilte seit 1448 in Rom als Professor und Sekretär des Papstes Nikolaus V. Beide waren berühmt, rechthaberisch und streitsüchtig. Poggio repräsentierte die ältere Generation der humanistischen Philologen in Italien, die mit größter Begeisterung und persönlichem Einsatz Handschriften ans Licht gebracht, aber nicht immer nach einer einwandfreien textkritischen Methode mit ihnen umgegangen waren. Poggio selbst war zweifellos sehr belesen in klassischen Texten aller Art und hatte auch originelle und wissenschaftlich haltbare Konzepte über die historische Entwicklung des Lateins und dessen Zusammenhang mit den romanischen Sprachen ausgearbeitet, aber als wissenschaftlicher Textkritiker war er nicht viel wert. Valla dagegen war der Schöpfer der strengen philologisch-historischen Kritik. Er gründete seine Methode auf profunde sprachgeschichtliche Forschungen in Kombination mit einem ausgeprägten intuitiven Sprachgefühl. Valla war vielleicht der begabteste Humanist seiner Zeit, der die geistige Freiheit, welche seine Gönner Alfons V. von Neapel und Papst Nikolaus V. ihm gestatteten, voll auskostete. Autoritäten, auch nicht die aus dem klassischen Altertum oder der frühchristlichen Zeit, erkannte er prinzipiell nicht ohne weiteres an, sondern überprüfte sie immer und kritisierte sie, wenn nötig. Seine *Emendationes* (Verbesserungen) an Livius, ein Meisterwerk der Handschriftenkritik auf philologischer und historischer Grundlage, sind zum

Teil auch heute noch von Wert. Valla war ein Wahrheitssucher, der sich nicht scheute, antike oder auch christliche Texte unter die Lupe zu nehmen und erbarmungslos zu zerlegen. In seinen *Adnotationes in Novum Testamentum* (Anmerkungen zum Neuen Testament) fing er an, die Ergebnisse der humanistischen Griechischstudien auf biblische Texte anzuwenden. Er zeigte, daß man schwierige oder fehlerhafte Stellen in der Vulgata – der lateinischen Bibelübersetzung des Hieronymus – mit Hilfe des griechischen Urtextes verdeutlichen oder sogar verbessern konnte. Dieses Werk wurde erst von Erasmus, der eine Abschrift in die Hände bekam, im Jahre 1505 herausgegeben.

Der unmittelbare Anlaß zur Polemik war, daß ein Schüler Vallas zur Übung eine Briefsammlung von Poggio annotiert und dabei eine Menge angeblicher Fehler in Sprache und Stil aufgedeckt hatte. Er hatte nämlich die Texte Poggios stets mit den Auffassungen und Regeln Vallas verglichen, welche letzterer in seinem Buch *Elegantiae linguae latinae* (Der Glanz der lateinischen Sprache) dargelegt hatte. Unglücklicherweise fiel diese Schülerarbeit Poggio in die Hände. Sein Wut richtete sich nicht an erster Stelle gegen den Schüler, obwohl er ihn „schlimmer als den Lehrer" fand, sondern gegen den seines Erachtens arroganten und tadelnswerten Meister. Anfang 1452 verfaßte der wutschnaubende Poggio seine erste *Oratio in L. Vallam* (Rede gegen Lorenzo Valla, auch bekannt unter dem Titel Invektive gegen Valla). Sie hatte fast den Charakter eines Mordanschlags.

Valla war nicht der Mann, einen solchen Angriff unbeantwortet zu lassen; er hatte nun einmal eine kämpferische Natur. Überdies ging es ihm darum, seine *Elegantiae* bis zum Letzten zu verteidigen und Poggios Verleumdungen gegen dieses Buch ein Ende zu setzen. Denn dieser hatte sein Werk als eine Anhäufung von Irrtümern, Stupiditäten und Pedanterien hingestellt. Poggio hatte die antiken Schriftsteller als absolut maßgebende und unübertreffliche Autoritäten und ihre Texte als unangreifbar dargestellt; auf diese Weise berührte er seinen nicht-autoritätsgläubigen Gegner in einem wesentlichen Punkt. Außerdem warf Poggio ihm vor, durch seine Textkritik an den Lehren des Aristoteles, ja selbst des heiligen Augustinus und letzten Endes der heiligen Kirche selbst zu rütteln. Dieser Vorwurf barg sogar eine wesentliche Gefahr in sich, denn er hätte die kirchlichen Würdenträger auf den Gedanken bringen können, die Rechtgläubigkeit Vallas in einem inquisitorischen Verfahren näher zu prüfen. Als er noch in Neapel lebte, war Valla der Inquisition um ein Haar entgangen. Bisher hatte Valla Poggio gegenüber immer Respekt gezeigt. Jetzt rüstete er sich zu einem rabiaten Gegenangriff und verfaßte ein *Antidotum primum* (Erstes Gegengift) gegen Poggio, in dem er auf systematische Weise alle Vorwürfe Poggios parierte und ihn als einen Verleumder darstellte. Auch kritisierte er die seines Erachtens mangelhaften Kenntnisse seines Gegners auf dem Gebiet der Grammatik, Rhetorik und Poetik, der Grundlagen der wahren humanistischen Gelehrsamkeit.

Die scharfe Polemik zwischen Poggio und Valla hielt nicht nur das ganze, atemlos zuschauende Publikum der italienischen Humanisten in Spannung, sondern bedeutete auch eine neue Phase in der Entwicklung der Textkritik. Eine jüngere Generation der Humanisten zeigte sich von Vallas Argumentation beeindruckt, obwohl nicht jedermann seine schroffe Art, den älteren und doch sehr verdienstvollen Poggio zu verweisen, billigte. Bei aller zeitgenössischen Würdigung seiner Arbeit und bei allem Interesse an der mörderischen Polemik gegen Poggio blieb Valla zeitlebens doch eine ziemlich isolierte Figur. Er machte keine Schule, hatte aber auf viele wegen seiner unerschütterlichen kritischen Haltung eine inspirierende Wirkung, die auch noch in späteren Zeiten andauerte.

Selbstverständlich fand die philologische Problematik als ein Kernstück des Humanismus auch außerhalb Italiens viel Beachtung. So auch in Deutschland, wo der sogenannte Pfefferkorn- Reuchlinische Streit nach 1510 die Wellen hoch aufschlagen ließ. Johannes Pfefferkorn (1469-ca. 1523), ein Konvertit jüdischer Herkunft, hatte seit 1507 verschiedene Schriften veröffentlicht, in denen er gegen die Juden polemisierte. Er plante, mit Hilfe eines kaiserlichen Mandats sämtliche, hebräische Bücher zu konfiszieren und zu verbrennen, weil sie seiner Meinung nach für die christliche Lehre schädlich und auch beleidigend waren. Die (humanistische) Erforschung der hebräischen Sprache und Literatur durch Christen hielt Pfefferkorn für überflüssig und verderblich. Kaiser Maximilian I. gab Pfefferkorn die verlangte Vollmacht, erließ aber nach Protesten ein neues Mandat, das eine Anzahl von Fachgutachten vorsah. Die Theologen der Universitäten Mainz, Köln, Erfurt und Heidelberg und der Inquisitor Jacobus Hoogstraeten waren alle gegen die Erhaltung der hebräischen Bücher, nur der große Humanist und führende Hebraist Johannes Reuchlin (1455–1522) setzte sich für sie ein. Nachdem Reuchlin und Pfefferkorn in einer Polemik die Klingen gekreuzt hatten, wußte Pfefferkorn zu erreichen, daß Reuchlin vor das Kölner Inquisitionsgericht zitiert wurde. Auf diese Weise entstand eine Konfrontation zwischen den deutschen Humanisten und den Anhängern der scholastischen Theologie und traditionellen Bildung. Neben der Polemik setzten die Humanisten das aus der Antike stammende Kampfmittel par excellence ein: die Satire. In einem Kreis Erfurter Humanisten entstanden die 1515 anonym veröffentlichten *Epistolae obscurorum virorum* (Briefe der Dunkelmänner). Der Hauptverfasser war der Humanist Crotus Rubeanus (ca. 1480-ca. 1539), zusammen mit Hermann von dem Busche (ca. 1468–1534) und Ulrich von Hutten (1488–1523). Der Titel verwies auf die von Reuchlin veröffentlichte Sammlung von Briefen seiner Anhänger, die *Clarorum virorum epistolae* (Briefe berühmter Männer, 1514). Die Briefe der Dunkelmänner sind alle fingiert und verhöhnen in einem unnachahmlichen Küchenlatein das ebenfalls fingierte Tun und Lassen der nicht humanistisch gebildeten akademischen Kreise in Deutschland. Der Adressat, Ortvinus Gratius, Professor an der Artistenfakultät der Kölner Universität, existierte jedoch wirklich. Obwohl ein Kampfgefährte Pfefferkorns, war er nicht der Mittelpunkt eines Kreises intellektuell rückständiger Gelehrter, wie die Briefe der Dunkelmänner es wahrhaben wollten, sondern ein guter Latinist und Übersetzer aus dem Lateinischen.

Die philologische Erforschung des Hebräischen war übrigens auch noch mit einer anderen beachtlichen Schwierigkeit verbunden, welche nichts mit der abweisenden Haltung eines Pfefferkorns und seinesgleichen zu tun hatte. Es war sehr schwierig, gute Lehrer für diese Sprache zu finden. Reuchlin veröffentlichte seine wichtigste Arbeit auf dem Gebiet, *De rudimentis hebraicis* (Über die Grundlagen der hebräischen Sprache), im Jahr 1507. Das Buch bot eine Grammatik und ein Lexikon. Später edierte er die sieben Bußpsalmen mit einer lateinischen Übersetzung und verfaßte noch eine Abhandlung über die hebräische Rechtschreibung und die Akzentzeichen. Nach 1507 war es also möglich, mit Hilfe der Veröffentlichungen Reuchlins das Hebräische zu studieren, aber besser war es natürlich, auch noch einen Lehrer aufzutreiben. Von diesem Bestreben zeugt ein Empfehlungsschreiben für einen getauften Juden als Sprachlehrer, verfaßt von dem Geistlichen Nikolaus Ellenbog (1481–1543) aus Ottobeuren, an den Augsburger Humanisten Konrad Peutinger (1465–1547).

GIANFRANCESCO POGGIO BRACCIOLINI

Erste Invektive gegen Lorenzo Valla [1452]

Wenn es in gewissen Dingen ehrenvoll und nach allgemeiner Übereinkunft erlaubt ist, sich gegen Unrecht zu wehren, so muß es ganz besonders in solchen Fällen Pflicht eines verständigen Mannes sein, eine Beleidigung abzuweisen, wo die persönliche Ehre, der gute Leumund und der intellektuelle Ruf von Böswilligen angegriffen werden. Hält man doch einen, der sich in Schweigen hüllt, anstatt sich zu verteidigen, für einverstanden mit den gegen ihn vorgebrachten Anwürfen, da man ja meint, er habe es gleichsam aus einer Art Schuldbewußtsein heraus nicht gewagt, zu den Schmähungen der Widersacher Stellung zu nehmen. Wenn aber Cicero sagt, es sei Zeichen eines leichtfertigen Charakters, geringzuachten, was alle Welt über ihn denkt und sagt, so kann es für noch viel fahrlässiger gelten, das zu verachten, was zur eigenen Schmach und Schande schwarz auf weiß geschrieben wird.

Hier wird nun vielleicht mancher sagen, es hätte mir mehr Ehre gemacht, wenn ich die Worte eines Toren und offensichtlich Verrückten gar nicht beachtet hätte, der wie ein Geisteskranker und Rasender blindlings auf alle Gelehrten mit weiß Gott welchem Dummheitsknüppel und dreister Überheblichkeit eindrischt. Ich besäße schließlich keine größere Bildung und Autorität als Aristoteles, Varro, Cicero, Sallust, Laktanz, Boethius und die anderen großen Gelehrten und Redner, die dieser Wahnsinnige wie ein wütender und bissig zuschnappender Hund beutelt und in der Luft zerreißt. Einfach vorübergehen müsse man in der Öffentlichkeit an Verrückten und ihre Angriffe auf die leichte Schulter nehmen.

Ich würde zustimmen, daß es besser ist, solchen an Geist und Seele Verstörten gegenüber den Mund zu halten, wenn ich nicht an das Wort Sallusts dächte, wonach der Böse noch böser wird, wenn man ihn nicht beachtet. Und man weiß zur Genüge, daß ihnen öfters gerade durch vornehmes Stillschweigen der Mut schwillt, noch mehr Beleidigungen auszustoßen. Daher glaube ich, es ist sehr oft unumgänglich, solche Tollköpfe zu züchtigen, auf daß die anderen mit Injurien nicht so rasch bei der Hand sind, und ich schließe mich der Meinung der breiten Menge an, wonach es das gute Recht des Beleidigten ist, Gleiches mit Gleichem zu vergelten. Es existiert zudem in der Umgangssprache eine weitverbreitete scherzhafte Redensart: Drei aus der Übung gekommene Arten von Heldentum gebe es: Erstens, ein klatschhaftes, zänkisches Weib, zweitens, einen verleumderischen, streitsüchtigen Greis, drittens, einen Verrückten und Geisteskranken zu züchtigen. Denn alle drei – im Vertrauen auf die Narrenfreiheit des Geschlechts, des Alters oder der Verrücktheit – reden und tun vieles, was man nicht hinnehmen kann. Wenn jemand sie mit dem Stock zur Räson bringt, gilt das als eine ganz besonders gute Tat. Indem ich mich auf diese Ansicht stütze, halte ich es für unumgänglich, die Tollheit meines nichtswürdigen Widersachers, der mich aus purem Neid in seiner üblichen Wut angefallen hat, wenigstens mit Worten in ihre Schranken zu verweisen.

Ich habe einst, nach meiner Rückkehr aus England, eine Reihe von Briefen über verschiedene Themen geschrieben, die ich später auf vielfachen Wunsch solcher, die sie gern lesen wollten, in Buchform herausgeben habe. Sobald dieser Band dem Erzwindbeutel und Frechling Lorenzo Valla (zu seiner eigenen Schande nenne ich hier seinen Namen) in die Hände fiel, zerpflückte er die Briefe von vorn bis hinten und zeigte damit statt ihrer Mängel nur seine eigene Unwissenheit; worum es im einzelnen ging, werden wir später erörtern. Ich wundere mich gar nicht, daß ein hirnverbrannter, verrücktgewordener Phantast mir seine Tollheit vor die Füße gespuckt hat – ein Mensch, der aus angeborener Geistesschwäche, aus festeingewurzelten Wahnvorstellungen, aus unausrottbarer geistiger Perversität alle jene ehrwürdigen Gelehrten, deren Andenken man zu allen Zeiten mit höchster Ehrfurcht gefeiert hat, mit einer wilden, geradezu ungeheuerlichen Unverschämtheit verachtet, schulmeistert, ihnen Fehler vorwirft und sie von oben herab behandelt; so, als hielte er das Rad der Fortuna in der Hand, dreht und wirbelt er alles bald hinauf, bald hinunter und weist jedem je nach Laune bald diesen, bald jenen Platz an. Fangen wir mit den Grammatikern an: Den Priscian vor allem, den Donatus, Servius, Pompeius Festus, Nonius Marcellus, ja selbst den Marcus Varro – sie alle macht er schlecht. Von den Dichtern und Philosophen haben sich, so behauptet er, Aristoteles und Boëthius an vielen Stellen geirrt. Cicero stellt er als Ignoranten in der Beredsamkeit und den Lehren der Rhetorik hin. Titus Livius, Sallust, Laktanz und die übrigen hervorragenden römischen Schriftsteller hätten, ginge es nach ihm, keinen guten Stil gehabt und vielfach die Wörter nicht nach ihrem richtigen Sinn gebraucht. Die alten Juristen hätten sehr oft die richtige Bedeutung von Wörtern nicht gekannt. Kurz, er verdammt alle, mit alleiniger Ausnahme Quintilians: Ihn zieht dieser verbohrte Mensch als den größten Gelehrten, der jemals gelebt habe, sogar Cicero in der Beredsamkeit vor. Vermutlich hat er nicht gelesen, daß Quintilian selbst schreibt, Cicero sei uns gewissermaßen durch göttliche Gnade geschenkt worden, damit an ihm die Beredsamkeit ihre Kraft in vollem Glanze zeige. Er hat auch nicht gelesen, daß der heilige Hieronymus nicht Quintilian, sondern Cicero den „goldenen Strom der Beredsamkeit" genannt hat. Aber auch Hieronymus findet vor seinen Augen keine Gnade: Vieles sei von ihm, so behauptet er, in seiner Bibelübersetzung falsch ins Lateinische übertragen worden. Und der heilige Augustinus – so weit geht die Torheit dieses Menschen, oder sagen wir besser: dieses Rindviehs – habe falsche Auffassungen, so meint er, von der Prädestination, der Dreieinigkeit und der göttlichen Vorsehung gehabt.

Alle, so Heiden wie Christen, die sich in jeder Art Wissenschaft ausgezeichnet haben, fängt er mit ein und demselben Nebel seiner Unwissenheit. Von denen aber, die zu unserer Zeit lebten, seien Leonardo Bruni von Arezzo und Guarino da Verona die hervorragendsten und er selbst die dritte Leuchte Italiens – wiewohl er eigentlich den ersten Platz verdienen würde, doch wolle er aus Höflichkeit etwas hinter die andern beiden zurücktreten. Doch was ist erstaunlich daran, daß er sich über jene beiden stellt? Sagt er doch in aller Offenheit, er sei ein größerer Gelehrter als Varro und fühle sich auf keinem Wissensgebiet einem Manne unterlegen, dem Cicero und der heilige Augustinus, was Weisheit und Gelehrtheit anbetrifft, den Vorrang vor allen Lateinern gaben.

Mir fällt da ein Wort des Kardinals von Todi, eines geborenen Römers, ein. Als dieser nach dem Tode des Papstes Innozenz V. von einigen gefragt wurde, wer der nächste Papst sein werde, gab er zur Antwort: Weder ein Florentiner noch ein Venezianer noch ein Neapolitaner, da sie teils zu stolz, teils zu vornehmtuerisch seien. Blieben nur noch die römischen Kardinale; von ihnen könnten zwei, nämlich Colonna und Orsini, da sie ja Parteihäupter seien, keinesfalls zum Papst gewählt werden; der dritte, der Kardinal von Sant' Angelo, scheine ihm, da er noch zu jung sei, ganz ungeeignet für ein so hohes Amt. So blieb von allen, die er aufgezählt, er allein übrig als derjenige, an den diese Würde zu übertragen sei. Da sagte einer von den Umstehenden, der die Torheit dieses Menschen längst erkannt hatte: „Demnach werdet notwendigerweise Ihr Papst?“ Darauf der nicht eben rasch begreifende Kirchenmann lächelnd, als könne es gar nicht anders kommen: „Du Glücklicher, ich will dir Gnaden erweisen!“ In ähnlicher Dummheit, oder vielmehr Torheit, glaubt auch unser Valla, wenn er nur erst alle anderen aus dem Rennen geworfen habe, würde ihm allein aller Glanz und Ruhm in jeder Wissenschaft, jeder Art Beredsamkeit, jeder Disziplin der freien Künste zufallen; vor ihm allein, als dem größten aller Gelehrten, würden sich alle verneigen, ihm würde die Siegespalme der Redekunst überreicht werden, ihn würde jedermann auf dem Marktplatz grüßen, im Theater feiern wie den einzigen, wahren Sohn der Minerva, aufgezogen im Schoße der Musen. Aber der alberne Mensch weiß nicht, mit welchem Spott und Hohngelächter die wirklichen Gelehrten seine so offen gezeigte Prahlerei begleiten.

Wahrlich, allzu groß ist die Kraft der Narrheit: Sie schaltet die vernünftige Besinnung aus, benebelt das klare Unterscheidungsvermögen, raubt den Verstand, schwächt den Geist; stattdessen bringt sie Raserei und macht die Menschen den wilden Tieren ähnlich, die sich nur von Sinneswahrnehmungen und Instinkten leiten lassen und jeder Vernunft entbehren. O ihr unsterblichen Götter, wird dieses gräßliche Monstrum, diese wilde Bestie, dieses abscheuliche Ungeheuer sich denn auf ewig straflos seiner Torheit erfreuen? Müßten nicht alle, denen das Gedächtnis der Alten teuer ist, die nach dem Sinn und Zweck der Welt forschen, die sich der freien Künste mit Ernst befleißigen, die dem Studium des bürgerlichen Rechts obliegen, schließlich die, denen die Sorge um unseren Glauben am Herzen liegt – müßten nicht sie alle aufstehen gegen diesen Feind aller Gelehrten, diesen Verderber der Jugend, diese Pest des Jahrhunderts, diese Schande des italienischen Namens, die man steinigen müßte? Aber, so sagen die Philosophen, keine Strafe läßt sich finden, keine schlimmere Qual als die Tollheit. Daher muß den Verrückten und Geistesschwachen das Leben geringer gelten als der Tod. Höllische Furien jagen sie wild vor sich her, verstören ihren Geist, lassen sie nie zur Ruhe kommen und geben ihnen andauernd ein, Dinge zu denken und auszusprechen, die neue Schmach und Schande über sie bringen müssen.

Wir werden dies später weiter ausführen. Jetzt aber will ich zu meinem Thema zurückkehren, um erstens, die Angriffe dieses Rasenden gegen mich abzuschlagen und um zweitens, ein wenig in den Kulissen seiner Dummheit herumzuspionieren. Aber welcher Ruhm kann es denn schon sein, die Halsstarrigkeit eines Esels zu bezwingen, die man nicht mit Worten, sondern eher mit einem schweren Felsstein brechen müßte! Obwohl viele ihn ermahnt, viele ihn zurechtgewiesen, manche auch in ihren Schriften ihn hart gezüchtigt haben, verharrt er dennoch in seinen närrischen Faseleien. Leicht könnte ich es hinnehmen, wenn dieser unser eifernder Maulheld gegen Verstorbene wetterte, die nicht antworten können, bewiese er doch damit nicht deren, sondern nur seine eigene Unwissenheit und Ignoranz. Gegen einen Lebenden jedoch, der Gleiches mit Gleichem vergelten kann, sich die Freiheit herauszunehmen, kann man ihm keinesfalls mit Gleichmut hingehen lassen.

Da unser Aristarch mir nun ich weiß nicht was für Lächerlichkeiten in meinen Schriften ankreidet, so wollen wir ein wenig näher zusehen, welches Gewicht und welche Berechtigung seine Worte haben. Er sagt, im ersten Brief meines Bandes hätte ich fehlerhaft geschrieben „aliqua parte gratias *referam*“ („ich werde irgendwie Dank abstatten“), wo ich „gratiam *dicere*“ („Dank sagen“) hätte gebrauchen müssen. Das ist nun freilich eine Fehlmeinung, würdig dieses Verbesserers oder vielmehr Verschlimm-besserers. Weshalb kreidet er mir an, was bei allen, die lateinisch schreiben, gang und gäbe ist? Man sagt „gratias *agere*“, warum ist dann nicht auch „gratiam *referre*“ gutes Latein? Aber schon Ciceros Autorität macht dem geistlosen Unsinn dieses Rindviehs den Garaus, sagt er doch in einem Brief an Vatinius: „Non enim tu mihi habuisti modo gratias, sed etiam accumulatissime *rettulisti*“ („Du hast mir deinen Dank nicht nur ausgedrückt, sondern auch aufs reichlichste abgestattet“). Man beachte: Cicero (ein im Vergleich zu Lorenzo Valla sicherlich ungebildeter Mensch!) spricht von „gratiam referre“. Doch die zügellose und angeborene Lust am Widerlegen bringt diesen tollen Menschen dahin, daß er nicht mehr merkt, ob das, was er schreibt oder sagt, richtig ist oder nicht. Ich verzichte auf die Vorführung weiterer Zeugen; es gibt ihrer viele, doch genügt mir Cicero als einer für alle, denn meine Feder drängt weiter. Das zumindest steht fest: Man kann ebenso gut „gratiam referre“ wie „gratias agere“ sagen.

Ferner wirft er mir vor, daß ich geschrieben habe, ich sei „von den *Engländern*“ („ex *Britannis*“) heimgekehrt; es hätte heißen müssen „aus *England*“ („ex *Britannia*“). Es ist aber eine durchaus gängige Redeweise, zu sagen, man sei „von den Indern, Spaniern, Afrikanern, Germanen“ („ex Indis, Ispanis, Aphris, Germanis“) heimgekehrt.

Dann kreidet er mir den Gebrauch des Substantivs „affectio“ an und behauptet, man finde dieses Wort bei Cicero nirgends. Was täte dieser strohdumme Esel, der nur zum Grasfressen und zu seiner eigenen Schande geboren ist, wenn es Ciceros Werke nicht gäbe? Hier zeigt er unverhüllt seine geistige Blödigkeit und mangelnde Vertrautheit mit Ciceros Schriften, wenn er ein von diesem so oft gebrauchtes Wort nicht kennt.

Denn als ich die Bücher *Für Herennius* in Händen hatte, stieß ich beim Lesen im vierten Buch auf folgende Worte: „Ad demonstrandum quae vis sit eius *affectionis*, qua impulsus aliquid reus commisisse dicitur" („Um zu zeigen, welche Gewalt die Leidenschaft hat, unter deren Einfluß der Angeklagte etwas verbrochen haben soll"). [...] Aber auch an vielen anderen Stellen gebraucht Cicero dieses Wort; ich übergehe sie, weil das Angeführte genügt.

Wenn ich schrieb „*coram* pontifice" („vor dem Papst"), meint er, dies sei ein Solözismus und ich hätte „apud" schreiben müssen. Dieser Hornochse, der tatsächlich den Acker der Dummheit abgeweidet hat, versteht nicht soviel Latein, daß er den Unterschied von „coram" und „apud" kennt. Er sollte seinen Livius lesen, wo es heißt: „Magis *apud* quos quam *coram* quibus loqueretur" („Er habe mehr bei ihnen als vor ihnen gesprochen"). Und wenn die Schwachheit seines Geistes es zuläßt, möge er sich auch Gedanken machen, worin sich diese beiden Wörter unterscheiden. „Coram, quem quaeritis, adsum" („Ich, den ihr sucht, bin hier vor euren Augen") sagt Vergil. Aber dieser wutschnaubende Ochse, der nur eine Kunst versteht, die des Schlechtmachens, stürmt blindwütig daher, und vor lauter Begierde, den anderen herunterzumachen, strauchelt er, wo sogar ein Kind fest steht.

„Qui ad te *destinatum* legerent" („Die das für dich Bestimmte läsen") habe ich geschrieben. Das kreidet mir unser Zensor Valla an, wohl zuhause in seiner Dummheit und Blindheit, und behauptet, nirgends finde sich „destinatum" für „missum" gesagt. Aber ich habe es auch gar nicht im Sinne von „missum" („abgesandt") gemeint; sondern so, wie Vergil sagt: „destinat arae" („bestimmt es für den Altar"), wovon das Partizip „destinatum" abgeleitet ist, habe ich es im Sinne von „bestimmt, gewidmet, zugesprochen" gebraucht. Eine gewichtige Korrektur, fürwahr, und würdig einer echten Afterkritik nach Art des Valla!

Dann habe ich geschrieben: „Alter alterum trudit" („Einer stößt den andern"), und unser Apollopriester meint, es hätte statt „alter" „alius" heißen müssen. Eine scharfsinnige Beobachtung, in der Tat, und würdig des Geistes eines Valla! Aber so mag dieser unverschämte Esel doch Cicero schelten, der im zweiten Buch *Für Herennius* sagt: „Alteri non erant, alteros non habebat" („Die einen waren nicht da, die anderen hatte er nicht"); ebenso in einem Brief an Rufus: „Alterum timori ascribam, alterum negare te mihi non potuisse arbitrabor" („Das eine will ich deiner Furcht zugute halten, das andere konntest du mir, will ich glauben, nicht verweigern") und desgleichen an Torquatus: „Alteri dimicant, alteri victorem timent" („Die einen kämpfen, die anderen haben Angst vor dem Sieger"). Mag er außerdem die übrigen großen Schriftsteller schelten, die dieselben Wörter verwenden. Denn die Heilige Schrift verachtet er ohnehin ganz offen und schimpft fortwährend auf ihre Übersetzer, daß sie schlecht und nicht lateinisch reden. „Alter alterius onera portate" („Einer trage des anderen Last") sagt die Göttliche Wahrheit; wenn er diese Worte verachtet, macht er sich des größten Frevels schuldig. Aber das ist es natürlich, worauf er in seinem Werk *Der Glanz der lateinischen Sprache* den Schweiß unzähliger Stunden verschwendet: jedermann zu zeigen, daß er von allen der größte Dummkopf ist.

Schrieb ich „non recolo" („ich erinnere mich nicht"), gleich wandte unsere moderne Sphinx ein, das Wort gebe es gar nicht. Aber Ovid (vielleicht doch gelehrter als Valla) dichtete: „Haec tua, iam *recolo*, quondam germana canebat" („Dies sang, schon erinnere ich mich, einst deine Schwester"). Ebenso schreibt Cicero in der Vorrede zu seinem Werk *Der Redner* „internas *recolendas* artes" („die inneren Künste welche zu erinnern sind"), welches Wort ja doch wohl von „recolere" herkommen muß. Auch in seinem göttlichen Werk *Von den Ämtern* fand ich „recolimus" geschrieben, wie zum Beispiel „ut dum eorum merita recolimus" („wie wir uns ihrer Verdienste erinnern"). Und an vielen anderen Stellen findet man es, die ich der Kürze halber übergehe. Doch wen wundert es, wenn ein Ketzer, ein Feind aller Religion, ein Heide sich nicht dieses Wortes erinnert, das entweder nicht an sein Ohr dringt oder dessen Sinn er nicht gern begreift. Ferner habe ich gesagt: *„instar* eorum qui neque virtutem esse etc." („wie die [behaupten], es gabe weder eine Tugend usw."). Dieser Faselhans nennt das einen Solözismus und ersetzt „instar" durch „similitudo". O die unverschämte Hartnäkkigkeit dieses verrückten Schwätzers! Bei Vergil las ich „instar montis equum" („ein Pferd groß wie ein Berg"), womit er, nach dem Zeugnis des Servius, Donatus und anderer Grammatiker, einen Größenvergleich geben will. Außer ihm braucht Apuleius des öftern dieses Wort im Sinne des Vergleichs, und ebenso die übrigen römischen Schriftsteller. Aber vor allem sagt der Vater der lateinischen Beredsamkeit, Cicero, im zweiten Buch *Für Herennius*: „saxi instar globosi" („wie ein kugelrunder Felsstein"). Was kann dieses Wort anderes bedeuten als einen Vergleich? Dieser Kerl jedoch behauptet mit schamloser, wütender Frechheit in seinem Werk *Der Glanz der lateinischen Sprache*, sie alle hätten dieses Wort nicht richtig verstanden.

Dann wirft er mir vor, ich hätte unrichtig „volumen" geschrieben, wo es hätte „volumina" heißen müssen. Was soll man nur mit so einem elenden Kadaver machen, der ewig im Dunste solcher Unwissenheit lebt? Er lese die dritte *Anklagerede gegen Verres* nach, wo steht: *„Volumen* eius rerum gestarum maximum isti ostendit" („Er zeigt ihm einen dicken Band mit seinen Taten"); nicht „volumina", wie es dieser geistlose Afterkritiker will, sondern „maximum volumen" hat Cicero gesagt. In diesem Fall wird, wie ich nicht zweifle, Ciceros Seriosität mehr Gewicht haben als die Leichtfertigkeit des geistlosen Herrn Lorenzo Valla.

Ein paarmal habe ich geschrieben: „Venit in mentem recessus tui" („Ich erinnerte mich an deine Rückkehr"). Valla nennt das einen Solözismus, dieser kreuzdumme Eseltreiber. Wie kommt er dazu, eine von Cicero so oft benutzte Wendung so mir nichts dir nichts Lügen zu strafen? Cicero sagt in einem Brief an Marcus: „Solet venire in mentem illius temporis quo proxime fuimus una" („Ich erinnere mich immer wieder gern an jene Zeit, als wir kürzlich zusammen waren").

Schrieb ich „potissime" („hauptsächlich"), setzt er „potissimum"; schrieb ich „permaxime" („besonders"), so er „quam maxime", mit der Begründung, „per" verbinde sich nie mit dem Superlativ. Dieses tobsüchtige Rindvieh hat die zweite Rede Ciceros über das Ackergesetz nicht gelesen, wo er schreibt: „Ad animi mei fructum atque laetitiam dico esse permaximum" („Für mein inneres Wohlergehen und meine Zufriedenheit ist es, sage ich, besonders wichtig").

Schrieb ich „aestimavi" („ich meinte"), so er „existimavi". Und noch viele andere Schnitzer kreidet mir dieser von Ignoranz nur so strotzende Schulmeister mit alberner Geschwätzigkeit an und klebt dabei, wie es aufdringliche, geistlose und streitsüchtige Schulmeister gern tun, an einzelnen Wortbedeutungen.

Folgendes aber ist ganz unsinnig: Ich hatte einen Brief mit den Worten begonnen „cum visitassem pridie abbatem" („als ich tags zuvor den Abt besucht hatte"); dieser lächerliche Kläffer nun schreibt, ich hätte „postridie" („tags darauf") sagen müssen. Womit er nur, ohne sich im mindesten zu schämen, seine große Unwissenheit offen zeigt. Denn da „pridie" einen verflossenen Zeitpunkt bezeichnet, d. h. den jüngstvergangenen Tag, „postridie" hingegen den folgenden: Wie konnte ich jemanden am erst folgenden Tage treffen? Das wäre ja so, als wenn man sagte: „Als ich dich morgen traf"! Wahnwitzig ist in der Tat die Unverschämtheit dieses Schreihalses, der aus purer Lust am Schlechtmachen, ohne nachzudenken, Wörter von sich gibt wie Fürze.

Ich schrieb „urbis omnium celeberrimae" („der allerberühmtesten Stadt"); dieser Jahrmarktschreier, gewohnt, seine Worte Kindern hinzuwerfen, korrigierte „urbis" in „civitatis", als hätte ich „urbis" falsch gebraucht. Aber hier vergaloppiert sich die Dummheit dieses verbohrten Menschen doch zu sehr. Wer hätte geglaubt, daß dieses unverschämte Rindvieh sich in den Realien so wenig auskennt? Er hat nicht bei Vergil gelesen: „Urbs antiqua fuit etc." („Die Stadt war alt usw."), „Urbem quam dicunt Romam etc." (Die Stadt welche Rom heißt usw.") [...] und viele andere Stellen, wo man überall das Substantiv „urbs" und nicht „civitas" findet. Denn „urbs" und „civitas" sind mitnichten dasselbe. „Civitas" ist eine Vereinigung von Menschen, die in der Realität und nach einem Gesetz zusammen leben, und sie kann auch mitten in der Wildnis und ohne Mauern bestehen; eine „urbs" hingegen, so genannt nach dem Wort „orbis" („Kreis"), hat einen

Mauerring mit Toren, Türmen und Befestigungen. Wir sprechen außerdem wohl von einer von ihren Bürgern verlassenen „urbs", nicht aber „civitas". Daher bleibe ich dabei, daß ich, im Hinblick auf die Pracht und Schönheit ihrer Gebäude, zu Recht „urbis omnium celeberrimae" geschriehen habe und von jenem verrücktgewordenen Eseltreiber zu Unrecht kritisiert worden bin.

Ferner habe ich irgendwo „quantocius" („je eher je lieber") gesagt. Das kreidet der Mensch mir an, in dem er behauptet, „quam" dürfe nur mit dem Superlativ verbunden werden. Aber er entlarvt damit nur seine totale Ignoranz. Denn dieses Wort setzt sich aus „quanto" und „ocius" zusammen, und nicht aus „quam" und „tocius" (was es als Wort gar nicht gibt). Doch nehmen wir einmal an, der vordere Bestandteil sei „quam": Schreibt denn nicht Cicero ohne weiteres „quamprimum ad nos recurras" („kehre sobald wie möglich zu mir zurück"), „quantopere" („wie sehr") und so weiter, ohne je „quam" mit dem Superlativ zu verbinden, wie Valla sich zusammenphantasiert? Und Terenz sagt: „Flens reiecit se in eum quamfamiliariter" („Wie herzlich warf er sich weinend in seine Arme") oder: „Quampulchre adveniens principium dedit" („Wie schön machte er mit seiner Ankunft den Anfang"). Doch dieser Irre wirft ja sogar Terenz vor, schlecht zu schreiben, so daß ich mich gar nicht zu ärgern brauche, teile ich mich doch mit einem solchen Dichter in diesen Tadel!

Diese und unzählige andere lächerliche Albernheiten bringt dieser noch bartlose Barbar gegen mich vor. Bald wirft er mir einen Barbarismus, bald eine falsche Wortverbindung, bald mangelnden Wohlklang vor – dieser tolpatschige, mißtönende, hirnlose, ungereimte Kerl, der keinen Klang außer dem von Kirchenglocken und Schellen kennt. Und wahrlich, allzu zügellos und unverschämt gebärdet sich unser delphischer Priester, als holte er seine jeden Sinns entbehrenden Gedanken direkt aus dem Allerheiligsten des pythischen Apoll und nicht aus der Rumpelkammer seines verschwärmten Spatzenhirns und dem kranken Kopfe eines armen Irren. Auf seinen Unsinn einzugehen in allen Einzelpunkten, die noch ungereimter sind als die schon erwähnten Beispiele, wäre die größte Torheit, die ich mir vorstellen kann. Bin ich doch schon dumm genug, daß ich überhaupt etwas gebe auf das Geschwätz und die Narrenpossen eines Mannes, der in fortwährendem Geistestaumel wie eine männliche Mänade herumgewirbelt wird. Wozu soll ich mich überhaupt ärgern, daß ich zu denen gerechnet werde, die nach dem Urteil dieses prächtigen Gelehrtenkritikers falsch gedacht und unrichtig geschrieben haben? Beweist er doch damit nur bis zum Überdruß seine eigene Verkehrtheit. Denn, um mit weniger Gravierendem zu beginnen: den Priscian, Donatus, Servius, Pompeius Festus, Nonius Marcellus, Aulus Gellius, ja selbst Marcus Varro, den König der lateinischen Sprache unter den Grammatikern – sie alle verfolgt er mit seiner Afterkritik und sucht ihnen, in seinem wütenden Vorurteil befangen, an schier unzähligen Stellen am Zeuge zu flicken. An Aristoteles, Boëthius, Augustinus, Hieronymus und Laktanz bemängelt er ihre Unwissenheit. Was guten Stil anbetrifft, stellt er sich über Cicero, bei Sallust ändert er Wörter, die nach seiner Meinung unlateinisch sind! Kurz, es gibt oder gab keinen, und sei er noch so gelehrt und sprachgewandt, den diese tolle Bestie nicht anzugreifen wagte, so daß, wer diesen unflätigen Satyr nicht kennt, geradezu verstummen muß angesichts einer solchen überheblichen und prahlerischen Wortflut und es mit einem Sprößling Apolls, von Minerva geboren, im Schoße der Sibyllen und mit der Milch der Musen aufgezogen, gleichsam mit einem neuen Weltwunder zu tun zu haben glaubt.

Nun, da wir den pestilenzialischen Gestank dieser ignoranten Bestie etwas eingedämmt haben, wollen wir uns, mit Verlaub, ein wenig seine eigenen Erzeugnisse ansehen, indem wir vor allem diejenigen seiner Bücher unter die Lupe nehmen, in denen sich ohne irgendwelche, sei es sprachliche, sei es inhaltliche, Eleganz die Dummheit dieses erbärmlichen Rindviehs frei austobt. Valla hat ein Werk (oder vielmehr einen Wall um die Festung seiner Verrücktheit) herausgegeben unter dem Titel „Über den Glanz (sagen wir lieber: die Unkenntnis) der lateinischen Sprache" *(Elegantiae linguae latinae)*, mit dem er, sozusagen, ein Bollwerk und eine Bastion für sich errichtet hat. In dieses Werk hat er alle seine Streitkräfte und Schutztruppen garnisonsmäßig einquartiert, auf daß seine Dummheit umso mehr Sicherheit und Schutz genösse, und hat es bis obenhin mit Geschwafel und törichtem Geschwätz, wie mit ungeheurem Gebrüll, angefüllt, so daß, wer das Buch nicht gelesen hat, meint, es enthalte irgendwelche Dinge, die eine so hohe Erwartung rechtfertigten. Er selbst freilich ist so aufgeblasen, daß man glaubt, er wolle eine Welt gebären; er prahlt wie im höchsten Fieberdelirium und gebärdet sich so toll, als habe er den neuen Vogel Phönix aus Arabien herbeigeschafft. Aber dieses kindische Opus entbehrt nicht nur jeder Eleganz, sondern strotzt geradezu von Unsinn, Unverschämtheit und Unbildung. Sein einziges Thema ist die richtige Wortbedeutung, und es handelt sich dabei um lächerliche Erörterungen eines dummen kleinen Schulmeisters oder kümmerlichen Sprachlehrers, der sich auf der Gasse über kindische und alberne Problemchen vernehmen läßt, so daß nur, wer ein absoluter Dummkopf und totaler Ignorant in der lateinischen Sprache zu werden vorhat, den Inhalt dieser Bücher in sich aufnehmen wird. Nichtsdestotrotz hat dieser Narr von einem Schwätzer, um seinen Worten doch eine gewisse Wertschätzung zuteilwerden zu lassen, sich alle alten Schriftsteller vorgeknöpft, um sich an ihnen auszulassen und sie nach Kräften zu rupfen. Da hat er sich nun freilich eine schwere Aufgabe vorgenommen, aus der er schließlich nur den Triumph seiner Dummheit und Verrücktheit heimtragen wird. Ich las neulich, um einmal so richtig lachen zu können, in diesen jeden Geschmacks baren Büchern: Was für Unsinnssätze, was für hohle Worte, was für lächerliche Ansichten, was für geistlose Geschichten findet man nicht darin! Wie hemmungslos tobt sich in ihnen die Tollheit dieses Scheusals aus! Manches freilich kann man auch akzeptieren: Es ist das, was er bei denen geklaut hat, die er schilt. Ich habe offensichtliche Diebstähle festgestellt, ganz unverhohlene Ausplünderung des geistigen Besitzes anderer, derart daß, wer diesen Dieb wegen Unterschlagung anzuklagen willens wäre, eindeutige Zeugen beibringen könnte. Also, wie gesagt, das Akzeptable hat er bei anderen geklaut; wo er seine eigene Meinung vorbringt, hat man den Eindruck, er teile nicht die Lehre des feinen Geschmacks, sondern die des Schwachsinns mit.

Aber betrachten wir, um dem Kern der Sache näherzukommen, seine Fähigkeiten und sein Arsenal. Er tadelt, daß ich „recolo" und „affectio" geschrieben habe: das eine Wort gebe es überhaupt nicht, das andere habe Cicero nie gebraucht. Daß beides nicht stimmt, habe ich gezeigt und auf die nur allzu deutlichen Spuren seiner Dummheit hingewiesen. Was aber enthält nun dieses überlange, geistlose, lächerliche und eines solchen geistigen Vaters würdige – nein, nicht Vorwort des ersten Buches, vielmehr diese wilde Anhäufung von Wörtern und Phantastereien? Ich käme nie zum Ende, wollte ich allen Irrtümern nachgehen; nur ganz wenige will ich mir aus der Vielzahl vornehmen. So sagt er „leguleium" („Paragraphenritter") und „architectandi" („des Bauens"). Kann er etwa Cicero als Gewährsmann für diese prachtvollen Wörter anführen?

Dann sagt er, Römer gebe es dort, wo die „römische" Sprache „herrsche". Wer hat sich, o du allerunverschämtestes Rindvieh, jemals so ausgedrückt? Wo hat er das bloß gelesen, daß man „römische" Sprache sagt statt „lateinische"? Wo nur gehört, daß die „römische" Sprache „herrscht"? Menschen „herrschen", die Sprache „herrscht" nicht. Außerdem ist die „römische" Sprache (und zwar die Volkssprache) die, die allein die Bewohner Roms sprechen; wenn sie daher überhaupt über irgend jemand herrscht, dann über die Römer, von denen sie gesprochen wird, und nicht über andere. Aber dieser stockdumme Barbar wollte ja auch eigentlich sagen: „Die lateinische Sprache", die über niemand herrscht, hingegen von vielen gebraucht und hoch geschätzt wird. Obendrein sagt er, er wolle Camillus nachahmen: Wie jener das von den Galliern eroberte Rom befreite, so wolle er die verbannten, heimatlos herumirrenden lateinischen Wissenschaften Rom wiederschenken. O dieser geistlose Tropf, diese ohne Sinn tönende Schelle! Er sollte sein unverschämtes Maul halten und diese närrische Prahlerei zum Teufel schicken. Allzusehr ähnelt unser Valla doch jenem lächerlichen Menschen, der, nachdem er einst erklärt hatte, er werde an einem bestimmten Tage von einem hohen Turm herunterfliegen, und viel Volks zu diesem Spektakel zusammengeströmt war, die gespannte Menge mit endlosem

Zurschaustellen seiner Flügel bis in die sinkende Nacht hinhielt und dann, als alle begierig auf seinen Flug warteten, dem Volk den nackten Hintern zeigte. So zeigt auch unser Lorenzo, nach vielen und gewaltigen Ankündigungen, wenn alle wer weiß wie gespannt sind auf das Verheißene, am Ende – nein, nicht seinen Hintern wie jener, aber die Verrücktheit seines in den Lüften schwebenden Hirns, den ganzen Schwindel und riesigen Apparat seiner Unwissenheit. Es gibt viele Sibyllen, denen gleich, die, wie in wegloser Einöde irrende Geister, keinen Ruheplatz finden können; sie brauchen sich nur zu Vallas Sibylle zu begeben, damit sie ihnen für ihre Sprüche Papier und Namen gibt.

Doch damit man nicht denke, ich wolle diesen Menschen grundlos dem allgemeinen Haß preisgeben, will ich einige Stellen anführen, an denen dieser Verrückte gegen die von mir bereits genannten Männer seine Truppen hat aufmarschieren lassen. So ist bezüglich des Wortes „senior", das Servius, Varro und Plinius, wie er behauptet, für einen ‚diminutiven' Komparativ erklären [d. h. ein „senior" ist jünger, nicht älter als ein „senex"], Valla, dieser Musterknabe lateinischer Rede, ganz gegenteiliger Meinung und behauptet, jene hätten die Bedeutung dieses Wortes nicht richtig erfaßt. Den Priscian vollends, den Donatus und die anderen Lehrmeister der lateinischen Sprache verbessert er derart, daß man glauben könnte, er habe sein Werk mit der ausgesprochenen Absicht verfaßt, alle diese Schriftsteller herabzusetzen und zu schmähen. Macrobius, erklärt er, mißbillige er hinsichtlich seiner *Saturnalia* in mehreren Wörtern; der Kürze halber übergehe ich das hier. O du schwergeprüfte Zeit, in der die Unwissenheit in Achtung steht! O ihr vielen, ich sage bewußt: unglücklichen Gelehrten, deren Gedächtnis, nachdem es länger als ein Jahrtausend bei allen Völkern in höchster Achtung gestanden hat, nachdem ihr uns den Weg zu jeder Art Gelehrsamkeit geöffnet habt, jetzt, nach so vielen Jahrhunderten, einem marktschreierischen, blindwütigen Verleumder in die Fänge geraten ist, der verkündet, jetzt habe er endlich eure Fehler und Irrtümer aufgedeckt! Dabei hat er nicht die Fehler jener – die es gar nicht gibt –, sondern nur seine eigene Verrücktheit – die allerdings riesig ist – ans Licht gebracht.

LORENZO VALLA

Erstes Gegengift gegen Poggio [1452]

Was bezweckst du mit dieser Schmähschrift, Poggio? Warum kehrst du, ein Veteran und längst abgedankter Soldat, noch einmal in den Kriegsdienst zurück? Warum strebst du, ein Gladiator, den man mit dem Ehrenrapier verabschiedet hat, wieder in die Arena? Weshalb legst du nicht den Boxring zusammen mit deiner Kunst ab, wie jener Entellus bei Vergil? Und der war vermutlich noch jünger, als du jetzt bist. Weshalb – um von deiner Kunst zu sprechen – machst du es nicht wie jener Crassus, der, wie bei Cicero zu lesen, sich entschloß, das Forum und die Prozesse aufzugeben, und von dem – ebenfalls bei Cicero – Marcus Antonius sagte: „Schon lange redest du gelassener und milder, als es ehedem deine Art war, und doch findet die jetzige Sanftheit deiner gesetzten Rede mehr Anerkennung als ihre frühere, mitreißende Gewalt". Bedenke dein Alter, das sich nicht nach Kampf sehnt, sondern nach Ruhe und Sicherheit, nach einer milden, gelassenen Redeweise, einer, die nicht „zu ergrauen beginnt", wie Cicero von seiner eigenen sagt, sondern die schon voll ergraut ist.

Ob es stimmt, wie du behauptest, daß Lorenzo manche Stellen in dem Band mit deinen Briefen wegen ihres lateinischen Stils mit kritischen Randbemerkungen versehen hat, das mache mit ihm aus. Wenn er leugnet, es geschrieben zu haben, so befiehl ihm, es zu tilgen, oder tilge es selbst vor Zeugen in seiner Gegenwart. Das wird dir als Genugtuung und Rache genügen. Leugnet er es nicht, so beweise ihm, falls du dir deiner Sache sicher bist, daß er sich irrt. Wenn du aber nicht sicher bist, dann ermahne ihn freundschaftlich und mit dem ganzen Gewicht des Ansehens, das dir deine Redekunst verleiht.

Was aber tust du? Ohne sicher zu wissen, ob er es ableugnen würde, wenn du mit ihm bescheiden, milde und, wie es einem alten Manne wohl ansteht, darüber sprechen würdest, oder ob er vielleicht bereit wäre, seine Tat zurückzunehmen, ja, ob er es überhaupt geschrieben hat – denn die meisten sagen, es sei nicht von seiner Hand –, springst du ihm mit Klauen und Zähnen ins Gesicht und machst deine Sache aus einer guten zu einer schlechten und dir aus einem Freund einen Feind. Und glaubst du denn, der, von dem du dich provoziert fühlst, werde dir nicht entgegnen? Dabei weißt du, daß er alle, die ihn herausgefordert haben, für alle Zeiten mit Schimpf und Schande bedeckt hat. Glaube mir, du wirst durch Entgegenkommen mehr erreichen als durch Schroffheit, wie man an der Zähmung von Pferden, Stieren, Löwen und Elefanten sehen kann. Kein Geschöpf setzt sich gegen einen, der es reizt, so zu wehr wie der Mensch, keines aber auch läßt sich durch Einlenken so leicht besiegen. Zeige dich durch maßvolle Beherrschung dem überlegen, den du an Jahren übertriffst. Deinem schon gesetzten Alter steht würdige Gesetztheit wohl an. Was werden erst die jungen Leute tun, wenn noch die Alten so ungebärdig sind? Für dich geht es doch jetzt nicht um Ruhm, gesellschaftliche Stellung oder moralischen Ruf, sondern um kindische Streitfragen, über die ein alter Mensch erhaben sein sollte. Bei gewissen Anwürfen tut man besser daran, mit gelangweilter Miene gleichsam darüber hinwegzugehen als sie ausdrücklich zu widerlegen. Aber du, zum Teufel, du kochst, rast und tobst derart, daß es dir, dem Verfasser dieser Schrift, weitaus mehr Schande einbringt als dem, gegen den sich deine Schrift richtet.

Denn gerade deine Unterstellung, bestimmte Schriftsteller seien von Lorenzo gescholten worden, verlangt von dir mehr Maßhalten, und maßvoll wie sie selbst waren, würden sie auch nicht wollen, daß man ihre Sache mit Gezänk verficht. Noch nie hat ein unverschämtes Plädoyer die Sache des Prozessierenden besser gemacht, aber schon oft schlimmer. Laß dich nicht von Verärgerung, sondern von Vernunft leiten, arbeite nicht mit Beleidigungen, sondern mit Beweisen, nicht mit Schmähungen, sondern mit Belegen. Denn nicht aus Haß oder Neid, sondern mit Gründen kritisiert Lorenzo Tote, denen niemand mehr etwas neidet, niemand mehr Böses will. Indessen habe ich (nimm es mir nicht Übel) ihn nirgends dabei ertappt, daß er in jenem Werk die angreift, über deren Schelte du dich so sehr erregst – Cicero, Sallust, Terenz und die anderen Größen der lateinischen Literatur –, sondern immer nur gefunden, daß er sie als Zeugen anführt bei der Kritik an Priscian and anderen ähnlichen Autoren. Wenn er diesen letzteren, nicht aus Feindschaft und Mißgunst, sondern lediglich seiner Überzeugung folgend, Irrtümer vorwirft, weshalb stürzst du dich dann, wie ein von Neid und Haß Aufgestachelter, auf ihn, der sich deiner Ansicht nach irrt, und bist, während er selbst maßvoll und zurückhaltend in seiner Kritik war, voller Wut und flammender Empörung? Was ist unmenschlicher, was barbarischer, als im Kampf mit einem redlichen Gegner seine Waffe mit Gift zu präparieren?

Auch wenn wir dich, Poggio, für frömmer als nötig halten, was gehen dich die Toten an? Etwa, weil du in nicht ferner Zukunft selbst sterben mußt und dann zu ihnen gehst? Aber als dein alter Freund rate ich dir, auch wenn du nur noch kurz zu leben hast, dir nicht die Zuneigung der Lebenden zu verscherzen, damit sie dir im Leben wie im Tode ein ehrendes Andenken bewahren. Überlaß diese Streitereien den Jüngeren! Oder willst du niemals vom Schmähen und Geschmähtwerden lassen? Wobei ich nicht weiß, welches von beiden einem Ehrenmann mehr mißfällt. Wen hast du in deinen Invektiven oder Briefen nicht geschmäht? Von welchem Gelehrten bist du dafür nicht wiedergeschmäht worden? Wahrlich, keiner von all denen, die ich vom Hören oder aus ihren Büchern kenne, hat dies häufiger oder maßloser getan als du. Deshalb wird auch jeder eher dich als ihn für den Angreifer halten. Von ihm nämlich habe ich keine einzige Schrift gegen irgend jemand gelesen, außer zu seiner eigenen Verteidigung. Du dagegen, welchen Grund hattest du, gegen den lammfrommen Francesco Bianchi da Velate zu schreiben, den Sekretär des Kardinals von Piacenza, um die Sprachfehler seiner Lobrede auf den verstorbenen Kardinalbischof von Viviers zu geißeln? Welchen, gegen Francesco Filelfo, der bis dahin dein Freund und Vertrauter war, wie ein Feind und Gegner zu schreiben zugunsten des Niccolò Niccoli? Welchen, gegen Tommaso Moroni da Rieti, der gegen niemanden außer dann später gegen dich geschrieben hat? Welchen, gegen Guarino da Verona, dieses Muster an Bescheidenheit? Welchen, gegen Ciriaco de' Pizzicolli da Ancona, einen um die Antike hochverdienten Mann? Welchen, gegen den Bischof von Feltre [Jacopo Zeno], einen braven und sanfmütigen Menschen? Welchen, gegen unzählige andere? Wenn ich daran denke, welche Schmähungen du von ihnen allen dafür zu hören bekommen hast, schäme ich mich für dich. Sieh dich also, mein lieber Poggio, wenigstens am Ende deines Lebens vor, daß sie, wenn schon sonst nichts Gutes, wenigstens nicht dies von dir sagen, du seist ein Lästermaul. Denn einem Lästermaul will niemand wohl. Ich bin sicher, du wirst damit zumindest dies erreichen: Daß du durch maßvolles Auftreten Lorenzo zu ebensolchem Maßhalten zwingst."

Wenn Giannozzo [Manetti] so gesprochen hätte – und sicherlich hätte er als Jurist so gesprochen –, hätte er Poggio vielleicht von der Veröffentlichung seiner Invektive abgehalten. Jetzt, da ihm eigener wie fremder Rat fehlt und er nicht erkannt hat, was für ihn vorteilhaft gewesen wäre, wird er es eben aus dem Schaden lernen – der wie man sagt, der Lehrmeister der Dummen ist – und für seine Torheit, Unbedachtheit und Unverschämtheit entsprechend büßen. Und weil er lieber wie ein kleiner Junge als wie ein würdiger Greis handeln wollte, mag er nun wie ein kleiner Junge von mir behandelt und, da er mich mit der Gesinnung eines Gladiators angegriffen hat, auch wie der blutdurstigste Gladiator abgeschlagen werden. Ich werde es also wie ein guter Gladiator – freilich ein gezwungener, nicht ein freiwilliger – machen, der in einem Zug angreift und zustößt, wenn anders ich den Poggio, der mich, während ich ihm ausweiche, verwunden will, selbst verwunden werde. Was wirft mir nun diese schlechte Gladiator vor? Daß ich ihn ungerecht und banausenhaft kritisiert hätte und ebenso viele andere Schriftsteller. Nun, das eine verriete einen schlechten Charakter, das andere einen in der Redekunst Unerfahrenen. Daß er in beidem unrecht hat, werde ich zeigen; ebenso, daß er viel eher selbst ein schlechter Redner ist, so daß ich – wie es Herennius Senecio gegenüber Regulus tat – die bekannte, von Cato stammende, Definition des Redners Poggio gegenüber in ihr Gegenteil verkehren kann: „Ein Redner ist ein *böser* Mann, der *nicht* zu reden versteht". Und ich könnte mit Plinius sagen: „Cato hat den echten Redner nicht so treffend charakterisiert wie Herennius den Regulus", beziehungsweise ich den Poggio, und weiter: „In den Guten steckt weniger Energie als in den Schlechten, und wie Dummheit dreist, Überlegung dagegen bedachtsam macht, so schwächt Zurückhaltung aufrechte und bestärkt Dreistigkeit verkehrte Naturen. Dafür ist Regulus ein Beispiel: eine schwache Lunge, eine schrille Stimme, eine stotternde Zunge, schwerfällige Erfindungsgabe, kein Gedächtnis, nichts außer einem verrückten Hirn. Und doch hat er es durch Unverschämtheit und eben durch jene Besessenheit dahin gebracht, daß er den meisten als echter Partner gilt". Genau dies stellen wir auch an Poggio fest.

Ich werde daher zeigen, daß er, gleichsam ein zweiter Regulus, einerseits ein böser Mann ist – nicht weil er wollüstig und fast ein Lehrer in der Wollust ist, nicht weil er ein Schürzenjäger und geradezu Räuber fremder Ehefrauen ist, nicht weil er fortwährend dem Wein zuspricht oder vielmehr ein Trunkenbold ist, nicht weil er ein Fälscher, und zwar ein überführter ist, nicht weil er habgierig, gottlos, meineidig, unzüchtig, geizig und vieles andere ist, was mit unserem Fall nichts zu tun hat –, sondern daß er ein böser Mann ist, soweit es unser Verhältnis betrifft, weil er ein auf frischer Tat ertappter Verleumder ist und dies auf dreifache Weise: Indem er, erstens, behauptet, ich würfe den größten Schriftstellern der lateinischen Sprache vor, kein gutes Latein zu schreiben; zweitens, ich schwelgte in unverschämtestem Selbstlob; drittens, ich kritisierte seine Briefe wegen ihres angeblich schlechten Stils. Zum andern werde ich zeigen, daß er nicht zu reden versteht – nicht weil er keine Ahnung hat weder von Dialektik, Astronomie, Geometrie und Musik, noch vom bürgerlichen und kanonischen Recht, noch auch von Philosophie und Theologie, sondern nur insofern es unseren Fall betrifft, daß er wenig von der Grammatik, noch weniger von der Poetik und am allerwenigsten von der Rhetorik versteht, und auch dies in dreifacher Hinsicht: Indem er, erstens, behauptet, gewisse Grammatiker der lateinischen Sprache seien von mir an manchen Stellen falsch verbessert worden; indem er, zweitens, selbst eine ganze Reihe von Stellen in meinem Werk *Der Glanz der lateinischen Sprache* völlig laienhaft zu korrigieren versucht; und, drittens, werde ich unzählige Zeugnisse für seine Unwissenheit zusammentragen – wobei ich dann auch, wie es jede einzelne Stelle nahelegt, immer wieder auf die persönliche Dummheit des Mannes hinweisen werde, auch wenn jeder Böse ein Dummkopf ist.

Das also ist – da mich ja dieser Gladiator zwingt, ebenfalls zum Gladiator zu werden – meine Harpune, und zwar eine doppelte und auf beiden Seiten dreizackige, ja, um mich pathetischer auszudrücken, die dreizackige Gabel Neptuns und der dreistrahlige Blitz Jupiters. Türme daher, soviel du nur magst, Poggio, wie Typhoeus – jener wildeste der Giganten – Berge von Beschimpfungen und Schmähreden auf, um mich aus dem Besitz meines Himmels zu stürzen! Ich werde dich wie Jupiter mit meinem Blitz treffen, werde dich zu Asche verbrennen und samt deinen Bergen hinstrecken und unter der ewigen Masse des Ätna begraben, so daß du nur mit Mühe aus seinem Gipfel deinen Feueratem speien kannst. Du hast aus mir, und sei es auch nur zum Spott, einen Triumphator gemacht! Nun, ich weise das Omen nicht zurück, denn ich werde triumphieren! Aber da niemand triumphiert, der nicht zuvor gekämpft, seine Feinde getötet und den Sieg errungen hat, so werde ich vorher mit dir kämpfen und, nachdem ich deine fünf Legionen niedergestreckt und deine Festungen erobert habe, im Triumph mitten durch die Stadt Rom hinauf aufs Kapitol ziehen, wobei ich dich in Fesseln vor meinem Triumphwagen mitführen werde, mitsamt den vielen Tausenden deiner Soldaten und Städter, will sagen: deiner Irrtümer, die ich in die Sklaverei verkaufen, dich aber in den Kerker werfen lassen werde. Dies wird mein wahrer und glänzender Triumph sein, nicht ein nur eingebildeter und eselsmäßiger wie der deine, mit dem du dich eigentlich als jemand hinstellen wolltest, der über mich – als sei ich schon besiegt – triumphiert und in Jubel ausbricht. Aber auf diesem von dir erdachten Wagen werde ich als ein Jupiter stehen, das wirst du ebenso merken wie jener Salmoneus, von dem Vergil sagt:

„Mit viel Rennern am Wagen und Fackeln schwingend durchfuhr er
Völker der Griechen und zog durch die Stadt im Herzen von Elis
Stolz triumphierend und heischte für sich die Ehren der Götter
Wähnte verblendet, den Sturm und den unnachahmlichen Blitzstrahl
Vorzutäuschen durch Erz und den harten Hufschlag der Rosse.
Doch der allmächtige Vater, umwallt von dichtem Gewölke,
Schleudert' den Blitz – nicht Fackeln fürwahr und nicht eines Kienspans
Rauchende Flamme – und warf ihn in jähen Wirbel zu Boden."

Mit einer solchen Waffe werde ich dich treffen, der du Fackeln und rauchende Kienspäne gegen mich geschleudert hast, und werde machen daß dich – wie es mit den von Blitz Getroffenen zu gehen pflegt – niemand wird berühren wollen.

Und um den Kampf mit dir gleich zu beginnen und mich an die vorgenommene Reihenfolge zu halten, deren erster Punkt war, daß du verleumderischerweise behauptest, ich hätte die größten Schriftsteller in ihrem Latein angegriffen, will ich mit Terenz, dem ältesten unter ihnen, den Anfang machen.

BRIEFE DER DUNKELMÄNNER

Lateinkenntnis in akademischen Kreisen [ca. 1480]

Thomas Langschneider, wohlbestallter, obgleich unwürdiger Bakkalaureus der Theologie, entbietet seinen Gruß dem hochansehnlichen und hochgelehrten Herrn, Herrn Ortvinus Gratius aus Deventer, Poeten, Redner, Philosophen, auch Theologen, und noch mehr, wenn ihm beliebt.

Sintemal es, wie Aristoteles sagt, nicht ohne Nutzen ist, an einzelnen Dingen zu zweifeln, und da im Prediger zu lesen steht: „Ich habe mir vorgenommen in meinem Herzen nach allem zu fragen und alles zu ergründen, was unter der Sonne ist", so habe denn auch ich mir vorgenommen, eine Frage, worüber ich in Zweifel bin, Euer Herrlichkeit vorzutragen. Zuvörderst aber beteure ich beim heiligen Gott, daß ich Euer Herrlichkeit oder Hochwürden auf keine Probe stellen will, vielmehr nur den sehnlichen, herzlichen Wunsch hege, von Euch über meinen Zweifel belehrt zu werden. Sintemal im Evangelium geschrieben steht: „Du sollst den Herrn, deinen Gott, nicht versuchen" und – wie Salomo sagt – „alle Weisheit von Gott ist", Ihr aber mir alle Kenntnis, die ich besitze, verliehen habt und jede gute Kenntnis die Urquelle der Weisheit ist, so seid Ihr gewissermaßen mein Gott, weil Ihr – um mich poetisch auszudrücken – mir den Anfang der Weisheit verliehen habt.

Besagte Frage aber wurde auf folgende Weise aufgeworfen. Vor längerer Zeit fand hier ein Aristotelischer Schmaus statt, und die Doktoren, Lizentiaten und Magister waren sehr ausgelassen, und auch ich war dabei. Zum Auftakt nahmen wir drei Schluck Malvasier, dann stellten wir als ersten Gang neugebackene Semmeln auf und bereiteten eine Suppe; nach diesem hatten wir sechs Schüsseln mit Fleisch, Hühnern und Kapaunen und eine mit Fischen; und wie es so von einer Schüssel an die andere ging, tranken wir Kotzberger und Rheinwein, auch Einbekker, Torgauer und Naumburger Bier. Die Magister waren recht vergnügt und sagten, die neugebackenen Herren Magister hätten sich wacker geschlagen und Ehre eingelegt. Hierauf begannen die angeheiterten Magister, kunstgerecht über gewichtige Fragen zu sprechen, und einer warf die Frage auf, ob man sagen müsse ‚magister nostrandus' oder ‚noster magistrandus', um damit eine Person zu bezeichnen, die fähig sei, Doktor der Theologie zu werden, wie dermalen in Köln Pater Frater Theoderich von Gouda, der Honigmund, vom Orden der Karmeliter und hochwürdigster Legat der segenspendenden Universität Köln, wohlfürsichtlicher Kenner der freien Künste, Philosoph, Meister im Argumentieren und höchst ausgezeichneter Gottesgelehrter. Alsogleich antwortete mein Landsmann, Magister Warmsemmel, der ein gar scharfsinniger Scotist ist und schon seit achtzehn Jahren Magister, wenn er auch seinerzeit zweimal bei der Magisterprüfung zurückgewiesen wurde, dreimal sonstwie behindert war, aber dennoch weiterhin aushielt, bis er, der Ehre der Universität zuliebe, promoviert wurde. Er versteht seine Sache gut, hat viele Schüler, kleine und große, alte und junge. Seine Rede zeugte von hoher Verstandesreife, und er hielt dafür, daß man sagen müsse ‚noster magistrandus', denn dies sei eine Bezeichnung aus einem Guß, da ‚magistrare' soviel wie einen zum Magister machen heiße, wie ‚baccalauriare' zum Bakkalaureus machen und ‚doctorare' zum Doktor machen, und daher kämen jene Fachausdrücke: ‚magistrandus', ‚baccalauriandus' und ‚doctorandus'. Weil aber die Doktoren der heiligen Theologie nicht Doktoren genannt werden, sondern aus Demut und

Heiligkeit und auch zur Unterscheidung ‚magistri nostri' genannt beziehungsweise gerufen werden, da sie nach dem katholischen Glauben an der Stelle unseres Herrn Jesus Christus stehen, der die Quelle des Lebens ist, Christus aber unser aller Magistrat war, daher werden auch sie selbst ‚magistri nostri' genannt, da sie uns zu unterrichten haben auf dem Wege zur Wahrheit und Gott die Wahrheit ist. Deswegen heißen sie mit Recht ‚magistri nostri', weil wir alle, als Christen, schuldig und gehalten sind, ihre Predigt zu hören, und niemand darf ihnen widersprechen, darum, daß sie unser aller Magister sind. Dagegen is ‚nostro, tras, trare' nicht gebräuchlich und steht weder im Wörterbuch *Ex quo* noch im *Catholicon* noch im *Breviloquium* noch in der *Gemma gemmarum*, die doch eine Menge Fachausdrücke enthält. Somit muß man sagen: ‚noster magistrandus' und nicht ‚magister nostrandus'. Darauf Magister Andreas Delitzsch höchst scharfsinnig, einsteils als Poet, andernteils als Kenner der freien Künste, Arzt und Jurist, der bereits öffentliche Vorlesungen über Ovids *Metamorphosen* hält und alle Fabeln allegorisch und buchstäblich erklärt – dessen Hörer auch ich war, weil er alles sehr tiefschürfend erklärt – und der auch ein Privatissimum über Quintilian und Juvencus liest; dieser hielt dem Magister Warmsemmel Widerpart mit den Worten, man müsse sagen: ‚magister nostrandus'; denn wie ein Unterschied sei zwischen ‚magister noster' und ‚noster magister', so sei auch ein Unterschied zwischen ‚magister nostrandus' und noster magistrandus'; nämlich ‚magister noster' nenne man den Doktor der Theologie, und es sei dies ein einheitlicher Begriff, dagegen ‚noster magister' sei ein doppelter Begriff, worunter man jeden beliebigen Magister in jeder freien Kunst begreife, bestehe diese in Hand- oder Kopfarbeit. Auch da sei kein Grund dagegen, daß ‚nostro, tras, trare' nicht gebräuchlich sind, da wir ja neue Wörter bilden können; und zum Beleg hiefür führte er den Horaz an. Auf das zollten die Magister seinem Scharfsinn große Bewunderung, und einer brachte ihm eine Kanne Naumburger Bier zu; er aber sagte: „Ich will noch warten, mit Verlaub," griff an sein Barett, lachte vergnügt und brachte es dem Magister Warmsemmel zu mit den Worten: „Hier, Herr Magister! Ihr dürft nicht glauben, daß ich Euer Feind bin", und trank in einem Atemzug; Magister Warmsemmel aber tat ihm tapfer Bescheid, zu Ehren der Schlesier. Die Magister waren alle recht lustig, und hierauf wurde zur Vesper geläutet.

Deshalb bitte ich Euer Exzellenz, Ihr wollt mir Eure Ansicht auseinandersetzen, weil Ihr gar so tief gelehrt seid. Ich sage mir nämlich damals: „Magister Ortvinus soll mir wohl die Wahrheit schreiben, denn er war mein Lehrer in Deventer, als ich die dritte Klasse besuchte." Auch müßt Ihr mir genau berichten, wie es mit dem Zwist zwischen Euch und Dr. Johannes Reuchlin steht, da ich vernommen habe, daß dieser Lotterbube – obgleich er Doktor und Rechtsgelehrter ist – seine Worte noch nicht widerrufen will. Und schickt mir doch auch einmal das Buch des

‚magister noster' Arnold von Tongern, welches er Punkt für Punkt verfaßt hat; es ist sehr scharfsinnig geschrieben und handelt von vielen tiefsinnigen Fragen der Theologie. Lebt wohl und nehmt es mir nicht übel, daß ich Euch in so vertraulichem Ton schreibe, da Ihr mir einst selbst gesagt habt, daß Ihr mich liebt wie ein Bruder und mich in allem voranbringen wollt, selbst wenn Ihr viel Geld an mich rücken müßt. Gegeben zu Leipzig.

NIKOLAUS ELLENBOG

Empfehlungsschreiben an Konrad Peutinger für einen Juden [1510]

Bruder Nikolaus Ellenbog entbietet Konrad Peutinger seinen Gruß!

Hochgelehrter und edler Herr, wenn ich nicht längst Eure edle Gesinnung und besondere Liebe zu den schönen Wissenschaften Beflissenen, darüber hinaus Euer Wohlwollen mir gegenüber kannte, hätte ich auf gar keinen Fall dieses Empfehlungsschreiben an Euch, bester Herr, geschrieben. Ich bitte Euch also, hochgelehrter Herr, dem Überbringer dieses Schreibens, Johannes, Eure Hilfe nicht zu versagen. Er ist von Geburt ein Jude, aber längst durch die Taufe Christ geworden; der hochgelehrte Reuchlin hat ihn mir geschickt, um mir die richtige Aussprache des Hebräischen beizubringen; was er jetzt auch einen Monat lang treulich getan hat. Da er aber aus gewissen Gründen nicht länger bei uns bleiben kann, möchte ich Euch mit aller Dringlichkeit darum bitten, ihm behilflich zu sein, daß er irgendein ehrbares Amt erhält. Er ist ein guter Mensch und ohne Falsch, dem man unbedenklich trauen kann. Sorgt also, bester Herr, daß er deutlich sieht, daß ihm diese meine Empfehlung genützt hat. Allem, was Ihr darüber hinaus über mich zu beschließen geruht, will ich eifrigst nachkommen, sofern es zu dem Gehorsam, zu dem ich verpflichtet bin, nicht im Widerspruch steht. Lebt wohl und seid mir weiterhin, wie bisher, gewogen.

VI. Arbeit an den Texten

Einleitung

Für die Humanisten war die Arbeit an den Texten eine Aufgabe, die sie mit größter Begeisterung auf sich nahmen. Sie produzierten unzählige Editionen und Kommentare, wobei sie sehr gut wußten, daß viele klassische Texte in höchst korrupter, bisweilen sogar unverständlicher Form überliefert waren. Die frühen Humanisten hatten jedoch noch keine allgemein akzeptierte Methode entwickelt, Texte zu emendieren. Erst seit der zweiten Hälfte des fünfzehnten Jahrhunderts wurde allmählich die Methode Vallas richtunggebend. Valla wertete nicht nur die Sprache als historisch bedingt, auch jeder Text war bei ihm ein historisches Dokument. Wenn es durch mangelhafte Überlieferung verdorben war, konnte es durch philologische Kritik in seiner ursprünglichen, reinen Form wiederhergestellt und so in Bildung und Wissenschaft wirksam werden. Textkritik und Hermeneutik konnten bei dieser Art kritischer Bearbeitung häufig verstümmelter Texte schwerlich getrennt werden, und das Verfassen von Kommentaren war eine übliche Weise, Textkritik zu üben. Kommentare bildeten übrigens schon seit dem Mittelalter eine wichtige Form der gelehrten Literatur und entstanden oft in Verbindung mit der akademischen Vorlesung, in der Autoren ausgelegt wurden. Dies war in der Renaissance nicht anders, aber die Humanisten entwickelten den Kommentar doch noch weiter. Nicht nur enthielten die humanistischen Kommentare alte und neue Erkenntnisse über Autoren und Texte, sondern öfter zugleich Exkurse, in denen die Humanisten im allgemeinen ihr Wissen über die Welt der Antike weitergaben oder auch zeitgenössische Probleme anhand klassischer Vorbilder erörterten und gelegentlich sogar autobiographische Elemente aufnahmen.

Einer der berühmtesten Kommentare der Renaissance ist Vallas Schrift gegen die Konstantinische Schenkung. Sie war eine im achten oder neunten Jahrhundert entstandene Fälschung, nach der Kaiser Konstantin der Große (306–337) angeblich Papst Silvester I. und seinen Nachfolgern die weltliche Herrschaft über die westlichen Provinzen des römischen Reichs geschenkt oder gar zurückgegeben hatte. Später hätten dann die Päpste die herrschaftlichen Rechte den deutschen Kaisern übertragen (die sogenannte ‚translatio imperii'). Schon im Mittelalter wurde die Schenkung kritisch beurteilt, nicht nur von Juristen, sondern auch von Ketzern, die nichts von dem weltlichen Schwert des Papstes wissen wollten. Nikolaus von Kues (1401–1464) und sein Zeitgenosse, der englische Bischof Reginald Pecock (ca. 1393–1461), hatten die Echtheit der Konstantinischen Schenkung schon angezweifelt. Für Valla war die Idee der politischen Herrschaft des Papstes unvereinbar mit der seiner Meinung nach ausschließlich geistlichen Aufgabe der Kirche. Er verfaßte seine Arbeit im Auftrag seines Gönners, des Königs Alfons V. von Neapel, der in einen Krieg gegen Papst Eugen IV. verwickelt war. Sie war demnach nicht nur eine philologische, sondern auch eine historische und politische Arbeit, in der Valla die weltliche Macht des Papstes sowohl mit philologischen als auch mit geschichtlichen Argumenten bekämpfte. Sein Angriff auf die Konstantinische Schenkung trug ihm übrigens den Vorwurf der Häresie ein.

Valla argumentierte, daß das Fehlen weiterer Spuren der weltlichen Macht des Empfängers der Schenkung, wie Münzen, Gesetzgebung, Erwähnungen in den Geschichtsbüchern oder anderer Beweise, daß es je eine päpstliche Verwaltung in den westlichen Provinzen gegeben hatte, doch sehr mißtrauisch machen müsse. Auch meinte er, daß es nicht in der Natur Konstantins des Großen gelegen habe, ohne weiteres einen Teil seiner Herrschaft an Silvester I., einem mehr frommen als machtgierigen Papst, der ihm die Taufe gespendet hatte, abzugeben. Auf diese Weise deckte Valla allerhand ungereimte Einzelheiten auf, zum Beispiel in der Beschreibung der Verwaltung des römischen Reichs, die nicht mit der historischen Wirklichkeit übereinstimmten. Die schärfste Kritik Vallas war jedoch philologischer Art. Satz für Satz ging er die Schenkungsurkunde durch und behandelte zugleich Wortgebrauch und Grammatik im Text. Die Sprache war nach Valla nicht die der kaiserlichen Kanzlei aus dem vierten Jahrhundert, sondern das Lateinisch einer späteren Periode, das schon ziemlich weit von der klassischen Sprache entfernt war und viele nicht-klassische Formen aufwies.

Arbeit an den Texten konnte natürlich auch etwas anderes als eingehende textkritische Kommentare bedeuten. Sehr beliebt waren Auszüge oder Anthologien aus Werken klassischer Autoren, die versuchten, das wesentliche Gedankengut wiederzugeben. Der junge Novize Nikolaus Ellenbog (1481–1543) in Ottobeuren – der spätere Prior dieses Benediktinerklosters – holte den Rat seines älteren Freundes, des bekannten Humanisten Konrad Peutinger, ein über die wissenschaftliche Qualität seines „Platobreviers“: Analekten aus den Werken Platos, die Ellenbog in der Übersetzung des Florentiner Philosophen Marsilio Ficino (1433–1499) gelesen hatte – was, wie er meinte, mehr zu seiner Bildung beigetragen hatte als das Lesen theologischer Werke. Eine detaillierte Beurteilung wollte Peutinger nicht geben, doch ermutigte er den jungen Mann, das Büchlein zu veröffentlichen. Auch der Abt des Klosters, in dem sich übrigens eine eigene Druckerei befand, beurteilte das Werk seines Novizen günstig.

Das Herausgeben einer Handschrift war mit Mühen vieler Art verbunden. Der Nürnberger Humanist Willibald Pirckheimer (1470–1530) edierte und übersetzte zahlreiche Werke antiker und frühchristlicher Autoren. Einer von ihnen war St. Fulgentius (ca. 462 oder 468–533), ein Nachfolger des Kirchenvaters Augustinus, der eine Anzahl theologischer Traktate und einige Briefe und Predigten hinterlassen hatte. Pirckheimer plante eine Herausgabe seiner Werke aufgrund einer handschriftlichen Textvorlage, die er in dem Nachlaß seines Freundes, des Abtes Johannes Trithemius, gefunden hatte. Das Buch erschien 1520, und in der Widmung an seine Schwester Caritas beschrieb Pirckheimer die Schwierigkeiten, welche ihm bei der Editionsarbeit begegnet waren. Teils waren diese, wie so oft, paläographischer und interpretativer Art und Pirckheimer mußte seinen Freund, den Theologen Johannes Cochlaeus (1479–1552), um Hilfe bitten. Noch andere, nicht unübliche, Probleme waren zu überwinden: Der Nachlaß des Trithemius galt lange als verschollen und als er aufgetaucht war, wurden Humanisten wie Pirckheimer, die aus dem Nachlaß Manuskripte erwerben wollten, mit der ablehnenden Haltung des neuen Besitzers konfrontiert.

Das bescheidene Platobrevier und die mühevolle Fulgentiusausgabe heben sich scharf ab von einem der Meisterwerke der Zeit, die sogenannte *Biblia Complutense*. Diese Polyglottbibel entstand auf Anregung des Erzbischofs von Toledo, Kardinal Francisco Ximénez de Cisneros (1436–1517), an der von ihm gegründeten Universität von Alcalá de Henares. Ximénez war ein ungewöhnlicher Prälat, der die franziskanische Armut so streng praktizierte, daß Papst Alexander VI. ihm vorwarf, keine einem Kirchenfürsten angemessene Hofhaltung zu führen. Er war ein eifriger Kirchenreformer und stellte den Humanismus vollkommen in den Dienst dieser spanischen religiösen Reform. Die Universität von Alcalá entwickelte sich schnell zum Mittelpunkt der Reform, und die theologischen Studien erreichten dort eine große Blüte. Um diesen Studien eine solide wissenschaftliche Grundlage zu verschaffen, organisierte Ximénez eine Bibelausgabe, für die neben der Vulgata griechische, hebräische und chaldäische Texte kollationiert wurden. Dazu sammelte er Handschriften und sandte seine Mitarbeiter nach Rom in die vatikanische Bibliothek, wo sich wichtige antike Kodizes befanden. Ximénez war der große Inspirator, aber die eigentliche Editionsarbeit leistete eine Gruppe spanischer und ausländischer Gelehrter, zu denen zum Beispiel der große spanische Humanist Antonio de Nebrija (1444–1522) gehörte. Die praktische Verwirklichung der fünfbändigen Polyglottbibel, in der die Texte in den verschiedenen Originalsprachen zusammen mit der Vulgata in parallelen Kolumnen abgedruckt wurden, war das Werk des Druckers Arnaldo Guillermo de Brocar. In wissenschaftlicher Hinsicht war die Polyglottbibel ein glänzender Beitrag zu den biblischen Studien der Zeit: Ein sechster Band enthielt ein Vokabular und ein grammatisches Kompendium. Die Edition des Neuen Testaments übertraf sogar die Ausgabe des Erasmus, der als Graezist hinter der Gruppe in Alcalá zurückstand und auch weniger Handschriften kollationiert hatte.

Editoren arbeiteten oft zusammen. Der englische Arzt und Humanist Thomas Linacre (ca. 1460–1524) zum Beispiel übersetzte viele galenische Schriften ins Lateinische und schickte sie zur Beurteilung und eventuellen Verbesserung seinem Pariser Freund, dem Graezisten Guillaume Budé. Der Augsburger Arzt Achilles Pirmin Gasser (1505–1577) bat den bedeutenden Naturforscher Konrad Gessner (1516–1565), bei der Herausgabe einer vermutlichen Dioskorides-Handschrift behilflich zu sein, da der ursprüngliche Herausgeber, der Augsburger Stadtarzt Johannes Moibanus (1527–1562), gestorben war. Editionen griechischer medizinischer Werke, Übersetzungen aus dem Griechischen und deren Kommentierung – oft durch humanistisch gebildete Ärzte, die eigene Beobachtungen in die Kommentare einfügten – spielten eine wichtige Rolle in der Entwicklung der medizinischen Wissenschaft während der Renaissance. Im Verlag der Erben des venezianischen Druckers Aldus Manutius erschienen zum Beispiel zwischen 1525 und 1528 griechische Editionen von den Werken dreier berühmter antiker Ärzte: Galenus, Hippokrates und Paulos von Aigina. Solche humanistischen Editionen der Originaltexte führten dann wieder zu einer Welle von Übersetzungen und Kommentaren.

LORENZO VALLA

Gegen die Konstantinische Schenkung [1440]

Jetzt aber ist es an der Zeit – damit ich nicht noch ausführlicher werde –, der schon schwer angeschlagenen Sache meiner Widersacher den Todesstoß zu versetzen und ihr mit einem einzigen Hieb den Garaus zu machen. Nahezu alle Historiker, die diesen Namen verdienen, berichten, Konstantin sei von Kind auf zusammen mit seinem Vater Konstantius Christ gewesen, lange vor dem Pontifikat Silvesters, so etwa Eusebius, der Verfasser der Kirchengeschichte, die Rufinus, ein nicht unbeträchtlicher Gelehrter, ins Lateinische übersetzte und ihr noch zwei Bücher über seine Zeit anhängte; beide waren beinahe Zeitgenossen Konstantins. Dazu halte man dann noch das Zeugnis eines römischen Papstes, der bei diesen Geschehnissen nicht nur dabei war, vielmehr führend an ihren beteiligt war, nicht einfach ein Zeuge, vielmehr ihr Urheber, der nicht von fremden, sondern von eigenen Taten berichtet. Ich meine den Papst Melchiades, den unmittelbaren Vorgänger Silvesters, der folgendes sagt: „Die Kirche nahm einen solchen Aufschwung, daß nicht nur die heidnischen Völker, sondern auch die römischen Kaiser, die Herrscher der Welt, sich zum christlichen Glauben und den Glaubenssakramenten drängten. Von ihnen nahm als erster der fromme Konstantin den Glauben der Wahrheit offen an und erlaubte nicht nur im ganzen Reich den unter seiner Herrschaft Lebenden, Christen zu werden, sondern gestattete auch den Bau von Kirchen und ließ ihnen Grundbesitz zuweisen. Schließlich machte der eben genannte Kaiser unzählige Weihgeschenke und begann den Bau einer Kirche am ersten Sitz des heiligen Petrus, derart daß er seine kaiserliche Residenz aufgab und sie zum Vorteil des heiligen Petrus und seiner Nachfolger diesen überließ".

Man beachte: Melchiades spricht von keinerlei Schenkung Konstantins, abgesehen vom Lateranpalast und Grundbesitz, was beides Papst Gregor [der Große] in seinem Register immer wieder erwähnt. Was sagen nun diejenigen, die sich so dagegen sträuben, daß wir die Gültigkeit der Konstantinischen Schenkung in Zweifel ziehen, da jene Schenkung einerseits vor Papst Silvester erfolgte und andererseits lediglich private Güter betraf?

Obwohl der Sachverhalt klar und deutlich ist, müssen wir dennoch von dem Privilegium selbst sprechen, das diese Narren dauernd anführen. Vor allem verdient nicht nur jener, der zu gern die Rolle Gratians spielen wollte und dessen Dekret einige Zusätze hinzufügte, den Vorwurf der Unredlichkeit, sondern auch diejenigen müssen sich der Unwissenheit zeihen lassen, die glauben, es gebe bei Gratian eine Privilegienurkunde, an deren Vorhandensein die Gelehrten niemals geglaubt haben und die sich denn auch in keiner der alten Ausgaben der Dekrete findet. Und wenn Gratian ihrer irgendwo gedacht hätte, so hätte er es nicht an der Stelle getan, wo sie sie, den logischen Zusammenhang des Textes unterbrechend, plazieren, sondern dort, wo er von dem Pactum Ludovicianum [Ludwig I. der Fromme] spricht. Außerdem gibt es tausende von Stellen in den Dekreten, die im Sinn von dieser abweichen; eine von ihnen enthält die oben zitierten Worte des Melchiades. Manche behaupten, der diesen Passus hinzugefügt habe, heiße Palea, entweder mit seinem wirklichen Namen oder aber deswegen, weil sich sein Zusatz, mit Gratian verglichen, wie Spreu neben dem Weizen ausnehme. Wie dem auch sei, es ist jedenfalls ganz unmöglich, anzunehmen, der Redaktor der Dekrete habe diese Zusätze entweder gar nicht gekannt oder aber für wertvoll und authentisch gehalten.

Gut, das reicht, wir haben gewonnen: Erstens, weil Gratian dies nicht sagt (wie meine Widersacher der Wahrheit entgegen behaupteten), es im Gegenteil – wie man aus unzähligen Stellen ersehen kann – ausdrücklich leugnet und bestreitet; zweitens, weil sie nur einen einzigen, dazu ganz unbekannten und unbedeutenden Gewährsmann beibringen, der sogar ein solcher Tropf ist, daß er Dinge in den Gratian einschmuggelt, die zu dessen übrigen Worten nicht stimmen. Das also ist euer Kronzeuge? Auf das Zeugnis dieses Mannes allein stützt ihr euch, seinen elenden Wisch zitiert ihr zur Bekräftigung einer so wichtigen Sache gegen unzählige Beweise der verschiedensten Art? Nun, ich hatte erwartet, ihr könntet mir goldene Siegel, kunstreich verzierte Anfangszeilen, ein paar Dutzend Unterschriftzeugen vorweisen. Aber er selbst, sagt ihr, Palea selbst bringt doch einen Zeugen bei, er gibt die Quelle seiner Geschichte an und zitiert den Papst Gelasius zusammen mit vielen Bischöfen als Zeugen, wenn er schreibt: „Aus den Taten Silvesters, die, wie Papst Gelasius erwähnt, auf einer Versammlungen von siebzig Bischöfen vor den katholischen Christen gelesen wurden, und er sagt, entsprechend dem alten Brauch ahmten viele Kirchen dies nach, in denen Konstantin gelesen wird usw." Viel weiter oben, wo es um die Lektüre oder Nichtlektüre von Büchern geht, hatte er sogar gesagt: „Wir haben erfahren, daß die Taten des heiligen Bischofs Silvester, obwohl wir den Namen ihres Verfassers nicht kennen, dennoch von vielen katholischen Christen in der Stadt Rom gelesen werden, und entsprechend dem alten Brauch ahmen die einzelnen Kirchen dies nach".

Wirklich eine prächtige Beglaubigung ist das, ein erstklassiges Zeugnis, eine unwiderlegliche Beweisführung! Mag meinetwegen Gelasius dies gesagt haben, als er von der Versammlung der siebzig Bischöfe sprach, aber hat er denn damit zugleich gesagt, man habe in den Taten des heiligen Silvester auch die Privilegienurkunde gelesen? Er sagt doch nur, die Taten Silvesters würden gelesen, und das in Rom, dessen Vorbild viele andere Kirchen folgen – was ich gar nicht leugne, vielmehr gern zugebe und wofür ich mich selbst als Zeugen mit Gelasius erbiete. Doch was nützt auch das, außer daß ihr den Eindruck eines absichtlichen Betrugs bei der Anführung eurer Zeugen erweckt? Man kennt den Namen desjenigen nicht, der den Zusatz zu den Dekreten machte, man führt ihn allein und auch noch fälschlich als Zeugen an. Und ihr ehrenwerten und klugen Herren glaubt, das sei vollkommen ausreichend, eine so wichtige Sache zu bezeugen? Jetzt seht einmal den Unterschied zwischen eurem und meinem Urteil: Ich würde dieses Privileg nicht einmal dann für authentisch halten, wenn es sogar in den Taten Silvesters stünde, deswegen weil die ganze Geschichte nicht historisch, sondern ein ganz unverschämt erdichtetes Märchen ist (wie ich später noch zeigen werde) und weil kein auch nur irgendwie Glaubwürdiger dieses Privileg erwähnt. Und Jacobus de Voragine, obwohl als Erzbischof für die Geistlichkeit eingenommen, sagt trotzdem in seiner *Geschichte der Heiligen* kein Wort von einer Schenkung Konstantins; offenbar hält er sie für eine Erfindung, die es nicht verdiene, unter die Taten Silvesters aufgenommen zu werden, und bezieht so gewissermaßen Stellung gegen ihre mutmaßlichen Verfasser.

Ich aber bin entschlossen, den Fälscher, diesen Kerl, der Spreu ist und nicht Weizen, beim Schlafittchen zu packen und vor den Richterstuhl zu zerren. Was behauptest du Gauner? Wie kommt es, daß wir dieses

Privileg nicht in den Taten Silvesters lesen? Man könnte gar meinen, dieses Buch sei selten, schwer aufzutreiben, nicht allgemein verbreitet, sondern werde – wie einst die Gerichtsakten von den Hohepriestern oder die Sibyllinischen Bücher von den Dezemvirn – geheim aufbewahrt, sei gar in griechischer, aramäischer oder chaldäischer Sprache geschrieben. Dabei bezeugt Gelasius, es werde von vielen katholischen Christen gelesen, Jacobus de Voragine erwähnt es, ich selbst habe unzählige alte Handschriftenexemplare davon gesehen, in beinahe jeder Kathedralkirche wird am Namensfest des heiligen Silvester daraus vorgelesen, und trotzdem kann niemand sagen, er habe dies von dir hineingeschmuggelte Privileg darin gelesen, hat niemand es vorlesen hören, ist es niemand auch nur im Traum erschienen. Oder ist es etwa eine andere Geschichte? Und was für eine wäre es dann? Ich kenne keine andere und verstehe dich auch so, daß du keine andere meinst, denn du sprichst ja von derjenigen, die nach Gelasius' Bericht in vielen Kirchen verlesen wurde. In der aber finde ich dein Privileg nicht. Wenn es aber in der Lebensbeschreibung des Silvester nicht zu lesen ist, warum hast du dann geschrieben, es sei dort zu lesen? Warum hast du dich erfrecht, in einer so wichtigen Sache zu scherzen und mit der Begehrlichkeit leichtfertiger Menschen dein Spiel zu treiben?

Aber ich bin ein Narr, daß ich die Frechheit dieses Menschen geißele, anstatt die Torheit derer, die ihm Glauben geschenkt haben. Wenn bei den Griechen, Juden oder Barbaren jemand sagen würde, dies oder jenes sei überliefert, würdet ihr dann nicht darauf bestehen, daß man den Gewährsmann namentlich nenne, den Text auf den Tisch lege und ein zuverlässiger Dolmetscher die Stelle übersetze, ehe ihr dem Glauben schenkt? Hier aber ist die Rede von eurer eigenen Sprache, von einem jedermann bekannten Text, und ihr untersucht ein so unglaubliches Faktum entweder gar nicht weiter oder aber ihr seid, wenn ihr nichts Schriftliches findet, von einer so sträflichen Leichtgläubigkeit, daß ihr es für schriftlich fixiert und authentisch haltet. Und das gibt euch das Recht, Erde und Himmel in Bewegung zu setzen und diejenigen, die euch nicht glauben, mit schrecklichen Kriegen und anderen Drohmitteln heimzusuchen? Du lieber Christ, wie groß ist die Kraft und göttliche Natur der Wahrheit, die sich ohne besondere Anstalten selbst gegen Lug und Trug verteidigt, derart daß, als am Hofe des Darius ein Streit entstand, was als das Höchste zu gelten habe, und der eine dies, der andere das nannte, zu Recht der Wahrheit der Siegespreis zuerkannt wurde. Da ich es hier mit Geistlichen, nicht mit Weltlichen zu tun habe, muß ich meine Beispiele mehr aus dem kirchlichen als aus dem weltlichen Bereich nehmen. Judas Makkabäus ließ, als er durch Gesandte vom römischen Senat ein Freundschaftsbündnis erlangt hatte, den Wortlaut des Vertrages auf eherne Tafeln schreiben und nach Jerusalem bringen. Von den steinernen Tafeln des Dekalogs, die Gott Moses gab, brauche ich gar nicht zu sprechen. Jene so großzügige, ja unerhörte Schenkung Konstantins dagegen kann durch keinerlei Dokumente weder in Gold noch in Silber, weder in Erz noch in Stein, noch auch in Büchern bewiesen werden, sondern lediglich, wenn wir diesem Menschen glauben wollen, durch ein Blatt Papier oder Pergament. Jubal, nach Josephus der Erfinder der Musik, schrieb – da sich von seinen Vorfahren her die Überzeugung vom einen zum andern fortpflanzte, alles Menschenwerk müsse einmal durch Wasser, dann wieder durch Feuer zugrundegehen – seine Lehren auf zwei Säulen nieder: einer aus Ziegeln gebrannten gegen das Feuer und einer steinernen gegen das Wasser (welch letztere in der Zeit des Josephus, wie er selbst schreibt, noch aufrecht stand), damit seine Verdienste um die Menschheit nie untergingen. Und bei den Römern, als sie noch ein Hirten- und Bauernvolk waren und kaum die Schrift kannten, wurden trotzdem die Zwölftafelgesetze auf Erztafeln geschrieben, die man später in der von den Galliern eroberten und niedergebrannten Stadt unversehrt fand. So siegt kluge Voraussicht über die beiden ärgsten Feinde des kurzen Menschenlebens: den Zahn der Zeit und die blinde Macht des Zufalls. Und da sollte Konstantin die Übertragung der Herrschaft über die ganze Welt nur mit Tinte und Papier besiegelt haben? Zumal der Erfinder dieses Märchens, wer immer es war, Konstantin die Befürchtung aussprechen läßt, es werde nicht an Leuten fehlen, die in gottloser Gier diese Schenkung widerrufen würden. Wie? Dies befürchtest du, Konstantin, und triffst keine Vorsorge, daß diejenigen, die Silvester Rom entreißen wollen, nicht auch den Fetzen Papier an sich bringen? Wie? Silvester selbst unternimmt nichts zu seiner Sicherung? Überläßt alles einfach Konstantin? ist in einer solchen Angelegenheit sorglos und untätig? sorgt in keiner Weise für sich, für seine Kirche, die kommenden Geschlechter vor? Sieh ja zu, wem du die Regierung des römischen Reiches anvertraust! Einem, der bei einer so wichtigen Sache, einem so großen Gewinn oder Verlust schläft! Denn ist ihm sein papierenes Privileg erst einmal entwunden, wird er die Schenkung, je länger, desto weniger beweisen können.

Von einem „Blatt mit dem Privileg" spricht dieser Schwachkopf. Die Schenkung der Weltherrschaft nennst du (ich erlaube mir, mit ihm ins Gericht zu gehen, als ob er leibhaft vor mir stünde) ein „Privileg"? Und du meinst, das sei auf einem „Blatt" geschrieben und Konstantin habe sich so ausgedrückt? Wenn schon der Titel absurd ist, was sollen wir dann erst von dem übrigen halten? „Kaiser Konstantin übertrug am vierten Tage nach seiner Taufe dem Bischof der römischen Kirche das Privileg, daß im ganzen römischen Reich die Priester ihn so als Haupt ansähen, wie die Richter den König". So steht es in der Geschichte Silvesters, so daß kein Zweifel möglich ist, wo nach dieser Andeutung das Privileg geschrieben steht. Aber wie ein rechter Lügenfabrikant beginnt er mit etwas Wahrem, um für die anschließenden Lügen Glauben zu finden, wie es Sinon bei Vergil macht:

„Alles, König, was immer auch war, ich werde dir's sagen
Wahrheitsgetreu", sagt er, „nicht leugn'ich argolische Herkunft.
Dies zuvor."

Anschließend tischt er seine Lügen auf. Genauso macht es hier unser Sinon: Nachdem er mit etwas Wahrem angefangen hat, fährt er fort: „In diesem Privileg liest man unter anderem folgendes: Zusammen mit allen unseren Satrapen und dem gesamten Senat, auch den Optimaten und dem gesamten dem Befehl der römischen Kirche unterstehenden Volk haben wir es für nützlich erachtet, daß, wie der heilige Petrus als Stellvertreter Gottes auf der Erde eingesetzt ist, so auch die Päpste anstatt des Apostelfürsten selbst die oberste Macht weiter, als die Milde unserer irdischen kaiserlichen Durchlaucht sie besitzt, als eine von uns und unserem Reich ihnen übertragene besitzen sollen".

O du gottloser Bube, dieselbe Geschichtsquelle, die du als Zeugnis anführst, berichtet, während eines langen Zeitraumes habe kein einziger Senator den christlichen Glauben annehmen wollen und Konstantin habe nur mit Hilfe von Prämien die Armen dazu bewegen können, sich taufen zu lassen. Und da behauptest du, gleich in den ersten Tagen hätten der Senat, die „Optimaten" und die „Satrapen" – als wären sie längst Christen geworden – zusammen mit dem Kaiser Maßnahmen zur Erhöhung der Kirche beschlossen? Aber wie denn? „Satrapen", sagst du, seien dabeigewesen? Du stockdummer Kerl! Spricht so ein Kaiser? Werden römische Dekrete so abgefaßt? Wer hat je gehört, daß in den beschließenden Gremien der Römer „Satrapen" vorkämen? Ich erinnere mich nicht, jemals gelesen zu haben, daß irgendein Römer, auch nicht, daß in den römischen Provinzen jemand „Satrap" genannt worden wäre. Aber dieser Mensch nennt sie kaiserliche Satrapen und stellt sie noch vor den Senat, obwohl doch alle Ehren, auch die dem Kaiser übertragenen, ausschließlich vom Senat oder mit dem Zusatz „und das römische Volk" beschlossen werden. Daher lesen wir auf alten Steinen, Erztafeln oder Münzen die beiden Buchstaben SC, d. h. „senatus consulto" („auf Beschluß des Senats") oder die vier SPQR, d. h. „senatus populusque romanus" („Senat und Volk von Rom"). Und als, wie Tertullian erwähnt, Pontius Pilatus über die Wundertaten Jesu an den Kaiser Tiberius statt an den Senat berichtete – denn über wichtige Angelegenheiten pflegten die römischen Beamten an den Senat zu schreiben –, nahm dieser das übel und widersetzte sich des Tiberius Antrag, Jesus als Gott zu verehren, aus – allerdings nicht offen ausgesprochener – Empörung über die Kränkung der Senatsehre. Und damit du siehst, wie groß das Ansehen des Senats war: Er erreichte, daß Jesus nicht als Gott verehrt wurde. Und wieso sprichst du von „Optimaten"? Darunter verstehe ich entweder die führenden Männer des Staates – weshalb sollten sie extra genannt werden, wenn von den übrigen Magistraten geschwiegen wird? – oder aber solche, die nicht zu den Popularen gehören, d. h. den nach der Volksgunst Haschenden, sondern sich für die Sachen der Optimi (der „Besten"), und der „guten" Partei einsetzen und sie verteidigen, wie Cicero in einer Rede ausführt. Deshalb nennen wir Caesar vor dem Untergang der Republik einen Popularen, Cato den Jüngeren einen Optimaten; den Unterschied zwischen beiden hat Sallust dargelegt. Und keineswegs wird im Text gesagt, die Optimaten würden stärker als die Popularen und die übrigen guten Staatsbürger zum kaiserlichen Rat hinzugezogen. Aber was ist erstaunlich daran, wenn die Optimaten hinzugezogen werden, wo doch, glauben wir unserem Manne, das „gesamte Volk" zusammen mit dem Senat und dem Kaiser entschieden hat, und zwar „das dem Befehl der römischen Kirche unterstehende"? Und was ist das für ein römisches Volk? Warum heißt es dann nicht eher „das römische Volk" als „das der römischen Kirche unterstehende Volk"? Was ist das für eine neue Beleidigung der römischen Bürger, von denen der größte ihrer Dichter rühmend sagt: „Du aber, Römer, gedenke die Völker der Welt zu beherrschen"? Ein Volk, das die anderen Völker beherrscht, wird ein „dem Befehl der Kirche unterstehendes" genannt – das ist wahrhaft unerhört! Denn darin unterscheidet sich (wie Gregor in vielen Briefen bezeugt) der römische Kaiser von den übrigen Herrschern, daß er allein Kaiser eines freien Volkes ist. Übrigens sei es so, wie du willst: „Unterstehen der Kirche" auch nicht die anderen Völker? Oder meinst du auch diese anderen Völker mit? Wie könnte es dann innerhalb von drei Tagen geschehen, daß alle „dem Befehl der römischen Kirche unterstehenden Völker" bei diesem Dekret mitwirkten? Und selbst wenn, entschied etwa die ganze Hefe des Volkes? Wie denn, sollte Konstantin das Volk, bevor er es dem römischen Papst unterstellte, ein „unterstehendes" nennen? Wie versteht es sich, daß es von denen, die der Kirche „unterstehend" genannt werden, heißt, sie seien es schon vor dem erst zu beschließenden Dekret gewesen? Wie, daß es heißt, sie hätten eben dies Dekret beschlossen, damit sie dem Papst unterständen, und daß er, dem sie unterstehen, sie als ihm unterstehende besitze? Was tust du Unglücksrabe anderes, als allen zu zeigen, daß du zwar den guten Willen zum Betrügen hast, nicht aber das Talent?

„... indem wir uns den Apostelfürsten selbst oder seine Stellvertreter erwählen, daß sie uns zuverlässige Fürsprecher bei Gott seien. Und wie unser die irdische kaiserliche Macht ist, so haben wir beschlossen, die heilige römische Kirche demütig zu ehren und mehr als unser Reich und unseren irdischen Thron den allerheiligsten Sitz des heiligen Petrus ruhmreich zu erhöhen, indem wir ihm Macht und Ehre und Würde und Kraft und kaiserliche Ehrerbietung zuweisen".

Steh einen Augenblick aus deinem Grabe auf, Laktanz, und bändige diesen Esel mit seinem grauenhaften, unerträglichen Geschrei! Solche Freude hat er am Getöse seines Wortschwulstes, daß er, was er gerade gesagt hat, fortwährend wiederholt und einbläut. Drückten sich zu deinen Lebzeiten die kaiserlichen Sekretäre, um nicht zu sagen Stallknechte, derart aus? Konstantin erwählte sich Petrus und seine Stellvertreter nicht etwa zu Fürsprechern, nein, „daß sie Fürsprecher *seien*"; er fügte dieses „seien" wohl hinzu, um eine rhythmische Schlußklausel zu erhalten. Eine anständige Art, sich barbarisch auszudrücken, damit der Satz gefälliger schließt, wenn denn in einem so elenden Machwerk überhaupt etwas gefällig sein kann! „Indem wir uns den Apostelfürsten *oder* seine Stellvertreter erwählen": Erwählst du nicht Petrus *und* seine Nachfolger, sondern *entweder* ihn ohne sie *oder* sie ohne ihn? Und die römischen Päpste nennt er „Stellvertreter Petri", gerade als ob Petrus noch lebte oder als ob sie von geringerem Range als Petrus wären. Und ist nicht das barbarisch: „von uns und unserem Reich übertragen"? Als hätte *das Reich* die Absicht und die Macht, etwas zu übertragen! Auch genügte es ihm nicht, zu sagen: „daß die Päpste die oberste Macht besitzen sollen" ohne den Zusatz „als eine ... übertragene", wo doch eines von beiden ausgereicht hätte. Und dann die „zuverlässigen" Fürsprecher – wie elegant gesagt! Ich nehme an, er wünscht sie sich zuverlässig, damit sie nicht durch Geld bestochen werden oder vor Angst schlottern! Ferner die „irdische kaiserliche Macht" – zwei Adjektive unverbunden nebeneinander! Dann der Ausdruck „demütig ehren" oder die „Milde unserer kaiserlichen Durchlaucht". Es riecht nach des Laktanz Rhetorik, wenn von der Macht des Reiches die Rede ist und sie „Durchlaucht" und „Milde" zu nennen statt „Erhabenheit" und „Majestät". Zudem ist es voll aufgeblasenen Hochmuts, wie auch der Ausdruck „ruhmreich erhöhen" durch „Ehre und Macht und Würde und Kraft und kaiserliche Ehrerbietung", was aus der Offenbarung Johannis genommen zu sein scheint, wo es heißt: „Das Lamm, das erwürget ist, ist würdig, zu nehmen Kraft und Göttlichkeit und Weisheit und Stärke und Preis und Lob". Öfter, wie sich noch zeigen wird, wird Konstantin untergeschoben, er habe sich Prädikate Gottes zulegen und die Sprache der Heiligen Schrift, die er nie gelesen hat, nachahmen wollen.

„Und so beschließen wir und setzen fest, daß er die oberste Macht habe ebenso über die vier Sitze, nämlich Alexandrien, Antiochien, Jerusalem und Konstantinopel, wie auch über alle Kirchen Gottes auf dem gesamten Erdkreis. Auch soll der Papst, der jeweils über die heilige römische Kirche gebieten wird, erhabener und Herr über den gesamten Klerus und die ganze Welt sein, und nach seinem Geheiß soll alles, was für den Gottesdienst und den christlichen Glauben beziehungsweise seine Festigkeit anzuordnen sein wird, bestimmt werden."

Ich übergehe hier sprachliche Fehler, wie etwa, daß er „Herr *über den Klerus*" statt „Herr *des* Klerus" sagt, oder daß er nebeneinander das Perfekt und das Präsens gebraucht, oder daß er, nachdem er gerade gesagt hat „auf dem gesamten Erdkreis" nochmals hinzusetzt „der ganzen Welt". als ob dies zweierlei wäre oder er den Himmel, der ein Teil des Weltalls ist, einbeziehen wollte, wo doch vielmehr ein guter Teil der „Welt" Rom nicht unterstand; oder daß er die Anordnungen „für den christlichen Glauben beziehungsweise seine Festigkeit" unterscheidet, als ob sie nicht zusammengehörten; oder daß er „beschließen" und „festsetzen" vermischt und Konstantin – wie wenn er sich nicht zuvor mit den übrigen eine Meinung gebildet hätte – etwas „beschließen" und, wie bei einem Strafantrag, „festsetzen" läßt, und zwar zusammen mit dem Volk. Welcher Christ könnte es ruhig hinnehmen und wollte nicht lieber einen Papst, der dies duldet und auch noch gern sich anhört und nachplappert, aufs strengste tadeln, wenn gesagt wird, er habe den Primat, der der römischen Bischofskirche doch von Christus selbst übertragen und vom achten Konzil mit Billigung Gratians und vieler Griechen bestätigt worden ist, von dem gerade erst getauften Konstantin, als sei er Christus, erhalten? Das soll dieser so bescheidene Kaiser gesagt, dieser fromme Papst sich angehört haben? Einen solchen Frevel darf man weder dem einen noch dem andern unterstellen!

Und was noch viel unsinniger ist: Kann man sich vorstellen, daß damals jemand von Konstantinopel als einem der „Patriarchensitze" sprach – Konstantinopel, das damals weder Sitz eines Patriarchen war noch eine christliche Stadt noch überhaupt so hieß, das vielmehr noch gar nicht gegründet, ja dessen Gründung noch nicht einmal geplant war? Wurde das Privileg doch erlassen drei Tage, nachdem Konstantin Christ geworden war, als die Stadt noch Byzanz hieß und nicht Konstantinopel! Man soll mich Lügen strafen, wenn dieser Tölpel das nicht auch selbst zugibt – gegen Ende des Privilegs schreibt er nämlich:

„Daher haben wir es passend gefunden, unser Reich und unsere königliche Macht nach den östlichen Ländern zu verlegen und am geeignetsten Platz der Provinz Byzantia unserem Namen zu Ehre eine Stadt zu erbauen und dort unser Reich zu begründen."

Wenn Konstantin das Reich anderswohin verlegen *wollte*, so hatte er es noch *nicht* gegründet; ebenso, wenn er eine neue Hauptstadt erbauen *wollte*, so hatte er sie noch *nicht* erbaut. Also hätte er nicht von dem Patriarchat, von einem der vier „Sitze" gesprochen, von der „christlichen" Stadt, der Stadt dieses Namens, der schon gegründeten, der geplanten – kurz, von all den Dingen, in denen sich die von Palea als Zeugnis angeführte Geschichte gefällt; denn all das existierte überhaupt noch nicht in Konstantins Kopf.

Dabei merkt dieses Rindvieh – ob es nun Palea ist oder ein anderer, dem er nachplappert – gar nicht, daß er sich im Widerspruch zu seiner Geschichte befindet, in der es heißt, Konstantin habe nicht aus eigenem Entschluß, sondern im Traum von Gott geheißen – nicht in Rom, sondern in Byzanz, und nicht schon wenige Tage nach der Taufe, sondern erst eine Reihe von Jahren später – sich zur Gründung einer neuen

Hauptstadt entschlossen und ihr den Namen gegeben, der ihm im Traum befohlen war. Also kann jeder sehen, daß der Erfinder des Privilegs lange nach Konstantins Zeit gelebt hat und daß ihm, als er sein Märchen ausschmücken wollte, ganz entfallen war, was er vorher gesagt hatte, nämlich daß dies in Rom geschehen sei, am dritten Tage, nachdem er getauft worden sei; so daß auf ihn mit vollstem Recht das abgedroschene Sprichwort zutrifft: Lügner müssen ein gutes Gedächtnis haben. Und was ist damit, daß er von der „Provinz Byzantia" spricht, während es sich um eine Stadt namens „Byzantium" handelt, einen Ort, der in keiner Weise groß genug war für eine solche Stadtgründung? Umschloß doch Konstantinopel mit seinen Mauern völlig das alte Byzanz. Er aber sagt, die Stadt solle an „ihrem geeignesten Platz" gegründet werden! Und was ist das, daß er Thrakien – die Landschaft, in der Byzanz lag – in den Osten verlegt, während es sich doch nach Norden erstreckt? Wirklich, ich glaube gar, Konstantin wußte weder, in welcher Himmelsrichtung der Platz lag, den er für die Stadtgründung ausgewählt hatte, noch, ob er eine Stadt oder eine Provinz, noch auch, welche Ausdehnung er hatte.

NIKOLAUS ELLENBOG UND KONRAD PEUTINGER

Briefwechsel über eine Plato-Ausgabe [1509]

1. Nikolaus Ellenbog an Konrad Peutinger

Bruder Nikolaus Ellenbog entbietet Konrad Peutinger seinen Gruß! Gütigster und gelehrtester Herr, ich bin Euch unendlich zu Dank verpflichtet, daß Ihr mir in Eurem Brief wissenschaftliche Hilfe und Kritik zusagt. Ich komme nun heute, wenn auch vielleicht unpassend, da Euch hochwichtige Geschäfte in Anspruch nehmen, um Euch um Hilfe und Rat zu bitten. Zu Beginn meiner geistlichen Berufung, als ich noch mein Noviziat durchmachte, verbrachte ich, um nicht müßigzugehen und so dem Feind eine Gelegenheit zur Versuchung zu lassen, in meiner Zelle sitzend viel Zeit mit Lektüre; und um die Wahrheit zu gestehen, niemals (wenn ich ungebildeter Mensch so sprechen darf) war ich weniger allein, als wenn ich allein war. Ich gebe offen zu: Im Hinblick auf meine geistige Ausbildung erschien mir nach den weltlichen Studien die Theologie weniger Nahrung und Reiz zu bieten. So war, wie bei einem Fieberkranken, das Sensorium meiner Intelligenz angekränkelt. Ich warf also die theologischen Bücher in die Ecke und nahm den Plato zur Hand, dessen Lektüre mich so entzückte, daß ich, nachdem ich ihn zunächst einmal ganz durchgelesen hatte, mich daran machte, ihn ein zweites Mal zu lesen. Ich schrieb mir die Hauptsätze, die sich mit unserem Glauben näher berühren und die mir vom rechten, glücklichen Leben zu handeln schienen, heraus und sog, wie eine Biene das weite Gefilde der platonischen Werke überfliegend, überall den Nektar, der mir geeignet schien, daraus Honig zu machen. Diesen Auszug nun sah mein hochwürdiger Vater Abt, ein besonderer Liebhaber der schönen Wissenschaften, bei mir und sprach, nachdem er darin gelesen, seinen ausdrücklichen Wunsch aus, ihn drucken zu lassen und an die Öffentlichkeit zu geben. Obwohl es mir aufgrund des Gehorsamkeitsgebots nicht erlaubt ist, mich ihm zu widersetzen, fand ich es doch besser, das Urteil gelehrterer Männer darüber einzuholen. Ich übersende Euch also, hochgelehrter Herr, dieses von mir zusammengestellte und nur in einem Exemplar existierende Platobrevier, auf daß Ihr es kritisch beurteilt, verbessert und kürzt, vorausgesetzt, Ihr wollt es einer solchen Mühe überhaupt für wert halten. Andernfalls möge das Schriftchen zu mir zurückkehren, um dann bei mir auf ewig unter Verschluß zu liegen. Lebt wohl!

2. Konrad Peutinger an Nikolaus Ellenbog

Konrad Peutinger entbietet Nikolaus Ellenbog seinen Gruß! Eure beiden Briefe an mich habe ich gelesen und bin Euch für die alten Glossen, die Ihr mir übersandt habt, wirklich zu großem Dank verbunden. Um dies eine nur wollte ich Euch bitten, daß Ihr mir mitteilt, ob unter der Inscriptio, die mit den Worten beginnt „Im Jahr der Fleischwerdung unseres Herrn 764," noch mehr Worte als in der mir übersandten Abschrift stehen. Der Ausdruck „et caetera" vor dem Vers „Totto Clericus" macht mich nämlich stutzig. Schickt mir deshalb, wenn etwas fehlt und es Euch keine Mühe macht, eine vollständige Abschrift des Briefs Kaiser Karls des Großen, wie mir auch der Abt von Kempten [Johann Rudolph von Reitenau] eine Handschrift betreffend die Errichtung seines Klosters in großzügigster Weise mitgeteilt hat. Was Eure Bitte wegen Sylachus angeht, so weiß ich nicht genügend Bescheid und habe nirgends etwas über ihn gelesen. Mit größerer Genauigkeit habe ich, Ihr werdet es demnächst sehen, die Geschichte der Könige und Herzöge von Schwaben geschrieben.

Daß Ihr Euch mit Plato beschäftigt, den Ihr mit solcher Hingabe liebt, dazu meinen herzlichen Glückwunsch. Er ist wirklich ein Wunder an Bildung und Feinheit des Dialogs und steckt voll der schönsten Wahrheiten; selbst die größten Heiligen unserer Kirche haben ihn als göttlich gepriesen, denn sowohl seine Gelehrtheit und sein Charakter als auch seine Lehren zeigen eine gewisse Ähnlichkeit mit unserer Religion. Dies lehrt uns (um von den übrigen zu schweigen) des Eusebius von Georg von Trapezunt ins Lateinische übersetzte Schrift *Die evangelische Vor-*

bereitung. Wenn Ihr nun aber wünscht, ich solle Eure Plato-Exzerpte einer Prüfung unterziehen, so scheint mir Euer Ansinnen, sie mir anzuvertrauen, der ich mich mit dem von mir hochverehrten Plato nicht messen kann, recht wenig Erfolg zu versprechen. Ihr habt diese von mir schon lange ersehnte Arbeit geleistet. Wer wird Euch hierfür nicht den größten Dank schulden? Was auf einem riesigen Areal weithin verstreut war, davon gebt Ihr uns in einem knappen Kompendium eine Auswahl und schenkt uns Veilchen und Rosen und jenen herrlichen Honig, gesammelt aus den wohlriechenden Blumen vom Berge Hyble. Schon Plinius und der Diktator Caesar unternahmen mit ihren Kollektaneen Ähnliches. Es ist in der Tat eine sehr gute Sache, wenn wir nicht wie das dumme Vieh in trägem Nichtstun durchs Leben gehen, sondern stets ein waches Interesse für die menschliche Gesellschaft zeigen und ihr, im Wunsch, ihr zu nützen, Wohltaten erweisen. Fahrt deshalb fort, wie Ihr begonnen habt, bringt Euer mit Sorgfalt und Mühe zum allgemeinen Nutzen erstelltes Werk zum Abschluß und gebt es gereinigt heraus. Sagt dem hochwürdigsten Herrn Abt in meinem Namen für seine freundlichen Grüße meinen herzlichen Dank. Euch selbst empfehle ich mich angelegentlichst. Die hebräische Bibel könnt Ihr noch eine Weile behalten.

WILLIBALD PIRCKHEIMER

Die Mühen bei der Ausgabe einer Fulgentius-Handschrift [1519]

In den jüngstverflossenen Jahren reiste ich in der Eigenschaft eines Gesandten unserer Stadt zu dem unüberwindlichsten und in unsterblichem Ruhme fortlebenden Kaiser Maximilian nach Niederdeutschland. Als ich dabei auf diesem meinem Wege nach Würzburg kam, besuchte und grüßte ich Johannes Trithemius, den einstigen Abt von Sponheim, meinen alten Freund. Ich wurde von ihm auf das herzlichste empfangen und nachdem wir, wie es zu geschehen pflegt, über unsere Studien vieles hin und her gesprochen, fiel die Rede auch auf jene sehr alten Handschriften, an welchen diese Stadt besonders reich war, indem man, allenthalben aus Klöstern, selbst von Oberdeutschland her, solche zusammengeschleppt hatte. Ich munterte den Mann auf zum gemeinsamen Vorteil der Freunde der Wissenschaften, dieselben doch einst dem Publikum mitteilen zu wollen, besonders solche Handschriften, die als verloren, aber doch noch nicht als vernichtet galten. Jener gab mir darüber sehr zuvorkommend die Zusicherung, daß er dies tun wolle. Allein es dauerte nicht lange, so überraschte ihn der neidische Tod; der brachte alles wieder ins Stocken und verhinderte, daß manche herrliche, griechische sowohl als lateinische Bücher herausgegeben werden konnten, nicht ohne wesentlichen Schaden für die Literatur und die ganze gelehrte Welt. Allein auch nachdem ein so großer Mann wie jener dieser Sache entzogen wurde, trachtete ich aus allen Kräften dahin, daß das, was er im Leben nicht mehr vollbringen konnte, wenigstens nach seinem Tode ins Werk gesetzt würde. Lange trachtete ich jedoch vergebens, denn sein gesamter literarischer Nachlaß war verschwunden, so daß nicht einmal eine Spur davon mehr übrig zu sein schien.

Endlich, nachdem ich bereits alle Hoffnung aufgegeben, kam mir doch wenigstens ein Buch in die Hände, von seltenem Alter und in beinahe unlesbaren Buchstaben geschrieben. Beim ersten Anblick war ich durch das ehrwürdige Alter desselben so ergriffen, daß ich glaubte, ich hätte den kostbarsten Schatz gefunden. Doch bald geriet ich in keine kleine Verlegenheit, da ich beinahe nicht ein einziges Wort herausbringen konnte, aus so uralter und längst verschollener Zeit stammen jene Buchstaben. Ich war somit genötigt, ganz frisch wieder in die Schule zu gehen und das Abc zu lernen. Ich begann damit, jene Schrift genauer zu betrachten, die Buchstaben voneinander zu unterscheiden, hierauf wiederum in Zusammenhang zu bringen und abermals sie zu trennen. Endlich brachte ich heraus, daß das Buch die Schriften des heiligen Fulgentius enthielt, eines Mannes sowohl durch Heiligkeit seines Lebens als durch Gelehrsamkeit seiner Schriften hochberühmt. Wohl hielt ich es darum der Mühe wert, ein so hell leuchtendes Licht des christlichen Glaubens nicht unter dem Scheffel versteckt zu lassen, sondern jedermann, besonders aber den Beflissenen der heiligen Schriften, wohlwollend in die Hände zu bringen. Sobald ich nur konnte, rief ich unseren Koberger zu mir und munterte ihn auf, zum allgemeinen Nutz und Frommen dieses Buch verlegen zu wollen. Derselbe, wie er denn ein äußerst gebildeter und humaner Mann ist, erklärte, dies ohne Anstand zu tun und keine Kosten sparen zu wollen.

Allein nunmehr stellte sich meinem Lieblingswunsche eine andere Schwierigkeit entgegen, welche denselben zu vereiteln drohte. Der Eigentümer des Buches erklärte, daß ihm solches nicht feil sei. Wir, die wir darauf nicht eben viel achteten, baten zum mindestens uns zu erlauben, daß wir davon eine Abschrift für uns nehmen dürften. Alles vergebens. Wir griffen danach den Menschen, der nun schon aufmerksam geworden war, auf andere Weise an und brachten steigernd die Sache nach und nach dahin, daß wir unseres Wunsches nicht so sehr durch Bitten als durch ein hohes Angebot teilhaftig wurden, und zwar um ein solches, zu dem wohl schwerlich ein anderer sich verstehen oder um das er mehrere Bücher zugleich gekauft haben würde. Überdies wurde von dem Menschen noch die Bedingen beigesetzt, daß der Codex ihm nach gemachtem Gebrauch zurückgestellt werden sollte und hiefür mußte man ihm eine Urkunde und versiegelte Quittungen anfertigen.

Wir hatten den Codex kaum erhalten, als sich schon wieder ein neues Hindernis einstellte. Ungeachtet wir mehrere Schreiber angestellt, so fand sich doch von allen keiner, der es auf seine Gefahr übernommen hätte, eine Abschrift zu besorgen. So sehr schien ihnen die Sache nicht nur schwierig, sondern selbst verzweifelt und es half nichts, daß ich mich anheischig machte, die oberste Leitung selbst zu übernehmen und, wo es nötig fallen würde, in das tiefe Dunkel Licht zu bringen. So steckten wir mittlerweile in der Klemme. Da führte ein glückliches Ungefähr gerade unseren Johannes Cochlaeus, jenen durch Geist und Gelehrsamkeit so ausgezeichneten Mann, uns herbei, welcher eben aus Italien zurückgekommen war, wo er nach saurem Schweiß und großen Anstrengungen die sogenannte Würde eines Doktors der Theologie erhalten hatte. Anfänglich war er nach Frankfurt gezogen, wo er als Dekan an Liebfrauen angestellt wurde. Allein die Pest, welche daselbst wütete, zwang ihn zur Flucht. Ihn nun gingen wir gleichfalls an, dies Geschäft doch übernehmen zu wollen und wir erweichten ihn endlich in der Tat, daß er es, wie Du selbst ersehen magst, auf das kritischste vollendete.

Diese Schicksale des Buches, geliebte Schwester, habe ich vielleicht in einem längeren Faden, als sich gebührte, ausgesponnen. Allein ich tat es absichtlich, damit Du erkennst, mit wieviel Schwierigkeiten und mit welchen Kosten die Schriften des hochheiligen Mannes aus dem Dunkel der Vergessenheit und dem staubigen Kerker entrissen wurden: Es war Fulgentius, damit wir auch noch dieses anführen, ein Afrikaner von Geburt und zu Karthago heimisch.

FRANCISCO XIMÉNEZ DE CISNEROS

Vorbemerkung zu der Complutenser Polyglottbibel [1514–1517]

Damit Du, fleißiger Leser, die Art und Anordnung verstehst, die wir in diesem Druck des Alten Testaments befolgt haben, und dieses Buch umso leichter benutzen kannst, ist es nötig, Dich vorher mit einigem bekannt zu machen. Vor allem ist dies vorauszuschicken: Das Alte Testament wird von den Lehrern der Theologie in drei Teile geteilt, nämlich erstens die Gesetzesbücher, von ihnen Pentateuch genannt, zweitens die Geschichtsbücher, drittens die sogenannten prophetischen Bücher. Die Zahl der Sprachen, in denen alle diese Bücher vorliegen, ist indessen unterschiedlich. So gibt es vom Pentateuch einen dreifachen Text: einen hebräischen, einen chaldäischen und einen griechischen; wir haben sie zusammen mit drei weiteren – lateinischen – Übersetzungen nebeneinander drucken lassen, in der Weise, daß dem hebräischen Urtext die lateinische Übersetzung des heiligen Hieronymus gegenübersteht, dem chaldäischen eine weitere lateinische Übersetzung, ziemlich wortgetreu von den erfahrensten Kennern jener Sprache erarbeitet, der griechischen Septuaginta-Ausgabe schließlich eine lateinische Interlinearübertragung. Die historischen und die prophetischen Bücher werden in nur drei Sprachen gedruckt: in Hebräisch und Griechisch, zusammen mit zwei lateinischen Parallelübersetzungen. Denn der chaldäische Text ist, außer im Pentateuch, an manchen Stellen verderbt und von frei erfundenen und ganz unsinnigen Zutaten der Talmudisten durchsetzt, so daß er es schlechterdings nicht verdient, in den biblischen Kanon aufgenommen zu werden. Weil er aber an einigen Stellen, wo der Wortlaut gesichert und frei von Fehlern ist, die christliche Religion begünstigt, haben wir die übrigen Bücher des gesamten Alten Testaments aus der chaldäischen Sprache ins Lateinische übersetzen, mitsamt der lateinischen Übersetzung sorgfältig abschreiben und in der öffentlichen Bibliothek der Universität von Alcalá de Henares deponieren lassen. Von den außerhalb des Kanon stehenden Büchern dagegen, welche die Kirche mehr zur Erbauung der Gläubigen als zur Beglaubigung der kirchlichen Lehren gelten läßt, existiert nur ein griechischer Text, aber mit einer zweifachen lateinischen Übersetzung: derjenigen des heiligen Hieronymus und einer zweiten wörtlichen, interlinearen wie bei den übrigen Büchern.

Dies war über die Anzahl der Sprachen unserer Ausgabe vorauszuschicken. Im folgenden müssen wir kurz auf die Methode eingehen, die wir bei der Anordnung der Sprachen im Pentateuch befolgt haben. Wenn man den Band aufschlägt, hat man rechts wie links je eine Druckseite vor sich mit jeweils drei Hauptkolumnen. Diejenige am Außenrand enthält den hebräischen Urtext, diejenige am Innenrand die griechische Septuaginta-Übersetzung, mit der wörtlichen Interlinearübersetzung jeweils über der Zeile. Zwischen den hebräischen und den griechischen Text – wie zwischen Synagoge und östliche Kirche – haben wir die lateinische Übersetzung des heiligen Hieronymus gestellt, indem wir gleichsam links und rechts die beiden Schächer, in der Mitte aber Jesus, d. h. die römische oder lateinische Kirche, angeordnet haben, denn sie allein ist, da auf festen Fels gebaut (während die andern beiden immer wieder vom rechten Schriftverständnis abweichen), stets und ohne zu wanken bei der göttlichen Wahrheit geblieben. Zusätzlich haben wir unter diesen drei Kolumnen zwei weitere kleinere am Fuß der Seite gedruckt, von denen die eine, breitere, den chaldäischen Schrifttext erhält, die andere, schmalere, die lateinische Übersetzung. Die beiden Kolumnen sind so eingerichtet, daß je einer hebräischen Textzeile zwei lateinische Zeilen gegenüberstehen. Folgendes ist jedoch immer zu beachten: Alle fünf Kolumnen stimmen am Anfang und Ende zusammen, bis auf sehr wenige Fälle, wo es aus Platzgründen nicht ganz möglich ist.

Da es ferner unser Vorsatz ist, nicht nur denjenigen zu dienen, die über eine vollkommene Sprachkenntnis verfügen, sondern auch denjenigen Hilfestellung zu bieten, deren Kentnisse nicht so fortgeschritten sind – denn wir fühlen uns den einen wie den anderen verpflichtet, und unser Wunsch ist, daß niemand sich durch die Schwierigkeiten fremder Sprachen abschrecken lassen möge, das Allerheiligste der göttlichen Bücher zu betreten –, deshalb haben wir, damit jeder die hebräischen Ausdrücke bequem unterscheiden und die lateinische Übersetzung ihnen jeweils richtig zuordnen kann, den einzelnen hebräischen Ausdrücken oben kleine lateinische Buchstaben beigegeben, denen ganz gleiche in der danebenstehenden lateinischen Kolumne entsprechen, so daß man an der Gleichheit des Buchstabens erkennen kann, welcher lateinische Ausdruck welchen hebräischen wiedergibt. Wo der Übersetzer aber einen einzigen Begriff mit mehreren Wörtern umschreibt oder, im Gegenteil, mehrere Wörter mit einem einzigen Ausdruck übersetzt, ist der kleine Hilfsbuchstabe auf die gesamte Umschreibung oder Verkürzung zu beziehen. Überdies wird man bei diesen Hilfsbuchstaben manche mit einem kleinen Punkt darunter vorfinden. Dieser Punkt besagt, daß der darunterstehende hebräische Ausdruck mehrdeutig ist und also irgendeinen verborgenen und geheimen Sinn enthält, den der Interessierte leicht mit Hilfe eines Wörterbuchs entschlüsseln kann, oder er weist zumindest darauf hin, daß die in der lateinischen Übersetzung verwendete Bedeutung mehr die herkömmliche, sinngemäße als die eigentliche und buchstabengetreue ist. Da andererseits die Auffindung der Stämme oder Wurzeln der von ihrer Grundbedeutung abweichenden hebräischen und chaldäischen Wörter eine ganz unabdingbare Voraussetzung ist, will man die Vokabeln in einem Wörterbuch finden, zugleich aber eine mit solchen Schwierigkeiten verbundene, daß selbst gute Kenner dieser Sprachen häufig dabei unsicher sind und bisweilen sogar irren, so haben wir uns ein möglichst praktisches Hilfsmittel ausgedacht; mit ihm kann jeder, der auch nur die Anfangsgründe des Hebräischen beherrscht, die Wurzel jedes Wortes mühelos feststellen, so daß wir, auf diese Hilfen gestützt, auf die jüdischen Lehrer mit ihrer (wie der heilige Hieronymus sich ausdrückt) unerträglichen Langweiligkeit und ihren schlechten Manieren getrost verzichten können.

Es ist also zu beachten: Wenn einem hebräischen oder chaldäischen Wort ein zweites am Rande entspricht (was man an dem identischen kleinen Buchstaben über beiden Wörtern erkennt), dann muß man das Wort so, wie es am Rande notiert ist, im Wörterbuch nachschlagen; es handelt sich dann nämlich um die ersten zum Wortstamm gehörigen Buchstaben des Stammes. Die übrigen Wörter des hebräischen Textes, denen kein Stammwort am Rande entspricht, muß man im Wörterbuch mit Hilfe ihrer drei oder auch nur zwei ersten Buchstaben suchen – außer wenn einer der fünf Buchstaben Bet, He, Kaf, Lamed und Mem, gleichgültig mit welchem Vokalzeichen darunter, vorangeht und er mit einem Häkchen darüber versehen ist; denn dann sind diese Buchstaben als Artikel oder Präposition verwendet und müssen folglich, da nicht zum Stamm gehörend, in Abzug gebracht werden, und die nächstfolgenden drei oder manchmal auch nur zwei Buchstaben sind die ersten des Stammes, mit deren Hilfe man das Wort im Lexikon finden wird. Dasselbe gilt von den Buchstaben Waw, auch wenn er nie mit einem solchen Zeichen versehen wird; denn überall, wo er irgendeinem Wort vorangesetzt wird, wird er als Verbindungskonjunktion gebraucht und muß deshalb fortgelassen werden. Für das Chaldäische ist noch folgendes zu beachten: Der Buchstabe Dalet wird hier manchmal als Genetivartikel verwendet und ist deshalb, wenn er mit dem genannten Häkchen auftritt, ebenfalls fortzulassen. Andererseits, wenn man ein chaldäisches Wort, dem am Rande nichts entspricht, im Lexikon nicht findet, so ist der Grund der, daß die Buchstaben Alef, He, Waw, Jod häufig als Vokalzeichen benutzt werden; dann muß man also diese Buchstaben weglassen und unter den restlichen Buchstaben des Stammes im Lexikon nachschlagen. Dies in aller Kürze, damit die, welche die hebräische Schrift zu lesen verstehen, sofort, einfach und ohne langes Überlegen auf den Stamm eines Wortes kommen können. Wenn aber der neugierige Leser sich mit dem bloßen praktischen Verfahren nicht begnügen, sondern die exakte Methode wissen will, wie man eine Wortwurzel richtig feststellt, dann lese er das Schlußkapitel unserer hebräischen Grammatik im Anhang des hebräischen Wörterbuches; um ihm umständliches Bücherwälzen zu ersparen, haben wir es für gut befunden, es noch einmal im Anschluß an diese Einführung abzudrucken.

Zu beachten ist noch, daß wir bei den hebräischen Schriftzeichen bewußt jene Häkchen weggelassen haben, die die Juden heute als Akzente verwenden. Denn da sie keinerlei Bedeutungs- oder Ausspracheunterschiede angeben, sondern ausschließlich die verschiedene Tonhöhe beim Singen angeben, sind sie von den alten Hebräern mit Recht verworfen worden, und wir haben es vorgezogen, ihnen hierin zu folgen. Damit man aber über die Stelle des Akzentes bei jedem Wort nicht im ungewissen sei, haben wir folgenden Ausweg beschritten: Da die hebräischen Wörter in ihrer Mehrzahl auf der letzten Silbe betont werden, haben wir alle solchen Wörter ohne Akzentzeichen gelassen, die sehr seltenen anderen dagegen, die nicht auf der Schlußsilbe betont werden, mit einem Akzentzeichen über der betonten Silbe versehen. Übrigens verwenden die Hebräer bei der Abtrennung der Klauseln auch das Kolon und das Komma, doch so, daß das Kolon ein Doppelpunkt ist, wie das Komma bei den Lateinern; das Komma hingegen sieht so aus: ^.

Was den griechischen Text angeht, so sollst Du wissen, daß wir unserem Druck nicht die gewöhnlichen oder uns zufällig in die Hände geratenen Handschriften zugrunde gelegt haben, sondern die allerältesten und fehlerfreiesten, die uns der Heilige Vater, Papst Leo X., aus Anteilnahme an unserem Vorhaben aus der Vatikanischen Bibliothek selbst geschickt hat – Handschriften von so unangreifbarer Textreinheit, daß, wollte man zu ihnen kein volles Vertrauen haben, es wohl überhaupt keine geben dürfte, denen man Glauben schenken kann. Außerdem haben wir eine nicht unbeträchtliche Anzahl weiterer Handschriften zu Rate gezogen. Teils hat sie uns, aus dem vorzüglichen Exemplar Bessarions sorgfältig abgeschrieben, die wohlweise Signorie von Venedig zugesandt, teils haben wir sie selbst unter großen Mühen und Kosten überall zusammengetragen, so daß uns eine Fülle erstrangiger Handschriften zur Verfügung stand. Ebenso haben wir die lateinische Übersetzung des Hieronymus mit einer Unzahl altehrwürdiger Handschriften verglichen, besonders mit denen, die in der öffentlichen Bibliothek unserer Universität von Alcalá de Henares aufbewahrt werden; vor über achthundert Jahren in gotischer Schrift geschrieben, sind sie von einer Reinheit, daß man nicht einmal einen falschen Akzent in ihnen entdekken kann. Einige Eigennamen, die durch Schuld der Kopisten anders als in den Originalhandschriften des Alten und Neuen Testaments üblich geschrieben sind, haben wir unverändert gelassen, aus folgender Absicht: Hätten wir jetzt an ihrer Schreibung etwas geändert, so könnte man sie nicht finden in dem Kommentarband, den wir, unter Zugrundelegung der herkömmlichen Namenschreibweise, schon früher in alphabetischer Reihenfolge verfaßt haben. Immerhin haben wir in den Kommentaren selbst diese Eigennamen angemerkt, indem wir nicht nur ihre allgemein übliche Schreibweise angeführt haben, sondern auch buchstabengetreu die in den Originalhandschriften vorgefundene.

Schließlich ist im Buch der Psalmen noch daran zu erinnern, daß die von uns verwendete übliche lateinische Übersetzung als Interlinearversion über die Zeilen des griechischen Septuagintatextes gesetzt ist, weil sie ihm fast Wort für Wort entspricht. Die Übersetzung des heiligen Hieronymus nach dem hebräischen Urtext haben wir dagegen in die mittlere Kolumne gesetzt.

Damit meinen wir Dir, fleißiger Leser, in allem, was das Alte Testament betrifft, eine einfache und klare Handreichung gegeben zu haben. Um Dich aber nicht nur über die Absicht unseres Alten Testaments, sondern auch der übrigen biblischen Bücher in großen Zügen ins Bild zu setzen, haben wir für gut befunden, unsere Vorreden zum Neuen Testament und zum hebräischen Wörterbuch hier nochmals abzudrukken, im Anschluß an die unmittelbar folgende Anleitung zur Auffindung der hebräischen Wortwurzeln, welche, wie schon gesagt, für die vorliegende Instruktion von größtem Wert ist.

ACHILLES PIRMIN GASSER UND KONRAD GESSNER

Briefwechsel über die Herausgabe einer griechischen medizinischen Handschrift [1562–1563]

1. Achilles Pirmin Gasser an Konrad Gessner

Dem weitberühmten Mann Konrad Gessner, dem hochverdienten Erzarzt der Zürcher Republik und dem gelehrten Philosophen, seinem Freund, sagt Achilles Pirmin Gasser aus Lindau, der Augsburger Arzt, seinen Gruß!

Der hervorragende Doktor der Medizin Johannes Moibanus, der rechtmäßige Sohn des frommen und gebildeten Mannes, des Magisters Ambrosius Moibanus, des Breslauer Pfarrers, unser gemeinsamer Freund, der nach Vollendung seines Studiengangs einige Jahre in Amberg im Voigtland nicht ohne Erfolg die Heilkunst ausgeübt hat, dann aber hier in der Heimat seiner Frau ordentlicher Stadtarzt geworden ist, hatte, um nicht müßig vor sich hinzuleben oder in den Geruch zu kommen, nur des Gewinns wegen der finsteren Kunst zu obliegen, den Entschluß gefaßt, sich bei allen durch seine wissenschaftliche Leistung verdient zu machen. Und während er so neben anderen ehrenvollen Vorhaben bemüht gewesen ist, die Bücher *Über die einfachen Heilmittel* (so nämlich lautete der Titel unserer Handschrift), die Heilungen vom Kopf bis zu den Füßen enthalten, die bis heute weder griechisch herausgegeben noch von jemand ins Lateinische übersetzt worden sind, durch seine Arbeit unseren Zeitgenossen zukommen zu lassen, und begonnen hatte, sie mit größter Sorgfalt zu übersetzen, machte ihm von Anfang an, wie das Sprichwort sagt, von der Schwelle an, Deine These, mein Gessner, obwohl er Dich stets sehr geschätzt hat, schwer zu schaffen, daß diese Bücher fälschlich dem Dioskorides zugeschrieben werden. In der Folge erwog er auch die Vermutung des Cornarius, jene seien von einem jüngeren Alexandriner Dioskorides zu den Titeln über die Krankheiten aus den fünf älteren Büchern des Dioskorides über die ärztliche Materie an Arius zusammengestellt worden. Diese Theorie des Cornarius machte auf ihn einen starken Eindruck; und so mußte ich feststellen, daß er – von Natur aus ein Zauderer – gehemmt wurde und ganz und gar unschlüssig war, ob er noch weitere Mühe und Geld darauf verwenden sollte. Schließlich entschloß er sich auf meinen Rat, den er nicht selten benützte, die einmal begonnene Arbeit nicht gänzlich aufzugeben, sondern nach Kräften fortzuführen, lehrt doch die Erfahrung selbst, daß kaum jemals ein Buch so schlecht ist, daß in ihm nicht doch etwas Gutes enthalten ist. Und so wurde er mit der Zeit mit diesem bis heute unbekannten griechischen Autor, über den wir im Zweifel sind, immer vertrauter und fuhr fort, indem er mit großem Ernst in ihn einstieg, die

Bezeichnungen und den Gebrauch der einzelnen Heilmittel zu prüfen und zu erwägen. Schließlich machte er sich mit schärferem Urteil auf die Jagd, indem er die Symphonien vor allem des Galen und der anderen Autoren durchforschte und gelangte endlich durch tägliche Beweise zu der festen Überzeugung und Ansicht, daß er mir als unzweifelhaft versichern konnte, daß diese zwei Bücher an Andromachus über die Heilung von Krankheiten des menschlichen Körpers durch leicht zu beschaffene Heilmittel keinem anderen als eben selbst dem Dioskorides von Anazarbos zuzuschreiben sind. Denn abgesehen davon, daß er festgestellt hat, daß die Ausdrucksweise in diesem Buch überall die gleiche ist wie in den Büchern über die ärztliche Materie, fänden sich darüber hinaus nicht nur bei Plinius dem Älteren (der jedoch überall den Dioskorides eifrig unbeachtet läßt) und auch bei dem späteren Oribasius von Sardes unzählige Stellen, die Wort für Wort aus diesem vorliegenden Buch und nicht aus den Büchern über die ärztliche Materie entnommen sind, sondern er behauptete auch ernstlich, daß im Aetius an unzähligen Orten solche Heilmittel namentlich aus diesem Buch selbst und nicht aus anderen Werken des Dioskorides übernommen wurden, die gleichfalls unzweifelhaft aus diesem Buch selbst und nicht aus anderen Werken des Dioskorides herausgenommen wurden. Um aus den vielen die eine oder andere Stelle, die ich noch im Gedächtnis habe, anzuführen: Unter den Heilmitteln gegen die Epilepsie verweist der genannte Aetius in der 2. Tetrabiblos, 2. Gespräch, 16. Kapitel, auf den Schleim der Splitter des Lotusbaumes bei Dioskorides, worüber in den Büchern über die ärztliche Materie nichts, in diesem Buch aber im Kapitel über die Epilepsie im 1. Buch dasselbe Heilmittel angeführt wird. Und so wieder derselbe Aetius in derselben Tetrabiblos, 1. Gesprach, 88. Kapitel, ebenso in der 3. Tetrabiblos, 1. Gespräch, 2. und 27. Kapitel. Und in vielen anderen Kapiteln entlehnt und zitiert er einiges von Dioskorides, was ganz und gar nur mit diesem unseren dem Andromachus gewidmeten Buch übereinstimmt, nicht aber mit denen, die an Arius gerichtet sind. Als er mir schließlich die Stelle des Aetius zeigte, wo dieser ausführlich in der 2. Tetrabiblos, 4. Gespräch, 2. Kapitel auf des Dioskorides *Über die einfachen Heilmittel* verweist und sich dort etwas über die Schale des Tintenfisches, die Wurzel der Waldgurke und des Leinsamens befindet, was in den Büchern über die ärztliche Materie nirgends, in diesem Buch aber unverändert zu finden ist, kam ich für meinen Teil zu dem Schluß, daß man keine Spuren mehr aufsuchen müsse, nachdem man den Bären gefunden hat, nämlich daß bei einer solchen Fülle von Beweisen im Übermaß gesichert scheint, daß diese beiden Bücher über die Heilung durch leicht zu beschaffende Heilmittel (oder wie es der Titel unseres Exemplars sagt, durch einfache Heilmittel) echte Bücher des Dioskorides selbst sind, nicht aber Bastarde oder von irgendeinem anderen Arzt zusammengestellte Bücher. Durch diese Worte fühlte er sich aufs neue beruhigt und ging daran, an seinem Vorhaben mit größerem Mut weiterzuarbeiten und das begonnene Werk mit aller Kraft zu vollenden. Aber siehe, o Ungewißheit des Schicksals, sozusagen mitten auf dem Weg starb unvorhergesehen seine liebste Frau, die ein Kind erwartete. Nicht nur die tiefe Trauer hinderte ihn, sondern er verfiel infolge der Traurigkeit in ein so bösartiges Fieber, daß der ohnehin schwache Jüngling derartig unglücklich zu Boden geworfen wurde, daß er innerhalb weniger Tage jede Hoffnung fahren ließ, nicht so sehr an einer raschen Beendigung der vorgenommenen Arbeit, sondern überhaupt an der Wiederherstellung seiner früheren Gesundheit, ja sogar am Leben. Als ich ihn daher drei Tage vor seinem Tod, wie ich es inzwischen gewohnt war, aus Freundschaft und Pflichtgefühl aufsuchte und ihn, nachdem alle Zeugen entfernt waren, über einige Geschäfte befragte, legte er mir schließlich weinend und mit heiserer Stimme bei unserer gegenseitigen Freundschaft ans Herz, daß ich für den Fall, daß er in ein besseres Leben hinübergehen sollte, seinen Dioskorides Dir, hochgelehrter Mann, verehrtester Konrad, gleichsam als dem vollendetsten Künstler dieser Dinge, empfehlen und als einem Vermächtnisnehmer verläßlich zuschicken sollte, damit Du mit Deinem Fleiß den frommen Eifer des alten Freundes unterstützen und mit Deiner einzigartigen Gelehrsamkeit das von ihm begonnene Buch zu Ende führen könntest. Das zu besorgen, habe ich ihm damals bereitwillig zugesagt, doch fürchte ich, daß ich Dir, nachdem jener jetzt von Christus zum ewigen Leben berufen wurde, Du aber in dieser sterblichen und mühseligen Welt auch vorher schon mit ernsthaften Dingen angestrengt beschäftigt bist, in unhöflicher Weise noch mehr Mühe und Sorge auflade. Doch was wirst Du tun, wo Dich ein Freund um des Freundes willen freundlich bittet? Da ich nicht sehe, wie ich im Namen des öffentlichen Nutzens dieses sehr gute Vorhaben vor dem Untergang retten kann, ich andererseits aber auch nicht mit ruhigem Gewissen diesen Auftrag des verstorbenen Kollegen bei Dir übergehen kann, möchte ich lieber bei Dir als ein unverschämter Unruhestifter gelten als bei anderen als ein unredlicher und untreuer Testamentsvollstrecker. Dazu gibt mir nicht nur die Dir angeborene Leutseligkeit den Mut, sondern auch Dein unablässiger Eifer, Dich um alle wohl verdient zu machen, ja schließlich fordert und verlangt es mit Recht Deine eigene Glaubwürdigkeit, womit Du dieses Werk vordem in den *Gärten Deutschlands* im Namen des Moibanus den Studenten versprochen hast. Nimm daher, hochberühmter Mann, gut und gerecht das auf, was ich Dir hier in treuer Gesinnung gegen beide anbiete und mit Rücksicht auf den letzten Willen unseres Moibanus erbitte. Doch damit ich das nicht ängstlich berichte und Dir ungeschickt Verdruß oder größere Bedenken über die Länge des noch zu verbrauchenden Öls bereite, schicke ich Dir hier eingeschlossen, was jener gute und rechtschaffene Mann in diesen Büchern des neuen Dioskorides während der mühevollen Sorgen seines heiligen Berufes bereits ausgearbeitet hat, nämlich das gesamte erste Buch und den größeren Teil des zweiten Buches, zugleich mit den erlesensten Anmerkungen und einer unbearbeiteten Aufzeichnung der ganzen übrigen Übersetzung, die er zu dieser (wie Du siehst) verworrenen Materie, um sich besser einrichten und vervollkommnen zu können, obenhin und plumper als am Anfang angelegt hat. Ich vermute nicht nur vage, sondern ich bin vollständig davon überzeugt, daß Du mit leichtem Hobel und geschickter Feile diesem Gebäude ohne Schwierigkeit ein Dach aufsetzen wirst. Nicht aber, glaube ich, wird es nötig sein, daß Du die sogenannte Konkordanz mit anderen Autoren, wie sie Moibanus gemacht hat, weiter ausführst; denn das wird jeder je nach Muße und Gelegenheit selbst versuchen, der bemüht ist, diesen Autor nachzuahmen, sich wo immer die Schriften der anderen frei hinzuzuschreiben und zu untersuchen. Daher, wenn es recht ist, einen Bedachtsamen zu mahnen, sorge dafür, daß Du der Seele des Freundes und meinen Bitten entsprichst, das ist, daß Du diese wohl begonnenen Bücher bei Deiner Würde und Geisteskraft vollendest und ans Licht bringst und sie, schließlich berichtet, zu Ehren des Moibanus dem Augsburger Rat widmest und veröffentlichst. Lebe wohl und fahre fort, mich als Deinen liebsten Freund zu lieben.

2. Konrad Gessner an Achilles Pirmin Gasser

Deinen letzten Brief vom 13. Oktober habe ich erhalten, danach aber, wenn ich mich nicht irre, keinen mehr, so daß ich begonnen habe, mir über Deinen Gesundheitszustand Sorge zu machen. Schreibe nun bitte durch diesen meinen Verwandten mit einem Wort, wie es Dir geht und wie es mit unserem Mäzen steht. Ich werde hoffentlich morgen oder übermorgen das Werk des Moibanus beenden. Heute habe ich einen Brief vom Buchdrucker Josias Rihel erhalten, der verspricht, unseren Dioskorides des Moibanus griechisch und lateinisch zu drucken. Auch will er dafür ein billiges Honorar zahlen, und zwar auch jetzt schon, wenn er sich davon überzeugt hat, daß die Kinder des Moibanus in Not sind. Das Honorar beträgt einen Taler für vier Bogen, sobald sie gedruckt vorliegen; soviel habe ich nämlich von ihm gefordert. Wenn sie also Not leiden, so mahne ihn, daß er wenigstens jetzt schon einen Teil auszahlt, wenn nichts – was ich nicht hoffe – dazwischenkommt. Ich schicke ihm bald das Manuskript und Dir in Kürze den Widmungsbrief. Unser Henri Etienne hat mich neulich einige Zeit mit seinem Xenophon aufgehalten. Aus Frankreich haben wir so gut wie keine Neuigkeiten außer Gerüchten, daß bald diese, bald jene Partei siegt oder besiegt wird. Frölich, der Obristführer der Schweizer, ist tot. Gott, der beste und größte, schenke Dir und den Deinen ein sehr glückliches neues Jahr, das gerade begonnen hat, und führe uns all mit seinem Geiste durch diese elende und kummervolle Leben zu einem besseren Leben. Lebe wohl.

VII. Erziehung und Bildungsideale

Einleitung

Die pädagogische Bedeutung des Humanismus ist kaum zu überschätzen. Nicht nur die eigene Bildung, sondern auch die Erziehung junger Menschen war vielen Humanisten eine wichtige Lebensaufgabe. In ständiger Auseinandersetzung mit der Antike sollten die Menschen besser und nicht nur klüger werden, meinten sie. Mit diesem Bildungsideal folgten sie Augustinus, der mit dem Bibelzitat „Das Wissen bläst auf, aber die Liebe bessert“ (1 Kor. 8,1) für eine christliche Pädagogik plädiert hatte, die nicht nur Gelehrsamkeit vermittelt, sondern auch zum Guten anregt. Um dies zu erreichen, benutzten die Humanisten sehr gerne Vorbilder (‚exempla‘) aus dem klassischen Altertum, und riefen zur Nachahmung (‚imitatio‘) der dort angetroffenen, moralisch richtigen Handlungsweisen auf. Wie erbaulich war zum Beispiel die Geschichte des Römers Mucius Scaevola, der sich in das Lager der Etrusker geschlichen hatte, um König Porsenna zu ermorden, dort ertappt wurde, und bei dem Verhör als Zeichen seiner Vaterlandsliebe die rechte Hand in ein Altarfeuer hielt, worauf Porsenna, der von so viel Standhaftigkeit beeindruckt war, ihn gnädig entließ. Ein solches Exempel war nach humanistischen Maßstäben geeignet, jungen Männern physische Furchtlosigkeit und Vaterlandsliebe einzuflößen. Auch Geschichten von verwerflichen Schurken und unseligen Verlierern, an denen der Jugend Böses und Unglückliches erklärt werden konnte, lieferte das Studium des klassischen Altertums in Hülle und Fülle: Die Geschichte des römischen Kaisers Nero zum Beispiel, der Rom anzünden ließ und, wie Boccaccio schrieb, dabei „vergnügt zusah und das Lied von der Eroberung der Stadt Troja sang“, oder das Schicksal des Perserkönigs Xerxes, der von der Schlacht bei Salamis an vom Kriegsglück verlassen und schließlich von seinem Hofmeister ermordet wurde. Für Mädchen gab es eine ganze Reihe nachahmungswürdiger Frauengestalten – wie Penelope oder Lucretia – nebst abschreckenden Beispielen, wie Helena, wegen deren Schönheit der trojanische Krieg ausbrach, die wollüstige Königin Cleopatra und die unglückliche Jocaste, Mutter des Oedipus.

In seiner weitverbreiteten Form spricht das humanistische Bildungsideal aus dem fast banalen Gratulationsschreiben des päpstlichen Sekretärs Cincius Romanus, welches dieser 1438 Poggio Bracciolini zur Geburt eines Sohnes sandte. Der Verfasser entwarf ein Bild der künftigen Erziehung des Säuglings, in dem klassische Exempla und moralphilosophische Belehrung um den Vortritt ringen, um dann mit einer Einladung zu schließen, die zu allen Zeiten passend war, nämlich das freudige Ereignis im römischen Freundeskreis festlich zu begießen.

Als Cincius Romanus diesen Brief schrieb, hatte Pier Paolo Vergerio (ca. 1368–1444) seine Arbeit *De ingenuis moribus* (Über die feinen Sitten) schon verfaßt. Sie enthielt ein systematisches Erziehungsprogramm für einen italienischen Fürstensohn und wurde sehr einflußreich als erste Zusammenfassung der humanistischen Pädagogik. Zur selben Zeit versuchten Lehrer wie Vittorino da Feltre (ca. 1370–1446) in Mantua und Guarino da Verona (1374- 1460) in Ferrara ähnliche Vorstellungen im Unterricht zu verwirklichen. Vergerio ging noch von den sieben freien Künsten des mittelalterlichen Triviums und Quadriviums aus, aber er betonte den Nutzen der von den Humanisten bevorzugten Disziplinen Moralphilosophie, Geschichte und Rhetorik, welchen in der Erziehung zum praktischen, politischen Leben eine große Bedeutung zukam. Seines Erachtens konnte nur das klassische Altertum die richtigen Grundlagen einer solchen Erziehung liefern. Er versuchte nicht einmal, diese Auffassung gegen die übliche Kritik zu verteidigen, daß durch ein intensives Studium klassischer Texte das christliche Element in der Erziehung zu sehr zurückgedrängt würde. Einer seiner Nachfolger, Maffeo Vegio (1407–1458), bemühte sich jedoch sehr, in seinem pädagogischen Traktat *De liberorum educatione* (Über die Erziehung der Kinder) die von theologischer Seite kommenden Angriffe auf das Lesen klassischer Dichtungen abzuwehren, was auch Enea Silvio Piccolomini in seiner ungefähr gleichzeitig verfaßten einflußreichen Arbeit über die Erziehung tat. Vegio argumentierte, daß die erotischen und satirischen Ausschweifungen einiger antiker Autoren nicht dazu führen dürften, nun alle klassische Poesie zu verpönen.

Wie nun eine nach idealem Muster gestaltete humanistische Erziehung in der Praxis funktionierte, ersieht man aus den Briefen des großen englischen Humanisten Thomas More (1478–1535). Erasmus beschrieb die gebildete Atmosphäre im Familienkreis Mores als eine „platonische Akademie in christlicher Gestalt“. Hauslehrer unterrichteten die Kinder in vielen Fächern: selbstverständlich Lateinisch und Griechisch, aber auch Logik, Ethik, Religion, Mathematik, Astronomie und Musik. Ungeachtet seiner anstrengenden juristischen und politischen Tätigkeit fand More Zeit, die Erziehung der Kinder zu überwachen. Wenn er nicht da war, schrieb er den Kindern lateinische Briefe und erwartete Antworten in derselben Sprache. Das war damals nicht unüblich; außergewöhnlich war jedoch, daß er darauf bestand, daß die Mädchen die gleiche Erziehung wie die Knaben erhielten, eine Ansicht, die er in einem Brief an den Hauslehrer William Gonell (gest. ca. 1546) verteidigte.

Die Erziehung und Bildung der Frauen war während der Renaissance zwar ein immer wiederkehrendes Thema in der Literatur, aber im allgemeinen hatten Frauen keinen Zugang zur humanistischen Schulung. Es gab immer einige adlige oder patrizische Mädchen, die im Rahmen einer standesgemäßen Erziehung Lateinunterricht und dergleichen erhielten: Die aristokratischen Mädchen, die in Mantua die Schule des Vittorino da Feltre besuchen durften, waren solche Ausnahmefälle. Um 1405 verfaßte Leonardo Bruni ein Traktat über die Erziehung der Frauen, in dem er betonte, daß sie nicht demselben Studienplan unterworfen sein sollten wie die Männer. Es wäre gut, meinte Bruni, wenn ein Mädchen gehobenen Standes Latein lernte und anschließend religiöse Texte, zum Beispiel aus den Werken der Kirchenväter, studierte. Moralisch hochstehende Autoren wie Vergil oder Cicero und auch die Schriften einiger römischer Historiker seien für Frauen geeignet, aber damit endete die Literaturliste schon. Wichtige humanistische Fächer wie Moralphilosophie oder Rhetorik brauchte ein Mädchen nicht zu studieren, denn es würde nie eine politische Laufbahn anstreben können oder wollen.

Baldassare Castiglione (1478–1526) widmete das dritte Buch seines berühmten Werkes *Il cortegiano* (Buch vom Hofmann) einer Diskussion über die Eigenschaften der idealen Palastdame. Dabei repräsentierte Gaspare Pallavicino (1486–1511) die misogyne Auffassung, die Frau sei geistig und moralisch minderwertig und habe bestimmt keine humanistische Erziehung nötig, während Giuliano de' Medici (1479–1516) die prinzipielle Ebenbürtigkeit und Würde der Frau verteidigte. Dies tat er mit Hilfe zahlreicher historischer Vorbilder berühmter Frauen und Beschreibungen ihrer Tugenden und ihrer hohen Bildung. Aber auch er meinte, daß die höchsten weiblichen Tugenden Umgänglichkeit und Herzensgüte seien.

Die humanistische Erziehung kümmerte sich nicht nur um das Studium klassischer Sprachen und antiker Texte. Zahlreich waren die Bücher, in denen – wie in den spätmittelalterlichen Zuchtbüchern – die Erwerbung feiner Sitten, körperliche Übungen, die richtige Kleidung, Haltung, Hygiene und dergleichen behandelt wurden. Die letzte pädagogische Arbeit des Erasmus, *De civilitate morum puerilium* (Über feine Manieren für Knaben, 1530), konzentrierte sich auf das tägliche Leben eines wohlerzogenen jungen Adligen. Ihm empfahl Erasmus zum Beispiel den Gebrauch des Taschentuchs und des Zahnstochers. Dreißig Jahre früher hatte der elsässische Humanist Jakob Wimpfeling (1450–1528) seine Erziehungsschrift *Adolescentia* verfaßt. Unter Benutzung zahlreicher Vorbilder und Sentenzen, die Wimpfeling aus vielen antiken und christlichen Schriften zusammengetragen hatte, rief er die Jugend auf, sich vor allem moralisch zu bilden, so daß sie der Gesellschaft besser und verantwortungsvoller dienen könnte als frühere Generationen, die vor allem die Kirche hatte verkommen lassen. Seine humanistische Bildungsoffensive beschäftigt sich jedoch keineswegs ausschließlich mit ethischen Fragen; auch dem Äußern der männlichen Jugend schenkte Wimpfeling Beachtung.

Die Schrift *De ratione studii legalis paraenesis* (Belehrung über die Einrichtung des Jurastudiums) des Basler Juristen und Freund des Erasmus Claudius Cantiuncula (ca. 1490–1549) repräsentiert eine andere Richtung der Erziehungsliteratur, die sich bewußt auf einen spezifischen Studiengang oder Beruf konzentrierte, welcher dann in Verbindung mit der allgemeinen humanistischen Bildung gebracht wurde. Cantiuncula war ein Vorkämpfer der historischen Rechtsschule, die besonders von französischen Humanisten wie Guillaume Budé getragen wurde. Diese Gelehrten schöpften das römische Recht direkt aus den Quellen und hatten alle mittelalterlichen Glossen, Kommentare oder Repertoria beiseite geschoben. Aus diesem Werk Cantiunculas geht klar hervor, wie tief die humanistische Bildung in die Welt der Juristen des frühen sechzehnten Jahrhunderts eingedrungen war, soweit diese Anhänger der humanistischen Rechtstheorie – des *mos gallicus* – waren. Seit dem italienischen Frühhumanismus waren es oft Juristen gewesen, die sich von der neuen Bildung angesprochen gefühlt hatten. Nichtsdestoweniger hielt der Autor es für gut, diejenigen unter seinen Fachkollegen zu rügen, welche die Kenntnis der Antike noch immer für überflüssig hielten.

CINCIUS ROMANUS

Glückwunsch an Poggio Bracciolini zur Geburt seines Sohnes [1438]

Cincius entbietet dem Sekretär unseres Allerheiligsten Herrn, des Papstes, seinen herzlichsten Gruß!

Als ich unlängst im Apostolischen Palast mit würdigen Männern zusammen war und zufällig unter uns vom menschlichen Glück die Rede war, meldete Antonio da Pescia, Deine rechtmäßige Gattin habe Dir ein Söhnchen geboren. Diese Mitteilung erregte bei allen Anwesenden gleich die größte Freude, und alle sprachen wir wie aus einem Munde den herzlichen Wunsch aus, dieser Sohn möge Dir zu dauerndem Trost, zur Zierde und Stütze gereichen. Ich meinesteils, wenn ich bei mir bedenke, daß dieser Knabe das Kind eines so gelehrten und untadeligen Mannes und einer so tugendhaften Ehefrau ist, habe nicht den mindesten Zweifel, daß er von Natur aus zu Gelehrsamkeit und Ehrenhaftigkeit, zu überdurchschnittlichen Taten und künftigem Ruhm veranlagt ist. Da er nach Deinen und Deiner Gattin häuslichen Unterweisungen und sittlichem Vorbild erzogen wird und zudem in Florenz aufwachsen wird – in einer Stadt also, die an erstaunlichen Talenten, überragender Gelehrsamkeit und außerordentlichem Handelsfleiß so reich ist, daß sie in jeder Art Ruhm die übrigen Städte übertrifft oder sich doch von keiner anderen übertreffen läßt und sich als wahre Tochter und Erbin des römischen Volkes zeigt –, daher also bin ich überzeugt, daß er sich die schönsten Tugenden und wissenschaftliche Lorbeeren in überreichem Maße erringen wird. Er wird seine angeborenen guten Eigenschaften behalten, wird die Lehren seiner Eltern aus eigenem Antrieb annehmen und die reinen Sitten und die Gelehrsamkeit seines Vaters sich freudig zu eigen machen. Denn weder die Gestirne noch die Einflüße der Himmelskreise noch das angeblich über dem Menschenleben waltende Schicksal vermögen eine edelveranlagte und durch das Studium der schönen Künste sowie treffliche sittliche Lehren gestärkte menschliche Natur zu erschüttern oder zu verderben – auch wenn Homer gleichnishaft von jener goldenen vom Himmel bis auf die Erde reichende Kette spricht, die die Menschen herunterzuziehen sich abmühen, viel eher aber von ihr gezogen werden. Mit dieser Kette meint der Dichter das Schicksal, auf daß wir erkennen, daß alles menschliche Tun schwächer ist als das Schicksal und seiner Gewalt und Unabwendbarkeit nicht trotzen kann. Vielleicht hat der Dichter auf den Volksglauben anspielen wollen, oder es war dies tatsächlich seine Überzeugung, da auch einige nicht unbedeutende Philosophen diese Ansicht über das Schicksal hartnäckig verfochten haben und durch keine Beweisgründe von ihr abgebracht werden konnten.

Unter diesen Umständen übernimm die Sorge für dieses Dein Ebenbild schon von zartester Kindheit an und verwende auf sein allmähliches Heranwachsen soviel Eifer und Sorgfalt, wie es Vaterliebe verlangt. Solltest Du aber beschlossen haben, daß Deine Gattin den Säugling nicht selbst nährt, damit sie für weitere Geburten tauglicher ist und sich ihre Gesundheit besser erhält, so bemühe Dich für ihn um eine körperlich kräftige Amme von guter, gesunder Art und anständigem Charakter. Welche Bedeutung Ammen bei der Aufzucht von Kindern haben, wie sehr eine gute diese zum Guten, eine verdorbene zum Schlechten beeinflußen vermag, zeigen die Worte des Dichters:

„Dich zeugte der Kaukasus, starrend von hartem Felsgestein,
Dir boten die Brust hyrkanische Tiger.“

Wenn er aber herangewachsen ist, so sei bestrebt, daß jede Altersstufe bei ihm zu ihrem Recht kommt und seine Worte und Taten jeweils dem Alter entsprechen. Hingegen soll er sich in dem Maße, wie die Jugend die Kindheit an Reife übertrifft, das Mannesalter die Jugend und das Alter die Mannesjahre, an Klugheit und sonstigen Tugenden hervortun, auf daß sein ganzes Leben hindurch zwischen Körper und Geist die rechte Harmonie herrsche und seine Tugenden immer strahlender hervortreten. Weil aber der Tugend und der Vernunft nichts so widerstreitet und so im Kampfe mit ihr liegt wie die Wollust des Fleisches, so muß man diese unterdrücken und peinlich darauf achten, daß sie nicht den Körper verseucht und Herz und Hirn entkräftet. Soviel freilich soll man sich gestatten, wie zur Erhaltung des leiblichen Wohlbefindens nötig ist. Ihre Fallstricke aber muß man wie die eines listigen Feindes meiden; verfügt sie doch über einen erotischen Kitzel, der gewisse Wonnen verspricht, die wenn sie nicht durch züchtigen Lebenswandel, Arbeit, Nachtwachen, körperliche Übungen, mäßiges Essen und was man die persische Kresse nennt, unterdrückt werden, derart Gewalt über uns bekommen, daß die Vernunft selbst, die den Menschen lenken und wie eine Herrscherin in unserem Herzen thronen sollte, von der Wollust besiegt am Boden liegt und, wenn sie, vom mattgewordenen Licht der Natur endlich erweckt, sich erheben will, bei diesem Versuch aufs neue strauchelt und unter dem Schwarm der nach Art der Bienen – mit der Wollust als ihrer Königin – über sie herfallenden Laster begraben wird. Herrlich hat deshalb Herkules die Wollust verschmäht und ihre Lockungen für nichts geachtet. Denn jener Heros, den die Heidenwelt wegen seiner überragenden Tugenden und seines Heldentums unter die Götter zählte, erkannte, daß der Weg, den die Tugend ihm empfahl, wenn er auch schwierig, rauh und voller Mühen und Anfechtungen war, dennoch das Glück beinhaltete und schließlich zur Freude und niemals endender Heiterkeit führen würde – wie es bei Hesiod heißt:

„Vor das Verdienst aber setzten den Schweiß die unsterblichen Götter."

Wenn aber jemand die vollkommene Tugend erreicht hat, so genießt er ein müheloses, seliges Leben. Den anderen Weg dagegen, auf den ihn die Wollust verlocken wollte, verglich Herkules mit den Schauspielern, die, obwohl selbst verachtete und niedriggeborene Menschen, mit verstellter Miene Hektor oder Agamemnon vorstellen. So auch lockt die Wollust, schmeichlerisch lächelnd, mit ihren Wonnen, die sich dann meistens in Schmerzen verkehren und das Zerstörerische ihrer Natur offenbaren. Aus diesen beiden Wegen fließe – so glaubte er zu Recht – wie aus einander entgegengesetzten Quellen Glück und Elend.

Doch ich weiß gar nicht, wieso ich von der Beglückwünschung zu moralischen Lehren und Lebensregeln abgewichen bin. Dabei kenne ich Dich, mein lieber Poggio, doch wirklich zu gut, als daß ich Dich, der Du Dich von Jugend auf in den Lehren der Philosophie gründlich auskennst, mit diesen Zeilen noch dazu anregen und Deine heiße Sohnesliebe noch mehr anzuheizen willens sein sollte; auch ohne dies begleitest Du den Weg Deines Söhnchens mit innigster Liebe und vermagst ihn und andere junge Menschen durch wissenschaftlichen Unterricht, höchste praktische Erfahrung und Dein eigenes Vorbild leicht auf den rechten Lebensweg zu führen. Aber es ist nun einmal unter Freunden Brauch und liebe Pflicht, daß wir die, denen wir uns herzlich verbunden fühlen, bisweilen zu edlen Taten ermuntern, auch wenn wir nicht den leisesten

Zweifel haben, daß sie sie von selbst vollbringen werden, und daß wir ihnen, wenn die Natur oder das Schicksal ihnen etwas Erstrebenswertes zu tun aufgibt, von uns aus Glück dazu wünschen; so wird sich ihrer größere Freude bemächtigen, wenn sie erkennen, daß die Freunde in ihrem Lob mit ihnen übereinstimmen, und noch größere, wenn sie sehen, daß die, die sie lieben, ihnen ihre Anteilnahme an ihrem glücklichen Gedeihen, so gut sie es können, bezeigen.

Zum Schluß bleibt noch die Bitte, Du mögest recht bald zu uns kommen, die wir die größte Sehnsucht nach Dir haben. Dann werden wir in feierlicher Runde die Geburt Deines Sohnes gebührend feiern, wenn Du, der König an unserer Tafel, mit der ganzen Schar der griechischen und lateinischen Philosophen dasein wirst, und wir werden, wie es in solcher Runde üblich ist, über vieles diskutieren, besonders über das Wesen der Wollust. Und in der Tat wird sie die feurigsten Fürsprecher haben, wenn sie während der Verteidigung ihrer Sache durch die Freuden des Mahles und die fröhlich kreisenden Becher den Sinnen ein solches Wohlbehagen vermittelt, daß die Freunde, wie durch schmeichlerischen Köder verlockt, nur desto leidenschaftlicher für ihren Wert eintreten werden. Selbst ich, der ich die Wollust eben noch mit den schärfsten Worten verfolgt habe und sie am liebsten aus der menschlichen Gesellschaft vertreiben wollte, werde dann vielleicht zugeben, daß sie in Gnaden wiederaufgenommen sei.

MAFFEO VEGIO

Welche Bücher sollen die Knaben lesen? [1444]

Vor allem werden die Lehrer dafür sorgen, die Knaben mit den guten und anerkannten Schriftstellern vertraut zu machen, was in unseren Zeiten als verloren gegangen sehr zu bedauern ist. Denn mit der Unwissenheit der Lehrenden ist es so weit gekommen, daß sie den Knaben gewisse abscheuliche Bücher, die das albernste, törichteste und minderwertigste Zeug sind, das man sich nur denken kann, zum Lernen in die Hand geben, als wäre es – so ist wenigstens ihr Geschmack – die allerreinste und süßeste Milch, während im Gegenteil kein Gift bitterer und schädlicher sein kann; man sollte sie mit vollstem Recht bis zu den fernsten Skythen verbannen, damit bei freien Menschen ihr Gedächtnis ganz verschwindet, oder besser noch sie für alle Zeiten vernichten und begraben.

Lächerlich ist vollends, was ein hohler Schwätzer aus der Herde derer, die dem Volk die Gebote des göttlichen Gesetzes und christliche Lebensweise zu verkünden pflegen, sich nicht schämte zu sagen: Indem er von hoher Kanzel herab den Schulmeistern eine Richtschnur für ihren Unterricht zu geben sich vermaß, fing er an, sogar mit namentlicher Nennung der Titel, die abscheulichen Bücher zu empfehlen. Er behauptete allen Ernstes, in ihnen seien sämtliche Lehren, wie man gut und heiligmäßig leben solle, aufbewahrt, während sie im Gegenteil nichts als dummes Zeug enthalten, dazu in albernstem und abgeschmacktestem Stil mehr zusammengeschustert als sinnvoll angeordnet, und er legte allen ans Herz, sie den Knaben zum Lesen zu geben. Die Redner dagegen und Dichter verurteilte er aufs schärfste, ganz besonders aber die Väter der lateinischen Literatur, Vergil und Cicero, die er, unter schlimmsten Verwünschungen, den Knaben zu lesen zu geben verbot. Dieser sich selbst gelehrt dünkende Theologe hatte nie zur Kenntnis genommen, was der Erste aller Theologen, Augustinus, sagt: Vergil werde deshalb schon von den ganz Kleinen gelesen, damit dieser größte, berühmteste und beste aller Dichter, wenn er schon im zarten Kindesalter aufgenommen werde, nicht leicht der Vergessenheit anheimfallen könne. Und er wußte auch nicht, was derselbe Augustinus schreibt: Während er als Jüngling den *Hortensius* von Cicero las (so lautete der Titel des Werkes, das für uns durch die Unachtsamkeit späterer Jahrhunderte verloren ist), habe diese Lektüre sein ganzes Wesen verändert und all seine Hoffnung Gott zugewandt derart, daß er keine Reichtümer mehr erstrebte, wenn sie sich ihm aber doch durch irgendeinen Zufall darboten, an sie nur, soweit es für einen anständigen Lebensunterhalt notwendig war, gedacht habe, wobei er schon damals jenes göttliche Wort wie ahnend im Sinn gehabt habe: „Wenn euch Schätze zufließen, so hänget nicht euer Herz daran."

Womit aber hat es Cicero verdient, von diesem allerdümmsten Rindvieh gescholten zu werden? Cicero, durch dessen Schriften dieser außerordentliche und große Mann so heilbringend für sein ganzes Leben bekehrt wurde! Was enthalten seine Schriften anderes als die inständigste Ermahnung, die Tugend zu lieben und das Laster zu hassen? Hinsichtlich dessen jedoch, was der Gottesmann über die Dichter sagte, so leugnen wir nicht, daß die Lektüre vieler, die Gedichte geschrieben haben, der Jugend zu verbieten ist, so nämlich dachten schon unsere Altvorderen. Denn vor den Elegikern, die allzu schlüpfrige Amouren beschrieben haben, muß sie unbedingt bewahrt werden, auch vor denjenigen Lyrikern, die zu freizügig scheinen. Von den Satirikern werden wir nur die ernsthafteren zulassen, die Komödiendichter aber, wiewohl sie für die Bildung und einen eleganten Stil höchst nützlich sind, werden wir dennoch einer charakterlich gefestigteren Altersstufe, in der weniger Gefährdung zu befürchten ist, vorbehalten. Denn wenn den Jüngling, wie jener Komödiendichter sagte, ein Gemälde durch das Beispiel des Unzucht treibenden Jupiters zur Wollust verführen konnte, wer wird dann glauben, daß nicht auch eine Dichtung, die die menschliche Leidenschaften oft sogar deutlicher schildert, schon die zarteste Jugend erregt und zu solchen Dingen, wie sie sie dort gelesen hat, aufs höchste aufstachelt? Deswegen erscheint uns bemerkenswert, was Gregor von Nazianz und Hieronymus wie auch Prosper Tiro in ihren Büchern über das kontemplative Leben diesbezüglich berichten: Das ältere Judentum habe darauf geachtet, daß die jungen Leute nicht vor dem zwanzigsten Lebensjahr das Buch Genesis, Teile des Propheten Hesekiel, das Hohelied und anderes dieser Art läsen, wo von Zeugungsvorgängen die Rede ist und die Namen gewisser Frauen erwähnt werden, auch wenn sich unter der Hülle der geschichtlichen Erzählung Allegorien der Tugenden verbergen.

Darum wird man auch nicht versäumen, den Knaben etwas zu lesen zu geben, was ihrer Altersstufe gemäßer ist, nämlich Stücke aus der Heiligen Schrift, deren Lektüre nicht unbeträchtlichen Nutzen bringen wird, wenn sie mit heidnischen Texten gemischt wird; haben doch bereits unsere Altvorderen vorgeschrieben, die Jugend zu gleicher Zeit mit dem Griechischen und dem Lateinischen vertraut zu machen, damit sie die Systematik beider Sprachen in gleichem Maße auffaßten. Dasselbe, scheint mir, muß auch von der gemeinschaftlichen Lektüre biblischer und heidnisch-antiker Texte gelten, deren Lehre, wenn sie gemeinsam aufgenommen wird, auch gemeinsam fester in den Herzen der Lernenden haftenbleiben wird, sobald sie zu reiferen Jahren kommen.

Unsere volle Billigung findet dagegen jener Punkt, auf den die Lehrer achten: Daß man den kleineren Knaben, die gerade das Alphabet gelernt haben, zunächst den Psalter auswendig zu lernen gibt. Denn da ihn bereits der ganze Erdkreis singt und jeder, der Gebildete so gut wie der Ungebildete, ihn wegen der pflichtschuldigen Gebete zu Gott auswendig zu wissen bestrebt ist, wer will da die Ansicht vertreten, es sei unzweckmäßig, ihnen gleich am Anfang seine Lehren wie eine nährende Milch einzuflößen? Zumal da sie schlicht, klar, leicht faßlich und tröstlich sind und in ihren Herzen wie auf ihren Lippen eine unvergänglich dauernde Wohnstatt finden werden. Wozu bewundern wir noch weiter die Kunst der Dichter, die sei es die Liebe, sei es den Schmerz, seien es die übrigen Leidenschaften und Verwirrungen des Menschenherzens so zu gestalten vermochten, daß sie sich mehr in der Wirklichkeit als auf dem Papier abzuspielen scheinen? Oder können wir uns irgend etwas Edleres und Göttlicheres als diesen hebräischen Sänger vorstellen, dem es nirgens weder an Lieblichkeit und Schönheit noch an Kraft und Strenge der Rede gebricht; der sich bei Gott dem Herrn so einzuschmeicheln wußte, daß er ihn nötigte, auch gegen seinen eigentlichen Willen und beinahe gezwungen, seine Gebete zu erhören.

Wenn danach der Zeitpunkt kommt, daß die Knaben mit den Grammatikern bekanntgemacht werden sollen, wird man ihnen die sogenannten Sprüche Salomonis und den Ecclesiasticus, geschrieben von Jesus

Sirach, einem anderen Hebräer, zu lesen geben; um den Knaben Lebensregeln an die Hand zu geben und ihren Charakter zu formen, kann gewiß nichts geeigneter und zweckmäßiger sein als diese beiden Werke, besonders auch wegen ihres so überaus feinsinnigen Erklärers Hieronymus, dessen Bildung im Verein mit ihren Lehren unvergleichlich mehr Nutzen bringen wird als jene von mir schon erwähnten völlig lächerlichen und schauerlichen Machwerke, von denen die Ungebildeten zwar glauben sie enthielten ähnliche Morallehren wie jene beiden Werke; die Gebildeten dagegen wissen, daß sie voll lauter Unsinn und Abgeschmacktheiten stecken. Haben sie dann an Alter und Bildung weiter zugenommen, so werden sie das zweite Buch der Makkabäer lesen: Es scheint insgesamt der lateinischen Literatur näher zu stehen als die anderen Bücher der Juden, auch ist seine historische Erzählung knapp und gedrängt und prägt sich den Studierenden leichter ein und wird von allen Lesern als angenehmer und nutzbringender empfunden.

Die Knaben werden dies also lesen, damit sie etwas Geschmack an der Theologie gewinnen, und, einmal an sie herangeführt, später, wenn erst ein gereifterer Geist und größere Bildung ihnen zu Hilfe kommen, sich leichter von sich aus zur Lektüre anderer Werke verleiten lassen, seien es nun solche der alten Hebräer oder seien es die der neueren Griechen und Lateiner, von denen sich viele durch Heiligkeit und Gelehrtheit einen berühmten Namen gemacht haben. Im voraus muß man sie aber ermahnen, die Hände von den Apokryphen zu lassen (es existieren riesige Bände voll mit ihnen), da sie nur wenig Gesichertes und Wahres und überhaupt nichts sprachlich Wertvolles enthalten.

Zusammen mit den heidnischen Schriftstellern, Historikern und Dichtern wird man diese Lektüre darbieten. Richtig aber wird man es wohl machen, wenn man sie am Anfang die Fabeln des Äsop lesen läßt: Sie behandeln moralische Themen, sind auch in ziemlich reinem und schlichtem Stil, wie er am besten zu jener Altersstufe paßt, geschrieben und haben viel Liebenswürdiges an sich, wodurch gerade junge Menschen sich am ehesten fesseln und für ernstere literarische Studien interessieren lassen. Dann wird man zu Gewichtigerem überzugehen haben. Sehr zu loben scheint mir die bei den Mailändern herrschende Sitte, die *Catilinarischen Reden* von Cicero zu lesen, wegen des sehr guten Stils dieses Autors, und wegen der Kürze des Werks, denn je besser etwas geschrieben ist, desto mehr fördert es die Bildung, und je kürzer es ist, desto lieber und desto leichter lernt man es auswendig.

Im Anschluß hieran wird man die Dichter vornehmen, allerdings nur diejenigen, die, wie wir oben schon sagten, nicht durch Unsittlichkeit die Herzen der Leser zu vergiften vermögen. Deshalb wird man die Tragödiendichter nicht ablehnen, aber vor allem die Epiker in den Kanon aufnehmen wegen ihres feierlichen und erhabenen Dichtergeistes, mit dem man die Jungen nicht früh genug vertraut machen kann, auch wenn sie noch nicht alles, was sie dort lesen, ganz auffassen können. Unsere Vorfahren schätzten als die vorzüglichsten von allen besonders Homer bei den Griechen und Vergil bei den Römern, mag jener neunmalkluge Kritiker auch schwätzen, soviel er will: Seine Gründe, mit denen er Vergils berühmten Namen zu verdunkeln versuchte, taugen nicht das mindeste. Denn, um von der von ihm so heftig angegriffenen dichterischen Freiheit der Erfindung hier nicht zu sprechen (ich habe mich an anderer Stelle darüber ausgiebig geäußert), er hat nicht begriffen, welchen tiefen Gehalt etwa das vierte Buch der *Aeneis* hat, das er so böse beschimpft und das doch das sprachlich Schönste ist, was es gibt. Dabei hätte er wissen müssen, daß die gesamte *Aeneis* die höchsten Geheimnisse der Philosophie unter der Schmuckhülle dichterischer Erfindung verborgen enthält; harrten unserer Feder nicht andere Dinge, die der Darlegung bedürfen, wir würden vielleicht darauf näher eingehen.

Aber folgenden Punkt wenigstens, der das hier zur Diskussion stehende Thema betrifft, wollen wir nicht übergehen: Wie Vergil in Aeneas einen mit jeder Tugend begabten und bald vom Glück, bald vom Unglück umgetriebenen Mann darstellen wollte, so war es bei der Herausgabe seiner Dichtung sein Bestreben, mittels der Dido-Gestalt die Frauen zur untadeligen Lebensführung anzuhalten, sei es durch den Vorteil der Achtung, sei es durch die Angst vor der Schande und letztlich traurigstem Untergang. Denn welche Frau, wenn sie hört, wie jene sich mit allen Kräften der Gründung einer so großen Stadt widmet, wie sie ihren Untertanen Recht und Gesetze gibt und wie sie ihrem Gatten selbst noch nach seinem Tode die eheliche Treue hält, von jedermann geliebt und verehrt und von allen Nachbarn gefürchtet – welche Frau würde durch ein solches Beispiel nicht angetan und zur Tugendliebe entflammt? Wenn sie dann andererseits erfährt, wie Dido vor Liebe zu dem neuen Fremdling rast, die Erbauung der Stadt und die Regierung ihrer Untertanen versäumend nur noch an Spiele und Gastmähler denkt, endlich, von ihrem Geliebten verlassen, sich Wehklagen und Gewissensbissen ergibt und, nachdem sie alle Hoffnung verloren, den Tod von eigener Hand sucht, sollte sie da nicht in ihrem Innern erschüttert werden, nicht zutiefst erzittern und erbeben, nicht lieber als noch so verlockende Lust die Keuschheit wählen, mag sie auch herber sein? Zumal die Früchte der ersteren für gallebitter, die der letzteren für honigsüß gelten. Es lohnt sich zu sehen, wie dieser so kluge Dichter in seiner Darstellung dieser Dinge niemals ein leichtfertiges Wort, nie einen frivolen Gedanken verwendet, wie er alles bis ins einzelne keusch und zurückhaltend behandelt, es sei denn, jemand wollte sagen (was man ihm zum höchsten Ruhme angerechnet hat), er habe die Leidenschaften einer liebestollen Frau so dargestellt, daß man es wirkungsvoller weder ausdrücken noch ausdenken könne. Daher sind Vergil und die ihm in Schreibart verwandten Dichter gerade von den besten und gelehrtesten Beurteilern mit Recht gepriesen und anerkannt worden, weil ihre Gedichte uns lehren, die Tugend zu lieben und die Laster zu meiden, wenn auch unter der – mehr zum Ausschmücken der Dichtung erfundenen – Hülle poetischer Phantasie. Im Gegensatz dazu verfielen die Bühnendichter, die auch Plato aus seinem Staat vertreiben wollte, weil ihre Lektüre zumeist zum Verbrechen anreizt, der Mißbilligung und Verdammung.

Wenn dagegen jener Gottesmann Vergil beschuldigt, auch Priapeen veröffentlicht zu haben, so können wir, obwohl es uns von unserem Thema weit abführt, nicht umhin, ihm hierauf zu erwidern. Denn, selbst angenommen, Vergil sei, wie jener es behauptet, ihr Verfasser, wie kann die Veröffentlichung eines anderen, meinentwegen frivolen, Werkchens dazu dienen, die von jedem Makel moralischer Bedenklichkeit freie *Aeneis* anzugreifen? Er möge mir doch bitteschön sagen, ob wir die heiligmäßigen und zur Stärkung unseres Glaubens förderlichen Schriften des Origenes etwa deswegen verwerfen, weil er auch viele andere, die verkehrt und ketzerisch sind, geschrieben hat. Denn mit Vergnügen halte ich einem Theologen das Beispiel eines Theologen entgegen. Wie sehr aber auch diese Ansicht bezüglich Vergils Verfasserschaft, aufgrund der Autorität des Grammatikers Servius, der sie als einziger behauptet, allgemein herrschen mag, ich lasse sie mir trotzdem auf keinen Falle einreden, und es halte mir niemand das, was Servius darüber sagt, entgegen. Denn die Grammatiker können nur so weit Glaubwürdigkeit für sich beanspruchen, als sie ihre Behauptungen entweder auf Vernunftgründe oder auf die Autorität irgendeines anerkannten Dichters oder Redners zu stützen vermögen. Servius mag also sagen, was er will, solange wir nur mit klaren und eindeutigen Gründen vom Gegenteil überzeugen können.

Denn, als man den hochbegabten Dichter Martial beschuldigte, höchst anrüchtige Verse veröffentlicht zu haben, da führte er als sozusagen hochwillkommene Retter und Verteidiger seiner Sache an: Calvus, Domitius Marsus und Lentulus Gaetulicus. Weshalb aber überging er Vergil? Hielt er etwa den Namen dessen, den die ganze Welt vergötterte, für zu gering? Niemand, und sei er noch so verrückt, wird das glauben. Was bleibt also übrig als festzustellen: Er überging ihn, für dessen Beistand er sicherlich Berge von Gold gegeben hätte, ganz einfach deshalb, weil er bei diesem so sittenreinen Dichter kein entsprechendes Werk fand, das er hätte für sich anführen können. Auch Apuleius, durch Gelehrtheit wie Beredsamkeit gleich ausgezeichnet, verteidigte sich, als er ebenfalls wegen gewisser von ihm veröffentlichter frivoler Verse angeklagt wurde, mit dem Hinweis auf andere, die sich in dieser Literatur größere Freiheiten herausgenommen hätten, und nennt unter anderen namentlich [Valerius] Aedituus, Porcius [Licinus] und Quintus [Lutatius] Catulus. Weshalb sagt er von Vergil, den er zu diesen zählend wie ein göttliches Orakel anführt, nur, er habe nichts derartiges geschrieben, abgesehen von jenem tändelnden Hirtenlied, worin er – aber auch dies nur höchst sittsam – den Alexis pries? Warum erwähnt er die Priapeen mit keinem einzigen Wort?

Ferner – um etwas Gewichtigeres anzufügen – ist der Brief des Ovid an den Kaiser bekannt, in welchem er sich gegen den Vorwurf, er sei ein „Lehrmeister unzüchtiger Buhlerei", mit aller Kraft zu verteidigen und zu rechtfertigen bemüht unter Berufung auf viele berühmte Dichter, die, so Ovid, das gleiche oder noch Schlimmeres geschrieben hätten; vor allem aber nennt er Vergil, gleichsam den Lehrer und Führer von ihnen allen, als sei, wenn er den hochberühmten Namen dieses Mannes vorschiebe, nichts weiter zu seiner Verteidigung nötig. Welches von dessen Werken aber hält er für seinen Schutz hinreichend? Das vierte Buch der *Aeneis* und irgendwas aus den *Bucolica*! Erwähnt Ovid da irgendeine andere Dichtung Vergils mit frivolen Inhalt? Keine einzige! Hier mögen nun die aufstehen, die behaupten, Vergil habe Priapeen verfaßt, und antworten, weshalb weder Apuleius noch Ovid mit auch nur einem Wort von ihnen sprechen, obwohl sie ihnen in ihrer momentanen Lage doch weitaus mehr geholfen hätten als alles andere. Waren sie etwa der Vergessenheit anheimgefallen? Ein lächerlicher Gedanke! Warum haben sie sie dann aber übergangen? könnte jemand sagen. Denn daß es absichtlich geschehen sei, obwohl sie doch wegen des Ansehens Vergils am meisten zu ihrer Rechtfertigung hätten beitragen können, wird kein Vernünftiger behaupten.

Nein, befriedigender erscheint uns da die Annahme, daß Vergil gar keine geschrieben hat; seiner Natur, die wir aus der Literatur als im höchsten Grade bescheiden und zartfühlend kennen, widerstand diese frivole Schreibart ganz und gar. Wahrscheinlicher ist, daß Cinna oder Anser, zwei äußerst freche Dichter, die Ovid auch in dem eben erwähnten Briefe nennt, ihre Verfasser waren, oder aber Calvus, der auch in diesem Genre einige sehr ausgefeilte Gedichte geschrieben haben soll, oder Domitius Marsus oder sonst einer von denen, die, wie oben schon gesagt, hierin versiert waren. Und es braucht sich niemand zu wundern, daß jenes Werkchen fälschlich unter dem Namen Vergils läuft; dies ist, soweit wir sehen, auch vielen anderen Dichtern, alten wie jüngeren, schon oft passiert, sodaß die Schriften des einen einem anderen zugeschrieben wurden. Dazu kommt dann allerdings noch der besondere Umstand, daß Leute ohne Ahnung aufgrund ihres verdorbenen Geschmacks nicht richtig zu unterscheiden vermögen, was dem einzelnen Dichter je nach seinem persönlichen Range zuzugehören scheint. Caesar, so habe ich gelesen, wurden aus Unkenntnis viele von ganz anderen veröffentlichte Reden aufs Geratewohl zugeschrieben. Besonders kann man dies an einigen – ihm jedenfalls fälschlich zugeschriebenen – Werken Ovids beobachten, wie zum Beispiel dem sogenannten *Pulex* (Floh):

Trotz der heute allgemein herrschenden Auffassung, derzufolge er von Ovid verfaßt ist, können wir unmöglich glauben, daß aus einem so edlen Wein eine solche Hefe hat hervorgehen können. Auch wenn wir dies nicht allen aus dem Stil selbst, der so gar nichts Ovidisches atmet, plausibel machen können, werden wir es dennoch mit einem Argument, das auch dem Ungebildesten einleuchten muß, beweisen. Denn Ovid war – was man von keinem anderen Dichter sagen kann – von einer solchen Sorgfalt, daß er, um in seinem Gedicht größere Ausgewogenheit zu erreichen, den Pentameter so gut wie immer mit einem zweisilbigen Wort enden ließ. Da er nun diese Regel in allen seinen bedeutenden Werken, die er in so großer Zahl herausgab, fast immer aufs strengste beachtete, da man andererseits in den wenigen vorhandenen Versen des *Pulex* des öfteren einen dreisilbigen Versschluß findet, wer will da glauben, er habe in einem so kleinen Gedicht von seiner gewohnten Genauigkeit abweichen wollen?

Doch kehren wir nach dieser Abschweifung zu unserem Thema zurück. Nicht zu Unrecht also werden die Knaben Vergil als den schönsten und würdigsten der lateinischen Dichter zu ganz besonders eifriger Lektüre in die Hand nehmen. Und wer da behauptet, Gregor von Nazianz habe in einem Brief den gallischen Bischof Desiderius schwer getadelt, der sich dem Vergil und den anderen heidnischen Autoren eifriger, als mit seinem Amt verträglich, widmete, der schweige lieber. Denn nicht davon, was die Erwachsenen und in Amt und Würden Stehenden lesen sollen, sprechen wir hier, sondern von der wünschenswerten Lektüre der Heranwachsenden; sagt doch Hieronymus, bei jenen sei sie eine Sache des Willens, bei diesen hingegen eine Notwendigkeit, weil sie eine reinere und reichere Kenntnis der lateinischen Sprache erwerben müßten, um sie, sobald sie sie gründlich erworben hätten, für immer zu bewahren.

Und auch folgendes wird man nicht vernachlässigen dürfen, dessen großen Nutzen ich schon als Kind erfahren habe: Daß sie, noch bevor sie in das richtige Alter kommen, um die Dichter und Historiker auswendig zu lernen, ihre Lehren in gedrängter Form in der Muttersprache erzählt bekommen, um ihre Herzen zu öffnen und zu erquicken. So werden sie einerseits, weil diese dem Ohr meistens leicht eingehen, gespannt zuhören, andererseits wird es ihnen später, wenn sie im richtigen Alter sind, viel leichter fallen, die Urheber dieser Lehren zu begreifen. Auch kräftigt ihr Anhören zarte Kinderseelen mehr als die gehaltlosen Ammenmärchen, die wir schon im ersten Buch dieses Werks verurteilt haben. Zweifellos empfehle ich lieber dasjenige anderen zur Beachtung, was ich mehr durch mein eigenes als durch fremdes Zeugnis bestätigen kann. Mein schon erwähnter erster Lehrer nämlich pflegte immer, wenn er seinen Geist entspannen wollte, irgendein Stück Poesie oder einen historischen Text zu rekapitulieren, und da ich niemals von seiner Seite wich, schnappte ich alles, was er auf diese Weise von sich gab, begierig auf und bewahrte es zuverlässig in mir. Als ich dann mit zunehmendem Alter an das Studium der Dichter kam, erschien mir ihre Lektüre des öfteren so einfach und leicht, als sei ich mit ihr nicht zum erstenmal konfrontiert, sondern hätte sie nur zu wiederholen. Und um von Vergil, um den es hier eben geht, zu sprechen, so kannte ich bereits, noch ehe ich überhaupt davon las, den Seesturm des Aeneas, den Brand Trojas, auch die Leichenspiele und die Örtlichkeiten der Unterwelt, die Kämpfe ebenso wie die feindlichen Schlachtreihen und fühlte mich, selbst noch ein Knabe, besonders von den Knaben Ascanius, Euryalus, Lausus und Pallas angesprochen, ergriff Partei für sie und verteidigte sie oft heftig in lautem Selbstgespräch. So haben mich diese früh aufgenommenen primitiven und schmucklosen Erzählungen später, als ich an die Vergillektüre kam, mit wunderbarer Liebe zu diesem Dichter und geradezu unglaublichem Eifer erfüllt, von dem leichteren Verständnis ganz zu schweigen.

THOMAS MORE

Briefe über die richtige Erziehung seiner Kinder [ca. 1518–1522]

1. Thomas More an William Gonell, den Lehrer seiner Kinder [ca. 1518]

Ich habe, mein lieber Gonell, Deinen Brief erhalten, der wie immer war, das heißt, sehr elegant formuliert und voller Liebe. Deine Zuneigung zu meinen Kindern ersehe ich aus Deiner Epistel, und Deinen Fleiß sehe ich aus den Briefen meiner Kinder, von denen mir jeder einzelne sehr gefallen hat. Aber vor allem gefiel mir, daß Elizabeth, wie ich merke, eine Bescheidenheit des Benehmens in Abwesenheit der Mutter an den Tag legt, wie es ein anderes Kind nicht in der Gegenwart der Mutter täte. Gib ihr zu verstehen, daß mir das lieber ist als alle Briefe aller Sterblichen. Denn wie ich eine Gelehrsamkeit, die mit Charakter gepaart ist, allen Schätzen der Könige vorziehe, so frage ich mich, was der Ruhm der Bildung, wenn man ihn von der Lauterkeit des Lebenswandels trennt, anderes einbringt als auffallende, vielbesprochene Unehre; besonders bei der Frau, deren Gelehrsamkeit als etwas Neues und als Vorwurf gegen die männliche Lässigkeit viele gerne angreifen und ihrer Gelehrsamkeit aufbürden, was naturbedingte Benachteiligung ist. Sie möchten ihre eigene Unwissenheit gegenüber diesen benachteiligten weiblichen Gelehrten als Vorzug erscheinen lassen.

Wenn dagegen eine Frau den ausgezeichneten Geistesgaben nur mittelmäßige literarische Bildung hinzufügt, so bin ich der Meinung, daß sie dem Guten, Wahren näher kommt, als wenn sie die Reichtümer des Krösus und die Schönheit der Helena gewinnen würde. (Und ich hoffe und wünsche, daß alle meine Töchter mit Dir als Lehrer dies erreichen). Nicht, weil ihnen das künftigen Ruhm einbringt, obwohl er die Leistung begleitet wie der Schatten den Körper –, sondern weil der Lohn des Wissens bleibender ist und nicht wie Reichtum weggetragen werden oder wie die Schönheit vergehen kann, da er von dem Bewußtsein des Rechten abhängt und nicht vom Gerede der anderen, denn es gibt nichts Dümmeres und Schändlicheres als dies.

So wie es einem aufrechten Mann ansteht, den Vorwurf der Trägheit zu vermeiden, so ist einer, der dem Ruhm nachjagt, nicht nur hochfahrend, sondern auch lächerlich und verächtlich. Notwendigerweise ist ein Geist unstet, der, von fremder Meinung beeinflußt, zwischen Jubel und Trauer hin- und herschwankt. Unter den besonderen Vorzügen, die die Gelehrsamkeit dem Menschen einträgt, halte ich kaum etwas anderes für so vorrangig wie das, was uns die Bildung lehrt, nämlich, daß wir beim Studium der Wissenschaften nicht nach dem Lob schauen, sondern nach dem Nutzen. Das freilich ist uns von den Gelehrtesten anempfohlen worden, vornehmlich von den Philosophen, die dem menschlichen Leben Maßstäbe geben, obwohl einige mit der Wissenschaft wie auch mit anderen Gaben als bloßer Jagd nach Ruhm und Volksgunst Mißbrauch getrieben haben.

Ich habe, lieber Gonell, ausführlich über die Gleichgültigkeit dem Ruhm gegenüber geschrieben wegen der Worte, mit denen Du in Deinem Brief rätst, daß man bei meiner Margaret jenen hochstrebenden geistigen Zug nicht dämpfen soll. In diesem Urteil, lieber Gonell, stimme ich ganz mit Dir überein. Doch meiner und zweifellos auch Deiner Meinung nach scheint derjenige diese Veranlagung zu hemmen, der das Eitle und Nichtige zu bewundern pflegt. Der aber erhebt sie zur Tugend und zum wahrhaft Guten, der von der Betrachtung des Erhabenen auf jene Schatten des Guten von oben herabblickt, nach denen beinahe alle unwissenden Sterblichen gierig haschen, als sei es das wahre Gute.

Da ich also der Meinung bin, wir sollen auf diesem Weg weitergehen, habe ich nicht nur Dich, liebster Gonell, gebeten, der Du es aus großer Liebe zu meinen Kindern schon von Dir aus tust, und nicht nur meine Frau, die von wahrer Mutterliebe getrieben ist (was ich auf mancherlei Weise erfahren habe), sondern ich habe auch alle Freunde oft dringend gebeten, meine Kinder immer wieder anzuhalten, daß sie sich vor den Abgründen von Stolz und Hochmut hüten und durch die schönen Wiesen der Bescheidenheit wandern; daß sie sich nicht vom Anblick des Goldes blenden lassen; daß sie nicht klagen, ihnen fehle, was sie bei anderen irrtümlich bewundern; daß sie nicht zuviel an sich denken bei übermäßiger Pflege des Luxus, noch etwas geringschätzen, wenn er fehlt; daß sie das naturgegebene Aussehen nicht entstellen durch Nachlässigkeit und nicht durch schlechte Künste überbetonen; daß sie die Tugend an die erste Stelle der Güter rücken und die Bildung an die zweite und in ihren Studien das am höchsten schätzen, was sie Gehorsam gegen Gott, Mildtätigkeit gegen die Nächsten und Bescheidenheit für sich selbst und christliche Demut lehrt.

Auf diese Weise werden sie für ein redliches Leben von Gott den Lohn empfangen, in dessen sicherer Erwartung sie der Tod nicht schrecken wird, und sie werden inzwischen bleibende Freuden genießen und weder durch das leere Lob der Menschen überheblich werden, noch niedergeschlagen durch ungerechte Kritik. Dies betrachte ich als den wahren und echten Gewinn der Gelehrsamkeit. Obgleich ich gestehe, daß ihn nicht alle Gelehrten erreichen, behaupte ich, daß diejenigen, die mit solchem Vorsatz an ihr Studium herangehen, es leicht bewältigen und völlig ausgebildet daraus vorgehen.

Auch bin ich der Meinung, es wirkt sich nicht auf die Ernte aus, ob Mann oder Frau gesät haben. Denn beiden gebührt der Name ‚Mensch', dessen Natur sich von dem Tier durch die Vernunft unterscheidet. Beide, sage ich, sind geeignet infolge der gleichen wissenschaftlichen Kenntnisse (wodurch die Vernunft gehegt wird) und bringen wie ein Acker, der mit guten Lehren besät ist, Frucht aus dem Samen hervor. Wenn der weibliche Boden von Natur schlecht geeignet wäre und eher Farren als Feldfrucht trüge (mit welcher Behauptung viele die Frauen vom Studium abhalten), so sage ich, im Gegenteil, der weibliche Geist muß den Wissenschaften und schönen Künsten um so fleißiger obliegen, damit das Zukurzkommen der Natur durch solchen Eifer wettgemacht wird. So urteilten die Alten, die Klügsten und die Heiligsten. Hieronymus und Augustinus, um nur sie zu nennen, haben die besten Mütter, die ehrenhaftesten Mädchen aufgefordert, eifrig zu studieren. Sie haben ihnen sogar den verborgenen Sinn der Heiligen Schrift sorgfältig ausgelegt, damit sie leichter vorankämen. Auch haben sie den jungen Fräulein mit solcher Gelehrsamkeit bepackte Briefe geschrieben, daß heute Greise, die sich Doktoren der Theologie nennen, sie kaum gut lesen und noch viel weniger verstehen können.

Sorge Du, mein gelehrtester Gonell, daß meine jungen Töchter unter Deiner Obhut diese Werke der Kirchenväter genau studieren. Aus ihnen werden sie vornehmlich erkennen, was sie sich zum Ziel ihrer Gelehrsamkeit setzen müssen, und daß sie die ganze Frucht ihrer Arbeit zum Bezeugen Gottes und zum Bewußtmachen des Rechten einsetzen. Auf diese Weise wird ihr Inneres friedlich und still, und weder das Lob der Schmeichler berührt sie, noch nagt an ihnen die Albernheit der Ungebildeten, die über die Wissenschaften lachen.

Aber ich glaube zu hören, wie Du Dich über solche Ansichten laut entrüstest, die, obgleich wahr, über die Köpfe meiner jungen Kinder in ihrem zarten Alter hinweggehen; gibt es doch kaum einen Mann in höherem Alter und vorgerücktem Studium, der in solchem Maße gefestigt und standhaft ist, daß er vom Kitzel des Ruhms verschont bleibt.

Ich meine, mein Gonell, je schwieriger es ist, die Pest des Hochmuts auszutreiben, um so mehr muß man darauf bedacht sein, finde ich, sie schon von Kindheit an zu überwinden. Und ich sehe als Ursache, weshalb dieses Übel so unabwendbar in unserem Herzen sitzt, daß es fast gleichzeitig mit unserer Geburt von den Ammen in die bildbare Kinderseele gepflanzt wird, von den Lehrern gehätschelt, von den Eltern genährt und vollkommen ausgebildet wird. Denn jeder, auch der, der etwas Gutes lehrt, möchte gerne, daß ihm das Lob sofort zuteil werde als Lohn und Vergeltung der Vortrefflichkeit. Wenn sie also lange gewohnt sind, das Lob zu überschätzen, so kommt es dahin, daß sie sich bestreben, den vielen (das ist den Schlechteren) zu gefallen, und sich schämen, gut zu sein. Damit diese Pest um so länger von unseren Kindern ferngehalten wird, bitte ich Dich, mein Gonell, sowie die Mutter und die übrigen Freunde alle, ihnen einzuschärfen, einzuhämmern, einzubläuen, daß die Ruhmsucht zu verwerfen und auszuspeien ist; und daß es nichts Erhabeneres gibt als die so oft von Christus gepredigte demütige Bescheidenheit. Diese soll Deine kluge Menschenführung ihnen so ans Herz legen, daß sie lieber die Tugend gelehrt bekommen als das Laster geschmäht hören, und daß sie dazu gebracht werden, guten Rat nicht mit Ablehnung, sondern mit liebendem Verstehen zu empfangen.

Und nichts ist dazu dienlicher als mit ihnen die Lehren der Kirchenväter zu lesen, die, wie sie verstehen werden, ihrer Gesinnung keine Gewalt antun; und da sie sie ihrer Heiligkeit wegen verehren, müssen sie notwendig von ihrer Autorität tief beeindruckt werden.

Wenn Du etwas Derartiges außer der Sallust-Lektüre mit meiner Margaret und meiner Elizabeth (die reifer als John und Cecily scheinen) studieren wirst, dann verbindest Du mich und sie, die Dir schon längst sehr geneigt sind, Dir noch mehr. Überdies wirst Du meine Kinder, die mir schon durch das Naturgesetz lieb sind und noch lieber durch ihre Kenntnisse und Charakter, am allerliebsten machen durch die Zunahme an Gelehrsamkeit und guter Lebensart. Leb wohl!

2. Thomas More an seine Kinder [ca. 1522]

Thomas Morus grüßt seine geliebten Kinder und Margaret Gyge, die er zu seinen Kindern zählt.

Einen Tag, nachdem der Bristoler Kaufmann Euren Brief von Euch fortnahm, überbrachte er ihn mir, worüber ich höchst erfreut war. Denn nichts kann aus Eurer Studierstube hervorgehen, wie ungelenk und kunstlos es auch sei, das mir nicht mehr Vergnügen bereitete als der gewandteste Brief eines anderen. Eure Briefe sind mir durch meine Liebe zu Euch so willkommen; davon abgesehen könnten sie verdientermaßen gefallen, schätzungsweise durch ihre Vorzüge, nämlich durch die Anmut und Reinheit des lateinischen Stils. Deshalb gab es keinen von Euren Briefen, der mir nicht sehr gefallen hat. Um aber offen zu bekennen, was ich empfinde: Johns Briefe haben mir besonderen Spaß gemacht, weil sie länger waren als die andern, und weil er offensichtlich mehr Eifer und Mühe daran gewendet hat als die andern. Denn er hat nicht nur alles schön beschrieben und sich knapp ausgedrückt, er spielt auch passend und nicht plump mit mir und erwidert meine Scherze nicht ungeschickt, nicht nur ergötzlich, sondern auch geziemend, eingedenk, daß er mit dem Vater scherzt, den er unterhalten möchte, sich aber scheut, zu kränken.

Nun erwarte ich von jedem von Euch beinahe jeden Tag einen Brief. Ich werde Eure Ausreden – John pflegte solche nicht zu machen – nicht mehr annehmen: sei es Kürze der Zeit, plötzliches Fortgehen des Briefüberbringers oder Mangel an Erzählstoff. Denn niemand hindert Euch am Schreiben, vielmehr fordern Euch alle dazu auf. Könnt Ihr nicht, damit Ihr den Briefboten nicht aufhaltet, dem zuvorkommen und zwei Tage vorher Eure Briefe gerichtet und versiegelt bereithalten, falls sich jemand Euch anbietet, sie zu übermitteln? Kann nun aber dabei der Stoff fehlen, wenn Ihr an mich schreiben wollt, der von Euren Studien und Spielen gerne hört? Und dem Ihr dann die größte Freude macht, wenn Ihr nichts zu schreiben habt und über dieses Nichts ausführlich berichtet! Denn nichts fällt Euch leichter, besonders den Mädchen, die von Natur fortwährend schwätzen.

Tatsächlich lege ich Euch eins nahe: Ob Ihr nun Ernsthaftes schreibt oder bloße Possen, ich möchte doch, daß alles gewissenhaft und mit Bedacht geschrieben wird. Und es wird nichts schaden, wenn Ihr erst alles in Englisch hinschreibt, was Ihr nachher viel bequemer und müheloser ins Lateinische übertragt. Dann ist der Geist frei von der Arbeit des Erfindens und allein auf den Ausdruck gerichtet.

Obwohl ich das Euer Entscheidung überlasse, möchte ich Euch jedenfalls dazu anhalten, alles, was ihr ausführt, sorgfältig zu prüfen, ehe Ihr es ins Reine schreibt. Zuerst überlegt Ihr den Satz in gegebener Ordnung, und dann untersucht Ihr die einzelnen Teile. Sollten Euch grammatische Fehler entgangen sein, so werdet Ihr sie leicht finden. Sobald diese beseitigt sind und der ganze Brief neu geschrieben ist, prüft Ihr ihn noch einmal nach, damit Ihr keinen Verdruß habt. Denn beim erneuten Abschreiben pflegen sich gelegentlich Fehler einzuschleichen, die man schon verbessert hatte. Durch solche Sorgfalt werdet Ihr es bald erreichen, daß selbst Eure Scherze gewichtig scheinen. Denn wie es keinen noch so netten Witz gibt, der nicht durch läppisches Geschwätz fad wird, so gibt es auch nichts noch so Fades, das nicht nach gewissem Bemühen mit Anmut und Humor gewürzt werden kann.

Lebt wohl, meine liebsten Kinder!

BALDASSARE CASTIGLIONE

Die ideale Palastdame [ca. 1518]

Der Signor Magnifico [Giuliano de' Medici] wandte sich an die Herzogin [Elisabetta Gonzaga]: „Signora, da es Euch gefällt, will ich denn vorbringen, was mir beigefallen ist, jedoch nur mit der allergrößten Angst, nicht befriedigen zu können; sicherlich käme es mich leichter an, eine Herrin zu formen, die Königin der Welt zu sein verdient, als eine vollkommene Hofdame, weil ich bei der Hofdame nicht weiß, woher ein Beispiel nehmen, während ich bei der Königin nicht weit zu gehen brauchte, sondern es genügte, wenn ich mir die göttlichen Eigenschaften einer Herrin, die ich kenne, vor Augen hielte und mein ganzes Streben darauf richtete, das in Worte klar einzukleiden, was so vielen mit den Augen zu sehen vergönnt ist. Und wenn ich nicht weiter könnte, so leistete ich schon durch ihre Nennung meiner Verpflichtung Genüge." „Schießt nicht über das Euch gesteckte Ziel hinaus," versetzte die Herzogin, „sondern haltet Euch an Euern Auftrag, eine Palastdame zu bilden, damit die edle Herrin eine würdige Dienerin bekomme." „Damit man dann sehe, Signora," fuhr der Magnifico fort, „daß mich Euer Befehl zu einem Versuch zu zwingen vermag, von dessen Mißlingen ich überzeugt bin, will ich also von der vollkommenen Dame sprechen, wie ich mir sie vorstelle; habe ich sie dann ganz nach meinem Gutdünken gebildet, so will ich sie, da mir doch keine andere beschieden ist, als die meine umarmen, wie es einst Pygmalion getan hat. Obwohl nun der Signor Gaspare [Pallavicino] sagt, daß die für den Hofmann geltenden Regeln auch für die Dame anwendbar sind, so bin ich doch anderer Meinung; sind auch manche Eigenschaften beiden gemein und stehen sowohl der Dame wie auch dem Mann an, so gibt es doch einige, die der Dame mehr ziemen als dem Mann, und andere, die wohl für den Mann passen, der Dame aber fremd sein sollen. Dies gilt nicht nur von den Leibesübungen, sondern auch von den Sitten, Gewohnheiten, Worten, Gebärden und dem ganzen Benehmen, worin die Dame dem Mann ganz unähnlich zu sein hat; so wie ihm eine gewisse ernste und feste Männlichkeit angemessen ist, so ziemt ihr die weiche und liebliche Zartheit süßer Weiblichkeit, die sich bei jeder Bewegung äußert und sie beim Gehen, Stehen, Reden und bei jeder Handlung als Dame erscheinen läßt ohne irgend welche Ähnlichkeit mit dem Mann. Wenn ich diesen Grundsatz den von den Herren dem Hofmann erteilten Vorschriften anfüge, glaube ich, daß sie viele davon, wie der Signor Gaspare sagt, wird benützen können, um sich mit den besten Eigenschaften zu zieren; denn viele Tugenden des Geistes sind der Dame so notwendig wie dem Mann: So wie sie, geradeso wie er, adlig sein soll, so sei sie auch frei von Ziererei, von Natur aus anmutig in allen Handlungen, klug, geistreich, ohne Stolz und Neid, nicht lästerlich, nicht eitel, nicht streitsüchtig und nicht abgeschmackt, wisse die Gnade ihrer Herrin und das Wohlwollen der andern zu gewinnen und zu erhalten und führe alle Übungen, die einer Dame ziemen, gut und gefällig durch. Jedoch ist ihr nach meiner Meinung die Schönheit notwendiger als dem Hofmann; denn einer Dame, der die Schönheit mangelt, mangelt viel. Ferner hat sie mit Umsicht jeden Anlaß zu vermeiden, daß man ihr Schlimmes nachsagen könnte, und sich so zu benehmen, daß sie nicht nur fehlerlos ist, sondern auch den Argwohn flieht, weil ihr nicht so viele Mittel, sich gegen Verleumdung zu verteidigen, zu Gebote stehen als dem Kavalier. Da nun der Graf Lodovico [da Canossa] besonders eingehend über den Hauptberuf des Hofmanns, der nach seiner Meinung im Waffenhandwerk besteht, gesprochen hat, dünkt es mich nicht unpassend, meine Ansicht über die wesentlichen Obliegenheiten der Palastdame mitzuteilen. Wenn ich dieses Thema erschöpft haben werde, glaube ich, mich des größten Teils meiner Verpflichtung entledigt zu haben.

Wenn wir nun von den Tugenden des Geistes, die sie mit dem Hofmann gemeinsam haben soll, wie Klugheit, Hochherzigkeit, Sittsamkeit und andere, absehen, auch die Eigenschaften, die jede Frau besitzen soll, nämlich Güte, Bescheidenheit, und, wenn sie verheiratet ist, die Fähigkeit, das Vermögen und das Haus ihres Gatten in Ordnung zu halten und ihre Kinder zu erziehen, übergehen und die Erfüllung der Pflichten einer guten Hausfrau als selbstverständlich voraussetzen, behaupte ich, daß ihr, wenn sie bei Hofe lebt, eine gewisse gesellschaftliche Tugend eigen sein soll, die sie befähigt, Menschen jeder Art durch angenehme und ehrenhafte Gespräche zu unterhalten, passend zu Zeit und Ort und zu der Gemütsanlage der Person, mit der sie spricht. Dabei beweise sie außer der Ehrbarkeit, die sie bei allen ihren Handlungen leitet, noch eine launige Lebendigkeit des Geistes, die sich vor dem Vorwurf der Schwerfälligkeit sichert, derart, daß ihre Trefflichkeit bewirkt, daß sie nicht nur für schamhaft, klug und gebildet, sondern auch für heiter, witzig und bescheiden gehalten wird, wozu es nötig ist, daß sie das gewisse schwierige Mittelmaß einhält, das gleichsam auf der Verbindung zweier Gegensätze beruht, und daß sie bis zu der gewissen Grenze geht, ohne sie jedoch zu überschreiten. Es darf aber eine Dame, um den Ruf ihrer Tugend und Ehrbarkeit zu bewahren, deswegen nicht so spröde und abweisend sein, daß sie eine Gesellschaft wegen einiger freier Worte sofort mit den Anzeichen des Ekels verläßt: Leicht ruft sie die Meinung wach, daß ihr herbes Benehmen nur geheuchelt sei, um etwas zu verbergen, was nicht an den Tag kommen soll; außerdem ist ein so unhöfliches Wesen nie beliebt. Ebensowenig darf sie aber, um sich frei und ungezwungen zu geben, lose Reden führen und eine gewisse schrankenlose Vertraulichkeit dulden, damit sie nicht vielleicht zu Vermutungen Anlaß gebe, die vielleicht unberechtigt sind; ist sie einmal bei solchen Gesprächen anwesend, hat sie mit sittsamem Erröten zuzuhören. Gleicherweise soll sie einen andern Fehler meiden, worin ich viele habe verfallen sehen, nämlich das Lauschen mit allen Zeichen des Vergnügens, wenn über eine andere Dame Schlechtes gesprochen wird; denn die, die sich, wenn sie von andern unehrenhafte Dingen vernehmen, verwirrt zeigen, die Wahrheit nicht zu glauben wagen und es für ein Weltwunder halten, daß es unzüchtige Frauen gibt, diese erwecken von sich die Absicht, daß sie einen Fehler, der ihnen so fürchterlich erscheint, nie begehen könnten; während die, die immer den Liebschaften anderer nachspüren, sie eingehend erzählen und davon ein großes Wesen machen, den Verdacht erregen, daß sie neidisch seien und den Fehler zur allgemeinen Kenntnis gebracht wissen wollten, damit er nicht irrtümlich ihnen zugeschrieben werde, und sich es durch ihr Gelächter und ihr Benehmen anmerken lassen, daß sie die größte Freude empfinden. Und so kommt es, daß die Männer, obwohl sie sich stellen, als hörten sie gerne zu, doch von ihnen meistens eine schlimme Meinung fassen, sie fürder geringer achten und ihr Benehmen als eine Aufforderung betrachten, sich mehr herauszunehmen. Auf diese Weise strebt die Frau einem Ziel zu, das ihr die verdiente Schande bringt; sie sinkt im Ansehen, so daß man ihren Verkehr nicht nur nicht sucht, sondern ihm sogar ausweicht. Es gibt gar keinen so frechen und zügellosen Mann, der einer Dame, die als tugendhaft und ehrbar bekannt ist, die Ehrfurcht versagte, weil die durch Verstand und Güte gemäßigte Würde ein Schild ist gegen die tierische Schamlosigkeit der Lüstlinge. Daher sieht man, daß ein Wort, ein Lächeln oder der geringste Beweis des Wohlwollens einer ehrenhaften Dame von jedermann viel höher bewertet wird als alle Liebesbeweise von Frauen, die auf schamhafte Zurückhaltung verzichten und sich, wenn sie auch nicht wirklich schamlos sind, doch durch freies Lachen, ungebührliche Worte und lockere Aufführung in schiefes Licht stellen.

Und weil eine Rede, die den Kern vermissen läßt, eitel und kindisch ist, so bedarf die Palastdame außer der Fähigkeit, sich über die Eigenschaften dessen, mit dem sie spricht, ein Urteil zu bilden, noch der Kenntnis vieler Dinge, um eine annehmliche Unterhaltung führen zu können; sie verstehe es, das Gespräch auf Sachen zu lenken, die ihrem Gesellschafter angenehm sind, und habe acht, nicht – vielleicht gegen ihren eigenen Willen – Worte zu gebrauchen, die verletzen. Sie hüte sich, durch unbescheidenes Selbstlob oder durch Geschwätzigkeit Überdruß zu erzeugen. Sie mische nicht in ein heiteres und spaßhaftes Gespräch ernste Angelegenheiten, nicht in ernstes Witze und Schelmereien. Sie heuchle nicht alberner Weise ein Wissen, das sie nicht besitzt, sondern trachte auf bescheidene Art mit Dingen, die sie versteht, Ehre einzulegen, wobei sie selbstverständlich jede Ziererei vermeidet. Auf solche Weise durch Sittsamkeit geziert, wird sie die einer Dame anstehenden körperlichen Übungen mit vollendeter Anmut betreiben, ihr Gespräch wird inhaltsvoll, klug, ehrenhaft und vergnüglich sein, und so wird sie nicht allein von der ganzen Welt geliebt und geehrt sein, sondern sie wird vielleicht auch den Vergleich mit dem großen Hofmann aushalten, sowohl was die Eigenschaften der Seele als auch was die des Körpers betrifft."

Nach diesen Worten schwieg der Magnifico und verzog eine Weile, als ob er seine Rede schon zu Ende gebracht hätte. Da sagte der Signor Gaspare: „Wirklich gut habt Ihr, Signor Magnifico, die Dame geschmückt und mit glänzenden Eigenschaften versehen; nichts destoweniger dünkt es mich, Ihr hättet Euch zu sehr an das Allgemeine gehalten und an ihr einige so große Tugenden namhaft gemacht, daß Ihr nach meiner Meinung Scheu tragen müßt, sie näher zu erläutern, und sie vielmehr nur auf die Weise wünschen könnt, wie man sich nach so übernatürlichen Dingen, wie Ihr sie lehrt, sehnt. Daher möchte ich, daß Ihr ein bißchen näher darauf eingingt, welche körperliche Übungen für die Palastdame passen, womit sie die Gesellschaft unterhalten soll, was für viele Dinge das sind, deren Kenntnis ihr ansteht; ferner, ob Ihr vermeint, daß sie die Klugheit, Hochherzigkeit, Tüchtigkeit und die vielen anderen von Euch genannten Vorzüge nur in der Herrschaft über das Haus, die Kinder und das Gesinde unterstützen sollen, einer Herrschaft, die nach Euch ja nicht als ihr Hauptberuf zu gelten hat, oder ob diese Tugenden den hauptsächlichen Zweck haben, ihr bei der Geselligkeit und bei der anmutigen Pflege der körperlichen Übungen zu statten zu kommen. Bei Eurem Glauben, hütet Euch wohl, diesen armen Tugenden nicht so niedrige Verrichtungen zuzuweisen, daß sie sich schämen müßten!" Der Magnifico lachte: „Ihr könnt doch keine Gelegenheit vorübergehen lassen, Signor Gaspare, ohne Eurem Groll gegen die Frauen Ausdruck zu verleihen; ich bin fest überzeugt, ausführlich genug gesprochen zu haben, besonders für eine solche Zuhörerschaft, weil ich nicht annehmen kann, daß sich unter uns auch nur ein einziger finde, der, um von den körperlichen Übungen zu sprechen, nicht einsähe, daß Fechten, Reiten, Ballspielen, Ringen und anderes mehr, was sich für die Männer schickt, den Damen nicht ziemen." Hier fiel der Unico Aretino ein: „Bei den Alten ist es Sitte gewesen, daß die Frauen nackt mit den Männern gerungen haben; aber so wie viele andere ist auch dieser schöne Gebrauch verschwunden." Und Messer Cesare Gonzaga setzte dazu: „Auch ich habe seinerzeit Damen Ballspielen, Fechten, Reiten, Jagen und alle mögliche Fertigkeiten, wie sie ein Kavalier betreibt, pflegen sehen."

Der Magnifico erwiderte: „Da ich diese Dame nach meinem Geschmack formen kann, so will ich nicht nur, daß sie sich nicht den rauhen und ungestümen Übungen der Männer hingebe, sondern ich will auch, daß sie die einer Dame wohl anstehenden mit dem feinfühligen Takt vollziehe, der ihr, wie gesagt, eigen sein soll. Beim Tanz hat sie heftige und gezwungene Bewegungen zu vermeiden, ebenso wie beim Gesang oder Musikvortrag lange und wiederholte Kadenzen, die mehr Fertigkeit als Gefühl erkennen lassen; auch die Wahl der Musikinstrumente, die sie spielt, soll aus diesem Gesichtspunkt erfolgen. Stellt Euch vor, wie geschmacklos der Anblick wäre, eine Dame trommeln, pfeifen, Trompeten blasen oder ein ähnliches Instrument meistern zu sehen! Und zwar nur deshalb, weil seine Rauhigkeit die gewohnte Lieblichkeit, die jede ihrer Handlungen so sehr schmückt, verdeckt und aufhebt; wird sie zum Tanz oder Musizieren irgend welcher Art aufgefordert, so lasse sie sich durch einiges Bitten dazu nötigen mit einer gewissen zaghaften Scheu, die die wahre Schamhaftigkeit und das Gegenteil der Frechheit bedeutet. Derselbe Gedanke leite sie bei der Wahl ihrer Kleider, die sie so treffen soll, daß sie sich weder den Ruf der Eitelkeit noch den der Nachlässigkeit zuzieht. Da aber die Dame mehr Sorge für ihre Schönheit tragen darf und muß als der Mann, und es verschiedene Arten der Schönheit gibt, so bemühe sie sich, die Tracht zu finden, die ihre Anmut erhöht und zu dem jeweiligen Vorhaben dienlich ist, und kleide sich darein. Ist sie sich einer heiteren und lebendigen Schönheit bewußt, soll sie diese durch Bewegungen, Reden und Kleider, die alle auf Lebhaftigkeit abzielen, fördern, während sie, wenn sie weiß, daß sie zu ruhigem Ernst neigt, auch ihr Äußeres danach stimmen wird, damit die natürlichen Anlagen an Wirkung gewännen; ist sie ein bißchen zu dick oder zu mager, zu blaß oder zu dunkel, soll sie durch die Tracht abhelfen, jedoch so, daß es möglichst wenig auffällt, und mit zierlichem Geschmack, damit niemand die Absicht und Mühe gewahr werde.

Und weil der Signor Gaspare weiter fragt, was das für viele Dinge seien, deren Kenntnis ihr notwendig ist, wie sie ihre gesellschaftlichen Fähigkeiten zeigen solle, und ob die Tugenden diesem Zwecke dienlich seien, sage ich, daß es mein Wunsch ist, sie habe Verständnis alles dessen, was nach dem Willen der Herren der Hofmann wissen soll; auch über die Übungen, deren Pflege durch sie wir als unziemlich verwerfen, will ich, daß sie wenigstens ein Urteil besitze, wie es jemand über Dinge, die er selbst nicht betreibt, haben kann, und zwar aus dem Grund, damit sie die Kavaliere mehr oder weniger zu loben und zu schätzen wisse je nach ihrem Verdienst. Um in kurzen Worten das bisher vorgebrachte zu wiederholen, will ich, daß diese Dame Kenntnisse in der Literatur, der Musik und der Malerei habe und zu tanzen und zu scherzen verstehe, wobei sie außer sittsamer Feinfühligkeit und der Achtung auf ihren guten Ruf auch alle dem Hofmann vorgeschriebenen Rücksichten beweise. Dann wird sie durch ihr Gespräch und ihr Lachen, beim Spiel und beim Scherz, kurz, bei jedem Anlaß bestricken und jede beliebige Person mit treffenden Bemerkungen und geziemender Kurzweil unterhalten können. Obwohl die Züchtigkeit, Hochherzigkeit, Mäßigung, Geistesstärke, Klugheit und andere Tugenden für die Unterhaltung belanglos zu sein scheinen, will ich doch, daß die Dame mit allen geschmückt sei, nicht gerade des geselligen Verkehrs wegen, obgleich sie auch dabei von Nutzen sein können, sondern nur um der Tugenden selbst willen, und damit ihr diese schönen Eigenschaften, die jede ihrer Handlungen begleiten, die verdiente Ehrerbietung verschaffen."

„Ich wundere mich nur," sagte der Signor Gaspare lachend, „daß Ihr, der Ihr die Damen mit Wissen, Züchtigkeit, Hochherzigkeit und Mäßigung begabt habt, nicht noch wollt, daß sie den Staat regierten, Gesetze gäben und die Heere führten, während den Männern Küche und Spinnrocken bleibe." Heiter versetzte der Magnifico: „Vielleicht wäre es gar nicht so schlecht" und fuhr fort: „Wißt Ihr nicht, daß Plato, der sicherlich kein großer Frauenfreund war, ihnen die Bewachung der Stadt, den Männern aber alle anderen kriegerischen Pflichten hat übertragen wissen wollen? Glaubt Ihr nicht, daß sich gar viele fänden, die den Staat und die Heere ganz gut lenken könnten trotz den Männern? Ich übertrage ihnen derartige Ämter deswegen nicht, weil ich eine Palastdame bilde, nicht eine Königin. Jedoch bin ich mir klar, daß Ihr unauffällig die falschen Beschuldigungen erneuern wollt, die der Signor Ottaviano [Fregoso] gestern gegen die Frauen vorgebracht hat, nämlich, daß sie die unvollkommensten Geschöpfe seien, unfähig jeder Tugend, von ganz geringen Fähigkeiten und wertlos im Vergleich mit den Männern; aber wahrlich, er und Ihr seid in großem Irrtum befangen, wenn Ihr so denkt."

JAKOB WIMPFELING

Über die Jugend.
Sechzehntes Gesetz: über die Haarkräuselei [1500]

Der Jüngling soll einerseits nicht übertrieben und anstoßerregend auf Körperpflege achten, andererseits aber auch ungepflegte und unfeine Nachlässigkeit vermeiden. Dasselbe hat von der Kleidung zu gelten, bei der, wie bei den meisten Dingen, Mittelmaß das beste ist. Wenn aber in der Heiligen Schrift langes Haar dem Manne und Jüngling als Schande bringend verboten ist, ein um wieviel größeres Vergehen ist es dann,

Haare, die die Natur schlicht und glatt geschaffen und denen sie jeweils ihre eigene Farbe gegeben hat, nicht nur zu drehen und zu kräuseln, sondern auch mit unechter Farbe zu färben und zu verfälschen. Der sittsame und züchtige Jüngling enthalte sich solcher Eitelkeiten und weibischer Putzkünste. Gab es doch bei den Alten nichts, was einen mehr dem Verdacht der schlimmsten Verkommenheit aussetzte, als diese lächerliche und schändliche Haarkräuselei. So wirft Plautus jemand vor, er sei ein „lockengekräuselter Buhlknabe". Das künstliche Haarkräuseln macht den Mann zum Weibe, den Jüngling zum Mädchen, schafft einen Nährboden für Läuse, bringt die Säfte zu übermäßiger Zirkulation, will umsonst etwas erreichen, was die Natur verwehrt hat, offenbart eine eitle, angeberhafte Geistesverfassung, verrät eine wollüstige und ausschweifende Natur, beleidigt Gott, vertreibt den Schutzengel, es betäubt den Kopf, schädigt das Hirn, schwächt das Gedächtnis, entstellt das Gesicht und macht es im Alter scheußlich und geradezu aussätzig, kurz, es dokumentiert schlimmstes Geckentum.

Denn welch schlimmeres Geckentum kann es geben, als die Haare mehr zu lieben als den Kopf und die Farbe der Haare höher zu achten als die Lebhaftigkeit der Sinnesorgane, wie es der edle und ehrenfeste Ritter Diether aus dem Hause der Cyrothecae Deinem erlauchten Vater gegenüber witzig ausgedrückt hat.

Endlich schließt Haarkräuseln vom Himmelreich aus, denn wie sollte der allmächtige Gott den des Paradieses für würdig erachten, der, mit seinem ihm von Gott verliehenen Aussehen, seinem Gesicht, seinen Haaren nicht zufrieden, sich nicht geschämt hat, all diese Gaben zu verfälschen, ein Verächter und Hasser des göttlichen Geschenks und ein nach Fremdem Gierender? Kein Zweifel, der gerechte Richter wird dem Gekräuselten am Jüngsten Tage vorhalten können: Ich habe diesen Menschen nicht geschaffen, ihm nicht dieses Gesicht gegeben, das sind nicht die Haare, die ich ihm bei der Geburt mitgegeben habe. Dasselbe wie wir meint Augustinus, wenn er sagt: „Gott widersetzt sich den Hoffärtigen und Gekräuselten".

CLAUDIUS CANTIUNCULA

Ratschläge für den künftigen Juristen [1522]

Daß ferner der künftige Jurist einen guten Teil der besten Schriftsteller durchzulesen habe, ist ein wohlüberlegter Rat derjenigen, die glauben, die Jurisprudenz sei gewissermaßen ein Sammelbecken alles Wissens, also das, was man eine Enzyklopädie nennt. Sie haben nicht unrecht; denn obwohl die Jurisprudenz nach der ehrwürdigen echten Theologie eine erste, grundlegende Wissenschaft ist, wird man sagen können, auch sie habe mit ihrem Schweif von dienenden Disziplinen enzyklopädische Bedeutung erlangt. Darum sollte die Jugend, oder besser jedes Alter – denn es ist nie zu spät zu einem zweckmäßigen Entschluß – mit aller Kraft dahin streben, sich in den Zug einzureihen, den die Jurisprudenz aus vielen Wissenschaften gebildet hat. Es gilt, immer dem Höchsten zuzustreben; dann gelangen wir entweder auf den Gipfel, oder wir werden wenigstens auf viele unter uns herabschauen. So machten es die meisten der Alten: Auch wenn sie glaubten, ein Weiser habe sich noch nicht gefunden, so überlieferten sie doch Weisheitslehren. Es gibt sie tatsächlich, die vollendete Kenntnis des Rechts, und die Natur des menschlichen Geistes hindert uns nicht, sie zu erwerben. Gelingt dies nicht, so wird doch jeder, der den Versuch unternommen hat, höher hinaufkommen als einer, der von vornherein an der Erreichung des Ziels verzweifelt und sofort zuunterst stehen bleibt. Zu beherrschen braucht deswegen ein ausgebildeter Rechtslehrer nicht alle Wissenszweige; es genügt, wenn er demjenigen, um den es sich handelt, nicht ganz ahnungslos gegenübersteht.

Zu allererst muß er in der Rhetorik gründlich zuhause sein. Denn einhellig und öffentlich sollte man jene freche und doch bis jetzt anerkannte, ja auch von Juristen verbreitete Behauptung zurückweisen, es könne keiner ein Jurist sein, der ein guter Lateiner sei. Allerdings, auf die alte wortreiche, oratorische Eloquenz kann in unserem Jahrhundert verzichtet werden, weil der Stoff diesen Redefluß und diese Tändeleien des Stils nicht wohl zuläßt; aber mit Latinität, Schönheit und Reinheit der Sprache verträgt er sich. Daß jene Beleidigung nicht länger tragbar sei, hat Guillaume Budé, diese größte Zierde ganz Frankreichs, mehr als einmal gezeigt. Es wäre noch manches nachzutragen, was in das gleiche Kapitel gehört; doch es wird bescheidener sein zu schweigen, nachdem ein derart vollkommener Gelehrter darüber gesprochen hat.

Auch die Kenntnis der Örtlichkeiten, zumal derer, die in den Gesetzbüchern erwähnt sind, ist recht nützlich. Denn kennen wir aus einer Kosmographie die Gegenden, so begleiten wir in Gedanken die Erzählung und glauben die Vorgänge zu sehen, nicht bloß zu lesen. Umgekehrt, wenn man die Lage der Orte und Gegenden, die Eigentümlichkeiten der Tier- und Pflanzenwelt und ihre Namen nicht kennt, so wird man wie Accursius, ein sonst in mancher Hinsicht trefflicher Mann, sich nicht selten vergaloppieren und etwa aus einem Baum einen Vierfüßler, aus einem Edelstein einen Fisch, aus einer Stadt einen Strauch machen und was dergleichen hundertfach in den Worterklärungen des Accursius zu finden ist.

Auch über das Griechische will ich meine Meinung äußern, wiewohl mir noch nicht beschieden war, es darin über die allerersten Anfänge hinauszubringen. Wie nachteilig für einen Juristen der Mangel an Kenntnissen im Griechischen ist, ergab sich mir nicht nur aus oberflächlichen Vermutungen, sondern aus eigener Erfahrung und ergibt sich mir zu meinem großen Schaden immer von neuem. Ich rede nicht voreingenommen, sondern weise einfach darauf hin, welchen Nutzen unserem Studium das Griechische bringt; denn wenn der Wetzstein auch nicht selber schneiden kann, so schärft er doch das Eisen.

Zunächst steht fest, daß Tribonian das, was er von Juristen griechisch geschrieben vorfand, in derselben Sprache abschrieb, wie sich ja bis heute viele griechische Responsa in den emendierten Handschriften finden, das heißt in den Florentiner Pandekten. Viele von ihnen sind wiederhergestellt in den *Zurückweisungen* des Andreas Alciatus zu lesen, eines Mannes, den wir als die Krone und das Schatzhaus der Jurisprudenz bezeichnen dürfen. Dann schreibt der ausgezeichnete Budé, ebenso berühmt durch sein Wissen wie durch seine überzeugende Schreibweise und seine geistreichen Einfälle, fast der ganze Titel von der Befreiung der Vormünder sei von den Verfassern griechisch geschrieben worden. Daß die *Authentica* im justinianischen Codex – man nennt sie auch *Collationes* – ebenfalls in griechischer Sprache herausgegeben wurden, beweist ein griechischer Codex dieser *Authentica*; er ist sorgfältig und seinem Wert entsprechend bei dem trefflichen Gelehrten aufgehoben, der ihn, wie man hoffen darf, in verbesserter Form herausgeben wird. Was ferner in den drei letzten Büchern des Codex steht, stammt von Griechen und war deshalb größtenteils unverständlich, bevor Alciatus seine Anmerkungen dazu veröffentlichte. Die griechischen Responsa der Juristen nun wurden später in einem weniger gebildeten Zeitalter, als nur noch wenige Griechisch verstanden, ins Lateinische übersetzt, aber von Leuten, die weder genügend Griechisch noch genügend Lateinisch verstanden. Das verrät der fehlerhafte und unklare Stil der *Authentica* und zahllose Stellen in den Pandekten sowie die wenig gepflegte Ausdrucksweise jener drei Bücher des Codex. Hier kam es dann vielfach zu verhängnisvollen Mißverständnissen des Rechts; und wenn auch die meisten solcher Fehler dank den Schriften des Budé und Alciatus sich beheben und in Ordnung bringen lassen, so bleiben doch gewisse Stellen dermaßen verpfuscht, daß man sie nur mit Hilfe der Florentiner Pandekten heilen kann.

Übergehen darf ich hier, weil es niemand bestreiten wird, daß die Philosophie und alle freien Künste, schließlich auch die Zehntafelgesetze, von den Griechen stammen. Möge also der junge Jurist diesen meinen Rat befolgen und, wie dies Cicero seinem Sohne riet, zu seinem eigenen Nutzen immer das Griechische mit dem Lateinischen verbinden. Ich verspreche, dies auch selber zu versuchen, wenn es mir das Geschick erlaubt. Warum nämlich sollte ich die Hoffnung aufgeben? Wenn wir Cicero, wenn wir Quintilian glauben, so hat Cato der Zensor, Redner, Geschichtsschreiber, erfahrener Jurist und Landwirt in einer Person, mitten in einer Periode ewiger Kriege und schwerer innerer Kämpfe und der Unbildung seiner Zeit zum Trotz, noch als Greis und auf absteigender Lebenskurve Griechisch gelernt. Warum also sollten wir zu hoffen aufhören? Gott hat uns ja so viele Lehrer und so viele Vorbilder aus dem Altertum geschenkt, daß man sagen möchte, vielleicht habe es nie eine günstigere Epoche gegeben, um geboren zu werden, als die unsrige, an deren Belehrung die Vorfahren alles gesetzt haben.

VIII. Universitäten

Einleitung

Das Interesse der Humanisten an Bildung und Erziehung und die von ihnen durchgeführte Erneuerung der Pädagogik hatten nicht überall einen raschen Einzug des Humanismus in die Universitäten zufolge. In Italien gab es zwar einige alte Universitäten – mit Bologna, Padua und Pavia an der Spitze – aber die angesehensten Fächer waren dort die berufsbildenden, Medizin und Jura, nicht die der Artistenfakultät wie Rhetorik oder Philosophie, die leicht mit dem Humanismus verbunden werden konnten. Im allgemeinen blieben die alten italienischen Universitäten noch lange der mittelalterlichen Tradition des Unterrichts durch Trivium und Quadrivium treu, die ihre wichtigste Aufgabe in der wissenschaftlichen Ausbildung zu einer medizinischen, juristischen oder kirchlichen Laufbahn sah. Bei Neu- oder Wiedergründungen, zum Beispiel der Universität von Florenz im vierzehnten Jahrhundert, traten zwar einige wichtige Frühhumanisten in den Vordergrund, ohne daß jedoch von einer rein humanistischen Ausrichtung die Rede war. Dabei ist zu bedenken, daß die akademischen Dozenten meistens ein Wanderleben führten wie im Mittelalter, wodurch die intellektuelle Lage an den einzelnen Universitäten sehr oft wechselte. Diskontinuität und schwankende Qualität in der italienischen akademischen Welt veranlaßten noch Poggio zu der Bemerkung, daß große Gelehrte sich selbst bildeten. Erst im Laufe des fünfzehnten Jahrhunderts war das neue Gedankengut in die Erziehung der sozialen und politischen Elite Italiens aufgenommen worden, und ganze Scharen von Humanisten waren nicht nur als Lehrer in Lateinschulen und als Privatlehrer tätig, sondern auch in akademische Stellen aufgerückt. Dort machten sie sich daran, das Trivium in der Artistenfakultät so umzugestalten, daß die humanistischen Fächer Grammatik, Poetik, Rhetorik, Geschichte und Moralphilosophie in einer allgemeinen wissenschaftlichen Bildung eine hervorragende Rolle spielten und damit auch als Grundlage der Fachausbildung in den anderen Fakultäten (der Medizin, Jura und Theologie) dienen konnten.

Anders war die Situation außerhalb Italiens, wo die vielen Neugründungen im sechzehnten Jahrhundert oft von Anbeginn an humanistisch gefärbt waren. Auch in die älteren Universitäten zogen immer mehr Humanisten ein, die in Italien studiert hatten und mit Begeisterung die neuen Auffassungen über Bildung und Erziehung in den akademischen

Kreisen ihrer Heimat verbreiteten. Dabei ist besonders im Deutschen Reich noch die komplizierte Verbindung zwischen Humanismus und Reformation zu beachten. In Wittenberg (gegründet 1502) zum Beispiel entstand unter der Führung Melanchthons (1497–1560) eine humanistisch-reformatorische Universität, deren Lehrplan übrigens Altes und Neues mischte: Aber keine Universitätsgründung, von der Frühen Neuzeit bis in unsere Gegenwart, hat sich je ganz von den mittelalterlichen akademischen Traditionen losgesagt.

In Florenz entwickelte sich während der Renaissance ein ausgezeichnetes Schulsystem und mehrere literarisch-philosophische Kreise, in denen Humanisten diskutieren und auch lehren konnten, aber die Universität wollte nicht so recht zu einer dauerhaften Blüte kommen. Zwischen dem Ende des vierzehnten und der zweiten Hälfte des fünfzehnten Jahrhunderts profitierte sie jedoch von der Anwesenheit großer Philologen und Pädagogen, wie der Graezist Manuel Chrysoloras, der byzantinische Philosoph Johannes Argyropulos, der Pädagoge und Philologe Guarino da Verona und der Philologe Francesco Filelfo. Letzterer, ein typischer Wandergelehrter der Zeit, hatte von 1429 bis 1434 die Professur für Philologie und Rhetorik inne. Im Dienst der Republik Venedig hatte er Jahre in Konstantinopel verbracht, dort Griechisch gelernt, die Tochter seines Lehrers Johannes Chrysoloras geheiratet und Handschriften gesammelt. Als er seine Lehrtätigkeit in Florenz aufnahm, hatte er schon einen großen Ruf. An Wochentagen las er an der Universität über die großen klassischen Autoren, am Sonntag im Dom, wo er dem gebildeten Publikum die Werke Dantes erklärte. Er war aber ein reizbarer, arroganter und kämpferischer Mensch und machte sich in Florenz viele Feinde, unter ihnen auch Cosimo de' Medici (1389–1464). Bald glaubte Filelfo, daß Meuchelmörder ihm im Auftrag Cosimos nach dem Leben trachteten, und zog weiter nach Siena, wo es ihm jedoch auch nicht gefiel. So nahm er die Einladung des Herzogs Filippo Maria Visconti nach Mailand an. Dort blieb er viele Jahre, auch noch unter dem nächsten Herzog, Francesco Sforza, für den er anfing, ein langatmiges Epos zu verfassen: die *Sforziade*. Als Sforza starb, verbrachte Filelfo ein Jahr in Rom und zerstritt sich mit Papst Sixtus IV. Am Ende seines Lebens kehrte er auf Einladung des neuen Herrschers Lorenzo de' Medici ‚Il Magnifico' (1449–1492) noch einmal als Professor für Griechisch nach Florenz zurück, wo er aber sehr bald starb.

Filelfo war eine schillernde Persönlichkeit, ebenso berühmt wegen seiner Gelehrsamkeit, Sammeltätigkeit und rhetorischen Gaben wie auch wegen seiner zänkischen Natur und maßlosen Geldgier. Er durchlief eine glänzende Laufbahn an mehreren italienischen Universitäten und brauchte sich nie Sorgen um das tägliche Brot zu machen, weil die Universitäten sich förmlich um seine Dienste rissen. Daß der Einstieg in eine akademische Karriere nicht immer so leicht war, zeigt der Lebenslauf des deutschen Theologen Stephan Hoest (ca. 1430–1472). Als Achtzehnjähriger fing er an, an der Heidelberger Artistenfakultät zu studieren. Dort erlangte er 1456 den Magister artium und bewarb sich anfänglich vergebens um einen Studienplatz bei den Theologen. Später bekam er dann doch die Gelegenheit, Theologie zu studieren, erlangte das Lizenziat in diesem Fach und amtierte sogar einige Jahre als Vizekanzler der Heidelberger Universität. Im selben Jahr 1456, als Hoest enttäuscht war, weil er nicht direkt eine Stelle bekommen konnte, kam Peter Luder (ca. 1415–1472) nach Heidelberg, um die humanistischen Studien zu lehren. Luder hatte viele Jahre in Italien verbracht und betrachtete sich als Schüler Guarinos da Verona. Er führte dessen Bildungsprogramm in Heidelberg ein und fand in Hoest einen seiner bedeutendsten Schüler. Nach seinem Vorbild las Hoest an der Artistenfakultät über klassische Autoren wie Cicero und Vergil und bildete seinerseits Schüler wie Jakob Wimpfeling aus. Hoest verschrieb sich jedoch nicht ganz dem Frühhumanismus, sondern vertrat eine versöhnliche Position zwischen scholastischer und humanistischer Bildung.

Die Einführung humanistischer Studien an den Universitäten verlief oft langsam und schwierig und hing eigentlich immer von dem Einsatz einzelner Gelehrten ab. Georg von Peuerbach (1423–1461) zum Beispiel, der erstrangige Astronom an der 1365 gegründeten Wiener Universität, wurde berühmt durch seine Zusammenfassung des ptolemäischen Systems in dem Handbuch *Theoricae novae planetarum* (Neue Theorien der Planeten, 1454) und seine Tabelle der Eklipse, welche er sowohl für Wien als für die siebenbürgische Stadt Großwardein (Oradea, Nagyvárad) errechnet hatte. Darüber hinaus leistete er Wichtiges für die Entwicklung der Wiener Universität durch seine intensiven Bemühungen um die Propagierung der neuen Bildungsideale. Als einer der ersten Professoren hielt er in Wien Vorlesungen im humanistischen Sinne über Autoren wie Vergil und Horaz. In der Bürgerschule zu St. Stephan las er im Kursusjahr 1457–1458 über das damals noch Cicero zugeschriebenen Werk *Rhetorica ad Herennium* (Rhetorik für Herennius). Seine kurze Ansprache an die Hörer bei Beginn der Vorlesung über das vierte Buch dieses Werkes ist eine ebenso knappe wie wirksame Verteidigung der humanistischen Rhetorik, welche Peuerbach in dem Stoßseufzer „O ihr alten Schulböcke, wann wollt ihr endlich Latein lernen?" kulminieren ließ. Dieser seltene Einblick in die Praxis der akademischen Vorlesungen des fünfzehnten Jahrhunderts ist dem Eifer des Studenten Paul Hebemkrieg zu verdanken, der diese Ansprache aufzeichnete.

Martin Bucer (1491–1551), der spätere Reformator Straßburgs, trat sehr jung in den Dominikanerorden ein und fing dann 1517 an, in Heidelberg Theologie zu studieren. Während seiner Studienzeit wohnte er im dortigen Dominikanerkloster. Sein Brief an den Humanisten Beatus Rhenanus (1485–1547), der in Basel als Editor und Korrektor arbeitete, zeigt, daß die Erfahrungen, die er an der Universität gemacht hatte, sich mit seiner Begeisterung für die humanistischen Studien verbanden. Bucer war anwesend gewesen bei einer Disputation Luthers im April 1518 in Heidelberg und war ihm bei dieser Gelegenheit auch persönlich begegnet. Dieses Ereignis muß einen tiefen Eindruck auf den jungen Mann gemacht haben. Er hatte einen Bericht über diese Disputation abgefaßt und an Rhenanus geschickt, der ihn wiederum anderen Gelehrten weitergegeben und sich zudem lobend darüber geäußert hatte. Die akademischen Lehrveranstaltungen bei den Theologen konnten bei Bucer offensichtlich nicht viel Begeisterung hervorrufen, da sie hauptsächlich noch scholastisch ausgerichtet waren. Um so mehr liebte er es, Griechisch zu lernen und Werke des Erasmus zu lesen und gegebenenfalls auch den jungen Mönchen im Dominikanerkloster zu erklären. Der Brief Bucers zeigt eine geistige Welt, in der die frühe Reformation und der Humanismus in einer Universitätsstadt, einschließlich des dortigen Dominikanerklosters, zusammentreffen.

FRANCESCO FILELFO

Rede über seine Sehnsucht, Florenz zu sehen, gehalten bei Aufnahme seiner Vorlesungstätigkeit in Florenz [1429]

Oftmals schon wurde ich, hochgeehrte Herren, von einem gewaltigen und geradezu unerhörten Verlangen ergriffen, die Stadt Florenz zu sehen. Es brannte in mir aber nicht deshalb, um die großartigen und majestätischen Mauern, die marmorglänzenden und überreichen Kirchen, die prächtigen Häuser und stolzen Herrscherpaläste oder die anderen Schönheiten und Schätze der Stadt zu schauen, die in den Menschen, selbst wenn sie gefühllos sind, Sehnsucht zu erwecken und sie anzulocken, ja zur Bewunderung hinzureißen durchaus imstande wären; sondern es trieb mich, ihre stolzen Bürger zu sehen und mich Tag und Nacht am Anblick derer zu laben, die man als Schöpfer aller schönen Künste, als Hüter aller edlen und berühmten Wissenschaften preist und bewundert. Ist doch dem Menschen von Natur aus eine ungeheure und kaum vorstellbare Wißbegierde angeboren. An Reichtum, Lust, Ehrgeiz und allen anderen Dingen, über die das Glück regiert, packt mich wie andere edle Naturen leicht Überdruß, das Bestreben nach Erforschung und Erkenntnis der Wahrheit ist dagegen den Menschen so teuer und süß, so fruchtbringend und genußvoll, daß es, je weiter sie darin fortschreiten, desto mehr entbrennt und wie eine Lawine wächst. Von dem Feuer dieser sicherlich schönsten Leidenschaft wunderbar entflammt, haben manche Menschen, und gewiß nicht solche von unedler oder dunkler Geburt, die entferntesten und unterschiedlichsten Gegenden der Erde unter größten Strapazen und Gefahren aufgesucht. Dies allein schon hat bewirkt, daß die Griechen ebenso von den Römern wie von allen Barbaren gefeiert und mit unsterblichem Ruhm verherrlicht wurden; dies allein hat die Magier, die Äthiopier, die Druiden bekannt gemacht. Was hat Demokrit, jenen edlen und scharfsinnigsten aller Philosophen, bis zum Roten Meer, bis zu den Chaldäern und indischen Brahmanen auf eine so weite und gefahrvolle Reise getrieben? Von wievielen, ja beinahe Unzähligen haben wir gehört und gelesen, daß sie aus dieser Sucht, diesem inneren Drang nach Wissen die Fahrt zu den Ägyptern unternommen haben? Welche Historiker oder großen Dichter könnte man, blickt man auf das ganze Griechenland, finden, die nicht mit allen Kräften bestrebt waren, die Weisheit der Ägypter mit ihrer eigenen zu verbinden? Und daß die Gesetzgeber, die Philosophen und die übrigen durch Geist und Gelehrtheit Ausgezeichneten dasselbe taten, wissen wir aus den Werken der Literatur. Muß ich, um von der jonischen erst gar nicht zu reden, die unteritalische Philosophie erwähnen, die bei den Alten in einem Maße als Wahrheitsfinderin angesehen war, daß niemand als wahrhaft gebildet galt, der in den pythagoräischen Lehren nicht wirklich zuhause war. Deshalb hörte auch der mit göttlichem Geist und unerreichter Gelehrsamkeit begabte Plato, obwohl er doch in Griechenland Sokrates und Euklid, dann die ägyptischen Priester und die Juden mit allem Eifer gehört hatte, niemals auf zu zweifeln, bis er endlich die Lehren der Pythagoräer gründlich in sich aufgenommen hatte. Und so dürfte man in der Tat nur sehr schwer jemanden finden, der, ohne sich je in der Fremde umgesehen zu haben, ein berühmter und über den Durchschnitt sich erhebender Mann wurde. Denn darüber herrscht Einigkeit: Große Erfahrung auf den verschiedensten Gebieten und umfassende Kenntnisse muß der haben, den die andern bewundern sollen. Diese aber daheim zu erwerben, dürfte vergeblich sein. Homer, der König der Dichter, dem keine edle Wissenschaft fremd war und der dies zuvor in eigener Person aufs klügste befolgte, begann sein Lied, mit dem er einen anderen als des höchsten Ruhmes wert hinstellen wollte:

> „Sage mir, Muse, die Taten des vielgewanderten Mannes,
> Welcher so weit geirrt nach der heiligen Troia Zerstörung,
> Vieler Menschen Städte gesehn und Sitte gelernt hat."

Dieser allerweiseste Dichter wußte, daß, wer vieles wissen will, vieles sehen und viele Gefahren durchmachen muß. Das aber in den eigenen vier Wänden und, sozusagen, im Schlaf zu tun, ist eine Unmöglichkeit. Darum besang der berühmteste aller Dichter die Irrfahrten des Odysseus und daß er „vieler Menschen Städte gesehen und Sitte gelernt hat". Aber wozu muß ich hier Altbekanntes, beziehungsweise Erdichtetes, aufwärmen? Diese Stadt hier allein kann uns als Exempel dienen; hat sie doch alles, was es nur an Gutem auf der Welt gibt, was an Edlem und Ruhmvollem irgendwo getan oder erlebt wird, nicht nur gesehen und erfahren, sondern tief in sich aufgenommen und verwurzelt und glänzender, heller und schöner gemacht, als sie es ursprünglich angetroffen hatte. Wo gibt es, wohin wir auch blicken, einen großgesinnten Fürsten oder König, der nicht bestrebt wäre, sich und seine Untertanen von den Grundsätzen und dem persönlichen Vorbilde irgendeines Florentiners leiten und veredeln zu lassen?

Ich selbst habe manche ebenso berühmte wie untereinander verschiedene Länder bereist, habe „vieler Menschen Städte gesehen und Sitte gelernt"; und wo immer ich auf etwas stieß, das verdiente, von einem klugen Beobachter erwähnt oder gelobt zu werden, war es auf Anregung und unter der Anleitung eines Florentiners entstanden. Denn alle, die ohne Florentiner auskommen müssen, die ihren Rat, ihre Klugheit und Führung entbehren, haben – mögen sie noch so mächtig und reich sein – nichts vorzuweisen als die pure Unbildung und leere Phantastereien. Ich weiß genau, daß ich damit nicht nur nicht lüge, sondern nicht einmal übertreibe. Denn nichts liegt mir ferner als Lüge; falls ich mich aber der Sünde der Übertreibung schuldig gemacht habe, so hätte das doch wenigstens das Angenehme, daß auch das allgemeine Urteil der Welt in eben diesem Irrtum hinsichtlich Eurer Klugheit und göttlichen Tugenden befangen ist.

Um nun aber endlich zu dem Thema meiner Rede zurückzukehren, von dem ich weiter als geplant abgewichen bin: Immer hat mich eine unvorstellbare Sehnsucht nach dieser Stadt beherrscht. Sah ich doch, daß ich weder die unwegsamen Berggegenden Persiens noch die lichtlosen Dschungelwildnisse Indiens, weder die Babylonier und Assyrier noch die übrigen Völker der Erde aufzusuchen brauchte, da ich in dieser einen Stadt überreichlich alles vorfinden würde, was man an schönen Künsten in der ganzen Welt nur antreffen kann. Deswegen empfinde ich in diesem Augenblick, so wahr mir Gott helfe, eine unbeschreibliche Freude, daß ich Euch, nach denen ich mich so lange gesehnt habe, nicht nur leiblich sehe und höre, sondern auch erkenne, wie eifrig Ihr um meinen Ruhm bemüht, wie bedacht Ihr darauf seid, mich zu ehren. Was hätte mir denn, ich will nicht sagen: Schöneres, sondern ich behaupte mit Recht: Seligeres jemals geschehen können als das, was mir jetzt über alles Erwarten zuteil geworden ist: Daß Ihr mich in Eurer Wertschätzung so hoch stellt, wie es schöner schlechterdings nicht gedacht werden kann? Immer war es mein Wunsch, bei Euch zu sein, auf daß ich durch den häufigen Verkehr mit Euch selbst gebildeter würde. Mich, der ich mir nichts sehnlicher wünschte, habt Ihr aus freien Stücken berufen, habt mir ein wahrhaft fürstliches Honorar ausgesetzt, mich aus einem Schüler zu einem Lehrer gemacht, mit anderen Worten: habt bewirkt, daß ich – eben noch nahezu ein Anfänger in der Wissenschaft – als ein

Gelehrter von Rang gelte. Was kann es Liebenswürdigeres, Großzügigeres, Hochherzigeres geben als Euer Verhalten? Kluge und bedeutende Männer loben die Spartaner, daß sie den durch Tugend und Gelehrsamkeit ausgezeichneten Pythagoräer Apollonios mit den ausgesuchtesten Ehren bedacht, und die Athener, daß sie sich ebenso gegen viele höchst verdienstvolle Männer verhalten hätten; aber meiner Ansicht nach sind weder die Athener noch die Spartaner noch überhaupt irgendwelche Sterbliche Euch, Ihr sehr ansehnlichen Herren, in dieser edlen Handlungsweise vorzuziehen. Denn nicht nur pflegt Ihr denen, die Euch treu gedient haben, höchst ehrenvolle Geschenke zu machen, sondern Ihr sorgt auch durch großzügigste Zuwendungen und Ehrungen dafür, daß Menschen durch Euer Verdienst in den Stand gesetzt werden, sich dereinst um Euch die schönsten Verdienste zu erwerben. Freilich fühle ich angesichts Eurer so großen und ewig denkwürdigen mir bewiesenen Gunst eine gewisse Beklemmung, daß Ihr mich, der ich selbst noch lernen muß, anderen zum Lehrer bestellt habt. Denn wie könnte ich es wagen, in Eurer hochwürdigen Versammlung, ich will gar nicht sagen: zu lehren, sondern auch nur ein Wort herauszubringen, ohne daß sich mir völlig der Geist verwirrt? Weder bin ich jemand, der von etwas redet, was er nicht versteht, noch dürftet Ihr darauf erpicht sein, etwas zu hören, was Euch sonnenklar ist. Was soll ich also tun? Wohin meine Zuflucht nehmen? Wie die Sache anpacken? Nun, ich werde das tun, was die Lehrlinge bei großen Bildhauern übertragen bekommen: Wenn diese nämlich aus einem unbearbeiteten Stück Holz oder einem Marmorblock ein ungewöhnliches Kunstwerk bilden wollen, übertragen sie Jüngeren – nicht gerade gänzlich unerfahrenen, aber andererseits auch nicht solchen, die bereits ausgelernt haben – die Anfangsarbeiten des Zuhauens und legen selbst nur die letzte Hand an und glätten manche wichtigeren oder schwierigeren Partien. So auch werde ich den Anfängern in der Redekunst gleichsam die ersten Pfade zur Beredsamkeit leicht zeigen können. Sobald sie sich dann an Höheres und sprachlich Anspruchvolleres wagen, mögen sie sich zur weiteren Verfeinerung und Vervollkommnung in die Obhut derer begeben, die in dieser Eurer erlauchten Versammlung und soweit dieser Staat reicht, durch Geist und Gelehrtheit, durch Praxis und Theorie sich glänzenden Ruhm erworben haben. Denn allerdings wünschte ich, Ihr wäret Euch immer bewußt, daß ich nicht ein Lehrer für Gelehrte, sondern nur für die noch ungebildete Jugend bin. Indessen will ich mit Eurer gütigen Erlaubnis einiges Wenige über die mir übertragene Aufgabe sagen. Wenn ich nun daran gehe, dies zu tun, so bitte ich Euch bei Eurer mir bewiesenen Gewogenheit inständig, Ihr wollt mir ebenso geneigt und aufmerksam wie bisher Euer Ohr leihen. Auf diese Weise werdet Ihr das Maß Eurer Güte gegen mich vollmachen, und ich werde mich mit größerer Zuversicht ans Werk begeben.

STEPHAN HOEST

Über die Enttäuschung, keine Stelle an der Universität bekommen zu haben [1456]

Magister Stephan Hoest an Magister Wilhelm Walstatt, Lizenziat der Theologie

Erlauchter Magister! Ich grüße Euch vielmals und wünsche, daß Eure Seele ewig heil bleibe. Euer Gespräch von gestern rief in mir entgegengesetzte und zwiespältige Empfindungen hervor: teilweise Kummer, teilweise Freude. Mir tat es leid, daß mir die Stelle im Collegium [Theologicum der Heidelberger Universität] so plötzlich und unerwartet entzogen wurde, denn zu der Hoffnung darauf hatten mich kurz zuvor die Gunst und das Versprechen der mächtigsten Leute am Hof und die Einwilligung des Fürsten [Friedrichs I. von der Pfalz] aufgerichtet. Ich glaubte, eine sichere Aussicht zu haben; doch gestern erklärtet Ihr diese für nichtig und vergeblich. Aber ich nehme Gott zum Zeugen, daß mich der Verlust des Collegiums nur aus dem folgenden Grunde bestürzt. Ich faßte den Entschluß, nach der Erlangung der Stelle mein ganzes Denken, Sorgen und Streben von den anderen, aufgegebenen Studien, die mich bis jetzt beschäftigen, auf die Theologie zu wenden und mich ihr allein zu überlassen. Nun zwingt mich meine schon lange bestehende Mittellosigkeit, zu den früheren Studien zurückzukehren. Nur dies erfüllt mich mit tiefer Betrübnis. Doch werde ich dies mit Geduld ertragen, belehrt von der Vorschrift der Dichter, wonach wir sowohl Glück als auch Unglück gleichmütig ertragen sollen. Ich war zugleich sehr froh, daß ich Eurer Freundschaft, die ich mir immer gewünscht hatte, gestern in dieser Angelegenheit versichert wurde: Erstens, weil Ihr für mich bei dem Fürsten eintratet; fernerhin, weil Ihr mir verspracht, auch in Zukunft für mich tätig zu sein. Ich weiß mit Gewißheit, daß dies alles aus echter Liebe geschah, denn ich sehe keinen Grund, warum Ihr Euch sonst für mich eingesetzt hättet, wenn Ihr mir nicht vom Herzen Gutes gewünscht hättet. Deshalb bin ich Euch sehr dankbar. Ich werde Euch von jetzt ab wie einen Vater verehren und versuchen, dies durch eine würdige Gegenleistung nach meinen Kräften auszugleichen. Ich schreibe diesen Brief, weil sich heute keine Gelegenheit gegeben hat, über meine Sache zu sprechen, und weil ich es für entehrend hielt, auf diese Vorwürfe, die meine nichtswürdigen Gegner bei Euer Hochwürden vorbrachten, nicht zu antworten; denn wenn ich schweigen würde, könntet Ihr meine Schweigsamkeit als Schuldbewußtsein auslegen. Sie tadelten mich wegen Hochmut, Nachlässigkeit und schlechter Betreuung der Scholaren. Mit diesen und noch schlechteren Lastern ist derjenige schon längst ausgezeichnet, den ich als meinen Ankläger vermute. Es ist die Gewohnheit schlechter Menschen, daß sie andere Menschen nach ihren eigenen Sitten beurteilen. Auf diese Weise vom Bewußtsein seiner Untaten getrieben, versuchte jener, mir Schaden zuzufügen. Meine Absicht ist nicht, jemanden mit meinem Brief anzuklagen. Freilich mag er seine Schmähungen einsetzen; ich werde dafür sorgen, daß ich durch vernünftiges Leben keinen Tadel verdiene. Aber ungerechter Tadel ist nicht ganz zu vermeiden; dies dulde ich gemeinsam mit allen Menschen. Doch daß man mir Hochmut vorwirft, verwundert mich sehr, da mir dieser Vorwurf bisher noch nicht gemacht wurde. Ich behaupte dennoch nicht rundheraus, daß mir überhaupt nichts von Hochmut eigen ist. Ich möchte denjenigen sehen, der nicht wenigstens die Wurzel dieses Lasters besitzt; ich würde in der Tat auf ihn zeigen wie auf ein Wunderzeichen, das vorher von niemanden gesehen wurde. Aber daß ich die Doktoren und andere hochmütig verachte und ihnen keine Achtung erweise, ist von der Wahrheit weit entfernt. Man sagt, daß ich die Veranstaltungen der Theologen vernachlässigte. Das gebe ich zu. Doch dies darf man nicht meiner Gleichgültigkeit anrechnen, denn ich gehörte bis jetzt nicht jener Fakultät an, sondern verbrachte mein Studium mit den Künsten der Beredsamkeit und der Philosophie. Keiner, der gelehrt ist, bezweifelt, daß diese Fächer die notwendigen Fundamente sind, worauf das Gebäude der Theologie zu errichten ist. Glaubt mir: Wenn mein Ankläger, der mich der Nachlässigkeit beschuldigt, sich mit so großer Mühe der Philosophie hingegeben hätte wie ich, dann wäre sein Wissen nicht geringer als sein Reichtum. Was das übrige betrifft wegen der Burse, so wage ich nachdrücklich zu behaupten, daß wir nichts vernachlässigten, was im Lehren, Mahnen und Zurechtweisen zu der Verwaltung der Burse gehört. Vor drei Tagen haben wir zwei Studenten von der Burse ausgeschlossen, die versuchten, gegen unsere, ihrer Meinung nach zu harte Disziplin, zu rebellieren. Derjenige, dem man nachsagt, er habe einen Lehnsmann verwundet, gehört nicht unserer Burse an, noch war er von irgendeiner Burse, solange das mir unterstand. Ich werde mit Euch ausführlicher über all diese Sachen sprechen, wenn wir zusammen sind; um dieses aber bitte ich wegen Eurer Freundschaft gegen mich: Da ich die Stelle (ich weiß nicht durch wen) verlor, setzt Ihr wenigstens durch, daß ich ihm als erster nachfolge und daß dies verzeichnet werde, damit ich nicht in gleicher Weise getäuscht werde, wie es jetzt geschah. In allen Dingen will ich Euch als meinen Herrn, Ihr sollt mich aber als Euren ergebenen Diener sehen. Lebt wohl! Datum.

GEORG VON PEUERBACH

Ansprache an seine Hörer über die Rhetorik [ca. 1457–1458]

Ich habe nicht den mindesten Zweifel, erlauchter Graf und Ihr, edle Herren, daß jeder von Euch verständig genug ist, ohne weiteres zu erkennen, welchen Einfluß dieses Buch – es handelt vom vierten Abschnitt der Rhetorik – auf frühere Generationen hatte. Was nützt eine scharfsinnige und rasche Erfindungsgabe, was eine klare und wohlgeordnete Disposition, was ein würdevoller und angenehm klingender Vortrag, was ein zuverlässiges und nie versagendes Gedächtnis, wenn der Stil nicht gefällig und geschmackvoll ist?

Stil ist die Kunst, die eigenen Gedanken und Vorstellungen auszudrücken, d. h. sie vor den Hörern oder Lesern in geschmackvoller und anziehender Form auszubreiten. Ohne das ist alles Vorangehende überflüssig, ähnlich wie ein Schwert, das man in der Scheide stecken läßt.

Daher ist es der Stil, der vor allem gelehrt wird, der sich nicht einfach durch irgendwelche Kunsttricks erlernen läßt, der vielmehr Fleiß und dauernde Übung und Nachahmung erfordert, an dem man das ganze Leben arbeitet, der den einen Redner vor dem anderen besonders auszeichnet, der den einzelnen Redegattungen verschieden hohen Rang verleiht. Mit Recht meint Cicero, Nachahmung und klare Disposition finde man bei jedem klugen Menschen, Redekunst dagegen nur beim Redner. Deswegen hat er sich mit den Vorschriften dieses Teils besondere Mühe gegeben. Hat dieses letzte Buch [des Cicero zugeschriebenen Werkes *Rhetorica ad Herennium* (Rhetorik für Herennius)] doch fast den gleichen Umfang wie die drei früheren Bücher. Das zeigt zur Genüge, daß es, verglichen mit den übrigen, das schwierigste ist. Marcus Antonius pflegte zu sagen, er habe viele redegewandte Männer gesehen, aber keinen wirklichen Redner. Für den Redegewandten reicht es seiner Meinung nach aus, das jeweils Angemessene zu sagen; schön zu reden aber sei das Kennzeichen des wirklichen Redners. Folglich erfordert das, womit wir uns nun zu beschäftigen haben, mehr Anstrengung und Sorgfalt. Deshalb laßt Euch, edle Herren, von der Bedeutung und dem Nutzen dieses vierten Teils der Rhetorik anspornen und schenkt mir Eure geneigte Aufmerksamkeit, auf daß Ihr mit dem Wissen, das Euch dieses Buch vermittelt, imstande seid, Eure Reden zu wahren Schmuck- und Musterstücken zu machen, und niemand zu Euch sagen kann: „O ihr alten Schulböcke, wann wollt ihr endlich Latein lernen?" Denn klares und schönes Latein zu reden, das können wir aus diesem Buch lernen. Aber um nicht länger bei der Vorrede stehen zu bleiben, als es Euch recht ist, so erlaubt mir die Bitte und gewährt mir geneigtes Gehör.

Damit komme ich zur Sache – wie gern! Denn Euch zu Diensten zu sein ist mir die größte Freude.

MARTIN BUCER

Brief an Beatus Rhenanus über seine Studien in Heidelberg [1518]

Wahrlich, Du bist doch immer derselbe, mein liebenswürdiger Beatus, daß Du meinen Brief mit den von mir in so elende Sprachlumpen gekleideten Thesen Luthers mit keineswegs grimmiger Miene aufgenommen hast, den Dank nach dem guten Willen des Schenkenden, nicht nach dem Wert des Geschenks bemessend. Daran erkenne ich ganz Deinen vornehmen Charakter und Deinen wahrhaft königlichen und menschenfreundlichen Sinn! In Zukunft aber, auch wenn dies noch einmal gut abgegangen ist, würde ich Dich, wenn es Dir möglich ist, herzlich darum bitten, es nicht wieder zu tun, denn es ist mir höchst unangenehm. Denn wenn Du diesen nicht mit Deinen Stilkünsten geschmückten, sondern durch meine schlechte Feder so verunstalteten Bericht dem Wolfgang Capito und Deinen anderen Freunden, diesen Mustern an Bildung wie an heiligmäßiger Lebensführung, zum besten gegeben hast – ich will gar nichts davon sagen, daß sie über meine vorschnelle und unreife Stellungnahme mit vollstem Recht das Todesurteil sprechen durften: Aber mit welch schandbarem Stil, du lieber Gott, mit welch greulichen Wortungetümen habe ich, abgesehen davon, so gebildete Männer beleidigt! Denn da ich das Zeug in Windeseile zusammengeschrieben habe, weiß ich selbst am besten, daß kein einziger Satz darin ohne sprachliche Fehler ist: Selbst wenn ich langsamer als ein Elefant gebären würde, könnte ich, nachdem ich mir alle Fingernägel abgebissen hätte und mein Schreibpult ratzekahl leer wäre, dennoch nichts produzieren, was auch nur vor der lateinischen Plebs, geschweige denn vor diesen Patriziern, Gnade fände. Auch fehlt es nicht an Stellen darin, um derer willen selbst ein wohlwollender Leser sich nach einer braven Schülerarbeit sehnte, so sehr hatte mich die mehr als herkulische Geisteskraft dieses Mannes gegen die wortklauberischen Theologen – dabei ebenso süß und bezaubernd wie durch vielfältige Bibellektüre kraftvoll bereichert – durcheinandergebracht. Daher mag ich in dem Maße, wie ich mich immer mehr in Liebe zu diesem Manne hingezogen fühle, meinen Leuten ungebildeter erscheinen. Ja, nachdem das erste Feuer, welches das Sensationelle des Vorgangs in mir entfacht hatte, abgekühlt war, und ich die Angelegenheit mit mehr Ruhe überdachte, schämte ich mich und schlug mir an die Stirn, die ich mir zuvor staunend gerieben hatte, aus

Reue darüber, was ich getan. Denn zwar ist es nicht allzu schwer einzusehen, daß jene uns so zentnerschwer erscheinenden Gewissensqualen durch die Liebe, die dieser Disputierer vom wahren Christen fordert, aufgehoben und leicht gemacht werden, wobei zugleich das Feuer des Heiligen Geistes das verzehrt, womit unsere schwache Natur nicht fertig zu werden vermag; aber trotzdem hätte ich keinesfalls sogleich unterschreiben sollen, ein größerer Tor als alle Midasse zusammen.

Ich habe mich daher – obwohl ich auch schon vorher meine Handlungsweise bereut hatte – nach der Lektüre Deines Briefes völlig zu eurer Ansicht bekehrt, denn ich weiß längst, daß jener wahre Apoll [Erasmus] nach Basel gegangen ist. Im übrigen bin ich gefaßt und unterdrücke die Scham, die ob dieser meiner unbesonnenen und übereilten Tat immer wieder in mir aufsteigt, soweit ich kann, indem ich mich hauptsächlich damit tröste, daß immerhin ein so großer Geist wie Du mit mir zufrieden bist.

Was Du ferner schreibst, draußen in der Welt beginne die Philosophie zu blühen und die Scholastiker würden ungeheuer ausgelacht, das war mir ein rechter Freudenkitzel, und ich hoffe, bald werden endlich auch unsere Landsleute wieder zur Vernunft kommen, die bisher noch so krampfhaft an ihrer Barbarei und Scholastik festhalten. Immerhin habe ich meine Heidelberger Patres schon so weit gebracht, daß ich zuerst über das *Lob der Torheit* des Erasmus, dann auch über seine *Friedensklage* unseren Studenten Vorlesung gehalten habe. Der Prior nämlich begünstigt diese Initiative (es ist der gleiche, der früher in Basel Prior war, und heißt Bernhard [Senger oder Sengerlin]: Soviel vermag ein kurzes Gespräch mit Gebildeten), und der Doktor [Michael Vehe] ist zumindest nicht dagegen. Wenn ich diese beiden hinter mir habe, lache ich getrost über die andern, freilich durchaus zu meinem Schaden – falls ich nur von ihren sogenannten akademischen Graden mehr hielte.

Schließlich treibe ich auch, soweit es geht, etwas Griechisch; der Prior erlaubt mir, jeden zweiten Tag zu Johannes Brenz zu gehen, einem hochbegabten und erstaunlich gebildeten jungen Mann, der unter Johannes Oecolampadius außerordentliche Fortschritte gemacht hat. Dieser Tage hat er mir und zwei anderen Philosophen Platos *Gastmahl* erklärt. Um Dir ein Probestück dieses Kollegs vorzulegen, will ich Dir daraus ein Problem, über das ich in den *Adagia* des Erasmus gestolpert bin, unterbreiten, mit der Bitte, ob Du es mir, wenn Du Zeit findest, beheben kannst. Es handelt sich um folgendes: Zu dem Sprichwort „Nachdem du selbst getroffen hast, glaubst du, du kannst entwischen" sagt Erasmus, dies sage Eryximachos zu Aristophanes, weil dieser ihn mit poetischen Worten verspotte, um nicht auch selbst gezwungen zu sein, den Eros zu loben. Aber in Wahrheit verhält es sich doch – wenn der Text richtig ist – ganz anders. Denn Aristophanes wollte sich gar nicht dem Lobpreis auf Eros entziehen; er hat ja unmittelbar danach seine Macht in einer wunderschönen Rede gefeiert. Wenn er, der sich über Eryximachos lustig gemacht und einiges an seiner Rede, wenn auch im Scherz, ausgesetzt hatte, sich an diesem revanchieren zu wollen behauptet, so erhält er auf seine Worte „Ich nehme also meine Worte zurück; aber so passe du nun auch nicht auf mich auf usw." die Antwort: „Nachdem du mir eins versetzt hast, lieber Aristophanes, denkst du mir nun zu entwischen". Ob es nun so oder anders richtig ist, so halte es nicht für unter Deiner Würde, Deinem Freund zu helfen, und falls Du dann noch einen freien Augenblick findest, füge wenigstens eins von den Sprichwörtern hinzu, durch die, wie Erasmus in seiner *Friedensklage* schreibt, die Eintracht der Wölfe geadelt wurde; ich habe nämlich keins finden können.

Da habe ich Dir nun, hochgelehrter Beatus, allerhand vorgeschwatzt, dabei bin ich mir (ich bitte Dich, glaube mir das) meiner eigenen Unerfahrenheit nur zu bewußt und weiß, wie wenig ich ein Recht habe, Dich mit meinem ungenierten Geschwätz zu behelligen. Aber so ist der Mensch nun einmal: Du hast mir Dein Fenster geöffnet, also werde ich, solange Du mich nicht daran hinderst, mir weiter die Freiheit nehmen, wie ich sie mir bisher genommen habe. Mach bitte gute Miene zu dieser Frechheit und laß es Dir recht gut gehen. Deiner freundlichen Aufforderung werde ich, soweit ich kann, nachkommen; das heißt, wenn mich nicht die scholastischen Vorlesungen, die ich täglich zweimal abhalten und einmal anhören muß, verhindern würden, würdest Du bald sehen, daß Du mich nicht umsonst gemahnt hast. Nochmals, laß es Dir, mit Gottes Hilfe, gut gehen!

Geschrieben in Frankfurt, am 14. September 1518, im Lärm der auf Geheiß des reizenden Herrn Froben stattfindenden Buchmesse.

IX. Geschichte

Einleitung

Die Entstehung der humanistischen Geschichtsschreibung ist eng verbunden mit der Entwicklung der kritischen Methode der Philologie, denn sowohl Philologen wie Historiker bemühten sich, ihre Quellen kritisch zu prüfen. Auch die Historiker unter den Humanisten studierten lateinische und griechische Grammatik und Rhetorik und befaßten sich eingehend mit den Werken klassischer Autoren – und das nicht nur auf dem Gebiet der Geschichte, sondern auch in Dichtung und Philosophie. Die Auffassung, daß die Geschichtsschreibung in antiker Zeit aus der Dichtung hervorgegangen sei, fand während der Renaissance viele Anhänger. Außerdem war die Meinung weit verbreitet, daß Geschichte besonders geeignet sei, durch die Vermittlung erbaulicher Vorbilder und ethischer Maßstäbe zur moralphilosophischen und politischen Erziehung beizutragen. So darf es nicht verwundern, daß besonders bei den italienischen Humanisten des fünfzehnten Jahrhunderts philologische, dichterische und historische Tätigkeiten öfter in einer Person vereinigt waren. Gute Beispiele sind Leonardo Bruni, der nicht nur der Autor einer Geschichte von Florenz war, die bald als Muster der humanistischen Historiographie galt, sondern auch Übersetzungen aus dem Griechischen, Reden, Briefe und Gedichte verfaßte, Lorenzo Valla, dessen Schrift gegen die Konstantinische Schenkung sowohl ein philologisches wie auch ein historisches Meisterstück war, oder Enea Silvio Piccolomini, der nicht nur literarische, sondern auch wichtige historische Schriften hinterließ.

Der neue Stil in der von klassischer Gelehrsamkeit inspirierten Geschichtsschreibung, in der rhetorische Kraft und philologisch-historische Kritik mit moralphilosophischer und politischer Belehrung kombiniert wurden, ist schon in der ersten Hälfte des fünfzehnten Jahrhunderts bei bedeutenden italienischen Humanisten anzutreffen, zum Beispiel bei Flavio Biondo (1392–1463) und Enea Silvio Piccolomini. Im späten fünfzehnten und während des sechzehnten Jahrhunderts verbreitete sich diese neue humanistische Historiographie allmählich außerhalb Italiens und wurde auch dort maßgebend.

Neben der neuen Geschichtsschreibung entstand in der Renaissance auch die wissenschaftliche archäologische Forschung. Interesse für die Überreste der Antike hatte es auch im Mittelalter gegeben, aber man studierte die Antiquitäten und Ruinen noch nicht systematisch. In ihren

Schriften rekonstruierten Humanisten wie Biondo und Budé anhand von Ruinen und anderen Spuren und Überresten wie Münzen und Inschriften das Leben im antiken Rom oder in dem römischen Italien. Auf Humanisten, welche Rom besuchten, machten die Ruinen der Stadt und der Genius loci einen gewaltigen Eindruck. Das Epigramm *Beim Betreten Roms* eines solchen Rompilgers, des deutschen ‚Erzhumanisten' Konrad Celtis (1459–1508), bezeugt diese Reaktion. Dabei ist zu erwähnen, daß viele Überreste des antiken Roms, die das Mittelalter überdauert hatten, während der Renaissance durch die Bauwut der Päpste und anderer Bauherren endgültig verschwanden. Und natürlich diente die Betrachtung der römischen Ruinen auch zur Auseinandersetzung mit der unentrinnbaren Vergänglichkeit, die nur ein geistiges Erbe weiterbestehen läßt und alles andere vernichtet. Celtis unternahm seine Italienreise, die ungefähr zwei Jahre dauerte, nachdem er von Kaiser Friedrich III. 1487 zum Dichter gekrönt worden war. In Rom lernte er den berühmten Erforscher der römischen Antiquitäten Julius Pomponius Laetus (1425–1498) kennen. Er hegte große Bewunderung für die italienischen Humanisten – obwohl er ihre gelegentliche Arroganz abstoßend fand – und entschloß sich, in seiner Heimat die neue Gelehrsamkeit durch die Gründung von Bruderschaften (sodalitia) zu fördern.

Geschichtsschreibung und Erforschung der Antike verbanden sich oft mit Sammeltätigkeit. Man trug antike Gebrauchs- und Kunstgegenstände zusammen und sammelte Münzen und Inschriften, nicht nur weil sie interessante Überreste der antiken Kultur darstellten, sondern vor allem zur Förderung der Forschung. So entstanden zunächst in Italien Privatsammlungen höchsten Ranges, zum Beispiel die des Florentiner Humanisten Niccolò Niccoli (ca. 1364–1437). Später bildeten sich entsprechende Sammlungen an den Höfen der Fürsten, des Papstes und anderer Kirchenfürsten. Schließlich entwickelte sich in der zweiten Hälfte des sechzehnten Jahrhunderts eine wahre Sammelwut für Altertümer aller Art. Die sogenannten Antiquare waren überall zu finden; als der niederländische Künstler Hubert Goltzius um 1557 durch Europa reiste, konnte er fast tausend solcher Sammler auf einer Liste vermerken. Der Luxemburger Hieronymus Busleyden (ca. 1470–1517), ein Freund von Erasmus und More, als Mitglied des Großen Rates von Mecheln eine nicht unbedeutende Figur in der niederländischen Politik, betätigte sich in seiner Freizeit als Dichter lateinischer Verse und Sammler römischer Münzen.

Einige humanistische Historiker befaßten sich nicht nur mit der konkreten kritischen Geschichtsschreibung, sie dachten auch über das Wesen der Geschichte selbst nach. Der Florentiner Historiker und Politiker Francesco Guicciardini (1483–1540) formulierte Ansätze zu einer Geschichtsphilosophie und einer Theorie der Geschichtsschreibung in seinen *Ricordi* (Aufzeichnungen), die sowohl sein politisches als auch sein wissenschaftliches Denken widerspiegelten. Sein Ausgangspunkt lautete: „Die Vergangenheit erleuchtet die Zukunft, da die Welt im Grunde immer gleich blieb". Dies bedeutet jedoch nicht, daß er dem geschichtlichen Wandel keine Aufmerksamkeit schenkte. Im Anschluß an Thukydides und Tacitus entfalteten Guicciardini und sein älterer Freund Niccolò Machiavelli (1469–1527) eine Geschichtsschreibung, in der sie an erster Stelle die politischen und kriegerischen Ereignisse scharf analysierten, aber auch Platz für das epische oder erzählende Element ließen, wodurch die Verwandtschaft der Historie mit der Dichtung deutlich wurde. Guicciardinis *Storia d'Italia* (Geschichte Italiens) beschrieb und analysierte auf diese Weise die Kriege seit 1494, dem Jahr des französischen Einfalls in Italien. Die Beziehungen dieser Art Historiographie zur politischen Theorie werden bei Guicciardini und Machiavelli in gleichem Maße deutlich. Machiavelli brachte in seiner prägnantesten und berühmtesten politisch-theoretischen Schrift, *Il principe* (Der Fürst), viele historische Beispiele und benutzte sie als wichtige Bausteine für sein politisches Denken. Guicciardini zog aus der unheilvollen Geschichte Italiens seit 1494 Lehren für die aktuelle politische Lage in den vierziger Jahren des nächsten Jahrhunderts. Auch die vielen Nachfolger Guicciardinis und Machiavellis – wie der Engländer William Camden oder der Franzose Claude de Seyssel – scheuten sich nicht, die eigenen politischen Auffassungen als Grundlage ihrer im übrigen nach wissenschaftlich kritischen Maßstäben verfaßten historischen Schriften zu präsentieren.

Der größte Nutzen der Geschichtswissenschaft sei, so Machiavelli und Guicciardini, daß sie Ursachen und Folgen aufspüre, analysiere und systematisiere. Auf diese Weise konnte das Verständnis der Vergangenheit der Zukunft dienstbar gemacht werden, um frühere Fehler zu vermeiden und die aktuelle Situation besser zu nutzen. Diese Suche nach kausalen Zusammenhängen ist bis in unsere Zeit das Hauptanliegen der politischen Geschichtsschreibung geblieben.

Ungefähr zur selben Zeit als Machiavelli seine Werke schrieb, rang in dem fernen Ottobeuren Nikolaus Ellenbog mit dem Problem, wie aus einer im Grunde wahrscheinlich traditionell mittelalterlichen Chronik, die sein 1499 verstorbener Vater Ulrich Ellenbog verfaßt hatte, eine den Anforderungen des Humanismus genügende historische Arbeit zu machen sei. Er hegte den pietätvollen Wunsch, das Werk seines Vaters edieren und drucken zu lassen, und bat den Augsburger Humanisten Konrad Peutinger um Hilfe. Dieser sollte das Latein korrigieren und auch allzu scharfe politische Bemerkungen, zum Beispiel über den französischen König, mildern. Aus diesen Plänen wurde jedoch nichts, denn Peutinger, der offensichtlich nicht viel von der – seither verschollenen – Chronik hielt, weigerte sich, die ihm zugedachte Arbeit auszuführen. Zum Verdruß Nikolaus Ellenbogs sandte er ihm das Manuskript ohne weiteres zurück. Dies ist ein Beispiel dafür, daß neben dem Aufkommen der humanistischen Geschichtsschreibung die alten Formen wie die Chronik noch lange fortlebten. Im Deutschen Reich entwickelte sich die neue Historiographie sogar aus der Chronik, wie die berühmte *Weltchronik* bezeugt, die Hartmann Schedel 1493 in deutscher und lateinischer Sprache veröffentlichte.

Im Laufe des sechzehnten Jahrhunderts entstand überall in Europa eine vom Humanismus und auch von den konfessionellen Gegensätzen der Zeit geprägte Historiographie. Aus vorreformatorischer Zeit stammen jedoch noch die historischen Betrachtungen, die der Schweizer Humanist Joachim Vadian (ca. 1484–1551) den Beziehungen zwischen den römischen Kaisern und dem freiheitsliebenden und kämpferischen deutschen Volk widmete. Er tat dies im Rahmen einer Begrüßungsansprache, 1515 für Kaiser Maximilian I. gehalten, als dieser zu Verhandlungen mit König Sigismund von Polen nach Wien kam. Während des ganzen sechzehnten Jahrhunderts widmeten unzählige humanistisch ausgebildete Historiker sich der Konstruktion einer eigenen Vergangenheit, die regionale oder städtische, aber auch schon nationale oder national-dynastische Züge annehmen konnte.

KONRAD CELTIS

Beim Betreten Roms [1487–1488?]

Was ist geblieben, o Rom? Nur der Ruhm deines Sturzes, wo einst doch
So viele Konsuln du, so viel Caesaren erzeugt.
Alles verschlingt die gefräßige Zeit: nichts dauert hienieden
Ewig, als dieses allein: Tugend und Literatur.

THOMAS MORE

Epigramm über alte Münzen, die bei Hieronymus Busleyden aufbewahrt wurden [1515–1516]

Wie einst Rom seinen Feldherren verpflichtet war, so sind alle jene dir, Busleyden, verpflichtet. Rom wurde von seinen Feldherren errettet, du selbst hast die römischen Kaiser bewahrt, während Rom vorzeitig dahinstarb. Denn die alten Münzen, die die Gesichter der Caesaren oder anderer berühmter Männer der damaligen Zeit oder noch früherer Zeiten zeigen, hast du aus Eifer für die früheren Jahrhunderte ausgesucht und zusammengetragen; diese betrachtest du als deinen alleinigen Reichtum. Während dichte Asche die Triumphbögen bedeckt, besitzt du die Namen und sogar die Gesichter der Triumphierenden. Die Pyramiden gar sind nicht solche Denkmäler ihres Adels wie dein Münzkästchen, Busleyden.

FRANCESCO GUICCIARDINI

Der Nutzen der Vergangenheit für die Gegenwart [nach 1527]

Die Vergangenheit erleuchtet die Zukunft, da die Welt im Grunde immer gleich blieb und alles, was ist und noch kommt, auch früher schon einmal – wenn auch unter anderem Namen und in anderer Form – war und immer wiederkehrt. Freilich sieht das nicht jeder, sondern nur der einsichtsvolle und aufmerksame Beobachter.

Es ist sehr gefährlich, das Urteil auf früheren Erfahrungen aufzubauen, denn wenn die Beispiele, an die man denkt, nicht völlig gleich sind und nicht ganz auf den neuen Fall passen, dann kann die kleinste Abweichung im Tatbestand für Wirkung und Erfolg schwerwiegende Veränderungen bedingen und diese vielleicht geringfügigen Abweichungen kennt eben nur ein ganz besonders gut geschultes Auge.

Einem scharfen Beobachter wird es kaum entgehen, daß sich in den Zeitläuften nicht allein Sprache, Kleidung und Sitte ändern, sondern – was viel mehr heißt – Geschmack und Vorlieben der Leute. Zwischen den verschiedenen Ländern bestehen sogar zu gleichen Zeit in diesem Betracht Unterschiede. Bei den Sitten mag das an den verschiedenen Staatseinrichtungen liegen und besagt darum nicht viel, aber ich habe es auch beobachtet, daß Geschmack, Küche und alle möglichen Vorlieben und Gelüste der Leute weit voneinander abweichen.

Es ist grundfalsch, die Römer in jedem Satz zu zitieren, denn eine Stadt, die nach Roms Beispiel gelenkt werden sollte, müßte auch die gleichen Lebensbedingungen besitzen. Wo diese jedoch abweichen, da ist die Übertragung der römischen Gesetze genau so unangebracht wie der Versuch, einem Esel die Gangart der Pferde beizubringen.

Ein Mangel fiel mir bei allen Geschichtsschreibern ohne Ausnahme auf; sie lassen vieles unerwähnt, was zu ihren Zeiten allgemein bekannt war und setzen es auch bei ihren Lesern als bekannt voraus. Deshalb fehlt uns in der römischen und griechischen Geschichte wie auch in den anderen heute die volle Kenntnis vieler Umstände; Gewalt und Zuständigkeit der Ämter, Staats- und Heeresverfassung, Bewirtschaftung der

Städte und vieles andere waren in der Zeit, zu der die Geschichtswerke geschrieben wurden, allgemein bekannt und blieben deshalb unerwähnt. Hätten die Geschichtsschreiber bedacht, daß im Laufe der Zeit die Städte untergehen und sich die genaue Erinnerung an viele Staatseinrichtungen verliert und daß sie ja doch gerade deshalb schreiben, um diese für die spätere Zeit wach zu halten, dann hätten sie auch all dies berücksichtigen müssen, damit ihre Leser es in späteren Zeiten genau so vor Augen haben wie die eigenen Zeitgenossen. Denn das ist ja schließlich das Ziel jeder Geschichtsschreibung.

NICCOLÒ MACHIAVELLI

Warum die Herrscher Italiens ihr Land verloren haben [1513]

Wenn die oben gegebenen Ratschläge mit Verstand beachtet werden, dann gibt es keinen Unterschied zwischen einem neu zur Macht gekommenen Herrscher und einem Erbfürsten, und seine Herrschaft wird von vornherein geradeso sicher und dauerhaft sein, wie wenn sie ererbt wäre; denn ein Emporkömmling wird bei seinen Taten viel genauer beobachtet als ein Erbfürst. Und wenn man diese als tüchtig erkennt, so beeindrucken sie die Menschen viel stärker und binden sie viel mehr an den neuen Mann, als das Alter des Geschlechts es vermöchte. Denn die Menschen werden von der Gegenwart viel stärker bestimmt als von der Vergangenheit. Und wenn sie in der Gegenwart ihr Auskommen finden, so freuen sie sich darüber und suchen keine Änderung; ja sie werden mit allen Kräften für den Schutz des Herrschers eintreten, wenn er nur seine Pflichten nicht versäumt. So wird sein Ruhm ein doppelter sein: Einmal weil er den Grundstein zu einer neuen Herrschaft gelegt hat, und ferner weil er diese durch gute Gesetze, ein gutes Heer und gute Beispiele zu Ehren gebracht und befestigt hat; wie den Herrscher doppelter Schaden trifft, der sein ererbtes Land durch seine Torheit verloren hat.

Betrachtet man die Machthaber, die in Italien zu unserer Zeit die Herrschaft verloren haben, wie der König von Neapel [Friedrich I. von Aragon], der Herzog von Mailand [Ludovico il Moro] und andere, so wird man bei ihnen zunächst einen gemeinsamen Fehler als Ursache finden, nämlich das Versäumnis der Rüstung, worüber ich oben eingehend gesprochen habe. Man wird ferner sehen, daß einige von ihnen entweder beim Volk verhaßt waren oder, wenn sie beim Volk beliebt waren, es nicht verstanden haben, mit den Großen fertig zu werden. Ohne diese Fehler gehen die Staaten nicht verloren, die noch so viel

Lebenskraft haben, um ein Heer ins Feld schicken zu können. Philipp von Mazedonien – nicht der Vater Alexanders, sondern jener, der von Titus Quinctius besiegt wurde – hatte im Verhältnis zur Größe des Römerreiches und Griechenlands, die ihn angriffen, nicht viel Macht. Trotzdem hielt er den Krieg gegen diese mehrere Jahre durch, da er ein guter Soldat war, es verstand, sich die Ergebenheit des Volkes zu erhalten und sich vor den Großen zu schützen. Wenn er schließlich die Herrschaft über einige Städte verlor, so blieb ihm doch sein Königreich.

Unsere Machthaber, die nach vieljähriger Regierung schließlich ihre Herrschaft verloren haben, sollten daher nicht das Schicksal anklagen, sonder ihre eigene Feigheit. Denn in ruhigen Zeiten dachten sie nie daran, daß sich diese ändern könnten (wie es ein allgemeiner Fehler der Menschen ist, bei Meeresstille nicht mit dem Sturm zu rechnen); und als widrige Zeiten kamen, dachten sie nur an die Flucht statt an Verteidigung und trugen sich mit der Hoffnung, das Volk würde sie aus Empörung über die Übergriffe der Sieger zurückrufen. Dieser Entschluß ist richtig, wenn man keine anderen Möglichkeiten hat; doch ist es falsch, darüber andere Hilfsmittel zu vernachlässigen. Es wird ja niemand nur deshalb stürzen wollen, weil er hofft, jemand zu finden, der ihm wieder auf die Beine hilft. Dies kommt entweder überhaupt nicht vor oder, wenn es vorkommt, dann geschieht es nur auf Kosten deiner Sicherheit. Eine solche Hilfe ist verächtlich und hängt auch nicht von dir selber ab. Nur die Verteidigungsmittel sind brauchbar, sicher und zuverlässig, die allein von dir und deiner Tüchtigkeit abhängen.

NIKOLAUS ELLENBOG UND KONRAD PEUTINGER

Briefe über die posthume Herausgabe einer Chronik [1514–1515]

1. Nikolaus Ellenbog an Konrad Peutinger

Bruder Nikolaus Ellenbog entbietet Konrad Peutinger seinen Gruß!

Mein Vater war, wie Ihr wohl wißt, ein den Wissenschaften sehr ergebener Mann und verwandte jede freie Tages- und Nachtstunde darauf. Er konnte sich nichts Schöneres und Angenehmeres vorstellen, als sich mit geistigen Dingen zu beschäftigen und durch ununterbrochene Lektüre täglich an Gelehrsamkeit zuzunehmen. Aber nicht bloß medizinische Literatur, die ihm natürlich durch und durch vertraut war und selten aus den Händen kam, pflegte er mit Eifer zu lesen, sondern er durchstreifte die Gefilde der verschiedensten Disziplinen wie eine Biene und sammelte überall den besten Nektar ein. So war er insbesondere ein Liebhaber der Historie. Nichts Angenehmeres konnte ihm begegnen, als – um mit seinen Worten zu sprechen – die Neuigkeiten und Nachrichten von allem, was in seiner eigenen Zeit in den verschiedenen Weltgegenden geschah, zu hören. Auch pflegte er schriftlich festzuhalten – wie er überhaupt gern und viel schrieb –, was er etwa an Erinnerns- und Aufschreibenswertem vernahm. Da ich nun sehe, daß Ihr ein besonderer Liebhaber und vorzüglicher Darsteller der Geschichte seid, hielt ich es angesichts unserer engen Beziehungen für richtig, die historischen Manuskripte meines Vaters Euch zu übergeben. Wenn ich mir auch bewußt bin, daß sie Euch stofflich nichts Neues bringen, da es sich ja um die Schilderung von Ereignissen der jüngsten Vergangenheit handelt, so möchte ich, entsprechend meiner und meines Bruders Onophorus Verehrung für Euch, doch glauben, sie seien für Euch nicht uninteressant. Ich übergebe also Eurer Wohlgelehrtheit, hochverehrter Herr, die Chronik meines Vaters Ulrich Ellenbog (Gottes Barmherzigkeit komme über ihn) zu treuen Händen und suche keinen anderen Vorteil für mich dabei, als daß Ihr sie kritisch prüft. Und wenn Ihr Fehlerhaftes darin findet, so entfernt es unbedenklich und wascht es rein im Bade Eurer Kritik. Nur so mag das Werk schließlich – und sei es im hintersten Winkel – in Eurer ebenso auserwählten wie reichhaltigen Bibliothek sich ein bescheidenes Plätzchen verdienen. Wenn Ihr es vollends für lesenswert erachtet und etwa für so gut, daß man es zur Kenntnis der Nachwelt bringen sollte, so wendet doch bitte die Mühe daran, daß es herausgegeben wird und der längst verblichene Ellenbog noch einmal lebendig wird und in aller Munde ist. Denn alles, was ich erstrebe, ist die Ehre meines Vaters, wie es uns das göttliche Gebot vorschreibt: Ehre deinen Vater! Aber nicht nur mit dieser kleinen Schrift will ich den Namen meines Vaters unsterblich zu machen versuchen, sondern auch, wenn mir das Leben bleibt, mit noch anderen, viel umfangreicheren Werken, die er auf medizinischem Gebiet hinterlassen hat und die ich zum Ruhme Gottes und zum Nutzen der Menschen zur rechten Zeit an die Öffentlichkeit geben will. Dann werden alle erkennen, daß Ulrich Ellenbog seine Tage nicht in untätigem Müßiggang, sondern mit ernsten wissenschaftlichen Studien beschäftigt verbracht hat. Lebt wohl und glücklich!

2. Nikolaus Ellenbog an Konrad Peutinger

Bruder Nikolaus Ellenbog entbietet Konrad Peutinger seinen Gruß!

Ihr werdet in dem besagten Werkchen meines Vaters, hochgelehrter Herr, viele Namen – hauptsächlich solche von Orten und Ländern – in unkorrekter lateinischer, ja volkssprachlicher Schreibweise finden, die ich Euch zuvörderst zu latinisieren und statt der fehlerhaften Schreibung einzusetzen bitte. Auch scheint mein Vater sich heftig gegen König Karl VIII. von Frankreich wie auch gegen die Schweizer ereifert zu haben. Ich möchte es daher Eurem kritischen Urteil überlassen, ob man nicht damit rechnen muß, daß die Feinde das Buch eher ein böswilliges Pamphlet als ein seriöses Geschichtswerk nennen werden. Wenn das aber auch Eure Meinung sein sollte, so sorgt doch dafür, daß allzu scharfe und bissige Formulierungen abgemildert oder auch ganz gestrichen werden. Außerdem habt bitte Nachsicht, wenn ich Euch das Buch in wenig schöner Gestalt und noch ohne festen Einband geschickt habe. Ich habe das absichtlich getan. Denn solltet Ihr es zum Druck befördern wollen, so wird es für den Drucker viel bequemer sein, wenn es noch nicht fest eingebunden ist. Ich besitze aber kein zweites Exemplar davon. Sollte es gedruckt werden, werde ich auf jeden Fall über eine Menge Exemplare verfügen können. Solltet Ihr es aber nicht für veröffentlichenswert halten, so hätte ich wenigstens den Gewinn davon, daß ich es, nachdem Ihr es kritisch durchgesehen und von allen Fehlern gereinigt habt, anschließend ins Reine abschreiben kann. Wenn Euch der Stil ungleichmäßig und in sich widersprüchlich vorkommt, so wißt, daß vieles, was mein Vater aus den Mitteilungen von Kaufleuten in seiner Muttersprache niedergeschrieben hatte, von mir aus dem Deutschen ins Lateinische übersetzt ist. Lebt wohl und glücklich!

3. Konrad Peutinger an Nikolaus Ellenbog

Konrad Peutinger von Augsburg entbietet Nikolaus Ellenbog seinen Gruß!

Ihr habt mir die Geschichtschronik, die Euer Vater, der hochgebildete Arzt, mit seiner bekannten Sorgfalt zusammengetragen hat, zu treuen Händen überschickt. Dafür sage ich Euch meinen herzlichen, meinen allerherzlichsten Dank. Ich habe das erste Blatt gelesen, dann auch weitere, aber noch längst nicht alles. Ich bin nun einmal derart Tag und Nacht von Geschäften in Anspruch genommen, sehr zum Schaden meiner Studien. Ob das Werk herausgegeben werden sollte, darüber werde ich Euch später schreiben. Wir erleben ja immer wieder, daß die Wahrheit, die reine Wahrheit vom Haß verfolgt wird, wenn er sie auch nicht eigentlich verfälschen kann. Und wir müssen so vorgehen, daß wir beide – weder Ihr noch ich – uns in irgendwelche Schwierigkeiten bringen. Viele leben noch, die selbst – und auch ihre Väter – Böses getan haben und nicht wollen, daß man sich daran erinnere. Dabei ist es dem Historiker aufgegeben, sich die Wahrheit zur Richtschnur zu nehmen und eine sei es durch falsches Lob, sei es durch unangebrachten Tadel verfälschte Darstellung zu vermeiden. Doch darüber später einmal mehr. Ich stehe auf Eurer Seite.

Wenn Ihr die früher von Euch zusammengestellten Plato-Stellen in die richtige Ordnung gebracht habt, so laßt sie irgendwann im Druck ausgehen. Lebt wohl und empfehlt mich Eurem verehrungswürdigen Herrn Abt.

4. Nikolaus Ellenbog an Konrad Peutinger

Bruder Nikolaus Ellenbog entbietet Konrad Peutinger seinen Gruß!

Hochgelehrter Herr, die Sendung mit der Chronik meines Vaters habe ich erhalten, aber nicht so, wie ich gehofft hatte. Denn Ihr habt weder etwas gestrichen noch geändert noch auch die vielen Sprachschnitzer, von denen sie nur so strotzt, mit kritischer Feder am Rande vermerkt. Und gerade das war doch mein Hauptanliegen an Euch! Vielleicht haltet Ihr das Werk nicht für sovieler Mühe wert, oder die warme Zuneigung, die Ihr einst für mich hattet, ist inzwischen erkaltet. Wie dem auch sei, ich schicke Euch das Buch noch einmal, mit der nunmehr dringenderen Bitte, mir Eure Hilfe hierbei nicht zu versagen, sondern an diesen kommenden langen Winterabenden, die ohnehin für öffentliche Geschäfte kaum in Frage kommen, das bißchen Zeit daran zu wenden, es noch einmal durchzulesen und dabei seine Fehler auszumerzen beziehungsweise zu verbessern. Um diese Gefälligkeit bitte ich Euch sehr herzlich. Lebt wohl!

JOACHIM VADIAN

Rede auf Kaiser Maximilian I.: die Deutschen und die Kaiser [1515]

Dies möchte ich aussprechen: Mir scheint das Römische Reich niemals stärker, niemals herrlicher dagestanden zu haben als seit jener Zeit, da es nach des Allmächtigen Willen und mit dem Einverständnis der heiligen Römischen Kirche in diese Deine Länder, das heißt in unser Deutschland, übergeführt wurde. Denn es hat seit Jahrhunderten niemals so ein schweres Joch ertragen müssen, daß es nicht sofort sich von ihm hätte befreien und sich ihm entziehen können. Es hat seine Kaiser dieses großen Reichs für würdig gehalten nicht nach der Folge in irgendeinem Stammbaum, sondern weil sie wegen ihrer Tüchtigkeit und ihrer Macht geeignet waren. Da die Römer darauf keinen Wert legten und Blut und Herkunft höher schätzten als die Tüchtigkeit, kam es, daß sie sehr oft schlimme und unfähige Kaiser, durch deren törichten Übermut das Reich nicht unversehrt bestehen konnte, sich gefallen lassen und die drückendste Tyrannei unter denen erdulden mußten, die mit dem Titel ‚Väter aller' sich beehrten. Übrigens macht es auch einen großen Unterschied und bedeutet verschiedene Ehre und verschiedenes Verdienst, ob man für die erhabene Kaiserkrone gewählt wird oder ob man einem verstorbenen Vorgänger nachfolgt. Im einen Falle nämlich haben treffendes Urteil und überlegte Zustimmung Raum, so daß derjenige, dem die Führung der Zügel in einer so großen Aufgabe übertragen wird, auch Selbstvertrauen haben kann. Im andern Falle aber, da Zufall und Glück die Wahl treffen, kann nicht so sehr für Tüchtige und Geeignete als für Schlimme und Feige Raum sein. Du allerdings, machtvoller Kaiser, zuerst zum König, dann bald zum Kaiser gewählt, hast durch Deinen hohen Sinn und Deine Umsicht erreicht, daß Dir, wenn Du Krieg beginnst, die deutschen jungen Männer gerne gegen jeden Feind folgen, und wenn Du Frieden hältst, Dich mit untertäniger Dienstbereitschaft, voll Ehrerbietung und Liebe, verehrt, auszeichnet und preist; ja sie unterläßt keine Art von Dienstbereitschaft, die sich für eine ergebene, aufrichtige Gesinnung gegen den Kaiser ziemt, und dies in einem Lande, wo während vieler Jahrhunderte Kaiserwürde und Majestät entweder unbekannt oder nicht üblich waren.

Dies ist ein offenkundiges Zeichen, daß man die Deutschen nicht deshalb für Barbaren ansehen darf, weil sie das Kaisertum ablehnten, während die Kaiser es unter schweren Niederlagen erstrebten, sondern vielmehr für klug, weil sie offenbar begriffen haben, daß das von Natur freie Menschengeschlecht nicht durch die Last einer Tyrannei bedrückt und gequält zu werden braucht. Jetzt aber lieben sie Kaiser aus ihrem eigenen Volke, von denen Du weitaus der größte bist, so sehr, daß sie diese ‚Vater des Vaterlandes' nennen, und sie so hoch verehren, daß sie nichts für gültig oder unter guten Vorzeichen geschehen halten, dem die kaiserliche Zustimmung fehlt. Dies ist die Ehrfurcht der Deutschen vor der Tüchtigkeit, dies ihre religiöse Scheu vor Gerechtigkeit und Billigkeit und, um es kurz zu sagen, dies ihre Festigkeit und ihre ernste Gesinnung, daß sie beim Fehlen gewählter Kaiser lieber ihre Freiheit beschützen wollen, als einem an Kräften ungleichen Volke, woher es auch kommen mag, knechtschaftsbereite Hände hinhalten. Deshalb ist denn auch ihr Ansehen bei den anderen Völkern sehr gewachsen. Denn in der Überlieferung großer Geschehnisse, wo berühmte Kriegstaten berichtet zu werden pflegen, erwächst niemandem größerer Kriegsruhm als denen, die, von keiner plötzlichen Furcht erschüttert, es gewagt haben, mit den Waffen um den Sieg zu streiten und mitten im Ansturm der Gefahren Beweise ihrer Tapferkeit zu geben.

So werden in der römischen Geschichte Samniten, Vejenter, Tarentiner und Karthager verherrlicht, und diese erlangen darum größeren Ruhm als die anderen, weil sie dank ihrer Tapferkeit in mannhaftem Kampfe zugleich den Ruhm des Siegers mehrten und trotz der Tatsache, daß sie besiegt wurden, ihren eigenen Ruhm nicht ganz untergehen ließen. Unser kampflustiges, kriegerisches Deutschland, das allein die Nährerin einer dauernden Freiheit zu sein scheint, hat denen Ruhm verschafft, die es wagten, ich sage nicht: es zu besiegen, sondern es anzugreifen und bei ihm einzudringen. Dies nämlich schien einen Beweis einzigartiger Tapferkeit darzustellen. Dadurch erwarb sich der Diktator Caesar in der Erinnerung der Nachwelt seinen Ruhm, daß er eine Brücke baute und seine Waffen auf das germanische Ufer hinüberführte, wo sie wenige Tage oder, um näher bei der Wahrheit zu bleiben, wenige Stunden siegreich waren. Ich glaube nämlich, daß er nicht einzig durch die Sümpfe gehindert wurde, er, der nicht einmal vor dem Ozean zurückschreckte, in Britannien einzufallen. Daß er vielmehr auch durch Waffengewalt zurückgehalten wurde, dafür kann dies ein Beweis sein, daß die Kaiser, die nach ihm Germanien betraten und denen dabei die Siegeshoffnung lächelte, die Kühnheit ihrer wagemutigen Pläne stets mit den schwersten Niederlagen büßen mußten. Plinius der Jüngere rühmt den Kaiser Trajan mit großem Lobe, weil er die Ausfälle der Germanen über die eisbedeckte Donau durch den glücklichen Erfolg seiner Waffen zurückgeschlagen habe. Etwas so Großes und Denkwürdiges war es einst, das Volk, aus dem wir hervorgegangen sind, nicht etwa zu besiegen, sondern am Siege zu hindern. Ja sogar Triumphe vorzutäuschen und statt gefangener Germanen solche mitzuführen, die keine Germanen waren, gab Gaius Caligula, ein schlaffer Kaiser von abscheulicher Geistesart, als echten Ruhm aus. Ferner hat nach der Vermutung vieler Domitian den Namen eines Monats ändern und den, der bisher September geheißen wurde, Germanicus nennen wollen, in der Absicht, durch eine solche Schlauheit sich in der Nachwelt ein ewigdauerndes Denkmal zu hinterlassen, als ob er Germanien besiegt hätte. Du weißt, hochsinniger Kaiser, wie unglücklich der Plan des Augustus war, Germanien seinem Reiche anzugliedern. Deutlich zeigt dies die Niederlage des Varus, die der sonst so glückliche Kaiser so wenig besonnen hinzunehmen vermochte, daß er sich Haare und Bart wachsen ließ und sein Haupt gegen die Türe schlug, oftmals in die Klage ausbrechend: „Quinctilius Varus, gib mir die Legionen zurück!“ Es ist bekannt, daß Augustus zu dieser Zeit so bestürzt war, daß er in der Stadt Truppen aufstellen ließ, um Aufstände zu vermeiden, daß er den Provinzstatthaltern die Amtszeit verlängerte und darüber hinaus jedes Jahr den Tag der Niederlage als Trauertag beging. Was braucht es mehr? Rom, jenes Rom, sage ich, das dank glücklicher Kriege und großer Triumphe es wagte, sich zum Haupte der Welt zu erklären, wurde in keinem Teil des Erdkreises so oft enttäuscht und seiner Hoffnung beraubt; immer fand man die Germanen als Sieger, was ich an dieser Stelle, wenn nicht viele andere Dinge mich drängten, in einer langen Folge von Ereignissen darlegen könnte.

X. Politisches Leben

Einleitung

Rhetorik, Moralphilosophie, Geschichte und politische Theorie konvergieren in dem Beitrag der Humanisten zum politischen Leben. Auch demjenigen, der sich nicht ständig aktiv an der Politik beteiligte, konnte es zustoßen, daß er dort einmal eine Rolle spielen mußte. Das Nachdenken über die Ereignisse der Zeit führte, besonders am Ende des fünfzehnten und während des ganzen von konfessionellen Auseinandersetzungen und Kriegen geprägten sechzehnten Jahrhunderts, zu der Entwicklung einer humanistisch gefärbten Politikwissenschaft, die sich allmählich als ein selbständiges Fach etablierte, welches von der Philosophie und der Geschichte zu unterscheiden war. Dies war das Werk von Gelehrten, die oft, aber nicht immer, das Gewühl der Welt von ihren Studierzimmern aus betrachteten. Ein solcher Schreibtischpolitologe war zum Beispiel Justus Lipsius (1547–1606), der zusammen mit Jean Bodin (1530–1596) der wohl einflußreichste politische Denker des ausgehenden sechzehnten Jahrhunderts war. Aber auch Thomas More verfaßte neben seiner vielfältigen juristischen und politischen Tätigkeit bedeutende politisch-theoretische Werke während einer Laufbahn, die ihn zum Lordkanzler Englands machte.

Die engen Zusammenhänge zwischen Humanismus und politischem Handeln werden allgemein als Erbe der Florentiner Republik um 1400 angesehen. Coluccio Salutati (1331–1406), seit 1375 Kanzler von Florenz, sammelte und studierte wie jeder Humanist Manuskripte antiker Autoren; wichtiger war jedoch, daß er feste Ansichten über die heilsame Verknüpfung von humanistischer Gelehrsamkeit mit der Bildung einer politischen Theorie des Florentiner Republikanismus entwickelte. Sein jüngerer Freund Leonardo Bruni – auch er war Kanzler von Florenz – arbeitete nach römisch-republikanischem Muster eine politische Theorie aus: Politisch aktive Bürger verwalteten die Stadt, ohne von äußeren Mächten in ihrer Freiheit bedroht zu sein. Auf diese Weise bewiesen die Florentiner Humanisten, daß sie fähig waren, eine erfolgreiche politische Ideologie zu schaffen, obwohl sicher nicht alle Machthaber der Stadt vom Nutzen dieser Verbindung von humanistischer Bildung mit aktiver Politik überzeugt waren.

In dieser Hinsicht maßen die Humanisten der Rhetorik eine große Bedeutung bei. In seiner Schrift *Cicero novus* (Der neue Cicero, ca. 1415) stellte Bruni den römischen Orator als einen Helden dar, der die ideale Einheit von politischem und moralischem Handeln und persuasiver Rhetorik verkörperte. Dem politischen Redner wurde damals ein großer Einfluß zugeschrieben. Auch die politische Theorie nahm während der Renaissance öfter eine rhetorisch-pädagogische Gestalt an: Humanisten produzierten zahllose Lobreden auf Fürsten und Städte und versuchten, durch Fürstenspiegel und in philosophischen oder historischen Abhandlungen den Leser von der praktisch-politischen Wichtigkeit ihrer Ratschläge zu überzeugen. Die Themen, welche die Humanisten dabei im Rahmen der Politikwissenschaft studierten, reichten von der Betrachtung der Familie als kleinster gesellschaftlicher Einheit bis zur breit angelegten Staatstheorie.

Der Florentiner Rhetoriker und Dichter Cristoforo Landino (1424–1504) ist bekannt geblieben, weil er die neuplatonischen Lehren seines Stadtgenossen, des Philosophen Marsilio Ficino (1433–1499), eifrig verbreitete. Er gehörte zu dem Kreis der Medici die seit 1434 die Stadt regierten, und war an der Erziehung des späteren Herrschers Lorenzo de' Medici ‚Il Magnifico' (1449–1492) beteiligt. Im Jahr 1463 schrieb er dem vierzehnjährigen Lorenzo einen Trostbrief beim Tod von dessen Onkel Giovanni. Giovanni de' Medici (1421 oder 1424–1463) war der Lieblingssohn Cosimos, des Gründers der Dynastie, und dessen designierter Nachfolger, denn der andere Sohn, Lorenzos Vater Piero, hatte eine schwache Gesundheit und war daher weniger geeignet. Nach dem Tod Giovannis erhielt der vierzehnjährige Lorenzo eine sorgfältige politische Erziehung, so daß er, falls sein kränklicher Vater Piero sterben würde, fähig wäre, die Herrschaft zu übernehmen. Landinos Trostbrief spiegelt sowohl diesen politischen und dynastischen Hintergrund wider als auch die Aufgabe, die ein Humanist bei der Fürstenerziehung erfüllen konnte. Der zweite Brief Landinos an Lorenzo ist jedoch ganz anderer Art. Er enthält eine demütige Bitte um eine Stellung in der Stadtregierung und zeigt, in welcher Abhängigkeit ein Humanist wie Landino, ein Klient der Medici, im Grunde lebte; auf die Entschlüsse seines früheren Schülers und jetzigen Gönners konnte er überhaupt keinen Einfluß ausüben.

Einen anderen Aspekt der Beziehungen zwischen Humanismus und politischem Leben zeigt die Rede, die Landino beim Begräbnis seines Freundes, des Florentiner Diplomaten Donato Acciaiuoli (1429–1478), hielt. Acciaiuoli hatte in seiner Persönlichkeit und Laufbahn politische Tätigkeit und humanistische Studien auf beispielhafte Weise vereinigt. In einer Leichenrede mußte das Leben des Verstorbenen für die Trauernden und auch für die Nachwelt beschrieben und dabei das Wesentliche festgehalten werden. Landino bettete die biographischen Einzelheiten in die ruhmreiche Geschichte der Stadt Florenz ein und verband auf diese Weise zwei Gattungen der klassischen historischen Literatur: Biographie und politische Geschichte. Überdies gliederte Landino seine

Rede nach bestimmten philosophischen Überlegungen, insbesondere über den Platz der verschiedenen Tugenden im Leben und Wirken Acciaiuolis. Landino würdigte seinen Freund als Politiker und Diplomat im Dienst seiner Vaterstadt und auch als begabten und vielseitigen Humanisten, der historische, philosophische, mathematische und naturwissenschaftliche Schriften verfaßt hatte. In der Peroratio ließ er die Stadt Florenz, die „dankbare Vaterstadt", zu Wort kommen, die den Tod ihres vortrefflichen Bürgers beklagte. Zum Schluß rief Landino noch die Bürger auf, Acciaiuoli als Vorbild zur Nachahmung im Blick zu behalten. Denn Geschichte, insbesondere in ihrer biographischen Form, sollte die Menschen lehren, wie sie sich im politischen Leben zu verhalten hätten.

In der heutigen Zeit assoziiert man das politische Leben nicht an erster Stelle mit Dichtung. Für die Humanisten war es jedoch selbstverständlich, wichtige Ereignisse in Gedichten zu besingen, wie es schon die antiken Dichter getan hatten. Auf diese Weise entstanden neben großen epischen Dichtungen in den Fußstapfen Vergils – wie die *Lusiaden* von Luis Vaz de Camões (ca. 1524–1580) über die Entdeckungsreisen der Portugiesen – auch weniger umfangreiche Gedichte, wie Lobgedichte oder Epigramme, die politische Entwicklungen kommentierten. Daß da leicht persönliche Erfahrungen und Auffassungen mitschwingen konnten, beweist das Epigramm des Mediziners Euricius Cordus (ca. 1486–1535) über die elenden Lebensumstände vieler deutscher Bauern, denn Cordus war selbst ein Bauernsohn, der die sozial-politischen Verhältnisse seiner Zeit wiederholt kritisierte. In dem Gedicht spricht Cordus zu Vergil, der in seinen *Georgica* (II, 458–460) die glücklichen Bauern dargestellt hatte, wie sie unbehelligt und frei die Früchte ihrer Arbeit genießen konnten. Grundverschieden mußte ihm die Situation in seiner eigenen Zeit erscheinen, in der die Bauern oft schweren Frondienst leisten und außerdem noch der Kirche den Zehnten zahlen mußten.

Ungefähr ein Jahrhundert später verfaßte der niederländische Gelehrte Daniel Heinsius (1580–1655) – aufgrund des hohen wissenschaftlichen Niveaus seiner Ausgaben antiker Schriften einer der berühmtesten Späthumanisten – ein Gedicht über das mißlungene Attentat auf den Statthalter der Republik der Vereinigten Provinzen, den Prinzen Moritz von Oranien (1567–1625). Diese Verschwörung war das Werk einer kleinen Gruppe von Anhängern seines früheren Widersachers, des 1619 wegen angeblichen Hochverrats hingerichteten Politikers Johan van Oldenbarnevelt. Bevor Moritz in der Nähe von Den Haag in den geplanten Hinterhalt geriet, löste die Verschwörung sich jedoch auf, denn die gedungenen Mörder zeigten die Urheber des Attentats an. Das Gedicht beschäftigte sich unmittelbar mit diesen aufsehenerregenden politischen Ereignissen, wobei die Stellungnahme des Dichters klar war: Er stand fest auf der Seite des Statthalters. Somit hatte sein Gedicht auch propagandistischen Wert in der jungen niederländischen Republik, wo zur Zeit des Attentats die politischen und staatsrechtlichen Verhältnisse noch nicht fest auskristallisiert waren.

Humanisten bereicherten das politische Leben auch durch die Schöpfung weitgreifender politischer Theorien, von denen einige sehr einflußreich wurden. Jean Bodin legte seine Gedanken über Staats- und Herrschaftsgewalt in seinen *Six livres de la République* (Sechs Bücher über den Staat) nieder. In diesem umfangreichen und vom Autor oft überarbeiteten Werk verglich Bodin vergangene und zeitgenössische staatsrechtliche und politische Systeme mit dem Ziel, dem unter Bürgerkriegen leidenden Frankreich eine theoretische, aber dennoch praktisch durchführbare Grundlage für eine möglichst weitgehende Macht des Königs zu verschaffen. Die vier berühmtesten Kapitel des Buches behandeln die Lehre von der Souveränität. Unter dem Deckmantel historischer Vorbilder steckt hier eine völlig neue Theorie des fürstlichen Absolutismus, die bis weit in das achtzehnte Jahrhundert ihren Einfluß behielt.

CRISTOFORO LANDINO

Zwei Briefe an Lorenzo de' Medici [1463 und 1465]

1. Trostbrief an Lorenzo de' Medici bei dem Tod Giovannis de' Medici [1463]

Cristoforo Landino entbietet Lorenzo de' Medici seinen Gruß!

Da Du Dich, wie ich glaube, in diesen Tagen auch mit denjenigen Wissenschaften befaßt, mit denen Du Deinen tiefen Schmerz über den Hingang Deines trefflichen Onkels mildern kannst, glaube ich im Augenblick ganz anders zu Dir sprechen zu sollen. Denn da es mein ganzes Bemühen ist, Dich durch meinen Unterricht nicht nur gebildeter, sondern auch in jeder Hinsicht verständiger und stärker zu machen, habe ich mir vorgenommen – sintemal ich den Eindruck hatte, Dein von so großer Trauer betroffener Geist habe sich irgendwie wieder gefaßt –, Dir so zu schreiben, wie ich es für einerseits meinem Amte, andererseits Deiner hohen Stellung am angemessensten halte. Daß der gesamte Staat durch das Hinscheiden des großen Mannes einen schweren Schlag erlitten hat, müssen selbst die zugeben – falls es sie überhaupt gibt –, die Eure Familie um ihren Glanz beneiden. Denn wie sehr auch die göttliche Umsicht und beinahe übermenschliche Klugheit Deines Vaters und Großvaters imstande sind, für die Belange des Staates aufs beste zu sorgen, so stellen doch alle Bürger, gute wie schlechte, fest, daß in einer Stadt, wo die Charaktere und Wünsche der Menschen so verschieden sind, daß man sie nur mit größter Mühe im Zaum halten kann, ihr Erscheinen in der Öffentlichkeit und im Rathaus bitter vermißt wird – jetzt, wo der nicht mehr lebt, der durch seine Gegenwart nicht nur selbst überall präsent war, sondern auch seinen Vater und Bruder zu vertreten verstand. Jammern konnte einen wirklich in diesen Tagen das Bild der Stadt: Denn da der, den die Menschen noch kurz zuvor in den Kirchen, auf dem Marktplatz und in der Signorie wie einen allen freundlich leuchtenden Stern erblickt hatten, plötzlich nirgends mehr zu sehen war und die Augen nichts mehr fanden, worauf sie mit Wohlgefallen ruhen konnten, da suchten die verängstigten Bürger mit traurig gesenktem Blick Euer Haus, um die brennende Sehnsucht nach dem einen Dahingegangenen durch den Anblick der beiden Lebenden zu stillen. Als sie hinwiederum des einen hohes Alter, des anderen schwache Gesundheit sahen, brach die frisch empfangene Wunde unter Schmerzen wieder auf, denn es wurde ihnen klar, was sie an diesem Mann verloren hatten, der nicht nur wie ein ehrlicher Makler die göttlichen Ratschlüsse der beiden Lenker unserer Stadt aus dem privaten Kabinett in den Rat und die Signorie überbrachte, sondern auch innerlich wie äußerlich das lebendigste Ebenbild der beiden war, so daß man jene trotz ihrer Unsichtbarkeit stets vor Augen zu haben glaubte, zum höchsten Wohl des Staates. In dieser betrübten Lage nun war beinahe nur eine einzige Stimme all der aufseufzenden Bürger zu hören: Ach, wäre er doch ein paar Jahre später gestorben oder aber der andere – von Dir sprachen sie – ein paar Jahre eher geboren!

Denn in der Tat, wärest Du schon in etwas reiferem Alter, so könnten wir den vorzeitigen Tod Deines Onkels mit Fassung ertragen. Diese Reden über Dich nun werden keineswegs heimlich und vereinzelt, sondern tagtäglich laut und offen ausgesprochen. Denn groß ist, Lorenzo, die Erwartung und die Hoffnung, die Deine Mitbürger in Dich setzen. Die herrlichen Anlagen, die schon in Deiner Kindheit zutage traten, haben in den Menschen früh die höchsten Erwartungen geweckt, und es gab niemanden, der es nicht für ein Wunder hielt, daß Du weder inmitten solchen Reichtums im Wohlleben erschlafftest noch durch die über das Private weit hinausgehende Machtfülle zum Hochmut oder durch die unaufhörlichen, von Menschen aller Stände vorgebrachten Schmeicheleien zur Selbstüberschätzung verführt würdest, zumal auf einer Altersstufe, die mehr als die anderen so labil und ungefestigt zu sein pflegt, daß sogar die, welche, in bescheidensten Verhältnissen lebend, nicht die Mittel zur Erfüllung ihrer Wünsche aufbringen können, nichtsdestotrotz sich gierig in jede Art Ausschweifungen stürzen.

Wer also hätte Dich damals nicht mit Recht bewundert, wenn er sah, daß Dinge, durch die schon oft erwachsene, ja im praktischen Leben gehärtete und geistig gebildete Männer durcheinandergebracht wurden, Dich, einen Knaben, niemals von Deinem rechten Weg ablenkten! Hier lag der Grund, weshalb alle ohne Ausnahme ihre Kinder auf Dich als leuchtendes Beispiel blicken ließen. Denn sie sahen: Während Deine Altersgenossen eilig zu ihren Knabenspielen stürzten, wichest Du nicht von der Seite des alten Mannes, Deines Lehrers. Und es war in der Tat in Deiner Miene und in Deinem Gebaren eine solche Gesetztheit, in Deinem Reden und Handeln eine solche Konsequenz, Du zeigtest eine solche höfliche Ehrerbietigkeit gegenüber Älteren, eine solche Umgänglichkeit gegenüber Gleichgestellten, schließlich eine solche soziale Gesinnung gegenüber Niedrigergeborenen, daß alle Dich schon damals für reif hielten und meinten, Du hättest in Deinem Knabenherzen die Weisheit eines alten Mannes. All dies erweckte im gesamten Staat die Meinung, daß Du nicht nur in sämtlichen Tugenden Deinen Vorfahren nacharten, sondern binnen kurzem zu einem solchen Mann heranwachsen würdest, daß, wenn Du erst die Last der Regierung auf Dich nähmest, unser erst kürzlich von einer schrecklichen Katastrophe betroffener Staat nichts weiter zu wünschen brauche, als daß der beste und verdienteste seiner Bürger am Leben bleibe.

Aber wozu, wirst Du sagen, soviel über mich? Vielleicht um mir gefällig zu sein und zu schmeicheln? Weit gefehlt, Lorenzo, denn ich bin weder so dumm, nicht zu wissen, wie wenig Schmeichelei mit wahrer Freundschaft zu tun hat, noch habe ich Deinen Charakter oder meine Pflicht Dir gegenüber vergessen. Aber da ich sehe, wie schlimm eine solche Erwartungshaltung den Menschen mitzuspielen pflegt und wie tief und schmählich solche ins Dunkel stürzen, die entweder, von ihren Geisteskräften im Stich gelassen, der hochgespannten Erwartung ihrer Mitmenschen nicht entsprechen konnten oder aber, in Trägheit und Gleichgültigkeit versunken, sich nicht um sie gekümmert haben: Deshalb meine ich Dich immer wieder ermahnen zu sollen, Dich, wenn überhaupt jemals, dann gerade jetzt umzuschauen und dauernd zu bedenken, an welchen Platz Du gestellt bist, was die Menschen von Dir erwarten, was die neue Lage erfordert. Schließlich magst Du aus dem eben Gesagten vollkommen der Wahrheit entsprechend entnehmen, daß, wenn Du auf der einmal eingeschlagenen Bahn nicht mit noch viel größerem Eifer fortfährst, Du nicht nur alles bisher Gewonnene mit Schmach und Schande verlieren, sondern Dir auch den Weg zu noch viel glänzenderen Zielen verbauen wirst. Denn schon bist Du dahin gekommen, daß es Dir nicht mehr freisteht, mittelmäßig zu sein. Entweder, sage ich Dir, mußt Du aus dem Licht, dem entgegenzustreben die Menschen Dir aus echter Hoffnung heraus erlauben, schmählich ins Dunkel zurückfallen, oder aber Du wirst, indem Du durch die Tat bewährst, was Deine edle Anlage von Deiner frühesten Jugend an versprochen hat, auf den höchsten Gipfel des Ruhms gelangen.

Was nun also? Glaubst Du noch immer, ich schmeichle Dir? Trotzdem möchte ich nicht, daß Du denkst, ich spräche deshalb so eindringlich mit Dir, weil ich entweder zu Deiner Begabung oder zu Deinem Willen kein rechtes Vertrauen hätte. Denn Du hast Dir damals diese Lebensanschauung nicht deshalb zu eigen gemacht, weil dieser Todesfall zu erwarten stand; sondern, da ich, Deinem Vater und Großvater durch ihre mir erwiesenen Wohltaten auf ewig verpflichtet, Dich wie mein zweites Ich lieben muß, kann ich nicht anders, als mir über alles, was mit dem Glanz Deines Namens zu tun hat, Gedanken zu machen. Setze es daher, ich bitte Dich, auf Rechnung meiner Liebe zu Dir, wenn ich Dir in einer Sache, in der man keinerlei Angst zu haben braucht, etwas ängstlich zu sein scheine. Denn natürlich weißt Du, daß mit großer Liebe stets große Besorgtheit und Ängstlichkeit verbunden zu sein pflegt. Doch, von mir ein andermal; jetzt aber, um zur Sache zurückzukommen, solltest Du, meine ich, Deinen schon von zartester Jugend an in vielen schönen Künsten geübten Geist so weiterbilden, so vollkommen Dir untertan machen, daß er nicht wie die Pythia von apollinischer Raserei in Ekstase versetzt werden, sondern sich mit dem hohen Sinn Deines Großvaters und Vaters erfüllen kann: Sie habe vor Augen, sie ahme nach, auf alle ihre Taten und Worte nicht nur, sondern auch auf jeden geringsten Wink von ihnen habe acht, denn Du wirst nicht einen Phormio über das Kriegswesen schwadronieren, sondern Cato, Scipio und Laelius weise und sachkundig über den Staat philosophieren hören.

Diesen Rat gebe ich Dir nicht so obenhin, und ich weiß auch genau, welche schwere Bürde ich Dir auflade, aber ich weiß auch, wem ich sie auflade. Sicherlich ist es eine schwere Last, und viele werden der Ansicht sein, sie sei zu schwer für Dein Alter, manche auch, sie gehe über Menschenkraft; aber nichts ist dem Menschen verwehrt, wenn er nur alle seine Kräfte einsetzt. Sterblich waren beide Scipionen, sterblich war der große Pompeius, sterblich jener Octavius, der dann den Beinamen Augustus erhielt, und doch waren sie alle aus dem gleichen Samen geboren wie Du. Trotzdem, wenn ich bedenke, in welchem Alter sie nicht nur die stadtrömischen, sondern auch die auswärtigen Kriegsangelegenheiten in die Hand nahmen, dann wüßte ich nicht, weshalb die Natur, was sie diesen mit so freigebiger Hand gewährt hat, Dir verweigern sollte, und es gibt keinen Grund, warum sie, wenn sie sich ihnen als liebevollste Mutter gezeigt hat, Dir eine grausame Stiefmutter sein sollte. Wag Du es nur, das ist meine Meinung, denn wie es so richtig bei Cicero heißt: Dem Wagemutigen hilft nicht nur das Glück, sondern viel mehr noch Fleiß, Gründlichkeit und Eifer. Wenn Du daher einst in der Kindheit nie ein Kind warst, so wirst Du auch jetzt im Jünglingsalter kein unreifer Jüngling sein, sondern Du wirst solche Pläne entwickeln und Tag und Nacht zäh verfolgen, wie sie Deiner außergewöhnlichen Begabung, Deiner hohen Stellung und den Erwartungen der Menschen ganz und gar entsprechen, aufgrund deren schließlich alle aus Deinen ersten Handlungen, die Du bereits vollbracht hast – nicht aus Angst vor den Eltern oder Deinem Lehrer, sondern aus freiem Willen und nach Deinem eigenen Urteil –, erkennen können, daß andere ähnliche in ununterbrochener, nie abreißender Kette ihnen folgen werden. Alle wirklich großen Tugenden lernte man an Deinem Großvater kennen und ebenso an seinen beiden Söhnen, aber so sind nun einmal die Menschen veranlagt, daß sie, wie krank vor Neid, nicht zulassen wollen, daß jemand sich in allem auszeichnet. Eine bestimmte Tugend in einem bestimmten Menschen bewundern sie, ohne sich aufzuregen; daß alle in einem einzigen vereinigt sind, gleichsam als ob man sie sich für viel Geld selbst kaufen könnte, das wollen sie jedoch keinesfalls zugeben. Deswegen rühmen sie an Cosimo, daß er seine göttliche Weisheit durch eine unvorstellbare und völlig unerschütterliche Widerstandskraft gegen alle Leiden und Strapazen gestärkt habe, und über Deinen Vater Piero sind sich alle einig, daß er aus tiefer Abscheu vor den Lastern ein äußerst selbständiges moralisches Urteil und unerbittliche Strenge gegen sittliche Verkommenheit zeige. Und an Giovanni erlebten wir eine solche Freundlichkeit und Umgänglichkeit, ein solches Maß an Herablassung auch gegenüber den Niedrigsten, daß man ihm trotz seiner hohen Stellung allgemein die herzlichste Zuneigung, ja – was sich unter den Menschen nur ganz selten findet – höchste Anerkennung ohne irgendwelche Neidgefühle entgegenbrachte.

Alle diese Tugenden wünschte ich mir in bester Mischung in Dir vereinigt zu sehen, so daß – unbeschadet der Vollkommenheit jeder einzelnen – die Menschen nicht imstande wären, zu unterscheiden, welche die am höchsten entwickelte unter ihnen ist. Zur Erreichung dieses Ziels wird Dir zwar Deine natürliche Anlage viel helfen, mehr noch aber das Vorbild und die Lehren Deines Hauses.

Trotzdem wirst Du, soviel Du Dich auch umschaust, nichts finden, wodurch unser Herz und Geist besser zu allem Großen gebildet würde, als die Beschäftigung mit denjenigen Wissenschaften, denen Du Dich beinahe seit Deinen Kinderjahren mit nicht geringem Erfolg widmest. Ihnen also mußt Du Dich anvertrauen zu immer höherer geistiger Vervollkommnung; denn wer in seinem Staat einmal die erste Stelle einnehmen wird, der muß sich ganz besondere Mühe geben, nicht nur an Macht und Ehren die anderen zu überragen, sondern auch an Bildung und Beredsamkeit sich von niemandem übertreffen zu lassen. Vieles in wahrhaft göttlichem Geiste Geschriebene wirst Du bei Plato finden, vor allem aber dies: Dann erst würden die Staaten glücklich sein, wenn entweder Philosophen sie regierten oder aber ihre Regenten Philosophen würden. Ich aber werde – vorausgesetzt, Du willst meine Dienste in Anspruch nehmen – alles, was ich an Geist und Gelehrsamkeit besitzen mag, mit größter Freude und Beflissenheit an Dich verschwenden; zudem hast Du an mir einen durch Charakterfestigkeit und Gelehrtheit bewährten Landsmann, dessen Nützlichkeit in der Vergangenheit wie in der Zukunft Du bei Deiner Klugheit selbst am besten erkennst.

2. Bittbrief an Lorenzo de' Medici [1465]

Cristoforo Landino grüßt Lorenzo de' Medici, die größte Hoffnung der Stadt!

Da ich Dich wie in allen anderen Dingen, so auch bei dieser Bewerbung um Aufnahme in das Sekretärskollegium um Deine treuliche und gewissenhafte Hilfe bitte, halte ich es für vor allem in meinem, ein wenig aber auch in Deinem Interesse liegend, Dir kurz darzulegen, in welcher Absicht ich mich um dieses Amt bewerbe und wozu ich mich hierfür anheischig mache. Wenn ich mich dabei etwas ungenierter über mich aussprechen werde, so möchte ich Dich von vornherein bitten, Lorenzo, dies nicht für Unverschämtheit oder Anmaßung zu halten (wo ich Dir doch durch nichts so sehr wie durch Anstand und Bescheidenheit empfohlen sein möchte), sondern es der sachlichen Notwendigkeit zuzuschreiben; handelt es sich doch um eine Angelegenheit, bei der mir, wenn ich nicht sehr die Trommel für mich rühre, nicht die mindeste Hoffnung, mein Ziel zu erreichen, bleibt. Aber da Du mich ja längst (um mit Persius zu sprechen) in- und auswendig kennst, will ich nicht zu viele Worte machen, um mich Dir gegenüber von dieser Art Charakterfehler reinzuwaschen. Vielmehr will ich die Sache selbst so kurz wie möglich berühren, damit Du nicht nur selbst erkennst, sondern es auch anderen Menschen klarmachen kannst, daß nicht Ehrgeiz mich treibt, sondern vernünftige Gründe mich veranlassen, um die Übertragung eines so bedeutenden Amtes zu bitten. Als ich erfuhr, Lorenzo, daß viele dieses Amt entweder einem Juristen oder einem auswärtigen und nicht Eurer Herrschaft unterstehenden Orator anvertrauen wollen, bildete sich mir die Überzeugung, daß das eine wie das andere mit einer Schädigung meines Rufs, wie gering derselbe auch sein mag, verbunden sein würde. Um dies zuerst hinsichtlich des Juristen klarzumachen: Wer wird ein so unbilliger Richter in dieser Sache sein, vorausgesetzt, er weiß über das Amt eines Sekretärs Bescheid, daß er nicht sähe, daß man hierbei die Tätigkeit eines Juristen so gut wie nie braucht, hingegen die ständig einsatzbereiten Fähigkeiten eines Orators zu jeder Zeit und an jedem Ort erforderlich sind? Ich könnte das mit vielen durchschlagenden Begründungen beweisen. Aber da Du ja dieselbe Meinung vertrittst und es überhaupt nur wenige gibt, die darüber anders denken, will ich mich bei einem Punkt, der so sonnenklar ist, nicht länger aufhalten. Wenn man also einem Juristen eine berufsfremde Aufgabe anvertraut, wer würde dann nicht glauben, in einem Staat, in dem so etwas geschieht, lasse sich niemand finden, der auch nur über durchschnittliche Redekunst verfüge? Und er hätte nicht einmal Unrecht damit. Denn ganz allgemein gilt unbestritten die Auffassung, daß in jedem Beruf ein auch nur mittelmaßiger Vertreter dieses Berufes den größten Koryphäen anderer Berufe vorzuziehen sei.

Soviel über den Juristen. Aber für den auswärtigen Orator gilt genau das gleiche. Denn da die Staatsgeheimnisse einem Ausländer nicht ohne größtes Risiko anvertraut werden können und da Eure Vorfahren sich davor immer aufs peinlichste in Acht genommen haben, wird sich überall die Mutmaßung breitmachen, als hätten die Führer unserer Stadt zwar die Notwendigkeit erkannt, jedes Risiko nach Möglichkeit auszuschalten, hätten sich aber aus Mangel an Landsleuten, die dieses Amt einigermaßen auszufüllen in der Lage seien, notgedrungen einen Ausländer dazu geholt. Dieser Makel, obwohl offenkundig allen wissenschaftlich gebildeten Florentinern aufgedrückt, geht dennoch nicht alle in gleicher Weise an. Da gibt es manche durch Gelehrsamkeit, Beredsamkeit und Charakterfestigkeit ausgezeichnete Männer, die, da sie dem Priesterstand angehören, ein Staatsamt überhaupt nicht übernehmen können. Da gibt es ferner solche, die, weil ihre vornehme Abkunft und ihre hohe Stellung im Staat sie nur zu den größten Aufgaben bestimmen, diese geringeren Stellen mit Recht verschmähen. Und es gibt schließlich edle Jünglinge, von denen man das Höchste erwarten darf; aber sie kommen wegen ihrer Jugend noch nicht in Betracht. Mich dagegen – was wird mich vor einer solchen Schmach schützen? Etwa der geistliche Stand – wo ich doch bereits Frau und Kinder habe? Oder eine hohe soziale Stellung – wo ich doch von so bescheidener Herkunft bin, daß ich, wenn es mir gelingen sollte, diese Stufe zu erklimmen, mich für einen absoluten Glückspilz halten würde? Mein Alter vollends, wer würde dies noch als Entschuldigung gelten lassen? Stehe ich doch bereits im zweiundvierzigsten Jahr meines Lebens, und der jetzt verstorbene Sekretär war bei seiner Wahl um nichts älter. Was also werde ich denen, die mir Unerfahrenheit vorwerfen, darauf erwidern können? Oder was einem solchen Schimpf entgegenzusetzen zu haben? Etwa, ich sei Euch verborgen geblieben, weil meine Mitbürger mich aufgrund weiter räumlicher Trennung unmöglich kennen konnten? Aber nicht nur lebe ich seit meinen frühesten Kindertagen mitten unter euch, sondern ich unterrichte auch nun schon im zehnten Jahr die Jugend von Florenz öffentlich und privat in der Poetik und Rhetorik. Was also werden die Menschen über mich untereinander sagen oder im stillen denken, wenn nicht dies: Ich sei deswegen nicht in Betracht gekommen, weil Ihr, die Ihr in allem das scharfsichtigste und unbestechlichste Urteil habt, mich entweder hinsichtlich meiner Bildung oder meines Charakters nicht für würdig befunden habt? In welchen Schwierigkeiten ich deswegen bin, siehst Du nun; denn nicht nur werde ich, wenn ich jetzt übergangen werde, für die Zukunft alle Hoffnung, je eine höhere Stellung zu erringen, begraben müssen, sondern es wird auch – ein sehr schmerzlicher Gedanke für mich – das winzige bißchen Zukunftsaussichten, dieses bißchen immerhin, das ich mir während so vieler Jahre mühevoll erworben habe, notwendigerweise auf halber Bahn in sich zusammenbrechen, so daß ich schon jetzt fühle, daß für mich nichts schmählicher sein wird, als daß ich bei den meisten bisher einiges Ansehen genossen habe. Denn aus diesem Ausgang werden die Menschen den Schluß ziehen, ich hätte die gute Meinung, die sie sich von mir gebildet, nicht rechtfertigen können.

Ich habe damit, denke ich, nicht bloß die Berechtigung, sondern auch die Notwendigkeit meiner Bewerbung dargetan. Es bleibt mir noch, etwas zur Sache selbst zu sagen, damit Du nicht glaubst, ich hätte mir das Ganze zu wenig überlegt oder handelte blind darauflos. Denn ich fürchte, nicht wenige sind der Meinung, ich machte mir bei meiner Bewerbung die Bedeutung des Amtes nicht genügend klar und hätte, von Ehrgeiz getrieben, nur die Befriedigung meines Wunsches im Auge, anstatt mich zu fragen, ob meine Kräfte dafür auch reichten. Nun, ich bin mir, nachdem ich mir die ganze Last dieses Amtes oft genug vor Augen gehalten und sie mir im stillen viel hin und her überlegt habe, über alle damit zusammenhängenden Schwierigkeiten durchaus im klaren. Wenn es auch meiner Ansicht nach für die Würde des Staates sehr wichtig ist, daß seine Beschlüsse den auswärtigen Nationen und Fürsten nicht nur klug und eindrucksvoll abgefaßt, sondern auch gedankenreich und elegant stilisiert ausgehändigt werden, so bleiben doch noch genug andere und vielleicht nicht weniger wichtige Geschäfte übrig, bei denen man sich über die Eignung eines Sekretärs ein hinreichendes Urteil bilden kann. Wer wüßte nicht, daß der Inhaber dieses Amtes über viele und ganz verschiedene Tugenden verfügen muß? Ich will hier nichts sagen von dem Gehorsam gegen die Stadtverwaltung, nichts von der Umgänglichkeit und Leutseligkeit gegenüber jedermann, nichts von dem Eifer und der Gewissenhaftigkeit bei der Amtsausübung, von dem Ertragen aller Schwierigkeiten, der Langmut mit allem Niederträchtigen, nichts schließlich von der staatsmännischen Klugheit und Mäßigung in allem, so daß er nichts Unüberlegtes, Dummes, Leichtsinniges oder Inkonsequentes tut, nichts aus Hochmut unterschätzt oder sich aus Ehrgeiz an etwas wagt, was seine Kräfte übersteigt. Wer nicht erkannt hat, daß all dies unlösbar mit dem Amt eines Sekretärs verknüpft ist, der hat meiner Meinung nach nicht das geringste Recht auf diesen Titel. Aber davon will ich jetzt, wie gesagt, nicht sprechen.

Ich komme zur eigentlichen Hauptsache. Wie verschwiegen nämlich, wie treu und ergeben, ihr guten Götter, muß der sein, in dessen Brust wie in einer sichereren, unbezwinglichen Festung alle wichtigen Staatsgeheimnisse verwahrt werden! Denn was kann er – und sei es noch so wenig – ausschwatzen, ohne daß der Staat Schaden nimmt und er selbst sich des schlimmsten Verbrechens schuldig macht? Welche Marter, welche Strafe hat nicht der verdient, der – obwohl sein ganzes Sinnen und Trachten dahin gehen sollte, der Würde seines Volkes und der Autorität der Obrigkeit auch nicht den allergeringsten Schaden zuzufügen – trotzdem aus Dummheit, Leichtfertigkeit oder Eitelkeit alles ausplaudert? Wenn die eben erwähnten Tugenden sich nun zwar auch aus der Gerechtigkeit und Mäßigkeit herleiten, so müssen sie in dieser Stellung doch immer zusammen mit Klugheit und Zivilcourage auftreten, da man, um sie unbefleckt zu erhalten, nicht nur gegen Neider und Feinde kämpfen muß, vor denen man sich immerhin leichter in acht nehmen kann, sondern auch gerade seinen Freunden und Verwandten energischen Widerstand entgegensetzen muß. Denn alle ohne Ausnahme sind neugierig, und man wird nur wenige finden, die nicht lieber das, wonach es sie gelüstet, zu wissen verlangen als das, was man ihnen unbedenklich mitteilen darf. Und so machen sie sich denn unter der Maske heuchlerischen Biedersinns an dich heran und tun alle, als ob sie kein Wässerchen trüben könnten. Sie tun demonstrativ so, als sorgten sie sich um das Gemeinwohl und als ginge es ihnen lediglich um den inneren Frieden; dann umgarnen sie dich mit Listen, bestürmen dich mit Bitten, ködern dich mit Belohnungen, schüchtern dich mit Drohungen ein, so daß auch ein braver Mann ins Wanken kommen kann, sofern er nicht über ein besonderes Maß an Klugheit und innerer Stärke verfügt.

Da ich mir über diese in der Sache selbst liegenden Probleme durchaus im klaren bin, bitte ich Dich herzlich, Lorenzo, ganz überzeugt zu sein, daß ich niemals den Gedanken gefaßt hätte, mich um dieses Amt zu bewerben, wenn ich mir nicht zuvor fest vorgenommen hätte, ihrer sämtlich mit Eifer, Fleiß und Gewissenhaftigeit Herr zu werden. Es ist für jeden ein hartes, ich sage bewußt: ein hartes Stück Arbeit, soviel innere Bildung und sittliche Vollkommenheit aufzubringen, daß er dieses Amt in jeder Hinsicht angemessen ausfüllen kann. Und ich bin weder so unverschämt noch so anmaßend, daß ich ein solcher Mensch zu sein behaupte. Aber da ich ein Herz mitbringe, das dem Staat zutiefst ergeben ist, sich von jeder niedrigen Gesinnung völlig frei weiß und sich brennend danach verzehrt, sich durch die erwähnten Tugenden auszuzeichnen, hoffe ich in der Tat, falls ich durchaus nicht die erste Sekretärsstelle erringen kann, wenigstens für die zweite oder dritte berücksichtigt zu werden; denn schon ein altbekanntes Sprichwort sagt ja: Dem, der liebt und über seine Liebe eifrig wacht, ist nichts schwer.

Deshalb, wenn Du mein Ziel und meine Gesinnung gutheißest, so bitte ich Dich, liebster Lorenzo, steh für mich ein! Setze Dich mit all Deinen Kräften und Deinem ganzen Einfluß, den Du aufgrund Deiner bewunderungswürdigen Gaben und der ersten Proben Deiner großen Tugenden bei allen Mitbürgern hast, dafür ein, daß Dein Landino – jawohl, Dein Landino, dessen ganzes Glück von Dir abhängt! – sein

Wunschziel erreicht. Denk doch an meine dem Staat durch und durch treue und ergebene Gesinnung, an meine über das normale Maß hinaus gewissenhafte Pflichterfüllung bei der Unterrichtung der Jugend von Florenz, worin ich es in allem, womit ich ihr nützlich sein konnte, nie an Eifer und Sorgfalt habe fehlen lassen; denk an meine hierbei bewiesene Uneigennützigkeit: Du selbst bist ja der beste Zeuge, daß ich, obwohl ich nie eine Mühe scheute, keine Spur von Geldgier in meinem Beruf zeigte. Dabei gebe ich schon im zehnten Jahr öffentlichen Unterricht, in den beiden ersten Jahren ohne jede staatliche Besoldung, und in den folgenden war ich mit geringer oder höchstens mittelmäßiger Bezahlung zufrieden. Und privat, habe ich da jemals einem, der unentgeltlich Unterricht bei mir haben wollte, diesen verweigert? So möge es mir denn durch Deine Hilfe vergönnt sein, daß ich der Schande entgehe, so unglücklich zu sein, daß ausgerechnet während meiner Leitung des Gymnasiums dessen Schutzgöttinnen, die Musen, aus ihrem uralt angestammten Sitz vertrieben werden. Natürlich ist die Jurisprudenz in jedem freien Volk geheiligt und verdienen ihre Vertreter jede nur mögliche Ehrung, aber welche Stelle, welcher Rang steht ihnen im Staat denn nicht offen? Die Signorie, die beiden Statthalterämter, das Marktamt, die vielen öffentlichen Prozeßvertretungen bei den Zünften, den Klöstern, den Landstädten! Unter den Privatleuten aber, wieviele gibt es denn da, die nicht in ihren zweifelhaften Rechtsangelegenheiten ihre Häuser wie Orakelstätten voller Ehrfurcht und mit reichen Geschenken – nicht Weihrauch und Myrrhe, sondern Gold – aufsuchen? Die Musen dagegen, die Töchter des großen Jupiter, die dem sterblichen Menschengeschlecht Unsterblichkeit verleihen, wenn sie aus dieser ihrer einzigen Wohnstätte, die Dein Vater und Großvater ihnen bereitet haben, vertrieben werden, haben dann nicht nur mehr keinen Ort, wo ihre Würde geachtet wird, sondern – und das ist ebenso traurig für sie wie unvereinbar mit der Größe von Florenz – auch keinen, der sie gegen Sonnenglut und Regenkälte, gegen Hunger und Durst schützt.

Ich, Landino, flehe Dich an und gebe Dir freimütig zu bedenken: Es ist für Deinen Ruf von Wichtigkeit, daß nicht gerade dann, wenn Du Dich ruhmreich den Musen widmest, ihnen ihre verdienten und einzigen Belohnungen entrissen werden, während heute in Italien in jedem Krähwinkel, von jedem Volk und jedem Fürsten – sogar von denen, die Euch Steuern zahlen – den Musen die größtmöglichen Ehrenpreise ausgesetzt werden. Ich, Landino, beschwöre auch das Ansehen und die tätige Mühe Deines hochweisen Vaters, den ich wegen seines großen Interesses für die Gelehrten und seines hohen Gönnertums in meinen Elegien den ‚Maecenas unseres Jahrhunderts' genannt habe und der, wie ich glauben möchte, einer so notwendigen Schutzaufgabe sich niemals versagen wird – zumal er in seiner Klugheit richtig erkannt hat, daß es für die Würde von Florenz von vorrangiger Wichtigkeit ist, daß dasjenige Volk, aus dem bisher Redner, Poeten und Geschichtsschreiber in nicht geringerer Zahl als aus dem Trojanischen Pferd hervorgegangen sind, heutzutage nicht so arm geworden erscheine, daß es zum hilflosen Kind würde, wenn es sich nicht Ausländer herbeiholte. Vertreiben wir doch aus unserem Jahrhundert die Schande, daß ein Staat, der in früheren Zeiten nicht nur sich selbst, sondern ganz Italien und vielen auswärtigen Nationen diese Art Gebildeter reichlich gestellt hat, sich jetzt selbst nach fremder Hilfe umzuschauen gezwungen ist – geradeso als ob der berühmte Prometheus, der der Sage zufolge als erster den Menschen das Feuer gebracht hat, mit einem Öllämpchen herumginge, um sich von den Nachbarn Glutkohle zu erbetteln! Stellen wir doch dem studierwilligsten Teil der Jugend diese herrliche Perspektive vor Augen, daß sie, wenn sie ihren Lehrer derart belohnt sieht, in der Hoffnung, auch selbst einmal solche Ehren zu erlangen, auf der Bahn ihrer Studien, auf der sie schon weit vorgeschritten ist, mit brennendem Eifer und verdoppelten Kräften vorwärtsstürmt und frohen Mutes das Ziel erreicht.

Das also war es, was ich Dir zum gegenwärtigen Zeitpunkt glaubte schreiben zu sollen. Indessen bitte ich Dich, dies alles in dem Sinne aufzunehmen, daß Du keinesfalls denkst, ich forderte, auf diese Gründe gestützt, ein derartiges Amt, als ob es mir von Rechts wegen zustände. Denn weder bin ich so von mir eingenommen noch derart vom Ehrgeiz besessen, daß zügelloses Wunschdenken bei mir die Oberhand über sachliche Gründe gewönne. Ich gebe daher ehrlich zu, daß ich für diese schwere Bürde keinesfalls ausreichende Kräfte mitbringe. Aber wenn ich durch Deine Verwendung von unseren edlen Mitbürgern erreiche, daß sie, zum einen, mich in Gnaden zu einer so hohen Ehre erheben, zum andern in der Anfangszeit, die bei allen Dingen wegen ihrer Neuheit schwieriger ist, von mir nicht streng Vollkommenheit in jedem Punkte verlangen, sondern mit Gelassenheit und väterlicher Nachsicht die gelegentlichen Versehen eines noch unerfahrenen Anfängers tolerieren – wenn ich das, sage ich, mit Deiner Hilfe erreiche, stehe ich Dir dafür ein und gelobe Dir (wofür auch mein Gevatter und mein Freund ihr heiligstes Ehrenwort geben), daß ich mit makelloser Rechtlichkeit, mit höchster Hingabe und glühendem Eifer dafür sorgen werde, daß Du nie zu bereuen haben wirst, was Du an Mühe zu meiner Erhöhung aufgewandt hast. Denn daß manche sagen, es fehle mir an Ansehen und allgemeiner Achtung, braucht Dich nicht zu bekümmern: Das wird in reichstem Maße die Stellung selbst mir verschaffen, und es wird möglicherweise von den weisesten und würdigsten Bürgern soviel davon auf mich gehäuft werden, daß es, wenn ich es nur nicht an mir selbst fehlen lasse, genug und übergenug sein wird. Leb wohl!

CRISTOFORO LANDINO

Rede beim Begräbnis des Donato Acciaiuoli [1478]

Eine schwere Bürde fürwahr, wohledle Herren, und eine, der meine Schultern in gar keiner Weise gewachsen sind, ist, wie ich fühle, am heutigen Tage mir auferlegt. Aber wiewohl ich über etwas zu sprechen mich anschicke, das den Staat als Ganzes in brennendste Sehnsucht, jeden braven Bürger und halbwegs verständigen Mann in bitterste Trauer, die Regierenden der Stadt selbst schließlich, die jeden Verlust für das Gemeinwesen aus größerer Nähe wahrnehmen und mit mehr Sorge erwägen, in, ich möchte sagen, schwärzeste Trauer gestürzt hat, so fand ich dennoch, es könne für mich keinen Platz mehr in diesem Staat geben, wollte ich einem um das Reich von Florenz insgesamt wie um jeden einzelnen seiner Bürger so öffentlich wie privat auf höchste verdienten Mann meinen zwar vielleicht herzlich geringen, aber doch tiefgefühlten und schuldigen Freundschaftsdienst versagen. Da Ihr indessen mich heißt, des Donato Acciaiuoli ebenso zahlreiche wie große Tugenden durch meine Rede, ich will nicht sagen, zu verherrlichen (das nämlich überstiege meine Kräfte bei weitem), aber doch sie mit Worten nachzuzeichnen oder vielmehr sie kurz zu skizzieren: Seht, da setzt mich ihre Vielzahl und Größe schon in Verwirrung, blendet der ungeheure Glanz seines Ruhmes meinen armen Geist so sehr, daß ich kaum zu erkennen vermag, wie ich meine Rede beginnen, noch wie ich sie enden soll. Habe ich doch einen Mann zu feiern, wie ihn jedes Jahrhundert nur ganz selten einmal hervorzubringen pflegt. Hinzu kommt, daß ich, wie ich wohl sehe, zu Menschen sprechen soll, die dieses Mannes Tugenden ebenso gründlich kennen wie leidenschaftlich bewundern, und es daher nicht gleichgültig hinnehmen würden, wenn sie sähen, daß ich irgendetwas darin übergehe oder auslasse. Und doch werde ich mich nicht etwa deswegen der mir übertragenen Aufgabe entziehen, sondern ich werde so sprechen, daß ich nun zwar nicht etwas Neues vor Eure so gebildeten Ohren bringe, denen all dies ja nur zu bekannt ist, vielmehr so, daß unsere gemeinsame Vaterstadt, welche dem Donato so teuer war und die großen Geistern stets gewogen gewesen ist, sich gegen seinen treuesten Sohn auch in dieser Art von letztem Geleit gehörig dankbar erweise. Da es nun auf diesem Gebiet außer den sogenannten Gütern nichts gibt, was aus eigenem Recht eindeutig zu preisen wäre, so haben, soweit ich sehe, die meisten von denjenigen, die hinsichtlich der Lehre von den Gütern der aristotelischen Richtung folgen, drei Kategorien von Gütern aufgestellt: solche der Seele, solche des Körpers, solche des Glücks; jedoch in der Weise, daß sie sagen, von diesen dreien sei allein die Tugend an und für sich zu erstreben; was die beiden anderen angeht, so billigen sie die Menschen nur dann, wenn sie sich jene entweder mit sittlich guten Mitteln erwerben oder aber, nachdem sie sie erworben, richtigen und weisen Gebrauch von ihnen machen.

Jedermann nun ist bekannt, daß Donato Acciaiuoli in einer Stadt geboren wurde, die nicht nur aufgrund ihres blühenden Wohlstands immer frei gewesen ist, sondern die auch über viele einst frei gewesene Städte mit höchster Würde regiert, daß er ferner einem Geschlecht entstammte, das durch seinen großen Reichtum und die leuchtenden Tugenden vieler seiner männlichen Mitglieder seit langer Zeit in höchstem Ruhm steht. Während indessen solche äußeren Vorteile die meisten Menschen in der Regel entweder zu trägem Müßiggang oder aber zu zügellosem Hochmut verführen, stellten sie für Donato stets einen starken Anreiz dar, sein Betragen, sein ganzes Streben, ja seine Charakterbildung darauf auszurichten, daß er zugleich seiner Vaterstadt wie seiner Familie zu höchstem Glanz gereichte. Aber dies und anderes derselben Art werden wir besser etwas später im Zusammenhang mit seinen Geistestugenden behandeln. Um also nun auf das zurückzukommen, was man im eigentlichen Sinne Güter nennen kann: Jeder weiß, daß das bürgerliche und im Handeln sich erfüllende Leben ausschließlich vom moralisch Guten bestimmt wird und daß dieses wiederum aus vier Tugenden, wie aus ebenso vielen Quellen sich speisend, besteht. Denn ohne Klugheit, durch die wir Gutes und Schlechtes richtig unterscheiden, ohne Gerechtigkeit, durch die allein wir, solange ein jeder das Seine erhält, in wahrem Frieden leben, ohne Tapferkeit, deren Panzer uns gegen alle Schrecknisse und Gefahren wappnet und schirmt, schließlich ohne Mäßigkeit, die uns gleichsam mit festem Zügel hält, daß wir nicht in Üppigkeit, allzu große Ausschweifung und schändliche Wollust verfallen – ohne diese vier, sage ich, kann das menschliche Leben nicht bestehen. Welcher dieser Tugenden nun entriet Donato, ja welche besaß er nicht im höchsten Maße?

Machen wir also mit der Klugheit den Anfang. Denn sie ist es, die allen übrigen im Handeln sich erfüllenden Tugenden gleichsam ein helles Licht voranträgt, auf daß eine jede ihre eigentümliche Aufgabe deutlich erkenne und, nachdem sie sie erkannt, danach verfahre. Unser Verewigter nun besaß von Natur aus einen überaus wachen Geist, mit dem er ununterbrochen alles gleichsam überschaute und mühelos in sich aufnahm. Überdies hatte er an vielen und höchst wichtigen Dingen Anteil gehabt, hatte mehr noch gehört, unendlich viel gelesen. Daher durchforschte er, nachdem er die Taten vieler Jahrhunderte in seinem Kopfe gesammelt, alles mit richtiger Überlegung, bildete sich zu allem ein treffendes Urteil und wählte aus diesem kritischen Schatz scharfsinnig das jeweils Passende aus. Wer so verfährt, kann nie fehlgehen oder straucheln, kann auch nie ein Opfer von Täuschung oder Betrug werden.

Die Gerechtigkeit – was soll ich über sie sagen? Schäme ich mich doch, wohledle Herren, Euch mit Worten das nicht darstellen zu können, was der Geist schon lange erfaßt hatte. Indessen bedarf Euer festes und unerschütterliches Urteil über ihn weder meiner noch irgend eines andern Worte. Denn da Ihr des Donato Auszeichnung in dieser Tugend erkannt habt, habt Ihr ihn zu demjenigen Amte bestimmt, das – als das erste und höchste von allen bei uns – eben deshalb die Gerechtigkeit im Banner führt. Während seiner Amtszeit machte er nie aus Ehrgeiz oder der Volksgunst zuliebe irgendwelche Konzessionen, nie aber auch verweigerte er etwas berechtigter Bitte. Ich übergehe das städtische Schatzamt, das, da es den Nerv des Staates berührt, niemals leichtsinnig jemandem übertragen wird. Ob die peinlich genaue Sparsamkeit, mit der Donato es verwaltete, oder die unbestechliche Uneigennützigkeit größer war, vermöchte ich nur schwer zu sagen; jedenfalls hat er beide Eigenschaften darin bewährt. Ich übergehe ferner seine höchst ehrenvolle Tätigkeit in jenem Fünferausschuß, dem das Recht der Wahl des obersten Magistrats übertragen ist: Wir haben erlebt, wie er in ihr von jener besonderen Rechtlichkeit, die über die richtige Verteilung der öffentlichen Ehrenämter wacht, nie auch nur einen Schritt abwich. Dreimal stand er an der Spitze der guelfischen Partei, und nie hat er gezögert, das altehrwürdige Herrscherhaus, unter dessen Auspizien, durch dessen Einfluß, Macht und Rat unser Gemeinwesen längere Zeit in Blüte stand und, aus schwersten Gefahren errettet, seine alten Kräfte wiedergewonnen und vermehrt hat, mit persönlichem Einsatz vor dem drohenden Untergang zu bewahren. Daneben amtierte er in vielen Präfekturen, so in Pisa, in Volterra, in Casentino, auch in San Miniato und Montepulciano. Wer hätte nicht, von Wichtigerem zu schweigen, bei der Verwaltung dieser Ämter seine Geduld in schwierigen Situationen, aber auch seine Menschlichkeit und Milde gegen alle erfahren? Wann schließlich hätte man je über ein allzu zorniges Wort von ihm Klage geführt, wann sich gewünscht, daß der Zugang zu ihm leichter sein möge? Auch zu den Bürgern von Pistoia entsandte man ihn, einem von Natur aus allzu wilden und von Parteihader heftig entflammten Menschenschlag, und kraft seiner Klugheit und Bedächtigkeit, kraft des Ansehens, das er wegen des Ruhms seiner guten Amtsführung in hohem Maße besaß, führte er die Rebellen zur Eintracht zurück, besänftigte er nachhaltig ihre alten Rivalitäten. Er war ein Mann von unbedingter Zuverlässigkeit, von einer ihm angeborenen Strenge, so daß er durch keine innere Verwirrung sich von der Wahrheit ablenken ließ, ein Mann von reinster Lauterkeit und Unbestechlichkeit, ein wahrhaft frommer Mann. Allzeit trat er für Frieden und Eintracht ein.

Ich würde zu ausführlich, wohledle Herren, wollte ich bei jedem einzelnen, was man mit vollstem Recht sagen könnte, verweilen und es hier anführen. Vielmehr drängt es mich, von solchen Taten unseres Verstorbenen zu reden, zu deren Durchführung es zwar keineswegs geringerer Weisheit und Unbestechlichkeit, aber doch stärkerer Geisteskraft bedarf.

Denn da der Staat schon oft des Donato Beredsamkeit und politische Klugheit erprobt hatte, beschloß man, ihn in den schwierigsten Geschäften an viele Höfe zu entsenden. So reiste er zu Papst Paul II., bei welcher Gelegenheit er vor vielen hochgebildeten Männern – von denen sich in Rom (wo sie aus allen Teilen der Welt wie in einem gemeinsamen Vaterland zusammenströmen) stets eine große Anzahl findet – redend und disputierend seine Beredsamkeit und Gelehrtheit nachdrücklich unter Beweis stellte; den Scheidenden begleiteten ungewöhnliches Wohlwollen und ungeheurer Ruhm in die Heimat. Ferner schickte man ihn zum Allerdurchlauchtigsten und Allerchristlichsten König [Ludwig XI.] von Frankreich, mit dem er dank seiner klugen Redegabe die uralte Freundschaft befestigte, durch welche unser Staat nach der Wiederherstellung der Stadt Florenz durch Karl den Großen mit jenem Königshaus verbunden war. Man schickte ihn nach Siena anläßlich des Abfalls von Volterra, doch hier konnte er, o allmächtiger Gott, mit all seiner Klugheit nichts gegen die den Bürgern dieser Stadt angeborene Eitelkeit, mit all seiner Beharrlichkeit nichts gegen ihren schon allzu tief eingewurzelten Haß ausrichten. Man schickte ihn zu Sixtus IV., der eben erst zum Papst gewählt worden war; diese Mission wurde durch die großartige Rede geadelt, die er mit riesigem Erfolg vor dem versammelten Kardinalskollegium hielt und die heute von ganz Italien gefeiert wird. Man schickte ihn ein zweites Mal zum König von Frankreich, schickte ihn ferner zum Herzog von Mailand [Francesco I.], wo man ihn nur höchst ungern wieder ziehen ließ und er noch lange den Ruf eines überaus edlen und weisen Mannes behielt. Man schickte ihn ein zweites Mal zu eben dem Papst Sixtus, ob es ihm vielleicht gelänge, dessen allzu sehr nach Umsturz in Italien trachtenden Geist durch Vorstellungen und Hinweise auf die Gefahren umzustimmen. Und man schickte ihn ein drittes Mal zu der Zeit, als jene barbarische, ja wilde und geradezu tragische Verschwörung aufgedeckt wurde, nicht ohne daß der Unschuldigste von allen, Giuliano de' Medici, sein Leben lassen mußte. An jenem Tage sahen wir das größte Gotteshaus in unserer Stadt, geweiht der allergöttlichsten Jungfrau, mit dem Blut dessen besudelt, der den blutigen und ränkevollen Mann immer verabscheut hatte; wir sahen beim Brotbrechen mitten in der heiligen Eucharistie den erbarmungswürdigen Leib dessen von den grausamsten Wunden durchbohrt, der noch den wildesten Barbaren ein Muster an Liebe, Milde und Frömmigkeit, ja überhaupt jeder Art von Menschlichkeit hätte sein können; wir sahen ein bis dahin noch nie erdachtes Verbrechen, aber wir sahen auch, daß sie versucht hatten, ein barbarisches und mit aller Ruchlosigkeit geschlossenes Bündnis durch die Abschlachtung dieses Opferlamms zu besiegeln.

Doch kehren wir dorthin zurück, von wo mich der Schmerz fortgerissen hat: Die Aufdeckung einer solchen Verschwörung – welche Unruhen, welche Empörung und Klagen hat sie nicht bei Menschen aus allen Nationen erregt! welche Schrecken bei allen Florentinern, die damals dabei waren! In einer solchen Lage mußte er einerseits mit aller Klugheit dafür sorgen, die wutblinden Feinde zu besänftigen, soweit es ihre Wildheit zuließ, andererseits mit aller Kraft seines Geistes darauf bedacht sein, nichts zu tun oder zu sagen, was der Würde des Gemeinwesens geschadet hätte. Ich habe von seiner Klugheit gesprochen, von seiner Gerechtigkeit, seiner Tapferkeit, doch habe ich so davon gesprochen, daß ich zwar vieles erwähne, aber nur weniges richtig ausführe und überhaupt gar nichts erschöpfe. Indessen werdet Ihr dafür halten, eine solche Schuld mir gnädig nachzusehen und sie der Knappheit der mir zu Verfügung stehenden Zeit zuzuschreiben.

Bleibt noch seine Mäßigkeit, auf die ich, Euren zahlreichen Geschäften zuliebe, ebenso kurz eingehen will. Unser Donato war, wie Euch allen bekannt, ein Mann von ungewöhnlicher Schönheit, die ihm zudem bis an sein Lebensende unzerstört erhalten blieb. Während nun eine solche Schönheit bei den meisten Menschen mit der Sittlichkeit im Kampfe liegt (denn „Selten ist Keuschheit mit Schönheit innig vereinigt", wie es bei dem Satirendichter aus Aquinum [Juvenal] heißt), ließ sie unseren Donato niemals vom rechten Wege abirren. War dieser so selbstbeherrschte Mann doch der Ansicht, die Natur habe ihm das Geschenk eines solchen Körpers nicht gemacht, um sich widerlichen Lüsten hinzugeben, sondern um seine Geistesgaben gefälliger zu machen, und er war ganz mit dem einverstanden, was er bei Vergil gelesen hatte: „Tugend, die holder noch blüht aus leiblicher Schönheit". So lebte er als Knabe, so als Jüngling, und dabei lebte er in einer Stadt, die, wie die meisten anderen auch, nicht gerade wenige Sittenverderber hervorbringt und in der es auch nicht an Circen und Kalypsos fehlt. Doch wer hätte jemals (durchsucht und durchforscht ruhig alles, wohledle Herren!) eine zuchtlose Handlung, wer auch nur ein schamloses Wort von diesem Mann vernommen? Dabei haben wir alle einmal gelesen, was Phädra in Athen, Stheneboea in Argos in schlimmster Wollust getan haben. Und doch, welchen Hippolytus, welchen Bellerophon könntet Ihr ihm an die Seite stellen? Also daß wir uns nunmehr rühmen können, an ihm einen zweiten Alexander, so wie er sich gegen des Darius Gemahlin und Töchter betrug, oder einen zweiten Scipio, in seinem Verhalten gegen die Braut jenes spanischen Fürstensohnes, besessen zu haben. Wir wissen aus den Büchern, daß es bei den Alten zu verschiedenen Zeiten manche Männer gegeben hat, die, obzwar durch viele Tugenden berühmt, doch nur in jeweils einer ganz bestimmten sich auszeichneten. So wird tiefergehende Klugheit dem Numa Pompilius, dem Fabius Maximus, den beiden Catos, dem Sertorius, schließlich dem Hannibal und dem Mithridates zugeschrieben. Gerechtigkeit indessen hat das Altertum ausdrücklich an Camillus, Fabricius, Curius, Cassius und dem Athener Aristides gerühmt. An Geistesmut haben sich der Überlieferung zufolge zahlreiche Römer hervorgetan, doch gibt man unter ihnen Julius Caesar, den beiden Scipionenbrüdern, die in Spanien den Tod fanden, den beiden Scipios, dem Marius Marcellus und Gaius Marius den Vorzug vor allen übrigen, von den Nichtrömern aber preist man besonders Alexander und Philipp, Hannibal und Hasdrubal, Pyrrhus, den jüdischen König David und aus dem gleichen Volk Josua, den Sohn Nuns, sowie Judas Makkabäus. Manche ziehen auch hinsichtlich Großzügigkeit Caesar und Alexander, hinsichtlich Bescheidenheit Pompeius und Scipio Africanus, hinsichtlich Menschlichkeit und Milde wiederum Caesar und Africanus vor.

Wollte mich nun jemand fragen, ob Donato Acciaiuoli sich durch irgendeine Tugend ganz besonders hervorgetan habe, so fiele mir die Antwort schwer. Daß er viele und große Tugenden besaß, würde ich indessen behaupten und kühn hinzusetzen: nicht nur solche in der Art, wie die bürgerlichen sind, sondern auch solche, die man die ‚reinigenden' nennt. Aber damit lassen wir schon Lea und Martha hinter uns und steigen zu Rahel und Maria empor; denn nicht nur im gesellschaftlichen Leben zeichnete sich unser verstorbener Mitbürger aus, sondern er erhob seinen Geist so zur Kontemplation der höheren Dinge, daß er, wir mir scheint, mitnichten unter die kleinen Philosophen zu rechnen ist. Denn wie er von frühester Kindheit an im Griechischen und Lateinischen unterwiesen wurde und sich in der Auslegung der Dichter und der Lektüre der griechischen wie lateinischen Historiker übte, so studierte er in der Folge gründlich die Rhetorik und vervollkommnete sich durch tägliche Übung in dieser Kunst so sehr, daß er in jeder Redegattung ein ebenso gedankenreicher wie stilistisch geschmackvoller Redner wurde, wofür die zahlreichen von ihm verfaßten und gehaltenen Reden ebenso Zeugnis ablegen wie jenes vom ihm herausgegebene glanzvolle Werk über die Taten Karls des Großen. Als ihm sein Alter bereits gestattete, ein Staatsamt zu bekleiden, wandte er sich, da er bei Plato gelesen hatte, die Staaten würden erst dann glücklich sein, wenn sie von Philosophen regiert würden, ganz dem Studium der Philosophie zu. Hier muß man es nun als einen keineswegs nebensächlichen Glücksumstand ansehen, daß in eben diesem Moment ein hervorragender Gelehrter und vielleicht der bedeutendste Philosoph unserer Tage, Johannes Argyropulos, aus Griechenland in unsere Stadt kam. Aus diesem so unablässig sprudelnden Quell kostete er nicht bloß und „nippte nur flüchtig am Rande" (wie der Dichter Vergil sagt) jede Art Philosophie, sondern er schöpfte sie mit vollen Zügen und „schlürfte aus goldenem Pokale". Von ihm ließ Donato sich in der Dialektik unterweisen, von ihm sich in die Ethik einführen, d. h. in die Philosophie, die vom Leben und den Sitten handelt: Hier erfuhr er, was das Ziel aller Güter sei und auch durch welche Leistungen man wie auf fester Bahn zum Ziele selbst gelangt, hier auch lernte er gründlich, auf welche Weise wir uns selbst, unsere

Familie, schließlich den Staat richtig leiten. Und er lernte es nicht nur, sondern bewies es auch an sich selbst, so daß er sich nicht bloß in der Theorie, sondern auch im praktischen Leben und der Moral (die das Herzstück dieser Wissenschaft ist) als wahren Philosophen zu erkennen gab. Für beides gibt es hervorragende Zeugnisse: Das eine beweisen sein ganzes Leben und sein sittlicher Charakter, über das andere lassen seine Schriften über diesen Zweig der Philosophie keinen Zweifel. In aller Händen nämlich finden sich seine glänzenden, gründlich gelehrten, ebenso klar wie elegant geschriebenen Kommentare zur *Ethik* des Aristoteles. Daneben existieren noch andere fertig abgeschlossene Schriften in seinem Nachlaß, ferner gibt es noch einen Kommentar zur *Politik* ebenfalls des Aristoteles. Unter der Leitung desselben Lehrers machte er sich später an das Studium der *Physik* – ein Werk, in dem ihm, so können wir sagen, nicht leicht etwas dunkel geblieben ist. Er erkannte die Ursachen, Eigenschaften und natürlichen Bewegungen des Körpers, erkannte, daß diese Bewegungen nicht einfacher Natur sind, sondern daß die eine sich nur auf den Ort, eine andere auf den Ort und die Gestalt, eine dritte auf die unvollkommene Form des Gemischten, eine vierte schließlich auf die vollkommene Form richtet. So schweifte Donato staunend durch alle Himmelssphären und erkannte die unaufhörliche Veränderung aller Elemente, und weder blieb ihm die Natur der Dinge unbekannt, die in unserer unteren Luftschicht durch Umwälzung aufgewühlt werden, noch diejenige der von den Griechen sogenannten Metalle (nach denen man in den Eingeweiden der Erde sucht). Aber es gibt auch eine Bewegung, die, den Philosophen zufolge, nicht von der Natur, sondern von der Seele ausgeht. Daher erforschte er auch aufs gründlichste zum einen, welche Kraft die organischen Körper erzeugt, sie nährt und wachsen läßt, zum andern, aufgrund welcher Kraft sie sich bewegen und Sinneswahrnehmungen haben. Am Menschen lernte er schließlich klar und genau Vernunft, Einsicht und Erkenntnisvermögen zu unterscheiden. Kann man aber annehmen, daß ihm, der viele Jahre lang nie von der Seite seines Lehrers wich, dieses hochbedeutenden Mathematikers, die Mathematik ganz und gar fremd geblieben sei und daß er, wenn er die Bewegungen und Eigenschaften der physikalischen Körper erkannte, über ihre Zusammensetzung nicht Bescheid gewußt habe? O nein, er erkannte ihre Quantität, die unverhüllte und einfache ebensowohl wie diejenige mit irgendwelcher Beimischung, die einheitliche genauso wie die geteilte.

Ich fürchte, indem ich dies alles in der richtigen Reihenfolge behandle, könnte jemand glauben, ich berichtete hier eher über die Einteilung, der Philosophie als über die Gelehrtheit eines Menschen. Aber als mein Zeuge ist sein hochbedeutender Lehrer unter uns, er dürfte nicht zulassen, daß ich mich der Lüge schuldig mache. Ich habe also gesprochen von dem allgemein anerkannten Mitbürger, von dem glänzenden Redner, dem scharfsinnigen Dialektiker, dem ingeniösen Physiker, dem überdurchschnittlichen Mathematiker. Und ich scheue mich jetzt nicht, ihn auch einen Metaphysiker zu nennen, denn er erforschte nicht nur das, was die Aristoteliker und Platoniker von Gott sagen, sondern auch das, was die christliche Theologie über ihn zu sagen weiß. Weil er nämlich wußte, daß unsere Seelen nicht ein Produkt der Materie sind, sondern vom ewigen Gott selbst nach seinem Ebenbild aus dem Nichts, ohne Dazwischentreten einer zweiten Ursache, unsterblich geschaffen sind und nie zur Ruhe gelangen können, außer sie verbinden sich, soweit es ihnen möglich ist, mit Gott, so erhob er sich aus diesem niederen Erdenkot bis in den höchsten Himmel. Und so sehr er an dem, was wir mit keiner menschlichen Vernunft über Gott ergründen können, mit nie zweifelnder Glaubenskraft festhielt, beschäftigte er sich doch mit aller Schärfe seines Geistes mit dem, was auf sicherer Bahn zur ersten Glaubenswahrheit führt, und erkannte auf diese Weise allmählich – indem er nichts hinzutat, vielmehr manches fortließ –, daß Gott das reine Schaffen aus dem Nichts ist, daß er nichts Zusammengesetztes, nichts Gewaltsames, nichts wider die Natur ist, sondern gut, ja die höchste Güte, das Gute alles Guten, daß er eins und unendlich, allerkennend ist, jedoch allerkennend in der Weise, daß das, was in ihm erkennt, eins ist mit seinem Wesen. Doch wozu noch ausführlicher werden? Obwohl er vieles von dem gelesen hatte, was nicht bloß von der Mehrheit der Philosophen, sondern auch von den verschiedensten christlichen Häretikersekten an Verkehrtem und Unsinnigem über Gott gesagt worden ist, hielt er nichtsdestotrotz an den Wahrheiten unserer Religion so eisern fest, daß er sie, mit Verwerfung alles übrigen, nicht einfach schlicht zu glauben, vielmehr sie mit dem Verstande zu begreifen schien. Kann sich da jemand wundern, daß Menschen jedes Standes, jedes Geschlechts, jedes Alters den Tod eines solchen Mannes zutiefst betrauern?

Wenn die Vaterstadt selbst sprechen könnte, so würde sie wohl mit den Worten Jeremiä ihren teuren Sohn beklagen: „Ach daß ich Wasser genug hätte in meinem Haupte und meine Augen Tränenquellen wären, daß ich beklage den abgeschiedenen Donato aus meinem Volke, beklage die Zierde der Stadt, den Ruhm der Hohen Schule von Florenz, den Liebling der Musen, den rechtschaffenen Bürger, den weisen Ratgeber, den großen Redner, den, der – ohne je seines Vorteils oder seiner Gesundheit zu achten – sich es nicht verdrießen ließ, um der Erhaltung und Vermehrung meiner Größe willen so viele Fürsten, Völker und Weltgegenden aufzusuchen, der, wo es um meine Würde ging, vor keiner noch so großen Strapaze, keiner noch so schlimmen Gefahr je zurückscheute, ja der endlich, indem er mein Wohl dem eigenen voranstellte, mitten auf einer Reise fern von mir, fern von seinen Mitbürgern, Freunden und Verwandten, seiner geliebten Gattin und seinen herzliebsten Kindern auf fremder Erde vom bitteren Tod hinweggerafft wurde. Aber meine

Schuld ist es, ich gestehe es, die ich mich, während ich an mich dachte, zu wenig um ihn sorgte. O wie arm bin ich nun, und wie glücklich Du! Da Du alles, womit man sich wahren Ruhm und ewiges Leben erwirbt, Dir durch unendliche Mühen und durchwachte Nächte bereits errungen hast, bist Du bei noch rüstigen Jahren, noch unverbrauchten Sinnen aus diesem Jammertal zum höchsten Licht aufgefahren. Ich aber muß erkennen, daß ich in meiner schwersten Not, wo grausame Feinde, die mir auch früher schon mit ruchlosen Ränken nachgestellt haben, jetzt jede Art gottlosen Fluchs über mich ausschütten und mit Feuer und Schwert über mich herfallen – daß ich da nun ohne Dich, mein teuerster Donato, in dem ich stets meinen treuen Beschützer gesehen habe, auskommen muß. So lebe denn auf ewig wohl und genieße des höchsten Gutes, das Du errungen – ich aber werde Dir, solange meine Mauern stehen werden, das zugleich süßeste und bitterste Gedenken bewahren."

Nach diesen Worten der dankbaren Vaterstadt – was bleibt mir da noch zu sagen, außer daß ich mich am Schluß meiner Rede an Euch, Bürger von Florenz, und besonders an die Jüngeren unter Euch wende und Euch aufs innigste bitte und beschwöre, das Andenken unseres verewigten Mitbürgers zu bewahren und ihn Euch für jede Art Tugend als ein hehres Beispiel zur Nachahmung vor Augen zu stellen. So geht denn, das ist meine Bitte, auf dem gleichen Wege ununterbrochen weiter, fahrt in den gleichen Studien fort und betreibt sie mit dem gleichen Geistesfeuer, auf daß das Vaterland, das jetzt seinen toten Sohn voll Trauer beklagt, sich bald herzlich freue, daß ihm für den einen verlorenen Donato weit mehr als nur ein neuer erstanden ist.

EURICIUS CORDUS

Bauernnot [ca. 1520]

Allzu elende Bauern, wenn all ihre Leiden sie wüßten,
Also sag ich, Vergil, jetzo mit deinem Verlaub.
Nichts Erbärmliches gibt es heutzutag als den Bauern,
Der wie ein Sklave sein Land nicht für sich selber bebaut.
Hat er ein ganzes Jahr verbracht mit Frieren und Schwitzen,
Da er in drückender Fron tausendfach Übel erlitt,
Bleibt vom eigenen Feld ihm kaum genügend zum Saatgut;
Doch was darüber hinaus, nimmt sich der faule Altar.

DANIEL HEINSIUS

Auf einen, der auf Anstiftung anderer ein mißlungenes Attentat auf den Prinzen von Oranien unternahm [1623]

Auszulöschen des siegreichen Prinzen hochherziges Leben,
Anzutasten ihn, der heiliges Haupt unseres Lands,
Plante Verschworenenschar. Die Hand hob einer von ihnen:
Kaum hätt der Spanier dies, ob er auch grausam, gewagt.
Freiheit nimmt man zum Vorwand für Untat und frevelndes Wagen,
Freiheit nach römischer Art, die der Bataver jetzt liebt.
Töricht betrieb man den Anschlag, Anstifter und Helfer versagten;
Such nach dem Grunde nicht weit: Brutus war, der's unternahm.

JEAN BODIN

Über die absolute Gewalt im Staat [1576]

Wenden wir uns nun dem Begriff ‚absolute Gewalt' in unserer Definition zu. Was ist darunter zu verstehen? Ein Volk oder die Herren in einem Staat könnten wie erwähnt die souveräne, zeitlich unbegrenzte Gewalt schlicht und einfach einem anderen dazu übertragen, über die Menschen, ihr Eigentum, den ganzen Staat nach Belieben zu verfügen und ihn schließlich anderen zu überlassen. Schließlich kann ja auch der Eigentümer sein Eigentum ganz einfach einzig und allein aus Freigebigkeit verschenken. Das macht ja gerade die echte Schenkung aus, und ist sie einmal vollzogen, so duldet sie nachträglich keine Bedingungen mehr, denn Schenkungen unter Auflagen und Bedingungen sind im Grunde gar keine echten Schenkungen. ‚Souveränität' die einem Fürsten unter Auflagen und Bedingungen verliehen wird, ist also eigentlich weder Souveränität noch absolute Gewalt, es sei denn, die bei der Wahl des Fürsten gemachten Bedingungen würden dem göttlichen Gesetz oder dem Naturrecht angehören. Das ist beispielsweise in der Tatarei der Fall, wenn der Großkönig stirbt und Fürst und Volk, denen das Wahlrecht zusteht, nun unter seinen Angehörigen – wobei nur Söhne und Neffen in Frage kommen – denjenigen zum Nachfolger wählen, der ihnen geeignet erscheint. Nach der Wahl setzt man ihn auf einen goldenen Thron und richtet folgende Worte an ihn: „Es ist unsere Bitte und unser Wunsch und wir gebieten Dir, daß Du uns regierst." Hierauf erwidert der König: „Wenn Ihr dies von mir wollt, müßt Ihr bereit sein, zu tun, was ich verlange. Jeder, dessen Tod ich befehle, ist auf der Stelle hinzurichten, und die Geschicke des ganzen Königreichs sind in meine Hände zu legen." Das Volk antwortet darauf: „So soll es sein." Hierauf fährt der König unter dem Beifall des Volkes fort: „Das Wort aus meinem Munde sei mein Schwert." Der König wird nun von seinem Thron gehoben, auf ein am Boden liegendes schlichtes Brett gesetzt, woraufhin die Fürsten vor ihn treten und die Worte sprechen: „Blick auf zum Himmel und erkenne Gott. Dann sieh hinunter auf das Brett, auf dem Du sitzt! Wenn Du gut regierst, wird alles nach Deinem Wunsche geschehen, andernfalls aber wirst Du so tief gestürzt werden, daß Dir nicht einmal mehr das Brett verbleiben wird, auf dem Du sitzt!" Nach diesen Worten wird er in die Höhe gehoben und zum König der Tataren ausgerufen. Eine solchermaßen verliehene Gewalt ist absolut souverän, weil sie unter keinen anderen Bedingungen als den Geboten Gottes und der Natur übertragen ist.

Auch in erblichen Königreichen und Fürstentümern ist diese oder eine ähnliche Zeremonie manchmal üblich. Einzigartig ist allerdings die Prozedur, die in Kärnten gebräuchlich ist. Dort steht noch heute in der Nähe der Stadt St. Veit auf einer Wiese ein Marmorstein. Zunächst steigt ein Bauer, dem dieses Amt kraft Erbrechts zusteht, vom Volk umringt auf diesen Stein hinauf. Dabei steht zu seiner Rechten eine schwarze Kuh, zu seiner Linken eine magere Stute. Nunmehr nähert sich, voran die Insignien und, wohlgeordnet, eine große Zahl in Purpur gekleideter Herren, der künftige Herzog, als einziger mit einem schlichten Hirtengewand bekleidet und in der Hand einen Hirtenstab. Der Mann auf dem Stein ruft nun in slawischer Sprache: „Wer kommt da so stolz einhergeschritten?" Nachdem das Volk geantwortet hat, es sei ein Fürst, fragt der Mann auf dem Stein: „Ist er auch ein Richter? Sucht er das Wohl des Landes? Ist er ein Freier? Ist er ein ehrenwerter Mann und ist er auch gläubig?" Die Antwort lautet, daß er es sei und auch künftig sein werde. Nun gibt der Bauer dem Herzog einen leichten Backenstreich, womit er die Freiheit vor allen öffentlichen Abgaben erwirbt. Dann besteigt der Herzog mit gezücktem Schwert den Stein und verspricht, zum Volk gewandt, gerecht sein zu wollen. Noch im Hirtenkleid geht er anschließend zur Messe, legt dann den Herzogsornat an, kehrt zu dem Stein zurück und nimmt die Huldigung und den Treueid entgegen. In früheren Zeiten war allerdings der Herzog von Kärnten nur der höchste Jäger des Kaisers. Seit aber das Kaisertum ans österreichische Königshaus fiel, dem das Herzogtum gehört, ist dieser Titel und diese alte Zeremonie abgeschafft worden und wurden die Herzogtümer Kärnten, Steyer, Kroatien und die Grafschaften Cilli und Tirol dem Herzogtum Österreich einverleibt. Was die einstige Inthronisationszeremonie bei den Königen von Aragon angeht, so wird diese – wie ich von einem spanischen Ritter erfahren habe – allen Behauptungen zum Trotz nur noch praktiziert, wenn der König die Stände einberuft. Bei dieser alten Zeremonie richtet der höchste Beamte, die ‚Justitia von Aragon' genannt, folgende Worte an den König: „Wir, die wir soviel gelten wie Ihr und mehr vermögen als Ihr, erwählen Euch zum König mit folgenden Bedingungen zwischen uns und Euch, damit es jemand anderen gibt, der mehr Gewalt hat als Ihr." Es irrt jedoch der Autor, der geschrieben hat, der König sei damals vom Volk gewählt worden. Das ist nie der Fall gewesen; denn es steht fest, daß Sanctius der Große das Königreich von den Mauren, die es siebenhundert Jahre lang besessen hatten, mit Waffengewalt erobert hat, und daß dann das Königtum im Weg der Erbfolge an seine jeweils nächsten Nachkommen beiderlei Geschlechts gefallen ist. Der Aragonier Petrus Belluga, der eine gründliche Abhandlung über das Recht Aragons verfaßt hat, schreibt denn auch, das Volk habe nicht das Recht, den König zu wählen, es sei denn, das Königsgeschlecht sterbe aus. An der Wirklichkeit vorbei geht auch die Behauptung, der König von Aragon habe weniger Macht, als die aragonischen Stände. Der eben erwähnte Autor Belluga sagt nämlich, die Stände könnten nur auf ausdrückliche Anordnung des Königs zusammentreten und sich erst wieder auflösen, wenn sie der König zu entlassen beliebe. Noch absurder ist aber, daß die schon zitierten Worte sich an einen König richteten, der ja schon kraft Erbrechtes gekrönt, gesalbt und zum König berufen und als solcher bereits souverän war und dem Träger der sogenannten ‚Hohen Justitia von Aragon' sein Amt verlieh und nach Belieben wieder entzog. Der schon zitierte Autor berichtet denn auch, daß die Königin von Aragon in Abwesenheit ihres Mannes, des Königs Alfons V. von Aragon und Sizilien, einen gewissen Martinus Didatus in dieses Amt eingesetzt und wieder abgesetzt habe. Zwar duldet der König, daß der Träger des Amtes der ‚Justitia von Aragon' in den Prozessen und Streitigkeiten zwischen König und Volk entscheidet, ein auch in England und zwar dort entweder vom Gerichtshof des Parlaments oder von einem ‚Chief Justice of England' genannten Beamten praktiziertes Verfahren, das auch in diesem unserem Königreich überall allen Richtern vertraut ist. Gleichwohl unterliegen die ‚Justitia von Aragon' und alle Stände der völligen Unterwerfung unter den König, den den erwähnten Gelehrten zufolge nichts dazu verpflichtet, ihren Rat anzunehmen oder ihren Forderungen Folge zu leisten. Dies trifft auf alle monarchisch verfaßten Staatswesen zu wie Oldradus mit Bezug auf die Könige von Frankreich und Spanien schreibt, die nach seinen Worten absolute Gewalt besitzen. Keiner dieser Gelehrten sagt aber, was absolute Gewalt ist. Wenn wir nämlich jedem, der den Gesetzen nicht unterworfen ist, souveräne Gewalt zusprächen, dann gäbe es auf der ganzen Welt keinen souveränen Fürsten, weil alle Fürsten der Erde den Gesetzen Gottes, dem Naturrecht und verschiedenen von den Menschen gemachten Gesetzen unterstehen, die allen Völkern gemeinsam sind. Es ist ganz im Gegenteil durchaus möglich, daß ein Untertan von der Befolgung aller Gesetze, Erlasse und des Gewohnheitsrechts eines Staates völlig entbunden, trotzdem aber weder Fürst noch souverän ist. Ein Beispiel dafür ist Pompeius der Große, der auf Antrag des Tribunen Gabinius durch ausdrücklichen Beschluß des römischen Volkes für die Dauer von fünf Jahren von den Gesetzen entbunden worden war. Es bedeutete übrigens gar nichts Neues oder Ungewöhnliches, einen Untertanen vom Gesetzesgehorsam zu entbinden, weil auch der Senat bisweilen ohne Weisung des Volkes solche Dispense erteilte. Dem bereitete die auf Antrag eines Tribunen beschlossene Lex Cornelia ein Ende, nach der niemand von der Geltungskraft der Gesetze ausgenommen oder vom Senat dispensiert war, wenn nicht mindestens zweihundert Senatoren an dieser Entscheidung mitgewirkt hatten. Nach dem Zwölftafelgesetz stand schon auf die bloße Einräumung von Privilegien, die ausschließlich der Volksversammlung vorbehalten war, die Todesstrafe. Das Gesetz wurde allerdings kaum beachtet. Doch wie dem auch sei – mag ein Untertan auch von der Geltung der Gesetze befreit sein, er bleibt trotzdem immer dem Inhaber der souveränen Gewalt unterworfen und zum Gehorsam verpflichtet. Wer also souverän sein soll, darf in keiner Weise dem Befehl anderer unterworfen und muß in der Lage sein, den Untertanen das Gesetz vorzuschreiben, unzweckmäßige Gesetze aufzuheben oder für ungültig zu erklären und durch neue zu ersetzen. Dazu ist aber nicht imstande, wer den Gesetzen oder anderen, die über ihn befehlen können, unterworfen ist. Darum heißt es im Gesetz, der Fürst ist von der Macht der Gesetze entbunden, wobei das Wort Gesetz auch im Lateinischen zugleich die Befehlsgewalt dessen bedeutet, der die Souveränität innehat. Daher kommt es, daß wir in allen Edikten und Erlassen immer wieder folgendem Zusatz begegnen: „Unbeschadet aller von Uns früher und hiermit aufgehobenen Edikte und Anordnungen und unbeschadet der etwaigen Kraftloserklärung ihrer Aufhebung." Diese Klausel stand in allen Gesetzen der Antike, ob sie nun vom Fürst selbst erlassen wurden oder von seinem Vorgänger stammten. Es steht nämlich außer Zweifel, daß die Gesetze, Anordnungen, Freibriefe, Privilegien und Gunsterweise der Fürsten über deren Tod hinaus keine Wirkung entfalten, wenn sie nicht von dem dazu berufenen Fürsten ausdrücklich oder stillschweigend bestätigt werden. Dies gilt insbesondere für Privilegien. Bartolus, der Abgesandte Perugias, der bei Kaiser Karl IV. die Bestätigung der Privilegien Perugias erwirken sollte, erreichte dies denn zwar auch, jedoch nur mit der einschränkenden Klausel: „Bis auf einen etwaigen Widerruf durch Unsere Nachfolger." Zu deren Nachteil konnte der Kaiser nämlich nichts präjudizieren. Aus diesem Grund hat sich der Kanzler von Frankreich, Michel de l'Hôpital, allen Aufforderungen zum Trotz geweigert, die Privilegien und die Steuerfreiheit von Saint-Maur-les Fossés zu besiegeln, weil sie eine Befreiung auf alle Zukunft beinhalteten. Dies aber ist dem Wesen persönlicher Privilegien fremd und würde eine Einschränkung der Macht der Nachfolger bedeuten. Privilegien können

Körperschaften eben lediglich auf Lebzeiten des Fürsten, der sie gewährt, verliehen werden, mag dabei auch das Wort „auf ewige Zeiten" gebraucht worden sein. Anders ist es dagegen in Demokratien und Aristokratien. Kaiser Tiberius, der Nachfolger Augustus', bestimmte daher, daß die von den verstorbenen Kaisern verliehenen Privilegien ungültig seien, wenn sie von den Nachfolgern nicht bestätigt worden waren. Nach Suetonius trachteten nämlich die Inhaber der Privilegien danach, diese zu verewigen, wenn die Verleihung nicht ausdrücklich nur auf bestimmte Zeit geschehen war. Bekanntlich kommen auch hierzulande nach jedem Thronwechsel alle Kollegien und Gemeinden um Bestätigung ihrer Privilegien, Machtbefugnisse und Jurisdiktionsgewalt ein und zwar sogar die Parlamente und Obersten Gerichtshöfe, nicht minder aber die einzelnen Beamten. Ist also der souveräne Fürst schon an die Gesetze seiner Vorgänger nicht gebunden, dann erst recht nicht an seine eigenen Gesetze und Anordnungen. Denn es ist zwar durchaus möglich, daß einem von jemandem anderen das Gesetz vorgeschrieben wird, sich selbst aber das Gesetz vorzuschreiben, ist von Natur aus ebenso unmöglich wie sich selbst etwas zu befehlen, was vom eigenen Willen abhängt. Denn es heißt schon im Gesetz: „Keine Verpflichtung kann existieren, die vom Willen des Versprechenden abhängt." Dies ist ein zwingender Beweis dafür, daß der König seinen eigenen Gesetzen nicht unterworfen sein kann. Sowenig wie nach Ansicht der Kanonisten der Papst sich je die Hände bindet, kann dies auch der souveräne Fürst, selbst wenn er es wollte. So finden wir denn am Schluß der Edikte und Erlasse die Worte: „Denn dies ist unser Wille," womit klargestellt sein soll, daß die Gesetze des souveränen Fürsten auch dann einzig und allein von seinem gänzlich freien Willen abhängen, wenn vernünftige und zwingende Gründe für sie sprechen. Den Gesetzen Gottes und der Natur dagegen sind alle Fürsten der Erde unterworfen und es steht nicht in ihrer Macht, sich über sie hinwegzusetzen, ohne sich eines Majestätsverbrechens an Gott schuldig zu machen und damit offen Gott den Krieg zu erklären, unter dessen Größe alle Monarchen gleichsam wie durch das Joch zu gehen und in aller Demut und Ehrfurcht ihr Haupt zu beugen haben. Somit erstreckt sich also die absolute Gewalt der Fürsten und souveränen Herrschaften in keiner Weise auf die Gesetze Gottes und der Natur und der beste Kenner der absoluten Gewalt, der Könige und Kaiser unter die seinige gezwungen hat, hat gesagt, sie erlaube nur, vom gewöhnlichen Recht, nicht auch von den Gesetzen Gottes oder dem Naturrecht abzuweichen.

Muß aber der Fürst die Gesetze des Landes, deren Einhaltung er geschworen hat, etwa nicht halten? Hier muß man unterscheiden. Schwört der Fürst sich selbst, seine Gesetze zu halten, so ist er an sein Gesetz nicht stärker gebunden als an einen sich selbst geleisteten Schwur. Selbst Untertanen sind ja an Eide nicht gebunden, die sie im Zusammenhang mit Verträgen leisten, deren Auflösung das Gesetz gestattet, auch wenn sie nicht ehrenrührig und vernünftig sind. Verspricht aber ein souveräner Fürst einem anderen Fürsten, seine eigenen Gesetze oder die seiner Vorgänger zu achten, so hat er sie – wenn der Fürst, dem er sein Wort gegeben hat, daran ein Interesse hat – selbst dann zu halten, wenn er keinen Schwur geleistet hat. Umgekehrt aber vermögen ihn weder seine Versprechen, noch sein Schwur zu binden, wenn der andere Fürst dieses Interesse nicht hat. Das gleiche gilt von einem Versprechen, das der souveräne Fürst entweder einem Untertanen oder vor seiner Wahl gegeben hat. Im Gegensatz zu einer weitverbreiteten Meinung unterscheiden sich diese beiden Fälle nicht voneinander. Der Fürst ist also nicht etwa an seine eigenen Gesetze oder die seiner Vorgänger gebunden, sondern, wie jeder Privatmann auch, an die rechtlichen Verträge und Zusagen, die er, sei es mit oder ohne eidliche Bekräftigung, gemacht hat. Aus den gleichen Gründen, aus denen der einzelne von einem ungerechten oder unvernünftigen Versprechen, etwa wegen unzumutbarer Härte, arglistiger Täuschung, Betrugs, Irrtums, Gewaltanwendung, verständlicher Angst oder schwerster Verletzung, entbunden werden kann, kann auch der Fürst, wenn er souveräner Fürst ist, von allem wieder freigestellt werden, was eine Beeinträchtigung seiner Hoheitsrechte bedeuten würde. Es verbleibt damit bei dem Grundsatz, daß der Fürst zwar nicht an seine eigenen Gesetze oder die seiner Vorgänger, wohl aber an rechtmäßige und vernünftige Verträge gebunden ist, an deren Einhaltung die Untertanen in ihrer Gesamtheit oder als einzelne ein Interesse haben. Mithin irren alle, die die Gesetze eines Fürsten und seine Verträge, die sie einfach den Gesetzen zurechnen, nicht auseinanderhalten, ebenso, wie jener Autor, der die Verträge eines Fürsten Vertragsgesetze nennt. Diese Bezeichnung ist bei den Ständeversammlungen von Aragon üblich, wenn der König auf Verlangen der Stände Verordnungen erläßt und dafür Geld oder sonstige Unterstützung erhält. In diesen Fällen ist der König ihrer Meinung nach gebunden, nicht aber, wenn es sich um andere Gesetze handelt. Sie räumen aber trotzdem ein, daß der Fürst von solchen Verordnungen abgehen kann, wenn die Gründe entfallen, die zu dem Gesetz geführt hatten. Diese Meinung ist auch durchaus richtig und kann sich auf gute Gründe und namhafte Autoren berufen. Der Hingabe von Geld oder der Leistung eines Schwures bedarf es aber zur Bindung des souveränen Fürsten nicht, wenn die Untertanen, denen er sein Versprechen gegeben hat, ein Interesse an der Einhaltung des Gesetzes haben. Denn das Wort des Fürsten soll sein wie ein Orakelspruch. Er wird sein Ansehen einbüßen, wenn man eine so schlechte Meinung von ihm hätte, daß ihm nur geglaubt würde, wenn er auch schwört oder wenn der Eindruck entstünde, er sei nur dann an sein Versprechen gebunden, wenn man ihm Geld gegeben habe. Das ändert aber nichts an der Gültigkeit des Rechtgrundsatzes, daß ein souveräner

Fürst von Gesetzen, deren Einhaltung er geschworen hat, ohne Zustimmung der Untertanen nur dann abgehen kann, wenn sie aufgehört haben, gerechte Gesetze zu sein. Dazu genügt aber nicht ein allgemein gehaltener Widerruf, sondern er muß ausdrücklich erklärt werden. Fehlt dagegen ein rechtfertigender Grund zur Aufhebung eines Gesetzes, dessen Einhaltung er versprochen hat, so darf und kann sich der Fürst nicht darüber hinwegsetzen. Verträge und Schwüre seiner Vorgänger hingegen binden ihn nur, wenn er ihr Erbe ist. Dies ist der Grund, warum die Stände des Königreichs Aragon sich bei König Alfons darüber beschwerten, daß er zum eigenen Vorteil und großen Schaden der Untertanen und ausländischen Kaufleute das Geldsystem Aragons entgegen einem Versprechen König Jakobs I. von Aragon vom April des Jahres 1265 geändert hatte. Dieses Versprechen war 1336 von König Peter erneuert worden, der den Ständen geschworen hatte, das Währungssystem niemals zu verändern und der dafür als Gegenleistung die Zusage des Volkes erhalten hatte, daß alle sieben Jahre jede Haushaltung mit einem Vermögen von fünfzehn Maravedi dem König einen Maravedi – das entspricht einem halben Liard – bezahlen werde. Nun besteht zwar kein Zweifel, daß das Königreich Aragon eine Erbmonarchie und sowohl in der männlichen wie auch in der weiblichen Linie vererblich ist. Bleibt aber die zugesagte Unterstützung aus, um deretwillen die Könige die besagte Verordnung erlassen hatten, und entfällt damit der Vertragzweck, so ist der König daran nicht länger gebunden und das Volk zur Leistung der übernommenen Hilfegelder nicht mehr verpflichtet, wenn der König sein Versprechen nicht hält.

Gesetz und Vertrag müssen daher auseinandergehalten werden. Denn ein Gesetz hängt vom Willen dessen ab, der die Souveränität innehat und damit zwar alle seine Untertanen, nicht aber sich selbst binden kann. Ein Vertrag dagegen begründet wechselseitige Beziehungen zwischen dem Fürsten und den Untertanen und bindet beide Parteien gegenseitig. Keine von ihnen kann einseitig zum Nachteil der anderen von ihm abweichen und auch der Fürst hat insoweit nicht mehr Rechte als der Untertan, es sei denn, der Grund, der zu dem Gesetz geführt hatte, dessen Einhaltung er geschworen hat, entfiele. In diesem Fall ist der Fürst – wie schon erwähnt – an sein Wort nicht mehr gebunden. Anders die Untertanen im Verhältnis zueinander: Sie bedürfen erst der Entbindung durch den Fürsten. So kommt es denn, daß vernünftige souveräne Fürsten nie einen solchen Eid leisten, sich an die Gesetze ihrer Vorfahren halten zu wollen. Täten sie dies aber dennoch, so wären sie nicht souverän.

Nun könnte man aber einwenden, daß doch der Kaiser, der alle anderen christlichen Könige überragt, bevor er gesalbt wird, in die Hände des Erzbischofs von Köln schwört, die Gesetze des Reichs und die Goldene Bulle zu achten, für Gerechtigkeit zu sorgen, dem Papst zu gehorchen, dem katholischen Glauben treu zu bleiben und die Witwen, Waisen und Armen zu beschützen. Dies ist kurz zusammengefaßt der von Kaiser Karl V. geleistete Eid, wie er dann von Kardinal Kajetan, dem Legaten in Deutschland, dem Papst übermittelt wurde. Meine Antwort auf diesen Einwand ist, daß der Kaiser den Reichsständen untersteht und sich auch nicht die Souveränität über die Reichsfürsten und Reichsstände anmaßt, worauf ich an geeigneter Stelle noch eingehen werde. Auch wenn es heißt, die Könige der Epiroten hätten in alten Zeiten geschworen, den Gesetzen des Landes gemäß sorglich und füglich zu regieren, während die Untertanen ihrerseits geschworen hätten, nach Recht und Herkommen des Landes zu ihrem König zu stehen, behaupte ich, daß trotz aller solcher Schwüre der souveräne Fürst von Gesetzen abweichen, sie aufheben und für nichtig erklären kann, wenn sie aufhören, gerecht zu sein. So wird denn auch im Krönungseid unserer Könige, einem Eid wie er schöner und kürzer nicht möglich ist, mit keinem Wort eine Verpflichtung zur Wahrung von Herkommen und Gesetz des Landes oder der Vorgänger erwähnt.

XI. Entdeckung der Welt

Einleitung

Humanisten reisten viel. Auf der Suche nach einer Stellung wechselten sie oft den Standort, sie besuchten einander oder reisten in professioneller Eigenschaft als Erzieher oder Diplomaten. Über ihre Reisen verfaßten sie Berichte, die mitunter für die Nachwelt wegen ihrer detaillierten und abgeklärten Beobachtungen von großem Aussagewert sind. Dabei verleugneten sie ihre gelehrten Interessen nicht und versuchten, an die antike Literatur anzuknüpfen. Solche Schriften sind nicht mit modernen Reiseberichten zu vergleichen, die fast ausschließlich auf persönliche Erfahrungen gegründet sind. Berühmte Beispiele humanistischer Reiseberichte sind der Brief des niederländischen Graezisten Nicolaus Clenardus (1493 oder 1494–1542) über seine Reise durch Portugal und die Berichte zweier kaiserlicher Gesandten, die auch autobiographisch interessant sind: die Werke Sigmunds von Herberstein (1486–1566) über Rußland und die vier gelehrten Briefe des kaiserlichen Gesandten Augerius Gislenius Busbecquius (1520 oder 1521–1591) über das Osmanische Reich. Busbecquius bemühte sich, die eigenen Beobachtungen so weit als möglich mit Angaben und Auffassungen der klassischen Literatur, zum Beispiel von Plinius dem Älteren, in Übereinstimmung zu bringen. Seine humanistischen Interessen treten deutlich zutage, sobald er über antike Überreste im Osmanischen Reich und seine Sammeltätigkeit spricht. So besuchte er das sogenannte Monumentum Ancyranum in Ankara, wo die wichtigsten Taten und Verdienste des Kaisers Augustus in einer Inschrift zusammengefaßt waren, und ließ sie abschreiben.

Sehr lebendig und scharf sind die Beschreibungen in den Briefen, die Poggio Bracciolini während seiner ausgedehnten Reisen, die er von Konstanz aus unternahm, um Handschriften ans Licht zu bringen, an seine Freunde in Florenz schrieb. Obwohl seine Briefe an Niccolò Niccoli einen ungezwungenen und ganz persönlichen Eindruck machen, lehnt er sich doch öfter an klassische Stilvorbilder und Themen an. Poggio kann das Treiben im Kurort Baden im Aargau unmöglich beschreiben, ohne auf den großen römischen Hafen und vornehmen Badeort Puteoli (Pozzuoli) zu verweisen. Die Schilderung der in seinen Augen wunderlichen deutschen Sitten beim Baden gehört der Gattung der ethnographischen Beschreibungen fremder Völker an, wie sie in der antiken Literatur häufig vorkommen. Etwas Übertreibung aus literarischen Gründen gehörte wahrscheinlich dazu, und daher ist Poggios Brief aus Baden im Aargau vielleicht cum grano salis zu verstehen. Der Brief blieb aber zurecht bekannt als einer der ersten und amüsantesten Augenzeugenberichte italienischer Humanisten aus dem deutschen Sprachraum.

Enea Silvio Piccolomini, der über zwanzig Jahre lang in Deutschland gelebt hatte und viele Teile des Landes aus eigener Anschauung kannte, verfaßte um die Mitte des fünfzehnten Jahrhunderts eine polemische Schrift, *Germania*. Sie war eine Reaktion auf die vielen Klagen der Zeit über den verhängnisvollen Einfluß des Papstes und der Kirche im Deutschen Reich und den angeblich damit zusammenhängenden Niedergang der deutschen Gesellschaft und Wirtschaft. Der Autor, der zur Zeit der Abfassung Kardinal und Bischof von Siena war, verteidigte natürlich sowohl die weltliche Macht wie den heilsamen geistigen Einfluß der Kirche. In seiner Schrift verwertete Piccolomini als erster den Inhalt des um 1425 im Kloster Hersfeld entdeckten Text der *Germania* von Tacitus. Ein Manuskriptenjäger von Papst Nikolaus V. hat diesen Kodex ungefähr dreißig Jahre später nach Italien mitgenommen. Piccolomini wagte einen Vergleich zwischen der vorchristlichen Germania des Altertums und dem zeitgenössischen Deutschland, welcher zugunsten des zeitgenössischen Landes ausfiel, denn das Christentum und der Humanismus hätten das Land auf eine hohe geistige und gesellschaftliche Ebene gebracht. Daher die lobenden Worte in seiner Schrift, die mehr eine allgemeine Charakterisierung und Würdigung der verschiedenen Landschaften des Deutschen Reichs als eine detaillierte Beschreibung zu sein beabsichtigte. Nachdem die *Germania* von Tacitus 1472 in Italien zum ersten Male im Druck erschienen war, wurden auch die deutschen Humanisten auf sie aufmerksam. Konrad Celtis publizierte eine kommentierte Edition. Zusammen mit Piccolominis *Germania* wurde sie die wichtigste Grundlage der frühen humanistischen Beschreibungen Deutschlands.

In den Fußstapfen des griechischen Geographen Strabo entstand um die Mitte des fünfzehnten Jahrhunderts in Italien eine Gattung der Geographie, die sich auf genaue wissenschaftliche Beschreibung der Landschaften und Städte richtete. Dieses Genre, in dem einerseits raum- und ortsbeschreibende, andererseits historisch-archäologische und manchmal sogar linguistische Forschungen kombiniert werden konnten, fand gleich in seiner Ursprungszeit Ausdruck in dem berühmten Werk von Flavio Biondo, *Italia illustrata* (Italien erklärt). Dieses 1474 erschienene Buch benutzte Celtis als Vorbild für seine Schrift *De origine situ moribus Norimbergae* (Über den Ursprung, die Lage und die Sitten Nürnbergs, 1491), in der Hoffnung, daß sie zur Abfassung einer ‚Germania Illustrata‘ anregen würde. Dies geschah zwar nicht, aber Johannes Cochlaeus (1479–1552) verfaßte aufgrund ausführlicher Quellenforschungen seine *Brevis Germaniae descriptio* (Kurze Beschreibung Deutschlands) als erstes Lehrbuch der Geographie Deutschlands während seiner Tätigkeit als Rektor der Lateinschule St. Lorenz in Nürnberg. Diese Stadt stellte er im vierten Kapitel als Mittelpunkt Deutschlands und Europas vor. Im Lauf des sechzehnten Jahrhunderts wurde diese beschreibende und belehrende Gattung der humanistischen geographischen Literatur ungemein populär: Überall in Europa verfaßte man Schriften, in denen Raum- und Ortsbeschreibung mit Geschichtsschreibung kombiniert wurde, die nicht nur Gelehrten, sondern auch Reisenden dienlich sein konnten.

In Deutschland gipfelte die beschreibende Geographie in dem Werk des vielseitigen Gelehrten Sebastian Münster (1489–1552), der 1544 seine berühmte *Cosmographia* veröffentlichte, aber auch als Hebraist bekannt wurde. Die *Cosmographia* erschien erst auf deutsch, dann in einer lateinischen Ausgabe, die großen Erfolg hatte, obwohl Jean Bodin später meinte, daß sie mit mehr Recht *Germanographia* geheißen hätte, weil Münster sich vor allem auf Mitteleuropa konzentriert hatte. Andererseits bedauerte Montaigne, daß er in Italien keinen „Münster" als Reiseführer bei sich hatte. Seine Arbeitsweise und die wissenschaftlichen Pläne, welche Sebastian Münster hegte, als er in den zwanziger Jahren in Heidelberg lehrte und zu seinem Bedauern noch Franziskanermönch war, sind aus seinen lebendigen und informativen Briefen abzulesen, die er mit anderen bedeutenden deutschen Humanisten wechselte und die in einem ganz persönlichen Ton gehalten sind.

Physische Geographie und Kartographie erlebten seit dem Ende des fünfzehnten Jahrhunderts einen großen Aufschwung. Anlaß dazu gaben nicht an erster Stelle die Entdeckungsreisen, vielmehr lag er in der Wiederentdeckung des griechischen Texts der *Geographia* von Claudius Ptolemäus begründet. Besonders die mit Karten versehenen lateinischen Ausgaben, die 1478 in Bologna und Rom erschienen, erfreuten sich einer weiten Verbreitung. Die humanistischen Herausgeber trauten sich vorerst noch nicht, die ptolemäischen Karten aufgrund moderner Einsichten und Kenntnisse zu korrigieren, aber dies ließ nicht lange auf sich warten: 1513 erschien die maßgebende Edition des Straßburger Humanisten Matthias Ringmann Philesius (1482–1511). Sie enthielt siebenundzwanzig mehr oder weniger stark korrigierte ptolemäische neben zwanzig modernen Karten, von denen einige die neu entdeckten Gebiete Amerikas und Asiens darstellten.

Die ersten Reiseberichte aus der Neuen Welt drangen erst allmählich in einzelnen kurzen Briefen oder Abhandlungen durch; ein Beispiel ist *De insulis nuper inventis* (Über die unlängst entdeckten Inseln) über die Reisen von Christoph Kolumbus. Nach 1500 wurden sie systematisch gesammelt, gedruckt und in viele Sprachen übersetzt, wobei italienische Humanisten eine große Rolle spielten. Martin Waldseemüller (ca. 1470–ca. 1520) schlug zum ersten Mal 1507 in seiner Einleitung zu einer Kosmographie den Namen „Amerika" für Südamerika vor. Für die Humanisten war es nicht einfach zu akzeptieren, daß antike Autoritäten wie Ptolemäus, Strabo oder Plinius der Ältere, nicht immer Recht gehabt und offensichtlich vieles nicht gewußt hatten. Und mit welcher Autorität sprachen Berichterstatter wie Hernán Cortés in seinen Briefen über Mexico an Karl V. oder Antonio Pigafetta, der zu den wenigen Überlebenden der Expedition von Fernão de Magalhães gehörte und ein Tagebuch über die Molukken veröffentlichte? Sehr beliebt wurde das Werk des italienischen Humanisten Petrus Martyr Anglerius (1459–1529), der als Diplomat und Mitglied des königlichen Rats für die beiden Indien im spanischen Dienst stand. Er sammelte und verarbeitete die Nachrichten, die den Hof Ferdinands und Isabellas erreichten, in seinem Buch *De orbe novo decades* (Dekaden über die Neue Welt), dessen vollständige Edition erst postum erschien. Martyr achtete sehr darauf, unglaubwürdige Phantasiegebilde, etwa über menschliche oder tierische Monster, nicht aufzunehmen. Während des ganzen sechzehnten Jahrhunderts wurde diese Schrift so oft gedruckt, übersetzt und gelesen, daß Martyr als der Humanist gelten kann, der die Neue Welt für die zeitgenössische gelehrte Literatur entdeckt hat.

GIANFRANCESCO POGGIO BRACCIOLINI

Brief aus Baden im Aargau an Niccolò Niccoli [1416]

Poggio entbietet seinem Freund Niccolò seinen herzlichsten Gruß!

Dir geht es hoffentlich gut wie mir. Durch einen Landsmann habe ich Dir, ich glaube, am 20. Februar aus Konstanz einen Brief geschickt. Wenn Du ihn erhalten hast, hast Du sicherlich ordentlich lachen müssen, denn er war ziemlich lang und voller Witz und Laune. Ich erzählte darin viel von meinen hebräischen Sprachstudien, mit denen ich mich hier abgebe, und noch mehr scherzte ich über meinen Lehrer, der so beschränkt ist, wie es konvertierte Juden nun einmal sind, ein unbedeutender Mann ohne Geist und Charakter. Ebenso machte ich mich über die hebräische Gelehrsamkeit, die mir roh, unkultiviert und bäurisch vorkommt, mit ein paar Bosheiten lustig. Aber ich fürchte, dieser Brief, wie auch ein zweiter, den ich an Leonardo Bruni schrieb, ist gar nicht in Eure Hände gelangt. Denn, wahrhaftig, bei Deiner bekannten Sorgfalt im Briefeschreiben hättest Du mir umgehend geantwortet oder doch wenigstens zu diesem neuen Studium einer Sprache gratuliert, zu deren Erlernen Du mich öfters aufgefordert hast. Obwohl ich sehe, daß es für unsere theologischen Kenntnisse wertlos ist, trägt es doch zu unseren humanistischen Studien etwas bei, besonders dadurch, daß ich des Hieronymus Methode beim Übersetzen kennengelernt habe.

Diesen Brief hier schreibe ich Dir direkt aus Baden, wohin ich mich begeben habe, um die Gicht in meinen Händen zu kurieren; denn ich finde es lohnend, Dir die Lieblichkeit dieses Ortes und zugleich die Sitten und Gebräuche der hiesigen Bevölkerung und ihre Badegewohnheiten zu schildern.

Bei den antiken Schriftstellern ist viel die Rede von den Bädern von Puteoli, wo sich fast ganz Rom traf, um sich zu vergnügen. Aber ich glaube nicht, daß sie es an Annehmlichkeit mit den hiesigen Bädern aufnehmen konnten oder mit ihnen zu vergleichen sind. Denn die Reize von Puteoli beruhten mehr auf der Schönheit der Landschaft und der Pracht seiner Villen als auf der heiteren Ausgelassenheit der Menschen und dem Gebrauch der Bäder. Hier dagegen bietet zwar die Gegend dem Geist nichts oder doch nur wenig Erquickendes, aber alles andere versetzt einen in die heiterste Laune, so daß ich oft denke, Venus selbst sei aus Zypern, samt allen irdischen Wonnen, zu diesen Bädern gekommen; so gewissenhaft halten die Menschen hier ihre Lehren ein, so aufs Haar genau lassen sie ihre Bräuche und ihr lustvolles Treiben wieder aufleben, daß sie, obwohl sie die Rede Heliogabals nie gelesen haben, doch von der Natur selbst darin genugsam unterwiesen zu sein scheinen.

Aber da ich im Begriff bin, Dir die hiesigen Bäder zu beschreiben, will ich nicht verfehlen, Dir die Route, auf der man von Konstanz hierher reist, zu schildern, damit Du Dir eine Vorstellung machen kannst, in welchem Teil Galliens sie liegen. Am ersten Tage fuhren wir zu Schiff rheinabwärts vierundzwanzig Meilen bis zur Stadt Schaffhausen. Weil hierauf wegen des ungeheuren Absturzes des Flusses über jähes Felsgestein die Reise zu Fuß fortgesetzt werden muß, gelangten wir nach zehn Meilen zu einem Schloß über den Rhein, das sie in ihrer Landessprache „Kaiserstuhl" nennen. Nach dem Namen zu urteilen, muß hier wegen der günstigen Lage (das Schloß liegt nämlich auf einem steilen Felsen über den Fluß, und eine kleine Brücke verbindet Gallien mit Germanien) einst ein römisches Kastell gestanden haben. Auf diesem Wege sahen wir von hohem Berge herab den Rheinfall über schroffe Klippen mit ungeheurem Getöse herabstürzen, so daß man meinen konnte, der Strom beklage laut seinen eigenen Fall. Da mußte ich an das denken, was man über den großen Nilkatarakt erzählt, und ich wundere mich nicht, daß die in der Nähe Wohnenden wegen seines ungeheuren Lärms und Getöses für taub gelten; wo doch schon das Tosen dieses Flusses, der mit der Nil verglichen nur ein Wildbach ist, fast eine halbe Meile weit zu hören ist.

Danach kommt dann Baden, eine ziemlich wohlhabende Stadt; sie liegt, von Bergen rings umgeben, in einem Talkessel an einem breiten, reißenden Fluß, der sechs Meilen von der Stadt entfernt in den Rhein mündet. Eine gute halbe Meile von der Stadt ist oberhalb des Flusses ein sehr schönes Badehaus erbaut. In seiner Mitte befindet sich ein geräumiger Hof, und ringsherum liegen prächtige Herbergen für Gäste aus vieler Herren Ländern. Die einzelnen Häuser haben im Innern ihre eigenen Bäder, in denen nur die jeweils dort logierenden Gäste baden. Die Anzahl der öffentlichen wie privaten Bäder beträgt etwa dreißig, öffentliche gibt es jedoch nur zwei, an jeder Seite des Hofes eines; es sind Becken für das gemeine Volk, in die Männer und Weiber, Knaben und unverheiratete Mädchen und alles mögliche Gesindel aus der Umgebung hineinsteigen. Ein loser Bretterzaun, wie ihn friedliche Nachbarn zwischen ihren Grundstücken bauen, trennt die Männer von den Frauen. Es ist ein lächerlicher Anblick, alte verrunzelte Weiblein und junge Dirnen nackt vor den Augen der Männer ins Wasser steigen zu sehen, wobei sie ihnen ganz offen ihre Scham und ihr Hinterteil zukehren. Ich habe mir bei diesem erstaunlichen Schauspiel öfters das Lachen nicht verkneifen können, indem ich mich an den Karneval erinnert fühlte, und wunderte mich im stillen über die Schlichtheit dieser Leute, die weder groß hinguckten noch irgend etwas Böses dabei dachten oder sagten.

Hingegen sind die Bäder in den Privatherbergen sehr elegant, aber ebenfalls für Männer und Frauen gemeinsam. Eine feste Bretterwand trennt sie zwar, aber es sind in ihr viele kleine Öffnungen angebracht, durch die sie zusammen zechen, sich unterhalten, sehen und anfassen können, was sie auch alles fleißig tun. Oberhalb der Bassins laufen ringsum Galerien, auf denen die Männer stehen, um zu schauen und zu schwatzen. Denn jedem steht es frei, um zu gucken und sich zu unterhalten, zu scherzen und sich zu amüsieren, zu den Badebecken der anderen zu gehen und sich dort zu verweilen, so daß man die Frauen, wenn sie aus dem oder in das Wasser steigen, großenteils nackt sehen kann. Keinerlei Wärter bewachen die Eingänge, es gibt keine Einlaßkontrolle, niemand findet etwas Unsittliches dabei. An vielen Stellen ist der Eingang zum Bad für Männer und Frauen derselbe, so daß es sehr oft vorkommt, daß ein Mann einer halbnackten Frau oder eine Frau einem unbekleideten Mann begegnet. Die Männer tragen nur eine Art Lendenschurz, die Frauen Leinenhemden, die bis zu den Waden reichen und auf der einen Seite so geschlitzt sind, daß sie Hals, Busen, Arme und Schultern unbedeckt lassen.

Im Wasser veranstalten sie oft gemeinschaftliche Mahlzeiten an einer auf dem Wasser schwimmenden Tafel, und es ist ganz üblich, daß Männer daran teilnehmen. Wir wurden in dem Haus, in dem wir badeten, einmal zu einer solchen Veranstaltung eingeladen; ich bezahlte auch meinen Beitrag, wollte dann aber nicht hingehen, obwohl man mich immer wieder darum bat – nicht aus Schamhaftigkeit, die einem als Feigheit oder Unhöflichkeit ausgelegt wird, sondern weil ich die Sprache nicht beherrsche. Es kam mir albern vor, als Italiener, der sich in ihrer Redeweise nicht auskennt, stumm und sprachlos unter lauter Frauen im Wasser zu hocken und den ganzen Tag mit Weinschlürfen totzuschlagen.

Zwei von meinen Gefährten jedoch gingen in das Bad und hatten viel

Spaß: Sie waren mit den Weibern zusammen, berührten sie, aßen und tranken mit ihnen, unterhielten sich auch mit ihnen mit Hilfe eines Dolmetschers, wobei sie ihnen beständig mit einem Fächer Luft zufächelten. Es war genau wie auf jenem Bild, wo Jupiter die Danae als goldener Regen ... und so weiter. Nur waren die beiden mit einem Leinenhemd bekleidet, wie es die Männer tragen, wenn sie ins Frauenbad gehen.

Ich aber sah mir alles von der Galerie aus an: ihre Sitten und Gebräuche, ihr munteres Treiben, die Freizügigkeit und Ungeniertheit ihres Umgangs. Es ist höchst erstaunlich zu sehen, wie unkompliziert und vertraulich sie miteinander leben. Die Ehemänner sahen ruhig zu, wie ihre Frauen von Fremden angefaßt wurden, und regten sich nicht weiter darüber auf; sie schritten nicht ein, nahmen überhaupt alles von der harmlosen Seite. Nichts ist so schwierig, als daß es ihre Sitten nicht einfach machten. Gewiß wären sie im Sinne von Platos *Staat* übereingekommen, daß alles allen gehöre, da sie auch ohne Kenntnis von seiner Philosophie sich als so willige Anhänger dieser Lehre erweisen. In einigen Bädern wohnen die Männer zusammen mit den Frauen, mit denen sie blutsverwandt oder befreundet sind. Täglich drei- oder viermal gehen sie ins Bad und verbringen dort den größeren Teil des Tages, singend und tanzend, denn sie spielen, im Wasser niederhockend, zur Laute. Dabei ist es ein entzückender Anblick, all die schon mannbaren und im vollen Heiratsalter stehenden Mädchen zu betrachten, bildschön und edel von Angesicht, wahre Göttinnen nach Gestalt und Aufmachung. Denn beim Musizieren ziehen sie ihre auf dem Wasser schwimmenden Gewänder anmutig nach sich, so daß man eine geflügelte Venus vor sich zu haben glaubt.

Die Frauen haben die Angewohnheit, wenn die Männer sie von der Galerie aus anstarren, zum Scherz ein Almosen zu verlangen. Also regnet es Geldstücke, besonders für die Schöneren, die sie teils mit den Händen auffangen, teils mit ihren aufgehaltenen Leinengewändern, wobei eine die andere beiseite stößt, und bei diesem Gerangel enthüllen sie auch schon einmal geheimere Körperteile. Außerdem fliegen bunte Blumenkränze herab, die sie sich beim Baden auf den Kopf setzen. Obwohl ich nur zweimal am Tag badete, hatte es mir dieses lockere, ausgelassene Treiben so angetan, daß ich die übrige Zeit damit zubrachte, die anderen Bäder zu besuchen und – es den andern nachmachend – Geldstücke und Kränze hinabzuwerfen.

Denn zum Lesen oder zu philosophischer Beschäftigung war sowieso keine Zeit unter all dem pausenlosen Lärm von Trommeln, Flöten, Lauten und Gesang, bei dem auch nur einen vernünftigen Gedanken fassen zu wollen der Gipfel der Torheit gewesen wäre, besonders für jemand, der nicht wie jener Selbstquäler Menedemus ist, sondern ein Mensch, der glaubt, nichts Menschliches sei ihm fremd.

Zum vollen Vergnügen fehlte mir nur die Möglichkeit, mich zu unterhalten, was doch immer das Erste und Wichtigste ist. So blieb mir nichts anderes übrig, als meine Augen zu weiden, „ihr bis in die Schule zu folgen, sie hinzubringen und wieder abzuholen". Obendrein war genügend Platz, herumzugehen und soviel Freiheit, daß ich nicht zu fürchten brauchte, etwas unbefugt zu betreten.

Neben diesen vielfältigen Vergnügungen gibt es noch eine andere, die auch nicht zu verachten ist. Hinter dem Badegebäude liegt am Fluß eine große baumbestandene Wiese. Dort trifft sich alle Welt nach dem Essen, und man spielt die verschiedensten Spiele. Manche tanzen Ringelreihen, andere singen, viele spielen Ball, allerdings nicht nach unserer Art, sondern Männer und Frauen werfen einen mit Schellen gefüllten Ball einander zu, und zwar jeweils dem, den sie am liebsten mögen. Jeder läuft, um den Ball zu fangen; wer ihn fängt, gilt als Sieger und wirft ihn weiter zu einer Person seiner Wahl, während viele mit ausgestreckten Händen nach ihm haschen und er selbst so tut, als wolle er ihn bald diesem Mann, bald jener Frau zuwerfen. Sie spielen noch viele andere Spiele, die ich nicht alle aufzählen kann. Von diesen hier habe ich Dir berichtet, damit Du aus den wenigen Andeutungen begreifst, welch bedeutende Schule Epikurs es hier gibt. Und wirklich glaube ich, hier ist der Ort, wo der Überlieferung nach der erste Mensch erschaffen wurde, und den die Hebräer „Ganeden" nennen, d. i. „Lustgarten". Denn wenn es die Lust ist, die ein glückliches Leben ausmacht, so wüßte ich nicht, was diesem Ort hier zur höchsten und in jeder Hinsicht vollkommenen Lust fehlen sollte.

Wenn Du nach der Heilkraft des Wassers hier fragst, sie ist mannigfach und vielfältig, ja bewunderungswürdig und geradezu göttlich. Ich behaupte, auf der ganzen Welt gibt es kein Bad, das Frauen so zur Fruchtbarkeit verhilft. Und so stellen viele, die wegen ihrer Unfruchtbarkeit hergekommen sind, an sich die wunderwirkende Kraft dieser Bäder fest; denn sie halten sich genau an die Vorschriften, nach denen die Kuren bei denen, die nicht empfangen können, angewendet werden. Unter anderem aber ist dies bemerkenswert: In riesiger Zahl kommen vornehme wie einfache Leute zum Teil 200 Meilen weit hierher, nicht so sehr der Gesundheit wegen, als um sich zu amüsieren. Sämtliche Liebhaber und Brautsucher, alle, deren Lebensinhalt in Vergnügungen besteht, geben sich hier ein Stelldichein, um zu genießen, was ihr Herz begehrt, viele heucheln körperliche Gebrechen, während sie eigentlich Liebeskummer haben. So kann man hier zahllose schöne Frauen sehen, ohne Ehemänner oder Verwandte, mit zwei Mägden und einem Diener oder irgendeinem alten Weiblein aus der Verwandtschaft, das nicht viel Essen braucht und noch leichter hinters Licht zu führen ist. Jede einzelne aber kommt geschmückt, soviel es nur geht, mit kostbaren Kleidern, mit Gold, Silber und Juwelen, so daß man meinen könnte, sie käme nicht zur Kur, sondern zu einer prächtigen Hochzeit. Auch gibt es hier Nonnen – oder soll man besser sagen: Priesterinnen der Flora –, Äbte, Mönche, Fratres und Priester, die ein noch freieres Leben führen als die andern: Zuweilen baden sie gemeinsam mit den Frauen, flechten sich Kränze ins Haar und scheren sich den Teufel um ihren geistlichen Stand. Alle haben nur eines im Sinn: die Langeweile zu fliehen, das Vergnügen zu suchen, an nichts anderes zu denken, als wie sie fröhlich leben und ihr Leben genießen können. Es geht nicht darum, Gemeinsames zu teilen, sondern das, was dem einzelnen gehört, allen mitzuteilen.

Es ist erstaunlich, daß unter soviel Menschen – es sind leicht an die tausend –, bei so verschiedenen Charakteren und wo soviel getrunken wird, niemals Zank und Streit entstehen, nie ein böses Wort zu hören ist. Die Männer sehen ruhig mit an, wie andere ihre Frauen anfassen, wie diese mit gänzlich Fremden sich vertraulich unterhalten; es macht ihnen nicht das geringste aus, sie sind nicht einmal überrascht, ja sie denken, all das geschehe in guter, ehrbarer Absicht. So sucht man den typischen Eifersüchtigen, wie er bei uns unter den Ehemännern so häufig anzutreffen ist, bei ihnen vergebens. Das Wort ist ihnen unbekannt, sie haben es noch nie gehört, kennen diese Art Krankheit nicht, ja sie haben nicht einmal einen Namen für diese Leidenschaft, und es ist kein Wunder, daß ihnen die Benennung für eine Sache fehlt, die es bei ihnen nicht gibt. Denn noch nie hat sich bisher unter ihnen ein Eifersüchtiger gefunden. Was für andere Sitten als bei uns, die wir alles stets im negativen Sinne auffassen, uns an Schmähungen und Verleumdungen so sehr delektieren, daß wir Kleinigkeiten, die uns einen winzigen Verdacht erregen, sogleich als bewiesenes Verbrechen nehmen. Ich beneide sie oft um ihre Seelenruhe und verfluche unsere innere Verkehrtheit, die wir immerzu etwas suchen und haben wollen und Himmel und Erde in Bewegung setzen, um nur zu Geld zu kommen, mit keinem Verdienst, keinem Gewinn je zufrieden. Während wir uns vor zukünftigen Katastrophen ängstigen, befinden wir uns in einem Zustand dauernder Not und Bedrückung, und um nicht unglücklich zu werden, hören wir nie auf, es zu sein – immer dem Gelde nachjagend, niemals dem Körper oder der Seele eine Ruhepause gönnend. Jene dagegen leben, mit wenigem zufrieden, fröhlich in den Tag hinein, feiern die Feste, wie sie fallen, streben nicht nach Reichtum, der ihnen doch nichts nützen würde, freuen sich an dem, was sie haben, ohne Angst vor der Zukunft; wenn ihnen etwas Widriges widerfährt, tragen sie es mit gutem Mut. So werden sie reich allein nach dem Grundsatz: Solange einer gut gelebt hat, hat er gelebt.

Aber lassen wir das. Denn weder ist es mein Vorsatz, diese zu loben, noch uns zu tadeln. Ich möchte, daß mein ganzer Brief amüsant ist, damit Du trotz Deiner Abwesenheit wenigstens einen kleinen Teil von den Freuden, die ich gegenwärtig hier in Baden genieße, abbekommst.

Leb wohl, mein liebster Niccolò! Gib diesen Brief, da Freunde alles gemeinsam haben, auch unserem Freund Leonardo zu lesen. Grüße in meinem Namen Niccolò und ebenso Lorenzo und Cosimo [de' Medici].

ENEA SILVIO PICCOLOMINI

Aus der Beschreibung des Deutschen Reichs [1457]

In Österreich gibt es sehr viele nennenswerte Städte; unter ihnen ist Neustadt nicht die geringste, berühmt als Residenz Kaiser Friedrichs III. Doch von allen die herrlichste ist Wien, das die Alten Flavianum nannten, und hier, glauben wir, haben die „Arae Flavianae" gelegen, von denen Ptolemäus spricht. Hier befindet sich die alte Residenz der österreichischen Herzöge und gibt es Paläste, die Königen angemessen wären, und Kirchen, die Italien bewundern könnte. Unter ihnen ist der Stephansdom wunderbarer, als sich mit unseren Worten ausdrücken läßt. Als einmal bosnische Gesandte seinen Turm betrachteten und sowohl seine kunstvolle Bauweise wie seine Höhe lange bestaunt hatten, da äußerten sie die Meinung, dieser Turm habe wohl mehr gekostet als die Summe, für die man das ganze Fürstentum Bosnien verkaufen könnte. Wir schweigen von dem Glanz und der Großartigkeit der Privathäuser, unter denen man nicht wenige finden kann, die mit Giebeln von königlicher Pracht geschmückt sind. Übrigens liegen diese Städte und Ortschaften, die wir hier erwähnt haben, außerhalb deines alten Germaniens im Gebiet des neuen Deutschen Reichs.

Aber auch das alte Germanien selbst ist durch herrliche Städte und Ortschaften ausgezeichnet. Da liegt im Osten an der Oder Breslau; die Stadt ist aus Ziegeln erbaut und ebenso schön wie mächtig, und ihr Bistum nannte man einst „das goldene". Brünn in Mähren ist bedeutender als Olmütz, obwohl es dessen Bischof untersteht. In Preußen ist der Name Danzigs, der zu Lande wie zu Wasser gleich mächtigen Stadt, am bekanntesten; wenn seine Bewohner zum Kampf ausziehen, sollen sie nicht weniger als fünfzigtausend Streiter aufbringen. Seine Handelsschiffe fahren in großer Zahl auf dem Baltischen Meer. Auch die Stadt Thorn hat keinen geringen Namen, obwohl sie an der Weichsel liegt und einstmals zur Sarmatien gehörte.

In Böhmen spricht man zwar eine slawische Sprache, es gehört aber zum Deutschen Reich und hat deutsche Kultur; es gibt zumindest unter den böhmischen Adligen nur wenige, die nicht beide Sprachen verstehen, und ringsum ist dieses Land von deutschen Stämmen umschlossen. Daß Böhmen deutsch ist, zeigt sich auch deutlich daran, daß in der Kirche die Priester zum Volk nur in deutscher Sprache predigen dürfen, auf den Friedhöfen dagegen in slawischer Sprache. In diesem Landesteil ist Prag die Landeshauptstadt, eine sehr große und wunderschöne Stadt, nicht kleiner und weniger schön als Florenz in der Toskana, aber von einem Fluß namens Moldau durchschnitten, der um vieles größer ist als der Arno. Seine Königsburg nimmt unter den Bauwerken des Deutschen Reichs einen hervorragenden Platz ein. Bedeutende Städte in Böhmen sind auch Kolin, Brod, Leitmeritz, Pilsen, Leitomischl und Budweis. Wir übergehen Tabor, die stark befestigte Burg der Ketzer, und Neuhaus sowie sehr viele andere dichtbevölkerte und hervorragende Orte dieses Volkes.

In der Nähe der Küste kann man ebenfalls nicht wenige erwähnenswerte Städte finden. Alle aber übertrifft Lübeck, das die hochragendsten Gebäude und kunstvollsten Kirchen aufweist. Diese Stadt besitzt einen solchen Einfluß und solchen Reichtum, daß auf ihren Wink hin drei mächtige Reiche – Dänemark, Schweden und Norwegen – ihre Könige ein- und abzusetzen pflegten.

Lüneburg, eine durch seine Salinen einst reiche und schöne Stadt, ist jetzt in Armut geraten. Denn indem es die Reichtümer des Klerus begehrt und sich aneignet, verliert es seine eigenen. Auch Rostock und Mecklenburg und im Inland die Stadt Hildesheim sind nicht zu verachten, ferner Verden und das berühmte Braunschweig, der Wohnsitz der Sachsen und einst die Heimat der ottonischen Kaiser. Bremen, eine alte Hauptstadt und Mutterkirche für die Christianisierung des Dänenvolkes, hat ebenfalls keinen unbekannten Namen.

Auch Magdeburg gilt als groß und bedeutend; es ist der Sitz des Erzbischofs in Sachsen. Und Merseburg wird wohl auch keiner geringachten; von dort hat Friedrich Barbarossa zwei um die Königsherrschaft in Bulgarien streitende Brüder, die ihn zum Schiedsrichter erwählt hatten und zu ihm nach Sachsen gekommen waren, versöhnt nach Hause entlassen.

Wer könnte wohl alle bemerkenswerte Städte aufzählen, die es in Friesland, Holland oder Westfalen gibt? Utrecht, die mächtige und glanzvolle Stadt, rechnen manche zu Friesland; die hervorragende Stadt Dordrecht beanspruchen die Holländer für sich. Die Westfalen erfreuen sich der keineswegs geringzuschätzenden Städte Münster, Osnabrück, Paderborn und Minden sowie Soest, das zu unserer Zeit, als es sich gegen die Kölner Kirche auflehnte, von einem großen Heer belagert wurde; und obwohl Herzog Wilhelm von Sachsen mit starken böhmischen Hilfstruppen unter den Belagerern war und Tag und Nacht zum Kampf rief, konnte es durch keine Gewalt überwunden und gebrochen werden.

In Hessen könnte man gleichfalls nicht wenige Ortschaften lobend hervorheben, mehr aber noch in Thüringen; von diesen ist die größte und berühmteste das volk- und schätzereiche Erfurt. Auch das Vogtland ermangelt nicht ruhmvoller Erwähnung: Dort liegt die reizende Stadt Eger, die nach dem Flusse benannt ist, der sie durchfließt. Sie ist zwar eine Reichsstadt, wurde aber an Böhmen verpfändet und kam an die Familie Schlick, deren Oberhaupt Kaspar Schlick sich um uns, wie du weißt, höchst verdient gemacht hat; er war ein Mann von selten hohem Ansehen, denn er ist bei drei aufeinanderfolgenden Kaisern Kanzler gewesen, stand in außerordentlicher Gunst und wurde durch eine herzogliche Vermählung geehrt.

In Franken liegt am Main Frankfurt, der gemeinsame Handelsplatz von Nieder- und Oberdeutschen, eine zwar großenteils aus Holz gebaute Stadt, die aber von vielen steinernen Palästen geschmückt ist, in denen selbst Könige nicht unziemlich aufgenommen werden könnten. Es sind ferner höchst prächtige gottgeweihte Kirchen aus behauenem Stein zu sehen, und eine steinerne Brücke von erstaunlicher Länge verbindet den kleineren Stadtteil jenseits des Mains mit dem größeren anderen. Hier befindet sich auch ein berühmtes Rathaus, in dem sich oft die Kurfürsten versammeln, wenn sie über gemeinsame Angelegenheiten beraten wollen, und hier wählen sie, wenn der Thron vakant ist, den Kaiser.

Wir schließen Aschaffenburg an, die Zufluchtstätte deines Mainzers und sein Erholungsort von allen Beschwernissen. Würzburg liegt am Ufer desselben Flusses; es ist Herzogs- und Bischofsresidenz, ebenfalls wegen seiner berühmten Kirchen und seiner äußerst festen Burg erwähnenswert. Auch Bamberg ist eine berühmte Stadt mit seinem herrlichen alten Dom, in dem der heilige Kaiser Heinrich, der zweite seines Namens, begraben liegt und durch Wunderzeichen von sich reden macht. Wir übergehen Forchheim, das durch sein weißes Brot bekannt ist, sowie Ansbach, Rothenburg und beinahe unzählige andere fränkische Städte, deren Befestigungen und Bauwerke niemand geringachten wird.

Die Stadt Nürnberg, die von der Pegnitz durchschnitten wird, können wir nicht übergehen; denn man rechnet es heute zu Franken. Sag, bitte – du hast ja von dort eine ebenso züchtige wie schöne Gemahlin genommen –, welch einen Anblick bietet diese Stadt, welchen Glanz, welch reizvolle Lage, welche Schönheiten, welche Kultur, welch vorbildliche Stadtverwaltung! Was könnte man an ihr zu einer in jeder Hinsicht vollkommenen Bürgergemeinde noch vermissen? Was für ein Anblick, wenn man aus Unterfranken kommt und von ferne die Stadt sieht! Welche Großartigkeit, welche Schönheit bietet sich da dem Blick von außen! Und drinnen welche Sauberkeit der Straßen, welche Schmuckheit der Häuser! Was gibt es Großartigeres als die Kirche des heiligen Sebaldus, was Prachtvolleres als die Kirche des heiligen Laurentius, was Stolzeres und Festeres als die Königsburg, was Berühmteres als die Graben und Stadtmauern! Wieviel Bürgerhäuser kann man dort finden, die für Könige passend wären. Die schottischen Könige würden wünschen, so hervorragend zu wohnen wie mäßig begüterte Nürnberger Bürger!

Die Schwaben haben jenseits der Donau viele Städte; doch die Königin von allen ist Ulm, gleichfalls eine mächtige und sehr saubere Stadt. Auch die Bayern bewohnen, wenn man die Donau überschreitet, Eichstätt, Amberg, Neumarkt und nicht wenige andere Städte, in denen große Sauberkeit und große Pracht herrschen.

Wenn einer die Wahrheit sprechen will, dann wird er gestehen, daß es in Europa kein Volk gibt, dessen Städte sauberer sind und einen erfreulicheren Anblick bieten als die im Deutschen Reich. Man könnte ihnen vielleicht von den italienischen Städten einige vorziehen, wie Venedig, Genua, Florenz, Neapel, denen größte Pracht und Herrlichkeit eigen ist. Wenn man aber eine Nation mit der anderen vergleicht, dann hat man keinen Anlaß, die Städte Italiens den deutschen vorzuziehen. In gewisser Weise bietet das Deutsche Reich einen neuen Anblick, und die Städte selbst sehen aus, als wären sie erst kürzlich erbaut und errichtet.

JOHANNES COCHLAEUS

Kurze Beschreibung von Böhmen und Mähren [1512]

Die Böhmen. Die Böhmen sind auf allen Seiten von Deutschen umringt, sprechen aber nicht Deutsch, denn durch das Eindringen der Dalmatier wurde die deutsche Sprache von dort vertrieben. In ihren Annalen findet man nämlich, daß zwei Brüder aus der Bevölkerung Kroatiens ausgewandert seien und der eine sich in Böhmen, der andere in Polen niedergelassen habe, wobei sie die früheren Sprachen wie Namen der Gebiete geändert hätten. Doch die Völkerschaft dieser Gegend, die bis jetzt noch lebt, entlehnte, wie Volaterranus im siebten Buch sagt, die Stärke und Kräfte des alten Volkes und vollbrachte die größten Taten im Kriege. Es leidet Mangel an Wein und Öl, so wie auch die meisten Gegenden Deutschlands; es hat an Futter, Getreide und Vieh Überfluß, entbehrt freilich den Wein nicht gänzlich. Bestes Bier aber besitzt sie reichlich, das man bis nach Wien, der Hauptstadt Österreichs, fährt.

Die Lage. Seine Breite ist fast gleich seiner Länge, eine Reise von etwa drei Tagen. Vom hercynischen Wald wird es wie von einer natürlichen Mauer auf allen Seiten umschlossen, seine Mitte von der Elbe bewässert. Im Osten hat es Österreich und Mähren, im Norden Schlesien und Meißen, im Westen Franken und das kleine Noricum, im Süden aber Bayern.

Die Städte. Die Städte darin sind Prag, die königliche Hauptstadt und zugleich bischöfliche Stadt, einst an Wissenschaften sehr blühend. Besudelt jedoch vom Unheil der Ketzer, bewahrt es kaum noch einen Bodensatz geistiger Tätigkeit. Die übrigen Städte sind für ein so großes Gebiet klein und unbekannt: Tachau, Brod, Ellbogen, Neuhaus, Budweis und Pilsen. Andere werden bei Ptolemäus und Volaterranus hinzugefügt.

Die schändlichen Ketzer. Das Land, das sich durch viele Könige auszeichnete, wird jetzt aber vom König der Ungarn [Ladislaus II.] regiert. Es ist durch die Macht der Adligen, zahlreiche Burgen und den Wald stark gesichert, daß nicht die treulose Nachkommenschaft der Ketzer ausgerottet werden kann, die abgesehen von den anderen durchaus verabscheuens- und verfluchenswerten Gebräuchen auch in die öffentlichen Bäder geht, wo sie sich mit wollüstigen Ausschweifungen besudeln. Kürzlich verhalfen sie unserem Kaiser [Maximilian I.] zu einem rühmlichen Sieg, als sie dem Pfalzgrafen Ruprecht zu Hilfe kamen; es wurden ja sechstausend bei Regensburg getötet.

Mähren. Mähren ist Böhmen benachbart, die alte Heimat der Markomannen, die einst zahlreiche Kriege gegen die Römer tapfer führten. Später gab es dort viele Jahre lang einen König; die Böhmen nämlich, die Roxolanen und Polen gehorchten zeitweilig dem König von Mähren, der König selbst aber dem römischen Kaiser. Als die Könige jedoch aufsässig wurden und dem Kaiser den Tribut verweigerten, fiel das Königreich Mähren dem Kaiser zu. Der Boden ist mit dem Reichtum an Wein und Getreide etwas weicher als Böhmen.

Die Lage. Es hat im Osten die Karpathen und Ungarn, im Süden Österreich, im Norden Schlesien und Polen, im Westen Böhmen.

Städte. Die Hauptstadt des Volksstammes ist die Stadt Volagrad, die später Olmütz hieß. Andere Städte sind Brünn, Sternberg, Trebitsch, Teschen und Znaim, wo Kaiser Sigismund verschied, der das Land seinem Schwiegersohn Albrecht [II. von Österreich] zur Regierung überlassen hatte. Als es aufsässig wurde, fügte ihm Albrecht großen Schaden zu und unterjochte es. Über fünfhundert Orte nämlich äscherte er in einem Feldzug ein, überantwortete viele Sterbliche dem Tode, trieb fast alles Vieh weg und zwang so den Volksstamm, das Joch zu tragen.

Die Sekte der Hussiten. Die Adligen in dieser Gegend befleckten sich großenteils mit der Lehre der Hussiten, die die Ketzer Johannes Hus und Hieronymus von Prag – sie glänzten im übrigen durch Gelehrsamkeit und Beredsamkeit – anführten und auf dem Konzil von Konstanz den Feuertod für die Verteidigung ihrer Lehre standhaft ertrugen. Die Sache begann sich weithin heimlich auszubreiten, und es entstand, wie es so geht, eine Sekte nach der anderen. Die vier Könige Wenzel, Sigismund, Albrecht und Ladislaus vermochten durch die größten, ununterbrochenen Kriegszüge nicht diese Pest zu vertilgen. Sie hatten sich nämlich an Orten, die von Natur aus befestigt sind, und in den Bergen in gewaltiger Menge so lange verborgen, bis ihre Feinde abzogen.

SEBASTIAN MÜNSTER

Über seine kartographische und andere Forschungen [1526]

Dem hochberühmten und hochgelehrten Manne, Beatus Rhenanus, seinem Patron und unvergleichlichen Freund, meinen Gruß!

Hochgelehrter Beatus, es wurden mir zwei Briefe überbracht, die Du mir zur Zeit der Weinlese geschrieben hast. Auf den ersten habe ich bereits in dem Brief geantwortet, den ich vor Weihnachten an Hieronymus Froben geschrieben habe. Damals hatte ich nämlich keine Zeit, jedem von Euch gesondert zu schreiben, wobei ich allerdings durch den Briefboten irregeführt worden war. Dieser hatte gesagt, er würde am frühen Morgen abreisen; wie ich später erfuhr, blieb er aber hier bis in den dritten Tag hinein. Dann kamen Leute aus Basel in einer Angelegenheit der Frau Gallizian hierher nach Heidelberg. Während ich nun Briefe bereitgelegt hatte, die sie Dir und Froben überbringen sollten, gingen auch sie fort, ohne mich aufzusuchen. Dabei hatten sie meinen Mitbrüdern, denen sie auf der Straße begegneten, gesagt, sie würden bei mir vorsprechen.

In Deinem letzten Brief nun hast Du mich zu einer richtigen und vollständigen Darstellung des Rheines aufgefordert, an dessen Ufer auf 7 bis 8 Meilen fast unzählige Ortschaften liegen. Du denkst dabei immer noch an das Gespräch, das wir vor zwei Jahren in Basel darüber geführt haben. Ich wäre gerne bereit, diesen Plan auszuführen. Vielleicht bin ich in der Geographie so fortgeschritten, daß ich die Aufgabe fachgemäß erfüllen könnte. So habe ich schon längst Instrumente ausgedacht, die zur Auffindung der verschiedenen Lage der Ortschaften erforderlich sind. Außerdem habe ich eine Möglichkeit gefunden, ein solches Werk mit gegossenen Typen zu drucken, so daß die gedruckte Karte nicht in der geringsten Kleinigkeit von der handschriftlichen Vorlage abweichen kann. Denn sonst, wenn man die Namen der Orte auf hölzerne Tafeln schriebe und ausschnitte, hätte man abgesehen von den ungeheuren Kosten, die das Schneiden so vieler Namen erfordern würde, und der zeitlichen Verzögerung auch noch den Nachteil, daß viele Namen verstümmelt erscheinen oder ganz vergessen würden, wie man es auf vielen Karten beobachten kann. Das wird durch die gegossenen Typen völlig verhindert.

Aber die Erforschung der Ortschaften erfordert sehr viel Reisen, und ich glaube nicht wie Du, daß die Fürsten ohne weiteres Geld dazu beisteuern werden. Jedenfalls kann ich von meinem Landesherrn [Ludwig V. von der Pfalz] nicht einen Heller dafür erhoffen; so wenig kümmern ihn die Künste und Wissenschaften! Ebenso werden vermutlich auch die andern handeln. Aber darüber werde ich mir nicht so sehr Sorgen machen: Mit zehn Gulden, wenn man sie nicht durch Räuber verliert, kann man einen weiten Raum durchstreifen. Ich seufze nur wegen meiner Kutte. Sie ist diesem Unternehmen durchaus hinderlich. Zu Gebote stehen die wissenschaftlichen Fähigkeiten, ebenso der Wille, ferner auch die körperliche Beweglichkeit, vielleicht auch das Geld für so große Ausgaben; aber als Mönch in der Kutte umherzureisen, obwohl das bis jetzt nicht selten war, wird nunmehr doch etwas durchaus Verächtliches sein. Auch ist es bis jetzt nicht ohne Nachteil möglich, das Mönchtum aufzugeben, wenn nicht vielleicht der kommende Reichstag zu Speyer etwas über die Möglichkeit, aus den Orden auszutreten, beschließt – was ich aber nicht glaube. Was soll ich denn jetzt machen? Ich möchte aus dem Orden austreten und so sein wie die anderen guten Christen, aber es ist nicht erlaubt oder wenigstens bis jetzt nicht förderlich, wo ich auf der Erde bekannter bin als mir lieb ist. Ich bereite nunmehr einige hebräische und aramäische Bücher vor, aber ich weiß nicht, ob ich von meinen Vorgesetzten die Erlaubnis, nach Basel zu gehen, erreichen werde. Falls es mir abgeschlagen wird, werde ich mir vielleicht etwas anderes ausdenken. Inzwischen aber, solange ich noch hier bin, werde ich die umliegenden Ortschaften erforschen und in eine Karte, die ich dazu angefertigt habe, nach Gebühr einzeichnen, damit, wenn es einmal gelingen sollte, unseren Plan zu verwirklichen, etwas ausgearbeitet zu Verfügung steht. Glaube ja nicht, daß meine Gedanken leicht von diesem Plan abgebracht werden können.

Im übrigen habe ich mich während des Winters mit großem Fleiß der Herausgabe einer aramäischen Grammatik und eines Wörterbuches in derselben Sprache gewidmet. Aber ich muß beide noch einmal abschreiben. Den Anfang der Grammatik schicke ich nach Basel, nicht weil er schon gedruckt werden soll, sondern damit Du das, was ich am Anfang des ersten Bogens über die Verwandtschaft der Sprachen geschrieben habe, in eine gefälligere Form bringst. Als gelehrter Mann kannst Du das leicht tun. So hast Du ja schon oft mir wie allen Gelehrten darin Deine Hilfe gewährt. Dem aramäischen Wörterbuch werde ich keine Vorrede voranstellen, wohl aber einen Widmungsbrief. Deshalb will ich Dich nicht mit diesem Band belästigen. Nur bei der Grammatik brauche ich jetzt Deine Hilfe. Es handelt sich nämlich um ein neuartiges Werk, das bis jetzt noch von niemandem, soviel ich weiß, versucht worden ist. Vielleicht wächst das Buch selbst auf dreißig Bogen. Ich werde nämlich eine Einführung in die Kommentare der Rabbiner beifügen. Andererseits plane ich, daß das Buch in der Form, in der es von mir geschrieben ist, gedruckt wird, so daß ihm schließlich noch das kommende Wörterbuch beigefügt werden kann. Denn diese beiden Bücher haben in der Form die richtige Größe oder Dicke. Dennoch können beide nicht vor der Weinlese gedruckt werden, was ja auch nicht nötig ist. Denn ich werde sie nicht anderen zur Durchsicht anvertrauen, da ich feststellen muß, daß meine Bücher, die ich nicht selbst während der Drucklegung verbessert habe, viele Fehler aufweisen.

Ich habe vor, um den 25. Juli nach Basel zu kommen (wenn nicht ein bedeutendes Hindernis mich daran hindert), damit der Druck der Grammatik vor dieser Messe und während derselben auch das Wörterbuch beendet werden kann. Aber vielleicht wird inzwischen auch etwas anderes ausgedacht. Entziehe Du nur ja nicht diesem übersandten Buch Deine Hilfe! Den Widmungsbrief lege ich noch nicht bei. Man hat mir geraten, ihn dem sehr wißbegierigen Sohn des Eberhard [Schenk von Erbach], Herrn vom Odenwald, zu widmen, zu dem ich vermutlich nach den Ostertagen gerufen werde.

Ich habe auch damit begonnen, ein anderes Werk auszuführen, dessen Titel ich aber noch verschweige. Ich weiß nicht, ob es den Buchdruckern gefallen wird. Ich werde jedoch den Anfang dieses Werkes zur Messe schicken, um zu erfahren, was sie darüber denken. Wenn es Gefallen findet, so werden wir alle, ich, Du und Pellikan, daran arbeiten müssen, aber nicht umsonst, denn „ein Arbeiter ist seines Lohnes wert". Darüber wird Dir Hieronymus Froben etwas sagen, wenn man mir den Auftrag gibt, das Angefangene weiterzuführen, Im anderen Falle will ich nicht, daß darüber gesprochen wird.

Zur Zeit gibt es hier wenig Neues. Vor kurzem verstarb die Schwester [Katharina] des Fürsten, die Nonne war. Man hat noch nicht damit aufgehört, durch Gelderpressungen die Bauern zu ruinieren, die die Anführer der Erhebung gewesen sind oder den Fürsten auch nur mit harmlosen Worten bekrittelt haben. Am 19. Februar hat uns eine große Überschwemmung heimgesucht, so daß die Heidelberger sich mit Kähnen den Zugang zur Brücke verschaffen mußten. Ferner soll denen, die etwas oberhalb am Neckar wohnen, für viertausend Gulden Holz weggeschwemmt worden sein, das bedeutet ihren gesamten Arbeitsertrag während des Winters.

Entschuldige meinen weitschweifigen und langweiligen Brief, der dazu noch ohne Ordnung und Überlegung niedergeschrieben ist. Ich wollte nämlich endlich wiedergutmachen, daß ich es bis jetzt versäumt habe, auf Deinen Brief zu antworten. Lebe wohl, lieber Beatus.

PETRUS MARTYR ANGLERIUS

Die Insel Española [1493–1516]

Jene friedlichen Stämme essen Wurzelknollen, die an Größe und Aussehen unseren Rüben, aber im angenehmen Geschmack einer zarten Kastanie ähnlich sind. Diese nennen sie selber ‚Ages'; es gibt noch eine andere Sorte Knollengewächse, die den Namen ‚Juca' hat; hieraus stellen sie auch Brot her. Die ‚Ages' [Yams] genießen sie lieber gebraten oder gekocht, als daß sie daraus Brot backen. Die Knolle der ‚Juca' [Cassave] aber wird zerschnitten, dann ausgepreßt – sie ist nämlich saftig – und gemahlen. Aus dem Mehl wird eine Art Kuchen bereitet. Erstaunlich jedoch ist folgendes: Die Juca enthält nach Angabe der Insulaner einen Saft, der giftiger ist als Eisenhut und den sofortigen Tod herbeiführt. Sie wissen aber aus Erfahrung, daß das Brot aus jener Masse schmackhaft und bekömmlich ist. Eine andere Sorte Brot stellen sie aus einer Getreideart her, die Ähnlichkeit hat mit einer Sorte, die von den Bewohnern Oberitaliens und Granadas in Spanien angebaut wird. Die Ähre jener Frucht wird länger als eine Spanne, läuft spitz zu und ist fast so dick wie ein Arm. Die Körner wachsen in einem erstaunlich festen Kolben; sie gleichen in Gestalt und Umfang der Erbse; unreif sind sie hell; wenn sie reifen, werden sie dunkel; das Mehl daraus übertrifft an weißem Glanz den Schnee. ‚Mais' nennen die Eingeborenen diese Getreidesorte.

Es findet sich bei ihnen auch Gold, dem sie einigen Wert beilegen; denn sie tragen es zu dünnsten Plättchen verarbeitet als Schmuck in den Ohrläppchen und in der Nase, die sie zu diesem Zweck durchbohren. Da die Spanier erfahren hatten, daß weder Kaufleute zu den Insulanern kamen noch jene selbst andere Küsten außer der eigenen kannten, begannen sie durch Zeichensprache sich zu erkundigen, woher sich die Insulaner das Gold beschafften. Diese versicherten, so weit man aus ihren Gesten entnehmen konnte, das wertvolle Metall lasse sich ohne große Mühe aus dem Sand der Flüsse auslesen, die von den hohen Bergen herabströmen. Aus den gefundenen Körnern bilden die Einwohner Kügelchen, die sie dann zu Plättchen auswalzen. In dem Teil der Insel, den der erwähnte Häuptling beherrscht, findet sich aber kein Gold, wie man später erfuhr. Als die Spanier weitergesegelt waren und zum Wasserschöpfen und Fischen wieder an Land gingen, trafen sie zufällig auf einen Fluß, dessen sandiger Boden viel Gold enthielt.

Vierfüßige Tiere hätten sie nicht gesehen, erklärten die Entdecker, außer drei Kaninchenarten. Wohl leben auf den Inseln Schlangen, die aber so gut wie unschädlich sind. Auch wilde Gänse fanden die Spanier, ferner Tauben sowie Enten, größer als unsere; die waren glänzend weiß wie Schwäne und hatten purpurne Häubchen. Auch vierzig Papageien brachte man mit nach Hause, von denen die einen am ganzen Körper grün, die anderen gelb waren. Andere wieder trugen einen zinnoberroten Halsring ähnlich den indischen – wie Plinius erklärt –, und im übrigen ein sehr lebhaftes und schillerndes Gefieder. Die Tiere haben nämlich bunte Flügel, die einen mit grünen und gelben Federn, andere wieder mit blauen und roten. Diese Farbenpracht macht sie sehr ergötzlich. Das wollte ich Euch, erhabener Fürst [Kardinal Ascanio Sforza], über die Papageien berichtet haben.

Obgleich die Meinung des Christoph Kolumbus den üblichen Ansichten von der Größe der Erdkugel und den Vermutungen mancher früherer

Gelehrter über die Möglichkeit einer Weltumseglung zu widersprechen scheint, so zeigen doch die Papageien und viele andere Dinge, die die Spanier mitbrachten, daß diese Inseln durch Nachbarschaft oder natürliche Verbindung mit dem indischen Festland in Beziehung stehen. Besonders denke man an Aristoteles – am Ende seines Buches über ‚Himmel und Erde' – an Seneca und andere Kenner der Kosmographie, welche die Ansicht vertreten, von Spanien aus über das Meer nach Westen gerechnet seien die Küsten Indiens nicht sehr weit entfernt. In den entdeckten Ländern bringt die Natur auch Harz, Aloe, Baumwolle und eine Menge ähnlicher Dinge in Hülle und Fülle hervor. Wie bei den Chinesen erntet man Wolle von Bäumen. Auch verschiedenfarbige runzlige Körner, schärfer im Geschmack als kaukasischer Pfeffer, brachten die Spanier mit, ferner Zweige von gefällten Bäumen, die im Aussehen dem Zimt, im Geschmack und Duft, im Mark und in der äußeren Rinde dem Ingwer ähnlich sind.

[...]

Kommen wir zu Española, das sich seiner Pracht mit dem Elysium vergleichen läßt. Wir beginnen mit seiner frühesten Namensgebung! Dann wollen wir über seine Gestalt, sein mildes Klima und schließlich über die Einteilung des Landes sprechen. In der ersten Dekade haben wir die Insel Mataninós erwähnt. Die Betonung liegt auf der letzten Silbe. Eure Heiligkeit [Papst Leo X.] möge bei allen Wörtern der Indios an dem darübergeschriebenen Akzent erkennen, wo man die Betonung setzen muß. Ich sage das ein für allemal, um nicht immer wieder dasselbe vorzubringen. Von dieser Insel Mataninós, so erzählen die Eingeborenen, seien die ersten Bewohner Españolas auf Kanus, ich meine Einbäumen, herübergekommen, als sie aus ihrer Heimat durch Parteikämpfe vertrieben wurden. Ähnliches lesen wir über den König Dardanos, den Sohn des Korythos, auch über Teucrus, der von Kreta nach Asien in die Landschaft übersetzte, die später Troja genannt wurde. Ebenso sollen auch die Tyrer und Sidonier unter Führung der sagenumwobenen Königin Dido mit ihrer Flotte nach Afrika hinübergefahren sein.

Aus ihrer Heimat vertrieben, errichteten die Leute von Mataninós auf der Insel Española, und zwar in dem Teil, der Cahonáo heißt, am Ufer des Flusses Bahaboní ihre Siedlungen. Ähnliches erzählt auch die römische Urgeschichte von Aeneas, der aus Troja nach Italien fuhr, und zwar zum Tiber in Latium. An der Mündung des Flusses Bahaboní liegt eine Insel, auf der die Ankömmlinge ihre erste Hütte errichtet haben sollen. Dies Eiland nannten sie Camotéia. Später haben sie die Stätte für heilig erklärt, immer andachtsvoll verehrt und ihr bis zur Ankunft der Spanier mit Weihegaben regelmäßig Ehre erwiesen.

In gleicher Weise verehren wir Christen Jerusalem als die Gründungsstätte unserer Religion, die Mohammedaner Mekka und die Bewohner der Kanarischen Inseln Tyrma, das auf einem hohen Felsen auf der Insel Gran Canaria liegt. Zahlreiche Kanaren haben sich frohen Herzens und lobpreisend von dieser Höhe herabgestürzt, im Glauben an die Lehre ihrer Propheten, daß die Seelen derer, die aus Liebe zu Tyrma von dem Felsen in die Tiefe springen, begnadet würden und zu ewigem Frieden gelangten. Die Eroberer der Kanarischen Inseln fanden diesen Brauch vor, der bis zu unserer Zeit noch geübt wird; und aus den Reden der Leute ist die Erinnerung an dieses Heiligtum nicht geschwunden; der Felsen selbst hat bis heute noch seinen Namen Tyrma behalten. Kürzlich noch erfuhr ich, auf den Inseln gebe es eine Partei des Béthencourt, die bis heute die französische Sprache und die französischen Sitten bewahrt; denn Béthencourt, ein Franzose, kolonisierte als erster die Kanaren; allerdings hatte er dazu die Genehmigung der spanischen Könige, wie ich an anderer Stelle schon sagte. Die Erben des Béthencourt verkauften die zwei unterworfenen Inseln an Spanier, wie wir früher erwähnt haben. Aber die Siedler, die mit Béthencourt auf die Kanaren gekommen waren, sich dort Häuser erbaut und Kinder bekommen hatten, blieben auf den Inseln seßhaft. Zusammen mit den Spaniern leben sie nun dort in Wohlstand und sehen sich nicht mehr dem kalten Klima Frankreichs ausgesetzt.

Kommen wir wieder zu den Auswanderern aus Mataninós. Der Insel Española wurden von den ersten Bewohnern folgende Namen gegeben: zunächst Quizquéia, danach Haiti. Dies taten die Namensgeber nicht aus Willkür, sondern sie glaubten diese Worte entsprächen der Wirklichkeit. Mit Quizquéia bezeichnet man eine große oder sehr große Sache. Der Name Quizquéia bedeutet also ‚weiter Raum', ‚Universum' oder ‚All', ähnlich wie bei den Griechen das Wort ‚Pan'. Denn die Inselbewohner glaubten wegen der Größe des Landes, dies sei die Welt und nichts anderes werde von der Sonne beschienen außer dieser Insel mit den umliegenden Eilanden; deshalb hielten sie den Namen Quizquéia für treffend.

Haiti aber bedeutet in ihrer alten Sprache rauhes Gebirgsland. Und durch Übertragung des Namens von einem Teil auf das Ganze nannten sie die gesamte Insel Haiti, denn an vielen Stellen hat sie garstige und rauhe Gebirge mit dichten Urwäldern und in ihrem Hochland gefährliche und unergründliche Schluchten, wenn sie sonst auch sehr lieblich ist.

XII. Erforschung der Natur

Einleitung

Für die Naturwissenschaften, einschließlich der Mathematik, waren Entdeckungen neuer Manuskripte ebenso wichtig wie die Anregungen zu neuen Beobachtungen und Überlegungen, welche von ihnen ausgingen. Die Humanisten waren zwar meist nicht selbst die großen Erneuerer der Naturwissenschaften, aber sie haben doch die kulturellen Bedingungen geschaffen, unter denen sich die wissenschaftliche Revolution des sechzehnten und siebzehnten Jahrhunderts entwickeln konnte. Im Mittelalter waren die Schriften von Euklid und Ptolemäus neben den meisten Werken von Archimedes schon bekannt, aber im sechzehnten Jahrhundert wurden mit Hilfe der aus Byzanz gekommenen, griechischen Gelehrten die Schriften der weniger bekannten griechischen Mathematiker übersetzt und ausgewertet. Die neuen textkritischen Editionen von Hippokrates, Galenus und Theophrastus und die humanistischen Kommentare zu der Naturgeschichte von Plinius dem Älteren übten eine nachhaltige Wirkung auf Medizin, Botanik und Zoologie aus. Die Astronomen Georg von Peuerbach (1423–1461) und sein Schüler Johannes Regiomontanus (1436–1476) faßten den *Almagest*, das Hauptwerk des Ptolemäus, zusammen in einer Schrift, die dann jahrhundertelang als der beste Ptolemäus-Kommentar galt: Auch Kopernikus hat sie benutzt. Aristoteles blieb zwar auch während der Renaissance die größte naturwissenschaftliche Autorität, mußte aber schwere Angriffe ertragen, weil die Ergebnisse empirischer Forschungen der Zeit nicht mit seinen Auffassungen übereinstimmten. Nichtsdestotrotz blieb die *Physica* von Aristoteles noch bis weit ins siebzehnte Jahrhundert als naturwissenschaftliches Lehrbuch an den Universitäten unübertroffen. Ein wichtiger Verteidiger von Aristoteles war der große französische Humanist Jacques Lefèvre d'Etaples (1460–1536), der in einer ganzen Reihe von Arbeiten die aristotelische Naturwissenschaft sowohl von Textfehlern als auch von Fehlinterpretationen zu reinigen versuchte.

Inzwischen waren aber die neuplatonischen Lehren populär geworden, die im gesamten Kosmos eine Schatzkammer magischer Kräfte sahen. Astrologie, Alchemie und Magie wurden aufgrund humanistischer Entdeckungen spätantiker Texte eingehend studiert. Marsilio Ficino verbreitete eine Weisheitslehre, die die sogenannten hermetischen Schriften des geheimnisvollen ägyptischen Philosophen Hermes Trismegistos, die hebräische Kabbala und die pythagoräische Philosophie als Grundlagen dieses Neuplatonismus betrachtete. Er schenkte auch spätantiken Neuplatonikern wie Plotinus und Dionysius Areopagita viel Beachtung. Auf diese Weise standen er und seine Anhänger in einer naturphilosophischen Tradition, welche bereits in den ältesten Zeiten begonnen hatte. Sie stützte sich auf das Verständnis eines Weltalls, in dem die Geschöpfe hierarchisch – von Gott bis zur niedrigsten Kreatur – geordnet waren. Der Magus konnte diesen Kosmos mit seiner harmonischen Ordnung ergründen und auch mit den geistigen Kräften oder Dämonen in Verbindung treten. Seit Ficino wurden Magie und neuplatonische Naturphilosophie eng miteinander verbunden, und viele arbeiteten diese Ideen weiter aus. Die vom Neuplatonismus beeinflußten Forscher schlossen in ihren naturwissenschaftlichen Bestrebungen die okkulten Wissenschaften wie Astrologie, Magie oder Alchemie mit ein.

Johannes Reuchlin vertiefte sich in die hebräische Sprache, um kabbalistische Schriften lesen und deren Inhalt weitergeben zu können, weil er überzeugt war, daß die darin enthaltene Weisheit mit dem christlichen Glauben und dem neuplatonischen Gedankensystem im Einklang stand. Für ihn war auch die Astrologie eine unentbehrliche Naturwissenschaft, mit deren Hilfe der Mensch die Kräfte der Sterne, welche sein Schicksal lenkten, kennenlernen konnte. Durch die Verteidigung des jüdischen Schrifttums gegen den Theologen Johannes Pfefferkorn hatte Reuchlin sich dem Verdacht der Ketzerei ausgesetzt. Als Reuchlin 1512 mit seinem Freund Johannes Cuspinian Briefe wechselte, unterzog gerade die theologische Fakultät der Kölner Universität seinen *Augenspiegel*, in der er sich der Konfiszierung der talmudischen Literatur durch kirchliche Behörden widersetzte, einer Untersuchung. Die Fakultät beschuldigte Reuchlin, die Juden begünstigt zu haben, und rief ihn dazu auf, seine Auffassungen öffentlich zu widerrufen. Reuchlin weigerte sich, diesen Forderungen Folge zu leisten und befand sich also in der heiklen Lage, sich gegen den Verdacht der Ketzerei und gegen die Autorität der theologischen Fakultät verteidigen zu müssen. Aber er vertraute auf sein Horoskop, das einen günstigen Ausgang der Sache ahnen ließ.

Theophrastus Bombastus von Hohenheim, genannt Paracelsus (1493 oder 1494–1541), kämpfte scharf gegen das aristotelische und galenische Gedankengut, das er durch eine neue Naturphilosophie, die auf eine eigene, anti-aristotelische Elementenlehre gegründet war, zu ersetzen versuchte. Als Neuplatoniker und Kenner der hermetischen Literatur war er dem humanistischen Gedankengut verpflichtet, obwohl er sich in vieler Hinsicht auch auf mittelalterliche okkulte Literatur stützte. In seinem Werk *Labyrinthus medicorum errantium* (Das Labyrinth der irrenden Ärzte) verteidigte er die Alchemie als eine für den Arzt unabkömmliche Wissenschaft göttlichen Ursprungs. Ausgehend von einer von ihm entwickelten Elementenlehre konnte der alchemistisch kundige Arzt wirksame, direkt aus dem Reich der Natur destillierte

Arzneimittel herstellen. Der Arzt sollte den Kranken als psychosomatische Einheit betrachten und ihm nicht nur mit praktischen medizinischen Kunstgriffen, sondern auch mit naturphilosophischem Verständnis zu Hilfe kommen.

Der Begründer der geologischen und mineralogischen Forschung in der Renaissance, Georgius Agricola (1494–1555), war vom Neuplatonismus nicht sehr angetan. Seine Arbeiten waren ebenso bahnbrechend wie die von Kopernikus und Vesalius in der Astronomie und Anatomie. Die Bergbauliteratur war eine wichtige Begleiterscheinung des wirtschaftlichen Aufschwungs des Montanwesens in Mitteleuropa im fünfzehnten und sechzehnten Jahrhundert. Das Werk Agricolas enthielt viele grundlegende Ansätze zur Naturforschung. Bei seiner Beschreibung der „Natur der Dinge, die aus der Erde fließen", *(De natura eorum quae effluunt ex terra)* setzte er sich eingehend mit den Ergebnissen der antiken geologischen und geographischen Literatur, besonders von Plinius, auseinander und verwertete diese zusammen mit zeitgenössischen Wahrnehmungen und eigenen Erfahrungen. Naturphilosophische Fragen kümmerten ihn weniger als Paracelsus und dessen Nachfolger. Er legte aber großen Wert auf eine systematische Verarbeitung der klassischen Naturforschung, einschließlich ihrer moralphilosophischen und historischen Aspekte. Dies zeigt zum Beispiel die Art, wie er in seinem berühmten, mit vielen Holzschnitten illustrierten Lehrbuch des Bergbaus und der Hüttenkunde *De re metallica* die Folgen der Goldgier behandelt. Agricola selbst hatte eine ausgezeichnete humanistische Ausbildung an verschiedenen deutschen und italienischen Universitäten genossen, bevor er sich als Stadtarzt in St. Joachimsthal (Jáchymov) und später in Chemnitz niederließ. Dort vervollkommnete er sein wahrhaft enzyklopädisches Wissen auf dem Gebiet der Naturforschung, wobei seine große Leidenschaft, der Bergbau, immer im Mittelpunkt stand.

Als Höhepunkt der naturwissenschaftlichen Leistungen der Renaissance wird oft die Entwicklung des kopernikanischen Weltsystems betrachtet. Georg Joachim Rheticus (1514–1576), ein Schüler des Kopernikus, bemühte sich, die Ansichten seines Lehrers weiterzuverbreiten durch die Veröffentlichung einer eleganten Zusammenfassung, der *Narratio prima* (Erster Bericht), welche noch vor dem Hauptwerk von Kopernikus, *De revolutionibus orbium coelestium* (Über die Kreisbewegungen der Himmelssphären), erschien. In der *Narratio prima* wird die kopernikanische Auffassung von der Bewegung der Erde um die Sonne dargelegt. Aus Respekt vor der antiken Wissenschaft versuchte Kopernikus in diesem Punkt so wenig wie möglich von dem ptolemäischen Modell der Exzentrizität der Sonne im Verhältnis zu der Erde abzuweichen. Um sein eigenes Modell funktionieren zu lassen, in dem die maximale Exzentrizität der Sonne nur wenig größer war als bei Ptolemäus, mußte er verschiedene komplizierte Bewegungen des Sonnenapogäums annehmen. Er berechnete die größte je vorgekommene Exzentrizität und Deklination der Sonne auf das Jahr 65 v. Chr. Rheticus fügte – vielleicht mit Zustimmung seines Lehrers – hier noch eine astrologische Theorie an. In der Astrologie betrachtete man einen Planeten als stärker in seinem Apogäum und schwächer in seinem Perigäum, und maß ihm dementsprechend einen größeren oder geringeren Einfluß bei. Auch wurde angenommen, daß das Aufkommen und Verschwinden der großen Weltreiche oder auch der Religionen mit den selten vorkommenden großen Konjunktionen der Planeten verbunden war. Als er die Theorien von Kopernikus über die Bewegungen des Exzenters präsentierte, erlaubte Rheticus sich nicht nur einen geschichtlichen Rückblick auf den Zeitpunkt des Verfalls des römischen Reichs, sondern auch eine Prophezeiung über die Wiederkunft des Herrn.

„Es ist nicht länger neu, daß sich die Erde bewegt", schrieb der junge Johannes Kepler (1571–1630) 1597 dem älteren und schon bekannteren Professor für Mathematik in Padua, Galileo Galilei (1564–1642). Kepler hatte ihm sein erstes Buch, *Mysterium cosmographicum* (Weltgeheimnis), zugesandt. Es gehörte aber Mut dazu, sich zu der „kopernikanischen Häresie" zu bekennen oder auch Beobachtungen zu machen, die diese bestätigten. In seinem Brief forderte Kepler Galileo zu eben diesem Mut auf, obwohl er zugibt, daß sogar die „eigentlichen Lehrer", Plato und Pythagoras, sich wohlweislich zurückgehalten und der herrschenden Meinung nicht öffentlich getrotzt hatten. Auch in dieser Hinsicht konnte die Antike ein Vorbild für die Gegenwart abgeben.

JOHANNES CUSPINIAN UND JOHANNES REUCHLIN

Briefwechsel über die Verleumdung und das unabänderliche Schicksal [1512]

1. Johannes Cuspinian an Johannes Reuchlin

Deine Bildung und Gelehrtheit, hochgelehrter Capnion, deren Loblied ganz Europa seit langem singt, verehre und bewundere ich so sehr, daß ich mich eines Gefühls des Mitleids nicht erwehren kann, wenn Du in Deinem beginnenden Alter von Halbgebildeten, wenn auch vergeblich, angegriffen wirst. Zeige Dich jedoch als Mann und achte die Leichtfertigkeit und Verblendung von Toren für nichts. Vielleicht versucht ja Dein Krisenjahr, da es Dir weder an der Gesundheit noch in Deinen äußeren Verhältnissen zu schaden vermag, Dir an Deinem Ruhm Abbruch zu tun. Nun, so mache Dich ebenfalls zu einem Gott. Du besitzt vielfältige griechische und lateinische Trostmittel, falls Du der hebräischen bereits überdrüssig bist, laß also den Mut nicht sinken. Doch vielleicht wirst Du mir erwidern, ich trüge Eulen nach Athen – nun, das wird mir nichts ausmachen. Denn ich bin so gänzlich vergraben in meinen römischen Konsuln, die ich von den ersten an (Lucius Junius Brutus) bis auf die Zeit Theoderichs aus dem Cassiodor ausgezogen habe (kommentierte Listen aller römischen, griechischen, deutschen und türkischen Kaiser habe ich schon seit langem nächtlicherweile erarbeitet), daß ich lichtscheuer bin als eine Nachteule.

Du aber, könntest Du mir, ja unserem Deutschland zuliebe einen Gefallen erweisen? Ich höre, daß am Rhein, entweder in Speyer oder in Worms, noch ein vollständiges Exemplar des Ammianus Marcellinus, der unter Kaiser Julianus Apostata lebte, vorhanden sein soll. Forsche doch dem, bitte, mit aller Sorgfalt nach und gib mir Nachricht. Dafür kannst Du dann Deinerseits alles in meinen Kräften Stehende fordern. Sei gegrüßt, in höchster Eile.

2. Johannes Reuchlin an Johannes Cuspinian

Cuspinian, Du vortrefflichster unter den großen Gelehrten, denn so rasch hast Du Dir bei mir den Platz eines guten Freundes erworben, daß ich, wie Du siehst, eingangs keine andere Anrede gebrauche als die, welcher sich der homerische Agamemnon dem weisen Nestor gegenüber bediente: „Hätte ich doch zehn, die so klug wie Du zu raten mir wüßten!“ Denn Du hast Recht, wenn Du mich ermahnst, die Überhebung und den Neid von Toren für nichts zu achten, und ich schließe mich Deiner Ansicht vollkommen an und werde Deinen Rat über den aller anderen stellen. Dennoch mußte ich mich nicht nur davor hüten, ein mir unverdient von einem Schurken angetanes Unrecht mit Unrecht zu erwidern, sondern auch davor, mir irgendwie den Verdacht eines unehrenhaften Verhaltens zuzuziehen. Um beides habe ich mich angelegentlich bemüht, wobei ich nur die Bewahrung meiner Unschuld im Auge hatte. Deshalb sollst Du, Cuspinian, der Du so menschlich denkst, in aller Freundschaft wissen, daß ich Deine mir bewiesene Liebe, die sich darin zeigt, daß Du so für mich einstehend mit meinem Alter Mitleid hast, als einen Beweis wahrer Freundschaft aufrichtig zu schätzen weiß. Es ist zwar eine Haupttugend des Menschen, Unrechttun zu verabscheuen, was ich sogar bisweilen bei Tieren erlebt habe; und vollkommen zu Recht schulde ich Dir für diese freundschaftliche Gesinnung ewigen Dank. Dennoch brauchst Du nicht gerade Mitleid mit mir zu haben: Das gebührt den Unglücklichen, nicht den Glücklichen. Ich aber halte mich für einen Glücklichen, auch nach dem Orakelspruch der Wahrheit, weil Lügner Falsches über mich gesagt haben. Denn vieles muß ein guter Mann, der ein bewußtes Leben dem Dahinvegetieren vorzieht, mit edler

Haltung ertragen. Daher setze ich auch das, was Du mir von dem Gefahrdrohenden des Krisenjahrs schreibst, auf die Habenseite des Glücks und will darin weniger die Vorbedeutung einer Abnahme meines Ansehens als vielmehr der ewigen Dauer meines Ruhmes sehen. Wann nämlich die üblen Machenschaften der Brandstifter gegen mich anfingen, kann man wissen. In meinem fünfundfünfzigsten Lebensjahr trat eine derartige Wiederkehr des Krisenjahres seit meinem Geburtsjahr 1455 für das Jahr 1510 ein; seine Konstellation habe ich Dir, da ich Dich für einen vollkommenen und nicht Allerweltsphilosophen halte, hier danebengezeichnet. Du siehst dort, daß der Saturn sieben und der Mars acht Kräfte hat, Jupiter dagegen – der auf hebräisch Zedek, der Gerechte, heißt – schwächer ist als sie und nur drei Kräfte besitzt. Höre nun, was die Stern- und Vorzeichendeuter sagen. Bonatus sagt über die Umläufe: „Findet sich Saturn im dritten Haus, so deutet er auf außergewöhnlichen kommenden Streit und Zwietracht." Firmicus läßt sich so vernehmen: „Mars im vierten Haus bewirkt, daß man für das, was man gegeben hat, keinen Dank erhält. Denn jeder, der etwas von einem bekommen hat, bleibt diesem ewig undankbar. Wenn danach Mars im Skorpion gewesen ist, werden alle, die ihn in dieser Konstellation gehabt haben, Menschen sein, die leicht über alle ihre Feinde herrschen, sie werden sich eines berühmten Namens und des besten Rufs erfreuen." Das siehst Du hier, Cuspinian, da sich vor allem anderen Mars des Skorpions erfreut. Von Jupiter aber sagt Bonatus: „Wenn er im fünften Haus wohnt, werden ehrenvolle Dinge geschehen, die Lob verdienen." Und auch Firmicus sagt: „Jupiter im fünften Haus gibt dem Glücksrad den entscheidenden Schwung."

Das sind die aus dem Allerheiligsten kommenden Orakelsprüche, und betrachtet man die Himmelskonstellation, dann glaube ich unbedingt an ihre Wahrheit in meinem Fall. Füge zu den natürlichen Bewegungen der Himmelskörper noch die Qualitäten meines Charakters und meiner Tugenden hinzu, wie unbedeutend ich auch sein mag (denn ich spreche schon ganz ungeniert mit Dir), rechne meine Rechtschaffenheit dazu, und Du wirst leicht zu dem Urteil gelangen, daß einem guten Menschen nichts Böses zustoßen kann, weder zu seinen Lebzeiten noch nach seinem Tode. So sagt Sokrates: „Töten können sie mich, schaden können sie mir nicht." Sokrates, den weder des Aristophanes Verhöhnung noch des Anytos Verrat nach des Meletos Anklage noch schließlich das Todesurteil seiner Richter und die von allen seinen Neidern ausgeheckte Verleumdung zugrunde richteten, den weit mehr sein eigener Tod unsterblich machte. Es lebt also Sokrates in Ewigkeit und triumphiert voller Ruhm, während das Andenken seiner Widersacher entweder gänzlich ausgelöscht ist oder mit Schande bedeckt nur noch unter der Asche glimmt.

Um daher nicht zuzulassen, daß Du in Deinen durch mich verursachten Beschwernissen noch länger von diesen meinen (wie viele, wenn auch fälschlich, glauben) Unannehmlichkeiten gequält wirst, habe ich Dir dargelegt, was ich von dem unbilligen Geifern meiner Neider gegen mich halte und von ihrem fluchwürdigen, zum Verderben der Wahrheit gegen meinen Ruhm geschmiedeten Komplott, durch das sie ihre Ruchlosigkeit der Nachwelt zu ewigem Gedächtnis in Buchsbaumholz eingeschnitzt haben. Wird doch die Ungeheuerlichkeit ihrer Verleumdungen und die Brutalität eines so kriminellen Verhaltens nicht mir, der ich – wie bekannt – die Wahrheit schrieb und ehrenwerte Ratschläge gab, sondern letztenendes ihnen selbst schaden, diesen üblen Verdrehern. Ich dagegen, den sie um seiner Gerechtigkeit willen verfolgt haben, ich werde glücklich sein. Könnte ich rechtlicher handeln, als ich beschloß, die Juden nicht mit brutaler Gewalt, sondern, wie das Recht es will, mit einvernehmlicher Güte zu unserem Glauben zu bekehren – die freilich, nach Cicero, dort nicht existieren kann, wo man dem einen sein Geld wegnimmt, um es einem andern zuzustecken. Alle Gleichheit und Gerechtigkeit hört auf, wenn nicht mehr jeder das Seine besitzen darf. Aber wir wollen das den Prunkreden der Rhetoren überlassen.

Was den Ammianus Marcellinus betrifft, so bitte ich Dich, überzeugt zu sein, daß ich Dir in allem, wovon ich meine, es sei für Dich wichtig oder auch nur wünschenswert, wo immer sich eine Gelegenheit bietet, zu Willen sein werde. Die Werke dieses Schriftstellers befinden sich jedoch augenblicklich, soweit mir bekannt, beim Bischof von Worms [Reinhard von Rippur], einem Bücherbesitzer, dem nichts über die Sicherheit seiner Schätze geht. Bei ihm wird meine Vermittlung kein Gewicht haben, auch wenn ich früher einmal der Leiter seiner Bibliothek gewesen bin. Es steht nämlich geschrieben: „Da kam ein neuer König auf in Ägypten, der wußte nichts von Joseph."

Meinen oder auch Deinen oder, wenn es Dir so lieber ist, unseren gemeinsamen Freund Lazius lege ich Dir besonders ans Herz, den seine Tugend und Redlichkeit, auch ohne daß ich etwas sage, empfiehlt. Ferner möchte ich gern, mit Deiner gütigen Erlaubnis, in Deine dortige literarische Gesellschaft aufgenommen werden. Lebe wohl, und möge es Dir gut ergehen!

THEOPHRASTUS PARACELSUS

Das Labyrinth der irrenden Ärzte [1537–1538]

Nun ist Alchemie eine Kunst, die von nöten ist und sein muß. Und weil in ihr die Kunst des Vulcanus ist, darum ist es notwendig zu wissen, was Vulcanus kann. Die Alchemie ist eine Kunst, Vulcanus ist der Künstler in ihr. Der nun ein Vulcanus ist, der ist der Kunst mächtig, der es nicht ist, der ist ihrer gar nicht mächtig. Um von solcher Kunst etwas zu verstehen, muß man zuerst wissen, das Gott alle Dinge geschaffen hat: aus nichts etwas. Das etwas ist ein Samen, und im Samen beschlossen ist das Ende seiner Bestimmung und seiner Aufgabe. Und wie alle Dinge vom nichts bis zum Ende geschaffen sind, so ist doch nichts da, das auf Erden völlig fertig sei; das ist: bis auf das Ende, aber nicht ganz bis auf das Ende, sondern der Vulcanus muß es vollenden. Alle Dinge sind so weit geschaffen, daß sie in unserer Hand sind, aber nicht wie sie in unserer Hand sein sollen. Das Holz wächst bis auf sein Ende, aber nicht in die Kohlen oder Scheiter; der Lehm wächst, aber die Töpfe nicht. So ist es mit allen Gewächsen; darum erkennt die Bedeutung desselben Vulcanus.

Mit einem Exempel: Gott hat Eisen geschaffen, aber nicht das, was daraus werden soll; das ist: nicht Roheisen, nicht Stangen, nicht Sicheln, allein Eisenerz, und im Erz gibt er es uns. Weiter befiehlt er es dem Feuer und dem Vulcanus, darum ist die Kunst gerecht, denn wenn sie nicht gerecht wäre, da wäre Vulcanus nicht nötig. Jetzt folgt aus dem, daß erstlich das Eisen von den Schlacken geschieden werden muß, darnach daraus geschmiedet, was werden soll. Das ist Alchemie; das ist der Schmelzer, der Vulcanus heißt; was das Feuer tut, ist Alchemie – auch in der Küche, auch im Ofen. Wer das Feuer regiert, ist Vulcanus – auch der Koch, auch der Stubenheizer. So ist es auch mit der Arznei; die ist geschaffen von Gott, aber nichts ist bis zum Ende bereitet, sondern in Schlacken verborgen. Jetzt ist es dem Vulcanus befohlen, die Schlacke von der Arznei wegzunehmen. Und wie ihr vom Eisen verstanden habt, so ist es auch mit der Arznei. Das, was die Augen am Kraut sehen, oder an Gesteinen oder Bäumen, ist nicht die Arznei. Sie sehen allein die Schlacke; inwendig aber, unter der Schlacke, da liegt die Arznei. Nun muß zuerst die Schlacke der Arznei genommen werden, darnach ist die Arznei da. Das ist die Alchemie und das Amt des Vulcanus: Er ist ein Apotheker und ein Laborant der Arznei. Und wie es oft vorkommt, daß gediegenes Silber und Gold usw. gefunden wird, so wird auch oft eine gediegene Arznei gefunden. Die ist so viel eher abgeschieden und bereitet, so wie das gediegene Silber allein des Fulminierens – das ist Schmelzens – und Brennens bedarf. Wenn nun das alles geschehen, daß die Arznei nach Inhalt der alchemistischen Kunst bereitet ist, so wird sie dem Kranken zugestellt, wie dem Gesunden seine Speise.

Ein Exempel vom Brot: Die äußere Kunst der Alchemie im Backofen vermag nicht die vollkommene, letzte Materie zu machen, sondern die mittlere Materie. Das ist: Die Natur macht die erste Materie bis zur Ernte, dann kommt die Alchemie: schneidet, mahlt, bäckt es, bis zum Maul; jetzt ist die erste und mittlere Materie fertig und fängt die Alchemie des Mikrokosmos an. Die hat die erste Materie im Munde, das ist das Brot; sie kaut es, das ist das erste alchemistische Werk; darnach im

Magen ist die zweite Materie, die verdaut es, daß es zu Blut und Fleisch wird: da ist jetzt die letzte Materie. Obwohl nachfolgend noch eine Alchemie da ist, nämlich die Krankheit, die die erste Materie ist; danach ist der Verfall, die zweite Materie; der Tod ist die letzte Materie. Weiter aber: die Fäulnis ist die erste Materie, nach dieser kommt die Aufzehrung; die letzte Materie ist Staub und Erde. So handelt die Natur mit uns, den Geschöpfen Gottes. Und so folgt aus meinem Vortragen, daß gar nichts in der Form der letzten Materie geschaffen ist. Aber alle Dinge werden in der Form der ersten Materie geschaffen, und darauf folgt dann der Vulcanus, der bringt sie durch die Kunst der Alchemie in die Form der letzten Materie. Dann folgt der Archaeus, der inwendige Vulcanus, der weiß nach den Stücken und ihrer Austeilung zu circulieren und zu präparieren, so wie die Alchemie es mit Sublimieren, Destillieren, Reverberieren usw. vermag. Denn die Künste sind alle im Menschen, ebensowohl wie in der äußeren Alchemie, die jene präfiguriert. Und so unterscheiden der Archaeus und der Vulcanus sich voneinander.

Das ist Alchemie: Das, was nicht vollendet ist, zu vollenden: das Blei von Erz zu Blei zu bringen und das Blei zu vermerken, wohin es gehört. So gibt es Alchemisten der Metalle, oder Alchemisten, die mit Mineralen umgehen, den Antimonium, Sulphur, Vitriol, Salz vollenden. So lerne, was Alchemie ist, zu erkennen, daß sie allein das Unreine bereitet durch das Feuer, und es zum Reinen macht. Obwohl nicht alle Feuer brennen, aber alles doch Feuer ist und bleibt. So gibt es Alchemisten des Holzes, wie die Zimmerleute, die das Holz bereiten, daß es ein Haus wird; Bildschnitzer, die vom Holz abtun was nicht dazu gehört, und so wird daraus ein Bild. So gibt es auch Alchemisten der Medizin, die von der Arznei wegtun, was nicht Arznei ist. Jetzt seht, was die Alchemie für eine Kunst ist! Sie ist die Kunst, das Unnütze vom Nützen zu scheiden und bringt dies dann in die Form seiner letzten Materie und Wesen.

GEORGIUS AGRICOLA

Über die Natur der Dinge, die aus der Erde fließen [1546]

Weil aber Bitumen leicht Feuer fängt, ist es althergebracht, es statt Öl zur Beleuchtung der Laternen zu verwenden, und es ist an vielen Orten gebräuchlich, so zum Beispiel in Sizilien im Gebiet von Agrigentum, woher es Sizilisches Öl heißt, in Kilikien bei Soloi, in Babylon, in Ekbatana, in Indien, in Äthiopien. Das sächsische Bauernvolk bedient sich heute seiner nicht nur zur Beleuchtung der Laternen, sondern es stellt daraus auch Hochzeitsfackeln her – man taucht Stengel von dürren Kerzenkraut darein – und schmiert damit die Wagenachsen. Medea verbrannte damit die Nebenfrau, als sie, so schreibt Plinius, an den Altar herangetreten war, um zu opfern; ihr Kranz wurde vom Feuer erfaßt. Daher nennen die Griechen das Naphtha Medeenöl. Denn diese Art Bitumen reißt das Feuer, wenn man es heranbringt, an sich; und man sagt, Alexander der Große habe, um das zu probieren, im Bade einen Sklaven mit Naphtha besprengt und eine Lampe angehalten; infolgedessen habe der Sklave so stark zu brennen angefangen, daß er beinahe umgekommen wäre, wenn ihn nicht die Diener mit viel Wasser besprengt, das Feuer gelöscht und so den Sklaven gerettet hätten, wie Strabo schreibt. Mit Naphtha bestrichen auch die Perser ihre Geschosse, zündeten sie an, schossen sie ganz behutsam ab und setzten so die Häuser der Feinde in Brand; das berichtet Ammianus. Semiramis hat es anstelle von Kalk benutzt, als sie Babylon mit einer Ziegelmauer umgeben ließ. Es wird auch auf Werkstücke aus Eisen und Kupfer gestrichen und sichert so gegen Rost und Grünspan. Ja, die Sachsen tränken damit die hölzernen Pfosten, um sie gegen Regen zu schützen. Aus den gleichen Gründen war es einst üblich, Standbilder damit zu bestreichen. In Brand gesetzt, vertreibt es Schlangen durch seinen Dampf, und beseitigt die Epilepsie. Auch für die Medizin bietet es Verwendung: Wenn es getrunken wird, zerteilt es, wie das bituminöse Wasser, verdicktes Blut und befördert die Blutreinigung der Frauen. Man bestreicht damit Kleinvieh und Zugtiere und heilt bei ihnen die Räude; für Augenstar, sagt Plinius, und Gelbsucht wird in der Überlieferung das Babylonische als wirksam bezeichnet; ebenso für Lepra, Schwindsuchterkrankungen und Hautjucken; eingerieben wird es auch bei Podagra. Das flüssige Alaun hat dieselbe Wirkung wie andere Arten davon; darüber will ich in den Büchern *Über die Natur der Fossilien* handeln.

Das versteinernde Gemenge strömt in den Höhlen aus den Spalten, Klüften und Gängen heraus und erstarrt, bevor es herabfällt, entweder zu Stein, und dann hängen seine Zapfen an den Decken, so nicht weit von Regensburg und bei Mieza in Makedonien; oder seine Tropfen werden, wenn sie schon heruntergeträufelt sind, erst zu Stein, so in den Korykischen Höhlen; oder auf beide Arten: so in jener berühmten Höhle bei Amberg, wo es weiße Säulen bildet. Aber auch mit buntfarbigem Aussehen, so wie in Phausia auf dem rhodischen Chersones in einer großen Höhle, wie Plinius überliefert. Und auch auf der karthagischen Insel Demonesos befinden sich Säulen in der sogenannten gemalten Höhle. Oder die Gegenstände saugen das versteinernde Gemenge unmittelbar auf, und verwandelt sie in Stein. So waren zu Beginn eines Krieges in der Gegend von Pergamon die Handwerker in die lydischen Bergwerke geflüchtet. Die Feinde vermauerten den Zugang, und sie erstickten. Doch als man nach langer Zeit die Bergwerke wieder öffnete und säuberte, fand man die Amphoren und andere derartige Gefäße, die sie zu nötigem Gebrauche verwendet hatten, mit einer Flüßigkeit gefüllt und zu Stein verhärtet und daneben auch menschliche Gebeine. Oder das Gemenge fließt von allein aus der Erde und wird zu Stein, so in der Zips nicht weit von der Quelle. Ich habe schon erwähnt, daß die Bewohner, wenn sie Mauern errichten, mit diesem Gemenge statt aus Kalk Mörtel herstellen. Oder auch: Es fließt mit Wasser vermischt heraus. Das versteinert dann entweder auch selbst, so das Wasser des Styx bei Nonakris in Arkadien, die warmen Wässer bei Lelantos auf Euböa, wo nach Plinius Felsen, die der Bach bespült, in die Höhe wachsen, die warmen Wässer in Hierapolis, die des kleinen Baches bei Laodikea; und auch am Ausgang des Sumpfes von Reate wächst ein Felsen. Oder es verwandelt hineingeworfene Gegenstände unter Beibehaltung ihrer früheren Gestalt in Stein, so eine Quelle auf Island, nicht weit von dem Vulkan Hekla, und eine weitere bei Eurymenae, der Crocanusfluß in Bruttium, der Sarnus in Campanien, der Silaris auf der anderen Seite von Surrentum, der Surius in Kolchis, einer im Kolosserland. Denn in ihr Wasser geworfenes Gesträuch, Blätter, Kränze, Lehmziegel, Knochen, Handschuhe, kurz alles, was Öffnungen hat, wird als Stein herausgezogen. Oder die Wässer, mit denen das versteinernde Gemenge vermischt ist, machen die Bäume, die sie bespülen, samt den Ästen zu Fels, so ein Fluß bei einem Bergwerk auf Skyros. Oder sie versteinern die Erde, die sie bewässern, wie die kleinen Bäche einer Quelle in Parparene und einer bei Knidos. Oder sie überziehen hineingeworfenes Holz mit einer Steinrinde, so sind die Wässer des Flußes bei den Kikonen und des Veliner Sees in Picenum. Und Samen, die man in die Albulaflüsse im Gebiete von Tivoli wirft, scheinen genauso mit einer Steinrinde überzogen zu sein. Manche schieben dies aber der Frechheit der Knaben zu. Soweit die flüssigen Gemenge; ich kehre zu den Wässern zurück. Da diese, wie gesagt, mit zwei, drei oder mehr Stoffen vermischt sind, haben sie viele und sehr verschiedenartige Wirkungen, die ganz allgemein von den Stoffen stammen, aus denen sie sich zusammensetzen. Zum Beispiel: Es ist ein Wasser eine Mischung von Salz und Alaun; wenn man es trinkt, wärmt es und trocknet es aus; diese Eigenschaft ist nämlich beiden gemeinsam. Ist mehr Salz als Alaun drin, beunruhigt es zwar den Leib, doch schädigt es weder ihn noch die inneren Organe sehr, weil das Alaun seine Wirkung einschränkt. Ist aber mehr Alaun drin, zieht es zusammen und verstopft. Und so muß man sich ein Urteil über die übrigen Wirkungen beider Stoffe bilden.

Aber die Schriftsteller erwähnen die Wirkungen sehr vieler Wassermischungen einfach nur, ohne sie, die einfachen wie die zusammengesetzten, zu kennen, oder sie finden sie sehr merkwürdig, während sie wenig oder nichts Merkwürdiges an sich haben, wenn man die Mischungen der Stoffe, aus denen sie entstehen, erklärt. Derartiges kann man viel bei den noch vorhandenen Autoren hier und da verstreut finden. Viel hat Plinius teils aus eben diesen, teils aus anderen durch die Ungunst der Zeiten verlorenen Autoren gesammelt. Doch das sieht man den Geographen nach; man sieht es den Lokalgeschichtsschreibern nach; man sieht es denen nach, die aus verschiedenen Schriftstellern solche Dinge gesammelt haben, daß sie bisweilen aus Erscheinungen, die nichts Wunderbares an sich haben, Wunder machen. Den Philosophen sieht man es nicht nach. Denn weil sie sich von Berufs wegen mit der Naturkunde befassen, haben sie die Pflicht, die Mischungen und Wirkungen der Wässer zu erklären. Da ich mich aber wegen der weiten Entfernung vieler Orte nicht auf das Urteil meiner Sinne stützen kann, das viel sicherer gewesen wäre, verlasse ich mich auf das logische Denken und werde aus den Wirkungen, die die Schriftsteller überliefert haben, über die Mischungen mancher Wässer ein Urteil abgeben. Denn bezüglich aller kann ich es nicht, weil nicht alle Wirkungen eine sichere Kennzeichnung der Stoffe, die mit den Wässern vermischt sind, ermöglichen, sondern manche eine mehrdeutige, manche gar keine.

GEORGIUS AGRICOLA

Über Bergbau und Hüttenkunde [ca. 1550]

Jetzt muß ich auf die Schmähungen antworten, die gegen die Mineralien geäußert werden. Gold und Silber werden zuerst das Verderben der Menschen genannt, weil sie für die Besitzer Ursache des Untergangs und des Verhängnisses seien. Welchen Gegenstand des Besitzes wird man auf diese Weise nicht ‚Verderben des menschlichen Geschlechts' nennen können? Etwa ein Pferd oder Bekleidung oder etwas anderes Ähnliches? Ist einer, der auf einem herrlichen Pferde reitet, oder ein Wanderer in schöner Kleidung für einen Räuber Anlaß zum Morde gewesen? Reiten wir deshalb nicht oder gehen wir zu Fuße, weil ein Räuber gemordet hat, um ein Pferd zu rauben? Oder gehen wir nicht etwa mit Kleidung, sondern nackt hinaus, weil ein Wegelagerer einem Wanderer mit dem Dolch das Leben genommen hat, um ihn der Kleidung zu berauben? Ähnlich ist es mit dem Besitz von Gold und Silber. Da das Leben des Menschen all dies nicht gut entbehren kann, werden wir uns vor den Straßenräubern hüten, und weil wir ihren Händen nicht immer entrinnen können, ist es das besondere Amt der Behörde, verbrecherische und ruchlose Menschen schleunigst dem Folterknecht und dem Henker zuzuführen. Auch Kriegsursache sind die Mineralien nicht; wenn nämlich ein einzelner Tyrann aus Leidenschaft zu einer besonders schönen Frau den Bewohnern der Stadt den Krieg erklärt, liegt die Schuld eines solchen Krieges an der unbeherrschten Leidenschaft des Tyrannen, nicht an dem schönen Gesicht der Frau. In gleicher Weise müssen wir, wenn ein andrer, blind vor Gier nach Gold und Silber, reiche Völkerschaften bekriegt, die Metalle außer Betracht lassen und alle Schuld auf die Habsucht schieben. Denn die wütenden Angriffe und schändlichen Taten, die die Rechte der Völker und Bürger zu mindern und zu verletzen pflegen, entstehen aus unseren Lastern. Darum hat Tibull nicht mit Recht die Schuld an dem Kriege dem Gold zugeschrieben, wenn er sagt:

„Dies ist der Fehler des Goldes, des reichen, noch gab es nicht Kriege,
Als im Gebrauch auf dem Tisch buchene Becher zum Mahl."

Aber Vergil meint, die Schuld am Morde liege an der Habsucht, als er von Polymnestor sagt:

„Er zerbricht alles Recht, den Polydoros erschlägt er,
Raubt sein Gold – wozu nicht zwingst du die Herzen der Menschen
Du so verfluchter Hunger nach Gold ..."

Und wiederum mit Recht, als er von Pygmalion spricht, der den Sicheus getötet hat:

„... und blind von der Gier nur nach Golde,
Sticht er geheim mit dem Schwert, den solches nicht Ahnenden nieder.
Hunger nämlich und Gier nach Gold und anderen Dingen macht die Menschen blind."

Und diese gottlose Gier nach Gold ist allen zu allen Zeiten und an jedem Ort nur zum Vorwurf und zur Schande gewesen. Ja, es sind die nur dem Geize Verfallenen, weil sie dessen Sklaven waren, für unedel und schmutzig gehalten worden. In ähnlicher Weise sind, wenn einer mit Gold und Silber und Edelsteinen die Keuschheit der Frauen bezwungen, die Treue vieler Menschen schwankend gemacht, richterliche Entscheidungen erkauft, unzählige Verbrechen begangen hat, wiederum nicht die Mineralien schuld, sondern der entflammte glühende Wahnsinn der Menschen und die blinde gottlose Gier der Seelen. Obwohl aber das gegen Gold und Silber Gesagte hauptsächlich gegen das Geld gesagt wird, so sind doch, weil die Dichter dieses ausdrücklich tadeln, ihre Vorwürfe zu nichts zu machen; was nur durch das Eine geschehen kann: Denen schlägt das Geld zum Guten aus, die es gut verwenden; es bringt Schaden und Übel denen, die es schlecht verwenden. Deshalb sagt Horaz vollkommen richtig:

„Weiß du nicht, was die Münze wert, welchen Nutzen sie bietet,
Kauft man Brot, oder Kohl, oder Wein ein Maß ..."

und noch an einer anderen Stelle:

„Es befiehlt oder dient einem jeden das Geld, das er gesammelt.
Besser, es folgt dem Seil, dem festen, als daß er es führt!"

Aber als gescheite und geschickte Menschen sich die ganze Art des Tauschhandels ansahen, dessen sich einst die noch unzivilisierten Menschen bedienten, und den heute noch manche wilde und barbarische Völkerschaften üben – sie sahen nämlich, wie mühsam und schwer er durchzuführen ist –, erfanden sie das Geld. Man konnte sich nichts Nützlicheres denken; denn ein kleines Stück Gold und Silber ist da der Preis für eine große und schwere Ware. Und so treiben Völker, die ganz verschieden voneinander sind und weit getrennt wohnen, ganz leicht Handel miteinander, den das bürgerliche Leben nicht entbehren kann. So haben die Schmähungen, die gegen das Eisen, das Kupfer und das Blei geäußert werden, von sich aus bei Männern, die klug und bedeutend sind, keinen Platz. Denn gesetzt, jene Metalle werden beseitigt, dann werden die Menschen jedenfalls heftig vor Zorn entbrennen und, von zügelloser Wut erfaßt, mit den Fäusten, Füßen, Nägeln und Zähnen wie die wilden Tiere miteinander kämpfen. Sie werden einander mit Knütteln schlagen, mit Steinen bewerfen und zu Boden schlagen, ja ein Mensch tötet den andern nicht nur mit Eisen, sondern bringt ihn mit Gift, Hunger und Durst ums Leben, er erstickt und erwürgt ihn, er vergräbt ihn lebendig in der Erde, er ersäuft ihn und schnürt ihm die Kehle ab, er verbrennt ihn, um alle Elemente an menschlicher Tötung teilhaben zu lassen. Dann schließlich wird einer den wilden Tieren hingeworfen, ein andrer in den Körper eines geschlachteten ganz eingenäht, daß nur der Kopf herausschaut, und so dem Gewürm zum Zerfressen überlassen. Einen andren taucht man in einen Weiher unter, und ihn zerreißen ganz und gar die Muränen; wieder ein andrer wird in Öl gekocht, ein andrer wird mit Ruten geschlagen oder mit Knüppeln verprügelt und so zu Tode gebracht; ein andrer wird durch Felsstücke erdrückt, indem man eine Steinigung veranstaltet; ein andrer von einer hochgelegenen Stelle hinabgestürzt. Überdies – wird der Mensch ohne Metalle nicht nur auf eine Weise gequält? Zum Beispiel wenn der Henker ihm die Scham mit glühenden Wachsstücken anbrennt und die Haare unter den Achseln oder ihm ein Leinentuch in den Mund legt, das allmählich und langsam durch die Atmung in den Schlund gezogen wird und er es plötzlich und gewaltsam wieder herausreißt, oder ihn, die Hände hinter den Rücken gebunden, nach und nach in die Höhe zieht und dann plötzlich herabfallen läßt; oder ganz ähnlich ihn an einen Balken bindet und ihm ein Felsstück von großem Gewicht mit einem dünnen Seil an die Beine bindet; oder schließlich ihn foltert und seine Glieder dann auseinanderzerrt. Und so ersehen wir daraus, man darf nicht den Metallen die Schuld geben, sondern unseren Lastern, ich meine dem Zorn, der Grausamkeit, der Zwietracht, der Sucht, über weite Gebiete zu herrschen, der Habsucht, der Wollust. Doch an dieser Stelle erhebt sich die Frage, ob wir die Mineralien unter die Zahl der Güter rechnen dürfen oder sie in die Reihe der Übel stellen müßen. Die gesamten Reichtümer jedenfalls rechneten die Peripatetiker unter die Zahl der Güter und bezeichneten sie nur als äußere, weil sie sich weder in der Seele noch im Körper befinden, sondern außerhalb. Ferner aber meinten sie, sie könnten, wie vieles andre auch, Güter sein, weil es in unserer Macht stünde, sie gut oder schlecht zu gebrauchen. Denn gute Männer gebrauchen sie gut, und sie sind ihnen nützlich, schlechte jedoch schlecht, und sie sind ihnen schädlich. Von Sokrates stammt das Wort:

> „Der Wein wandelt sich nach den Gefäßen, der Reichtum nach dem Charakter derer, die ihn besitzen."

Die Stoiker, deren Gewohnheit es ist, genau und scharfsinnig zu diskutieren, nehmen den Reichtum zwar aus dem Chor der Güter heraus, rechnen ihn aber nicht unter die Übel, sondern haben ihn zu der Gruppe gestellt, die weder gut noch schlecht genannt wird. Denn bei ihnen ist nur die Tugend ein Gut, das Laster allein ein Übel, jede sonstige Gruppe indifferent. Und so ist, wie sie selbst darüber denken, ohne Bedeutung, ob einer sich wohl befindet oder schwer krank ist, ohne Bedeutung, ob er schön oder häßlich ist. Schließlich:

> „Ob reich als des alten Inachos Sprößling du
> Unter dem Himmel weilst, oder niedrigstem Volk
> Entstammend arm, das ist unwesentlich ..."

Aber ich meinerseits sehe keinen Grund, warum dem, was von Natur und an sich ein Gut ist, nicht irgendein Platz unter den Gütern gebühren soll. Die Mineralien erzeugt sicherlich die Natur, und der Menschheit gewähren sie vielfach einen Nutzen, den sie braucht, von dem Schmuck zu schweigen, der wunderbar zum Nutzen stimmt. Deshalb wäre es unbillig, sie von der Stelle und dem Rang, die sie unter den Gütern einnehmen, abzusetzen. Wenn sie aber einer schlecht verwendet, wird man sie deshalb nicht mit Recht als Übel bezeichnen. Denn welche guten Dinge können wir nicht in gleicher Weise gut und schlecht verwenden? Es sei mir erlaubt, Beispiele von beiden Arten der Anwendung anzuführen. Wenn man Wein, den bei weitem besten Trank, mäßig trinkt, fördert er die Verdauung der Speisen, unterstützt die Blutbildung, befördert die Säfte in die Teile des Körpers, ist für die Ernährung von Vorteil und nicht nur für den Körper, sondern auch für die Seele nützlich. Denn er zerteilt die Finsternis und den Trübsinn unseres Geistes, befreit uns von Sorgen und Kummer und macht uns zuversichtlicher. Wenn man ihn aber unmäßig trinkt, so schadet er dem Körper und bedrängt ihn mit schweren Krankheiten. Ein Trunkener behält auch nichts für sich, er rast und tobt und verübt viele schändliche Verbrechen und Schandtaten. Darüber hat Theognis treffend in Versen geschrieben, die man folgendermaßen übersetzen kann:

„... Weine pflegen zu schaden, schlürft man sie mit gieriger Kehle;
Doch wenn du mäßig sie trinkst, pflegen zu helfen sie dir."

GEORG JOACHIM RHETICUS

Bericht über die kopernikanische Astronomie [1540]

Über die Exzentrizität und die Bewegung des Sonnenapogäums

Da sich bei der Sonnenbewegung alle Schwierigkeit um die fließende und unbeständige Länge des Jahres dreht, muß zuerst über die Änderung des Apogäums und der Exzentrizität gesprochen werden, damit wir alle Ursachen der Ungleichheit des Jahres anführen; der Lehrer Kopernikus zeigt jedoch unter Zuhilfenahme der dazu geeigneten Theorien, daß sie regelmäßig und feststehend sind.

Als Ptolemäus behauptete, daß das Apogäum der Sonne fest sei, wollte er lieber die übliche Meinung annehmen, als seinen eigenen Beobachtungen glauben, welche vielleicht zu wenig von der allgemeinen Ansicht abwichen. Aber wie trotzdem durch einen bindenden Schluß aus seinem Bericht hervorgeht, steht fest, daß die Exzentrizität zur Zeit Hipparchs, also bestimmt zweihundert Jahre vor ihm, 417 solcher Teile betrug, von denen 10 000 auf den Halbmesser des Exzenterkreises kommen; daß es aber zur Zeit des Ptolemäus 414, zur Zeit Arzahels (dem auch unser Regiomontanus ein stärkeres Vertrauen schenkt) ungefähr 346 waren, geht aus der größten Gleichung hervor; aber gegenwärtig sind es 323, insofern nämlich der Lehrer Kopernikus versichert, daß er die größte Gleichung nicht höher als 1 Grad $50^1/_2$ Minuten findet.

Als er dann die Bewegungen der Apsiden der Sonne und der übrigen Planeten aufs sorgfältigste untersuchte, fand er, wie Du auch aus dem Vorhergehenden ersiehst, zuerst: Die Apsiden schreiten in eigenen Bewegungen unter der Kugel der Fixsterne vorwärts, und die Behauptung, daß die Bewegungen der Fixsterne und Apsiden, die sich nur in einer einzigen Bewegung kundtun, sowie diejenigen der Schiefenänderung von einer einzigen Ursache abhängen, ist nicht vernünftiger, als wenn einer eurer Meister, welche die natürlichen Bewegungen und Erscheinungen der einzelnen Planeten durch ein und dasselbe Getriebe nachzubilden, oder wenn jemand den Nachweis wagen wollte, daß der Fuß, die Hand und die Zunge mit ein und demselben Muskel und mit der gleichen bewegenden Kraft alle ihre Bewegungen vollbringen. Deshalb hat der Lehrer Kopernikus dem Apogäum der Sonne zwei Bewegungen zugeschrieben, nämlich eine mittlere und eine hin und herführende, durch die es sich unterhalb der achten Sphäre bewegen soll. Dazu kommt noch: Da der wahre Nachtgleichepunkt sich infolge der gleichmäßigen und der ungleichmäßigen Bewegung im Tierkreis rückwärts bewegt, müssen die Apogäen der Sonne und der übrigen Planeten wie die Fixsterne zurückgerückt werden. Deshalb ist er gezwungen, drei solche Bewegungen voneinander zu unterscheiden, um die Beobachtung aller Zeiten auf Grund eines harmonischen Gesetzes miteinander in Übereinstimmung zu bringen.

Damit Du das verstehst, nimm an, die größte Exzentrizität werde 417, die kleinste 321 Teile betragen; der Unterschied sei 96 Teile, er sei natürlich der Durchmesser des kleinen Kreises, auf dessen Umfang der Mittelpunkt der Exzenters von Ost nach West bewegt werden soll; vom Mittelpunkt der Welt bis zum Mittelpunkt dieses kleinen Kreises werden es also 369 Teile sein. Alle diese Teile sind solche, von denen der Exzenterhalbmesser, wie soeben gesagt worden ist, 10 000 besitzt. Dann hast Du den Mechanismus, den er aus den drei oben angeführten Exzentrizitäten auf ganz ähnliche Weise herausfand, wie man aus drei Mondfinsternissen seine gleichmäßigen Bewegungen mit Hilfe eines sicherlich bewundernswerten Kunstgriffes verbessert.

Ferner stellte er fest, daß der Mittelpunkt des Exzenters den Umlauf mit gleicher Geschwindigkeit vollzieht, mit der jeder Unterschied der Schiefenänderung wiederkommt. Und diese Entdeckung ist wahrhaftig der größten Bewunderung würdig, weil sie mit so großer und wunderbarer Harmonie verwirklicht wird.

Ungefähr sechzig Jahre vor der Geburt des Herrn fand die größte Exzentrizität statt, zur derselben Zeit auch die größte Deklination der Sonne, und im ganz und gar gleichen Verhältnis wie die eine nahm auch die andere ab, so daß mir dieses wie auch andere derartige Naturspiele in dem wechselnden Geschick meines Lebens immer wieder Beruhigung bringen und in das bekümmerte Herz süßesten Trost träufeln.

Nach der Bewegung des Exzenters wechseln die Monarchien der Welt

Ich möchte auch eine wichtige Prophezeiung anfügen. Wir sehen, daß alle Alleinherrschaften angefangen haben, wenn der Mittelpunkt des Exzenters sich in irgendeinem ausgezeichneten Punkt dieses kleinen Kreises befunden hat. So neigte sich das römische Reich der Monarchie zu, als die Sonne die größte Exzentrizität hatte, und in der gleichen Weise, wie jene abnahm, verfiel auch dieses, wie wenn es alterte, und ging so unter. Als sie zum Viertel und der Grenze der kleinen Exzentritäten kam, wurde das mohammedanische Gesetz aufgestellt; so begann ein anderes großes Reich und wuchs schnellstens im Verhältnis der Bewegung. Von jetzt an in hundert Jahren, wenn die Exzentrizität am kleinsten sein wird, wird auch dieses Reich seine Zeit vollenden, wie es sich schon jetzt auf dem höchsten Gipfel seiner Macht befindet von dem es mit Gottes Willen gleich schnell durch einen schweren Fall stürzen wird.

Wenn aber der Mittelpunkt des Exzenters zur anderen Grenze der unteren Beträge gelangen wird, so wird, wie wir hoffen, unser Herr Jesus Christus erscheinen, denn an dieser Stelle war er um die Zeit der Weltschöpfung; auch weicht diese Vermutung nicht viel von jenem Wort des Elias ab, der auf Grund göttlicher Eingebung vorhergesagt hat, daß die Welt nur sechstausend Jahre bestehen werden, eine Zeit, in der ungefähr zwei Umläufe zu Ende geführt werden. So leuchtet ein, daß dieser kleine Kreis im wahrsten Sinne jenes Rad des Schicksals ist, nach dessen Umdrehungen die Alleinherrschaften der Welt ihren Anfang nehmen und abgelöst werden. Auf solche Weise können in der Tat die größten Veränderungen der ganzen Weltgeschichte, wie wenn sie auf diesen Kreis geschrieben wären, erschaut werden. Wie man aber fernerhin aus den großen Konjunktionen und anderen gelehrten Deutungen erkennen kann, welcher Art jene Herrschaften sein mußten, ob sie eine gerechte oder eine tyrannische Verfassung hatten, möchte ich in Bälde, so Gott will, von Dir persönlich hören.

GALILEO GALILEI UND JOHANNES KEPLER

Briefwechsel über die neuen astronomischen Erkenntnisse [1597]

1. Galileo Galilei an Johannes Kepler

Euer Buch, Hochgelehrter Herr, das mir Paul Hamberger überbrachte, erhielt ich freilich nicht schon vor Tagen, sondern erst vor wenigen Stunden. Und da der nämliche Paul zu mir von seiner Rückkehr nach Deutschland sprach, meinte ich, es wäre fürwahr undankbar von mir, wenn ich Euch nicht mit diesem Brief für die empfangene Wohltat danke. So sage ich also Dank und nochmals höchsten Dank, vor allem dafür, daß Ihr geruht habt, mich durch einen solchen Beweis unter Eure Freunde aufzunehmen.

Von dem Buch sah ich bis jetzt nur die Einleitung an, aus der ich Eure Absicht gleichwohl schon erfaßte. Und ich freue mich in der Tat gar sehr, bei der Erforschung der Wahrheit einen so bedeutenden Bundesgenossen zu haben, der ein Freund der Wahrheit selbst ist. Es ist nämlich beklagenswert, wie wenige es sind, die nach Wahrheit streben und nicht den verkehrten philosophischen Grundsätzen folgen. Aber weil hier nicht der

Ort ist, die Nöte unseres Jahrhunderts zu beklagen, sondern sich mit Euch über die wunderschönen Ergebnisse zur Bestätigung der Wahrheit zu freuen, möchte ich nur dies hinzufügen und versprechen, daß ich Euer Buch in aller Ruhe durchlesen werde, da ich gewiß bin, darin Vortreffliches zu finden. Dies aber werde ich um so lieber tun, als ich schon vor vielen Jahren zur Auffassung des Kopernikus gelangte und von diesem Standpunkt aus die Ursachen vieler Wirkungen in der Natur entdeckt habe, die ohne Zweifel nach der allgemein üblichen Hypothese unerklärlich sind. Viele Begründungen und auch Widerlegungen gegenteiliger Gründe verfaßte ich, was ich jedoch bisher nicht zu veröffentlichen wagte, abgeschreckt durch das Schicksal unseres Lehrers Kopernikus. Dieser verschaffte sich freilich bei einigen unsterblichen Ruhm, von unendlich vielen aber (so groß ist nämlich die Zahl der Toren) wurde er verlacht und ausgepfiffen. Ich würde jedenfalls wagen, meine Überlegungen an die Öffentlichkeit zu bringen, wenn es mehrere von Euer Art gäbe. Da dem aber nicht so ist, werde ich ein derartiges Unterfangen unterlassen. Die knappe Zeit drängt, und das Verlangen, Euer Buch zu lesen quält mich. So schließe ich denn, und in allem Euch ganz zu Diensten, versichere ich Euch meiner tiefen Freundschaft. Lebt wohl, und unterlaßt es nicht, mir weiter Eure ungemein erfreulichen Briefe zu senden.

2. Johannes Kepler an Galileo Galilei

Euren Brief, Hochgelehrter Herr, geschrieben am 4. August, habe ich am 1. September erhalten. Dieser hat mir gewiß doppelte Freude bereitet, einmal wegen der mit Euch, einem Italiener, geschlossenen Freundschaft, sodann wegen unserer Übereinstimmung in der kopernikanischen Kosmographie. Da Ihr mich also am Ende des Briefes freundlich zu häufigen Briefen aufgefordert habt und mir dazu aus eigenem Antrieb Anreize nicht fehlten, konnte ich nicht umhin, Euch durch diesen adligen jungen Mann einen Brief zu senden. Ich glaube nämlich, daß Ihr seit dieser Zeit, falls Ihr Muße hattet, mein kleines Buch gründlicher kennengelernt habt. Daher hat mich heftige Begierde erfaßt, Eure Ansicht zu erfahren; so nämlich pflege ich von jedem, dem ich schreibe, nachdrücklich unverfälschte Urteile über meine Schriften zu verlangen, und Ihr sollt mir glauben, daß ich das strenge Urteil eines Verständigen, wie hart es auch sein mag, dem gedankenlosen Beifall der großen Masse vorziehe. Wenn nur Ihr, die Ihr mit so viel Einsicht begabt seid, Euch doch ein anderes Ziel gesetzt hättet! Denn wenn Ihr auch weise und versteckt, mit Euer Person ein Beispiel gebend, mahnt, man solle der allgemeinen Unwissenheit nachgeben, und sich nicht unüberlegt einmischen oder gar der Raserei der Masse entgegenstellen, worin Ihr unseren eigentlichen Lehrern, Plato und Pythagoras, folgt, so ist doch in diesem Jahrhundert, zuerst von Kopernikus und darauf von mehreren hochgelehrten Mathematikern, der Anfang eines riesigen Werkes gemacht worden, und es ist nicht länger neu, daß sich die Erde bewegt. So wäre es vielleicht besser, durch einhellige Meinungsäußerungen diesen einmal in Bewegung gesetzten Wagen beständig weiter zum Ziel zu schleppen und es zu unternehmen, die große Masse, die ja das Gewicht der Gründe weniger abwägt, mehr und mehr mit sachverständigen Aussagen zu überschütten, wenn wir sie so vielleicht mit List zur Erkenntnis der Wahrheit bringen können. Auf diese Art und Weise würdet Ihr zugleich all den unter so vielen unbilligen Urteilen leidenden Bundesgenossen helfen, die dann entweder Trost aus Euer Zustimmung oder Schutz durch Euer Ansehen gewinnen könnten. Es sind nämlich nicht allein Eure Italiener, die nicht glauben können, daß sie sich bewegen, wenn sie es doch nicht wahrnehmen, sondern auch wir hier in Deutschland erlangen mit dieser Lehre keine große Gunst. Gleichwohl gibt es vernünftige Gründe, mit denen wir uns gegen diese Schwierigkeiten wappnen können. Zunächst einmal, von jener großen Menschenmasse lebe ich abgesondert und nehme so den Lärm von so viel Geschrei nicht sogleich in mich auf. Ferner gehören die mir Nächsten zu der Art von Menschen, die, da sie diese Abwegigkeiten, wie sie sagen, nicht verstehen, sich nur wundern und bei sich nicht darüber nachdenken, ob sie es glauben sollen oder nicht. Die mäßig Gebildeten mischen sich, je klüger sie sind, desto vorsichtiger in solchen Mathematikerstreit ein: Vielmehr können sie, dies sage ich aus Erfahrung, durch das Ansehen der in der Mathematik Bewanderten betört werden. So meinen sie, wenn sie hören, welche Ephemeriden wir schon nach den kopernikanischen Hypothesen berechnet haben, alle, die heute Ephemeriden aufzeichnen, folgten dem Kopernikus; und wenn von ihnen verlangt wird, sie sollen Dinge einräumen, die doch nur mathematisch Geschulten genau dargelegt werden können, glauben sie, daß die Himmelserscheinungen ohne die Bewegung der Erde nicht stattfinden können. Denn wenn auch diese Annahmen und Grundsätze *nicht von selbst glaubwürdig* sind, müssen sie dennoch von Nichtmathematikern eingeräumt werden. Und da sie wahr sind, warum sollten sie nicht als unwiderlegbar aufgedrängt werden? Es bleiben also allein die Mathematiker, mit denen man größere Mühe hat. Diese nehmen von Berufs wegen keine Annahmen ohne Beweis hin. Je unerfahrener einer von ihnen ist, desto mehr Mühe bereitet er. Aber auch hierfür gibt es ein Mittel, die Vereinzelung. An einem Ort gibt es nur einen Mathematiker; das ist, wo es so ist, das beste. Dann soll er, wenn er anderswo einen Gesinnungsgenossen hat, von diesem einen Brief erwirken. Auf diese Art und Weise kann er durch Vorzeigen dieses Briefes bei den Gelehrten die Annahme erwecken, alle Professoren der Mathematik wären allenthalben eines Sinnes. Auch Euer Brief dient mir dazu. Ist aber wirklich List nötig? Habt Vertrauen, Galilei, und tretet hervor! Wenn ich recht vermute, wollen nur wenige der hervorragenden Mathematiker Europas uns im Stich lassen. So voller Macht ist die Wahrheit. Falls Euch Italien für Veröffentlichungen weniger geeignet scheint und Ihr irgendwelche Hindernisse vor Euch habt, wird uns vielleicht Deutschland diese Freiheit einräumen. Aber genug von diesen Dingen. Teilt es mir wenigstens persönlich mit, wenn Ihr es öffentlich nicht für gut haltet, so Ihr etwas zugunsten des Kopernikus entdeckt habt.

Nun möchte ich Euch zu einer Beobachtung auffordern. Ich muß nämlich zu anderen Zuflucht nehmen, da mir die Instrumente fehlen. Habt Ihr einen Quadranten, auf dem Ihr einzelne Minuten und Viertelminuten ablesen könnt? Beobachtet also um den kommenden 19. Dezember in derselben Nacht die größte und die kleinste Höhe der Erhebung des Schwanzes im Bären. Um den 26. Dezember beobachtet in gleicher Weise beide Höhen des Polarsternes. Den ersten Stern beobachtet auch um den 19. März des Jahres 1598 bei nächtlicher Höhe um 12 Uhr, den anderen um den 28. September, ebenfalls um 12 Uhr. Wenn nämlich, was ich mir wünsche, zwischen den zwei Beobachtungen ein gewisser Unterschied von je ein oder zwei Minuten, besser noch von zehn oder fünfzehn, auftritt, wird dies ein Beweis für einen in der ganzen Astronomie weitverbreiteten Sachverhalt sein. Wenn wir aber keinen deutlichen Unterschied feststellen, werden wir dennoch gemeinsam den Ruhm erlangen, ein äußerst gewichtiges Problem aufgezeigt zu haben, was bislang niemand angestrebt hat. Für den Kundigen ist genug gesagt.

Obendrein schicke ich Euch noch zwei Exemplare, da Hamberger gesagt hat, daß Ihr mehr wünscht. Wem Ihr sie auch schickt, er möge über das Büchlein einen Brief schreiben und es so abgelten. Lebt wohl, hochberühmter Herr, und antwortet mir mit einem möglichst langen Brief.

XIII. Kunst und Kunstverständnis

Einleitung

Themen aus der antiken Geschichte oder Mythologie wurden auch in der Kunst des Mittelalters benutzt. In der Renaissance behandelte man sie aber im Licht des neuen Kunstverständnisses, wie es vor allem in Italien entwickelt wurde, und in dem das Vorbild der Antike eine ausschlaggebende Rolle spielte. Auf den ersten Blick mag es ganz natürlich erscheinen, daß zwischen Humanisten, Malern, Bildhauern und Architekten enge Beziehungen bestanden, aber es war wohl doch nicht ganz so selbstverständlich. Man vertrat damals häufig die Ansicht, daß die Blüte der Künste und der Gelehrsamkeit zwei Aspekte derselben Sache, nämlich des Wiederauflebens der Kultur als Ganzes, darstellten, und befaßte sich nicht sonderlich mit ihren gegenseitigen Beziehungen. Das ideale Ziel der Zeit war, wie Albrecht Dürer es 1523 ausdrückte, die „Wiedererwachung" der antiken Kunst und Ästhetik. Die neue humanistische Gelehrsamkeit konnte dabei die erforderlichen Kenntnisse der antiken Kunstwerke und Kunsttheorie vermitteln. Bald galt es als höchstes Lob, mit Künstlern der Antike verglichen zu werden: Als Sebastiano Serlio (1475–1554) in seiner Abhandlung über die Baukunst die klassischen Gebäude Roms beschrieb, schloß er auch den Plan des großen zeitgenössischen Architekten Donato Bramante für die neue Peterskirche mit ein. Humanisten trugen sicherlich dazu bei, daß Künstler sich eingehend mit klassischen Beispielen, Themen und Vorschriften beschäftigten. Plinius hatte eine ganze Reihe von klassischen, teilweise unbekannten Autoren auf diesem Gebiet aufgezählt, aber viele Schriften waren verloren gegangen. Den Humanisten gelang es jedoch, einige bedeutende antike Texte zu entdecken, zum Beispiel das Werk des römischen Architekten Vitruv und die *Hieroglyphica* des obskuren Neuplatonikers Horapollo von Alexandrien, der vorgab, die ägyptischen Hieroglyphen entschlüsselt zu haben. Zusammen mit den sorgfältigen Beschreibungen der Überreste antiker Kunstgegenstände und der oft damit verbundenen Sammeltätigkeit vieler Humanisten übten diese Funde einen Einfluß auf die Entwicklung der Kunst aus.

Ziemlich von oben herab klingt der Ton eines Briefes von Enea Silvio Piccolomini an den deutschen Juristen Gregor von Heimburg (ca. 1400–1472) über das Wiederaufblühen von Kunst und Bildung in Italien und Deutschland. Viele italienische Humanisten schlugen Ausländern gegenüber diesen überheblichen Ton an, denn, war Italien nicht die einzige Quelle der humanistischen Studien sowie der neuen Richtungen in der Kunst und der einzige wahre Erbe der Kultur des Altertums? Waren es nicht vor allem Italiener gewesen, die im Ausland die neue Kunst und Gelehrsamkeit bekannt gemacht hatten? Kamen die Ausländer nicht in Scharen nach Italien um von den dortigen Künstlern und Gelehrten zu lernen? Diese Haltung war natürlich auch in vieler Hinsicht berechtigt. Noch fünfzig Jahre nachdem Piccolomini seinen Brief geschrieben hatte, bezeugte Erasmus, wie unvergeßlich ihm die Landschaft Italiens, seine Bibliotheken und die berühmten Wissenschaftler, die er dort kennengelernt hatte, geblieben waren. Doch mußten die Italiener zugeben, daß auch anderswo Künste und Wissenschaften neue Blüten trieben, und so spendet Piccolomini in seinem Brief der deutschen humanistischen Gelehrsamkeit doch auch ein – allerdings karges – Lob. Ein immer wieder behandeltes Sujet war aber das zweite Thema seines Briefes: der Abscheu der Humanisten vor dem Mittelalter, einer Zeit, in welcher ihrer Meinung nach jahrhundertelang ausschließlich ungenießbare Produkte der Literatur, der bildenden Künste und der Architektur entstanden waren. Besonders die Gotik lehnte man scharf ab, und im Vergleich mit den erhabenen Schöpfungen der Antike wurde sie als barbarisch hingestellt.

Die Faszination, die antike Gegenstände wie Skulpturen, Sarkophagen, Vasen, Inschriften, Münzen, Kameen oder Gemmen ausstrahlten, spricht aus den Erinnerungen des berühmten florentinischen Bildhauers Lorenzo Ghiberti (1378–1455). Stücke dieser Art wurden nicht nur von vielen humanistisch gebildeten Kunstkennern, sondern auch von Künstlern eifrig gesammelt und studiert. Antiquitätenforschung bildete eine Quelle der Inspiration für den florentinischen Bildhauer Donatello (1388–1466), der vor allem mit antiken Gemmen vertraut war, und ebenso für die neun Kartons von Andrea Mategna (1431–1506), die Caesars Triumphzüge darstellen. Lange Zeit hatten die Überreste der Antike als eine Art Unrat aus vorchristlichen Zeiten gegolten. Daß diese Auffassung noch nicht ganz ausgestorben war, beweist Ghibertis Erzählung von der Entfernung einer Statue aus Siena, weil sie der Stadt angeblich Unglück gebracht hatte. Andererseits plädierten einige Humanisten für die Restaurierung antiker Ruinen und gegen ihren Gebrauch als Steinbrüche für neue Gebäude: Der Mörtel für die neue Peterskirche in Rom wurde aus Marmor vom Forum hergestellt.

Wie schon erwähnt wurde das Werk Vitruvs über die Architektur von den Humanisten wiederentdeckt. Es bot zahlreiche theoretische Ansätze und praktische Vorbilder, war aber keineswegs der vollendete Text, auf den man gehofft hatte: Auch nach sorgfältiger Editionsarbeit und Kommentierung war er schwierig zu verstehen und oft verwirrend. Der Architekt Leon Battista Alberti (1404–1472), einer der wenigen Künstler, der auch selbst Humanist war, nahm die Auffassungen und Anregungen

Vitruvs auf und führte sie weiter. In seinem *De re aedificatoria* (Über die Baukunst) schuf er einen grundlegenden Text, mit Hilfe dessen man auch Bauten, die in klassischen Zeiten nicht existiert hatten, wie Kirchen oder Adelspaläste, konstruieren konnte. Überdies behandelte er dort den sozialen und politischen Hintergrund von Architektur und Städtebau. Alberti verfaßte dieses Werk auf lateinisch, aber zwei weitere Abhandlungen, die seine vom Humanismus geprägten Gedanken enthalten und von den Zeitgenossen mit Zustimmung aufgenommen wurden, schrieb er in der Volkssprache: *Della famiglia* (Über die Familie) enthielt eine Schilderung humanistischer Ideale im sozialen und politischen Leben, und in dem Buch *Della pittura* (Über die Malerei) beschrieb Alberti unter anderem die Technik des Perspektivzeichnens und verteidigte die bahnbrechende Ansicht, daß ein Künstler nicht nur Handwerker sei, sondern auch wissenschaftlich und literarisch gebildet sein müsse. Der Maler sollte nach Albertis Ansicht zum Beispiel die Geometrie, eine der sieben freien Künste, für die richtige Perspektive beherrschen, und für die Wahl und Ausarbeitung seiner Themen war eine gewisse literarische Kenntnis unentbehrlich. Alberti war ein bildender Künstler, der eng mit Humanisten zusammenarbeitete. Er lebte damals in Florenz und kannte alle Großen, wie Ghiberti, Donatello, Brunelleschi und andere, welche er den Besten der Antike gleichstellte und als Beispiele idealer, humanistisch gebildeter Künstler lobte. Die durch Alberti verbreitete Idee, daß Gelehrsamkeit und Kunstschaffen in der Person des Künstlers zusammentrafen, trug dazu bei, ihr gesellschaftliches Ansehen zu erhöhen.

Fast ein Jahrhundert später verfaßte der Architekt Andrea Palladio (1508–1580) seine *Quattro libri dell'architettura* (Vier Bücher zur Architektur), in denen er den antiken Tempelbau zusammen mit dem Kirchenbau der Renaissance in ein und demselben Kapitel behandeln konnte, als hätte es nie ein Mittelalter zwischen der klassischen und der eigenen Zeit gegeben: Das Bewußtsein der Kontinuität der Antike war ungebrochen. Mehr als die anderen Künste verband man Architektur und Skulptur mit dem Humanismus, weil antikisierende Baustile und Skulpturen in der Öffentlichkeit am besten wahrnehmbar waren und die Ansicht ganzer Städte veränderten.

Eine sehr enge Zusammenarbeit zwischen Humanisten und Künstlern entwickelte sich bei höfischen Festen, Theateraufführungen, Einzügen, Turnieren und dergleichen. Allerdings ist zu bedenken, daß die Auftraggeber viel mehr Wert auf Unterhaltung und Spektakel legten als auf wissenschaftliche Genauigkeit und Tiefe. Aber dank der Mitwirkung von Humanisten an Festlichkeiten aller Art lebten die antiken Götter weiter und drangen auch in den kirchlichen Bereich ein, was merkwürdige Folgen haben konnte: Erasmus erwähnte mit Abscheu einen Redner am päpstlichen Hof, der den Papst mit einem allmächtigen Jupiter verglich und Christus nur als einen antiken Helden darstellte, der für Rom gestorben war.

In einem Brief an seinen Freund Lodovico da Canossa beschrieb Baldassare Castiglione eines der berühmtesten Theaterfeste der Renaissance: die Aufführung von *La Calandria* oder *Il Calandro* (Der Tölpel) am Hof des Herzogs von Urbino, Francesco Maria della Rovere (1490–1538). Diese auf Plautus zurückgehende Komödie von Bernardo Dovizi (besser bekannt als Kardinal Bibbiena) war während des ganzen sechzehnten Jahrhunderts beliebt. Castiglione hatte dieses glänzende und kostspielige Theaterfest organisiert und war daher auch verantwortlich für die mythologischen Zwischenspiele, die er in seinem Brief schildert. Diese Zwischenspiele unterbrachen die Aufführung der *Calandria* und wurden nach der Vorstellung erklärt, nicht nur weil sie nicht zu der Komödie selbst gehörten, sondern wahrscheinlich auch weil ihre Anspielungen auf das Tun und Lassen antiker Götter nicht jedem Zuschauer gleich geläufig waren.

ENEA SILVIO PICCOLOMINI

Die Künste in Italien und Deutschland [1449]

Bischof Enea von Triest entbietet dem überragenden Rechtsgelehrten Herrn Gregor von Heimburg seinen besten Gruß.

Als Cicero in noch jungen Jahren vor den Griechen eine staunenswerte Rede hielt, staunten alle Anwesenden und priesen den neuen Redner mit bewundernden Lobeserhebungen. Ein alter Mann aber, der seinem Vaterland besonders ergeben war, brach mitten in der allgemeinen Freude und Begeisterung als einziger in Tränen aus. Verwundert fragten ihn die Umstehenden: „Was gibts, was Dich mitten in der allgemeinen Freude zur Trauer bewegt?“ Darauf antwortete jener: „Alle Kunstgattungen der Griechen sind nach Italien abgewandert, als einzige war uns die vertraute, über alles geliebte Redekunst verblieben. Doch auch diese nimmt uns Cicero weg und führt sie mit sich nach Italien fort. Soll das nicht ein rechter Grund zum Weinen sein?“

Gerade so erging es mir heute mit Dir, als Du am Hof einen Vortrag über die sogenannten humanistischen Studien hieltest. Denn Du hast den Juristen und Deutschen in Dir überwunden und hast die italienische Redekunst und Beredsamkeit durchtönen lassen. Doch was dem Griechen Kummer gebracht hat, hat mich mit Freude erfüllt. Denn wenn nun auch Deutschland sich mit der Gelehrsamkeit schmückt, die Cicero vermittelt hat, so ist doch Italien darum nicht ärmer. Die Wissenschaften sind Leuchten vergleichbar, und wer mit der seinen eine andere entzündet, der bewahrt zugleich für sich das Licht und nimmt dem Empfänger die Finsternis. Ich habe in St. Gallen, einer Stadt in Schwaben, im alten Kloster eine uralte Bibliothek gefunden und dabei auch höchst geschmackvoll geschriebene Bücher entdeckt, deren Verfasser Deutsche waren. Ich wunderte mich, warum denn heute kein Funke von Beredsamkeit in diesen Gegenden aufleuchtet, doch fiel mir ein, daß auch Italien eine Zeit gekannt hat, wo die Redegabe begraben war und barbarische Unwissenheit herrschte. Vom zehnten oder elften Jahrhundert an bis etwa ins vierzehnte hätte man in Italien niemanden gefunden, dem eine gepflegte und lichtvolle Sprache eigen gewesen wäre. Das gleiche gilt für die Malerei und Bildhauerkunst. Wenn man zwei- oder dreihundert Jahre alte Grabsteine oder Gemälde betrachtet, so erkennt man darauf nicht Menschengesichter sondern Züge von Monstren und Ungeheuern. Doch wurde in Erfahrung gebracht, daß in der Antike Apelles, Zeuxis, Polyklet und Praxiteles große Künstler gewesen sind; von den Werken der Bildhauerei sehen wir noch mit eigenen Augen und schenken Vergil Glauben, wenn er sagt:

„Meißeln sie – glaub' ich – aus Marmorgestein lebendige Züge."

Über die Maler aber haben wir das Zeugnis hochberühmter Männer, die sie in der Tat niemals mit solchen Lobpreisungen geehrt hätten, wenn sie nicht überzeugt gewesen wären, daß die Malerei der Bildhauerei ebenbürtig oder gar überlegen sei. Doch siehe, schon leben die beiden Künste wieder auf, erwacht auch die Dichtkunst wieder und treibt gerade in unserem Jahrhundert in Italien die schönsten Blüten. Ich hoffe, so werde es auch in Deutschland geschehen, wenn Du und Deinesgleichen weiterfahret und mit allen Kräften Euch der Redekunst zu befleißigen entschlossen seid. Ich habe vernommen, daß in Nürnberg an der Kirche von St. Sebald ein Leutpriester lebe, ein ernster Mann, der sich auf Deinen Rat hin in häufiger Nachtarbeit mit Geschichte und Rhetorik beschäftige. Ich verehre Euch beide, weil Ihr das Vaterland mit hoher Sittlichkeit ziert und es zugleich mit Wissenschaft zu festigen Euch bemüht.

LORENZO GHIBERTI

Wiedergefundene antike Skulpturen [ca. 1450]

Auch habe ich in gemäßigtem Lichte Stücke in erhobener Arbeit gesehen, die sehr vollkommen, mit größter Kunst und mit Fleiß gemacht waren, darunter zu Rom in 1447 die Statue eines Hermaphroditen in der Größe eines dreizehnjährigen Mägdleins, die fürwahr mit wunderbarem Kunstverstand gebildet war. Sie wurde zu besagter Zeit in einem

Abzuggraben ungefähr acht Ellen tief unter der Erde gefunden; die Dekke des genannten Abzuggrabens war von der Standfläche dieses Bildwerks hergegeben; dieses aber war bis zur Höhe der Straße mit Erde bedeckt. Als man gedachten Ort reinigte, es war bei Sankt Celsus, blieb ein Bildhauer, der in dieser Gegend des Weges kam, stehen, ließ das genannte Bildwerk herausnehmen und brachte es nach Sankt Cäcilia in Trastevere, wo er an dem Grabmal eines Kardinals arbeitete. Auch ließ er Marmor wegmeißeln, um es leichter in unsere Heimat [Florenz] überführen zu können. Es ist nicht möglich, die Vollkommenheit dieser Statue, ihre Meisterschaft und das aus ihr zeugende Kunstwissen mit Worten zu beschreiben. Sie lagerte auf einem umgeharkten Erdreich; darüber war ein Linnen gebreitet, auf diesem war die Statue ausgestreckt in einer Art, daß sie die männliche und weibliche Bildung gleichmäßig wies; hatte die Arme auf den Boden gestützt und die Hände, eine über die andere, gekreuzt, auch hielt sie den einen Fuß mit der großen Zehe des anderen umfaßt. Sie hatte das Linnentuch an sich gezogen, und in diesem Faltenzug des Tuches zeigte sich eine bewundernswerte Kunstfertigkeit. Sie war ohne Kopf, doch nichts anderes fehlte. In diesem Bildwerk waren sehr viele Feinheiten, denn das Gesicht nahm nichts davon wahr, wenn nicht die tastende Hand ihm zu Hilfe kam.

Außerdem sah ich in Padua eine Statue, die dorthin von Lombardo della Seta gebracht worden war; doch war sie in Florenz gefunden worden, als man in der Häusern der Brunelleschi Erdaushebungen vornahm; sie war wohl dort zur Zeit, als der Christenglaube aufkam, von irgendeinem feinen Geist verborgen worden, der, als er eine so vollendete, mit soviel wunderbarer Kunst und soviel Überlegung gemachte Sache ansah, von Mitleid bewegt, eine Grabkammer aus Ziegeln aufmauern ließ und darin gedachte Statue barg, sie auch mit einer Steinplatte überdeckte, auf daß sie nicht gänzlich verstümmelt würde. Sie wurde nämlich mit zerbrochenem Kopf und Armen aufgefunden und wohl in genanntem Versteck geborgen, damit das Übriggebliebene nicht noch weiter beschädigt würde, und in solchem Zustand erhielt sie sich, also begraben, durch lange Zeit in unserer Stadt. Sie ist wahrhaftig etwas Wundersames unter den Bildwerken. Sie ruht auf dem rechten Fuß, hat ein Tuch um die Hüften, das ganz meisterlich gemacht ist. Auch hat sie sehr viele Feinheiten, die das Gesicht weder in vollem, noch in gedämpftem Lichte auszunehmen vermag, einzig die tastende Hand vermag sie zu finden. Sie ist mit großem Fleiß gemacht, wurde nach Ferrara geschafft, ein Sohn des Lombardo della Seta, dem sie vom Vater hinterlassen worden war, schickte sie als Geschenk dem Markgrafen [Niccolò III. d'Este] von Ferrara, der ein großer Liebhaber der Bildhauerei und Malerei war.

Noch eine Statue, diesen beiden ähnlich, wurde in der Stadt Siena gefunden, worüber man großen Jubel anstimmte; von den Kennern wurde sie für ein wunderbares Werk erklärt. Auf der Standplatte war der

Name des Meisters geschrieben, der in der Tat ein vortrefflicher Künstler war, und er lautete: Lysippos. An dem Stützbein hatte sie einen Delphin. Dieses Bildwerk sah ich nurmehr gezeichnet von der Hand eines großen Malers der Stadt, der Ambrogio Lorenzetti hieß, und die Zeichnung verwahrte mit größter Sorgfalt ein uralter Mönch vom Orden der Kartäuserbrüder; er war Goldschmied wie schon sein Vater, war Bruder Jakobus geheißen, ein guter Zeichner, und beschäftigte sich viel mit der Kunst der Bildnerei. Also hub er an mir zu erzählen, wie jene Statue gefunden worden war, als man nämlich dort, wo die Häuser der Malavolti liegen, Grundmauern legte, wie alle Kenner und Meister der Bildnerkunst, Goldschmiede und Maler herbeiliefen, um dieses wunderbare und kunstvolle Stück zu sehen. Jedermann pries sie über die Maßen; und auch den großen Malern, die zu jenen Tagen in Siena waren, schien sie von hoher Vollkommenheit zu sein. Also stellten sie sie mit vielen Ehren auf ihrem Stadtbrunnen auf, als eine ausgezeichnete Sache. Unter großem Jubel und Festgepränge wurde sie auf ihren Platz gestellt und auf dem Brunnen aufgemauert. Ihres Bleibens war dennoch nicht lange. Das Land hatte damals sehr viel Unglück im Kriege mit den Florentinern, und als einst die Blüte der Bürgerschaft im Rate versammelt war, erhub sich ein Bürger und ließ sich über die gedachte Statue in folgender Art vernehmen: „Meine Herren Mitbürger, in Anbetracht dessen, daß es uns, seit wir diese Statue gefunden haben, immer übel ergangen ist, in Anbetracht, daß der Götzendienst unserem Glauben verwehrt ist, müssen wir zur Ansicht gelangen, daß alles Ungemach, so uns widerfahren, von Gott als Strafe unseres Irrtums verhängt worden ist. Und in der Tat, seit wir diese Statue so ehren, sind wir vom Regen in die Traufe gekommen, und ich halte es für ausgemacht, daß es uns immerfort schlecht ergehen wird, so lange wir sie in unserem Gebiet haben. Daher möchte ich mit anderen dazu raten, daß man sie herabnehme, gänzlich zerschlage und in der Bannmeile der Florentiner eingrabe." Alle fielen einstimmig der Meinung dieses ihres Mitbürgers bei, brachten sie zur Ausführung, und also wurde die Statue auf unserem Gebiete eingescharrt.

Unter den vielen anderen vortrefflichen Sachen die ich Zeit meines Lebens gesehen habe, ist auch ein wunderbar vertieft geschnittener Chalzedon; er fand sich in Händen eines unserer Mitbürger, der mit Namen Niccolò Niccoli hieß, ein sehr strebsamer Mann, zu unseren Zeiten ein unermüdlicher Forscher und Sammler unzähliger vortrefflicher Dinge aus dem Altertum, sowohl von Schriften als griechischer und lateinischer Bücher; unter den Altertümern, die er besaß, war auch dieser Chalzedon, eine der vorzüglichsten Sachen, die ich jemals gesehen habe. Er war von eirunder Gestalt, und darauf war die Figur eines Jünglings, der in der Hand ein Messer hielt. Mit einem Bein, nämlich dem rechten, war er gleichsam kniend auf einen Altar gestützt, während er das andere auf den Boden gestellt hatte, und all dies war mit solcher Kunst und Meisterschaft in der Verkürzung gegeben, daß es ein Wunder zu sehen war. In den Linken hielt er ein Tüchlein, mit dem er ein kleines Götterbild umfaßte; und es schien, als bedrohte er dieses mit dem Messer. Alle Kenner und Meister der Bildnerei und Malerei erklärten dies ohne Ausnahme für eine wunderbare Sache, in der alle Maße und Verhältnisse, die ein Bildwerk haben muß, genau beobachtet wären, und lobten es ungemein. Unter starkem Licht war es eben nicht wohl auszunehmen; die Ursache liegt darin, daß bei feinen Steinen mit glänzender und glatter Oberfläche, die vertieft geschnitten sind, das starke Licht und der Widerschein die Wahrnehmung hindern. Besagtes Bildwerk sah man am besten, wenn man den tiefgeschnittenen Teil gegen starkes Licht wandte; dann konnte man es vollkommen ausnehmen.

LEON BATTISTA ALBERTI

Über die Baukunst [1485]

Daß die Gebäude der Menschen wegen errichtet worden sind, liegt auf der Hand. Denn zuerst begannen die Menschen, falls ich es richtig auslege, Bauwerke herzustellen, um sich und das Ihre vor dem schlechten Wetter zu schützen.

Als sie dies erreicht hatten, wollten sie sich aber nicht mehr mit dem begnügen, was nur für ihres Leibes Notdurft nötig war, sondern sie wollten auch das nirgends außer acht gelassen haben, was ihnen etwa eine größere Bequemlichkeit bieten konnte. Hierdurch gelangten sie, derart durch die Gunst der Verhältnisse ermuntert und angeeifert, so weit, daß sie auch darauf sannen, was ihren Hang zum Vergnügen erfüllen könnte und machten hierin von Tag zu Tag neue Fortschritte, so daß, wenn einer behaupten wollte, manche Gebäude seien bloß für die Notdurft des Lebens, andere aus Zweckmäßigkeit, andere wieder für das zeitweilige Vergnügen bestimmt, er vielleicht eine ganz passende Bemerkung gemacht hätte. Doch wenn wir die große Menge und Verschiedenheit der Gebäude überblicken, so erkennen wir leicht, daß diese alle nicht nur des Zweckes wegen und auch nicht dieser oder jener Verwendung wegen gebaut worden sind, sondern daß hauptsächlich die Verschiedenheit der Menschen der Grund ist, daß wir verschiedenerlei und vielerlei Bauwerke haben. Wollen wir daher die Arten der Gebäude und die Teile der Arten selbst, wie wir es uns vorgenommen haben, genügend kennenlernen, so müßte die ganze Methode unserer Untersuchung davon ausgehen und damit beginnen, daß wir die Menschen, deretwegen die Gebäude bestehen und nach deren Bedarf sie von einander abweichen, genauer betrachten und feststellen worin sie sich voneinander unterscheiden, damit wir hieraus das Einzelne klar erkennen und unterschiedlicher behandeln können.

Wiederholen wir daher, was jene alten, äußerst erfahrenen Männer, die Staatengründer und Gesetzgeber, über die Einteilung der menschlichen Gesellschaft gedacht haben, die sich mit Eifer, Sorgfalt und Gewissenhaftigkeit durch die Erforschung und Auslegung solcher Sachen höchstes Lob und die Bewunderung ihrer Einrichtungen verdient haben.

Theseus, sagt Plutarch, teilte den Staat in jene, welche die göttlichen und menschlichen Gesetze festsetzten und auslegten und jene, welche ein Handwerk betrieben. Solon hatte nach der Schätzung und der Menge und dem Maße des Reichtums seine Bürger derart in Klassen geteilt, daß er jene, welche weniger als dreihundert Denare aus ihren Feldern als Jahrgeld erhielten, nicht unter die Zahl der Bürger zählen zu müssen glaubte. Die Athener zählten die Gelehrten, Weisen und Erfahrenen unter die ersten, zunächst die Redner, zuletzt die Handwerker. Romulus schied vom Volke die Ritter und Patrizier. Aber König Numa teilte das Volk nach den Künsten ein. In Gallien wurde das Volk fast für eine Art Gesinde gehalten. Die übrigen seien entweder Krieger gewesen, überliefert Caesar, oder der Wissenschaft und dem Gottesdienst ergeben gewesen, die jene Druiden nannten. Bei den Parthern sind die Priester die höchsten; die zweiten die Landwirte, die dritten die Krieger, unter die auch die Hirten und Führer von Schafherden gezählt wurden. Die Britannier teilten die Ihren in vier Geschlechter. Die ersten waren jene, aus welchen die Könige hervorgingen, die zweiten waren die Priester, an dritter Stelle kamen die Krieger, zuletzt das gemeine Volk. Die Ägypter gaben die erste Stufe dem Priester, hernach reihten sie die Könige und Statthalter an, in die dritte Reihe setzten sie die Krieger; und die große Menge unterschieden sie gleichfalls in Ackerbauern, Hirten, Künstler und auch, wie Herodot sagt, in Kaufleute und Schiffer. Auch Hippodamus soll seinen Staat in drei Teile geteilt haben: den Künstler, den Ackersmann, und den Abwehrer des Krieges. Aristoteles scheint das nicht mißfallen zu haben, da er von der großen Menge die Würdigen auswählte, welche dem Rat, der Behörde und dem Gerichte vorstehen sollen. Das übrige Volk aber ließ er eingeteilt in Ackerbauern, Künstler, Kaufleute, Söldner, Reiter, Fußtruppen und Schiffsvolk. Diesem erscheint nach dem Geschichtsschreiber Diodor der Staat bei den Indern ziemlich ähnlich. Denn hier wird der Priester, der Pflüger, der Hirte, der Künstler und der Soldat genannt sowie jene, welche dem öffentlichen Rat vorstehen. Plato sagt, daß es einen Staat gebe, der friedliebend sei und sich Muße und Ruhe wünsche, ein anderer aber sei kampfbereit und kriegerisch, worauf gerade der Sinn derer gerichtet sei, welche die Verwaltung in Händen hätten. Und nach den einzelnen Sinnesrichtungen hat er auch die große Menge der Bürger eingeteilt. Ein Teil derselben solle mit den Waffen das

Unrecht verfolgen; ein dritter solle die Nahrungsmittel für den Unterhalt der Väter und Krieger bestreiten und ihnen zukommen lassen.

Dies habe ich aus vielen Berichten der Alten ausgezogen und ganz kurz zusammengefaßt. Es scheint mich dazu aufzufordern, zu behaupten, daß alles, was ich hier zusammengestellt habe, Teile von Gemeinwesen sind, und zu entscheiden, daß die einzelnen Teile auch einzelne Arten von Gebäuden benötigen. Doch uns war es von Nutzen, dies besprochen zu haben, damit wir unserem Vorhaben gemäß den ganzen Stoff genauer behandeln können.

Wenn jemand die Zahl der Sterblichen in Teile teilen wollte, was käme ihm zu allererst anderes in den Sinn, als die Bemerkung, daß sie nicht vom gleichen Gesichtspunkte zu beurteilen seien, wenn man die Einwohner eines Ortes zusammen betrachtet, oder wenn man sie in Teile geteilt und unterschieden durchgeht? Wird er zunächst bei der Betrachtung der Natur selbst nicht merken, daß er sich daraus, worin einer von andern hauptsächlich verschieden ist, ein Merkmal suchen müsse, um die einen von den andern zu unterscheiden?

Doch es gibt nichts, worin sich jeder Mensch von einem anderen Menschen mehr unterscheidet, als in dem einen Punkte; worin er weit von den Tieren abweicht, in der Vernunft und der Kenntnis der schönen Künste; ferner, wenn Du willst, im Gedeihen seines Hab und Guts. In allen diesen Gaben zeichnen sich nur wenige unter den Sterblichen aus und ragen hervor. Hieraus wird sich also die erste Einteilung ergeben, daß wir die Wenigen von der ganzen Menge auswählen, deren manche an Weisheit, Einsicht und Geist sich hervortun, andere ihrer Übung und Erfahrung wegen geschätzt sind, andere wieder durch reichliche Mittel und Vermögensfülle besonders ausgezeichnet sind. Wer wollte leugnen, daß diesen die ersten Stellen im Staate anzuvertrauen seien? Also wird hervorragenden Männern, welche tüchtig im Rate sind, die oberste Obsorge und Leitung der Verwaltung übertragen werden. Diese werden den Gottesdienst in Frömmigkeit regeln, nach Recht und Billigkeit Vorschriften durch Gesetze bestimmen und einen Weg zeigen, gut und glücklich zu leben. Mit ihrem Ansehen und ihrer Würde werden sie darüber wachen, daß der Besitz ihrer Mitbürger sicher sei und von Tag zu Tag sich mehre. Doch wo sie merken, daß etwas vorteilhaft, nützlich und notwendig wäre und sie selbst, vielleicht durch ihr Alter ermüdet, sich mehr mit der Erwägung als mit der Ausführung desselben beschäftigen wollen, werden sie es im Brauche erfahrenen und zur Ausführung bereiten Männern übertragen, um sich für ihr Vaterland Verdienste zu erwerben. Diese andern aber werden das übernommene Geschäft sowohl zu Hause mit Geschick und Sorgfalt, als draußen mit Eifer und Geduld pflichtgemäß besorgen, Recht sprechen, den Soldaten befehlen, und ihre eigenen Hände und die der anderen fleißig beschäftigen. Wenn sie schließlich bei der Ausübung ihrer Obliegenheiten merken, daß sie sich vergeblich bemühen, wenn nicht auch die Fähigkeiten dazu da sind, werden sie zunächst zu denen gehen, welche entweder vom Felde oder vom Handel diese Fähigkeiten in reichem Maße besitzen. In allem wird jeder diesen Ersteren, wie es der Bedarf erfordert, gehorchen und zur Verfügung stehen.

Wenn dies hier genügend erörtert ist, haben wir auch daraus entnommen, daß andere Arten von Gebäuden für die allgemeinen Versammlungen der Bürger nötig sind, andere für die ersten Stellen im Staate, andere für die Menge. Ferner bedürfen unter den obersten Stellen jene anderer Gebäude, welche zu Hause bleiben und dem Rat vorstehen, anderer, welche Handel treiben, anderer, welche sich Reichtümer aufstapeln.

Da ein gewisser Teil alles dessen auf die Notwendigkeit, wie ich gesagt habe, ein Teil auf die Zweckmäßigkeit Bezug hat, so halte man es auch uns, die wir die Gebäude besprechen, zugute, etwas zur Unterhaltung beigetragen zu haben, indem wir daraus den Vorteil zogen, festgestellt zu haben, daß der Ursprung einer derartigen Einteilung in den ersten Anfängen der Philosophie zu suchen sei. Darüber müssen wir also sprechen, was gemeinsam für alle, was für die wenigen hervorragenden Bürger und was für die große Menge der Minderen paßt.

Doch womit sollen wir bei einem so gewaltigen Stoffe beginnen? Etwa, wie die Menschen bei der Erwerbung dessen von Tag zu Tag Fortschritte machten? So wollen auch wir mit den kleinen Hütten der Armen beginnen und hierauf bis zu den weitläufigsten Gebäuden, die wir sehen, den Theatern, Thermen und Tempeln gelangen.

Es steht nämlich fest, daß die Völker des Erdkreises lange ohne den Schutz der Stadtmauern gelebt haben. Und es schreiben auch die Geschichtsschreiber, daß es damals, als Dionysos durch Indien zog, bei diesen Völkern keine von Mauern umschlossenen Staaten gegeben habe. Auch Griechenland sei einst durch keine Mauern geschützt gewesen, schreibt Thukydides. Und in Gallien war zu Caesars Zeiten der ganze Stamm der Burgunder nicht in Städten ansässig, sondern sie trafen überall nur in Gehöften zusammen. Ja, ich erfahre, daß die erste Stadt Biblus gewesen sei, die von den Phöniziern besetzt war, welche Saturn mit einer Mauer rings um seine Häuser einschloß; dennoch behauptet Pomponius, daß die Stadt Jope noch vor der Sintflut gegründet worden sei. Die Äthiopier, sagt Herodot, töteten keinen Schuldigen, als sie Ägypten eingenommen hatten, sondern sie ließen sie um die Flecken, welche sie bewohnten, Erdhügel aufwerfen. Daher sollen in Ägypten die Städte entstanden sein. Doch hierüber anderswo. Obwohl ich nämlich sehe, daß die Natur, wie man sagt, alles was wird, von leichteren Anfängen aus erschaffen habe, so gefällt es mir dennoch, mit Würdigerem zu beginnen.

ANDREA PALLADIO

Die Architektur der antiken Tempel [1570]

Vorwort des vierten Buches zur Architektur an die Leser

Muß man bei jedem Gebäude Arbeit und Fleiß in der Weise aufwenden, daß es schließlich mit schönen Maßen und in schöne Proportionen eingeteilt ist, so muß man dies ohne Zweifel auch bei den Tempeln so machen, in denen der Schöpfer und Gewährer aller Dinge – der höchste Gott – von uns zu verehren und – soweit unsere Kraft reicht – zu loben ist, und in denen wir für die vielen Wohltaten zu danken haben, die er uns fortwährend gewährt. Da die Menschen bei der Errichtung ihrer Wohnhäuser mit größter Sorgfalt ausgezeichnete und erfahrene Architekten sowie hinlänglich begabte Künstler aussuchen, so sind sie sicherlich verpflichtet, eine noch viel größere Sorgfalt bei der Erbauung der Kirchen aufzuwenden.

Und wenn sie bei der Errichtung der Wohnhäuser vor allem auf die Zweckmäßigkeit achten, so muß man hier die Würde und Größe dessen bedenken, der angerufen und angebetet wird. Er ist das höchste und absolut gute Wesen und der Inbegriff höchster Vollkommenheit. Es ist darum sehr angemessen, daß alles das, was ihm geweiht wird, mit aller Vollkommenheit ausgeführt wird, deren wir fähig sind.

Es ist doch so, wenn wir dieses schöne Werk der Welt betrachten, wie reich an wunderbarem Schmuck ist sie; wenn wir die Himmel sehen, wie verändern sie mit ihrer andauernden Wiederkehr die Jahreszeiten jeweils so, wie es den Erfordernissen der Natur entspricht. Und wenn wir sehen, wie Himmel und Erde mit der lieblichen Harmonie ihrer maßvollen Bewegung sich selbst erhalten, so können wir nicht daran zweifeln, daß die kleinen Tempel, die wir errichten, ähnlich aussehen müssen. Sind wir deshalb nicht gehalten, entsprechend dieser höchsten Vollendung der Schöpfung, die Gott in seiner Güte durch sein Wort geschaffen hat, all jene Verzierungen anzubringen, die wir uns ausdenken können? Wir errichten die Tempel in solchen Proportionen, daß alle Teile zugleich dem Auge des Betrachters eine liebliche Harmonie darbieten und ein jeder Teil seinem Zweck dient, zu dem er nach Gebühr bestimmt ist. Aus diesen Gründen hat man bisher schon dem größten Gott Kirchen und Tempel erbaut und errichtet sie jetzt immer noch, wobei die besonders zu loben sind, die von dem besten Geist geleitet werden. Doch scheinen die etwas tadelnswert, die sich nicht um die beste und edelste Form, die unser menschliches Können erlaubt, bei der Erbauung bemüht haben.

Weil daher die alten Griechen und Römer die Tempel für ihre Götter mit größtem Fleiß errichteten und sie gemäß den Regeln der schönsten

Architektur zusammenfügten – sie machten dies mit den aufwendigsten Verzierungen und mit den besten Proportionen in der Weise, daß es dem Gott angemessen war, dem der Tempel geweiht wurde –, so werde ich in diesem Buch die Gestalt und die Verzierungen der vielen alten Tempel zeigen, von denen noch Überreste zu sehen sind. Ich habe Zeichnungen von ihnen angefertigt, damit man bei jedem Tempel erkennen kann, welche Form die Alten diesen Gotteshäusern gaben und mit welchen Verzierungen sie sie erbauten. Obwohl bei einigen von ihnen nur ein kleiner Teil über der Erde zu sehen ist, so habe ich – unter Berücksichtigung der Fundamente, die noch zu sehen sind –, nichtsdestoweniger von diesem kleinen Teil ausgehend, Mutmaßungen angestellt, wie der Tempel als Ganzes ausgesehen haben muß. Dabei war mir Vitruv eine große Hilfe; denn nach dem, was ich gesehen habe, zusammen mit dem, was er angibt, war es nicht schwer für mich, ihr Aussehen und ihre Form zu erkennen.

Was die Verzierungen, also Basen, Säulen, Kapitelle, Gesimse und dergleichen Dinge, betrifft, so habe ich hier keine eigenen Dinge hinzugefügt, vielmehr das Vorhandene mit größtem Bedacht in seinen verschiedenen Einzelteilen vermessen, die dort zu finden sind, wo früher diese Tempel standen.

Und zweifellos werden die, die dieses Buch lesen und die Zeichnungen sorgfältig betrachten, jene Stellen bei Vitruv verstehen, die als sehr schwer gelten. Sie werden ihren Verstand darauf richten, die schönen und gut proportionierten Formen der Tempel zu erkennen, und werden viele edle und vielfältige Erfindungen entdecken. Ihrer können sie sich bei verschiedenen Gelegenheiten und zu den unterschiedlichsten Zeiten bei ihren eigenen Arbeiten nach Gebühr bedienen. Sie können sie abwechselnd gebrauchen, ohne die Regeln der Kunst zu verlassen, weil dergleichen Abwechslung lobenswert ist und anmutig aussieht.

Aber bevor ich zu den Zeichnungen komme, möchte ich – wie gewöhnlich – kurz einige Anmerkungen machen, die beim Bau der Tempel zu beachten sind und die ich von Vitruv und von einigen anderen ausgezeichneten Männern übernommen habe, die über diese edle Kunst geschrieben haben.

Über die Lage, die man zur Erbauung eines Tempels aussuchen muß

Die Toskana war nicht nur das erste Land in Italien, das gleichsam als etwas ganz Neues die Architektur aufnahm, weshalb die Säulenordnung, die man die Toskana nennt, hier ihre Maße erhielt. Hier betete man – als der größte Teil der Welt noch in blindem Irrtum befangen war – die Götter an. Die Toskana wurde Lehrmeisterin der umliegenden Völker und zeigte, wie die einzelnen Tempelarten, an welchen Stellen und mit welchen Verzierungen sie – jeweils der Eigenart der Götter entsprechend – erbaut werden mußten. Diese Hinweise, die, wie man bei vielen Tempeln sieht, nicht immer beachtet wurden, will ich dennoch kurz so erwähnen, wie sie von den antiken Schriftstellern hinterlassen worden sind, damit vor allem die, die Freude an der Antike haben, zu ihrem Recht kommen und das Herz eines jeden sich erheben und so entflammen kann, daß alle notwendige Sorgfalt bei der Errichtung von Kirchen aufgewendet wird. Wäre es doch sehr roh und zu tadeln, wenn wir, die wir den wahren religiösen Kult besitzen, in dieser Angelegenheit von jenen übertroffen würden, die nie die geringste Erleuchtung durch die Wahrheit erhalten haben. Und da die Lage, in die hinein die Tempel gesetzt werden müssen, das erste ist, was es zu bedenken gilt, so werde ich davon in diesem ersten Kapitel sprechen.

Ich sage also, daß die alten Toskaner es so anordneten, daß sie für Venus, Mars und Vulkan die Tempel außerhalb der Stadt errichteten, da diese ihre Herzen zu Unzucht, Krieg und Feuer erregen wollten. In der Stadt errichtete man Tempel für jene, die Schamhaftigkeit, den Frieden und die schönen Künste vorzogen, das heißt die Tempel jener Götter, unter deren Schutz die Stadt sich besonders stellte. Dies sind Jupiter, Juno und Minerva, von denen man glaubte, daß sie auch die Verteidiger der Stadt seien.

Die Tempel wurden an den höchsten Stellen, in der Mitte des Stadtgebiets und auf dem Burgfelsen errichtet. Der Pallas Athene, dem Merkur und der Isis erbaute man Tempel an einem Platz oder einige Male auch inmitten eines Platzes, weil diese Götter die Götter der Künstler und Kaufleute waren. Dem Apollo und dem Bacchus wurden Tempel beim Theater errichtet, dem Herkules beim Zirkus und beim Amphitheater. Dem Aeskulap, der ‚Gesundheit' und jenen Göttern, deren Heilkraft sie zutrauten, daß sie viele Menschen gesund machten, erbaute man Tempel an gesunden Plätzen und in der Nähe von gesunden Gewässern, damit die schwachen Menschen, wenn sie aus einer schlechten und kranken Luft in eine gute kamen und wenn sie diese Wasser tranken, schneller und mit geringeren Schwierigkeiten geheilt wurden. Hierdurch nahm auch der religiöse Eifer zu. Und so glaubten die Alten auch von den übrigen Göttern, daß für sie gebührliche Plätze gefunden werden müßten, an denen Tempel zu errichten seien, je nach ihrer Eigenart und den Opfern, die man ihnen darbrachte.

Aber wir, die wir durch die besondere Gnade Gottes von jener Dunkelheit befreit sind und die wir den leeren und falschen Aberglauben aufgegeben haben, wir wählen die Standorte der Tempel so aus, daß wir sie in den edelsten und berühmtesten Teilen der Stadt errichten, fern von unehrenhaften Gegenden und auf schönen und geschmückten Plätzen, auf die viele Straßen einmünden; dort, wo alle Teile des Tempels in ihrer

Würde, mit den dargebrachten Ehrerweisungen und mit Bewunderung von jedem gesehen werden können, der sie anschaut und wahrnimmt.

Wenn es in der Stadt Hügel gibt, so suche man den höchsten Teil aus. Sind aber keine höher gelegenen Stellen vorhanden, so lege man den Boden des Tempels gegenüber dem übrigen Niveau der Stadt um so viel höher, wie es sich schickt. Man wird dann über Stufen zum Tempel emporsteigen. Außerdem bringt dieses Hinaufsteigen zum Tempel eine größere Ehrerbietung und eine größere Erhabenheit mit sich.

Man bildet die Vorderseiten der Tempel so, daß sie den größten Teil der Stadt überblicken, damit die Religion wie ein Wächter und wie ein Beschützer der Bürger aufgestellt erscheint. Errichtet man jedoch die Tempel außerhalb der Stadt, so wirken ihre Vorderseiten wie Wächter der öffentlichen Straßen und der Flüsse, in deren Nähe sie erbaut sind. So können die Vorübergehenden sie sehen, grüßen und Ehrenbezeigungen vor der Fassade des Tempels erweisen.

Über die Formen der Tempel und über den Schmuck, der bei ihnen zu beachten ist

Die Tempel werden rund, viereckig, mit sechs, acht oder mehr Ecken, die jeweils von einem Kreisumfang umschrieben sind, kreuzförmig oder in vielen anderen Formen und Gestalten angelegt, entsprechend den verschiedenen Erfindungen der Menschen. Diese Formen verdienen es immer dann, gelobt zu werden, wenn sie durch schöne und passende Proportionen und durch eine feine und geschmückte Architektur gekennzeichnet sind. Aber die schönsten und regelmäßigsten Formen, von denen die anderen ihr Maß erhalten, sind die runde und die viereckige Form. Und darum spricht Vitruv auch nur von diesen beiden Tempelformen und gibt an, wie sie eingeteilt sein müssen. Davon wird zu sprechen sein, wenn die einzelnen Teile der Tempel behandelt werden. Bei jenen Tempeln, die nicht rund sind, muß man sorgfältig darauf achten, daß alle Ecken gleich gestaltet sind, ob der Tempel nun vier, sechs oder mehr Ecken und Seiten hat.

Die Alten haben immer bedacht, daß sie sich nicht nur bei der Auswahl der Standorte, an denen sie – wie oben schon gesagt – die Tempel erbauen mußten, jeweils nach den einzelnen Göttern zu richten hatten, sondern auch bei der Wahl der Tempelgestalt. Da Sonne und Mond sich gleichmäßig um die Erde bewegen und durch ihre kreisförmige Bahn auf jedermann eine deutliche Wirkung ausüben, so errichteten die Alten für Sol und Luna Tempel in Rundform oder in einer Gestalt, die sich zumindest der Kreisform annähert. Solches geschah auch bei der Vesta – der Göttin der Erde –, die, wie wir wissen, rund ist. Jupiter – der Herr der Luft und des Himmels – erhielt Tempel, die in der Mitte unbedeckt waren und umlaufende Portiken besaßen, wie ich weiter unten ausführen werde.

Auch bei den Verzierungen achteten die Alten mit großem Bedacht darauf, für welchen Gott sie bauten. Deshalb verwendeten sie bei der Minerva, dem Mars und dem Herkules die Dorika, da sie von diesen Göttern sagten, daß ihnen wegen des Kriegswesens, dem sie vorstanden, Gebäude ohne Anmut und Feinheiten angemessen seien. Doch für Venus, Flora, für die Musen, Nymphen und für die Göttinnen von mehr reizendem Wesen müsse man, so sagten sie, Tempel errichten, die der blühenden, zarteren und jungfräulichen Eigenart angemessen sind. Sie gaben ihnen daher die Korinthia als Schmuck, schien es ihnen doch, als passe zu diesen Eigenarten der Göttinnen diese feingliedrige und blühende, mit Blättern und Voluten geschmückte Ordnung. Aber der Juno, der Diana und dem Bacchus rechneten sie die Ionika zu, da bei diesen Göttern weder die Schwere der erstgenannten noch die Anmut der zuletzt genannten Götter angemessen schien. Die Ionika hält also zwischen Dorika und Korinthia die Mitte.

So lesen wir, daß die Alten bei der Erbauung der Tempel bemüht waren, den passenden Schmuck zu beachten, in dem der schönste Teil der Architektur besteht. Und so suchen auch wir, die wir keine solch falschen Götter besitzen, das Vollkommenste und Hervorragendste aus, um dem schicklichen Schmuck hinsichtlich der Tempelform zu genügen. Und weil dies die Kreisform ist, da sie von allen Formen einfach, gleichförmig, gleichmäßig, kräftig und umfassend ist, so machen wir unsere Tempel rund. Zu ihnen paßt diese Gestalt vor allem deshalb, da sie nur von einer einzigen Linie begrenzt wird, bei der man weder Anfang noch Ende feststellen kann – das eine läßt sich hier von dem anderen nicht unterscheiden –, und da diese Gestalt aus Teilen besteht, die unter sich gleich sind und all diese Teile an der Figur als ganzer teilhaben. Schließlich findet man in allen ihren Teilen die äußersten Punkte gleichweit von der Mitte entfernt. Die Kreisform ist bestens dazu geeignet, die Einheit, das unendliche Sein, die regelhafte Gleichförmigkeit und die Gerechtigkeit Gottes darzustellen.

Außerdem kann man nicht leugnen, daß Stärke und Dauerhaftigkeit bei Tempeln mehr angestrebt wird als bei allen anderen Gebäuden. Dies vor allem, wenn man bedenkt, daß sie Gott, dem Besten und Größten, geweiht sind und in sich die hervorragendsten und würdigsten Erinnerungen einer Stadt bewahren. Deshalb muß wiederum gesagt werden, daß die Kreisform, bei der keine einzige eckige Form verwendet wird, am allerbesten zu Tempelgebäuden paßt. Auch müssen Tempel geräumig sein, damit sich viele Menschen bequem zum Gottesdienst darin aufhalten können. Und unter allen Formen, die vom gleichen Umfang bestimmt sind, ist keine so geräumig wie der Kreis.

Es sind auch jene Kirchen sehr zu loben, die in Kreuzform angelegt sind. Sie haben ihren Eingang in dem Teil, der den Fuß des Kreuzes ausmacht. Dem gegenüber liegen Hauptaltar und Chor. Und in den zwei Querschiffen, die sich beiderseits wie Arme erstrecken, gibt es zwei zusätzliche Eingänge oder zwei weitere Altäre. Da dieses Gebäude in der Form eines Kreuzes errichtet ist, stellt es den Betrachtenden jenes Holz vor Augen, in dem das Geheimnis unseres Heils begründet liegt. In dieser Gestalt habe ich die Kirche von S. Giorgio Maggiore in Venedig errichtet.

Die Tempel müssen weite Portiken mit Säulen haben, die größer sind als jene, die sich zu anderen Bauwerken schicken. Und es ist gut, wenn sie groß und prächtig sind – aber nicht größer, als es der Größe der Stadt entspricht – und wenn sie mit großartigen und prächtigen Proportionen errichtet sind. Da sie für den göttlichen Kult gemacht sind, steht ihnen jede Großartigkeit und Pracht zu. Man muß die Tempel mit den prächtigsten Säulenordnungen schmücken, und man muß jeder Ordnung die zu ihr passenden und die sich zu ihr schickenden Verzierungen geben. Man erbaut sie aus dem besten und kostbarsten Material, damit man mit der Tempelgestalt, mit den Verzierungen und dem Material der Gottheit alle nur mögliche Ehre erweist. Und wenn es möglich ist, so sollte man es so machen, daß der Tempel eine solche Schönheit besitzt, daß man sich nichts Schöneres vorstellen kann. Er sollte in allen Teilen so angeordnet sein, daß die Eintretenden staunen und bei der Betrachtung seiner Anmut und Wohlgestalt im tiefsten Herzen berührt stehen bleiben.

Von allen Farben paßt keine so gut zu den Tempeln wie das Weiß, da die Reinheit dieser Farbe und die Reinheit im menschlichen Leben im höchsten Maße Gott angemessen ist. Aber wenn die Tempel bemalt sind, so schicken sich jene Bilder nicht gut hierher, die mit dem, was sie darstellen, den Geist von der Betrachtung göttlicher Dinge ablenken. Halten wir uns doch nicht in den Tempeln auf, um von dem Ernst und von dem abzulassen, was wir im Geiste erblicken, wenn unsere Seelen für den göttlichen Kult und für gute Werke entflammt werden.

BALDASSARE CASTIGLIONE

Eine Theateraufführung in Urbino [1513]

Mit unseren Komödien ist es gut gegangen, am allerbesten mit der *Calandria* [von Bernardo Dovizi, Kardinal Bibbiena], die wirklich großartig dargestellt wurde mit einem schönen Bühnenbild. Ich brauche es nicht zu beschreiben, denn Ihr werdet ausführliche Berichte gehört haben von den vielen, die es gesehen haben. So viel will ich aber doch berichten. Die Szenerie stellte einen offenen Raum am Rande der Stadt dar, zwischen der Stadtmauer und den letzten Häusern. Die Mauer mit ihren zwei Türmen war so natürlich wie möglich dargestellt: Vom Boden der Bühne erhob sie sich bis zur Decke des Saals. Auf dem einen Turm waren die Pfeifer und auf dem anderen die Trompeter, und zwischen den beiden war noch eine schön gebaute Brüstung. Der Saal selbst, in dem die Zuschauer saßen, nahm den Platz des Grabens ein und wurde durchquert von zwei Mauern mit großen Bögen, wie Aquädukte. Die Seite des Saals, wo die Ränge der Zuschauer waren, war mit Bildteppichen die den trojanischen Krieg darstellten, behangen. Über diesen zog sich ein großer Sims in Hochrelief mit der folgenden Inschrift in großen weißen Lettern auf blauem Grund, über die ganze Länge des Saals entlang:

> „Im Krieg in fernen Ländern und in Spielen in der Heimat zeigt Caesar seine Stärke, denn beide bilden eine passende Beschäftigung für große Gemüter."

Von der Decke des Saals hingen große Sträuße von Zweigen herab, die die Decke beinahe ganz verbargen, und an den Rosetten des Gewölbes vom einen bis zum andern Ende des Saals waren Drähte angebracht, an denen zwei Reihen von Kandelabern in Form von Buchstaben befestigt waren. Diese dreizehn Rosetten bildeten dreizehn Buchstaben, die die Worte „Vergnügen des Volkes" ergaben, und diese Buchstaben waren so groß, daß sie sieben oder zehn Fackeln hielten, die den Saal hell erleuchteten.

Das Bühnenbild stellte eine sehr schöne Stadt dar mit Straßen, Palästen, Kirchen und Türmen, wirkliche Straßen: alle in Relief gebildet. Sie hatten eine Wirkung, die durch ausgezeichnete Malereien und genaue Perspektive vervollständigt wurde. Unter anderem gab es einen achtekkigen Tempel in Flachrelief, so vollendet, daß, selbst wenn alle Handwerker im Herzogtum von Urbino daran gearbeitet hätten, es kaum möglich war zu glauben, daß all dies in vier Monaten fertig war! Der Tempel war ganz mit wunderschönen Stuckreliefs bedeckt, die Fenster waren aus Alabaster, die Architrave und Gesimse aus echter Goldfarbe und ultramarinem Blau, mit Glasjuwelen hier und da, die genau so aussahen wie echte Gemmen; es gab Rondelle aus Marmor mit Figurendarstellungen, geschnitzte Säulen und noch viel mehr Dinge, für deren Beschreibung mir die Zeit fehlt. Dieser Tempel stand in der Mitte der Bühne.

Am einen Ende, etwa zwei Meter von der Mauer entfernt, war ein wunderbar konstruierter Triumphbogen. Zwischen dem Architrav und dem Gewölbe hatte man eine ausgezeichnete, marmorähnliche Darstellung der Geschichte der drei Horatier gemalt. Die zwei Nischen über den Säulen, die den Bogen trugen, waren mit kleinen Siegesgöttinnen aus Stuck angefüllt, die Trophäen in den Händen trugen. Ganz oben auf dem Bogen stand die sehr schöne Reiterstatue eines gerüsteten Mannes, der einen nackten Mann zu seinen Füßen mit seinem Speer erstach. Zur Linken und Rechten dieses Reiters waren zwei kleine Altäre mit Vasen, in denen bis zum Ende der Komödie eine große Flamme brannte.

Ich will nicht alles beschreiben, denn ich bin sicher, daß Ihr schon viel darüber gehört habt; ich will auch nicht berichten, daß eines der Theaterstücke von einem Knaben verfaßt und von Knaben aufgeführt wurde, die vielleicht Ältere beschämt hätten. Sie spielten wirklich ganz ausgezeichnet, und es war eine neue Erfahrung, kleine alte Männer zu sehen, kaum eine Hand hoch, die eine Gravität und einen Ernst im Benehmen bewahrten, die eines Menanders würdig waren. Ich will auch nicht versuchen, die seltsame Begleitmusik zu diesen Komödien zu beschreiben, die von Musikern gespielt wurde, die alle unsichtbar in verschiedenen Ecken aufgestellt waren. Ich will aber sogleich zu der *Calandria* unseres Bernardo kommen, die das größte Vergnügen bereitete. Und da der Prolog sehr spät ankam, und der Schauspieler, der ihn zu sprechen hatte, ihn nicht rechtzeitig auswendig lernen konnte, wurde ein anderer von mir verfaßter Prolog rezitiert und mit allgemeinem Beifall aufgenommen. Davon abgesehen wurde wenig geändert, nur ein paar Szenen, die vielleicht nicht für eine Aufführung geeignet waren, aber sonst nur wenig oder gar nichts, und das Stück wurde genau so aufgeführt, wie es geschrieben ist.

Es folgten die Zwischenspiele. Erst kam ein Moriskentanz von Jason, der auf der einen Seite der Bühne auftrat, in einer antiken Rüstung tanzte und mit einem großartigen Schwert und Schild sehr gut aussah. Auf der anderen Seite erschienen zwei Stiere, so naturgetreu, daß einige Zuschauer sie für wirkliche Tiere nahmen, die Feuer aus ihren Nasenlöchern bliesen. Der gute Jason näherte sich, spannte sie vor seinen Pflug und ließ sie ihn ziehen. Dann säte er Drachenzähne in die Furchen. Dann erhoben sich nach und nach antike Krieger auf die Bühne, die so schön waren wie nur möglich. Sie tanzten einen feurigen Moriskentanz, während sie zur gleichen Zeit versuchten, Jason zu töten. Als sie die Bühne verließen, fielen sie über einander her und wurden erschlagen, ohne daß man sie wirklich sterben sah. Dann trat Jason wieder auf, tanzte ganz vortrefflich mit dem Goldenen Vließ auf den Schultern; das war der Mohr, und das erste Zwischenspiel. Das zweite war ein sehr schöner Streitwagen der Göttin Venus, auf dem sie mit einer Fackel in der Hand saß. Der Wagen wurde von zwei Tauben gezogen, die wirklich lebendig zu sein schienen und von zwei kleinen Amors mit Fackeln in ihren Händen und Bogen und Pfeilen auf den Schultern geritten wurden. Vier kleine Amors gingen vor dem Wagen her, und vier folgten ihm. Alle trugen Fackeln in der selben Weise, indem sie einen Moriskentanz tanzten und ihre Fackeln schwenkten. Als sie das Ende der Bühne erreichten, steckten sie eine Tür in Flammen, aus der neun Kavaliere zum Vorschein kamen, die alle wie in Flammen standen und noch einen wunderschönen Moriskentanz tanzten. Das dritte Zwischenspiel war ein Neptunswagen, der von zwei wunderbar gut nachgeahmten Seepferden mit Fischschuppen und Flossen gezogen wurde. Neptun selbst saß im Wagen mit seinem Dreizack. Er wurde von acht Ungeheuern begleitet, vier vor und vier hinter ihm, so gut kostümiert, wie man es sich nur vorstellen kann. Sie tanzten während der Wagen von Flammen umgeben war. Diese Monstren waren die seltsamsten Kreaturen in der Welt, aber niemand, der sie nicht selbst gesehen hat, kann sich eine Vorstellung davon machen, wie sie aussahen. Das vierte Zwischenspiel war ein Wagen mit Juno, auch mit viel Feuer. Die Göttin trug eine Krone auf der Stirn und ein Zepter in der Hand. Sie schien auf einer Wolke zu sitzen, die den Wagen umgab, und um sie herum bliesen unzählige Häupter himmlische Winde. Der Wagen wurde von zwei Pfauen gezogen, die so schön und naturgetreu waren, daß ich meinen Augen nicht trauen konnte, und doch hatte ich sie schon vorher gesehen und hatte selbst die Instruktionen erteilt, wie sie zu machen seien. Vor dem Wagen waren zwei Adler und Strauße, hinter ihm zwei Seevögel und zwei große Papageien mit buntfarbigen Federn. Sie waren alle so gut kostümiert, mein lieber Monsignore [Lodovico da Canossa], daß ich ganz sicher bin, daß keine Nachahmung je der Wirklichkeit so nahe gekommen ist. Sie alle tanzten auch mit solcher Anmut, daß es unmöglich ist, sie zu beschreiben.

Als die Komödie zu Ende war, erschien plötzlich einer der kleinen Amors, den wir schon gesehen hatten, auf der Bühne in demselben Kostüm und erklärte in ein paar Versen den Sinn dieser Zwischenspiele, die unabhängig von der Komödie waren.

XIV. Philosophie

Einleitung

Der Humanismus ist nie eine Philosophie oder Weltanschauung gewesen. In jener Zeit selbst waren alle philosophischen Strömungen, wie sie in den Universitäten gelehrt wurden, fest auf den mittelalterlichen, scholastischen Aristotelismus gegründet. Auch die Humanisten – so weit sie als akademische Lehrer der Philosophie tätig waren – schlossen sich meist dieser Tradition an und bemühten sich höchstens, die schon im Mittelalter überlieferten aristotelischen Texte von eingeschlichenen Fehlern zu reinigen und neu zu kommentieren. Einen prinzipiellen Gegensatz zwischen Humanismus und Aristotelismus gab es jedoch keineswegs. Es ist wahr, daß außerhalb akademischer Kreise nicht-aristotelische Philosophien wie Neuplatonismus, Skeptizismus und Neustoizismus florieren konnten, aber diese Blüte ist nicht ausschließlich den Humanisten zuzuschreiben und soll auch nicht in schroffem Gegensatz mit dem althergebrachten Aristotelismus verstanden werden. Überhaupt sollen für eine Zeit, in der Eklektizismus als ganz annehmbar betrachtet wurde, in der philosophischen Landschaft der Renaissance keine zu scharfe Grenzen gezogen werden.

Der Humanismus als solcher hat auch nichts wesentlich Neues zur Entwicklung der Philosophie selbst beigetragen. Wie bei anderen Wissenschaften auch war seine Vermittlerrolle bei der Textüberlieferung und der Verbreitung klassischen Gedankenguts jedoch sehr wichtig. Natürlich waren Humanisten auch am Inhalt der Philosophie – wie an allen geistigen Aktivitäten – interessiert, und Einzelne haben auch auf diesem Gebiet viel geleistet. Dies gilt aber nicht in gleichem Maße für alle Teilgebiete. Ihre Vorliebe galt deutlich der Moralphilosophie, weil diese, zusammen mit Rhetorik und Logik, in der Erziehung und im politischen Leben ihre unmittelbare Brauchbarkeit erweisen konnte. Hier konkurrierten Humanisten oft erfolgreich mit den ziemlich dürren, intellektualistischen und weltfernen scholastischen Sittenlehren und eroberten von Zeit zu Zeit sogar eigene Lehrstühle. Abstrakte Disziplinen, wie Metaphysik und teilweise auch Naturphilosophie, besonders in der Form komplizierter philosophischer Systeme, fanden sie weniger anziehend. Im allgemeinen waren sie eher an Fragen der praktischen Lebensführung interessiert, und vor allem die Metaphysik war ihrer Ansicht nach von den intellektuellen Anforderungen des täglichen Lebens zu weit entfernt.

Das Bild des Menschen, wie es in der Moralphilosophie gängig war, änderte sich während der Renaissance nur wenig: Es schwankte, wie in anderen Zeiten auch, zwischen Schilderungen des menschlichen Elends – mit Nachdruck auf dem, was Menschen mit Tieren verband – und Beschreibungen des Menschen als Höhepunkt der Schöpfung. Es ist aber auffallend, wie viele Abhandlungen über die menschliche Natur erschienen. Giovanni Pico della Mirandola (1463–1494) war ein Florentiner Philosoph, dessen gründliche humanistische Bildung in seinen zahlreichen Werken mitschwingt. Er verfaßte eine *Oratio de dignitate hominis* (Rede über die Würde des Menschen), die bis weit in das sechzehnte Jahrhundert hinein fortwirkte. Ihre Popularität war nicht nur darauf zurückzuführen, daß der Autor die platonische Idee verfocht, daß der Mensch als Mikrokosmos aus den Elementen des Weltalls – Feuer, Wasser, Luft und Erde – gebildet war; dies war natürlich ein alter Gedanke. Er betonte vielmehr, daß der Mensch als Mikrokosmos alle Lebensformen in sich berge und frei sei, die eine oder die andere Form zu wählen: Er konnte zu einem tierischen Leben herabsinken, den Göttern gleich werden, oder auch einen Mittelweg wählen. Anders als die Neuplatoniker, die dem Menschen einen festen Platz in der Hierarchie des Seins anwiesen, überließ Pico es dem Menschen selbst, in Freiheit sein Schicksal zu wählen.

Der Kirchenpolitiker Kardinal Nikolaus von Kues (1401–1464) lieferte einen eigenständigen Beitrag zur Metaphysik, der an sich nicht sonderlich vom Humanismus beeinflußt war, denn in vieler Hinsicht stand er mittalterlichen Traditionen nahe. Nikolaus von Kues hatte aber sechs Jahre in Padua studiert zu einer Zeit, als im nahen Venedig viele griechische Gelehrte zusammen mit italienischen Humanisten neue Quellen der griechischen Philosophie bearbeiteten. Seitdem unterhielt er enge Beziehungen zu den Humanisten, sammelte ihre neuesten philosophischen Textausgaben und Kommentare und förderte auch selbst Übersetzungen ins Lateinische. Humanistische Gelehrsamkeit stellte ihm auf diese Weise einen Grundstock von griechischen philosophischen Texten zur Verfügung, die ihn zum Weiterdenken anregten. Anders als die meisten Humanisten unter den Philosophen konzentrierte Nikolaus von Kues sich in seinen eigenen Arbeiten auf theologische Probleme, die er im Rahmen einer originellen Metaphysik und Erkenntnislehre behandelte: so die Frage nach der Weisheitsfindung, wobei er den Schluß zog, daß die Sprache, selbst bei Anwendung strengster Logik, nicht fähig sei, die absolute Wirklichkeit auszudrücken. Er sah jedoch parallele Wege zur Annäherung an die göttliche Wahrheit: Theologie, Philosophie, Glaube und Wissenschaft. Seine Abhandlung *De beryllo* (Über den Beryll) ist typisch für seine kühne und unabhängige Art des Philosophierens.

Der führende Kopf der Platonischen Akademie in Florenz, Marsilio Ficino (1433–1499), erlangte seinen Ruhm nicht nur als selbständiger

Philosoph und Übersetzer Platos, sondern auch durch seine Kommentare. Er vertrat entschieden die Meinung, daß die platonische Ethik der christlichen Sittenlehre näher stehe als andere moralphilosophische Lehren der Antike. Sehr wirksam wurde sein *Commentarium in convivium Platonis, de amore* (Kommentar über das *Gastmahl* Platos, Über die Liebe). Er behandelte dort die Grundidee der platonischen Ethik, welche lehrt, daß das Gute durch Liebe zu erreichen sei. Die allmähliche Entwicklung des Liebenden von der sinnlichen bis zu der göttlichen Liebe wurde ein weitverbreitetes Thema in philosophischen und literarischen Arbeiten, welche sich mit der platonischen Liebe befaßten. Ficino beschrieb den Eros als Verlangen nach Schönheit und definierte Schönheit als eine von Gott ausgehende Kraft, die die ganze Schöpfung, von den höchsten bis zum niedrigsten Wesen, durchstrahle. Wie die Schönheit von Gott bis in das Niedrigste hinabsteigt, so kann die Liebe von der Körperlichkeit bis zu Gott aufsteigen: Wer die Schönheit in Allem liebt, liebt letzten Endes Gott.

Ficino befaßte sich in seinen naturphilosophischen Schriften mit der Rolle der Magie und Astrologie bei der Erforschung der Natur und der Annäherung an das schöpferische Prinzip. Der platonische Eros wurde bei Ficino und seinen Anhängern als eine magische Kraft aufgefaßt, die Türen zur höheren Erkenntnis öffnete. Aber nicht jedermann stimmte seiner Arbeit zu, daß der Magie ein wichtiger Platz in der Naturphilosophie zukomme. Besonders Aristoteles wurde zu Hilfe gerufen, um das Gegenteil zu beweisen, und manche meinten auch, daß Magie einfach des wahren Philosophen unwürdig sei. Gianfrancesco Pico della Mirandola (1469–1533), Neffe von Giovanni und Anhänger Savonarolas, behandelte in seinem Hauptwerk *Examen vanitatis doctrinae gentium* (Untersuchung des eitlen Wissens der Menschen) die Frage, wie sich die menschliche Kenntnis zu der göttlichen Offenbarung in der Heiligen Schrift verhält, und bekämpfte die seines Erachtens verheerende Auswirkung der antiken, vorchristlichen Philosophie auf den christlichen Glauben. Anders als für Ficino stand für ihn die Unzulänglichkeit des menschlichen Erkenntnisvermögens fest. Magie betrachtete er als einen Teil dieses fehlbaren menschlichen Wissens oder höchstens als einen der Bereiche der Dämonie. Er publizierte auch eine Abhandlung *De imaginatione* (Über die Vorstellung), in der er das Wesen der Vorstellung oder Phantasie untersucht. Pico hatte eine vorzügliche humanistische Ausbildung genossen, las Griechisch und konnte sich darum besser in die grundlegenden Texte von Aristoteles und Plato vertiefen als seine Vorgänger. Er betrachtete die Vorstellungskraft als eine ständige Quelle des Irrtums und führte auch Möglichkeiten an, sie zu bändigen und einer sittlichen Lebensführung unterzuordnen.

Auch Juan Luis Vives (1492–1540) erstrebte eine Reform der Philosophie, aber eine von ganz anderer Art. Sein Anliegen war es, die scholastische Philosophie, vor allem ihre Logik, auszumerzen. In seinem sozial- und wissenschaftstheoretischen Buch *De tradendis disciplinis* (Über die Erziehung) plädierte er für eine totale Ablösung der scholastischen Tradition in Erziehung und Wissenschaft durch die neuen Errungenschaften des Humanismus, soweit diese mit der christlichen Lehre übereinstimmten. In seinem Respekt vor der humanistischen Textkritik glich er seinem großem Vorbild Lorenzo Valla. Er folgte ihm auch in seiner Kritik an Aristoteles: In dem Werk *De causis corruptarum artium* (Über die Gründe des Verfalls der Künste) faßte Vives die Argumente Vallas zusammen und fügte noch einige eigene hinzu. Besonders die aristotelische Idee des irdischen Glücks hielt Vives für nicht annehmbar, weil sie nicht mit der christlichen Lehre vom Jenseits und dem Seelenheil übereinstimme. Die Popularität der aristotelischen Ethik seit dem Mittelalter hatte, so meinte Vives, viel Unheil in der Philosophie angestiftet, weil man nicht eingesehen habe, daß die platonische und stoische Sittenlehre viel besser zu der christlichen Lehre paßten.

GIOVANNI PICO DELLA MIRANDOLA

Die Freiheit des Menschen [1486]

Verehrte Väter! In arabischen Schriften habe ich folgendes gelesen. Man fragte einmal den Sarazenen Abdalas, was ihm auf dieser Welt, die doch gleichsam eine Schaubühne wäre, denn am bewunderungswürdigsten vorgekommen wäre. Darauf antwortete jener, nichts scheine ihm bewunderungswürdiger zu sein als der Mensch. Dieser Meinung kann man auch noch den Ausspruch des Merkurius hinzufügen: „Ein großes Wunder, o Asklepius, ist der Mensch." Als ich diese Aussprüche einmal recht überlegte, erschienen mir die traditionell überlieferten Meinungen über die menschliche Natur demgegenüber etwas unzulänglich. So zum Beispiel die Meinung, der Mensch sei ein Bote und Vermittler zwischen den Geschöpfen; er sei ein Freund der Götter; er sei der König der niederen Sinne durch die klare Erforschung seiner Vernunft und durch das Licht seines Verstandes; er sei der Dolmetscher der Natur, er sei ein Ruhepunkt zwischen der bleibenden Ewigkeit und der fließenden Zeit, oder er sei nach Aussagen der Perser das Band, das die Welt zusammenhält, er sei sogar das Hochzeitslied der Welt, er stehe schließlich nach dem Zeugnisse Davids nur wenig unter den Engeln. Das sind wahrlich alles hohe Eigenschaften, aber darin liegt nicht die Hauptsache, nämlich warum gerade der Mensch den Vorzug der höchsten Bewunderung für sich in Anspruch nehmen solle. Warum bewundern wir denn nicht mehr die Engel und die seligen Chöre des Himmels? Ich habe mich denn schließlich um die Einsicht bemüht, warum das glücklichste und aller Bewunderung würdigste Lebewesen der Mensch sei und unter welchen Bedingungen es möglich sein konnte, daß er aus der Reihe des Universums hervorschritt, beneidenswert nicht nur für die Tiere, sondern auch für die Sterne, ja sogar für die überweltlichen Intelligenzen. Geht das doch fast über den Glauben hinaus, so wunderbar ist es. Oder warum nicht? Denn auch deswegen wird der Mensch mit vollem Recht für ein großes Wunder und für ein bewunderungswürdiges Geschöpf geheißen und gehalten. Wie sich das nun aber verhält, verehrte Väter, das höret an und bringt mit geneigten Ohren und milder Gesinnung meiner Arbeit euer Wohlwollen entgegen.

Bereits hatte Gott-Vater, der höchste Baumeister, dieses irdische Haus der Gottheit, das wir jetzt sehen, diesen Tempel des Erhabensten, nach den Gesetzen einer verborgenen Weisheit errichtet. Das überirdische Gefilde hatte er mit Geistern geschmückt, die ätherischen Sphären hatte er mit ewigen Seelen belebt, die materiellen und fruchtbaren Teile der unteren Welt hatte er mit einer bunten Schar von Tieren angefüllt. Aber als er dieses Werk vollendet hatte, da wünschte der Baumeister, es möge jemand da sein, der die Vernunft eines so hohen Werkes nachdenklich erwäge, seine Schönheit liebe, seine Größe bewundere. Deswegen dachte er, nachdem bereits alle Dinge fertiggestellt waren, wie es Moses und Timaeus bezeugen, zuletzt an die Schöpfung des Menschen. Nun befand sich aber unter den Archetypen in Wahrheit kein einziger, nach dem er einen neuen Sprößling hätte bilden sollen. Auch unter seinen Schätzen war nichts mehr da, was er seinem neuen Sohne hätte als Erbe schenken sollen, und unter den vielen Ruheplätzen des Weltkreises war kein einziger mehr vorhanden, auf dem jener Betrachter des Universums hätte Platz nehmen können. Alles war bereits voll, alles unter die höchsten, mittleren und untersten Ordnungen der Wesen verteilt. Aber es wäre der väterlichen Allmacht nicht angemessen gewesen, bei der letzten Zeugung zu versagen, als hätte sie sich bereits verausgabt. Es hätte der Weisheit nicht geziemt, wenn sie aus Mangel an Rat in einer notwendigen Sache geschwankt hätte. Es wäre der milden Liebe nicht würdig gewesen, daß derjenige, der bei andern Geschöpfen die göttliche Freigebigkeit loben sollte, bei sich selbst gezwungen wäre, diese zu verdammen.

Daher beschloß denn der höchste Künstler, daß derjenige, dem etwas Eigenes nicht mehr gegeben werden konnte, das als Gemeinbesitz haben sollte, was den Einzelwesen ein Eigenbesitz gewesen war. Daher ließ sich Gott den Menschen gefallen als ein Geschöpf, das kein deutlich unterscheidbares Bild besitzt, stellte ihn in die Mitte der Welt und sprach zu ihm: „Wir haben dir keinen bestimmten Wohnsitz, noch ein eigenes Gesicht, noch irgendeine besondere Gabe verliehen, o Adam, damit du jeden beliebigen Wohnsitz, jedes beliebige Gesicht und alle Gaben, die du dir sicher wünschst, auch nach deinem Willen und nach deiner eigenen Meinung haben und besitzen mögest. Den übrigen Wesen ist ihre Natur durch die von uns vorgeschriebenen Gesetze bestimmt und wird dadurch in Schranken gehalten. Du bist durch keinerlei unüberwindliche Schranken gehemmt, sondern du sollst nach deinem eigenen freien Willen, in dessen Hand ich dein Geschick gelegt habe, sogar jene Natur dir selbst vorherbestimmen. Ich habe dich in die Mitte der Welt gesetzt, damit du von dort bequem um dich schaust, was es alles in dieser Welt gibt. Wir haben dich weder als einen Himmlischen noch als einen Irdischen, weder als einen Sterblichen noch einen Unsterblichen geschaffen, damit du als dein eigener, vollkommen frei und ehrenhalber schaltender Bildhauer und Dichter dir selbst die Form bestimmst, in der du zu leben wünschst. Es steht dir frei, in die Unterwelt des Viehes zu entarten. Es steht dir ebenso frei, in die höhere Welt des Göttlichen dich durch den Entschluß deines eigenen Geistes zu erheben."

Müssen wir darin nicht zugleich die höchste Freigebigkeit Gott-Vaters und das höchste Glück des Menschen bewundern? Des Menschen, dem es gegeben ist, das zu haben, was er wünscht, und das zu sein, was er will. Denn die Tiere, sobald sie geboren werden, tragen vom Mutterleibe an das mit sich, was sie später besitzen werden, wie Lucilius sagt. Die höchsten Geister aber sind von Anfang an oder bald darauf das gewesen, was sie in alle Ewigkeiten sein werden. In den Menschen aber hat der Vater gleich bei seiner Geburt die Samen aller Möglichkeiten und die Lebenskeime jeder Art hineingelegt. Welche er selbst davon pflegen wird, diejenigen werden heranwachsen und werden in ihm ihre Früchte bringen. Wenn er nur die des Wachsens pflegt, wird er nicht mehr denn eine Pflanze sein. Pflegt er nur die sinnlichen Keime, wird er gleich dem Tiere stumpf werden. Bei der Pflege der rationalen wird er als ein himmlisches Wesen hervorgehen. Bei der Pflege der intellektuellen wird er ein Engel und Gottes Sohn sein. Und wenn er mit dem Lose keines Geschöpfes zufrieden sich in den Mittelpunkt seiner Ganzheit zurückziehen wird, dann wird er zu *einem* Geist mit Gott gebildet werden, in der einsamen Dunkelheit des Vaters, der über alles erhaben ist, wird er auch vor allen den Vorrang haben. Wer möchte nicht dies unser Chamäleon bewundern? Oder wer möchte überhaupt irgend etwas anderes mehr bewundern?

Nicht ohne Grund hat daher der Athener Asklepios gesagt, der Mensch werde auf Grund seiner ständig die Haut wechselnden und sich selbst umwandelnden Natur mit dem Geheimnis des Proteus bezeichnet. Daher stammen auch jene berühmten Metamorphosen bei den Hebräern und Pythagoreern. Denn auch die geheime Theologie der Hebräer verwandelt einmal den heiligen Enoch in einen Engel der Gottheit, den sie Melech Cheschakanach nennt, ein anderes Mal wieder andere in andere Namen. Die Pythagoreer aber lassen verbrecherische Menschen die Gestalt von Tieren annehmen. Und wenn man

Empedokles glauben will, sogar die von Pflanzen. Auch Mohammed ist ihnen hierin gefolgt, der häufig jenen Ausspruch tat: „Wer sich vom göttlichen Gesetz getrennt hat, der wird als ein Tier hervorgehen und das mit Recht.“ Denn nicht die Rinde bildet die Pflanze, sondern die dumme und nichtsfühlende Natur, und nicht das dicke Fell macht das Tier aus, sondern die unvernünftige und sinnliche Seele, und nicht der scheibenförmige Körper bildet den Himmel, sondern die richtige Vernunft, und nicht die Trennung von einem Körper ist das Wesen des Engels, sondern die geistliche Weisheit. Wenn du daher einen Menschen siehst, der ganz dem Bauche ergeben ist und gleichsam auf der Erde kriecht, so wisse, es ist ein Strauch, nicht ein Mensch, was du da siehst. Wenn du einen andern siehst, in die Phantasie verstrickt, durch eitle Gaukelbilder erblindet, durch Sinneseindrücke bezaubert und durch ihre Verlockungen gleichsam gefesselt, es ist ein Tier, kein Mensch, was du da siehst. Wenn du aber einen erblickst, der nach der richtigen Art der Philosophen alles betrachtet, diesen sollst du verehren, denn er ist ein himmlisches und kein irdisches Wesen. Wenn du aber einen reinen Betrachter triffst, der nichts mehr von seinem Körper weiß, der sich ganz in das Innere des Geistes entfernt hat, dieser ist fürwahr kein irdisches noch ein himmlisches Wesen, dieser ist etwas noch Erhabeneres, nämlich ein Gott mit menschlichem Fleische umkleidet. Gibt es da noch irgendeinen, der den Menschen nicht bewundern möchte?

NIKOLAUS VON KUES

Über den Beryll [ca. 1458]

Wer das liest, was ich in verschiedenen Büchern geschrieben habe, wird sehen, daß ich mich recht oft mit dem Zusammenfall der Gegensätze beschäftigt habe und daß ich immer wieder bemüht war, gemäß einer Vernunftschau, die die Kraft des Verstandes übertrifft, zu schließen. Damit ich dem Leser möglichst klar einen Begriff hiervon vermittle, will ich ihm daher einen Spiegel und ein Rätselbild an die Hand geben, mit dem sich die schwache Vernunft eines jeden an der äußersten Grenze des Wißbaren helfen und leiten kann; und ich will einige gewichtige Sätze und Meinungen von Männern hinzusetzen, die sich in schwierigen Problemen sehr gut auskennen, damit Du nach Anwendung des Spiegels und Rätselbildes in der Vernunftschau Richter darüber wirst, wieviel näher ein jeder an die Wahrheit hinangelangt. Und wenn auch dieses Büchlein offensichtlich kurz ist, gewährt es dennoch hinreichende Anleitung, wie man von dem Rätselbild zur Schau in jeder Höhe gelangen kann. Es wird auch in der Macht eines jeden liegen, die zugrunde gelegte

Verfahrensweise auf jeden Forschungsbereich anzuwenden und auszudehnen.

Der Grund aber, weshalb sowohl Plato in den Briefen als auch der große Dionysius Areopagita untersagten, diese Geheimnisse denen preiszugeben, welche die Höhen der Vernunft nicht kennen, besteht darin, daß jenen Menschen nichts lächerlicher erscheinen wird als diese erhabenen Dinge. Der den Sinnen verhaftete Mensch erfaßt dieses Göttliche nicht; denen aber, die eine hierin geübte Vernunft haben, wird nichts Ersehnenswerteres begegnen. Wenn Dir also diese Ausführungen auf den ersten Blick als abgeschmackte Albernheiten erscheinen, so wisse, daß es Dir noch an Befähigung mangelt. Und wenn Du hierin mit größtem Verlangen nach Wissen deine Überlegungen ein wenig fortsetzt und von jemand, der Dir das Rätselbild erklären kann, Anleitung erhältst, wirst Du dahin gelangen, daß Du nichts diesem Licht vorziehst und Dich freust, einen Schatz der Vernunft gefunden zu haben. Und das wirst Du in sehr wenigen Tagen erfahren. Jetzt will ich zur Sache kommen und zuerst darlegen, weshalb ich dem Büchlein den Namen Beryll gegeben habe und was ich beabsichtige.

Der Beryll ist ein glänzender, weißer und durchsichtiger Stein. Ihm wird eine zugleich konkave und konvexe Form verliehen, und wer durch ihn durchsieht, berührt zuvor Unsichtbares. Wenn den Augen der Vernunft ein vernunftgemäßer Beryll, der die größte und kleinste Form zugleich hat, richtig angepaßt wird, wird durch seine Vermittlung der unteilbare Ursprung von allem berührt. Wie das aber geschieht, beabsichtige ich so klar wie nur möglich zu entwickeln, nachdem ich einiges vorausgeschickt habe, was hierzu dienlich ist.

Du mußt zuerst beachten, daß eines der erste Ursprung ist, und er wird nach Anaxagoras Vernunft genannt; von ihr geht alles ins Sein hervor, damit sie sich selbst offenbare. Die Vernunft nämlich findet ihre Freude daran, das Licht ihrer Einsicht zu zeigen und mitzuteilen. Die Schöpfervernunft also macht sich zum Ziel ihrer Werke, nämlich damit ihre Herrlichkeit offenbar werde, und deshalb erschafft sie Substanzen, die mit Erkenntniskraft begabt sind, damit sie ihre Wahrheit sehen können, und ihnen zeigt sich der Schöpfer in der Weise, in der sie ihn erfassen können, als sichtbaren. Dieses zu wissen ist das erste; in ihm ist eingefaltet alles erhalten, was zu sagen ist.

Zweitens mußt Du wissen, daß das, was nicht wahr und auch nicht dem Wahren ähnlich ist, nicht ist. Alles aber, was ist, ist in einem anderen in anderer Weise als in sich. Es ist nämlich in sich als in seinem wahren Sein, in einem anderen aber als in seinem dem Wahren ähnlichen Sein, wie das Warme in sich ist als in seinem wahren Sein und im Erwärmten durch die Ähnlichkeit seiner Wärme. Es gibt aber drei Erkenntnisweisen, nämlich die der Sinne, die der Vernunft und die der Intelligenz; sie werden nach Augustinus Himmel genannt. Das Sinnenfällige ist im Sinn durch sein sinnenfälliges Erkenntnisbild oder seine sinnenfällige Ähnlichkeit, und der Sinn ist im Sinnfälligen durch sein sinnenkräftiges Erkenntnisbild. So ist das durch die Vernunft Erkennbare in der Vernunft durch seine durch die Vernunft erkennbare Ähnlichkeit, und die Vernunft ist in dem, was durch die Vernunft erkennbar ist, durch ihre vernunftkräftige Ähnlichkeit. So ist das durch die Intelligenz Erkennbare in der Intelligenz und umgekehrt. Diese Begriffe sollen Dich nicht verwirren, weil bisweilen das durch die Intelligenz Erkennbare durch die Vernunft Erkennbares genannt wird, Ich nenne es aber so wegen der Einsichten des Geistes.

Drittens wirst Du Dir den Satz des Protagoras merken, daß der Mensch das Maß der Dinge ist. Denn mit dem Sinn mißt er das Sinnenfällige, mit der Vernunft das durch die Vernunft Erkennbare, und was über dem durch die Vernunft Erkennbaren ist, berührt er im Überschreiten. Und dies tut er auf Grund von Vorausgegebenem. Denn indem er weiß, daß die erkenntniskräftige Seele Ziel des Erkennbaren ist, weiß er auf Grund der sinnlichen Wahrnehmungsfähigkeit, daß das Sinnenfällige so sein muß, wie es sinnlich wahrgenommen werden kann. So von dem durch die Vernunft Erkennbaren, wie es durch die Vernunft erkannt werden kann; das darüber Hinausgehende aber so, daß es darüber hinausgeht. Daher findet der Mensch in sich gleichwie in einem messenden Wesensgrund alles Geschaffene.

Viertens beachte, daß Hermes Trismegistos sagt, der Mensch sei ein zweiter Gott. Den wie Gott Schöpfer der realen Seienden und der natürlichen Formen ist, so ist der Mensch Schöpfer der Verstandesseienden und der künstlichen Formen, die lediglich Ähnlichkeiten seiner Vernunft sind, so wie die Geschöpfe Ähnlichkeiten der göttlichen Vernunft sind. Also hat der Mensch die Vernunft, die im Erschaffen Ähnlichkeit der göttlichen Vernunft ist. Daher erschafft er Ähnlichkeiten von Ähnlichkeiten der göttlichen Vernunft, so wie die äußeren künstlichen Gestalten Ähnlichkeiten der inneren natürlichen Form sind. Hieraus mißt er seine Vernunft durch die Kraft seiner Werke, und daraus mißt er die göttliche Vernunft, wie die Wahrheit durch ihr Bild gemessen wird. Und das ist die Wissenschaft, die sich des Rätselbildes bedient. Er hat aber einen sehr scharfen Blick, mit dem er sieht, daß das Rätselbild ein Rätselbild der Wahrheit ist, so daß er weiß, daß dies die Wahrheit ist, die nicht in irgendeinem Rätselbild darstellbar ist.

Nach diesen wenigen Vorbemerkungen kommen wir zur Sache und wollen mit dem ersten Ursprung beginnen. Jener Inder nämlich, den Sokrates fragte, verlachte diejenigen, welche ohne Gott etwas zu erkennen versuchten, da er Ursache und Urheber von allem ist. Wir wollen ihn aber als den unteilbaren Ursprung sehen. Wir wollen den Beryll vor unsere geistigen Augen halten und durch das zugleich Größte, über das hinaus nichts größer sein kann, und Kleinste, über das hinaus nichts kleiner sein kann, sehen; und dann sehen wir den Ursprung von jedem Großen und Kleinen, gänzlich einfach und unteilbar für jede Weise von Teilung, durch die alles Große und Kleine teilbar ist. Und wenn wir durch den Beryll die Ungleichheit betrachten, wird die unteilbare Gleichheit das Objekt sein, und durch die uneingeschränkte Ähnlichkeit werden wir den Ursprung sehen, der unteilbar für jede Weise von Teilung ist, durch die die Ähnlichkeit teilbar oder veränderbar ist, nämlich die Wahrheit. Denn nichts anderes ist Gegenstand jener Sicht als die Wahrheit, die durch jede zugleich größte und kleinste Ähnlichkeit gesehen wird als uneingeschränkter erster Ursprung jeder Ähnlichkeit mit ihr. Wenn wir durch den Beryll die Teilung sehen, wird so die unteilbare Verknüpfung Gegenstand sein. So auch bezüglich der Proportion, der Beziehung, der Schönheit und derartigem.

MARSILIO FICINO

Über die Liebe [1469]

Die Schädlichkeit der gemeinen Liebe

Damit wir aber durch langes Reden von dieser Narrheit nicht selber närrisch werden, wollen wir in kurzen Worten den Schluß ziehen: Von allen Arten des Wahnsinns ist die absonderlichste jene ängstliche Sorge, von welcher die auf gemeine Weise Verliebten Tag und Nacht geplagt sind. Im Verlauf der Liebeskrankheit werden sie erst durch die gelbe Galle erhitzt und dann von der schwarzen Galle mit Gram heimgesucht, wodurch sie in Tobsucht verfallen und, als ob sie blind wären, nicht bemerken, in welchen Abgrund sie geraten. Wie gefährlich diese entartete Liebe ist, zeigt das ausführliche Gespräch des Thebaners Lysias mit Sokrates in Platos *Phaidros*, und ein jeder, welcher auf diese Art liebt, bekommt es deutlich zu spüren. Das schlimmste dabei ist aber wohl, daß der Mensch durch diesen Wahnsinn zum Tiere wird.

Die Ersprießlichkeit der übersinnlichen Liebe und ihre vier Arten

Soviel über diesen krankhaften Wahn! Die Begeisterung hingegen, welche Gott uns eingibt, erhebt den Menschen über seine Natur hinaus und verwandelt ihn in Gott. Die göttliche Begeisterung ist eine Erleuchtung der vernünftigen Seele, durch welche Gott die aus der höheren Region zur niederen hinabgesunkene Seele wieder von der niederen zur höheren Region zurückzieht.

Der Fall der Seele vollzieht sich von dem einen Ursprung aller Dinge bis zur Körperwelt in einer vierfachen Stufenfolge, welche in Vernunft, Verstand, Meinung und Natur besteht. Da nämlich in der Ordnung der Dinge sechs Stufen bestehen, von welchen die höchste die göttliche Einheit und die unterste die Körperwelt einnimmt, zwischen ihnen sich aber die vier genannten befinden, so muß notwendig das, was von der obersten Stufe zur untersten hinabsinkt, durch die mittlere hindurch sinken.

Die göttliche Einheit ist Ziel und Maß aller Dinge, ohne Vermischung und ohne Vielheit. Der Engelsgeist besteht aus einer Vielheit von Ideen, ist aber als solche ruhend und ewig. Der Verstand der Seele ist eine Vielheit von Begriffen und Schlüssen, d. h. eine bewegliche, aber geordnete Vielheit. Die Meinung steht unter dem Verstande und ist eine Vielheit ungeordneter und beweglicher Vorstellungen, jedoch in einer Substanz und einem Punkte geeinigt, da die Seele, in welcher die Meinung wohnt, eine Substanz ist, welche keinen Raum einnimmt. Die Natur, d. i. das von der Seele ausgehende Ernährungsvermögen und die Lebenskraft, verhält sich in gleicher Weise, ausgenommen, daß sie auf die Punkte des Körpers verteilt ist. Der Körper aber ist eine unbestimmte Vielheit von Teilen und zufällige Erscheinungen, welche der Bewegung unterworfen und in Substanzen, Momente und Punkte geteilt ist.

Auf alle diese Dinge blickt unsere Seele, durch diese hindurch steigt sie hinab und erhebt sie sich wieder. Insofern sie aus der Einheit als dem Urgrunde des Alls hervorgeht, besitzt sie eine gewisse Einheit, welche ihr ganzes Wesen, ihre Kräfte und Fähigkeiten eint. Zu dieser ihrer Einheit verhält sich alles übrige, was der Seele angehört, wie die Radien des Kreises zum Mittelpunkte, von welchem sie ausgehen und zu dem sie wieder zurückkehren. Diese Einheit verbindet nicht nur die Teile der Seele untereinander und mit der Gesamtheit der Seele, sondern auch die gesamte Seele mit der Ureinheit, welche die Ursache des Alls ist.

Insofern die Seele durch den Lichtstrahl des göttlichen Geistes leuchtet, betrachtet sie in ruhender Tätigkeit mit ihrer Vernunft die Ideen aller Dinge; insofern sie sich selbst anschaut, denkt sie die Allgemeinbegriffe aller Dinge und schreitet, Folgerungen ziehend, von den Prinzipien zu den Schlüssen fort. Insofern sie die Körperwelt anschaut, denkt sie in ihrer Urteilskraft die besonderen Formen und Vorstellungen der beweglichen Dinge, welche sie mittels der Sinne wahrgenommen hat. Insofern sie sich der Materie zuwendet, gebraucht sie die Natur als Werkzeug, die Materie zu bewegen und zu formen. Daraus entspringen das Entstehen und das Wachstum der Dinge sowohl wie die umgekehrten Vorgänge.

Ihr seht also, wie die Seele von der göttlichen Einheit, welche über der Ewigkeit steht, zu der ewigen Vielheit, von der Ewigkeit zur Zeitlichkeit, von der Zeit zum Raume und zur Materie hinabsinkt; und zwar fällt sie dann, wenn sie sich von der Reinheit, in welcher sie entstanden ist, entfernt, um sich übermäßig an den Körper zu klammern.

In welcher Stufenfolge die göttliche Begeisterung die Seele erhebt

Wie sie in einer Folge von vier Stufen absteigt, muß sie sich auch darum notwendig wieder auf vier Stufen erheben.

Die göttliche Begeisterung hebt uns zu den höheren Regionen empor, wie aus ihrer Begriffsbestimmung hervorgeht. Folglich gibt es vier Arten der göttlichen Begeisterung. Die erste ist die dichterische, die zweite ist die mystische, d. i. die priesterliche, die dritte die prophetische Begeisterung, die vierte Art ist die Leidenschaft der Liebe. Die Dichtung stammt von den Musen, das Mysterium von Dionysos, die Weissagung von Apollo und die Liebe von Aphrodite.

Zweifellos kann die Seele nicht zur Einheit zurückkehren, wenn sie nicht selbst einheitlich wird. Sie ist aber zur Vielheit zerfallen, indem sie in den Körper hinabsank, sich zu mannigfaltiger Tätigkeit zerstreute und der unendlichen Vielheit der körperlichen Dinge zuwandte. Darum schlummern sozusagen ihre höheren Teile und die niederen haben die Oberhand. Jene befinden sich in Erstarrung, diese in Erregung, und die Seele in ihrer Gesamtheit ist in sich zerfallen und voller Disharmonie. Deswegen ist zunächst die dichterische Begeisterung vonnöten, um durch die Klänge der Musik die schlummernden Teile zu ermuntern, durch ihren harmonischen Liebreiz die erregten Teile zu besänftigen und endlich durch den Einklang des Verschiedenartigen die Zwietracht und den Mißklang der uneinigen Teile der Seele auszusöhnen. Doch genügt dies noch nicht, weil trotzdem eine Vielheit und Verschiedenheit in der Seele zurückbleibt.

Es kommt daher das dem Dionysos zugehörende Mysterium an die Reihe. welches durch Reinigungen, Opfer und allerlei heilige Kulthandlungen die Spannung aller Seelenkräfte auf den Geist lenkt, mit welchem Gott angebetet wird. Indem die einzelnen Teile der Seele auf einen Geist zurückgeführt worden sind, kann man die Seele als eine aus einer Vielheit entstandene Einheit bezeichnen.

Ferner ist die dritte Art der Begeisterung vonnöten, um den Geist auf die Einheit zurückzuführen, welche der Ursprung der Seele ist. Dies bewirkt mittels der Weissagung Apollo. Indem nämlich die Seele über den Geist hinaus zur Einheit des Geistes aufsteigt, sieht sie das Zukünftige voraus.

Nachdem endlich die Seele zum Einen geworden ist, d. h. dem Einen, welches in der Natur und dem Wesen der Seele besteht, bleibt nur noch übrig, daß sie sich zu dem Einen erhebt, welches über dem Wesen steht,

d. h. zu Gott. Diese hohe Gabe verleiht uns die himmlische Aphrodite durch Vermittelung des Eros, d. h. durch das inbrünstige Verlangen nach der göttlichen Schönheit und nach dem Guten.

Die erste Art der Begeisterung bringt also das Disharmonische und Uneinige in Gleichklang; die zweite bewirkt, daß das in Gleichklang Gebrachte aus einer Vielheit zu einer Gesamtheit wird; die dritte erhebt die Gesamtheit über die Teile; die vierte endlich führt zu dem Einen zurück, welches über dem Wesen und über Allem steht.

Plato nennt im *Phaidros* den dem Übersinnlichen zugewandten Geist in der Seele den Wagenlenker, welches den Lenker des Vehikels der Seele bezeichnet. Die Einheit der Seele nennt er das Haupt des Wagenlenkers. Den Verstand und die Meinung, welche im Bereiche des Natürlichen fortschreitet, nennt er das gute Roß. Die verworrene Einbildungskraft und das Begehrungsvermögen der Sinnlichkeit nennt er das böse Pferd. Das Wesen der gesamten Seele nennt er den Wagen, weil die Bewegung der Seele sozusagen kreisförmig, von sich selbst ausgehend, in sich selbst zurückkehrt. Nämlich das Denken der Seele geht von ihr aus und wieder zu ihr zurück. Zwei Flügel erkennt er der Seele zu, mit welchen sie dem Überirdischen zufliegen soll. Von diesen ist nach unserer Meinung der eine die Forschung, mittels welcher sich der Geist ohne Unterlaß zur Wahrheit zu erheben sucht, der andere das Verlangen nach dem Guten, in welchem unaufhörlich unser Wille entbrennt.

Diese Teile der Seele gehen ihrer Ordnung verlustig, sobald sie durch den störenden Einfluß des Körpers in Verwirrung geraten.

Die erste Art der Begeisterung unterscheidet das gute Roß, d. h. den Verstand und die Urteilskraft, von dem schlechten Pferd, d. i. der verworrenen Einbildung und dem Begehrungsvermögen der Sinnlichkeit. Die zweite unterwirft das böse Pferd dem guten und das gute dem Wagenlenker, d. i. dem Geiste. Die dritte leitet den Wagenlenker zu seinem Ursprung, d. i. der Einheit, welche der Höhepunkt des Geistes ist. Die letzte lenkt das Haupt des Wagenlenkers zum Ursprung des Alls. Dort ist der Wagenlenker selig und dort stellt er seine Rosse an die Krippe, d. h. die übersinnliche Schönheit; das bedeutet: Er gebraucht in angemessener Weise alle Teile der Seele, welche er sich unterworfen hat. Er legt ihnen Ambrosia als Speise vor und gibt ihnen Nektar zu trinken; das bedeutet: Er bietet ihnen das Schauen der göttlichen Schönheit und mittels dieses Schauens die höchste Wonne.

Dies sind die Wirkungen der vier Arten von Begeisterung, über welche im allgemeinen Plato im *Phaidros* handelt; über die dichterische Begeisterung hingegen handelt er insbesondere im *Io* und über die Begeisterung der Liebe im *Gastmahl*. Orpheus war von allen diesen Arten erfüllt; davon zeugen seine Werke. Von der Liebesbegeisterung aber waren ganz besonders beherrscht: Sappho, Anakreon und Sokrates.

Von aller Arten der Begeisterung ist die Liebe die vorzüglichste

Von allen diesen Arten der Begeisterung ist die stärkste und vorzüglichste die Liebe. Die vorzüglichste nämlich, weil alle übrigen ihrer notwendig bedürfen; denn wir können weder die Gabe der Dichtkunst noch die Mysterien noch die Weissagung ohne regen Eifer, inbrünstige Frömmigkeit und unablässige Gottesverehrung erlangen. Nun sind aber Eifer, Frömmigkeit und Verehrung nichts anderes, als Liebe. Diese ist die vorzüglichste von ihnen, weil die übrigen sich auf sie als ihren Endzweck beziehen, und sie uns auf das engste mit Gott verbindet.

Nun gibt es aber vier entartete Leidenschaften, welche schlechte Nachahmungen jener vier Arten der Begeisterung sind. Und zwar wird die dichterische Begeisterung von der gemeinen Musik, welche nur den Ohren schmeichelt, die mystische Begeisterung, nämlich der heiligen Kulthandlungen, von dem nichtigen Aberglauben des niederen Volkes, die prophetische Begeisterung von der trügerischen Mutmaßung der menschlichen Wissenschaft und die Begeisterung der Liebe von der sinnlichen Leidenschaft nachgeahmt. Die wahre Liebe ist ein Aufwärtsstreben zur übersinnlichen Schönheit und wird in uns durch den Anblick der körperlichen Schönheit erweckt. Die entartete Liebe ist ein Absturz vom Anschauen zur Berührung.

Die Ersprießlichkeit der sokratischen Liebe

Ihr fragt mich nun, wozu die sokratische Liebe ersprießlich sei. Nun, zunächst hilft sie dem Liebenden selber zum Wiedererlangen der Flügel, mit denen er der ewigen Heimat zufliegen kann. Dann ist sie seinem irdischen Vaterlande im höchsten Maße ersprießlich, um eine sittliche und glückliche Lebensart zu erzielen.

Der Staat besteht nicht aus Steinen, sondern aus Menschen, diese aber bedürfen, gleich den Bäumen, solange sie jung sind, der Pflege und Wartung, um gute Frucht zu tragen. Die Fürsorge für die Kinder liegt ihren Eltern und Erziehern ob. Sind sie später herangewachsen, so überschreiten sie die ihnen von den Eltern und Erziehern auferlegten Schranken nur dann, wenn sie durch schlechten Umgang mit gemeinem Volk verdorben werden.

Was tut unser Sokrates? Wird er zulassen, daß die Jugend durch den Umgang mit zügellosen Menschen verdorben wird? Ist sie doch die Saat des Staates, welche täglich neu emporkeimt? Wenn er es zuließe, wo bliebe da die Liebe zum Vaterlande? Sokrates wird also dem Vaterlande beistehen und dessen Söhne, seine Brüder vom Verderben erretten. Wie wird er das aber anstellen? Wird er vielleicht neue Gesetze verfassen, um die zügellosen Menschen vom Umgange mit der Jugend fernzuhalten? Nein, nicht jeder kann ein Lykurg oder Solon sein. Nur wenigen erteilt man die Vollmacht, Gesetze zu geben; die wenigsten gehorchen den bestehenden Gesetzen. Was wird also Sokrates tun? Wird er vielleicht mit Gewalt vorgehen und handgreiflich die unsittlichen älteren Leute von der Jugend entfernen? Nein; denn Herakles allein konnte, wie es heißt, mit wilden Ungeheuern kämpfen. Diese Gewaltsamkeit ist für andere sehr gefährlich.

Vielleicht gibt es noch einen anderen Weg, welcher darin besteht, daß Sokrates die lasterhaften Menschen ermahnt, tadelt und ausschilt? Das verderbte Gemüt verachtet die Worte dessen, der ihn ermahnt; ja schlimmer noch, ein solcher Mensch wird zuweilen sogar gegen den Verwarner handgreiflich. Darum wurde Sokrates, als er dies eine Zeitlang versuchte, von dem einen mit Fäusten geschlagen und bekam von einem anderen Fußtritte.

Ein einziger Weg nur bleibt für die Jugend zu ihrer Errettung übrig: dies ist der Umgang mit Sokrates. Darum tritt dieser Philosoph, welcher von dem Orakel des Apollo für den Weisesten der Griechen erklärt worden war, aus Liebe zum Vaterlande mit den Jünglingen in der ganzen Stadt in nähere Verbindung. So beschützt der wahrhaft Liebende die Jugend vor den falschen Liebhabern, wie der eifrige Hirte die Herde der unschuldigen Lämmer gegen die verderbliche Gefräßigkeit der Wölfe verteidigt. Weil aber jeder sich am liebsten zu seinesgleichen gesellt, darum macht sich Sokrates den jüngeren Leuten gleich durch Scherzworte, durch Einfachheit des Ausdrucks und durch Reinheit des Lebens; er macht sich aus einem Greise zum Knaben, um zuweilen auch durch liebenswürdige Vertraulichkeit aus Knaben Greise zu machen.

Die Jugend, welche ja zur Sinnenlust neigt, fängt man nur mit der Lockspeise des Vergnügens ein; die gestrengen Lehrer flieht sie. Darum vernachlässigt unser Beschützer der Jugend um des Wohles des Vaterlandes willen seine eigenen Angelegenheiten und nimmt die Sorge für die jungen Leute auf sich. Zunächst lockt er sie durch gewinnende Sanftmut des Umganges an sich. Nachdem er sie gefesselt hat, leitet er sie allmählich ernster an und nimmt sie schließlich in strenge Zucht. So kaufte er den jungen Phaidon, welcher in Athen in einem öffentlichen Hause der Schande preisgegeben war, von diesem Elende los und bildete ihn zu einem würdigen Philosophen heran. Unsern Plato, welcher dichterischen Schwärmereien ergeben war, nötigte er, seine Gedichte in das Feuer zu werfen und wertvollere Studien zu ergreifen, deren Früchte wir täglich genießen. Xenophon führte er von einem gemeinen, ausschweifenden Leben zur Nüchternheit der Weisen. Aischines und Aristippos machte er aus Armen zu Reichen, den Phaidros aus einem Redner zu einem Philosophen, den Alkibiades aus einem Unwissenden zu einem hochgebildeten Manne, den Charmides machte er ernst und schamhaft, den Theages gerecht und zum Beschirmer des Vaterlandes, den Euthydemos brachte er von den falschen Spitzfindigkeit der Sophisten zur echten Weisheit. Mithin war des Sokrates Umgang zwar überaus angenehm, aber in noch höherem Maße ersprießlich, und, wie Alkibiades bezeugt, liebten die Jünglinge den Sokrates noch mehr, als er irgendeinen von ihnen liebte.

Wie wir dem heiligen Geiste dafür danken sollen, daß er uns erleuchtet und zu dieser Erörterung über das Wesen der Liebe angefeuert hat

Zur Genüge haben wir, werte Tischgenossen, das Wesen der Liebe sowohl wie des wahrhaft Liebenden, dazu auch die Ersprießlichkeit dieses Liebenden durch unsere Erörterung ergründet.

Sagt mir nun, wer ist der Urheber, wer der Lehrer dieser so erfolgreichen Forschung? Wisset, daß derselbe Eros, welchen wir hier gefunden, auch Ursache des Findens ist! Denn von Liebe entbrannt, die Liebe zu finden, haben wir das Wesen der Liebe untersucht und ergründet. Deshalb geziemt es, ihm den Dank für das Forschen sowohl wie für das Finden abzustatten.

O wunderbare Herrlichkeit des Gottes Eros, o Huld ohnegleichen! Kaum ein wenig nach langem Suchen erst zeigen sich uns die übrigen Himmlischen; Eros aber teilt sich uns mit, ehe wir nach ihm forschen. Daher fühlen sich ihm die Menschen in höherem Maße verpflichtet, als den anderen Himmlischen.

Etliche erkühnen sich, Gottes Macht zu lästern, weil sie mit Donnerstrahl unsere Sünde richtet. Etliche hassen die göttliche Weisheit, weil sie uns zum Trotze alle unsere Frevel durchschaut. Der göttlichen Liebe aber vermag sich niemand zu verschließen, da sie alle Güter spendet.

Beten wir darum, Freunde, die göttliche Liebe an, welche sich uns so huldvoll und gnadenreich erweist, gleichwie wir der höchsten Weisheit heilige Ehrfurcht entgegenbringen und mit Bewunderung und Furcht der höchsten Macht uns beugen wollen, auf daß durch die Liebe uns der Gottheit volle Gnade zuteil werde, und daß wir einst die Gottheit, die wir mit aller Inbrunst lieben, mit ewiger Liebe ganz genießen mögen!

GIANFRANCESCO PICO DELLA MIRANDOLA
Über die Vorstellung [1501]

Das Leben und Verhalten aller Lebewesen wird weitgehend von Vorstellungen geleitet

Nicht nur das Verhalten der Tiere, sondern auch das Leben der Menschen wird weitgehend von diesem Vermögen der Seele bestimmt. Da nämlich niemand zum Tätigsein bewegt wird, es sei denn, um ein wirkliches oder scheinbares Gutes zu erlangen, und da das Begehren selbst von der Erkenntnis abhängt (denn wie könnten wir etwas begehren, das wir gar nicht kennen?), so muß man zugeben, daß eben diese Erkenntnis den Wunsch hervorruft, eine Sache, die wir für gut halten, zu besitzen, und daß sie in gewisser Weise die bewegende Kraft weckt und lenkt, durch die ein Lebewesen sich dessen, was er begehrt, bemächtigt. Da nun wiederum – wie Aristoteles wiederholt behauptete und wie es auch von späteren Philosophen immer wieder bestätigt wurde – die Erkenntnis aus der Sinneswahrnehmung hervorgeht und die Sinne sich, sobald sie durch das Abbild eines Gegenstandes affiziert worden sind, an die Phantasie wenden und in ihr gleichsam niederlegen, was sie von außen aufgenommen haben, und da schließlich die Bilder selbst sehr lange in der Phantasie bleiben und ständigen Sinneswahrnehmungen sehr ähnlich sind, so muß man daraus schließen, daß die Handlungen aller Lebewesen in der Phantasie oder Vorstellung ihren Ursprung haben. Die Tiere nun – um die Autorität des Aristoteles anzuführen, der im ersten Buch der *Metaphysik* erklärt, daß sie nach dem Gedächtnis und nach den Vorstellungen leben – haben nichts, was über diese Fähigkeit hinausgeht. Sobald nämlich ein von den sinnlichen Gegenständen abgenommenes Abbild durch die fünf Sinnesorgane, die man auch Diener oder Pförtner der Sinne oder Kanäle des sinnlichen Geistes nennt, bis zur Vorstellung gelangt ist, wird der Prozeß abgebrochen.

Es ergibt sich aber, daß auch der Mensch weitgehend der Vorstellung folgt, wie wir aus eigener Erfahrung und auch aus Aristoteles wissen. Es geschieht nämlich häufig, daß die Vernunft des Menschen, auch wenn sie sonst niemals verdunkelt wurde, durch Krankheit beeinträchtigt oder durch Schlaf ausgeschaltet wird. Die Tatsache jedoch, daß, wer seine Vernunft oder seinen Intellekt gebraucht, nach dem gleichen Aristoteles notwendig Vorstellungen betrachtet, zwingt uns zuzugeben, daß unsere Handlungen weitgehend von der Struktur dieser Fähigkeit abhängen. Unter Vorstellung verstehe ich nämlich hier das gesamte innere Vermögen der sinnlichen Seele, gleichgültig mit welchen verschiedenen Namen es von anderen bezeichnet wird.

Wie notwendig die Vorstellung für den Menschen ist
und daß aus ihr Gutes wie Böses entspringen kann und wie.
Oder nach welcher Ordnung wir in der Vorstellung erkennen

Wir müssen also annehmen, daß die Vorstellung dem Menschen nicht ohne Grund, sondern wohlüberlegt gegeben worden ist. Denn da der Mensch aus der rationalen Seele und dem Körper besteht und gleichsam zusammengesetzt ist, und da die geistige Substanz der Seele sich grundlegend von der irdischen Materie des Körpers unterscheidet, war es geboten, daß die Extreme durch ein geeignetes Medium verbunden wurden, das etwas von den Eigenschaften beider Naturen aufweist und durch das die Seele auch in der Verbindung mit dem Körper ihre Funktionen erfüllt. Denn welche Verbindung hätte der rationale mit dem irrationalen Teil ohne die Vermittlung der Phantasie, die die niedere Natur gewissermaßen bearbeitet und für den rationalen Teil erkennbar macht? Sobald nämlich die Vorstellung von den Sinnen die Abbilder der Dinge empfangen hat, hält sie diese fest und gibt sie gereinigt an den tätigen Intellekt weiter; dieser erhellt sie mit seinem eigenen Licht und abstrahiert von ihnen die intelligiblen Abbilder; er überläßt sie dann dem potentiellen Intellekt, der durch sie ausschließlich geformt und vollendet wird.

Denn die rationale Seele ist im Augenblick ihres Eintritts in den Körper wie eine leere Tafel, auf der noch nichts gemalt oder aufgezeichnet ist. Daher erkennt sie auch nichts von sich aus, sondern erlangt jede Erkenntnis und jedes Wissen durch Vermittlung der Phantasie aus den Sinnen.

Das haben Aristoteles und in seiner Nachfolge die Pariser Theologen einhellig behauptet, obwohl Plato und auch einige Peripatetiker anderer Ansicht gewesen zu sein scheinen. Aber selbst wenn deren Meinung sich auf die Wahrheit stützen sollte, würde das unsere Fragestellung nicht weiter berühren. Denn die Platoniker behaupten zwar, daß die Kenntnisse bereits in die Seele eingeschrieben seien, wenn sie in den Körper eintrete; sie geben aber auch zu, daß die Seele dieses Wissen wieder vergesse, so daß sie Sinne und Phantasie als Erinnerungshilfen brauche. Mag daher die Vorstellung auch notwendig sein, so ist sie doch ein recht grobes Instrument und unfähig, richtig zu urteilen, wenn ihr nicht die Führung eines höheren Vermögens zu Hilfe kommt; folgt sie diesem höheren Vermögen, so macht sie den Menschen glücklich, folgt sie ihm nicht, so führt sie ihn in die Verdammnis. Denn wenn sie sich den Begierden, die die Sinne verlocken und hinunterziehen, wohlberaten widersetzt und das Höhere anstrebt, so wird sie die sich sträubenden Sinne gegen deren Willen und Widerstand mit hinaufführen. Gehorcht sie dagegen den Sinnen und weigert sich, das Geschäft der Tugend auf sich zu nehmen, dann ist ihre Macht so groß, daß sie auch den Körper infiziert und den Geist verdunkelt und es schließlich dahin bringt, daß der Mensch seine Menschlichkeit ablegt und die Bestialität annimmt. Aus diesem Grund können wir ohne weiteres behaupten, daß sich generell alles Gute wie auch alles Böse aus der Vorstellung ableiten läßt.

Über die zahlreichen Übel, die der Vorstellung entspringen

Da aber das menschliche Leben unsicher ist und zu Abwegen und Irrtümern neigt, und da es – wie die Heilige Schrift mahnend hervorhebt – von Jugend an eine Tendenz zum Bösen hat, geschieht es oft, daß wir, was wir zu unserem Glück gebrauchen sollten, zu unserem Unglück und Elend mißbrauchen. Denn wenn wir uns von dem uns eingeborenen Lichte führen lassen würden, so würden wir weder anderen noch uns selbst Übel aus den Irrtümern der Phantasie anhäufen; wir würden sie in ihren Irrtümern bekämpfen, anstatt sie auf ihrem Weg nach unten noch anzutreiben. Denn wer die Phantasie zu beherrschen trachtet, bewahrt sich jene Würde, mit der er geschaffen und in die er hineinversetzt wurde und die ihn ständig auffordert, die Kraft des Geistes auf Gott, den Schöpfer alles Guten, zu richten und sich in keiner Weise von der Gotteskindschaft, zu der er berufen ist, zu entfernen. Wer dagegen den Einflüsterungen fehlgeleiteter Sinne und trügerischer Vorstellung folgt, verliert seine Würde und sinkt auf die Stufe des Tieres herab. Er wird, wie der Prophet sagt, den vernunftlosen Tieren vergleichbar und ihnen ähnlich. Aber für noch niedriger und geringer als selbst die Tiere scheint mir ein Mensch zu achten, der die von der göttlichen Majestät gesetzte Ordnung verachtet und durch seine eigene Schlechtigkeit zum Tier wird. Denn dazu ist er geschaffen und an den bestimmten Platz in der Ordnung des Universums gestellt, daß er aufsteige zum Höheren, zu Gott, er, der es vorzieht, zum Niederen hinabzusteigen, um, seine Würde vergessend, jenen Platz einzunehmen, der den Tieren bestimmt ist. Die Tiere sind freilich nicht durch eigenes Verschulden tierisch, sondern auf Grund der ihnen eigentümlichen Form. Wird aber ein Mensch in seinem Leben und Verhalten zum Tier, so ist das die Folge davon, daß er sich der Herrschaft und Leitung der Phantasie unterworfen hat. Er steht durch seine eigene Schlechtigkeit umso tiefer unter den Tieren, als er die von der göttlichen Majestät gesetzte Ordnung zerstört und pervertiert und auf jene Stufe der Natur hinabsinkt, die geschaffen wurde, um in ihm ihre obere Grenze zu finden.

Es ist auch nicht schwer zu zeigen, daß alle Irrtümer, die sowohl im gesellschaftlichen als auch im philosophischen und christlichen Leben vorkommen, einem Fehler der Vorstellung entspringen. Ehrgeiz, Grausamkeit, Wut, Habsucht und Zügellosigkeit stören den Frieden einer Gesellschaft. Mutter und Amme des Ehrgeizes aber ist eine verdorbene

Vorstellung: Sie suggeriert, wie schön es doch sei, alle anderen auszustechen, ohne Tugend und Herkunft zu berücksichtigen, wodurch sich doch gerade jene auszeichnen, die der von verderblichem Ehrgeiz Besessene an Ehren übertreffen will. Grausamkeit, Zorn und Wut werden durch die Vorstellung eines eingebildeten und trügerischen Gutes hervorgerufen und am Leben gehalten, das jemand, der durch kochende Sinne und rasende Vorstellung zu Verbrechen, Körperverletzung und Mord getrieben, im Racheakt vermutet. Doch was, außer der Vorstellung, ruft den unstillbaren Hunger nach Gold hervor? Was entzündet die Glut der Begierde? Was bringt all die anderen Laster zum Vorschein, auf die ich aus Zeitmangel nicht näher eingehen will, wenn nicht die trügerische Vorstellung, die – ungeachtet der Vernunft – dem Unrecht vor dem Recht, der Zügellosigkeit vor der Beherrschtheit, der Aggressivität vor der Umgänglichkeit, dem Geiz vor der Großzügigkeit, dem Streit vor dem Frieden den Vorzug gibt.

Betrachten wir nun die Bereiche des philosophischen Lebens, so werden wir sehen, daß auch ihm nicht weniger Schwierigkeiten aus falschen Vorstellungen erwachsen. Wenn ich überlege, woher die so verschiedenen und vielfältigen Gegensätze der Lehrmeinungen kommen, die mit Thales, Demokrit, Empedokles, Zeno, Pythagoras und den anderen Philosophen beginnen und bis in unsere Zeit sich fortsetzen, so scheint mir die vernünftigste Erklärung zu sein, daß sie aus den trügerischen Vorstellungen kommen. Denn in dem Maße, wie sich jemand von den Sinnen und der Vorstellung leiten läßt, fällt auch – sofern es nicht durch die Vernunft modifiziert wird – sein Urteil in Fragen der Natur und der Moral aus. So gaben etwa diejenigen, die sich von einer korrumpierten Phantasie hinreißen ließen, den körperlichen Begierden den Vorrang. So hielt man die Atome des Wassers für die Grundbausteine aller Dinge. So hat alles, was es in der Philosophie sonst noch an monströsen Behauptungen gibt, hierin seinen Ursprung und Nährboden.

Denn da die Seelen alle von gleicher Art und Natur sind und Intellekt und Vernunft in ihren Funktionen vom Körper ebenso unabhängig und getrennt sind wie das Ewige vom Vergänglichen, wie Aristoteles in seinem Buch *Über die Seele* erklärt, können die trügerischen Meinungen nicht aus diesen Seelenteilen stammen. Dies scheint auch Plato im *Phaidon* anzudeuten, obwohl es eine größere und geringe Intensität des eingeborenen Lichtes, durch das die Wahrheit angezeigt wird, geben soll – in Übereinstimmung mit der Ansicht jener, die behaupteten, daß der Vollkommenheitsgrad der Seelen, die in die Körper eingesenkt wurden, je nach dem Grad der Vollkommenheit und Eignung der Körper, die zu ihrer Aufnahme geschaffen seien, variiere. Das hat aber freilich mit der Vielfalt und Gegensätzlichkeit der Meinungen nichts zu tun; denn gegensätzliche Tätigkeiten resultieren nicht aus einer größeren oder geringeren Intensität, sondern aus gegensätzlichen Prinzipien, Formen oder

Abbildern. Da aber die Seelen, solange sie im Körper verbleiben, auf Vorstellungen angewiesen sind und diese nicht nur bei verschiedenen, sondern – aus einer Vielzahl von Gründen, über die gleich zu sprechen sein wird – selbst bei einem und demselben Menschen bald richtig, bald falsch, bald dunkel, bald klar, bald froh, bald traurig sind, müssen wir zugeben, daß die Schuld an all den monströsen Meinungen und an jedem falschen Urteil eindeutig den Fehlern der Phantasie zuzuschreiben ist. Und da das menschliche Geschlecht sich im Handeln weitgehend davon leiten läßt, was ein jeder sich in seinem Meinen zum Ziel gesetzt hat, können wir ebenso leicht schließen, daß auch die Sünden, die begangen werden, meist aus einem Fehler der Vorstellung entspringen. Wir folgern weiter, daß selbst das christliche Leben, das im Glauben und im Handeln besteht, von einer falschen Vorstellung erschüttert wird.

Aus dem gleichen Argument, mit dem wir bewiesen haben, daß sinnlose philosophische Ansichten auf falsche Vorstellungen zurückgehen, schließen wir auch, daß die Häresien, d. h. irrige Meinungen im Bereich des christlichen Glaubens, hierin ihren Ursprung haben. Und da wir geschlossen haben, daß aus falschen Meinungen auch perverse Handlungen folgen, können wir nun ebenso schließen, daß die perversen Handlungen der Christen aus Meinungen hervorgehen, die von Vorstellungen abhängen.

Aber davon genug, denn es muß nun geklärt werden, wie es kommt, daß die Vorstellung getäuscht wird und unterschiedlich ist und wie wir gegen ihre Krankheiten Abhilfe schaffen können.

JUAN LUIS VIVES

Über die Gründe des Verfalls der Künste: Kritik an Aristoteles [1531]

Laßt uns aber sehen, wie die Menschen diesen Aristoteles verstehen, an dem sie mit Handgreiflichkeiten und geballten Fäusten und dazu so sehr verbissen festhalten. Zuerst ist es schwierig, wegen der Zweideutigkeit und des Dunkels der Worte und der Sätze, woran sich Aristoteles immer erfreut hat, seine Gedanken zu ermitteln. Überall ist er der gleiche. Zum Beispiel wenn er über das Glück spricht, um wieviel anders spricht er im ersten Buch der *Ethik* als im zehnten. Wie anders spricht er in diesem Buch verglichen mit dem siebten Buch der *Politik*. Und die Menschen bemerken zu wenig, daß das Glück von ihm doppelt dargestellt wird, das eine als das des betrachtenden Menschen, das andere als das des politisch tätigen Bürgers, bringen beides durcheinander und bedenken nicht, daß er im ersten Buch der *Ethik* gleichsam mehr nach der Meinung des Volkes als nach seiner eigenen forscht und in gröberer Weise über alles redet, im zehnten Buch jedoch genauer. Aber diejenigen von uns, welche über das aristotelische Glück sprechen wollen, schöpfen lieber aus dem ersten als aus dem zehnten Buch. Aber was soll man mit denen anfangen, die vielleicht noch nicht bis zum zehnten Buch gekommen sind? Aber auch im zehnten Buch ist er nicht genügend klar und mit sich in Übereinstimmung. Hier stellt er, obwohl er über das Glück des einzelnen und des Menschen als Beschauer der erhabensten Dinge sprechen will, zuerst Erörterungen über die Tugenden an, spricht aber über die Tugenden des Politikers im ganzen Werk. Weil jene dies nicht begreifen, vermengen und verdrehen sie alles. Obgleich man sich nicht wundern darf, daß von ihnen das durcheinandergeworfen wird, was von Aristoteles selbst so verworren veröffentlicht worden ist, daß es äußerst mühsam ist, seine Gedanken zu unterscheiden und zu trennen.

Ich gehe über zur Darstellung, wie Aristoteles, der von den Lateinern unkundig übersetzt worden war, bis jetzt gelesen worden ist, so daß sicher jeder staunt, daß man zum Verständnis des Aristoteles doch wenigstens durch Konjekturen und Ahnungen gelangen konnte. Die Ausdrücke für viele Tugenden und Laster, von denen es in der lateinischen Sprache sehr geeignete und ganz spezielle Bezeichnungen gab, wurden in der griechischen Form gelassen. Die griechischen Redefiguren und Ausdrücke wurden in lateinischen Worten beibehalten. Vieles, was vom Übersetzer verkehrt verstanden worden war, ist auch zu den Lateinern verkehrt hinübergebracht worden. Aber auch bei besseren Übersetzern ist es nicht möglich, jenen zu verstehen, wenn er schon nicht von den größten Kennern der alten Schriftsteller und den in jener Sprache Erfahrensten verstanden worden ist. Ein Beispiel ist jener Satz, wo er sagt: „Es scheint die Ehre mehr bei den Ehrenden als beim Geehrten zu liegen". Aufgrund dieses Satzes vermuten die meisten, Aristoteles meine, daß die Ehre sich bei dem befinde, der sie erweist, nicht bei dem, der sie empfängt, und das ist die Meinung der Leute. Aber jenes „bei" bezeichnet mehr „in der Macht" und gleichsam „in der Hand" als „an dem Ort". Das Folgende gibt die Erklärung: „Es gibt einen Orakelspruch, daß gerade das Gute Eigentum ist und nicht weggenommen werden könne." Ferner macht Aristoteles – er weiß ja bestens Bescheid über die Dichter, die Redner, die Geschichte und über das ganze Altertum – Anspielungen auf die Äußerungen derer, die damals sehr bekannt waren, und zwar hauptsächlich in den Schulen. Häufig liegt in dieser Anspielung der Sinn des ganzen Satzes. Wer wird dies verstehen, wenn er dieser Dinge nicht kundig ist, Dinge, welche unsere Scholastiker nicht einmal im Traum sehen? Ich werde fortfahren, über die Ethik zu sprechen, wie ich begonnen habe.

Im zweiten Buch mahnt er, daß man sich vor der Wollust hüten müsse, damit diese sich nicht einschleicht. Er sagt: „Und wir dürfen in bezug auf sie nicht anders erregt werden, als jene trojanischen Greise in bezug auf Helena erregt gewesen sind". O welche Einfälle gibt er hier von sich! Welche trojanischen Greise sind gestern geboren worden? Aber der Sinn muß doch aus dem dritten Buch der *Ilias* entnommen werden. Dann fügt er unversehens im achten Buch bei, wenn er über den Nutzen der Freundschaft spricht: „die zwei zusammen Gehenden". Er spielte an auf das Wort des Diomedes über sich und Odysseus im achten Buch der *Ilias*. Und ein wenig später spielt er auf das Wort des Hesiod über den Neid an: „Man sagt, daß die Töpfer gegenseitig alle so sind". Unzähliges muß übergangen werden. Aber das, was ich angeführt habe, hat nur den Zweck, das, was ich sagte, gleichsam durch ein Beispiel zu erklären. Und weil die *Politik* und die *Rhetorik* von derartigen Geschichten, Fabeln, Wissen der Antike und von Sätzen und Sprüchen der Alten voller waren als die *Ethik*, hielten sie daher an der *Ethik* fest. Sie meinten, daß die *Politik* und *Rhetorik* nichts mit ihnen zu tun hätten. Dazu kam, daß ja die *Politik* nicht viel für ungelehrte Streitereien beitrug und für sie eine größere Kraft des Ingeniums, der Urteilskraft und der praktischen Erfahrung in den Dingen nötig war. Trotzdem wagten auch einige, die Hände an die *Politik* anzulegen und dazu Kommentare zu schreiben, aber solche zum Streiten, wie die zu allen übrigen Schriftstellern, Fragestellungen und Darstellungen. Darauf nämlich laufen sie hinaus. Bis in welche Zukunft (zum Henker) wird denn diese unendliche Disputierwut eigentlich noch anhalten? Sie richteten die Sittenlehre, die doch für das Handeln geschaffen sein sollte, auf Wortgefechte aus, und sie beschäftigten sich mit ihr nicht, um entweder besser zu werden oder andere besser zu machen, auch nicht um richtig über die Tugenden und das Leben zu entscheiden, sondern um zu sticheln und zu verhöhnen. Und damit an Niederträchtigkeit nichts fehle, brachten sie sogar die Spitzfindigkeiten des Suicetus und die spitzfindigen Sophismen über die Absichten und das Erlassen der Fehler und Tugenden hinein, und auch die Dialektik: nicht jene ein wenig vernünftigere, sondern die Lügen der kleinen logischen Schriften, über Aufstieg, Abstieg, Suppositionen, Erweiterungen, Beschränkungen und Benennungen.

Was hätten die Unglücklichen machen sollen? Sie übten das aus, was sie allein gelernt hatten. Sie würden Besseres leisten, wenn sie die Möglichkeit dazu hätten. Und dazu sind die Disputationen keineswegs dafür geeignet, zu überzeugen oder die Menschen besser zu machen. Denn derjenige, der dagegen disputiert, oder derjenige, der eine Frage gleichsam als Signal hört, bereitet sich sofort zum Kampf vor und verschanzt sich auf allen Seiten, damit er widersteht und nicht erobert und besiegt wird. So beherzigt er kaum den Redner, so daß er dessen Meinung übergeht, wenn jener auch noch so richtig mahnt, denn er hütet sich vor ihm nicht anders als vor einem Feind. Deswegen ist für die moralische Überzeugung, welche nicht so sehr belehren als vielmehr zur Tat ermuntern und antreiben will, nichts so sehr von Nachteil wie Wortgefechte, oder vielmehr, daß der Redner dem Zuhörer als persönlicher Feind oder als Gegner gilt. Und das ist ziemlich ungünstig, weil hier nicht wie bei den Naturwissenschaften Argumente, die aus der Wahrnehmung und dem Urteil der Sinne geholt worden sind, angeführt werden können, sondern weil alles auf der Wahrscheinlichkeit der Überlegungen beruht, die von einem Starrköpfigen und Widersprechenden entweder hintertrieben oder doch sicherlich geringgeschätzt werden können. Wie richtig und scharfsinnig und zum Überzeugen geeignet und treffend sind die Argumente Platos, Ciceros und Senecas! Wie leicht überzeugen sie alle! Den Laktanz aber überzeugten sie keineswegs, weil dieser sie feindselig las.

Aber gerade Aristoteles selbst fordert auf sehr kluge Weise dazu auf, daß die Dialektik nicht angewendet werde, die Gemütsbewegungen zu erregen oder zu beruhigen. Um wieviel weniger wird die Moralphilosophie ausrichten und nützen, so wie sie in den Schulen behandelt wird! Daher eignen sich die jungen Leute bei jenen Streitereien über Moral und bei so viel Geschrei über jede Art von Tugenden und guten Sitten keine Rechtschaffenheit und Redlichkeit an. Bei jener Übung gewinnen sie nichts, während das doch bei anderen Übungen gewöhnlich der Fall ist. Im Gegenteil, sie werden eher durch viele Laster befleckt, weil nämlich all jene Dinge so vorgebracht werden, daß weder die Vortrefflichkeit den Herzen anempfohlen noch die Schändlichkeit der Laster gehaßt werden kann. Um wieviel tapferer, um ein zorniges Schicksal zu ertragen, und um wieviel weiser, um ein günstiges Schicksal zu meistern, und schließlich um wieviel fähiger für das ganze Leben zieht sich nach Beilegung der Aufregungen und Unruhen des Herzens der Leser zurück, wenn er nur eine einzige Seite Senecas oder Plutarchs gelesen hat, als wenn er sämtliche Kommentare von Almeinus und Magister Martinus studiert hat, soviel dort auch über die Ethik und über die Tapferkeit und die Mäßigung geschrieben steht. Was soll man dazu sagen, daß aufgrund jener Gewohnheit, die vortrefflichsten Dinge ohne irgendeine Würdigung in sich aufzunehmen, eine Abstumpfung herbeigeführt wird, damit nicht demnächst irgendeine Ermunterung zur Tugend in das verhärtete Herz eindringen kann. Ebensowenig nützt diese Seelenmedizin den Seelen, wie eine Medizin oder ein Trank, an den wir uns ohne Notwendigkeit und zum Zeitvertreib gewöhnt haben, den Körpern nicht helfen kann.

XV. Theologie und Religion

Einleitung

„Niemandem ist es verboten, ein Theologe zu sein", schrieb Erasmus in den Vorreden zu seiner Ausgabe des Neuen Testaments. Diese Worte stammten aus der Welt des christlichen Humanismus: eine Richtung, welche besonders am Anfang des sechzehnten Jahrhunderts außerhalb Italiens zur Blüte kam. Der Humanismus selbst befaßte sich nicht eigentlich mit Theologie oder religiöser Reform, aber die philologische Textkritik machte nicht halt vor der Bibel, den Schriften der Kirchenväter oder dem Leben der Heiligen. Die Arbeit an solchen Texten mußte zu einer Kombination von Philologie und theologischer Exegese führen, wobei die historisch-philologische Kritik sich zu einer unabkömmlichen Hilfsdisziplin entwickelte, die die Exegese öfter in eine ganz andere Richtung lenkte, als sie in der mittelalterlichen Theologie üblich war. Eine solch kritische Haltung gegenüber religiösen Texten und den daraus abgeleiteten kirchlichen Traditionen zog leicht den Vorwurf der Häresie auf sich, und so befanden sich Humanisten, die sich mit Bibelkritik und dergleichen befaßten, mitten im Brennpunkt der großen religiösen und politischen Auseinandersetzungen des sechzehnten Jahrhunderts, die gewöhnlich in der Kurzformel ‚Reformation' zusammengefaßt werden.

Christliche Humanisten betrachteten die *studia humanitatis* nicht nur als Hilfsmittel für eine verbesserte theologische Wissenschaft, sondern vor allem als wichtige Voraussetzung für religiöse und kirchliche Erneuerung. Gelehrte wie Jacques Lefèvre d'Etaples oder Desiderius Erasmus studierten daher mit Vorliebe biblische und frühchristliche Texte, erkannten aber auch den inspirierenden Wert der heidnischen philosophischen Werke für die christliche Nachwelt an. Lefèvre publizierte 1509 eine Edition des Psalters, welche deutlich machte, daß es nicht nur eine, sondern mehrere Überlieferungen des Texts gab, aufgrund welcher er einen revidierten Text hergestellt hatte; dieses berühmte *Quincuplex Psalterium* (Fünffacher Psalter) wurde auch von Luther benutzt. Obwohl Lefèvre immer vorsichtig manövrierte und sich hütete, zu scharfe Kritik an der scholastischen Theologie zu üben, wurde er doch wegen seiner vielen bibelkritischen Arbeiten der Ketzerei beschuldigt. Zutiefst erschrocken, zog er sich aus der Öffentlichkeit in ein verstecktes Gelehrtendasein zurück.

Auch Erasmus bekam ähnliche Gefahren zu spüren, obwohl auch er sich bemühte, sich so weit wie möglich aus der Hitze des Gefechts um

Kirchenreform und religiöse Erneuerung zurückzuziehen. Anders als Lefèvre d'Etaples beschränkte er sich jedoch nicht auf philologische Arbeit, sondern entwickelte eine ‚christliche Philosophie', die einen Frömmigkeitsbegriff miteinschloß, der nicht viel Platz ließ für kirchliche Zeremonien und theologisches Geplänkel, aber um so mehr für persönliche Gottesfurcht und sittliche Lebensführung durch die Nachfolge Christi. Nicht die Kirche und ihre Theologie, sondern Christus als Vorbild des Menschen war ihm das Wesentliche. In diesem Sinne bedeutete Gelehrsamkeit für Erasmus nichts mehr oder weniger als einen Wegweiser zu Gott, wobei Christus selbst der große Lehrmeister ist.

In seinem immer berühmt gebliebenen Buch *Lob der Torheit* bemängelte Erasmus eine religiöse Praxis, in der die übertriebene Form alles ist und der schlichte Inhalt des Glaubens verlorengeht. Warum soll man ausgerechnet die heilige Apollonia bei Zahnweh anrufen? Warum soll man etwas von Theologen halten, die „die Heilige Schrift wie einen Klumpen Wachs nach Belieben bald so, bald so zurechtdrücken"? Seinen schärfsten satirischen Ton verwendete Erasmus bei der Darstellung des geistlichen Standes in seiner unausstehlichen Torheit. Er rügte die scholastischen Theologen, wobei er aber hervorhob, das inzwischen eine neue Generation herangewachsen war, welche schon von den humanistischen Studien gekostet hatte. Die allerschlimmsten Geistlichen waren in seinen Augen die Predigermönche, die die Menschen im Namen von Religion und Kirche tyrannisierten, und an dieser Stelle des Buches verwandelt sich sein ironischer Ton dann auch in bittere Satire. Der verdorbene Geist der eigenen Zeit hob sich, in Erasmus' Augen, scharf ab von der Zeit der Apostel und ersten Christen, als Kirche und Welt noch heil waren.

Als Philologe schuf Erasmus wohl sein Meisterstück mit seiner Ausgabe des Neuen Testaments (1516). Zwölf Jahre zuvor hatte er die bis dahin wenig beachteten Anmerkungen Vallas zum Neuen Testament entdeckt und herausgegeben. Erasmus war sich wohl bewußt, welch enorme Folgen eine weitgreifende textkritische Bearbeitung der Bibel haben würde, die nicht nur auf philologische Genauigkeit, sondern auch auf Bibelauslegungen der lateinischen und – viel weniger studierten – griechischen Kirchenväter gegründet sein mußte. Er machte sich daran, ein im Vergleich zu der Vulgata korrigiertes und kommentiertes Neues Testament auf lateinisch zu edieren und fügte auch eine Edition des griechischen Urtexts bei. Er studierte und edierte auch Schriften der Kirchenväter, weil er sie als eine unbedingt notwendige Quelle für die Reform der zeitgenössischen Theologie betrachtete. Die Ausgabe des Neuen Testaments wurde von dem berühmten Verleger Johannes Froben unter dem Titel *Novum instrumentum* in Basel gedruckt und von der gelehrten Welt begeistert aufgenommen. Angriffe gab es jedoch schon bald: Einerseits handelte es sich dabei um philologische Feinheiten für

Kenner, andererseits kritisierte man das Studium der Heiligen Schrift als wäre sie nur ein gewöhnliches literarisches Werk. Übrigens hatte Erasmus versucht, dieser Art Kritik vorzubeugen, indem er erklärte, daß Textkritik nie zur Begründung oder Verwerfung von Glaubenssätzen benutzt werden dürfe.

Ungefähr zu selben Zeit als Erasmus sich in sein Bibelstudium vertiefte, wirkte der Humanismus auf einer ganz praktischen Ebene auf die Religion, nämlich bei der Einführung des neuen Kurrikulums der Wittenberger Universität. Der junge Melanchthon wurde 1518 auf den Lehrstuhl für Griechisch berufen und spielte dann eine hervorragende Rolle bei der Einführung der humanistischen Reformen in Wittenberg, welche bald mit der Verteidigung des lutherischen Gedankenguts verbunden wurden. Im Lauf weniger Jahre wurde aus Wittenberg eine protestantische und humanistische Universität. Neue Lehrstühle wurden gestiftet für Griechisch und Hebräisch und neue Kurse angeboten, unter anderem für Rhetorik und Naturphilosophie. Die großen Erfolge, die Melanchthon im Lauf der Zeit als humanistischer Erzieher sowohl durch seine praktische Arbeit in Wittenberg als auch durch seine vielen Lehrbücher erreichte, spiegeln sich in der Antrittsrede wider, die er für seinen schottischen Schüler Alexander Alan (1500–1565) verfaßte, als dieser 1540 einen Lehrstuhl in Frankfurt an der Oder erhielt. Die zahlreichen Schüler Melanchthons landeten im Lauf der Zeit überall in Europa auf Lehrstühlen und führten Erneuerungen im akademischen Kurrikulum durch. Nach ihrer festen Überzeugung sollten die humanistischen Studien mit der Verbreitung der ‚wahren – protestantischen – Religion' Hand in Hand gehen. Da die scholastische Theologie eine Katastrophe für Kirche und Glauben bedeutet hatte, war Luther überzeugt, daß humanistische Erziehung und Wissenschaft der Kirche wichtige Dienste bei der notwendigen Reform leisten könnten. Besonders in Deutschland waren viele Humanisten so begeistert von dieser Idee, daß sie nicht nur die in Wittenberg erprobten Reformen, sondern auch die lutherische Reformation annehmbar fanden. Melanchthon und sein Schüler Alan, der übrigens seines Glaubens wegen vertrieben worden war und ruhelos auf der Suche nach einem festen Posten hin und her wanderte, waren zwei unter vielen, die diese Überzeugung weiter verbreiteten.

Melanchtons Onkel, Johannes Reuchlin, hatte inzwischen die neue Gelehrsamkeit in einem ganz anderen Sinne praktisch genutzt, nämlich in seinem *Gutachten über das jüdische Schrifttum.* Dieses – eigentlich vertrauliche, aber bald gedruckte – Fachgutachten gegen die Pläne Johannes Pfefferkorns, den Juden ihre hebräischen Bücher wegzunehmen und sie dann zu vernichten, hatte er auf Wunsch des Mainzer Erzbischofs, Uriel von Gemmingen, und Kaiser Maximilians I. verfaßt. Reuchlin sprach sich gegen die von Pfefferkorn verlangte Konfiszierung und Vernichtung der hebräischen Bücher aus und begründete dies vor allem mit Hinweisen auf die Rechtslage. Der Kaiser und der Erzbischof hatten Reuchlin ja nicht so sehr als Hebraisten, sondern als Juristen zu Rate gezogen. Da Juden nach römischem Recht keine Ketzer waren, sollten sie auch im Deutschen Reich den gleichen Rechtsschutz wie andere Untertanen genießen, schrieb Reuchlin. Außerdem plädierte er für christliche Duldsamkeit den Juden gegenüber, und riet davon ab, sie zur Bekehrung zu zwingen. Im Gegenteil, Reuchlin setzte, wie Nikolaus von Kues, seine Hoffnung auf die Wirkung des Glaubensgesprächs und sanfter Überredung. Seine humanistischen Interessen treten klar zutage in der Beurteilung und Beschreibung des Talmuds und des hebräischen Texts des Alten Testaments. Hier deckte Reuchlin die Beziehungen zwischen jüdischer und christlicher Gelehrsamkeit auf und berief sich auf seinen persönlichen Freund, den florentinischen Philosophen Giovanni Pico della Mirandola, als Zeugen, denn dieser hatte sich – wie Reuchlin selbst – eingehend mit der Kabbala beschäftigt. Er plädierte dann auch für die Einführung des Unterrichts in der hebräischen Sprache an den deutschen Universitäten, wovon besonders Theologen profitieren würden.

DESIDERIUS ERASMUS

Lob der Torheit: die Predigten der Mönche [1511–1514]

Die Torheit spricht: Obgleich sich die Mönche freiwillig von allen öffentlichen Aufgaben fernhalten, wagt doch niemand, es mit ihnen zu verderben, besonders nicht mit den Bettelmönchen, weil sie alle Geheimnisse kennen – aus der Beichte, wie sie ihre Informationsquelle nennen. Diese Geheimnisse auszuplaudern, gilt bei ihnen zwar als Sünde, aber nicht wenn sie einiges getrunken haben und sich mit besonders lustigen Anekdoten gegenseitig erheitern; nur daß sie den Sachverhalt mit Anspielungen andeuten, die Namen aber verschweigen. Wenn jemand diese Hornissen reizt, rächen sie sich in der öffentlichen Predigt und treffen mit Anspielungen ihren Feind, doch so versteckt, daß jeder es versteht, der überhaupt etwas versteht. Nicht eher findet ihr Gekläff ein Ende, als bis ihnen ein Bissen ins Maul geworfen ist. Wer mag wohl noch einem Komödianten, einem Possenreißer zusehen, wenn sie sich bei ihren Predigten rhetorisch gebärden; lächerlich, aber doch köstlich-komisch ist es zu beobachten, wie sie die antiken Rhetoren und ihre Redekunst imitieren. Bei Gott, wie sie gestikulieren, wie sie die Stimme in allen Lagen spielen lassen, wie sie singen, wie sie sich aufrichten, wie schnell sie die Masken ihrer Miene wechseln, wie sie die ganze Kirche mit ihrem Lärm erfüllen! Und diese rhetorischen Kunststücke gibt, als sei es ein heiliges Geheimnis, ein Mönch dem anderen weiter. Obgleich sie mir deshalb verschlossen sein müssen, will ich doch durch Mutmaßungen ihre Methoden weiter verfolgen.

Zum Auftakt rufen sie jemanden an, ein rhetorischer Brauch, den sie von den Dichtern übernommen haben. Sodann, wenn sie über die Nächstenliebe reden wollen, fangen sie beim ägyptischen Nilstrom an; wenn ihr Vortrag das Mysterium des Kreuzes zum Thema hat, setzen sie mit großer rednerischer Geschicklichkeit beim Drachen Bel aus Babylon ein; wenn über das Fasten gesprochen werden soll, beginnen sie ihre Ausführungen bei den zwölf Zeichen des Tierkreises, oder wenn ihr Thema der Glaube ist, so gehen sie in ihrer Einleitung bis auf die Quadratur des Kreises zurück. Ich selbst habe einmal einen hervorragenden Toren – Verzeihung, ich sollte sagen einen hervorragenden Gelehrten – gehört, der vor einer besonders erlauchten Gemeinde das Mysterium der göttlichen Dreifaltigkeit erklären wollte. Um seine ganz ungewöhnliche Bildung zu zeigen und auch die Oberen der anwesenden Theologen zufriedenzustellen, wählte er einen ganz neuen Weg; er fing bei den einzelnen Buchstaben an, kam dann zu den Silben, den einzelnen Wörtern, schließlich erreichte er die grammatikalische Harmonie zwischen Subjekt und Prädikat, zwischen Adjektiv und Substantiv. Indessen wunderten sich die meisten seiner Zuhörer schon beträchtlich, und einige murmelten bereits den Vers von Horaz vor sich hin: „Was soll dieser ganze Unsinn?" Endlich löste er die Verwirrung dadurch auf, daß er behauptete, die grammatikalischen Elemente gäben als Gleichnis ein so getreues Abbild der Dreifaltigkeit, wie es ein Mathematiker nicht deutlicher in den Sand zeichnen könne. Über diese Rede hat der Star-Theologe volle acht Monate geschwitzt, so daß er heute blinder ist als ein Maulwurf, da natürlich alle Kraft seines Sehvermögens in den Glanz seines Geistesblitzes eingegangen ist. Und er bereut nicht im geringsten seine Blindheit, sondern glaubt vielmehr, noch billig seinen Ruhm erworben zu haben.

Einem zweiten Redner habe ich zugehört, der schon achtzig Jahre alt war und ein so glänzender Theologe, daß in ihm Scotus widererstanden zu sein schien. Er wollte das Geheimnis des Namens Jesu erklären und bewies nun mit wunderbarem Scharfsinn, daß in den Buchstaben seines Namens bereits alles enthalten ist, was über ihn gesagt werden könne. Denn da dieses Wort nur in drei Kasus dekliniert werden könne, sei es ein deutliches Abbild der göttlichen Dreieinigheit. Weil ferner der erste Kasus des Wortes Jesus auf ‚s' (Jesus) ende, der zweite auf ‚m' (Jesum), der dritter auf ‚u' (Jesu), so liege darin ein großes Geheimnis verborgen, denn in den drei Buchstaben werde angezeigt, daß Christus Gipfel, Mitte und Urgrund sei: *s*ummus, *m*edius und *u*ltimus. Doch in seinem Namen lag noch ein weiteres Mysterium tief verborgen und von mathematischer Art. Er spaltete den Namen ‚Jesus' in zwei gleichgroße Teile, so daß der Buchstabe in der Mitte übrig blieb. Dann aber führte er aus, daß dieser Buchstabe bei den Hebräern ש geschrieben und ‚Syn' gesprochen werde; ‚Syn' aber bedeutet, ich glaube im Schottischen, Sünde – womit klar bewiesen sei, daß Jesus die Sünden der Welt trägt. Bei dieser völlig ungewöhnlichen Einleitung waren die Zuhörer, vor allem die Theologen, so erstaunt und überwältigt, daß nicht viel gefehlt hätte und es wäre ihnen wie einst Niobe ergangen, mir dagegen wäre beinahe dasselbe geschehen wie jenem Priapos aus Feigenholz, der zu seinem eigenen Schaden die nächtlichen Opferhandlungen der Hexen Kanidia und Sagana mit ansah. Und mit Recht, denn hat wohl jemals der Grieche Demosthenes oder der Römer Cicero ähnliche rhetorische Schleichwege erfunden? Fehlerhaft erschien ihnen eine Einleitung, die sehr weit vom Thema entfernt liegt, denn auf diese Art sprechen nicht einmal die Sauhirten, die nur der Natur folgen. Die gelehrten Mönche aber halten ihre sogenannte Präambel erst dann für rhetorisch vollkommen, wenn nicht mehr der geringste Zusammenhang mit dem Thema besteht, so daß der erstaunte Zuhörer vor sich hinmurmeln mag: „Wohin nur stürzt der Verwegene?"

An dritter Stelle in ihrer Rede bringen sie in Erzählform einen Abschnitt aus dem Evangelium, aber sie legen diese Bibelstelle nur flüchtig und oberflächlich aus, obgleich gerade das der Schwerpunkt ihrer Predigt sein sollte. Viertens behandeln sie, gleichsam als wäre eine völlig neue Rolle zu spielen, eine theologische Streitfrage, die weder mit der Erde noch mit dem Himmel zu tun hat, die sie selbst aber für einen wesentlichen Bestandteil ihrer Kunst halten. Nun legen sie auch die Miene theologischen Hochmuts an und betäuben ihre Zuhörer mit großen Namen: würdige Doktoren, hochgeistige Doktoren, höchstgeistige Doktoren, seraphische Doktoren. Zugleich lassen sie auf die ungebildeten Zuhörer einen Hagel von Vernunftschlüssen, Obersätzen, Untersätzen, Schlußfolgerungen, Korollarien, Voraussetzungen, kurz den ganzen unfruchtbaren Unsinn der Scholastik niedergehen.

Schließlich, im fünften Akt, zeigen sie gewöhnlich das Höchste der Kunst. Jetzt wählen sie eine törichte, flache Fabel aus, die in dem *Geschichtsspiegel* oder vielleicht auch in den *Taten der Römer* zu finden ist, und interpretieren sie allegorisch, tropologisch, oder anagogisch. In dieser Weise führen sie ihre Rede zu Ende, die so sehr eine Chimäre ist, daß selbst Horaz sie nicht angemessen erfinden könnte, als er schrieb: „Ein Menschenkopf ...".

Sie haben aber gehört – von wem weiß ich nicht –, daß der Anfang einer Rede gemessen sein müsse und jede rhetorische Steigerung möglichst zu vermeiden sei. Deshalb beginnen sie so leise, daß sie ihre eigene Stimme nicht hören können, als ob es den geringsten Sinn hätte, etwas zu sagen, das niemand versteht. Andererseits ist ihnen erzählt worden, daß es, um das Gefühl der Zuhörer anzusprechen, sich empfiehlt, in

Abständen auch lebhafte Ausrufe einzuflechten. So erheben sie ganz plötzlich, während sie vorher noch zurückhaltend gesprochen haben, ihre Stimme zu wildem Geschrei, obwohl es nicht im geringsten angebracht ist. Angebracht aber wäre wahrhaftig für einen solchen Menschen das Elleborus-Kraut, wenn er glaubt, es sei ganz gleichgültig, wann er schreit. Weil sie ferner gehört haben, daß es einer rhetorischen Regel entspricht, im Verlauf der Rede sich allmählich in eine feurige Stimmung zu steigern, so sprechen sie die ersten Sätze der einzelnen Teile ihres Vortrags zunächst ganz zurückgenommen, bald aber, selbst wenn es sich um die trockensten Passagen handelt, treiben sie ihre Stimme mit bewundernswertem Krafteinsatz in die Höhe und sind am Ende ihrer Rede in einem derartigen körperlichen Zustand, daß sie – wie zu fürchten ist – keine Luft mehr bekommen und ohnmächtig werden. Schließlich haben sie gelernt, daß bei den antiken Rednern auch das Lachen erwähnt wird, und so bemühen sie sich eifrig, hin und wieder Scherze einfließen zu lassen. Aber, ihr göttlichen Grazien, mit welcher Grazie geschieht es und bei welch unpassenden Gelegenheiten! Ganz wie der Esel vor der Harfe! Manchmal beißen sie auch, aber so sanft, daß sie mehr kitzeln als verletzen, und niemals schmeicheln sie dringlicher, als wenn sie sich bemühen, den Schein der freien Äußerung zu betonen. Kurz, ihr ganzes Gebaren ist derart, daß man fast schwören möchte, sie wären bei den Marktschreiern in die Lehre gegangen, die ihnen noch weit überlegen sind. Aber dennoch sind beide sich so ähnlich, daß zweifelsfrei feststeht: Entweder haben diese ihre Rhetorik von jenen, oder jene von diesen gelernt. Dennoch finden sie, nicht zuletzt dank meiner Mitwirkung, genügend Zuhörer, die wenn sie ihnen lauschen, einen wahren Demosthenes oder Cicero zu hören glauben. Das gilt vor allem für die Kaufleute und Frauen, deren Ohr gleichermaßen zu gewinnen die Mönche sich bemühen, weil die Kaufleute gewöhnlich einen kleinen Teil ihres unrechtmäßig erworbenen Gewinns spenden, wenn ihnen nur schamlos geschmeichelt wird, die Frauen aber – abgesehen von vielem anderen – diesem Menschenschlag besonders deshalb gewogen sind, weil sie sich bei ihm ausweinen können, wenn es Streit mit dem Ehemann gegeben hat. Ihr seht nun wohl, will ich meinen, wieviel mir diese Menschen verdanken, da sie allein durch einen religiösen Regel-Kodex, lächerliche Behauptungen und sinnloses Geschrei eine Art Tyrannei unter den Sterblichen ausüben und sich gleichzeitig für den Apostel Paulus und den heiligen Antonius halten.

Gern wende ich mich von diesen Schauspielern, den Mönchen, ab, die ebenso undankbar meine Gaben verleugnen, wie sie ungerechtfertigt sich den Schein der Frömmigkeit zulegen.

DESIDERIUS ERASMUS

Aus den Vorreden zum Neuen Testament [1516]

Leidenschaftlich rücke ich von denen ab, die nicht wollen, daß die heiligen Schriften in die Volkssprache übertragen und auch von Laien gelesen werden, als ob Christus so verwickelt gelehrt hätte, daß er kaum von einer Handvoll Theologen verstanden werden könnte, und als ob man die christliche Religion dadurch schützen könne, daß sie unbekannt bleibt. Es mag angehen, daß Könige ihre Geheimnisse verheimlichen, aber Christus will mit Nachdruck, daß seine Geheimnisse unter das Volk gebracht werden. Ich würde wünschen, daß alle Weiblein das Evangelium lesen, auch daß sie die Paulinischen Briefe lesen. Wären doch diese in die Sprachen aller Völker übertragen, damit sie nicht nur von den Schotten und Iberern, sondern auch von den Türken und Sarazenen gelesen und verstanden werden könnten. Der erste Schritt ist natürlich immer das Verstehen. Mögen auch viele lachen, einige werden es schon erfassen. Wenn doch der Bauer mit der Hand am Pflug etwas davon vor sich hin sänge, der Weber etwas davon mit seinem Schiffchen im Takt vor sich hin summte und der Wanderer mit Erzählungen dieser Art seinen Weg verkürzte! Da mögen die Christen all ihre Gespräche anknüpfen. Wir sind nämlich annähernd das, was unser tägliche Geplauder ist. Jeder sucht zu erreichen, was er kann, jeder sucht auszudrücken, was er kann. Wer etwas nachhinkt, beneide nicht den Fortgeschrittenen, der schon weiter ist: Er lade den Nachfolgenden ein und verzage nicht. Warum beschränken wir den allen gemeinsamen Stand auf einige wenige? Das steht nämlich nicht mit der Tatsache im Einklang, daß die Taufe, durch die die erste Angelobung auf die Philosophie Christi vollzogen wird, in gleicher Weise allen Christen gemeinsam ist. Ebenso, daß alle übrigen Sakramente und schließlich auch der Lohn des ewigen Lebens in gleicher Weise allen zukommt; und nur die Lehre sollte auf diese wenigen verwiesen werden müssen, die das Volk heute Theologen und Mönche nennt. Von denen möchte ich aber sagen – sie machen zwar nur einen geringen Anteil an dem, was christliches Volk genannt wird, aus –, sie sollten doch in höherem Maße im Leben verwirklichen, was sie hören. Ich fürchte nämlich, man könnte unter den Theologen solche finden, die weit von ihrem Namen entfernt sind – das heißt, daß sie Irdisches, nicht Himmlisches reden; und unter den Mönchen solche, die Armut Christi und die Verachtung der Welt mehr mit den Lippen bekennen, als daß sie sich von der Welt wirklich lösten. Der ist mir ein wahrer Theologe, der nicht mit künstlich zusammengedrechselten Syllogismen, sondern mit Herzenswärme, durch sein Antlitz, durch seine Augen, durch sein persönliches Leben lehrt, daß man den Reichtum verachten müsse, daß der Christ nicht auf den Schutz dieser Welt vertrauen solle, sondern sich ganz vom Himmel abhängig fühlen müsse; daß man kein Unrecht vergelten dürfe, daß man die Fluchenden segnen solle, daß man sich gute Verdienste um die erwerben müsse, die Schlimmes verdienen, daß man alle Guten wie die Glieder desselben Leibes lieben und in gleicher Weise hegen müsse; daß die Bösen ertragen werden müßten, wenn man sie nicht bessern kann. Jene, die ihrer Habe beraubt, die von ihren Besitzungen vertrieben werden, die trauern, die seien selig und nicht zu bejammern; auch jetzt schon müßten die Frommen den Tod herbeisehnen, wo dieser doch nichts anderes ist als ein Übergang zum ewigen Leben. Wenn einer dieses und Ähnliches, vom Geiste Christi angetrieben, predigt, einschärft, dazu ermahnt, einlädt und ermuntert, der ist letzten Endes ein wahrer Theologe, und sei er auch ein Ackersmann oder Tuchweber. Wenn einer dafür durch seinen persönlichen Lebenswandel einsteht, ist er schließlich auch ein großer ‚theologischer Doktor'. Wie die Engel erkennen, das mag ein anderer, vielleicht ein Nichtchrist subtiler erörtern, aber das zu erreichen, daß wir bereits hier, frei von aller Befleckung, ein engelgleiches Leben führen, das ist schließlich die Aufgabe eines christlichen Theologen.

Wenn sich nun einer hören läßt und sagt, das sei grob und ungebildet, so möchte ich diesem nichts anderes erwidern, als daß Christus dieses Grobe vor allem gelehrt hat, daß es die Apostel eingeschärft haben und daß dieses gleichsam Ungebildete uns so viele echte Christen und die leuchtenden Scharen der Märtyrer hervorgebracht hat. Diese ‚ungelehrte' Philosophie, wie sie jenen erscheint, hat, so sage ich, die ersten Fürsten des Erdkreises, viele Reiche und Völker ihren Gesetzen unterworfen, was keine Tyrannenmacht und keine Philosophengescheitheit zu leisten vermochte. Dagegen wehre ich mich aber nicht, daß man über diese Weisheit, wenn es gefällt, unter Vollkommenen spricht. Das niedrige Christenvolk möge sich aber damit trösten, daß die Apostel diese Spitzfindigkeiten, ob sie ihnen nun bekannt waren oder nur andere sie wahrgenommen haben, sicherlich nicht lehrten. Ich wage zu behaupten, wenn die Fürsten in ihrer Stellung für dieses Plebeische einstünden, wenn die Priester es in ihren Predigten einschärften, wenn die Schulmeister es ihren Knaben lieber als jenes Bildungsgut einträufelten, das man sich aus den Quellen eines Aristoteles oder Averroes entlehnt, dann wäre die christliche Sache nicht allenthalben im Aufruhr durch nahezu ständige Kriege, nicht mehr würde alles mit jenem ungesunden Eifer, ob recht oder unrecht, darnach gieren, Reichtümer anzuhäufen, nicht mehr würden sich allenthalben Kirche und Staat in lärmenden Fehden erbittert bekämpfen, schließlich würden wir uns nicht mehr bloß durch den Namen und durch Zeremonien von denen unterscheiden, die die Philosophie Christi nicht bekennen. Denn in diesen drei Ständen der Menschen ist die Aufgabe, die christliche Religion zu begründen und auszubauen, in besonderem Maße verankert: in den Fürsten und deren Stellvertretern, den Behörden, in den Bischöfen und deren Vikaren, den Priestern, und in denen, die die Jugend von Kindheit an für all das geneigt machen. Wenn es nun gelänge, daß diese unter Hintansetzung ihrer bisherigen Geschäfte von Herzen auf Christus hin zusammenwirkten, dann würden wir gar wohl in nicht allzu vielen Jahren ein echtes, und wie Paulus sagt, überall ein „legitimes" Christengeschlecht hervorbrechen sehen, das die Philosophie Christi nicht nur in Zeremonien und Lehrsätzen, sondern aus dem Herzen heraus und durch das ganze Leben bezeugt. Durch diese Waffen werden die Feinde des christlichen Namens weit schneller für den Glauben Christi gewonnen als mit Drohungen und Kriegsgerät. Auch wenn wir alle Verteidigungsmittel aufbieten wollten, so ist doch nichts mächtiger als die Wahrheit selbst. Keiner ist ein Platoniker, wenn er die Bücher Platos nicht gelesen hat, und keiner ist Theologe, ja nicht einmal Christ, wenn er die Schriften Christi nicht gelesen hat. „Wer mich liebt", sagt er, „hält meine Worte." Dieses Kennzeichen hat er selbst vorgeschrieben. Wenn wir daher dem Herzen nach wahrhaft Christen sind, wenn wir wahrhaft glauben, daß jener vom Himmel gesandt ist, um uns das zu lehren, was die Weisheit der Philosophen nicht vermöchte, wenn wir wahrhaft von ihm erwarten, was keine auch noch so mächtigen Fürsten geben können, warum ist uns dann etwas noch wichtiger als seine Schriften? Warum erscheint uns etwas überhaupt noch als gebildet, das von seinen Satzungen abweicht? Warum gestatten wir uns in diesen anbetungswürdigen Schriften dasselbe und – fast möchte ich sagen – noch mehr, als was sich profanen Interpreten in den kaiserlichen Gesetzen und medizinischen Büchern gestatten, daß wir uns folglich wie zur Kurzweil darin aufhalten und so, was immer in die vollgestopfte Backe kommt, kommentieren, verdrehen und verschlingen? Himmlische Lehren ziehen wir wie die lydische Regel auf unsere Lebensebene herab: Und während wir uns auf alle mögliche Weise bemühen, nicht den Eindruck eines mäßigen Wissens zu erwekken, tragen wir da zusammen, was immer die profanen Wissenschaften bieten; das aber, was der Philosophie Christi eigentümlich ist, das verderben wir zwar nicht gerade, aber, was nicht geleugnet werden kann, wir behalten wenigen Menschen eine Sache vor, von der Christus wollte, daß nichts den Menschen allgemein zugänglicher sei als sie. Diese Art von Philosophie hat ihren Sitz eher in den Affekten als in den Syllogismen, sie ist eher Leben als Gelehrtengezänk, eher Einsprechung als Bildung, eher Lebensverwandlung als Vernunft. Gelehrt zu sein ist wenigen gegeben, aber niemandem ist es verboten, Christ zu sein, niemandem, fromm zu sein, und ich wage noch kühn hinzuzufügen: Niemandem ist es verboten, ein Theologe zu sein.

PHILIPPUS MELANCHTHON

Die Hohe Schule und die wahre Religion [1540]

Rede über die Wiederherstellung der Schulen, gehalten von Alexander Alane aus Schottland an der berühmten Universität zu Frankfurt an der Oder [1540]

Wie schon Paulus sagt: „Wir haben hier keine bleibende Statt", so lebt die wahre Kirche Christi in dieser Welt in der Verbannung und hat nirgends eine feste und dauerhafte Wohnstatt. Denn der Teufel hetzt aus Haß gegen Gottes Sohn überall die Gottlosen auf, sie zu vertreiben und zu zerstreuen. So lest Ihr in der Bibel, daß die großen Patriarchen Abraham, Jakob und Moses vor ihren Feinden flohen und anderswo Zuflucht suchten. David und Elias waren kaum in der Einsamkeit menschenferner Felshöhlen vor ihren wütenden Feinden sicher. Die Apostel irrten in der ganzen Welt umher. Auch Gottes Sohn selbst, als er aus seines Vaters himmlischem Reich auf diese Welt kam, gibt zu, in der Fremde zu sein wenn er sagt: „Des Menschen Sohn hat nicht, da er sein Haupt hinlege". Daher soll der Christ, auch wenn die Menschen von den im Exil Lebenden Arges zu mutmaßen pflegen, das allgemeine Los der Kirche bedenken und die Verbannung nicht für einen Schimpf halten, sofern der Grund ein ehrbarer ist. Ich mache kein Hehl daraus, daß ich seit nunmehr acht Jahren aus meinem Vaterland abwesend bin, durch wahrhaft göttliche Hilfe der Grausamkeit eines wütenden Tyrannen entzogen, der mich schon gefangenhielt und mir einen schrecklichen Tod androhte, weil ich bestimmte offensichtliche Irrtümer der kirchlichen Lehre angegriffen hatte. Wenn ich auch später noch mit vielen Gefahren zu kämpfen hatte, so zeigt doch der Gang der Dinge selbst, daß Gott mich auf diesen langen Irrfahrten wahrhaft geführt und gnädig erhalten hat – zu irgendwelchem Nutzen für die Kirche, hoffe ich.

Als ich mein Vaterland verließ, kam ich zuerst an die sächsische Universität Wittenberg, gerade zu der Zeit, als dort alle Glaubensartikel aufs eifrigste disputiert wurden, und ich begann auch sogleich, durch den Umgang mit den Gelehrten dazu angeregt, mit größerem Eifer die Dogmen zu vergleichen. Später ging ich nach England, wo ich auch eine zeitlang an der Universität lehrte und mich wiederum mit den besten Gelehrten über die christliche Lehre gründlich unterhielt. Den bedeutenden Theologen auf dieser Insel – dem Erzbischof Latimer von Canterbury und anderen – ist meine Gesinnung bestens bekannt. Doch als ich schon erschöpft von sovielen Reisen mich wie in einem ruhigen Hafen geborgen wähnte und dort zu bleiben mich entschlossen hatte, da ergingen wiederum die grausamsten Edikte gegen die Lehre des Evangeliums. Als es deswegen galt, sich entweder der Wut der Gottlosen zu beugen oder aber ihr zu weichen, folgte ich dem Rat vieler trefflicher Männer, die mir und anderen Frommen, die öffentlich gegen jene mit Blut geschriebenen Dekrete auftraten, zuredeten, das Land zu verlassen. Ich ging also wieder nach Deutschland, zu den Kirchen, zu deren Lehren ich mich offen bekenne und die mir in diesem Semester hochwillkommenes Gastrecht gewährt haben. Und nicht nur hat mich der Herzog [Heinrich] von Sachsen mit ungewöhnlicher Großzügigkeit unterstützt, sondern es wurde mir überdies wiederum gestattet, mich mit frommen und gelehrten Männern über theologische Fragen zu unterhalten. Darauf wies mir der durchlauchtigste Markgraf und Kurfürst Joachim II. von Brandenburg gnädigst eine Stelle an Eurer Universität an und übertrug mir die überaus ehrenvolle Aufgabe, die kirchliche Lehre auszulegen. Ich habe dies deswegen erwähnt, damit auch Ihr gut und liebreich von meinem Gastherrn denkt und mich nicht als einen ausländischen Flüchtling verachtet, gleich wie mich selbst die Kette meiner Leiden und ihr glücklicher Ausgang glauben machen, Gott selbst habe mich irgendwie zu Nutz und Frommen der Kirche erhalten.

Man rühmt das alte Germanien wegen seiner besonderen, unbedingt verläßlichen Menschlichkeit, mit der es Fremden gastliche Aufnahme und Schutz zu gewähren pflegte. Ich glaube, Ihr habt von dieser alten Tugend Eurer Ahnen noch viel bis heute bewahrt, wozu sich dann rechtens noch christliche Frömmigkeit gesellt. Vorzüglich diesen Liebesdienst fordert Christus, daß die, welche umherziehen, um das Evangelium zu lehren oder zu lernen, bei den übrigen liebevolle Aufnahme finden, und er verspricht ihnen Lohn mit den Worten: „Wahrlich, ich sage euch: Wenn einer auch nur einen Trunk Wassers gegeben hat einem unter den Geringsten wegen der Lehre, der wird seinen Lohn empfangen". Deshalb hoffe ich, Gott wird auch Euch wohltun, wenn Ihr uns aufgenommen habt, die wir, wie gering wir auch sein mögen, doch aus jener Schar sind, von der Christus spricht; denn wir verbreiten das Evangelium, wenn ich auch zugebe, daß ich wahrlich von allen, die es lehren, der geringste bin. Aber da Christus die Würde des Amtes und seiner Ausübung in hohen Ehren hält, werdet Ihr Eure Frömmigkeit damit beweisen, daß Ihr mir ohne Murren zuhört. Eure Vorfahren haben viele aus Schottland gekommene Sendboten ehrerbietig aufgenommen: Gallus, Bonifatius und andere, die das Evangelium nach Germanien brachten. Ihr ehrenwertes Beispiel solltet Ihr nachahmen, besonders wo in diesen schlimmen Zeiten die Päpste und Könige überall auf der Welt in schrecklicher Verblendung die christliche Lehre zu vernichten versuchen. Seid überzeugt, daß Ihr in einer so großen allgemeinen Gefahr Gott den größten Dienst erweist, wenn Ihr die Lehrer des Evangeliums freundlich aufnehmt, sie schützt und ihnen zuhört.

Nach diesen Vorbemerkungen zu meiner eigenen Person will ich nun im allgemeinen über die Schulen und mein Lehramt sprechen. Denn bedenkt man, wie wichtig es besonders heutzutage ist, verbesserte Schulen wiederherzustellen, so wird man, hoffe ich, auch über mich und meine Standesgenossen gerechter urteilen. Niemand, der auch nur etwas Scham und Anstand besitzt, wird zu leugnen wagen, daß viele unbestreitbare Mißbräuche von den Päpsten und Mönchen in die Kirche eingeschleppt worden sind. Wieviele rechtschaffene und gelehrte Männer haben schon vor Jahrhunderten Klage über käufliche Messen und den Götzendienst bei der Anrufung der Heiligen geführt! Die Kirchenväter Ambrosius und Augustinus selbst tadeln die Irrtümer der Kirchenstrafen und erneuern die Lehre von der Buße und dem Glauben. Wieviele haben über die Ausschweifungen der Priester geklagt! Und die Bischöfe, was tun sie der Würde ihres Amtes entsprechend? Ihr seht, welcher Kampf entbrannt ist, jetzt, wo Gott wiederum eine Züchtigung dieser Mißstände und eine Erneuerung seiner Kirche gewollt hat, auf daß die Menschen nicht sämtlich zugrunde gehen: Die nur an Genuß und Wohlleben denkenden Päpste und Mönche sind über die Kritik derart erbost, daß sie den Namen Christi und die gesamte Lehre des Evangeliums am liebsten ausgelöscht und alle Kirchen in Trümmern liegen sehen möchten. Daß sie so denken, beweist ihr ganzes Verhalten. Denn sie fahren fort, ihre Mißbräuche zu verteidigen und innere Kriege zu schüren, sie häufen Verbrechen auf Verbrechen, vernachlässigen Kirchen und Schulen. In einer solchen Zeit müssen die guten und frommen Fürsten dafür sorgen, daß die christliche Religion nicht völlig zugrunde geht. Wie sie daher die Kirchen wiederherstellen müssen, so müssen sie auch die Schulen erneuern. Denn nie war die wahre Kirche ohne irgendwelche Schulen, und selbst die Lehre kann nicht lange rein erhalten werden, wenn den Kirchen nicht Schulgemeinschaften angegliedert werden.

Zweifelsohne wurde den Erzvätern Adam, Noah und Sem deswegen ein über so viele Generationen reichendes Leben gewährt, damit sie viele Zuhörer hätten als glaubwürdige Zeugen betreffs der Erschaffung der Menschheit und des Anfangs der Lehre. Später waren die Sippen Abrahams, Isaaks und Jakobs geradezu Schulen. Als dann Moses das Gesetz empfing, war diesem bereits eine klare Bestimmung über Schulen angefügt. Es wurde nämlich festgesetzt, daß bei der Bundeslade stets Gemeinschaften von Lehrern und Schülern bestehen sollten. So wurde Samuel einer solchen Schulgemeinschaft zur Unterweisung übergeben, just als ob er auf eine wohleingerichtete Universität geschickt worden wäre. Später, als die Priester die Studien vernachlässigten, erweckte Gott die Propheten, die große Scharen von Lernenden mit sich zogen, so daß etwa um Elisa sich so viele Zuhörer sammelten, daß sie in Jericho, wo sie anfänglich gelebt hatten, bald keinen Platz mehr fanden und sich eine neue Bleibe am Jordan suchten. Und glaubt nur nicht, die Scharen der Mönche hätten müßig gelebt; sie hörten die bedeutendsten Männer über die Verheißungen, das Reich Christi, die Sünde, das Gesetz, die Gnade, die Gerechtigkeit, den wahren Gottesdienst und die größten Verwandlungen der Welt reden.

Noch heute existieren manche alten Aussprüche, die von jenen alten Schulen gleichsam von Mund zu Mund weitergegeben wurden, wie das Wort über die sechstausend Jahre der Welt. Es läuft unter dem Namen ‚Haus des Elia', d. h. ‚Schule des Elia'. Ihr erinnert Euch an den Satz: „Sechstausend Jahre wird die Welt dauern, danach wird sie zerstört werden; zweitausend Jahre wird sie leer sein, zweitausend Jahre wird das Gesetz herrschen, zweitausend Jahre der Messias, und wenn irgendwelche Jahre fehlen werden, werden sie wegen unserer Sünden fehlen." Aus solchen Worten kann man schließen, daß es in diesen weisen Gemeinschaften Diskussionen über die wichtigsten Fragen gegeben hat. Und bedenkt, wie groß der Segen war trotz der gottlosen Könige, trotz der zahllosen Kriege und Abfall von Gott: Jene Gemeinschaften leiteten die Kirche, denn sie folgten einander so wie in einer Schlacht, derart daß, sobald irgendein großer Prophet tot war, Gott bald einen anderen gleichsam an seine Stelle setzte. Als Elia ungefähr zwanzig Jahre gelehrt hatte, folgte ihm Elisa, der etwa siebzig Jahre lang die Kirche in Israel leitete. Diesem folgte Jona, angeblich der von Elia vom Tode auferweckte Sohn der Witwe von Zarpath. Danach folgte, nachdem die zehn Stämme in die Gefangenschaft fortgeführt worden waren, in Juda Jesaja, der ungefähr achtzig Jahre lehrte und das Königreich von den furchtbaren Kriegen befreite; denn jeder Prophet hat irgendeine bedeutende politische Aufgabe. Nach Jesaja wurde Jeremia erweckt, der ungefähr vierzig Jahre predigte. Seine politische Sendung war eine nach außen hin traurige, aber damals höchst heilsame: Er sprach sich für eine Unterwerfung aus und rettete so die Reste seines Volkes, während andere vorher, nach Vertreibung der Feinde, das Vaterland gerettet hatten. Daher wurde er, da er – was es bisher noch nie gegeben hatte – zu einer scheinbar schmählichen und verderbenbringenden Unterwerfung riet, von den Priestern sehr verachtet. Aber Gott lenkt die Kirche nicht nach menschlichem, sondern nach seinem Ratschluß; er züchtigt sie und stellt sie danach auf wunderbare Weise wieder her.

Und in der Babylonischen Gefangenschaft? Gab es da etwa keine Schulen? Ganz im Gegenteil: Hatten die Könige von Juda keine Gesetzeslehrer unterhalten, die Babylonier tun es nunmehr. Daniel wird mit seinen Gefährten in der chaldäischen Lehre unterwiesen, aber ihrerseits lernen von ihm später die größten Könige wie Schüler: Nebukadnezar, Evilmerodach, Darius, Medus, Kyrus. Von wem, gleichgültig aus welcher Zeit, kann man dies sagen, daß er solche gewaltigen Herrscher zu Schülern hatte? Nach Daniel traten Esra und Nehemia hervor, die schon fast an die Lebenszeit Alexanders von Makedonien reichten. Nach Alexander feiert das Buch Sirach Simon, den Sohn des Onias, der die Reinheit der Lehre bewahrte. Dann, kurz vor der Zeit der Makkabäer, als die Priester aus Ehrgeiz unter sich zerstritten waren, als sie ihr Amt von benachbarten Königen kauften und die Lehre geringachteten, als die Schulen verfielen, nahm die Religion schweren Schaden. Gott aber wollte, daß sie doch nicht ganz zugrunde ging: Die Makkabäer stellten die reine Lehre wieder her. Nach ihnen nahm die Zuchtlosigkeit im Volke Gottes zu: Rein weltlich gesinnte Geister traten die Werke der Propheten mit Füßen und begannen sich in die griechische Philosophie zu versenken; daraus entstanden die unterschiedlichen Sekten der Pharisäer und Sadduzäer, die sich ganz offen zu den Lehren Epikurs bekannten.

Daher erweckte Gott, nachdem lange greuliche Finsternis im auserwählten Volk geherrscht hatte, neue Schulen, zuerst durch Johannes den Täufer, dann durch Christus. Daß beide Jünger um sich scharten, bezeugt ausdrücklich die Evangelienhistorie. Später ahmten die Apostel das Beispiel der Propheten, Johannes des Täufers und Christi nach. Denn daß auch sie bedeutende Schulen hatten, können wir Irenaeus entnehmen, der sagt, Johannes habe ständig zahlreiche Zuhörer um sich gehabt, darunter Polykarp. Diese Sitte behielt später auch Polykarp selbst in Smyrna bei. Sehr besucht war das Gymnasium von Alexandrien, aus dem viele Leuchten der Kirche hervorgingen. Von hier aus wurden Seelenhirten zu den Kirchen der benachbarten Gegenden geschickt. Man holte sich von diesen Schulen Rat in Glaubensfragen, denn hier waren die von den Aposteln überkommenen Glaubenszeugnisse aufbewahrt, damit zweifelsfrei feststände, was apostolische Lehrmeinung sei.

Bedenkt aber, wie willkommen es den Frommen war, wie nützlich zur Stärkung der Herzen, daß man die durch Alter geheiligten Glaubenssätze der Apostel kannte, daß man wußte, durch welche Gewährsmänner die Lehre ausgebreitet wurde. Clemens sagt, er habe ganz Asien durchzogen und überall die Gelehrten über die einzelnen Glaubensartikel befragt; als er aber nach Alexandrien gekommen sei, habe die Lehrmeinung des Pantaenus ihn zufriedengestellt, der – nach Clemens' Worten – ein Mann von außerordentlicher Gelehrtheit und Frömmigkeit gewesen sei, ausgezeichnet durch Zeugnisse des Heiligen Geistes und durch vielfältige Wundertaten. Um also diese von den Aposteln gestifteten Schulen zu erhalten, wurden an den Bischofskirchen Kollegien eingerichtet und ausreichend dotiert. Mit wachsendem Reichtum ging es jedoch in ihnen mit der Lehre immer weiter bergab. Denn was sind heute die Heerscharen der Kanoniker anderes als Jünger des Apicius? Welcher Art Studien an diesen Orten gedeihen, wißt Ihr sehr gut, doch will ich hier nichts weiter darüber sagen.

Diese überlange Darlegung der Propheten- und Apostelschulen – worauf will sie hinaus? Ich wollte zeigen, daß Gott an der Erhaltung der Schulen liegt und daß die Kirchen nicht gedeihen können ohne Schulen.

Freilich ist eine große Vielfalt von Künsten und Wissenschaften vonnöten. Denn schon jene alten Zuhörer der Propheten, auch wenn sie vornehmlich die göttlichen Prophezeiungen lernten, schlossen doch auch andere Künste nicht aus: Sie lernten manches aus der Naturgeschichte, erforschten die Geschichte und trieben sowohl Musik wie Medizin. Ebenso, seht Ihr, ist heute ohne wissenschaftliche Schulung und Sprachenkenntnis, ohne Dialektik und eine gewisse Allgemeinbildung niemand ausreichend gerüstet, die theologischen Kontroversen auszufechten. Folglich sind an den Schulen Studiengänge in vielen Disziplinen eingerichtet worden; und wenn auch die meisten davon einen vielfältigen praktischen Wert fürs Leben haben, so liegt ihr Hauptnutzen doch in der Erklärung der kirchlichen Lehre.

Angesichts dieser Lage – da die Kirchen nicht ohne Schulen auskommen können – müssen alle Frommen in flehentlichen Gebeten darum bitten, Gott möge die Herzen der Fürsten dazu erwecken, die Hohen Schulen wiederherzustellen und zu begaben, wie auch die wissenschaftlichen Studien anzuregen und zu fördern. Und da der Herr Kurfürst hierzu den besten Willen bezeigt, müssen wir dem Staat zu diesem Glück gratulieren und Gott bitten, er wolle zu dem Beginn eines so ehrenwerten und hochnützlichen Unternehmens seinen Segen geben. Und wirklich erwirbt er sich um seine Völker und bei der gesamten Nachwelt hiermit ein größeres Verdienst, als wenn er neue Gold- oder Silberadern fände, und wären sie auch so reich wie die Goldadern Lydiens, die einst die Schätze des Krösus so gewaltig vermehrten. Diese Pflicht vor allem fordert Gott von den Fürsten. Dazu nämlich hat er unter den Menschen Gemeinschaft gestiftet, daß die einen die andern in der Religion unterweisen, wie es jemand sehr hübsch ausgedrückt hat: „Und daß die einen die andern in Religion unterweisen, hieß frommer Sinn die Menschen nah beieinander zu wohnen“. Da aber die Fürsten die Hüter der menschlichen Gemeinschaft sind, ist es zweifellos ihre Aufgabe, soweit es in ihrer Macht steht, für die rechte Gottesverehrung zu wirken. Bei Kuhhirten genügt es, wenn sie dafür sorgen, daß ihr Vieh zu fressen hat; diejenigen aber, die die menschliche Gesellschaft regieren, sind nicht nur Hüter des leiblichen Wohls, sondern auch des Gesetzes und der Zucht. Dazu läßt Gott sie an seinem Namen teilhaben, daß sie seine Gaben, d. h. die Religion, die Gerechtigkeit, die Zucht und den Frieden unter den Menschen, gleichwie seine Stellvertreter schützen.

Ich bitte also unsern Herrn Jesus Christus, Gottes Sohn, daß er diese Schule lenke und wachsen lasse und die Studien in diesem Volke wecke zum Heil der Kirche, die der Sohn Gottes so liebt, daß er sein Blut für sie dahingegeben hat. Euch aber, die Ihr diese Stadt und diese Hohe Schule regiert, beschwöre ich, Ihr wollet – da Ihr erkennt, daß die Kirche auf die Arbeit der Gelehrten angewiesen ist – mich, der ich Euer Gast bin und mit einem schwierigen Amt betraut, durch Euer Wohlwollen stärken. Freilich bin ich weit geringer als jene vorhin erwähnten großen Männer, die einst die kirchlichen Studien leiteten, als Elia, Elisa, Jesaja, Jeremia, Daniel und Esra; aber die Aufgabe, vor der ich stehe, ist genau die gleiche. Und nicht selten erschauere ich am ganzen Körper, wenn ich die Schwere der Last, die ich auf mich nehme, bedenke und vor meinem geistigen Auge jene alten Führergestalten sehe, denen ich schwacher Mensch mühsam hinterherhinke. Und wenn ich mir diesen Mangel an Gleichheit klarmache, beklage ich nicht bloß die Schwachheit der heute Lehrenden, sondern auch die Kirche, die gleichsam an Altersschwäche erschlaffte Glieder hat und der Christus gleichwohl prophezeit hat, sie werde am Ende der Zeiten die schlimmsten Gefahren auszuhalten haben.

Denn je näher der Tag des Jüngsten Gerichtes bevorsteht, desto wilder wird Satan gegen Christus wüten, aus Angst vor dem Urteil, durch das allen Kreaturen die abgrundtiefe Verworfenheit des hoffärtigen Höllengeistes offenbar werden wird. Daher hetzt er, aus Haß gegen Christus, die Türken, die Päpste, die gottlosen Könige und überhaupt alle seine Werkzeuge gegen die Kirche auf. Um so mehr müssen wir wachen und kämpfen, um dem Wüten Satans Einhalt zu gebieten: Die Könige lassen – o welche Schmach – die Türken das Land verheeren, die Bischöfe kümmern sich nicht um ihre Kirchen. Darum müssen die frommen Fürsten und die übrigen Obrigkeiten sich, jeder an seinem Platz, bemühen, die Versäumnisse der andern gutzumachen, müssen sich nach guten Lehrern umsehen, Kirchen bauen und dafür sorgen, daß das Evangelium auch den nachfolgenden Generationen recht verkündet wird. Und die Hörer sollen auch um unseres Herrn Christi und der Würde ihres Amtes willen mit den getreuen Auslegern des Evangeliums liebreich umgehen, unter denen ich auch mich Euch empfehle. Denn treu und gewissenhaft will ich meines Amtes walten, und die Lehre, die ich bekenne, ist das reine Gotteswort: Ohne Falsch und von Herzen bekenne ich mich zu der übereinstimmenden Lehre der katholischen Kirche Christi, d. h. zur Lehre Christi und seiner Apostel und zu der Auslegung, wie sie überliefert ist im apostolischen, nicänischen und athanasianischen Glaubensbekenntnis. Und wo Zwietracht aufgetreten ist, da stehe ich, das erkläre ich offen, ganz auf der Seite der Kirchen des augsburgischen Bekenntnisses und glaube, daß diese die unumstößliche, übereinstimmende Glaubensmeinung der wahren Kirche aller Zeiten, der Propheten und Apostel bewahren. Ich glaube, daß von ihnen viele Glaubensartikel der christlichen Lehre richtig und fromm erneuert und ausgelegt worden sind, und ich glaube auch, daß sie mit den richtig verstandenen besseren Kirchenschriftstellern wahrhaft übereinstimmen: mit Ambrosius, Augustinus, Hilarius, Basilius, Epiphanius und Gregor von Nazianz.

Und mag auch das Wort ‚Zwietracht' verabscheuenswert sein, dennoch bin ich der Meinung, daß diese um die rechte Lehre entbrannten

Kämpfe notwendig und von Gott entfacht sind, prophezeien doch Daniel wie Paulus, es werde am Ende der Zeiten diese Kämpfe der Frommen gegen die gottlosen Priester geben, die in der Kirche den offenbaren Götzendienst verteidigen und mit neronischer Wut gegen die Glieder Christi vorgehen. Und der Heilige Geist hat uns im voraus ermahnt, sobald die Kämpfe kämen, recht zu erwägen, wo die wahre Kirche steht, sich nicht einschüchtern zu lassen von den hochtrabenden Titeln frevlerischer Päpste und nicht Genossen und Diener der gottlosen Tyrannei zu sein. Keine neue Lehre also will ich mir ausdenken: Eins und unvergänglich ist die Kirche, in welcher der Gottessohn durch die Erzväter, die Propheten und Apostel die wahre Erkenntnis Gottes überliefert hat und die schändlichen, gottfeindlichen Überzeugungen, die Satan aus Haß gegen Gott aussät, bestraft. An jene wahre Kirche Christi will ich jetzt auch mich, wie alle Frommen es müssen, mit ganzem Herzen und ganzer Seele anschließen, als Krieger wider Satan und als abgesagter Feind der Päpste, die den Götzendienst verteidigen und die Glieder Christi abhauen, und ich bitte von Herzen Gottes Sohn, unseren Herrn Jesus Christus, er wolle mich in meinem Amt leiten und durch mich wirken, wie er den Erzvätern, den Propheten und Aposteln beigestanden hat: Denn seinem Sieg gebührt der Ruhm, ihm selbst der Triumph, ihm, dem Sieger über Satan. Unsere Schwäche ist einem solchen Kampfe nicht gewachsen, doch er selbst will den Frommen beistehen und das Haupt der Schlange zertreten, das ist, wie Johannes es deutet, die Werke Satans zerstören.

In der Zeit des Konstantius [II.] lebte ein Rhetor namens Ecebolus; der ließ sich, um die Gunst des Kaisers zu erlangen, taufen und griff, da er ein gewaltiger Redner war, den Götzendienst scharf an. Später unter Julian [Julianus Apostata], als er sah, daß dieser alles Christliche verabscheute und den heidnischen Kult wiederherstellte, fiel er auch selbst vom Christentum ab und schmähte dem Kaiser zuliebe die Christen wütend. So änderte er, je nach der Einstellung des gerade regierenden Kaisers, seine religiösen Überzeugungen. Die Tyrannei Julians dauerte aber nicht lange, plötzlich folgte ihm Jovianus, ein guter und frommer Kaiser. Sobald er nun sah, daß diesem die Julian zu Gefallen abtrünnig gewordenen Christen weitaus verhaßter waren als die übrigen Heiden, da bekannte er sich wieder zu seinem früheren Glauben, kehrte reumütig zu den Christen zurück, warf sich am Kirchenportal zu Boden und forderte die Menschen auf, ihn mit Füßen zu treten, wie denn ja Heuchler derlei betrügerische Possen geschickt zu inszenieren wissen. Auch heute gibt es nicht wenige solcher Ecebolusse, die sich je nach ihrer Umgebung bald für diese, bald für jene Wahrheit erklären.

Ich also habe schlicht und ohne Falsch bekannt, woran ich glaube, und mein Wunsch ist, Gott möge mich in meinem Glauben stärken und sein Sohn mich in meinem Amte lenken. Wie ein Ecebolus werde ich gewiß nie handeln; nie werde ich meine Feder gegen die wahre Kirche in Bewegung setzen, nie sie mit böswilligen Schmähungen schänden, sondern mein Geist wird allzeit dem Ruhme Gottes und unseres Herrn Jesu Christi dienen. Amen.

JOHANNES REUCHLIN

Gutachten gegen das Verbrennen jüdischer Bücher [1510]

Nun komme ich zum dritten Abschnitt meiner Aufteilung der jüdischen Schriften, betreffend das erhabene Geheimnis der Aussprüche und Worte Gottes, Kabbala genannt. Darüber könnte ich leicht sehr viel sagen – für und wider. Denn unser heiligster Vater, Papst Innozenz VIII., hat diese Materie, nämlich die Bücher der Kabbala, vor zwanzig Jahren durch viele sehr gelehrte Bischöfe und Professoren prüfen und erwägen lassen; gegenüber dem hochadligen und hochgelehrten Herrn, dem Grafen Giovanni Pico della Mirandola seligen Andenkens, der sich damals zu Rom zur Disputation erboten und durch öffentlichen Anschlag dazu eingeladen hatte. Unter anderen Themen und Thesen war auch folgende: „Es gibt keine Wissenschaft, die uns der Gottheit Christi gewisser werden läßt, als Magie und Kabbala." Dagegen aber sprachen und schrieben die Exegeten der Heiligen Schrift vieles, obwohl sie kein gründliches Wissen darüber besaßen, was für ein Tier diese ‚Kabbala' denn wäre. Doch erhob der genannte Graf damals Einspruch gegen ihre Aussagen, mit großer Überzeugungskraft. Daraufhin erfolgte eine weitere Entgegnung durch Dr. Peter Garcia, Bischof von Barcelona, mit einer Gegenschrift gegen den Grafen, die er Papst Innozenz gewidmet hat. Und schließlich wurde nach dem Tode von Innozenz Alexander VI. Papst. Der gab vielen hochgelehrten Kardinälen, Bischöfen und dem päpstlichen Theologen den Befehl, über das Für und Wider in den Schriften und Vorträgen der beiden eben genannten Parteien gründlich zu beraten. So hat Seine Heiligkeit auf Grund ihrer Bemühungen befunden, der obengenannte Graf Giovanni habe mit gutem Recht in den Büchern der Kabbala geforscht, und seine Schriften darüber seien wohlfundiert. Er hat deshalb sein Buch, *Apologie* mit Namen, durch ein apostolisches Breve im Jahr 1493 approbiert. Darin durchforscht Graf Pico die Kabbala gründlich und sagt, daß diese Schriften, deren es an die siebzig geben mag, nicht allein das geistige Erbe des heiligen Moses, sondern auch die Begründung der Wahrheit unseres christlichen Glaubens darlegen. Er gibt ferner an, Papst Sixtus IV. habe befohlen, eben diese Bücher der Kabbala ins Lateinische zu übertragen und zu verdolmetschen, da es für unseren Glauben von besonderem Nutzen wäre. Von diesen sind bisher erst drei in lateinischer Sprache herausgekommen.

Auf Grund alles dessen und auch, weil ich die Bücher der Kabbala zum Teil selbst gelesen habe, könnte ich im Zusammenhang mit diesem Gutachten lange das Für und Wider disputieren. Aber da man ja aus dem Buch *Apologie* des genannten Grafen von Mirandola, das von Papst Alexander VI. approbiert ist, mit Sicherheit entnehmen kann, daß die Bücher der Kabbala nicht allein unschädlich, sondern höchst nützlich für unseren christlichen Glauben sind, und da Papst Sixtus IV. den Auftrag gab, sie zum Nutzen für uns Christen in das Latein zu übertragen, so begnüge ich mich damit, daraus den Schluß zu ziehen, daß solche kabbalistischen Schriften nicht sollen noch rechtlich können unterdrückt oder verbrannt werden. Damit aber auch für diesen Punkt mein Gutachten begründet sei, so verweise ich hiermit auf das dritte Buch Esdras unserer Bibel, wo wir im neunten Kapitel von den siebzig Büchern lesen, die, von Gott selbst inspiriert, nicht jedermann verstehen solle. [...]

Um nun zum Schluß dieser Streitsache zu kommen: Ich kann mir wahrhaftig nicht denken, daß etwas aus diesem Zusammenhang unserem christlichen Glauben zugute kommen oder die Verehrung Gottes mehren könnte. Ich vermag aber sehr wohl zu ermessen, daß viel Schlimmes daraus entstehen könnte, wenn wir ihre Schriften verbrennen würden.

1. Die Juden möchten sagen, wir nehmen ihnen ihre Waffen und fürchteten uns vor ihnen, daß wir in der Disputation geschlagen werden könnten, und sie uns an Klugheit überlegen wären. Wie wenn ein Herzog einen Hirten zum Zweikampf herausfordern wollte und ließe ihm doch zuvor seinen Stab wegnehmen oder sein Schwert oder Messer, er selbst aber behielte das seine!

2. Die Juden könnten viel Seltsames von neuem schreiben, das schlimmer wäre, als das jetzt Vorhandene, und in hundert Jahren dann ihren Kindern erzählen, das oder jenes habe in den verbrannten Büchern gestanden.

3. Ebenso könnten sie dann später einmal sagen, unsere Gelehrten hätten die ihren falsch zitiert und in unberechtigter Weise herangezogen. Da könnten wir dann nichts mehr beibringen, um uns darauf zu beziehen.

4. Was einem verboten wird, das schätzt man erst richtig. Darum würden ihre Rabbiner und Gelehrten zum Studium in die Türkei gehen, und nach ihrer Rückkehr ihre jungen Leute viel fleißiger lehren und vielleicht Schlimmeres, als sie vordem je gelernt hätten.

5. Es könnte dazu kommen, wie sich der Lauf der Welt ja von Jahr zu Jahr ändert, daß wir solche Bücher bei Konzilien und Kirchenversammlungen selbst dringend benötigten: So, wie das Konzil von Basel den Koran, das Werk Mohammeds, das dann Kardinal Johannes von Ragusa beigebracht hat, – und dann gäben wir viel dafür, daß sie nicht

verbrannt worden wären. So, wie den Römern geschah, als der König Tarquinius Priscus die Bücher der Sybille Amalthea verbrannt hatte, bis auf die drei letzten, wofür er dann noch dreihundert Gulden lauteren Goldes geben mußte und alles Bedauern nicht half, weil er eben die andern hatte verbrennen lassen.

6. Es ist uns verboten mit Ketzern, die von unserem Glauben abgefallen sind, öffentlich zu disputieren. Wohl aber mit den Juden können wir disputieren und uns mit ihnen unterreden, damit wir sie für unseren Glauben gewinnen. Wenn dann ihre Schriften verbrannt wären – worauf könnten wir uns gegen sie stützen, außer auf den Text der Bibel? Aber das bedeutet gar nichts, denn das kanonische Recht sagt, daß viele Worte sich im Text der Heiligen Schrift finden, die sich in dem Sinne dehnen lassen, wie ihn ein jeder für sich daraus entnimmt. Und darum würden die Juden in ihrer Klugheit eben neue Auslegungen erdenken, die nicht die von ihren Eltern überkommenen sind, und wir müßten von jeder Disputation absehen.

Wenn es niemanden Außenstehenden mehr gäbe – es seien Juden oder Heiden – mit dem wir um den Sinn der Heiligen Schrift ringen könnten, so würden eben wir selbst, da ja des Menschen Geist immer tätig sein will, in unseren Schulmeinungen uneinig und deren neue bilden, oder die alten Streitereien wieder erwecken, so wie es eben jetzt geschehen ist mit unserer lieben Frauen Empfängnis, oder ob St. Paulus verheiratet gewesen, und ob St. Augustinus Mönch gewesen sei, und viele andere Torheiten. Und solches geschieht, wenn wir niemanden haben, der uns zu widersprechen wagt, an dem wir uns die Hörner abstoßen. So ist zum Beispiel in der Geschichte von Rom aufgezeichnet beim dritten Kriege gegen die Stadt Karthago: Wie man im römischen Senat darüber zu Rate saß, war Cato der Zensor der Meinung, man sollte Karthago niederreißen und schleifen. Darauf gab Scipio Nasica den Rat: „Nein, man soll Karthago bestehen lassen." Nicht aus Liebe zu dieser Stadt – denn er war ihr ebenso feind, wie die anderen –, sondern allein darum, weil er die Römer gut genug kannte, daß sie nicht untätig sein konnten. Und wenn sie keinen Krieg nach außen zu führen hätten, so würden sie innerhalb ihrer eigenen Stadt im Bürgerkrieg übereinander herfallen, wie es denn auch geschehen ist – und ganz Rom wäre danach froh gewesen, man hätte den Rat des Scipio befolgt.

8. Es ist nichts damit gewonnen, wenngleich man in Deutschland, wo die geringste Zahl der Juden ansässig ist, ihre Schriften verbrennt. Denn sie haben noch in Konstantinopel und im Orient, ebenso auch in Italien und in anderen Königreichen eigene Hochschulen, wo sie in Freiheit studieren und lesen können, was sie wollen.

9. Nehmen wir doch uns selbst zum Beispiel: Die beiden Kaiser Diokletian und Maximian haben im achten Jahr ihrer Regierung ein gemeinsames Mandat ergehen lassen, worin geboten wurde, alle Schriften

der Christen zu verbrennen. Wie aber nun jeder Amtsträger in seinem Bereich nach den christlichen Schriften suchen ließ, da kam der kaiserliche Kommissar mit Namen Magnianus zu Felix, dem Bischof von Thibiuka und zu Januarius, dem Priester und ebenso zu Fortunatus und Septimius als zu solchen, die an jenem Ort am besten über die Schriften Bescheid wissen sollten. Diese gaben ihm zur Antwort: „Es steht geschrieben: Ihr sollt das Heilige nicht den Hunden preisgeben, noch den Schweinen die Perlen vorwerfen" – und ehe sie einwilligten sie zu zeigen, sind sie lieber dafür gestorben.

Nichtsdestoweniger wurden die Bücher der Christen vernichtet, soweit sie nicht versteckt waren. Und nach dem Tod der beiden genannten Kaiser erhoben sich Ketzer und schrieben andere Bücher; sie gaben ihnen Titel mit Namen von Heiligen, wie wenn sie approbiert wären: Zum Beispiel Evangelium des Thaddäus, Evangelium des Apostels Thomas, Evangelium des Apostels Barnabas, Evangelium des Bartholomäus, Evangelium des Apostels Andreas und noch viele Schriften mehr, wie sie alle aufgezählt sind im kanonischen Recht.

Das ging so lange, bis die alten Schriften im ganzen weiten römischen Reich, im Osten und Westen wieder zusammengesucht und durch die darauf folgenden Konzilien gesichtet und geprüft wurden. Man kann aber nicht feststellen, daß es nun einige Christen weniger gegeben habe, als es gewesen wären, hätte man die Bücher nicht verbrannt, sondern die christliche Kirche hat sich danach je länger umso stärker vermehrt. Genau so würde es auch hier geschehen: Wenn die Juden sähen, daß man sie in ihrem Heiligsten mit Gewalt bedrängt, so würden sie umso glühender wünschen als Juden zu sterben, im Glauben heilige Märtyrer zu sein, und ihre Frauen und Kinder umso strenger dazu anhalten.

Darum ist uns geboten im kanonischen Recht, daß wir den Juden ihr Eigentum nicht wegnehmen sollen, handle es sich um Geld oder um Geldeswert, der unter dem Wort ‚pecunia' zu verstehen ist, und wer dagegen handelt, der soll seiner Würden und seines Amtes enthoben oder im Bann (d. h. exkommuniziert) sein, so lange, bis er ausreichend Wiedergutmachung geleistet. Nun ist es Rechtsgrundsatz, daß niemandem der Bann zuerkannt wird, es sei denn für eine Todsünde. Ist es nun Sünde, so dient es nicht zum Lobe Gottes.

Dieses Gebot der Kirche gilt auch für alle Könige und Kaiser, nachdem sie Christen sind. Und das Kaiserliche Recht hat dieses Gesetz übernommen und hat die Wiedergutmachung dahingehend erläutert, daß man jenen einen erlittenen Schaden zweifach ersetzen soll. Und eine Obrigkeit oder ein Amtsträger, die etwas derartiges zulassen, sollen ebenso gestraft werden, wie wenn sie es persönlich verübt hätten. Denn wenn die Juden Frieden halten, so soll man sie auch in Frieden lassen.

Dies alles geschieht darum, daß sie nicht sagen können, wir wollten sie zu unserem Glauben drängen oder nötigen. Über diesen Punkt schreibt der heilige Apostel Paulus an die Thessaloniker: „Wir bitten Euch, liebe Brüder, daß ihr Ruhe haltet und daß ihr ehrlich vorgeht gegen jene, die außen stehen, und daß ihr nichts von einem andern begehrt." Das heißt: Wir sollen die, welche nicht Christen sind, ungekränkt lassen und nichts von dem Ihrigen begehren. Darum sollen wir ihre Kinder nicht ohne ihre Einwilligung taufen. Das halten auch die Lehrer der Heiligen Schrift aufrecht, zum Beispiel Augustinus von Ancona in seiner *Summe über die kirchliche Gewalt*, quaestio 25. Daraus darf entnommen werden, daß man auch ihre Bücher ihnen nicht gegen ihren Willen wegnehmen darf, denn Bücher sind manchen so lieb wie Kinder. Man gebraucht ja von den Dichtern die Redensart, daß sie die Bücher, die sie verfaßt, als Kinder betrachten. Und dann ist hierbei auch daran zu denken: Wollte man einem Juden seine Bücher darum wegnehmen, daß man ihn zum christlichen Glauben brächte, so käme dieses einem Zwang gleich.

Da aber unser allergnädigster Herr, der Römische Kaiser, Euren fürstlichen Gnaden, auch den Befehl gab darüber Gutachten einzuholen, auf welche Weise, mit welcher Begründung und nach welchem Verfahren die Sache aufzunehmen und durchzuführen sei – wie mir das ja von hochdenselbst Euren fürstlichen Gnaden zur Erwägung und Begutachtung aufgetragen ist –, kann ich wahrhaftig nach meiner bescheidenen Einsicht nichts Besseres raten, als daß Kaiserliche Majestät um Gottes und unseres christlichen Glaubens willen für die Hochschulen in Deutschland verfüge, daß eine jede Universität auf zehn Jahre je zwei Dozenten anstelle, die in der Lage wären und die Pflicht hätten, die Studenten und Schüler die hebräische Sprache zu lehren und sie darin zu unterweisen, wie es die von Papst Clemens V. stammende Gesetzgebung über Universitäten angibt und verordnet. Dazu sollen uns die Juden, die in unseren Landen ihren Wohnsitz haben, durch Leihen ihrer Bücher freundnachbarlich behilflich sein – natürlich gegen angemessene Kaution und unter Vermeidung jeden Schadens – so lange, bis wir durch Drucke oder Abschriften uns eigene Bücher beschafft haben können. Wenn so verfahren wird, zweifle ich nicht, daß in wenigen Jahren unsere Studenten in eben dieser hebräischen Sprache so wohl unterrichtet sein werden, daß sie mit vernünftigen und freundlichen Worten die Juden in Sanftmut zu uns zu führen wüßten und vermöchten, unter Wahrung des kanonischen Rechts, worin ausdrücklich folgendes steht: „Wer immer in lauterer Gesinnung dem Christentum Fernstehenden zum rechten Glauben zu führen beabsichtigt, der soll das mit sanften Worten und nicht mit hartem Sinn beginnen, damit nicht Widerwille jene zurückscheuen lasse, deren Geist Güte und Vernunft sehr wohl dazu bringen könnte, sich vom Irrtum abzuwenden. Und die anders handeln und sie unter dem Deckmantel alltäglicher Motive abwendig machen wollen, über die kann man zu dem Urteil kommen, daß sie nicht Gottes Sache, sondern ihre eigenen Geschäfte betreiben. Darum soll man so mit ihnen umgehen, daß sie, durch Vernunftgründe und Sanftmut bewegt, es vorziehen, sich uns anzuschließen statt zu uns zu fliehen, damit wir sie dann auf Grund dessen, was in ihren eigenen Büchern offensichtlich steht, mit Gottes Hilfe zu unserer Mutter, der christlichen Kirche zu bekehren vermögen."

Das sind etwa die Worte des Kirchengesetzes, das ich herangezogen habe, wie wir es in diesem Punkt mit den Juden halten sollen. Und der obengenannte Kanon *Über die Juden* sagt wie folgt: „Bezüglich der Juden hat uns das heilige Konzil geboten, daß wir von nun an niemanden mit Gewalt zum Glauben zwingen, denn wessen immer Gott will, dessen erbarmt er sich, und wen er will, den verhärtet er. Deshalb sind solche Menschen gegen ihren Willen nicht zur Seligkeit zu führen, sondern nur, wenn sie guten Willen haben, auf daß Geist und Buchstabe der Gerechtigkeit unangetastet bleibe."

In diesen beiden hier angeführten Gesetzen besitzen wir das beschlußreife Urteil für diese ganze Streitsache, nämlich: Man soll der Juden Bücher nicht verbrennen und man soll sie im Gespräch durch vernünftig vorgebrachte Gründe in Sanftmut und Güte mit Gottes Hilfe zu unserem Glauben führen.

Hochwürdigster Fürst [Uriel von Gemmingen], gnädigster Herr! Ich erkläre, daß ich dieses mein Schreiben und diese meine Meinung Euren fürstlichen Gnaden als meinem Erzbischof unterworfen wissen und nichts geschrieben haben will, als was durch Eure fürstliche Gnaden und die heilige christliche Kirche gebilligt und zugelassen wird.

Dies bezeuge ich hiermit ausdrücklich und zeichne ehrerbietig Eurer fürstlichen Gnaden allzeit untertäniger und williger Diener. Datum: Stuttgart, den 6. Oktober 1510.

XVI. Humanisten über sich selbst und andere

Einleitung

Die Humanisten schrieben gerne Biographien und Autobiographien, und wir besitzen eine Unmenge solcher Texte. Auch hier diente die Antike als Vorbild. Natürlich kannte man die berühmten Werke von Plutarch, Xenophon und Suetonius, aber auch die *Confessiones* (Bekentnisse) von Augustinus oder frühchristliche Heiligenleben hatte man gelesen. Für ihre eigenen Schriften konnten die Humanisten also auf eine seit klassischen Zeiten ungebrochene Tradition zurückgreifen, denn auch im Mittelalter waren Lebensbeschreibungen und Autobiographien verfaßt worden. In der Renaissance erlebte diese biographische Literatur aber einen neuen Aufschwung und erhielt eine humanistische Prägung. Die Humanisten lehnten sich an die klassischen Vitentradition an und produzierten Lebensbeschreibungen von unzähligen Berühmtheiten aus der eigenen Zeit und der Vergangenheit: von Heiligen, Päpsten, Kaisern und Fürsten, aber auch von Philosophen und Schriftstellern. Schon Petrarca und Boccaccio stellten Biographien berühmter Männer und Frauen vor, und in Prosa verfaßte Sammlungen von meist kurzen Lebensbeschreibungen entwickelten sich zu einer beliebten literarischen Gattung. Auch Papstviten, die es selbstverständlich auch schon im Mittelalter gegeben hatte, wurden seit dem vierzehnten Jahrhundert in betont humanistischem Stil verfaßt. Nicht nur das Latein hatte sich geändert, sondern auch der ganze Stil dieser Biographien wich ab von dem, was im späten Mittelalter üblich war. Der italienische Humanist Bartholomaeus Platina (1421–1481) verfaßte zum Beispiel ein Leben Christi für Papst Sixtus IV., in dem kaum etwas über die Lehre oder das Leiden Christi zu finden ist, aber um so mehr über den geschichtlichen Hintergrund seines Lebens, mit einem längeren Exkurs über Kaiser Augustus, und über antike Philosophie und Geschichtsschreibung.

Die Humanisten haben in den verschiedensten literarischen Formen über sich selbst und andere geschrieben: Kurzbiographien in Prosa, Gedichte in allen möglichen Gattungen, Briefe oder Lobreden. Janus Pannonius (1434–1472), ein ungarisch-kroatischer Dichter und Diplomat am Hofe Königs Matthias Corvinus, verfaßte ein ausdrucksvolles Gedicht über seine schlechte Gesundheit. Zusammen mit seinem Onkel, dem Erzbischof János Vitéz (ca. 1408–1472), gilt Pannonius als der Begründer der humanistischen Literatur in Ungarn. Vitéz selbst hatte nicht die Chance gehabt, in Italien studieren zu können, aber er sandte Pannonius nach

Ferrara, wo dieser in der Schule von Guarino da Verona ausgebildet wurde. Nach seiner Rückkehr nach Buda entwickelte Pannonius sich bald zu einem bedeutenden lyrischen Dichter und Epigrammatiker, erhielt auch einen hohen Posten in der königlichen Kanzlei und war später als Gesandter in Rom tätig, wo er vergeblich versuchte, päpstliche Unterstützung für einen Kreuzzug gegen die Osmanen zu bekommen.

Das gesellige Leben in humanistischen Kreisen spiegelt sich in den unzähligen Briefen, die sie miteinander wechselten. Natürlich sind viele nicht gerade das, was man heute unter persönlichen Briefen versteht, denn oft sind es höchst gekünstelte literarische Produkte, die den Vorbildern der Antike angeglichen und überdies für die Öffentlichkeit bestimmt waren. Dennoch sind viele vorhanden, in denen persönliche Mitteilungen neben Plaudereien, politische Neuigkeiten neben Klatschgeschichten zu finden sind. Solche Briefe können dem Leser dazu dienen, sich ein Bild vom täglichen Leben der Humanisten zu machen. Der gelehrte Augsburger Patrizier Konrad Peutinger und seine Tochter Konstanze gewähren uns einen solchen Einblick in den Alltag einer Familie, in der die humanistischen Studien eine wichtige Rolle spielten. Und sogar in diesen Briefen, welche an gute Freunde und Familienangehörigen gerichtet sind und von ganz gewöhnlichen Themen wie Heirat, politischen Geschehnissen, Büchern, Gartenpflege und sprechenden Papageien handeln, klingt der Humanismus mit an.

Der berühmteste persönliche Brief aus der ganzen italienischen Renaissance-Literatur ist wohl das Schreiben Machiavellis über die Entstehung des *Fürsten* an seinen Freund Francesco Vettori, Verfasser historischer Schriften und zu diesem Zeitpunkt Florentiner Botschafter in Rom. Machiavelli lebte damals auf dem Land in einer Art Exil, nicht weit von seiner Vaterstadt Florenz. Seine politische Laufbahn war abrupt abgebrochen worden, als die florentinische Republik 1512 vor der Armee König Ferdinands von Spanien kapitulierte und die Medici, die seit 1494 im Exil gelebt hatten, als Herren nach Florenz zurückkehrten. Machiavelli verlor seinen Posten in der Regierung der Stadt und wurde sogar gefangengesetzt und gefoltert, weil man ihn der Teilnahme an einer Verschwörung gegen die Medici bezichtigte. Bald erlangte er aber die Freiheit wieder und bekam Erlaubnis, sich auf seinen bescheidenen Landsitz zurückzuziehen. Jetzt, da er in dem immer hektischen Florenz nicht mehr politisch tätig war, hatte er, wie er seinen Freund wissen ließ, ausreichend Zeit, die antiken Schriftsteller zu studieren und selbst ein kleines Buch zu verfassen. Vettori antwortete einen Monat später mit einem Brief, in dem er ausführlich seine Liebesabenteuer in Rom beschreibt. Ganz am Schluß erwähnt er in zwei kurzen Sätzen, daß er die Kapitel des *Fürsten*, die Machiavelli ihm geschickt hatte, mit großem Vergnügen gelesen habe, aber noch kein definitives Urteil geben wolle, bevor er nicht auch den Rest der Schrift gesehen habe.

Sehr lebendig ist das Porträt, das Erasmus in einem Brief an Ulrich von Hutten von ihrem gemeinsamen Freund Thomas More gezeichnet hat. In seinem Lehrbuch über das Briefeschreiben *(De conscribendis epistolis)* erklärt Erasmus: „In einem Brief wird es genügen, das Gesicht und die Haltung des ganzen Körpers, die Figur, die Gestik und die Art, sich zu bewegen, gleichwie in einem Gemälde auszudrücken. Sodann wird man auf die Vorzüge des Geistes und des Standes zu sprechen kommen." Übrigens hatte schon Plutarch den Vergleich zwischen Biographie und Porträtmalerei angestellt. Dies war den Humanisten auch bekannt, und sie haben diesen Vergleich auch gerne benutzt. Das Lebensbild in Briefform war eine populäre literarische Gattung, und in dem Brief über More befolgte Erasmus seine eigenen Regeln ganz genau. So entstand ein ideales, aber doch auch zuverlässig wirkendes biographisches Porträt seines besten Freundes in England, das zugleich die früheste Biographie Mores ist.

Der Nürnberger Humanist Willibald Pirckheimer griff selbst zur Feder, um in seinen letzten Jahren sein eigenes Leben zu beschreiben. Dieses Selbstbildnis paßt nicht gut zu dem seither in die Geschichtsbücher eingegangenen Bild seines Lebens: Die Reformation wird nicht erwähnt, die eigene literarische Tätigkeit nicht hervorgehoben, die Beziehungen zu einigen der wichtigsten Künstler der Zeit werden nicht behandelt. Statt dessen konzentriert Pirckheimer sich auf seine Laufbahn als Militär, Politiker und Jurist: Wahrscheinlich wollte er erreichen, daß die Nachwelt ihn besonders in diesen Eigenschaften im Gedächtnis behielt. Pirckheimers kleine Schrift ist mit einem 'Brief an die Nachwelt' (epistola ad posteritatem) zu vergleichen, in welchem der Autor in der literarisch stilisierten Form eines Panegyrikons ein Selbstbildnis für Nachwelt und Geschichte entwirft, in dem er, ohne viele persönlichen Einzelheiten zu erwähnen, vor allem der offiziellen Laufbahn Aufmerksamkeit schenkt. Im Gegensatz zu Pirckheimer notierte der italienische Arzt und Philosoph Girolamo Cardano (1501–1576) am Ende seines Lebens sehr genau, wie das zunehmende Alter ihn verändert hatte, und hinterließ uns ein psychologisches Selbstporträt.

Der große Kenner des Humanismus, Paul Oskar Kristeller, nannte einmal die Grabinschrift, welche Thomas More für sich und seine erste und zweite Frau verfaßte, eines der schönsten Gedichte der Renaissance. Sie macht auch deutlich, daß Humanismus und tiefe Frömmigkeit sehr gut zueinander paßten: Mores Ideal war das Leben eines frommen und gelehrten Laien gewesen, für den der Gedanke an das Jenseits immer nah war. Oder, wie More es einmal seinen Angehörigen gegenüber ausdrückte, als er gezwungen war, seinen Posten als Lordkanzler Englands aufzugeben und das Gefängnis schon drohte: „Wir können nicht erwarten, daß wir auf Federbetten in den Himmel eingehen."

JANUS PANNONIUS

Klage über seine Kränklichkeit (März 1466)

Muß ich nun also die mir beschiedene Spanne des Lebens
Unter so vielerlei Leid, weh mir, verbringen durchaus?
Wird es die Flammen stets geben, die in der Brust mich verbrennen?
Werde ich immer nur krank, werd ich gesund nimmer sein?
Schweigen will ich von dem, was die liebe Mutter berichtet,
Wie ich tausendfach Not schon in der Kindheit bestand.
Kaum hatt' Italien mich zurück in die Heimat entlassen,
Da habe schon alsbald selbst ich die Heimkehr verflucht,
Denn gar bitter gequält vom bösen Flusse des Bauches
Hab des bestürzten Heims Freude ich beinah verstört.
Als unter bösen Vorzeichen dann ich den Bannern des Königs
Folgte, blies beinah man mir schon zur Bestattung das Horn:
So sehr hatte das halbe Tertian mich Armen befallen,
So sehr brannte in Glut schon mir das ganze Gebein.
Doch noch grausamer Schicksal bedrohte dann Leib mir und Leben,
Gerade als ob es bisher lang sich mir günstig gezeigt:
Denn mich sticht's in den Rippen, als ob sie Geschosse durchbohrten,
Reichlich rinnt mir dabei blutiger Auswurf heraus.
Kaum gelingt es dabei meiner Lunge, noch Atem zu holen,
Unablässig dazu weicht nicht das Fieber von mir.
Nie stellt Schlummer sich ein: Keine Ruhe bei Nacht noch an Tage,
Stets lieg ich wach, und mich quält grauser Erscheinungen Bild.
Einen Gewinn hat ein Kranker im grämlichen Ekel des Leidens:
Wenn den erschöpften Leib ruhiger Schlummer umfängt;
Doch mich täuscht keine Stunde hinweg über gräßliche Schmerzen,
Wachend beständig, muß ich lauschen dem eignen Gestöhn.
So lag in Afrika einst mit abgeschnittenen Lidern
Wach in der Tonne der Mann, der sein Versprechen nicht brach.
Wer wird's im Alter mir gehen, falls je ich das Alter erreiche,
Wenn meine Jugend bereits endloses Leiden erfährt?
Dreißig Jahre und zwei erst werde vollendet ich haben,
Wenn zum sechsten Mal Luna den Kreislauf vollbracht.
Raffet mich lieber hinweg, statt mich solcher Pein zu erhalten,
Götter, falls etwas euch rührt, das hier auf Erden geschieht!
Um den Preis solcher Schmerzen verwürfe das Reich ich des Krösus,
Um den Preis solcher Pein möcht ich ein Gott selbst nicht sein.
Denn was fruchtete mir's, da solche Qualen ich leide,
Hätt' ich Ambrosia zum Mahl, hätte ich Nektar zum Trank?
Sollte mich selbst beim Gelage des Herkules Gattin bedienen
Oder der Knabe, den Zeus' Adler zum Himmel entführt:

Leben bedeutet Gesundheit; wen solches Verderben befallen,
Lebt nicht – nein, er vergeht eher durch langsamen Tod.

KONRAD PEUTINGER

Briefe an seine Freunde Reuchlin und Brant
[1499 und 1507]

1. Brief an Johannes Reuchlin [1499]

Wonach Du mir brieflich aufgetragen hast bei den Fuggern für Dich nachzufragen, das habe ich getreulich besorgt. Die für Dich in Rom gekauften Waren sind von ihnen durch einen zuverlässigen Augsburger Fuhrmann nach Speyer spediert und dem Wirt zur Kanne ausgehändigt worden, um sie nach Heidelberg zu transportieren. Ich hoffe, Du bist nun von der Furcht, sie könnten vielleicht verlorengegangen sein, befreit. Andernfalls wirst Du sie dort finden. Daß Du mir zu meiner Vermählung Glück wünschst, zeigt mir wieder einmal Deine ganze liebenswürdige Freundesnatur; ich danke Dir herzlichst dafür. Um mich des ungebundenen Junggesellenlebens zu entschlagen, um der göttlichen Ordnung Genüge zu tun, um mir die Flügel etwas zu beschneiden, um in echter Liebe und nicht mit unehrlichem Liebesgeflüster und Getändel zu leben, habe ich ein Mädchen heimgeführt, etwas jünger als ich, nämlich noch keine achtzehn Jahre alt, züchtig, von ruhiger Gemütsart, schön, sittsam und einigermaßen lateinisch gebildet; auch hat ihr Gesinde sie noch niemals zänkisch oder schmähsüchtig erlebt. Sie stammt von guten Eltern aus unserer Stadt und bringt eine Mitgift von zweitausend Gulden mit, trotzdem bleibt sie im Überlebensfall erbberechtigt. Daher danke ich Gott und werde ihm immer danken, daß er mir in seiner Güte eine Gefährtin und Helferin bei meinen Studien gegeben hat. Am 20. November wurde die Hochzeit gefeiert, und am 27. Januar bezog die Braut ihr neues Heim. Mein Schwiegervater Anton Welser hat mich soeben zum Verwalter seines Hauswesens bestellt. Verzeih, wenn ich Dir über meine Privatangelegenheiten zu ausführlich geschrieben habe, aber ich spreche zu einem wahren und gemeinsamen Freund.

Bitte halte mich für einen Dir und Deinen Angelegenheiten unwandelbar ergebenen Freund und empfiehl mich untertänigst dem hochwürdigsten Herrn Bischof von Worms [Johann von Dalberg].

2. Brief an Sebastian Brant [1507]

Möge es Dir wohl ergehen, bester Sebastian! Ich danke Dir herzlichst, daß Du den Kurier nicht ohne einen Brief von Dir zu mir abgehen lassen wolltest. Was Du vom Schwäbischen Bund schreibst, habe ich vernommen. Wenn die Herren recht handeln und das tun würden, was einem Deutschen wohl ansteht, würden wir alles im reichsten Maße erhalten. Neues gibt es bei uns wenig. Der Papst [Julius II.] wird nach Rom gehen. Ob er die französische oder die spanische Partei unterstützt, weiß noch niemand genau, denn die Franzosen wollen bisher nicht offen gegen Venedig zu Felde ziehen. Der Papst, den die Venezianer hassen, wird bald Bologna verlassen und sich nach Rom begeben. Die Astrologen orakeln von Kriegen. Möge geschehen, was gut ist, etwas anderes können wir rechtens nicht tun, wenn Gott selbst nicht alles gut macht. Lebe wohl mit Deiner Gattin und Deinen Söhnen. Meine Frau wünscht, es möge Dir gut gehen. Grüße auch den Doktor Johannes Wilhelm von Rottweil von mir.

Wie ich höre, ist den Herren von Straßburg ihr Kammergerichtsprokurator gestorben. Wenn sie einen neuen suchen, lege ich Dir den Doktor Johannes Rehlinger ans Herz, einen höchst ehrbaren und gewissenhaften Mann. Deshalb bitte ich Dich, ihn dem Rat zu empfehlen; einen besseren Prokurator könnten sie meines Erachtens nicht finden. Wenn Du etwas erfahren hast, schreibe es mir bitte.

Ich wollte, Du könntest einmal meine sprechenden Papageien sehen (Sittiche nenne ich sie nicht, denn sie haben eine andere als die von Plinius beschriebene Farbe) sowie die vielen anderen Dinge, die mir von unseren Faktoreien in Indien geschickt worden sind: seltene Hölzer, Bogen, Waffen, Muscheln u. a. Nochmals, leb wohl. Verzeih, wenn der Brief zu lang geworden ist.

KONSTANZE PEUTINGER

Brief an Ihren Vater [1521]

Konrad Peutinger, ihrem gütigsten Vater, entbietet seine Tochter Konstanze ihren herzlichsten Gruß!

Aus dem Brief, den Du an die Mutter geschickt hast, ersehe ich, daß Ihr beide, Du und unser lieber Verwandter Bartholomäus Welser, wohlauf seid, was uns eine große Freude ist. Denn wir alle freuen uns, wie es billig ist, daß Du gesund bist und Deine Sache gut steht, und wir bitten Gott aus ganzem Herzen, daß er Dich uns recht bald glücklich und unversehrt wiedergeben möge. Und unser größter Wunsch ist, daß alle Reichs- und Staatsangelegenheiten vorher nach Gottes Willen friedlich geregelt werden mögen, auf daß wir künftig in Frieden und Muße sicher leben können. Ich weiß Dir, liebster Vater, weiter nichts Neues zu schreiben, denn ich bin sicher, unsere liebe Mutter und die übrigen, die Dich lieben, teilen Dir alles Wissensnotwendige mit.

Wir sind bisher, Gott sei Dank, recht munter und gesund. Wir bauen Häuser und legen Gärten an. Jeder hat alle Hände voll zu tun, wie Du selbst feststellen wirst, wenn Du wieder zuhause bist. Denn Du wirst unser Haus ganz verändert und statt einer einsturzreifen Hütte einen prächtigen Palast vor dem Stadttor vorfinden. In Deinem geliebten Mauergärtchen vollends wirst Du Dich selbst nicht mehr auskennen, so gepflegt und herausgeputzt ist es. Und in Plutos und Dianas Garten erst, welche Schönheit wirst Du da zu bestaunen haben! Alles in allem gibt es hier nichts, was Dir nicht Freude machen muß. Wenn wir nur auch gesund und kräftig bleiben, um dies alles recht zu genießen! Meine drei Brüder Claudius, Christoph und Chrysostomus strengen sich, unter Anleitung ihres Lehrers Pinicianus, in den Wissenschaften tüchtig an. Eine einzige Klage nur gibt es über Dich, lieber Vater: Jedesmal, wenn ich Deine Bibliothek betrete, schallt mir das Geschrei aller Deiner Bücher – besonders derjenigen von Erasmus und Plinius, aber auch von Hieronymus – entgegen, die fragen, wann denn ihr Herr und Gebieter wiederkomme, wie lange sie noch in ihrem geräumigen Kerker eingesperrt bleiben und sich von Bücherwürmern und anderem Ungeziefer zernagen lassen müssen? All das andere, die Rosensträucher, den Lattich und die anderen Gartengewächse, könnten wir noch zufriedenstellen; allein die Bücher jammern, sie könnten Deine Abwesenheit nicht länger ertragen. Einige von ihnen hatten sich neulich schon Flügel angeschnallt, um auf und davon zu gehen: Sie sagten, sie wollten nach Worms zu ihrem Herrn und Meister fliegen, um ihm bei der Verteidigung der Wahrheit beizustehen. Wir konnten sie gerade noch mit Mühe zurückhalten, indem wir ihnen versicherten, ihr Herr bedürfe ihrer Hilfe nicht: Gott selbst, die höchste Wahrheit, werde sein Anwalt sein. Dadurch beruhigt traten sie den Rückzug an.

Das ist es, hochzuverehrender Herr Vater, was ich, um meinen Geist und meine Hand zu schulen, Dir schreiben wollte. Grüße, wenn sich die Gelegenheit dazu ergibt, die Töchter Deines berühmten Freundes Thomas Morus von mir. Leb wohl, Du „mein Stolz und meines Daseins Hort“! Und komm bald zu uns zurück! Es grüßen Dich alle Deinigen, ebenso auch Regina und Karl.

NICCOLÒ MACHIAVELLI

Brief an Francesco Vettori, Botschafter in Rom, über sein Leben auf dem Land und die Entstehung des *Fürsten* [1513]

Exzellenz, „göttliche Gnade kommt nie spät". Dies sage ich, weil ich dachte, Eure Gunst zwar nicht verloren, aber doch verspielt zu haben, da schon geraume Zeit verstrichen ist, seit Ihr mir geschrieben habt, und ich mich fragte, was wohl der Grund dafür gewesen sein konnte. Und alle Gründe, die mir einfielen, nahm ich nicht ernst, ausgenommen den einen, als ich mich fragte, ob Ihr nicht vom Schreiben abgehalten wart, weil Euch jemand geschrieben hatte, daß ich nicht gut auf Eure Briefe achtgab; und ich wußte, daß außer Filippo und Paolo niemand anders sie durch mein Zutun gesehen hatte. Durch Euren letzten Brief vom vergangenen dreiundzwanzigsten bin ich wieder in Eure Gunst gekommen, ein Brief, aus dem ich mit großer Genugtuung ersehe, mit welcher Ordnung und Ruhe Ihr Euer öffentliches Amt ausübt; und ich rate Euch, weiter so fortzufahren, denn wer sein eigenes angenehmes Leben aufgibt, um anderen ein angenehmes Leben zu verschaffen, verliert seine eigenen Annehmlichkeiten und erntet keine Dankbarkeit für diejenigen der anderen. Und da Fortuna alles vermag, soll man sie tun lassen, was sie will; bleibt ruhig und leistet keinen Widerstand und wartet die Zeit ab, da sie mit den Menschen etwas geschehen läßt – und dann wird es für Euch gut sein, größere Beschwerden auszuhalten, mehr auf die Angelegenheiten zu achten, und für mich wird es gut sein, aus der Villa wegzugehen und zu sagen: hier bin ich. Wenn ich Euch jedoch eine ähnliche Gunst erweisen möchte, dann kann ich Euch in meinem Brief nichts anderes sagen, als mein Leben zu beschreiben, und wenn Ihr der Ansicht seid, daß er mit dem Euren ausgetauscht werden kann, dann bin ich gerne bereit zu tauschen.

Ich bin auf meinem Landgut und seit ich meine letzten, mühseligen Geschäfte abgewickelt habe, bin ich keine zwanzig Tage in Florenz gewesen, um alles zu erledigen. Ich habe hier mit eigener Hand Drosseln gefangen. Ich stand vor Tagesanbruch auf, bereitete die Fangnetze vor und machte mich mit einem Stapel Vogelkäfige auf dem Rücken auf dem Weg, so daß ich wie Geta aussah, als er von dem Hafen mit den Büchern von Amphitryon zurückkam, und ich fing mindestens zwei, höchstens sechs Drosseln. So ging es den ganzen Monat November; leider nahm dann dieser Zeitvertreib, so verächtlich und sonderbar er auch ist, ein Ende. Wie mein Leben nun verläuft, will ich Ihnen sagen.

Morgens stehe ich mit der Sonne auf und gehe zu einem Stück Wald, das mir gehört, und das ich fällen lasse; dort bleibe ich zwei Stunden, um die Arbeit des vorigen Tages zu besichtigen und einige Zeit mit den Holzhackern zu verbringen, die immer irgendwelche Schwierigkeiten haben, sei es miteinander oder mir den Nachbarn. Über dies Waldstück könnte ich Euch tausend schöne Erlebnisse berichten, welche mir da zugestoßen sind, mit Frosino da Panzano und mit anderen, die das Holz haben wollten. Insbesondere Frosino ließ ein Klafter Holz holen, ohne mir etwas davon zu sagen, und bei der Bezahlung wollte er mir zehn Lire abziehen, die er, wie er sagte, vor vier Jahren von mir hätte bekommen sollen, als er sie von mir beim Kartenspiel in dem Haus Antonio Guicciardinis gewonnen hatte. Ich wurde schrecklich wütend und wollte den Fuhrmann, der gekommen war, um das Holz abzuholen, des Diebstahls beschuldigen, aber Giovanni Machiavelli trat dazwischen und brachte eine Versöhnung zustande. Batista Guicciardini, Filippo Ginori, Tommaso del Bene und einige andere Bürger bestellten jeder ein Klafter, als dieser große Nordwind blies. Ich versprach es jedem, und regelte für Tommaso ein Klafter, der aber wie sich in Florenz herausstellte nur ein halber war, weil bei dem Festdrücken des Holzes auf dem Karren er selbst, seine Frau, seine Dienstleute und seine Söhne beteiligt gewesen waren: Ähnlich wie Gaburra, wie er Donnerstags mit seinen Knechten das Rindfleisch weich schlägt. Es kam so weit, daß ich sagte – als ich sah, wer den Gewinn eingesteckt hat –, ich hätte kein Holz mehr. Alle wurden böse, besonders Batista, der dies zu den Katastrophen rechnet, die Prato getroffen haben.

Wenn ich aus dem Wald komme, gehe ich zu einer Quelle und von da zu meinen Fangnetzen. Ich trage ein Buch bei mir, Dante oder Petrarca oder einen der minder großen Dichter wie Tibull oder Ovid. Ich lese über ihre amourösen Passionen und ihre Liebschaften und erinnere mich an meine eigenen und beschäftige mich eine Zeitlang ganz angenehm mit diesen Gedanken. Dann gehe ich weiter nach der Straße und zur Gastwirtschaft, ich unterhalte mich mit den Vorübergehenden und erkundige mich nach Neuigkeiten aus ihrer Gegend, ich höre allerhand und bemerke die verschiedenen Geschmäcke und Verhältnisse der Menschen. Inzwischen wird es Zeit zum Essen, und ich verzehre mit meiner Familie die Nahrung, welche mein armes Landgut und mein armseliges Erbteil zu bieten haben. Wenn ich gegessen habe, gehe ich zurück in die Wirtschaft: Dort ist der Wirt und gewöhnlich auch ein Metzger, ein Müller und zwei Köhler. Mit denen mache ich mich gemein, und spiele mit ihnen den Rest des Tages Karten und Tricktrack, und daraus ergeben sich tausend Streitereien und endlose, beleidigende Wortwechsel, und meistens spielen wir um einen Groschen, und Ihr könnt uns bis in San Casciano schreien hören. Umgeben von dieser knauserigen Gesellschaft vertreibe ich so die Muffigkeit aus meinem Hirn und mache meiner Unzufriedenheit mit meinen traurigen Schicksal Luft während ich doch damit zufrieden bin, daß es mich auf diese Weise mit den Füßen tritt, um zu sehen, ob es sich dessen nicht schämt.

Wenn es Abend geworden ist, gehe ich zurück nach Hause und betrete mein Studierzimmer; auf der Schwelle ziehe ich meinen gewöhnlichen Anzug, der dreckig und verschmutzt ist, aus und lege königliche und zeremonielle Gewänder an; schicklich gekleidet betrete ich so die antiken Höfe der Klassiker, wo sie mich liebenswürdig empfangen, und wo ich mich erquicke mit Nahrung, die allein für mich bestimmt ist, und für die ich geboren bin; wo ich mich nicht schäme, mit ihnen zu sprechen und sie nach den Gründen ihrer Taten zu befragen; und aus Freundlichkeit antworten sie mir dann. Vier Stunden lang empfinde ich keine Langeweile, vergesse all meine Sorgen, fürchte die Armut nicht, und der Gedanke an den Tod schlägt mich nicht aus dem Feld: Ich bin völlig in die Klassiker vertieft. Und weil Dante sagt, daß Wissenschaft unmöglich ist, wenn man sich nicht zu eigen macht, was man gehört hat, habe ich mir die wichtigsten Dinge aus ihren Gesprächen aufgeschrieben und ein kleines Buch zusammengestellt, *Über die Fürsten*, wo ich mich, so gut ich kann, in Überlegungen zu diesem Thema vertiefe und bespreche, was ein Fürstentum ist, welche Arten es gibt, wie sie erworben werden, wie sie erhalten bleiben, und warum sie verloren gehen. Falls Euch eines meiner Machwerke gefallen hat, müßte Euch dieses nicht mißfallen, und es würde auch einem Fürsten, besonders einem neuen Fürsten, nicht mißfallen. Deshalb widme ich es auch seiner Hoheit Giuliano de' Medici. Filippo Casavecchia hat es gesehen; er könnte Euch etwas über den Inhalt und die Gespräche, die ich mit ihm geführt habe, berichten. Allerdings bin ich noch immer damit befaßt, den Text zu ergänzen und zu revidieren.

Ihr, Exzellenz, möchtet, daß ich dieses Leben im Stich lasse und nach Rom komme, um dort das Eure mit Euch zu genießen. Das werde ich auch sicher tun, aber im Augenblick bin ich mit Angelegenheiten beschäftigt, die aber in ungefähr sechs Wochen geregelt sein werden. Was mich schwanken macht, ist die Tatsache, daß die Soderinis dort sind, und wenn ich käme, würde ich verpflichtet sein, sie zu besuchen und mit ihnen zu sprechen. Ich habe Angst, daß ich dann bei meinem Rückkehr nicht bei meinem Haus absteigen würde, sondern beim Bargello-Gefängnis. Denn, obwohl dieser Staat auf vortrefflichen Fundamenten ruht und außerordentlich stabil ist, ist er doch neu und deshalb auch mißtrauisch, und es fehlt nicht an Schlauköpfen, wie zum Beispiel Paolo Bertini, die andere zu Tisch einladen und mich dann die Rechnung bezahlen lassen würden. Ich hoffe, daß Ihr mich von dieser Furcht befreien könnt, und dann werde ich Euch bestimmt innerhalb der angegebenen Zeit aufsuchen.

Mit Filippo habe ich meine kleine Schrift besprochen, ob es gut sei sie ihm zu widmen und, wenn ja, ob es gut wäre, sie ihm persönlich zu überbringen oder zuzusenden. Ein Grund, es ihm nicht zu widmen, ist, daß ich mich frage, ob – und das ist noch der günstigste Fall – Giuliano es wirklich lesen würde, und ob dieser Ardinghelli nicht den Ruhm meines letzten Werks einstreichen würde. Ein Grund dafür, es doch zu widmen, ist, daß ich in Not bin, weil ich allmählich dahinsieche und nicht lange in diesem Zustand bleiben kann, oder ich werde wegen meiner Armut verachtet. Außerdem hege ich den Wunsch, daß diese Herren Medici anfangen sollen, mich zu verwenden, auch wenn sie nur damit anfingen, mich einen Stein rollen zu lassen. Wenn ich sie dann doch nicht für mich gewinne, hätte ich es nur mir selbst zuzuschreiben. Wenn sie diese Schrift lesen würden, dann würden sie auch einsehen, daß ich die fünfzehn Jahre, während ich die Staatskunst studierte, nicht verschlafen oder verspielt habe; und jeder müßte doch gern jemand als Untergebenen haben, der auf Kosten anderer viel Erfahrung gesammelt hat. Niemand sollte an meiner Zuverlässigkeit zweifeln können, denn ich bin immer zuverlässig gewesen, und würde auch jetzt nicht anfangen, dieser Eigenschaft untreu zu werden, und jemand der dreiundvierzig Jahre lang so loyal und ehrlich gewesen ist wie ich, kann seinen Charakter nicht ändern; für meine Zuverlässigkeit und Ehrlichkeit zeugt meine Armut.

Deshalb würde ich großen Wert darauf legen, wenn Ihr mir noch einmal schreiben könntet, was Ihr von dieser Sache haltet und ich empfehle mich Euch. Möge es Euch gut gehen.

DESIDERIUS ERASMUS AN ULRICH VON HUTTEN

Leben des Thomas Morus [1519]

Erasmus von Rotterdam entbietet dem hochberühmten Ritter Ulrich von Hutten seinen Gruß!

Daß Dir der Geist des Thomas Morus solche Liebe einflößt und Du, fast hätte ich gesagt, nach ihm verschmachtest – denn natürlich haben Dich seine Schriften begeistert, die, wie Du richtig schreibst, das Gelehrteste und Reizendste sind, was man sich vorstellen kann –, das hast Du, glaube mir, hochberühmter Hutten, mit vielen gemeinsam, und Morus geht es sogar genauso mit Dir; denn er ist seinerseits von der Anmut Deiner Schriften so entzückt, daß ich beinahe neidisch bin auf Dich. Das ist jene allerliebenswerteste Weisheit Platos, die weitaus leidenschaftlichere Liebesgefühle unter den Menschen erregt als noch so bewundernswürdige leibliche Schönheit. Zwar sieht man sie nicht mit den körperlichen Augen, aber auch der Geist hat seine Augen; so daß sich auch hier das Sprichwort der Griechen bewahrheitet: Aus dem Sehen kommt dem Menschen das Lieben. Diese ‚Augen des Geistes' bewirken immer wieder, daß Menschen, die sich nie gesprochen oder gesehen haben, in brennendster Liebe einander verbunden werden. Und wie es im gewöhnlichen Leben geschieht, daß den einen diese, den andern jene Schönheit entzückt, so scheint es auch im Geistigen verborgene Wahlverwandtschaften zu geben, die dazu führen, daß ein bestimmter Geist uns unendlich entzückt, ein anderer nicht ebenso.

Nun aber zu Deiner Bitte, ich möchte Dir den ganzen Morus wie in einem Gemälde schildern. Wenn ich dies doch nur ebenso perfekt könnte, wie Du es sehnlich wünschst! Denn auch für mich ist es sicherlich nicht ohne Reiz, mir diesen Freund, der mir bei weitem der liebste von allen ist, anschauend zu vergegenwärtigen. Aber erstens ist es nicht jedem gegeben, alle Geistesgaben des Morus klar zu erkennen. Zweitens weiß ich nicht, ob er es dulden wird, sich von jedem beliebigen Maler konterfeien zu lassen. Denn ich glaube nicht, daß es leichter ist, von Morus ein Bild zu malen als von Alexander dem Großen oder von Achill, und ganz bestimmt hat er nicht weniger Unsterblichkeit verdient als sie. Ein solches Modell ruft geradezu nach der Hand eines Apelles; aber ich fürchte, ich habe mehr Ähnlichkeit mit einem Fulvius und Rutuba als mit Apelles. Trotzdem will ich versuchen, Dir ein Bild des ganzen Menschen mehr zu skizzieren als wirklich zu malen, soweit es mir aufgrund langen, häuslichen Verkehrs mit ihm vergönnt war, es in mich aufzunehmen oder im Gedächtnis zu behalten. Sollte irgendwann einmal der Fall eintreten, daß euch beide irgendeine offizielle Mission zusammenbringt, so wirst Du erkennen, was für einen untüchtigen Künstler Du Dir für diese Aufgabe ausgewählt hast; und ich fürchte direkt, Du wirst mich der Mißgunst oder der Blödsichtigkeit zeihen, weil ich entweder so blind bin, von so vielen Qualitäten nur so wenige wahrzunehmen, oder so neidisch, nicht mehr aufzählen zu wollen.

Um mit dem zu beginnen, was Dir an Morus am wenigsten bekannt ist: Körperlich ist er von keineswegs hoher Statur, aber doch auch nicht auffallend klein, dabei von solchem Ebenmaß der Glieder, daß man hieran nicht das mindeste zu tadeln hätte. Die Hautfarbe ist hell, und ebenso neigt der Gesichtsteint mehr zum Hellen als zu Blässe, ist jedoch von gesunder Röte weit entfernt, wenn auch eine sehr zarte Röte überall durchschimmert. Die Haare sind dunkelblond, der Bartwuchs spärlich, die Augen bläulichgrau und mit Flecken gesprenkelt, was gewöhnlich auf große geistige Begabung hindeutet und in England sogar als besonders anziehend gilt, während man bei uns mehr für schwarze Augen schwärmt. Man behauptet, Augen von dieser Farbe würden am wenigsten von Sehfehlern befallen. Der Gesichtsausdruck ist ein Spiegel seines Geistes: Stets trägt er eine anmutige und liebenswürdige Heiterkeit zur Schau, ist jederzeit zum Lachen aufgelegt und neigt überhaupt, um ehrlich zu sein, mehr zu Schalkhaftigkeit als zu gravitätischem Ernst, wenn er auch von Albernheit und Possenreisserei meilenweit entfernt ist. Die rechte Schulter scheint etwas höher zu sein als die linke, besonders beim Gehen; es ist aber kein Naturfehler, sondern kommt von langer Gewohnheit, wie uns ja viele solcher Eigenarten anzuhängen pflegen. Sonst hat er körperlich nichts Abstoßendes. Lediglich die Hände sind ein wenig derb, jedenfalls verglichen mit dem übrigen Körperbau. Er selbst ist in allem, was Körperpflege betrifft, von Kind auf stets äußerst nachlässig gewesen, so sehr, daß er sich nicht einmal dies bescheidene Maß an Pflege angedeihen ließ, das Ovid den Männern anempfiehlt. Wie schön er als junger Mensch gewesen sein muß, kann man auch heute noch aus dem, was davon übriggeblieben ist, erahnen; ich selbst lernte ihn freilich bereits als Dreiundzwanzigjährigen kennen, jetzt hat er kaum die Vierzig überschritten.

Er erfreut sich einer eher glücklichen als robusten Gesundheit, die indessen sämtlichen Anforderungen, die an einen rechtschaffenen Bürger herantreten können, gewachsen ist und nie, oder doch nur höchst selten, von Krankheiten heimgesucht wird. Man darf hoffen, daß ihm ein langes Leben beschieden sein wird, denn er hat einen Vater, der schon sehr betagt, dabei aber noch äußerst rüstig ist. Noch nie habe ich jemanden gesehen, der weniger wählerisch in der Wahl seiner Speisen gewesen wäre. Bis ins Mannesalter erquickte er sich mit einem Trunk kalten Wassers, das hatte er von seinem Vater so gelernt. Um jedoch hiermit niemand Unwillen zu erregen, täuschte er gern die Tischgenossen, indem er aus einem Zinnbecher stark mit Wasser verdünntes Bier und häufig reines Wasser trank. Am Wein – da es dortzulande Sitte ist, sich aus einem reihum gehenden Pokal zuzutrinken – nippte er bloß manchmal, damit man nicht dächte, er verabscheue ihn ganz und gar. Und auch, um sich selbst dem allgemeinen Brauch anzubequemen, Rindfleisch, Salzfisch und grobes, stark gesäuertes Brot aß er lieber als die Speisen, die im allgemeinen als Delikatessen gelten, wobei er im übrigen unschädliche leibliche Genüsse keineswegs verschmähte. Auf Eierkuchen und Baumobst hatte er stets einen starken Appetit, und Eier ißt er besonders gern.

Seine Stimme ist weder laut noch allzu schwach, sie dringt jedoch leicht ins Ohr, ohne volltönend und melodisch zu sein, eine ausgesprochene Sprechstimme. Zum Gesang scheint er von Natur aus nicht veranlagt zu sein, wenn er auch an jeder Art Musik Freude hat. Seine Art zu sprechen ist wunderbar deutlich und artikuliert, sie hat nichts Überstürztes oder Stockendes.

Er liebt einfache Kleidung, trägt weder Seide noch Purpur noch goldene Ketten, außer wenn es von Amts wegen sein muß. Es ist erstaunlich, wie wenig er auf Fragen der Etikette gibt, nach der die meisten Menschen das Maß der Herablassung bemessen. Wie er sie von niemand fordert, so unterwirft er sich ihr auch anderen gegenüber nicht sklavisch, weder bei offiziellen Anlässen noch im privaten Verkehr. Trotzdem beherrscht er sie vollendet, wenn es ihm beliebt. Aber er hält es für weibisch und eines Mannes unwürdig, mit solchem Firlefanz viel Zeit zu vergeuden.

Vom Hof und Fürstendienst hielt er sich früher ziemlich fern, denn Tyrannei war ihm stets besonders verhaßt, wie andererseits Gleichheit ein Herzensanliegen. Wird man doch kaum einen so gesitteten Hof finden, daß er nicht doch von geräuschvollem Leben und Ehrgeiz, von Verstellung und Ausschweifung erfüllt, andererseits von jeder Form von Tyrannei völlig frei wäre. Selbst an den Hof Heinrichs VIII. konnte er nur mit vieler Mühe gezogen werden, obwohl man sich nichts Höflicheres und Gesitteteres vorstellen kann als diesen Fürsten. Seiner Natur nach strebt er mehr nach einem unabhängigen Privatleben; aber wie er, wenn er die Möglichkeit dazu hat, gern seinen privaten Neigungen lebt, so läßt er sich andererseits, sooft die Sache es verlangt, von niemand an Aufmerksamkeit und Ausdauer übertreffen.

Zur Freundschaft scheint er von Natur aus wie geschaffen, er pflegt sie mit der größten Aufrichtigkeit und Unbeirrbarkeit. Auch kennt er keine Angst vor „zu vielen Freunden", vor denen Hesiod warnt. Jedem bietet er seine Freundschaftshand. Alles andere als engherzig in der Wahl seiner Freunde, kultiviert er einen einmal geschlossenen Bund mit dem größten Takt und hält treu an ihm fest. Gerät er zufällig an jemanden mit unkorrigierbaren Fehlern, so trennt er sich von ihm bei passender Gelegenheit, indem er die Freundschaft mehr allmählich auflöst als plötzlich abbricht. Hat er einmal jemanden als aufrichtig und ihm zusagend befunden, dann genießt er den Verkehr und die Unterhaltung mit ihm so, daß man den Eindruck hat, er schöpfe seine Lebensfreude hauptsächlich hieraus. Denn mit dem Ball-, Würfel- und Kartenspiel sowie den sonstigen Vergnügungen, mit denen sich das Gros der Vornehmen die Langeweile zu vertreiben pflegt, hat er nichts im Sinn. So gleichgültig er sich ferner seinen eigenen Angelegenheiten gegenüber verhält, so sorgfältig kümmert er sich um die seiner Freunde. Kurz gesagt: Wenn man ein Musterbild wahrer Freundschaft sucht, kann man kein besseres finden als unseren Morus.

Im geselligen Kreis ist er von so bestrickender Liebenswürdigkeit und heiterer Laune, daß er auch den Griesgrämigsten zum Lachen bringt, noch der widerwärtigsten Sache das Unangenehme nimmt. Bereits von Kind auf hatte er seine Freude an Scherzen, so daß man denken könnte, er sei der geborene Spaßmacher, doch läßt er sich nie bis zu Albernheiten gehen, und Bosheiten hat er überhaupt nie gemocht. Als junger Mensch schrieb er Lustspiele und trat auch in ihnen auf. Über jedes witzige Bonmot freut er sich, auch wenn es sich gegen ihn selbst richtet; so sehr hat er seine Freude an scharfgeschliffenen und wirklich geistreichen Aussprüchen. Daher hat er in jüngeren Jahren auch Epigramme verfaßt und besonders an Lukian Gefallen gefunden. Ja, er war es auch, der mich bewog, das *Lob der Torheit* zu schreiben; will sagen: Der mich Kamel zum Tanzen brachte.

Nichts Menschliches begegnet ihm, woraus er nicht vergnüglichen

Gewinn zieht, und seien es die ernstesten Dinge. Hat er es mit gebildeten und vernünftigen Leuten zu tun, erfreut er sich an ihrem Geist; sind es Ungebildete und Dummköpfe, so erheitert ihn ihre Dummheit. Nicht einmal richtige Narren ärgern ihn, indem er sich mit seltenem Geschick jedem menschlichen Geisteszustand anzupassen versteht. Mit dem weiblichen Geschlecht gar und selbst mit seiner eigenen Frau treibt er nichts als Schabernack und Kurzweil. Man könnte sagen, er sei ein zweiter Demokrit, oder besser noch, er sei wie jener pythagoräische Philosoph, der, ohne an etwas zu denken, über den Markt schlendert und das Gewimmel der Kaufenden und Verkaufenden beobachtet. Niemand läßt sich weniger von der Volksmeinung leiten, aber niemand ist auch weniger vom gesunden Menschenverstand entfernt. Ganz besonderes Vergnügen bereitet es ihm, Tiere in all der vielfältigen Verschiedenheit ihres Aussehens und ihres Verhaltens zu beobachten. So gibt es fast keine Vogelart, die er nicht im Hause hält, dazu noch andere nicht überall anzutreffende Tiere, wie Affen, Füchse, Iltisse, Wiesel und noch manche andere. Wenn ihm darüber hinaus irgendein exotisches oder sonstwie auffallendes Tier unter die Augen kommt, pflegt er es ohne Rücksicht auf die Kosten zu erhandeln. So hat er das ganze Haus voll mit solchem Getier, so daß es keinen Winkel gibt, wo nicht irgend etwas das Auge des Besuchers fesselt; und sooft er das Entzücken der andern bemerkt, freut er sich selbst stets aufs neue.

Als er im richtigen Alter dafür war, war er Liebeshändeln mit Mädchen durchaus nicht abgeneigt – immer aber in den Grenzen der Anständigkeit und mehr so, daß er der Umworbene als der den Mädchen Nachstellende war und daß es ihm eher um geistigen Austausch als um Fleischeslust ging.

Die schönen Künste hatte er schon von den frühesten Kindertagen an in sich aufgenommen. Als Jüngling verschrieb er sich der griechischen Literatur und dem Studium der Philosophie, wobei ihn sein Vater – ein im übrigen kluger und rechtschaffener Mann – so wenig unterstützte, daß er ihm, als er seine Studien aufnahm, alle Mittel strich; und er konnte geradezu für enterbt gelten, weil er der Wissenschaft seines Vaters untreu zu werden schien, denn dieser betätigt sich auf dem Felde des englischen Rechts. Obwohl dieser Beruf mit wahrer Wissenschaft sehr wenig zu tun hat, so gilt doch in England nur der als wirklich großer und bedeutender Mann, der es auf diesem Gebiet zu Ansehen gebracht hat; auf keinem anderen Weg gelangt man dortzulande leichter zu Ruhm und Reichtum, weshalb denn auch der größte Teil des englischen Adels diese Art Rechtsstudien betrieben hat. Man kann es, so sagt man, nur dann erfolgreich abschließen, wenn man viele Jahre lang fleißig gebüffelt hat. Obwohl dieses Studium also dem begabten und für Besseres geborenen Jüngling mit Recht zuwider war, war er doch, nachdem er schon von den Geisteswissenschaften gekostet, darin bald so zuhause, daß die Prozessierenden niemand lieber konsultierten als ihn und er mehr Geld verdiente als irgendeiner der Nurjuristen. So groß war die Kraft und Behendigkeit seines Geistes.

Aber er wälzte auch fleißig die Werke der Kirchenväter. Über Augustinus' *Gottesstaat* trug er, beinahe noch ein Jüngling, öffentlich vor einem zahlreichen Auditorium vor, und Priester und bejahrte Männer waren sich nicht zu gut, hatten es auch nicht zu bereuen, sich von einem dem Laienstand angehörenden jungen Menschen über theologische Fragen belehren zu lassen. Unterdessen ergab er sich mit ganzer Seele frommen Studien und bereitete sich mit Wachen, Fasten, Beten und anderen geistlichen Übungen auf den Priesterstand vor. Er bewies dabei weit mehr Einsicht als die meisten derer, die sich auf gut Glück in diesen so schweren Beruf stürzen, ohne sich vorher erprobt zu haben. Und nichts hätte im Wege gestanden, daß er sich dieser Lebensform widmete, hätte er nur das Verlangen nach einem Eheweib unterdrücken können. So aber zog er es vor, ein keuscher Ehemann zu sein, statt ein unkeuscher Priester.

Er heiratete ein noch sehr junges Mädchen aus guter Familie, aber ohne besondere Bildung, da sie auf dem Lande nur unter Eltern und Schwestern aufgewachsen war – um so eher konnte er sie nach seinen Vorstellungen formen. Er sorgte dafür, daß sie Unterricht erhielt und eine gründliche musikalische Ausbildung. Und zweifellos hätte er sie so weit gebracht, daß sie ein Muster ihrer Generation geworden wäre; aber ein vorzeitiger Tod raffte sie dahin, nachdem sie ihm mehrere Kinder geboren hatte. Von ihnen sind noch drei Mädchen, Margaret, Elizabeth und Cecily, sowie ein Knabe, John, am Leben.

Doch nicht lange ertrug er das Alleinleben, und gegen den Rat seiner Freunde ehelichte er schon wenige Monate, nachdem er seine Frau zu Grabe getragen, eine Witwe, mehr um seine Familie zu versorgen als um des Vergnügens willen; war sie doch, wie er selbst scherzend zu sagen pflegt, weder besonders hübsch noch ein junges Mädchen, dafür aber eine energische und wachsame Hausfrau. Immerhin führte er mit ihr eine so herzliche und harmonische Ehe, als wenn sie das schönste und reizendste Mädchen gewesen wäre. Kein Ehemann kann von seiner Gattin mit strengem Regiment mehr erreichen, als er mit Liebenswürdigkeit und Scherz erlangt. Denn was könnte er nicht bei ihr durchsetzen, nachdem er es dahin gebracht hat, daß sie, eine schon alternde, dazu keineswegs nachgiebige und sehr genau rechnende Frau, auf der Zither, der Harfe, dem Monochord und der Flöte zu spielen lernte und das ihr hierin täglich aufgegebene Pensum ihrem Ehegemahl auf Verlangen vorspielte?

Im gleichen freundlichen Geiste regiert er seine ganze Familie, es gibt in ihr keine Tragödien, keinen Zank. Wenn es doch einmal dazu kommt, bringt er die Sache sogleich begütigend in Ordnung. Nie hat er jemanden im Bösen weggeschickt, oder so, daß der Betreffende sein Feind geworden wäre. Ja, es scheint in diesem Hause ein schicksalhaftes Glück zu walten; niemand hat darin gelebt, dem es nicht zum Guten ausschlug, niemand hat je darin Schaden an seinem Ruf genommen. Man dürfte auch kaum jemand finden, der so gut mit seiner eigenen Mutter ausgekommen wäre, wie Morus mit seiner Stiefmutter auskam – denn sein Vater hatte sich bereits zweimal wiederverheiratet, und beide Stiefmütter liebte er nicht weniger als seine leibliche Mutter. Kürzlich erst heiratete der Vater seine vierte Frau, und Morus schwört Stein und Bein, eine bessere Frau habe er nie gesehen. Im übrigen ist sein Verhalten gegenüber seinen Eltern, den eigenen Kindern und den Schwestern so, daß er ihnen zwar nie mit übertriebener Liebe lästig fällt, andererseits aber auch nie die Familienpflichten ihnen gegenüber versäumt.

An schmutzigem Gewinn liegt ihm gar nichts. Für seine Kinder hat er von seinem Vermögen soviel, wie er für ausreichend hält, beiseitegelegt, das übrige gibt er großzügig aus. Als er noch sein Geld als Advokat verdiente, erteilte er an jedermann seinen wohlwollenden und aufrichtigen Rat, wobei er mehr an den Vorteil seiner Mandanten als an seinen eigenen dachte. Den meisten pflegte er zu einem gütlichen Vergleich zu raten, so würden sie sich Kosten ersparen. Drang er damit nicht durch, so zeigte er ihnen einen Weg, wie sie möglichst kostengünstig ihren Prozeß durchführen könnten; denn es gibt Leute, die nichts lieber tun als prozessieren. In seiner Vaterstadt London amtierte er einige Jahre lang als Richter in Zivilprozessen. Dieses Amt bringt nur wenig Belastung mit sich – Sitzungen finden nur donnerstags bis zum Mittagessen statt –, gilt aber als äußerst ehrenvoll. Niemand entschied so viele Prozesse und war so unparteiisch wie er. Den meisten Prozeßsuchenden erließ er sogar die nach den Bestimmungen im voraus zu erlegende Summe: Denn vor Prozeßbeginn hinterlegt der Kläger drei Pfund, der Angeklagte das gleiche, mehr zu fordern ist verboten. Durch dieses menschenfreundliches Verhalten machte sich Morus überall sehr beliebt.

Er hatte eigentlich bei sich beschlossen, sich mit diesem Amt zu bescheiden: Einerseits brachte es ihm genügend Ansehen, andererseits setzte es ihn keinerlei ernsten Gefahren aus. Ein und das andere Mal riß man ihn heraus zu offiziellen Missionen. Da er sich dabei sehr anstellig gezeigt hatte, ruhte der durchlauchtigste König Heinrich VIII. nicht, bis er ihn an seinen Hof gezogen hatte. Mit Recht sage ich: gezogen, denn noch nie hat sich jemand so ehrgeizig bemüht, bei Hofe zugelassen zu werden, wie er bestrebt war, ihm zu entfliehen. Da aber dieser edle Monarch es sich in den Kopf gesetzt hatte, so viele gebildete, besonnene, kluge und sittenreine Männer wie nur möglich um sich zu scharen, zog er, neben vielen anderen, besonders Morus in seine Umgebung. Und er möchte ihn so sehr dauernd um sich haben, daß er ihm nicht erlaubt, sich von Hofe zu entfernen. Sei es, daß es um ernste Staatsgeschäfte geht, sei es, daß dem König der Sinn nach kurzweiligen Geschichten steht: Niemand gibt so kluge Ratschläge wie Morus, niemand ist ein so angenehmer Gesellschafter. Schwierige Rechtsfälle erfordern oft einen charakterfesten und verständigen Richter: Morus wägt das Für und Wider derart ab, daß ihm beide Parteien Dank wissen. Dennoch hat noch niemand ihn dazu gebracht, ein Geschenk anzunehmen. Wie glücklich wären die Staaten, in denen der Fürst überall Beamte wie Morus an die entscheidenden Stellen setzte! Und bei alledem hat er nicht den leisesten Hochmut.

Unter der Last so vieler Amtsgeschäfte vergißt er dennoch seine alten Freunde nicht und kehrt auch immer wieder zu seinen geliebten Wissenschaften zurück. Was er an Ansehen, was er an Gnade beim König besitzt, das setzt er alles zugunsten des Staates und seiner Freunde ein. Zwar war er schon immer von dem sehnlichsten Wunsch erfüllt, allen zu helfen, und hatte ein höchst mitleidiges Herz, jetzt aber, wo seine Möglichkeit, andern zu nützen, so gewachsen ist, zeigt sich dies noch viel mehr. Die einen unterstützt er mit Geld, die andern mit seinem Einfluß, wieder andere fördert er mit seiner Empfehlung. Wem er nicht direkt helfen kann, dem leiht er wenigstens seinen Rat. Nie hat er jemanden ungetröstet von seiner Schwelle fortgeschickt. Man könnte sagen, Morus sei der öffentliche Beschützer aller Armen. Er glaubt einen ungeheuren Gewinn gemacht zu haben, wenn er einem Bedrängten unter die Arme greift, einem in Schwierigkeiten Steckenden aus der Klemme hilft, einem in Ungnade Gefallenen wieder Aufnahme verschafft. Niemandem macht es mehr Freude, eine Wohltat zu erweisen, niemand rechnet sie einem weniger vor. Obwohl er augenblicklich in so vieler Beziehung vom Glück begünstigt ist und Glück fast immer Hochmut im Gefolge hat, so habe ich doch, glaube ich, noch nie einen Menschen getroffen, der von diesem Laster weiter entfernt gewesen wäre.

Aber ich will wieder von den wissenschaftlichen Studien sprechen, die Morus und mich am meisten verbunden haben. In seiner frühen Jugend versuchte er sich hauptsächlich im Dichten, dann rang er lange darum, die Prosarede geschmeidiger zu machen, indem er seinen Stil in jeder Schreibart schulte. Welcher Art dieser ist, brauche ich gerade Dir nicht zu sagen, der Du seine Bücher fortwährend in Händen hast. Besondere Freude machten ihm Deklamationen, und zwar in erster Linie solche über paradoxe Themen, weil bei ihnen Geist und Scharfsinn mehr gefordert sind. Daher verfaßte er noch als Jüngling einen Dialog, in dem er Platos Gütergemeinschaft bis hin zu gemeinsamem Besitz der Frauen verteidigte. Er schrieb eine Entgegnung auf Lukians *Tyrannenmörder*; bei diesem Thema wollte er mich als Kontrahenten haben, um desto sicherer die Probe zu machen, ob er auf diesem Gebiet Fortschritte gemacht habe. Seine *Utopia* gab er mit der Absicht heraus, die Gründe aufzuzeigen, weshalb die Staaten nicht zweckentsprechend eingerichtet seien. Doch hat er in der Hauptsache den englischen Staat geschildert, den er genauestens kennt. Ursprünglich hatte er zu seiner eigenen Zerstreuung nur das zweite Buch geschrieben, später fügte er bei Gelegenheit das erste aus dem Stegreif hinzu. Hieraus erklärt sich eine gewisse Unausgeglichenheit des Stils.

Man dürfte nur schwer jemanden finden, der ein solches Talent zur Stegreifrede hat wie Morus: So sehr steht seinem reichen Geist eine gewandte Zunge zu Gebote. Sein immerwacher Geist eilt den Dingen stets voraus, und nie versagt sein Gedächtnis: Da es alles in mustergültiger Ordnung aufbewahrt, liefert es das Gewünschte, was und wann es auch sein mag, prompt und unverzüglich. Bei Disputationen kann man sich nichts Scharfsinnigeres vorstellen als ihn, derart, daß er auch die größten Theologen, auf ihrem ureigensten Felde sich tummelnd, in Verlegenheit bringt. John Colet, ein Mann von scharfem und treffsicherem Urteil, pflegt des öfteren zu sagen, in England gebe es nur einen einzigen großen Geist – wo doch diese Insel so viele ausgezeichnete Talente besitzt!

Er ist ein eifriger und wahrhaft frommer Christ, so frei er andererseits von jeder Art Aberglauben ist. Zu bestimmten Stunden hält er mit seinem Gott Zwiesprache im Gebet, das er nicht nach der üblichen Litanei herunterhaspelt, sondern das ihm aus dem Herzen kommt. Mit seinen Freunden spricht er so über das Leben im Jenseits, daß man fühlt, es ist ihm ernst damit und seine Seele ist voller Hoffnung. Und genau so ist Morus auch bei Hofe. Und da gibt es Leute, die meinen, Christen finde man nirgends als in Klöstern!

So also sind die Männer beschaffen, die dieser hochbegabte König in seine Umgebung, ja in seine privatesten Gemächer nicht nur zuläßt, sondern förmlich einlädt; nicht nur einlädt, sondern mit allen Mitteln zu ziehen sucht. Unter ihren kritischen Augen lebt er alle Tage, ihres Rates bedient er sich in den Regierungsgeschäften, sie begleiten ihn auf seinen Reisen. In ihrer Umgebung fühlt er sich wohler als in der von dekadenten jungen Herren und verwöhnten Fräulein, oder auch schmuckbehängten Geldhansen oder verlogenen Hofschranzen, von denen doch nur der eine ihn zu abgeschmackten Lustbarkeiten verlocken, ein anderer ihn zum Despotismus aufhetzen und ein dritter ihm gar neue Praktiken, das Volk auszusaugen, einblasen möchte. Hättest Du an diesem Hof gelebt, mein lieber Hutten, Du würdest – dessen bin ich gewiß – eine neue und andere *Aula* schreiben und würdest Deinen Haß gegen das Hofleben ablegen – dabei lebst auch Du ja am Hofe eines Fürsten, wie Du ihn Dir tugendhafter nicht wünschen kannst, und es fehlt da auch nicht an Leuten, die nur das Beste wollen, wie Stromer und Coppus. Aber was bedeuten diese wenigen, verglichen mit der riesigen Schar ausgezeichneter Männer vom Schlage eines Mountjoy, eines Linacre, Pace und Colet, eines Stokesley, Latimer und Morus, eines Tunstall, eines Clerk und anderer ähnlicher? Mit dem Namen jedes einzelnen von ihnen nennt man einen ganzen Kosmos aller Tugenden und Wissenschaften! Ich jedenfalls hege die freilich kühne Hoffnung, Albrecht [von Brandenburg] – diese derzeit einzige Zierde unseres Deutschlands – werde weiterhin mehr Männer seinesgleichen an seinen Hof ziehen und den übrigen Fürsten damit ein leuchtendes Beispiel geben, es jeder bei sich auch so zu tun.

Da hast Du nun ein Bild, nach dem edelsten Modell von einem schlechten Künstler ohne rechte Kunst hingeworfen. Es wird Dir noch weniger gefallen, wenn es Dir erst vergönnt sein wird, Morus näher kennenzulernen. Aber wenigstens habe ich mich dagegen sichergestellt, daß Du mir nicht vorhalten kannst, ich käme Deinen Bitten nicht nach, und daß Du mir nicht ständig in den Ohren liegst, meine Briefe seien zu kurz. Dabei scheint dieser Brief hier weder mir, der ich ihn schreibe, zu lang, noch wird er Dir, wenn Du ihn liest, dessen bin ich sicher, zu ausführlich vorkommen: Das macht der persönliche Zauber unseres Morus.

WILLIBALD PIRCKHEIMER

Autobiographische Aufzeichnungen [ca. 1530]

Die Pirckheimer waren ein Patriziergeschlecht und gehörten stets zu den Familien, von denen die Stadt Nürnberg regiert wurde. Von allen deutschen Städten steht nämlich sie allein unter patrizischer Herrschaft, während die anderen von der Ratsversammlung des Volkes regiert werden. Jener berühmten alten Familie also entstammte Willibald Pirckheimer. Dieselbe stand lange Zeit durch ihren großen Reichtum und ihr hohes Ansehen in Blüte, hatte aber dabei immer den Vorzug, daß sie sich durch viele hochgelehrte Männer und ebensolche Frauen auszeichnete. Denn wie schon der Ururgroßvater Willibalds alle Nürnberger durch seinen Reichtum übertraf, so tat sich sein Urgroßvater vor allen Bürgern durch seine Gelehrsamkeit hervor; und sein Sohn, Willibalds Großvater, trat in des Vaters Fußstapfen und stand an wissenschaftlicher Bildung keinesfalls hinter ihm zurück. Indessen ragte unter allen der Vater Willibalds, Johannes, besonders hervor. Denn ungeachtet dessen, daß er ein vorzüglicher Kenner beider Rechte war und in jedweder Bildung hervorragte, stand er dazu bei vielen deutschen Fürsten in besonderem Ansehen. Da nämlich in Nürnberg ein Ratsbeschluß bestand, daß kein Träger des Doktortitels in den Rat gewählt werden durfte, verließ jener seine Vaterstadt und begab sich an die Höfe der Fürsten. Am Anfang war er Hofrat des Bischofs von Eichstätt [Wilhelm von Reichenau], der durchaus nicht der Geringste unter den deutschen Fürsten war. Dort bewährte er sich einige Jahre, sodaß Herzog Albrecht [IV.] von Bayern, der als ein ebenso kluger wie mächtiger Fürst bekannt war, höchste Anstrengungen unternahm und es schließlich beim Bischof durch seine Bitten auch durchsetzte, daß Johannes mit voller bischöflicher Zustimmung die Erlaubnis erhielt, fortzugehen und sich dem Herzog anzuschließen, wobei ihm sogar das Gehalt, das er vom Bischof erhalten hatte, aus freien Stücken mehr als verdoppelt wurde.

Als Sohn dieses Vaters also wurde Willibald im Jahre des Heils 1470 zu Eichstätt geboren.

Der Vater ließ ihn, sobald dies sein Alter erlaubte, in den Wissenschaften unterrichten; und alsbald zeigte er eine ungewöhnliche Begabung. Sowie er dann das Alter erreicht hatte, daß er seinen Vater zu Pferde begleiten konnte, nahm ihn dieser auf verschiedentliche Gesandtschaftsreisen mit. Der Vater diente nämlich nicht nur dem Bayernherzog als Ratgeber, sondern, da zwischen Albrecht und dem Herzog Sigismund von Österreich, einem hervorragenden und seiner Zeit sehr mächtigen Fürsten, regster Verkehr und engste Freundschaft bestanden, und sie sehr oft zusammentrafen, begann Sigismund die Klugheit und Redegewandtheit Johannes Pirckheimers so zu bewundern, daß er ihn dem Bayern mit größter Beharrlichkeit wegzunehmen wünschte. Da sich aber Albrecht sträubte, kam es schließlich dahin, daß er beiden gleichermaßen als Ratgeber diente und ein halbes Jahr in München, die übrige Zeit des Jahres aber am Innsbrucker Hof verbrachte. Von diesen Fürsten also wurde er als Gesandter zu verschiedenen Königen und Fürsten geschickt, und immer nahm er seinen Sohn mit sich, damit dieser nicht nur die unterschiedlichen Sitten der Menschen und ihre Städte kennenlernen, sondern nach dem Vorbild des Vaters auch zur höchsten Mannestugend gelangen sollte. Währenddessen unterließ er es jedoch niemals, ihn in den Wissenschaften und schönen Künsten zu unterrichten und ausbilden zu lassen; insbesondere aber wurde ihm die Musik und die Beherrschung von Musikinstrumenten gelehrt.

Als er nun herangewachsen war, wurde er an den Hof des Bischofs von Eichstätt gebracht, damit er nicht nur die Sitten bei Hofe kennenlernen, sondern sich auch im Waffendienst üben sollte; dazu war er nämlich von Natur besonders geeignet. Es geschah aber zu jener Zeit sehr häufig, daß der Bischof von Feinden bedrängt wurde, die eher durch Raubzüge (wie das in Deutschland üblich ist) als durch Austrag eines regelrechten Krieges die Provinz des Bischofs mit täglichen Überfällen beunruhigten. Dort hatte er im Kriegsdienst zu Pferde binnen zwei Jahren eine solche Übung, daß er bei den Feinden nicht weniger respektiert als vom Bischof geschätzt wurde. Denn er scheute weder Mühsal noch Entbehrungen an Schlaf und Nahrung, wich vor keiner Schwierigkeit oder Gefahr, die man ihm auferlegte; und dies in der Weise, daß er nichts unüberlegt, sondern alles voller Umsicht ausführte. So stand er bei den Vorgesetzten und Soldaten in Gunst und Ansehen; denn den einen war er in allem gehorsam, die anderen aber gewann er sich durch vielfache Dienste; überdies verletzte er niemanden, tat sich bei keinem hervor, hielt sich von jeder Herabsetzung fern und hatte nur das eine im Sinn, wie er seine Pflicht tun könne. In jener Zeit lernte er die vollkommene Beherrschung aller Waffenarten, so daß er zum Kriegsdienst zu Fuß nicht weniger befähigt war als zu Pferde. Und wenn er auch ziemlich groß von Statur war, so war er doch sehr gewandt im Reiten und besaß solche Körperkräfte, daß er im Ringen, Werfen und Laufen alle Altersgenossen übertraf; im Springen gar war er so behende, daß er auch die größten Pferde mit Leichtigkeit übersprang.

Als er sich aber seinem zwanzigsten Lebensjahr näherte, beschloß der Vater, ihn nach Italien zu schicken, damit er dort seine unterbrochenen Studien fortsetzen sollte. Das erregte zuerst seinen Unwillen, da er sich damit keine geringe Schande zuzuziehen meinte, besonders weil man die Wissenschaften in Deutschland als eines Kriegsmannes unwürdig ansah. Er wäre daher lieber im Kriegsdienst verblieben und nach den Niederlanden mitgezogen; dort war nämlich zu diesem Zeitpunkt zwischen Kaiser Maximilian und dem französischen König [Karl VIII.] ein heftiger Krieg entbrannt. Als ihm aber der Vater deutlich machte, wie sehr die Wissenschaften vor dem Kriegshandwerk den Vorrang verdienten, und ihm die Vorzüge und Nachteile beider vor Augen stellte, ließ er sich überzeugen und gehorchte. Er ging also nach Padua und widmete sich drei Jahre dem Rechtsstudium. Währenddessen aber ließ er die humanistischen Studien, zu denen er von Natur aus eine größere Neigung hatte, keineswegs außer acht, und da zu jener Zeit ein Grieche namens ‚der Kretenzer', ein sehr gelehrter Mann, unter großem Zulauf das Griechische lehrte, richtete auch Willibald sein Interesse darauf und brachte es in kurzer Zeit so weit, daß selbst der Grieche ihn bewunderte. Als aber der Vater von seinem Vorhaben erfuhr, gebot er ihm Einhalt mit der Bemerkung, daß die Kenntnis des Griechischen einem Menschen zwar zur Zierde gereichen, ihm jedoch wenig nützen könne, während Rechtskenntnis, von anderen Vorteilen abgesehen, bei der Führung von Rechtssachen dringend erforderlich sei. Somit zur Aufgabe dieser Studien gezwungen, verließ er aus Unwillen darüber Padua und ging nach Pavia, wo damals Jason Mainus und Lancelot Decius unter gewaltigem Zulauf die Rechte lehrten. Dort oblag er vier Jahre lang nur dem Rechtsstudium, während er fast alle anderen Studien aufgab. Besonders verkehrte er sowohl in Padua wie in Pavia mit Männern italienischer Herkunft, so daß er deshalb von den Deutschen bisweilen geschmäht wurde. Doch er fand an der geistvollen Veranlagung, Umgänglichkeit und Bildung der Italiener gefallen, wogegen ihm die Sitten der Deutschen, ihr Spielen, Zechen und Saufen und ihre maßlose Verschwendung sehr mißfielen. Auch war er bei den Italienern nicht nur deshalb sehr beliebt, weil er sich ihren Sitten anpaßte, sondern auch weil sie sahen, daß er entgegen der herkömmlichen Art der Deutschen eine feine Bildung besaß. Besonders aber bewunderten sie an ihm seine Kenntnis der Musik und vor allem seine Fertigkeit im Orgelspiel und im Schlagen der Laute (wie es jetzt heißt). Als er dann vom Vater zurückgerufen wurde, kehrte er in seine Heimatstadt zurück, wohin sich auch sein Vater, der sich der Last seiner Verpflichtungen entledigte, vom Fürstenhof aus schon begeben hatte, da ihn das hohe Alter seines eigenen Vaters zur Übernahme der Familienangelegenheiten zwang.

Als nun Willibald zurückgekehrt und der Großvater schon gestorben war, überlegte er gemeinsam mit dem Vater, was für eine Laufbahn er künftig einschlagen sollte, weil er am liebsten den sogenannten Doktorgrad erwerben und in den kaiserlichen Hofdienst eintreten wollte. Da ihm der Vater indessen die Unannehmlichkeiten wie auch die unsäglichen Mühsalen des Hofes, die er selbst eine Zeitlang erduldet hatte, in Erinnerung brachte und vor Augen stellte, vermochte er ihn von seinem Vorhaben abzubringen, vor allem da er infolge der Wohlhabenheit des Vaters keinen Mangel zu leiden und ein reiches Erbe zu erwarten hatte. Eine Frau zu nehmen genötigt, erwählte er sich ein ebenso ehrenhaftes wie reiches Mädchen aus dem Patrizierstand, und daraufhin in den Rat gewählt, unterzog er sich den politischen Verpflichtungen von Anfang an mit solchem Eifer und Geschick, daß er bereits im ersten Jahr als Gesandter Nürnbergs zu verschiedenen Fürsten entsandt wurde; eine Ehre, die vorher keinem zuteil geworden war. Obwohl in der Folgezeit viele Ämter auf ihm lasteten, unterbrach er doch keineswegs seine wissenschaftlichen Studien, sondern widmete sich ihnen häufig, soweit ihm das seine Verpflichtungen gestatteten, indem er andere Vergnügungen unterließ, so daß ihn seine Freunde manchmal tadelten, bisweilen sogar verlachten, daß er seine Studien den Zechgelagen und allen anderen Vergnügungen vorzog. Als er nun diesen Lebensstil drei Jahre lang beibehalten hatte, geschah es, daß zwischen Kaiser Maximilian und den Schweizern ein blutiger Krieg ausbrach. Aus diesem Anlaß vom Kaiser aufgerufen, waren die Nürnberger nach altem Brauch genötigt, kaiserliche Hilfstruppen zu entsenden. Da sie nun überallhin Ausschau hielten, übertrugen sie den Oberbefehl über die Truppen ganz aus freien Stücken dem Willibald, der sich weder darum beworben noch überhaupt daran gedacht hatte. Er lehnte aber keineswegs ab, obwohl ihm sogar die meisten seiner Freunde wegen der Größe der Gefahr davon abrieten, sondern übernahm ihn freudig und führte ihn bis zum Kriegsende so klug und voller Eifer, daß er vom Kaiser in gleichem Maße Lob erfuhr, wie er der Stadt Nürnberg zur Ehre gereichte.

Die Nürnberger lagen damals mit mehreren Fürsten in Streit, ja, sie hatten sich sogar mit einigen Reichsstädten verfeindet, so daß sie gar des heimlichen Bündnisses mit den Schweizern bezichtigt wurden. Deswegen drohte Willibald von seiten der Freunde nicht weniger Gefahr als von den Feinden. Doch er führte sich in diesem Kriege so, daß ihn auch die Feinde als ihren Gegner zu spüren bekamen, die Freunde aber einsahen, daß er über jeden Verdacht erhaben war. Sehr oft nämlich warf er sich auf kaiserlichen Befehl solchen Gefahren entgegen, die andere durchaus zu vermeiden suchten. Und als der Kaiser ins Engadin, das für unbezwingbar galt, einzudringen versuchte, überstieg er auf des Kaisers Befehl mit seinen Truppen einen sehr hohen Berg, den die Einheimischen den Umbrailpaß, die Deutschen aber das Wormser Joch nennen, und gelangte nach dem im Veltlin gelegenen Bormio, das dem Herzog von Mailand untersteht; von dort brachte er nicht ohne große Gefahr, aber unangefochten, dem gesamten Heer Verpflegung. Und in allen Kämpfen, an denen er selbst teilnahm, ging sein Bemühen dahin, daß keine großen Verluste eintraten. Und als schließlich der Kaiser sah, daß die Schweizer die Belagerung der Stadt Lauffenburg beabsichtigten, verlegte er Willibald mit seinen Truppen (es waren achthundert Fußsoldaten, alles auserlesene Männer, und eine Schwadron Reiter) zum Schutz dahin, da alle anderen sich scheuten, eine so gefahrvolle Aufgabe zu übernehmen. Als dann der Krieg beigelegt und der Frieden geschlossen war, kehrte Willibald nach Hause zurück und wurde vom Rat nicht nur mit sehr ehrenvollen Worten gelobt, sondern ob seiner eifrig bewiesenen Bemühung mit einer goldenen Schale beschenkt. Und wenig später traf ein Schreiben vom Kaiser ein, worin die Nürnberger wegen der entsandten Hilfeleistung belobigt und Willibald mit ausführlichen Lobesworten bedacht wurden.

Diese Angelegenheit gereichte ihm zwar bei vielen zur Ehre, bei einigen jedoch, die auf fremden Vorteil neidisch waren, diente sie zur Erregung nicht geringen Hasses. Da geschah es einmal, daß ein Mann in das höchste Regierungsamt der Stadt Nürnberg gewählt wurde, ein ziemlich heißblütiger und einflußreicher, aber dabei äußerst gewinnsüchtiger Mensch, der sich aus nichts ein Gewissen machte, wenn er sich nur durch Recht oder Unrecht Reichtum verschaffen konnte. Dieser machte viele der Ratsherren derart in allem von sich abhängig, daß er mit ihrer Hilfe alles, was er wollte, mit Leichtigkeit erreichen konnte, wobei er die einen durch diese, die anderen durch jene Gefälligkeiten sich verpflichtete. Einige nämlich gewann er durch Schmeicheleien, andere wieder lockte er durch Ehrenämter, manche köderte er mit Vergünstigungen; es gab auch solche, denen er Furcht einjagte und die er durch Drohungen schreckte, so daß sie im in keiner Sache Widerstand zu leisten wagten. Als dieser Mann sah, daß Willibald seinen Unternehmungen nicht geringen Widerstand entgegensetzte und er ihn auf keine Weise dafür gewinnen konnte, daß er von ihm in seinen schlimmen Plänen Unterstützung erhielt, da begann er mit Gewalt zu versuchen, was er durch Verschlagenheit nicht auszurichten vermochte. Er hörte daher nicht auf, ihn fortgesetzt zu befeinden, indem er ihn durch viele heimlich entsandte Verleumder und verschiedenste Unannehmlichkeiten belästigte. Obwohl nun Willibald zu Anfang seine Beleidigungen verachtet und großmütig ertragen hatte, wurde er doch der täglichen Anfeindung schließlich so müde, daß er den Entschluß faßte, den Staatsdienst aufzugeben, obwohl ihm seine Freunde dringend abrieten; doch brachte er sie durch viele einleuchtende Gründe dahin, daß sie endlich ihren Widerstand dagegen aufgaben. Da ergab es sich, daß sein Vater Johannes, der schon lange die weltlichen Geschäfte verlassen und sich dem Priesterorden unterstellt hatte, sein Leben mit dem Tode vertauschte. Daher fand Willibald wegen Ordnung seiner häuslichen Angelegenheiten eine ehrenhafte Gelegenheit, seine Entlassung zu erbitten, die er mit Hilfe seines Feindes auch leicht erhielt, obwohl sich dieser zunächst widersetzte und heuchlerisch anführte, daß die Stadt doch der Unterstützung Willibalds bedürfe und seiner nicht leicht entraten könne; und so erklärte er, daß er ihm die größte Wohltat erweise, weil er ihn von einer solchen Arbeitslast befreite.

Willibald zog sich nun, von den öffentlichen Angelegenheiten beurlaubt, in ein ehrenvolles Privatleben zurück und widmete sich intensiv den Wissenschaften, vor allem dem Griechischen, obgleich er in der Zwischenzeit auch das Studium des Rechts nicht unterließ. In dieser Zeit verlor er seine Gattin, die ihm schon fünf Töchter geboren hatte; als sie ihm endlich einen Sohn geschenkt hatte, starb sie an der Geburt. Darüber empfand er großen Schmerz, denn er liebte sie einzigartig wegen ihrer Tugend und der Lauterkeit ihres Charakters; und er konnte auch späterhin von seinen Freunden niemals dazu gebracht werden, eine andere Frau zu nehmen, obwohl sie ihn sehr drängten, sondern bewies ihnen mit zahlreichen Gründen, daß es für ihn nicht angängig sei, seinen Nacken wiederum unter das eheliche Joch zu beugen. Als er nun drei volle Jahre ein Privatleben geführt und ganz sich selbst und den Freunden gelebt hatte, starb plötzlich sein Feind, den wir erwähnt haben, an einem Schlaganfall. Daraufhin wurde er alsbald auf Betreiben vieler wiederum in den Rat gewählt, obwohl er sich sehr sträubte und wenig Lust dazu nicht allein deshalb empfand, weil er schon die Annehmlichkeiten eines ehrenvollen Privatlebens kennengelernt hatte, aus dem herausgerissen zu werden ihm äußerst unangenehm war, sondern auch weil er die politischen Auseinandersetzungen durchaus scheute und vor ihnen einen großen Abscheu empfand, da er schon früher erfahren hatte, welche Bitternis in ihnen steckte. Er hatte sich daher vorgenommen, eventuell durch Erwerb des sogenannten Doktorgrades, wenn es nicht anders ginge, sich der öffentlichen Angelegenheiten zu entledigen. Doch durch die Bitten, ja auch durch Vorhaltungen der Freunde ließ er sich endlich überreden und gab, wenn auch widerwillig, nach und übernahm aufs neue die Last öffentlicher Sorgen. Bald darauf nun wurde er von seiner

Stadt als Gesandter zusammen mit seinem Amtskollegen, mit dem er damals sehr eng befreundet war und der an die Stelle seines schon erwähnten verstorbenen Widersachers getreten war, nach Köln entsandt. Dort war nämlich von Kaiser Maximilian ein großer Fürstentag veranstaltet worden, auf dem über die Wiederversöhnung und den Frieden mit den bayrischen Fürsten und ihren Bundesgenossen, unter die auch die Nürnberger gerechnet wurden, nach einem langen und heftigen Krieg verhandelt wurde. Dort also erreichte die Stadt Nürnberg durch die gemeinschaftliche Bemühung und Beratung Willibalds und seines Amtskollegen solche Friedensbedingungen, die für sie ebenso ehrenvoll wie nützlich waren. Darauf widmete er sich einige Jahre hindurch mit größtem Fleiß und nicht geringerem Ruhm der Leitung der Staatsgeschäfte und übernahm verschiedene Gesandtschaften, trat aber vor allem in der Vertretung von Rechtssachen rühmlich hervor. Als nämlich zu jener Zeit größte Meinungsverschiedenheiten zwischen den Nürnbergern und dem Markgrafen [Joachim I.] von Brandenburg entstanden und der Haß des Pfälzers [Ludwig V.], den man sich im bayrischen Kriege zugezogen hatte, immer aus neue wieder aufflammte und deswegen sowohl vom Kaiser wie von den Bundesgenossen des Schwäbischen Bundes verschiedene Zusammenkünfte abgehalten wurden, da sprach Willibald auf all diesen im Namen seiner Vaterstadt äußerst redegewandt und unter größter Bewunderung der Anwesenden, da er ein Beispiel erstaunlicher Gedächtniskraft und großartiger Redegabe bot, wenn er zum Beispiel gezwungen war, manchmal auf sechzig und mehr Beschwerden seiner Gegner im selben Augenblick zu antworten; und auch wenn er bisweilen selbst nicht weniger vortrug, wurde er doch niemals von seinem Gedächtnis im Stich gelassen. Aber dies trug ihm mehr Neid als Vorteil bei denen ein, die ihre persönlichen Ziele dem Gemeinwohl vorzuziehen pflegen. Diese also feindeten ihn mit Bosheiten an, wo immer sie konnten, indem sie ihn bald hinderten, sich noch höher zu erheben, bald ihn behelligten, um ihn erbittern zu können. Aber sie scheuten auch nicht vor der heimlichen Entsendung von Verleumdern zurück. Das alles zielte darauf hin, ihn schließlich, da sie es durch Überredungskunst und Geschenke nicht fertigbrachten, durch Unrecht und Verleumdungen von seiner geraden Sinnesart abzubringen und ihn so zu zwingen, ihren schlimmen Plänen beizupflichten. Durch all das ließ sich Willibald in keiner Weise erschüttern, sondern im heiteren Bewußtsein seiner Unschuld verachtete er großmütig alle Beleidigungen; Annehmlichkeiten und Ehrungen achtete er gering, den Nachstellungen aber verstand er klug auszuweichen, worüber seine Widersacher so wütend wurden, daß er gezwungen war, wenn er einen Gesandtschaftsauftrag übernahm, den Tag seiner Abreise und Rückkehr geheimzuhalten. Schließlich aber begann sich jene Gruppierung so tyrannisch zu gebärden, daß sie den Rat dadurch veranlaßte, gegen ihre allzu große Willkür und

Frechheit einzuschreiten. Der Führer dieser Gruppierung wurde wegen seiner unzähligen Verbrechen in Gewahrsam genommen und wenig später zu lebenslänglicher Kerkerhaft verurteilt. Und obwohl viele der Meinung waren, man sollte ihn mit dem Tode bestrafen, erhob Willibald dagegen Einspruch, da er das öffentliche Ansehen höher schätzte als persönliches Unrecht. Nachdem nun der Anführer beseitigt war, wurde die ganze unredliche Gruppe ohne Schwierigkeit aufgelöst. Da indessen Willibald bei sich erwog, welche Beschwernisse und welche Nachstellungen er ertragen hatte, und er befürchtete, daß anstelle des einen abgeschlagenen Hauptes wie bei der Hydra mehrere neue nachwüchsen, beschloß er, sich gänzlich von der Staatsgeschäften zurückzuziehen, damit er nicht von neuem politische Kämpfe austragen müsse. Denn mochte auch jene Gruppierung irgendwie unterdrückt worden sein, so sah er doch, daß sie nicht völlig beseitigt war. Er bat daher den Rat dringend um seine Entlassung, die er jedoch durchaus nicht erlangen konnte, und wenn er auch noch so viele ehrsame Beweggründe vorgebracht hätte. Aber auch die Freunde rieten ihm von einem solchen Entschluß ab und baten ihn, doch dem Rat nicht zu widerstreben und seinen Widersachern nicht Gelegenheit zu Feindseligkeiten zu geben. Außerdem beschloß der Rat, ihm außer den anderen Ratsprivilegien ein außerordentliches und beträchtliches Ehrengehalt zu geben, und sicherte ihm obendrein die Befreiung von Gesandtschaften und die Entlastung von längeren Reisen zu. Durch all das gleichsam gezwungen, gab er nach und fügte sich dem Willen des Rates. So versah er einige Jahre lang unbehelligt sein Amt als Ratsmitglied und blieb fernerhin von irgendwelchen Gesandtschaften verschont, außer daß er einmal zu den Schweizern entsandt wurde, als der Krieg zwischen dem Markgrafen und den Nürnbergern wieder aufflammte. Auch durch diese Gesandtschaft und das Ersuchen um Hilfeleistung in Schrecken versetzt, ließ der Markgraf von seinem Vorhaben ab und söhnte sich wieder mit den Nürnbergern aus.

Da sich Willibald aber einem ruhigeren Leben ergeben hatte, begann ihn das Gliederreißen heftiger zu plagen, so daß er nur selten zu Fuß gehen, sondern sich meist zu Pferde in den Rat begeben mußte. Freilich hatte ihn dieses Leiden schon früher befallen, obgleich er in Speise und Trank äußerst maßvoll war; ja auf Anraten der Ärzte enthielt er sich sogar volle sieben Jahre lang jeden Weingenusses, obwohl er in der Zwischenzeit dem Kaiser manchmal in solche Länder folgen mußte, wo es sehr ungesundes Wasser gab oder wo man kein Bier kannte. Und tatsächlich zog er sich diese Krankheit mehr durch ein seelisches Leiden als durch irgendeine Schlemmerei zu. Denn wenn er auch die Ungerechtigkeiten, Verleumdungen und Nachstellungen seiner Feinde hochgemut ertrug, so konnte er sie doch nicht insoweit verwinden, daß solch beständige und bittere Sticheleien nicht in sein tiefstes Inneres eingedrungen wären.

Unterdessen begann sich im Rat eine andere Gruppierung zu bilden, deren Oberhaupt ein enger Freund Willibalds war, der durch seine Begünstigung besonders emporgekommen war und sich durch Vortäuschung von Rechtschaffenheit ein nicht geringes Ansehen erworben hatte. Dieser Mann begann nun mit einigen Leuten im verborgenen Pläne zu schmieden, die für ihn und seine Genossen nützlich, dem Staat aber höchst verderblich waren. Denn da er durch die Größe seiner Familie und seine Armut gleicherweise bedrückt wurde, war ihm jedes Mittel recht, wodurch er alles seiner Gewalt unterwerfen und öffentliches wie privates Vermögen mißbrauchen konnte. Er fürchtete aber vor allem Willibald, weil er schon längst erfahren hatte, daß dieser weder durch Liebe noch durch Haß, Drohungen, Gewalt oder sonstige Bedrohungen vom Pfad der Wahrheit abgebracht werden konnte; deshalb beschloß er, ihn heimlich durch Nachstellungen anzugreifen und vieles in Bewegung zu setzen, was seinen Sinn erbittern konnte, während er unterdessen das höchste Wohlwollen zur Schau trug. Er versuchte ihn daher durch heimliche Entsendung von zahlreichen Verleumdern auf erstaunliche Weise zu beunruhigen. Willibald wurde deshalb anfangs von Verwunderung erfaßt, weil er solch eine Verschlagenheit nicht kannte und sich durchaus nicht denken konnte, woher so viele Beunruhigungen für ihn kämen, die indessen nicht von Bedeutung, sondern vielmehr so abgeschmackt waren, daß ihre Urheber eher lächerlich als strafwürdig erschienen. Da nun aber solche Machenschaften nicht lange geheim bleiben konnten, wurden jene Intrigen endlich offenbar. Dieser Sache wegen wurde Willibald so aufgebracht, daß er beschloß alle öffentlichen Sorgen von sich zu werfen, um sich damit von den treulosen Menschen und beschwerlichen Geschäften zu befreien, obwohl ihm seine Freunde abrieten, besonders diejenigen, denen die Verstellungskünste jenes Ränkeschmiedes schon lange verdächtig vorkamen. Sie sahen nämlich voraus, wenn Willibald, den jener als einzigen fürchtete, aus dem Weg geräumt wäre, dann werde den Verbrechen dieses Menschen nichts mehr im Wege stehen, und daher suchten sie aus allen Kräften Willibald von seinem Vorhaben abzubringen; doch vergebens. Denn abgesehen davon, daß er vor gerichtlichen Streitigkeiten einen großen Abscheu empfand, wurde er außerdem von der Podagra so gequält, daß er einen höchst ehrbaren Grund für seine Entlassung hatte, die er endlich auch durch freundliche Erlaubnis des Rates erhielt, wobei ihn jener Verleumder sehr unterstützte, es aber auf verwunderliche Weise verheimlichte. Er riet nämlich dem Rat, daß er doch, wenn er schon Willibald seinen Wunsch gewähren wollte, keinesfalls auf dessen Rat und Hilfe verzichten sollte; denn da er seltene Klugheit und langjährige Erfahrung besäße, könne ein solcher Mann der Stadt von großem Nutzen sein. Währenddessen erging er sich auf verwunderliche Weise in Lobeserhebungen Willibalds, so daß sich diejenigen, die diese Verschlagenheit erkannt hatten, nicht genug wundern konnten, wie unter so schönen und glatten Worten ein so verderbliches Gift verborgen sein konnte. Man stattete also Willibald auf Beschluß des Rates für die solange der Stadt erwiesene Hilfeleistung Dank ab und trat mit der Bitte an ihn heran, wenn die Stadt seine Ratschläge künftig bedürfte, sie ihr doch nicht zu versagen, sondern sie gern und bereitwillig zu erteilen. Hierauf antwortete Willibald freundlich und in entgegenkommender Weise: Wenn er auch wüßte, daß er weit unbedeutender sei, als der Rat infolge seines Wohlwollens von ihm dächte, so freue er sich doch außerordentlich, daß man eine so hohe Meinung von ihm habe. Daß er aber seine Dienste immer bereitwillig geleistet habe, das sei doch ganz selbstverständlich gewesen, da es vor allem die Pflicht eines rechtschaffenen Mannes sei, das Wohlergehen der Vaterstadt dem eigenen Vorteil voranzustellen. Da er sich also immer um das Gemeinwohl gesorgt habe, werde er auch in Zukunft nicht verfehlen, wenn man ihn um Rat und Hilfe anginge, dasselbe zu fördern und zu unterstützen, wenigstens soweit er es könnte.

Aber es blieb in der Folge nicht nur hierbei, sondern jener Ränkeschmied veranlaßte den Senat, mit Willibald zu verhandeln, daß er in großzügiger Weise verpflichtet würde, sooft es nötig wäre, die Staatsangelegenheiten nach bestem Vermögen und bester Einsicht zu unterstützen. Und damit die Angelegenheit besseren Erfolg hätte, bot er von sich aus seine Hilfe an, da er sicher sei, daß ihm Willibald infolge ihrer engen Freundschaft nichts abschlagen werde. Daher trat er auf Beschluß des Rates mit vielen sehr schmeichelnden Worten an ihn heran und bemühte sich, ihn zu überreden, daß er gegen ein reich bemessenes jährliches Entgelt seinen Ratschlag einzig dem Staate widmen sollte. Doch Willibald wies darauf hin, indem er dem Rat nochmals seinen Dank abstattete, daß er nun der Ruhe bedürfe, nicht allein deshalb, weil er schon viele Jahre öffentliche Ämter bekleidet habe, sondern auch weil er durch sein sich verschlimmerndes Leiden, die Podagra, immer weniger zu täglichen Arbeiten in der Lage sei. Wenn jedoch bisweilen etwas einträte, wofür er durch seine Hilfeleistung nützlich sein könnte, dann sei er auch ohne Entlohnung bereit, dem Rat zu gehorchen, allerdings in der Weise, daß er unterdessen die Angelegenheiten der Freunde und Armen nicht vernachlässigte, denen er seine unentgeltliche Hilfe nicht mit gutem Gewissen abschlagen könnte.

Indessen steckte hier eine Arglist dahinter insofern, als jener Ränkeschmied, mochte er auch sehen, daß Willibald von seinem Amt als Ratsmitglied entbunden war, ihn dennoch nicht soweit aus dem Wege geräumt ansah, um nicht noch für Freunde und Bedrängte eintreten zu können. Da er nämlich schon alles an sich gerissen zu haben hoffte und sich vorgenommen hatte, alle Dinge nach seinem Gutdünken zu lenken, fürchtete er niemanden außer Willibald, der, wie er wohl wußte, seinen Plänen hinderlich sein werde. Deshalb suchte er ihn unter dem Vorwand der Ehre und des finanziellen Vorteils so ins Garn zu locken, daß er alle anderen Angelegenheiten sein lassen und einzig und allein dem Staate dienen sollte. Indessen hatte Willibald diese Tücke durchschaut und wies in Bescheidenheit darauf hin, daß es ihm nicht wohl anstehe, um des Geldes willen den Schutz der Freunde aufzugeben und noch viel weniger den der Armen und bedauernswerten Personen. Denn das sei nicht nur vor der Welt unehrenhaft, sondern auch nicht recht vor Gott, besonders da er sich in keinerlei materieller Bedrängnis befinde, sondern durch Gottes Güte sogar mit Geld und Gut reich gesegnet sei. Er wolle also lieber dem Rat seine Hilfeleistung unentgeltlich gewähren, als durch Annahme von Geld den Freunden und zu unrecht Bedrängten nicht in einer so gottgefälligen Pflicht zur Verfügung zu stehen. Als jener Ränkeschmied dies hörte, wurde er so zornig, daß er Willibald gleichermaßen Undankbarkeit und Dummheit vorwarf, insofern er die Auszeichnung des Rates mißachtete und nicht bedächte, wie ehrenvoll und vorteilhaft jenes freiwillige Angebot wäre. Doch Willibald ließ sich dadurch nicht erschüttern und blieb bei seiner Meinung. So schied also der Ränkeschmied von ihm, ohne seinen Unwillen zu verbergen; und er ließ sich fernerhin niemals wieder herbei, mit ihm zusammenzukommen oder ihn zu besuchen, sondern indem er alle Wohltaten und die alte Freundschaft vergaß, setzte er mit größtem Eifer alles ins Werk, was Willibald zur Unehre, zum Nachteil und Verderben gereichen konnte, und ging so weit, daß er ihm heimlich sogar nach dem Leben trachtete.

Willibald ließ sich dadurch in keiner Weise erschüttern, sondern setzte seine ganze Hoffnung auf Gott und seine Schuldlosigkeit und ließ sich nirgends vom Pfad der Wahrheit und Gerechtigkeit abbringen, sondern erfreute sich als Privatmann an seinen schönen Studien und verwandte unterdessen seine Sorge und Mühe darauf, den Freunden und Armen mit Rat und Hilfe beizustehen. Und häufig kam es vor, daß Willibald gerade diejenigen in Schutz nahm, die jener Ränkeschmied zu unterdrücken bemüht war. Hierdurch bot er einen besonderen Anlaß zu Zornesausbrüchen, so daß er erst dann wieder über öffentliche Angelegenheiten um Rat gefragt wurde, als die Notlage dazu zwang, seinen Ratschlag einzuholen. Denn zufällig geschah es, daß die Nachbarfürsten alte Streitigkeiten wieder aufleben ließen, in denen Willibald einst im Auftrag der Stadt lange verhandelt hatte; von damals war niemand mehr am Leben, der eine Kenntnis dieser Angelegenheiten hatte. Deshalb kam man nun auf ihn zurück und bat ihn inständig, sich dem Staate nicht entziehen zu wollen, was er indessen so bereitwillig und sorgfältig tat, daß ihn der Rat mit einer Ehrengabe von hundert Goldstücken beschenkte.

GIROLAMO CARDANO

Wie ich mich im Laufe der Jahre änderte [1575–1576]

Das zunehmende Alter verändert den Charakter, die Körperformen, das Temperament und die ganze äußere Erscheinung.

In meiner Kindheit war ich, wie ich gehört habe, fett und rot, im Knabenalter mager mit länglicher Gesichtsform und weiß-rötlicher Hautfarbe. Ich wuchs sehr rasch, so daß im sechzehnten Lebensjahre mein Wachstum so gut wie abgeschlossen war und ich so groß aussah, wie ich jetzt bin. Mein Temperament war ein melancholisches. In den Jünglingsjahren war ich fuchsrot, in meinem Benehmen lag durchaus nichts Hervorstechendes, ich war erregbar, wie schließlich jeder andere auch, heiter, allen Vergnügungen, der Musik in erster Linie, leidenschaftlich zugetan. Auch im reiferen Alter, so etwa vom dreißigsten bis zum vierzigsten Jahre, zeigte ich keine anderen Charakterzüge; doch hatte ich allmählich vieles, was mich verstimmen konnte: meine Armut, Sorgen um Frau und Kinder, eine stets schwankende Gesundheit und viele erbitterte Feinde und Rivalen. So geschah es eines Tages, nachdem ich eine vornehme Dame, Bartolommea Crivelli, und nach ihr auch ihren Bruder geheilt hatte, daß dieser letztere, noch kaum genesen, mich verhöhnte. Ich erwiderte ihm: „Was hättet ihr alle getan," – es waren nämlich noch einige dabei, die mit ihm lachten – „wenn er nicht gesund geworden wäre?"

Was durfte ich also nicht alles erhoffen, als ich endlich, nicht vor meinem neununddreißigsten Lebensjahre, zu Atem kam? Und doch habe ich in den nächstfolgenden vier Jahren, nämlich vom 1. September 1539 bis zum 1. November 1543, gar nichts unternommen, weder privat noch öffentlich; der einzige Vorzug, den ich genoß, war, daß ich meiner ärztlichen Sorgen los und ledig war und doch in geehrtem Ansehen stand.

Das erste Jahr, das in meinem Leben eine entscheidende Wendung zum Besseren brachte, war das Jahr 1543. Von diesem Jahre bis zum Jahre 1570, also in fast siebenundzwanzig Jahren – gerade die Dauer des peloponnesischen Krieges – verfaßte ich die Mehrzahl meiner Werke; denn in den vier Jahren von 1571 bis 1575 schrieb ich nur zwölf Werke in zusammen achtzehn Büchern. Der größere Teil meiner Werke ist freilich erst noch im Druck herauszugeben, und davon stammt ein Teil aus der früheren, der andere aus späterer Zeit.

In dieser ganzen Zeit habe ich mich sieben Jahre lang nur Vergnügungen hingegeben, der Musik und anderen Dingen, dem Spiel und vor allem dem Fischfang. Dann bereitete ich mich auf meine Vorlesungen und Disputationen vor. Damals befand ich mich auch körperlich schlechter als sonst; die Zähne taten mir weh, und einige von ihnen fielen aus. Auch das Podagra befiel mich damals; doch quälte es mich nicht allzu stark, nur während vierundzwanzig Stunden steigerten sich bei einem Anfall die Schmerzen, dann begannen sie wieder langsam nachzulassen. Bis zu meinem sechzigsten Jahre ließen meine Kräfte in keiner Weise nach, so daß es offensichtlich ist, daß, was sie schließlich minderte, mehr seelische Schmerzen waren als das Alter. Von diesem Jahre an begann ich auch endlich für meinen Haushalt Sorge zu tragen; aber immer und immer wieder kamen Mißgeschicke aller Art, so daß es eigentlich ein Wunder ist, daß ich noch heute lebe. Wenn einer all die Mühen und Sorgen zählen möchte, die auf mir lasteten, die Trauer, die Schmerzen, meine Irrtümer bezüglich meiner Lebensweise, die Zwischenfälle und Sorgen eines häuslichen Lebens, die Angst vor Armut, die Nachtwachen, die Magenbeschwerden, die schweren Verdauungsstörungen, das Jucken und auch die Läusesucht, den Leichtsinn meines Neffen, die üblen Taten meines Sohnes – wer sollte sich da nicht wundern, daß ich noch immer am Leben bin? Auch fielen mir allmählich die meisten Zähne aus, so daß mir nur noch fünfzehn geblieben sind, und auch die nicht alle gesund noch fest. Dazu die ewigen Verfolgungen, die ewigen Fallen und Nachstellungen, diebische alte Weiber, betrunkene Kutscher, überall nichts als verlogene, feige, treulose, hochmütige Menschen! Niemanden hatte ich, der mir eine Stütze gewesen wäre, nur einen, der mir einigermaßen half. Sechsmal ungefähr habe ich beim Schlafengehen ob all dieses Unglücks oder auch eines Fehlers in der Diät wegen geglaubt, nicht mehr aufzustehen; zweimal war ich überzeugt, noch in der gleichen Nacht sterben zu müssen. Und doch hatte ich das Testament, das mein letztes sein sollte, noch nicht abgefaßt.

Du wirst fragen, wie ich aus all dem schließlich entrann? Der Schmerz war die Arznei meines Schmerzes; den Unmut heilte ich mit Zorn, meiner ungesunden Liebe zu den Meinen begegnete ich mit ernsten Studien. Schmerzen kleinerer Art vertrieb ich durch das Schachspiel; über große halfen mir falsche Hoffnungen und phantastische Gedanken hinweg. Ich pflegte nicht zu frühstücken, sondern hatte es so weit gebracht, mit einem gekochten Apfel oder mit fünfzehn Zibeben zufrieden zu sein; ich trank fast nie Wein noch Wasser oder beides nur sehr wenig. In den letzten Jahren habe ich mich an ein Frühstück gewöhnt, das mir Freude macht und, wie ich hoffe, auch gesund ist: Ich esse die sogenannte weiße Suppe des Galenus und darin gut weichgekochtes Brot; sonst nichts. Reichlicher dagegen ist meine Abendmahlzeit.

In allen trüben Stunden aber lasse ich mir die Gedanken durch den Kopf gehen, die ich in meinem Buch *Über die beste Art zu Leben* niedergeschrieben habe. Ich denke daran, wie es einst dem Sohne des Sulla ergangen, den Caesar mit seiner Gattin, weil diese eine Tochter des Pompeius war, hat töten lassen. Und wie ging es einst dem Quintus Cicero? Wie seinem Bruder Marcus? Seine Tochter starb ohne Leibeserben noch zu seinen Lebzeiten, worüber er in Wahnsinn verfiel. Ein Sohn, der ihn zwar überlebte, hatte weder Sohn noch Tochter. So hat die unglückliche Terentia mit ihren hundert Jahren all die Ihrigen, auch ihren einst so hochberühmten Mann, überlebt. O menschliches Schicksal! Und wie erging es den herrlichen und so nützlichen Werken eines Theophrast?

Zu Abend speise ich nach lang erprobter Gewohnheit große, aber leichte Fische; sollen sie nahrhaft und leicht verdaulich sein und eine kräftige Speise bilden, so müssen sie gut gekocht sein. Karpfen ziehe ich anderen Fischen vor; doch gibt es diese hier in Rom nicht. An ihrer Stelle esse ich Stachelflunder und Steinbutte, auch Hechte, die etwa neun Zoll lang und anderthalb Pfund schwer sein müssen, auch andere leichte, breite Fische, wie etwa die Steinbarbe. Karpfen, die nicht im fließenden, sondern im stehenden Wasser leben, liebe ich nicht, aus Gründen, die ich anderswo angeführt habe. Sehr gerne esse ich dagegen Mangoldsuppe mit Knoblauch, auch Suppe aus Gienmuscheln, Austern oder Schnecken mit frischen grünen Lorbeerblättern, oder statt Mangoldsuppe liebe ich auch ein Gericht Salat aus Gänsedisteln, aus Wurzeln der Endivie, aus der Wurzel und den kräftigen Blättern des Gurkenkrauts. Anstelle einer dieser Speisen esse ich auch gerne ein paar frische Eidotter; oft bin ich auch mit einem einzigen zufrieden. Auch die weißen Fischteile esse ich gern, aber ohne Blut und gut gekocht, desgleichen auch Kalbsfüße, vom Huhn und der Taube die Leber, das Hirn und die anderen blutreichen inneren Teile. Am Spieß gebratenes Fleisch, fein und zart zerschnitten oder mit dem Messerrücken zerklopft und dann lang in Bockfett getaucht und mit der Suppe im Topf gekocht, ziehe ich allem andern vor.

Sind meine Füße kalt, so wasche ich sie; denn dann frieren sie nicht mehr so sehr. Auch nehme ich nur dann Speise zu mir, wenn mein Körper an allen Stellen warm und trocken ist. Nach dem Frühstück gehe ich nicht, noch viel weniger nach der Hauptmahlzeit.

Seelisch bin ich ruhiger und sicherer geworden, aus Erkenntnis, nicht aus Selbstzucht. Und da mir der Tod mit Recht zu fürchten zu sein scheint, hasse ich ihn. Die anderen, die vor seinem Kommen nicht zittern, lassen wir beiseite wie die Ochsenhirten. Laufe ihm doch entgegen, wenn du ihn nicht erwarten kannst!

Doch ich kehre zum Thema zurück. Im Laufe der Jahre habe ich oft in all meinen Dingen, auch bei den verstecktesten, so große Veränderungen gesehen, daß ich oft glauben wollte, ein böser Geist sei da, der alles untereinanderbringt: Oft war mein Geld verschwunden, dann war es plötzlich vermehrt, dann wieder wie weggeblasen. Damit du nicht glaubst, ich fabuliere nur oder hätte kein Gedächtnis mehr, will ich dir erzählen, was mir gestern begegnet ist und heute noch anhält; ich weiß nämlich sehr wohl, wieviel man gegen Dinge, wie ich sie eben sagte, einwenden kann. Ich speiste ziemlich heiter zu Abend; und nach der

Mahlzeit befiel mich plötzlich ein so großer Haß gegen alle Bücher, solche von anderen, wie meine eigenen, nämlich die schon herausgegebenen, daß ich es nicht aushielt, daran zu denken, geschweige denn, sie anzusehen. Denke ich nun vernünftig darüber nach, so erkenne ich, daß der Grund in mir, in einer Art von Melancholie liegen muß, vor allem, da es sich gerade um meine besten Bücher handelt. Aber anders ist es bei der Sache mit dem Geld; keinerlei Hinterlist, keine Dummheit, kein Irrtum spielte herein, niemand hat es weggenommen – was war es also anders als eine heimliche Gewalttat?

THOMAS MORE

Grabinschrift [1512]

Hier ruht des Thomas Morus liebe kleine Frau Jane, und ich bestimme dieses Grab auch für Alice wie für mich selbst. Jane, mir in den Jugendjahren verbunden, hat mich zum Vater von einem Knaben und drei Mädchen gemacht. Alice – was für eine Stiefmutter ein seltenes Lob ist – hat für ihre Stiefkinder so liebevoll gesorgt wie kaum eine andere Mutter für ihre eigenen. So hat die eine mit mir gelebt, so lebt die andere noch mit mir, und es ist nicht zu entscheiden, ob diese mir zugetaner ist als jene es war. Wie glücklich, wenn Schicksal und Religion uns drei erlaubten, zusammen zu leben! So bitte ich, daß das Grab, daß der Himmel uns vereine, dann wird der Tod geben, was das Leben nicht geben konnte.

Quellennachweis

(Alphabetisch nach Autoren geordnet)

Agricola, Georgius: Über die Natur der Dinge, die aus der Erde fließen [1546].
Georgius Agricola, *Schriften zur Geologie und Mineralogie. Epistula ad Meurerum. de ortu et causis subterraneorum libri V. de natura eorum quae effluunt ex terra libri IV*, übers. u. bearb. v. Georg Fraustadt in Verbindung mit Hans Prescher. Georgius Agricola Ausgewählte Werke, hg. v. Hans Prescher, VEB Deutscher Verlag der Wissenschaften, Berlin 1956, S. 254–256.

Agricola, Georgius: Über Bergbau und Hüttenkunde [ca. 1550].
Georgius Agricola, *De re metallica libri XII (Bergbau und Hüttenkunde, 12 Bücher)*, übers. u. bearb. v. Georg Fraustadt in Verbindung mit Hans Prescher. Georgius Agricola Ausgewählte Werke, hg. v. Hans Prescher, VEB Deutscher Verlag der Wissenschaften, Berlin 1974, S. 67–71.

Alberti, Leon Battista: Über die Baukunst [1485].
Leon Battista Alberti, *Zehn Bücher über die Baukunst*, übers. u. mit Anm. und Zeichnungen versehen v. Max Theuer. Wissenschaftliche Buchgesellschaft, Darmstadt 1975, S. 175–180.

Aventinus, Johannes: Brief an Leonhard von Eck über Ungebildete und seine eigene Bildung [ca. 1518].
Johannes Turmair's genannt Aventinus sämmtliche Werke I *Johannes Turmair's genannt Aventinus kleinere historische und philologische Schriften*. Christian Kaiser, München 1881, S. 638–640. Übers. v. P. Mortzfeld.

Bessarion, Joannes: Brief an den Dogen Cristoforo Moro und den Rat von Venedig über die Schenkung seiner Bibliothek an die Stadt Venedig [1468].
Ludwig Mohler Hg., *Kardinal Bessarion als Theologe, Humanist und Staatsmann* III *Aus Bessarions Gelehrtenkreis*. Scientia Verlag, Aalen – Ferdinand Schöningh, Paderborn 1967, S. 541–543. Übers. v. P. Mortzfeld.

Boccaccio, Giovanni: Gespräch zwischen Fortuna und dem Autor des Buchs *Vom Glück und vom Unglück berühmter Männer und Frauen* [ca. 1368].
Giovanni Boccaccio, *Vom Glück und Unglück berühmter Männer und Frauen. De casibus virorum illustrium*. Auswahl, Übers. aus dem Lat. u. Nachwort v. Werner Pleister. Manesse Verlag, Zürich 1992, S. 167–174.

Boccaccio, Giovanni: Die Verteidigung der Poesie [ca. 1370].
Eugenio Garin, *Geschichte und Dokumente der abendländischen Pädagogik* II *Humanismus*, Quellenauswahl für die deutsche Ausgabe Eckhard Keßler. Rowohlt, Reinbek bei Hamburg 1966, S. 118–125.

Bodin, Jean: Über die absolute Gewalt im Staat [1576].
Jean Bodin, *Sechs Bücher über den Staat. Buch I–III*, übers. u. mit Anm. versehen v. Bernd Wimmer, eingel. u. hg. v. P. C. Mayer-Tasch. Verlag C. H. Beck, München 1981, S. 210–217.

Brant, Sebastian: Über Petrarcas Ruhm und Größe [1498].

Harry C. Schnur, *Lateinische Gedichte deutscher Humanisten. Lateinisch und deutsch*. Philipp Reclam jun., Stuttgart 1967, S. 14–15.

Brassicanus, Johannes Alexander: Über das Büchersammeln und das traurige Los der Bibliothek des Königs Matthias Corvinus von Ungarn [1530].
‚Praefatio' (Vorrede), in: Salvianus Massyliensis Episcopus, *De vero iudicio et providentia Dei* (Von der wahren Gerechtigkeit und Vorsehung Gottes). In Officina Frobeniana, Basel 1530. Übers. v. P. Mortzfeld.

Bruni, Leonardo: Lob der Stadt Florenz [ca. 1403].
‚Leonardo Bruni's *Laudatio Florentinae Urbis*', in: Hans Baron, *From Petrarch to Leonardo Bruni. Studies in Humanistic and Political Literature*. Published for the Newberry Library by the University of Chicago Press, Chicago-London 1968, S. 232–243. Übers. v. P. Mortzfeld.

Bucer, Martin: Brief an Beatus Rhenanus über seine Studien in Heidelberg [1518].
Jean Rott Hg., *Correspondance de Martin Bucer* I *(jusqu'en 1524)*. E. J. Brill, Leiden 1979, S. 72–76. Übers. v. P. Mortzfeld.

Budé, Guillaume: Die humanistischen Studien früher und jetzt [1532].
Guillaume Budé, *L'Etude des lettres. Principes pour sa juste et bonne institution. De studio literarum recte et commode instituendo*, übers. u. hg. v. Marie-Madeleine de la Garanderie. Les classiques de l'humanisme. Collection publiée sous le patronage de l'Association Guillaume Budé VII. Les Belles Lettres, Paris 1988, S. 80–82. Übers. v. N. Mout.

Cantiuncula, Claudius: Ratschläge für den künftigen Jurist [1522].
Guido Kisch, *Claudius Cantiuncula. Ein Basler Jurist und Humanist des 16. Jahrhunderts*. Studien zur Geschichte der Wissenschaften in Basel, hg. v. der Universität Basel XIX, Verlag von Helbing & Lichtenhahn, Basel 1970, S. 226–233.

Cardano, Girolamo: Wie ich mich im Laufe der Jahre änderte [1575–1576].
Des Girolamo Cardano von Mailand eigene Lebensbeschreibung, übers. v. Hermann Heferle. Kösel-Verlag, München 1969, S. 232–237.

Castiglione, Baldassare: Die ideale Palastdame [ca. 1518].
Der Hofmann des Grafen Baldesar Castiglione, übers., eingel. und erläutert v. Albert Wesselski. 2 Bde.; Bei Georg Müller, München-Leipzig 1907, II, S. 7–16.

Castiglione, Baldassare: Eine Theateraufführung in Urbino [1513].
Baldassar Castiglione, *Le Lettere* I *(1497-marzo 1521)*, a cura di Guido la Rocca. Arnoldo Mondadori Editore, Verona 1978, S. 344–347. Übers. v. N. Mout.

Celtis, Konrad: Beim Betreten Roms [1487–1488?].
Harry C. Schnur, *Lateinische Gedichte deutscher Humanisten. Lateinisch und deutsch*. Philipp Reclam jun., Stuttgart 1967, S. 40–41.

Cochlaeus, Johannes: Kurze Beschreibung von Böhmen und Mähren [1512].
Johannes Cochlaeus, *Brevis Germaniae descriptio (1512)*, hg., übers. u. komm. v. Karl Langosch. Wissenschaftliche Buchgesellschaft, Darmstadt 1960, S. 110–115.

Cordus, Euricius: Bauernnot [ca. 1520].
Harry C. Schnur, *Lateinische Gedichte deutscher Humanisten. Lateinisch und deutsch*. Philipp Reclam jun., Stuttgart 1967, S. 58–59.

Cuspinian, Johannes, und Johannes Reuchlin: Briefwechsel über die Verleumdung und das unabänderliche Schicksal [1512].

Johann Cuspinians Briefwechsel, hg. v. Hans Ankwicz von Kleehoven. Verlag C.H. Beck, München 1933, S. 28–33. Übers. v. P. Mortzfeld.

Dunkelmänner, Briefe der: Lateinkenntnis in akademischen Kreisen [1515].
Hedwig Heger Hg., *Spätmittelalter Humanismus Reformation. Texte und Zeugnisse* II *Blütezeit des Humanismus und Reformation.* Die deutsche Literatur. Texte und Zeugnisse, hg. v. Walther Killy u. a. Verlag C. H. Beck, München 1978, S. 156–161.

Ellenbog, Nikolaus, und Konrad Peutinger: Briefwechsel über eine Plato-Ausgabe [1509].
Erich König Hg., *Konrad Peutingers Briefwechsel.* Verlag C. H. Beck, München 1923, S. 104–107. Übers. v. P. Mortzfeld.

Ellenbog, Nikolaus: Empfehlungsschreiben an Konrad Peutinger für einen Juden [1510].
Erich König Hg., *Konrad Peutingers Briefwechsel.* Verlag C. H. Beck, München 1923, S. 118–119. Übers. v. P. Mortzfeld.

Ellenbog, Nikolaus, und Konrad Peutinger: Briefe über die posthume Herausgabe einer Chronik [1514–1515].
Erich König Hg., *Konrad Peutingers Briefwechsel.* Verlag C. H. Beck, München 1923, S. 246–249, 266. Übers. v. P. Mortzfeld.

Erasmus, Desiderius: Lob der Torheit: Die Predigten der Mönche [1511–1514].
Erasmus von Rotterdam, *Lob der Torheit*, mit den Handzeichnungen von Hans Holbein d. J., übers. u. hg. v. Uwe Schultz. Carl Schünemann Verlag, Bremen 1966, S. 80–84.

Erasmus, Desiderius: Aus den Vorreden zum Neuen Testament [1516].
Erasmus von Rotterdam, *In Novum Testamentum Praefationes. Vorreden zum Neuen Testament. Ratio. Theologische Methodenlehre*, übers., eingel. u. mit Anm. versehen v. Gerhard B. Winkler. *Ausgewählte Schriften*, hg. v. Werner Welzig III, Wissenschaftliche Buchgesellschaft, Darmstadt 1967, S. 15–22.

Erasmus, Desiderius an Ulrich von Hutten: Leben des Thomas Morus [1519].
P. S. Allen u. H. M. Allen Hgg., *Opus epistolarum Des. Erasmi Roterodami* IV *1519–1521.* Clarendon Press, Oxford 1922, S. 17–23. Übers. v. P. Mortzfeld.

Ficino, Marsilio: Über die Liebe [1469].
Marsilio Ficino, *Über die Liebe oder Platons Gastmahl*, übers. v. Karl Paul Hasse, hg. u. eingel. v. Paul Richard Blum. Felix Meiner Verlag, Hamburg 1984, S. 348–369.

Filelfo, Francesco: Rede über seine Sehnsucht, Florenz zu sehen, gehalten bei Aufnahme seiner Vorlesungstätigkeit in Florenz [1429].
Karl Müllner, *Reden und Briefe italienischer Humanisten*, hg. v. Barbara Gerl. Wilhelm Fink Verlag, München 1970, S. 148–151. Übers. v. P. Mortzfeld.

Galilei, Galileo und Johannes Kepler: Briefwechsel über die neuen astronomischen Erkenntnisse [1597].
Galileo Galilei, *Schriften Briefe Dokumente*, hg. v. Anna Mudry. 2 Bde.; Verlag C. H. Beck, München 1987, II *Briefe Dokumente*, S. 9–15.

Gasser, Achilles Pirmin und Konrad Gessner: Briefwechsel über die Herausgabe einer griechischen medizinischen Handschrift [1562–1563].
Karl Heinz Burmeister, *Achilles Pirmin Gasser 1505–1577. Arzt und Naturforscher. Historiker und Humanist* III *Briefwechsel.* Guido Pressler Verlag, Wiesbaden 1975, S. 203–214.

Ghiberti, Lorenzo: Wiedergefundene antike Skulpturen [ca. 1450].
Denkwürdigkeiten des florentinischen Bildhauers Lorenzo Ghiberti, zum erstenmal ins Deutsche übers. v. Julius [von] Schlosser. Im Verlag von Julius Bard, Berlin 1920, S. 86–92.

Guicciardini, Francesco: Der Nutzen der Vergangenheit für die Gegenwart [nach 1527].
Francesco Guicciardini, *Das politische Erbe der Renaissance („Ricordi")*, neu geordnet und eingel. v. Ernesto Grassi, übers. u. mit einem Anhang versehen v. Karl Joseph Partsch. Verlag A. Francke AG., Bern 1946, S. 34–36.

Heinsius, Daniel: Auf einen, der auf Anstiftung anderer ein mißlungenes Attentat auf den Prinzen von Oranien unternahm [1623].
Harry C. Schnur, *Lateinische Gedichte deutscher Humanisten. Lateinisch und deutsch*. Philipp Reclam jun., Stuttgart 1967, S. 200–201.

Hoest, Stephan: Über die Enttäuschung, keine Stelle an der Universität bekommen zu haben [1456].
Stephan Hoest, *Reden und Briefe. Quellen zur Geschichte der Scholastik und des Humanismus im 15. Jahrhundert*, hg., übers. u. eingel. v. Frank Baron. Humanistische Bibliothek. Abhandlungen und Texte, hg. v. Ernesto Grassi, Redaktion Eckhard Keßler, Reihe II: Texte, Band 3, Wilhelm Fink Verlag, München 1971, S. 100–105.

Karoch von Lichtenberg, Samuel: Vom ‚Fuchs' und Studenten [1466].
Heinz Entner, *Frühhumanismus und Schultradition in Leben und Werk des Wanderpoeten Samuel Karoch von Lichtenberg*. Akademie-Verlag, Berlin 1968, S. 125–133. Übers. v. P. Mortzfeld.

Kues, Nikolaus von: Über den Beryll [ca. 1458].
Nikolaus von Kues, *Über den Beryll*. Neu übers., eingel. u. mit Anm. versehen v. Karl Bormann. Felix Meiner Verlag, Hamburg 1977, S. 2–11.

Landino, Cristoforo: Zwei Briefe an Lorenzo de' Medici [1463 und 1465].
Manfred Lentzen, *Studien zur Dante-Exegese Cristoforo Landinos. Mit einem Anhang bisher unveröffentlichter Briefe und Reden*. Böhlau Verlag, Köln–Wien 1971, S. 195–200, 205–210. Übers. v. P. Mortzfeld.

Landino, Cristoforo: Rede beim Begräbnis des Donato Acciaiuoli [1478].
Manfred Lentzen Hg., *Reden Cristoforo Landinos*. Wilhelm Fink Verlag, München 1974, S. 65–76. Übers. v. P. Mortzfeld.

Lobkovic, Bohuslav Hasištejnský z [ca. 1461–1510]: Gespräch mit dem Tod [nicht datiert].
Harry C. Schnur, *Lateinische Gedichte deutscher Humanisten. Lateinisch und deutsch*. Philipp Reclam jun., Stuttgart 1967, S. 242–243.

Machiavelli, Niccolò: Warum die Herrscher Italiens ihr Land verloren haben [1513].
Machiavelli, *Der Fürst. „Il Principe"*, übers. u. hg. v. Rudolf Zorn. Alfred Kröner Verlag, Stuttgart 1978, S. 100–102.

Machiavelli, Niccolò: Brief an Francesco Vettori, Botschafter in Rom, über sein Leben auf dem Land und die Entstehung des *Fürsten* [1513].
Opere di Niccolò Machiavelli III *Lettere*, hg. v. Franco Gaeta. Unione Tipografico-editrice Torinese, Turin 1984, S. 423–428. Übers. v. N. Mout.

Martyr Anglerius, Petrus: Die Insel Española [1493–1516].
Peter Martyr von Anghiera, *Acht Dekaden über die Neue Welt*. Übers., ein-

geführt u. mit Anm. versehen v. Hans Klingelhöfer. Erster Band. Dekade I–IV. Wissenschaftliche Buchgesellschaft, Darmstadt 1972, S. 30–31, 286–287.

Maximilian I. und Johannes Cuspinian: Briefwechsel über einen griechischen Kodex in Buda [1513].
Johann Cuspinians Briefwechsel, hg. v. Hans Ankwicz von Kleehoven. Verlag C. H. Beck, München 1933, S. 39–43. Übers. v. P. Mortzfeld.

Melanchthon, Philippus: Die Hohe Schule und die wahre Religion [1540].
Richard Nürnberger Hg., *Melanchthons Werke III Humanistische Schriften*. Verlagshaus Gerd Mohn, Gütersloh 1961, S. 105–114. Übers. v. P. Mortzfeld.

More, Thomas: Epigramm über alte Münzen, die bei Hieronymus Busleyden aufbewahrt wurden [1515–1516].
Thomas Morus, *Epigramme*, übers., eingel. u. komm. v. Uwe Baumann. Thomas Morus Werke, hg. v. Hubertus Schulte Herbrüggen. Kösel-Verlag, München 1983, II, S. 169–170.

More, Thomas: Briefe über die richtige Erziehung seiner Kinder [ca. 1518–1522].
Thomas More, *Lebenszeugnis in Briefen*. Ausgew., übers. u. eingel. v. Ruth und Walter F. Schirmer. Verlag Lambert Schneider, Heidelberg 1984, S. 66–72, 78–80.

More, Thomas: Grabinschrift [ca. 1533].
Thomas More, *Lebenszeugnis in Briefen*. Ausgew., übers. u. eingel. v. Ruth und Walter F. Schirmer. Verlag Lambert Schneider, Heidelberg 1984, S. 94–95.

Münster, Sebastian: Über seine kartographische und andere Forschungen [1526].
Briefe Sebastian Münsters. Lateinisch und Deutsch, hg. v. Karl Heinz Burmeister. Insel-Verlag, Ingelheim am Rhein 1964, S. 15–23..

Palladio, Andrea: Die Architektur der antiken Tempel [1570].
Andrea Palladio, *Die Vier Bücher zur Architektur. Nach der Ausgabe Venedig 1570, I quattro libri dell'architettura*, übers. u. hg. v. Andreas Beyer u. Ulrich Schütte. Verlag für Architektur Artemis, Zürich-München 1968, S. 269–275. © Birkhäuser Verlag, Basel.

Pannonius, Janus: Klage über seine Kränklichkeit (März 1466).
Harry C. Schnur, *Lateinische Gedichte deutscher Humanisten. Lateinisch und deutsch*. Philipp Reclam jun., Stuttgart 1967, S. 316–321.

Paracelsus, Theophrastus: Das Labyrinth der irrenden Ärzte [1537–1538].
Theophrastus Paracelsus, *Werke* II *Medizinische Schriften*, hg. v. Will-Erich Peuckert. Schwabe & Co. Verlag, Basel-Stuttgart 1981, S. 462–465.

Petrarca, Francesco [1304–1374]: Sonett [in der Übersetzung von Martin Opitz].
Martin Opitz, *Weltliche Poemata 1644 Zweiter Teil*, unter Mitwirkung v. Irmgard Böttcher u. Marian Szyrocki hg. v. Erich Trunz. Deutsche Neudrucke, Reihe: Barock, hg. v. Erich Trunz, Max Niemeyer Verlag, Tübingen 1975, S. 371.

Petrarca, Francesco: Vom Sieg und von der Hoffnung auf Frieden [1366].
Francesco Petrarca, *De remediis utriusque fortunae*. Zweisprachige Ausgabe in Auswahl, übers. u. komm. v. Rudolf Schottländer, Bibliographie von Eckhard Keßler. Humanistische Bibliothek. Abhandlungen und Texte, hg. v. Ernesto Grassi, Redaktion Eckhard Keßler, Reihe II: Texte, Band 18, Wilhelm Fink Verlag, München 1975, S. 146–151.

Peuerbach, Georg: Ansprache an seine Hörer über die Rhetorik [ca. 1457–1458].
Karl Grossmann, ‚Eine Ansprache Georgs von Peuerbach an seine Hörer', in:

Mitteilungen des Instituts für österreichische Geschichtsforschung 42 (1927), S. 359–361. Übers. v. P. Mortzfeld.

Peutinger, Konrad: Briefe an seine Freunde Reuchlin und Brant [1499 und 1507].
Erich König Hg., *Konrad Peutingers Briefwechsel*. Verlag C. H. Beck, München 1923, S. 19–21, 77–78. Übers. v. P. Mortzfeld.

Peutinger, Konstanze: Brief an ihren Vater [1521].
Erich König Hg., *Konrad Peutingers Briefwechsel*. Verlag C. H. Beck, München 1923, S. 339–341. Übers. v. P. Mortzfeld.

Piccolomini, Enea Silvio, Die Geschichte zweier Liebender [1444].
Enea Silvio Piccolomini, *Euryalus und Lucretia. Lateinisch/Deutsch*, übers. u. hg. v. Herbert Rädle. Philipp Reclam jun., Stuttgart 1993, S. 44–55.

Piccolomini, Enea Silvio: Die Künste in Italien und Deutschland [1449].
Enea Silvio Piccolomini – Papst Pius II, *Ausgewählte Texte aus seinen Schriften*, hg., übers. u. biographisch eingel. v. Berthe Widmer. Festgabe der historischen und antiquarischen Gesellschaft zu Basel an die Universität bei Anlaß ihres fünfhundertjährigen Bestehens zum Gedächtnis ihres Stifters. Benno Schwabe & Co. Verlag, Basel–Stuttgart 1960, S. 294–297.

Piccolomini, Enea Silvio: Aus der Beschreibung des Deutschen Reichs [1457].
Der deutsche Renaissance-Humanismus, Abriß u. Auswahl v. Winfried Trillitzsch. Verlag Philipp Reclam jun., Leipzig 1981, S. 144–148.

Pico della Mirandola, Gianfrancesco: Über die Vorstellung [1501].
Gianfrancesco Pico della Mirandola, *Über die Vorstellung. De imaginatione*, lateinisch-deutsche Ausgabe mit einer Einleitung v. Charles B. Schmitt u. Katharine Park, hg. v. Eckhard Keßler. Humanistische Bibliothek. Abhandlungen und Texte, hg. v. Ernesto Grassi, Redaktion Eckhard Keßler, Reihe II: Texte, Band 13, Wilhelm Fink Verlag, München 1984, S. 60–69.

Pico della Mirandola, Giovanni: Die Freiheit des Menschen [1486].
Giovanni Pico della Mirandola, *Über die Würde des Menschen*, übers. v. H. W. Rüssel. Pantheon- Akademische Verlagsanstalt, Leipzig 1940, S. 47–50.

Pirckheimer, Willibald: Die Mühen bei der Ausgabe einer Fulgentius-Handschrift [1519].
Willehad Paul Eckert u. Christoph von Imhoff, *Willibald Pirckheimer. Dürers Freund im Spiegel seines Lebens, seiner Werke und seiner Umwelt*. Wienand Verlag, Köln 1971, S. 287–289.

Pirckheimer, Willibald: Autobiographische Aufzeichnungen [ca. 1530].
Der deutsche Renaissance-Humanismus, Abriß u. Auswahl v. Winfried Trillitzsch. Verlag Philipp Reclam jun., Leipzig 1981, S. 338–351.

Poggio Bracciolini, Gianfrancesco: Brief aus Baden im Aargau an Niccolò Niccoli [1416].
Poggio Bracciolini, *Lettere* I *Lettere a Niccolò Niccoli*, hg. v. Helene Harth. Leo S. Olschki Editore, Florenz 1984, S. 128–135. Übers. v. P. Mortzfeld.

Poggio Bracciolini, Gianfrancesco: Erste Invektive gegen Lorenzo Valla [1452].
Poggii Florentini Operum … partis contenta, hg. v. Thomas D. Aucuparius. Straßburg 1513, f. 72a–78a. Übers. v. P. Mortzfeld.

Poliziano, Angelo [1354–1394]: Über die literarische Nachahmung [nicht datiert].
Eugenio Garin, *Geschichte und Dokumente der abendländischen Pädagogik* II *Humanismus*, Quellenauswahl für die deutsche Ausgabe Eckhard Keßler. Rowohlt, Reinbek bei Hamburg 1966, S. 246–248.

Reuchlin, Johannes: Gutachten gegen das Verbrennen jüdischer Bücher [1510].
Johannes Reuchlin, *Gutachten über das jüdische Schrifttum*, hg. u. übers. v. Antonie Leinz-von Dessauer. Pforzheimer Reuchlinschriften im Auftrag der Stadt Pforzheim hg. v. Karl Preisendanz II, Jan Thorbecke Verlag, Konstanz–Stuttgart 1965, S. 74–77, 96–107.

Rheticus, Georg Joachim: Bericht über die kopernikanische Astronomie [1540].
Des Georg Joachim Rhetikus Erster Bericht über die 6 Bücher des Kopernikus von den Kreisbewegungen der Himmelsbahnen, übers. u. eingel. v. Karl Zeller. R. Oldenbourg Verlag, München–Berlin 1943, S. 38–41.

Romanus, Cincius: Brief an Francesco da Fiano über Handschriftenfunde in St. Gallen und die Zerstörung der antiken Bibliotheken und Denkmäler in Rom [1416].
Ludwig Bertalot, ‚Cincius Romanus und seine Briefe', *Quellen und Forschungen aus italienischen Archiven und Bibliotheken* 21 (1929–1930), S. 222–227. Übers. v. P. Mortzfeld.

Romanus, Cincius: Glückwunsch an Poggio Bracciolini zur Geburt seines Sohnes [1438].
Ludwig Bertalot, ‚Cincius Romanus und seine Briefe', *Quellen und Forschungen aus italienischen Archiven und Bibliotheken* 21 (1929–1930), S. 241–244. Übers. v. P. Mortzfeld.

Schedel, Hermann: Brief an Hartmann Schedel über die humanistischen Studien in Deutschland [1463].
Hermann Schedels Briefwechsel, hg. v. Paul Joachimsohn. Litterarischer Verein Stuttgart, Tübingen 1893, S. 97–101. Übers. v. P. Mortzfeld.

Secundus, Johannes: Der dritte Kuß [1533–1534].
Hedwig Heger Hg., *Spätmittelalter Humanismus Reformation. Texte und Zeugnisse* II *Blütezeit des Humanismus und Reformation.* Die deutsche Literatur. Texte und Zeugnisse, hg. v. Walther Killy u. a. Verlag C. H. Beck, München 1978, S. 467.

Trithemius, Johannes: Wegen des Buchdrucks soll man nicht vom Handschriften-Abschreiben ablassen [1494].
Hans Widmann, *Vom Nutzen und Nachteil der Erfindung des Buchdrucks – aus der Sicht der Zeitgenossen des Erfinders.* Verlag der Gutenberg-Gesellschaft, Mainz 1973, S. 40–43.

Vadian, Joachim: Rede auf Kaiser Maximilian I.: die Deutschen und die Kaiser [1515].
Joachim Vadian, *Lateinische Reden*, hg., übers. und erklärt v. Matthäus Gabathuler. Verlag der Fehr'schen Buchhandlung, St. Gallen 1953, S. 62–69.

Valerius, Augustinus: Brief an Aloisio Contarini mit Ratschlägen zum Studium, insbesondere zur Anlage einer Kartei [1563].
Karl Müllner, *Reden und Briefe italienischer Humanisten*, hg. v. Barbara Gerl. Wilhelm Fink Verlag, München 1970, S. 280–288. Übers. v. P. Mortzfeld.

Valla, Lorenzo: Gegen die Konstantinische Schenkung [1440].
Wolfram Setz, *Lorenzo Vallas Schrift gegen die konstantinische Schenkung. De falso credita et ementita Constantini donatione. Zur Interpretation und Wirkungsgeschichte.* Max Niemeyer Verlag, Tübingen 1975, S. 18*–25*. Übers. v. P. Mortzfeld.

Valla, Lorenzo: Vorrede zu den *Elegantiae linguae latinae (Der Glanz der lateinischen Sprache)* [ca. 1448].
Eugenio Garin Hg., *Prosatori latini del Quattrocento*. Riccardo Ricciardi Editore, Mailand–Neapel 1952, S. 594–601. Übers. v. P. Mortzfeld.

Valla, Lorenzo: Erstes Gegengift gegen Poggio [1452].
Lorenzo Valla, *Antidotum Primum. La prima apologia contro Poggio Bracciolini*, hg. v. Ari Wesseling. Van Gorcum, Assen–Amsterdam 1978, S. 86–91. Übers. v. P. Mortzfeld.

Vegio, Maffeo: Welche Bücher sollen die Knaben lesen? [1444].
[Maffeo Vegio], *Francisci Philelfi ... De educatione liberorum*, cap. XV. Thomas Anselmus Badensis, Tübingen 1513. Übers. v. P. Mortzfeld.

Vives, Juan Luis: Über die Gründe des Verfalls der Künste: Kritik an Aristoteles [1531].
Juan Luis Vives, *Über die Gründe des Verfalls der Künste. De causis corruptarum artium*. Lateinisch-deutsche Ausgabe, übers. v. Wilhelm Sendner unter Mitarbeit v. Christian Wolf u. Emilio Hidalgo-Serna, hg., komm. u. eingel. sowie mit Vives' Leben, Bibliographie u. Personenregister versehen v. Emilio Hidalgo-Serna. Humanistische Bibliothek. Abhandlungen und Texte, hg. v. Ernesto Grassi u. Eckhard Keßler, Redaktion Hanna-Barbara Gerl, Reihe II: Texte, Band 28, Wilhelm Fink Verlag, München 1990, S. 219–222.

Wimpfeling, Jakob: Über die Jugend. Sechzehntes Gesetz: über die Haarkräuselei [1500].
Jakob Wimpfelings Adolescentia, hg. v. Otto Herding u. Franz Josef Worstbrock, Wilhelm Fink Verlag, München 1965, S. 235–236. Übers. v. P. Mortzfeld.

Ximénez, Francisco – de Cisneros: Vorbemerkung zu der Complutenser Polyglottbibel [1514–1517].
‚Prologus. Ad lectorem' (Vorwort an den Leser), in: *Biblia Complutense* I, Alcalá 1522. Übers. v. P. Mortzfeld.

Personenregister

Im Personenregister sind die Autoren der Texte und die von ihnen erwähnten historischen Personen aufgenommen. Die Autoren sind mit einem Sternchen gekennzeichnet. Miteinbezogen sind außerdem die Einleitungen. Nicht aufgenommen sind biblische Figuren und die meisten Heiligen, antike Götter, literarische und mythologische Figuren.

Buchanzeigen

Geschichte Italiens

Carmine Chiellino
Kleines Italien-Lexikon
Wissenswertes über Land und Leute
1989. 127 Seiten mit 3 Karten und 2 Übersichten. Paperback
Beck'sche Reihe Band 819

Carmine Chiellino/Fernando Marchio/Giocondo Rongoni
Italien
3., neubearbeitete Auflage. 1995. 437 Seiten mit 3 Karten. Paperback
Beck'sche Reihe Band 821. Reihe „Länder"

Moses I. Finley/Denis Mack Smith/Christopher Duggan
Geschichte Siziliens und der Sizilianer
2., durchgesehene und bibliographisch überarbeitete Auflage. 1998.
393 Seiten. Paperback
Beck'sche Reihe Band 1256

Iris Origo
„Im Namen Gottes und des Geschäfts"
Lebensbild eines toskanischen Kaufmanns der Frührenaissance
Francesco di Marco Datini 1335–1410
Aus dem Englischen von Uta-Elisabeth Trott
3. Auflage. 1993. 357 Seiten mit 26 Abbildungen. Leinen

Alexander Stille
Die Richter
Der Tod, die Mafia und die italienische Republik
Aus dem Amerikanischen von Karl-Heinz Siber
1997. 475 Seiten mit 1 Abbildung und 2 Karten. Gebunden